Über den Verfasser

PROF. DR. MANFRED BRAUNECK, Jahrgang 1934, lehrt seit 1973 Neuere Deutsche Literaturwissenschaft und Theaterwissenschaft an der Universität Hamburg. Seit 1986 Leiter des Zentrums für Theaterforschung. Seine Forschungsschwerpunkte sind: Theatergeschichte und -theorie, Grenzbereiche zwischen Theater und bildender Kunst.

Wichtigste Veröffentlichungen: Die Lieder Konrads von Würzburg, 1964/ Wolfram von Eschenbachs ‹Parzifal›, 1967/Deutsche Literatur des 17. Jahrhunderts – Revision eines Epochenbildes. Forschungsbericht 1945–1970, 1971/Literatur und Öffentlichkeit im ausgehenden 19. Jahrhundert. Zur Rezeption des naturalistischen Theaters in Deutschland, 1974/Religiöse Volkskunst, 1978/Theater im 20. Jahrhundert. Programmschriften, Stilperioden, Reformmodelle, 1982 u. ö./Volkstümliche Hafnerkeramik im deutschsprachigen Raum, 1984/(mit Gérard Schneilin) Drama und Theater, 1987/Klassiker der Schauspielregie. Positionen und Kommentare zum Theater im 20. Jahrhundert, 1988 – *Herausgebertätigkeit:* Heinrich Julius von Braunschweig. Von einem Weibe. Von Vincentio Ladislao, 1967/Sixt Birck. Sämtliche Dramen. 3 Bde., 1969ff/Spieltexte der Wanderbühne des 17. Jahrhunderts. 4 Bde., 1970ff/Das deutsche Drama vom Expressionismus bis zur Gegenwart, 1970/Die Rote Fahne. Theorie, Kritik, Feuilleton 1918–1933, 1973/Der deutsche Roman im 20. Jahrhundert. 2 Bde., 1976/Film und Fernsehen. Materialien zur Theorie, Soziologie und Geschichte, 1980/Hanns Otto Münsterer. Mancher Mann. Gedichte, 1980/Weltliteratur im 20. Jahrhundert. 5 Bde., 1981/Autorenlexikon deutschsprachiger Literatur des 20. Jahrhunderts, 1984; 3. Aufl. 1988/(mit Gérard Schneilin) Theaterlexikon. Begriffe und Epochen, Bühnen und Ensembles, 1986/(mit Christine Müller) Naturalismus. Manifeste und Dokumente zur deutschen Literatur 1880–1900, 1987/Theaterstadt Hamburg. Geschichte und Gegenwart. Hg. vom Zentrum für Theaterforschung der Universität Hamburg, 1989.

Manfred Brauneck

Theater
im 20. Jahrhundert

Programmschriften, Stilperioden,
Reformmodelle

rowohlts enzyklopädie

rowohlts enzyklopädie
Herausgegeben von Burghard König

23.–25. Tausend August 1989

Aktualisierte Neuausgabe der 1982 unter demselben Titel als
«rororo handbuch» erschienenen Veröffentlichung
Umschlaggestaltung Jens Kreitmeyer (Zeichnung: Oskar Schlemmer)
Veröffentlicht im Rowohlt Taschenbuch Verlag GmbH,
Reinbek bei Hamburg, September 1986
Copyright © 1982 und 1986 by Rowohlt Taschenbuch Verlag GmbH,
Reinbek bei Hamburg
Gesamtherstellung Clausen & Bosse, Leck
Printed in Germany
1980-ISBN 3 499 55433 X

Für Hildegard

Inhalt

Theoretische Vorbemerkung

Theater, Spiel und Ernst.
Ein Diskurs zur theoretischen Grundlegung
der Theaterästhetik   15

Dokumentation und Kommentar

I
«Theater der Zukunft»:
Stilbühne und Theaterreformen
um 1900

Adolphe Appia
Die Inscenierung als Schöpfung der Musik (1899)   39

Peter Behrens
Feste des Lebens und der Kunst (1900)   46

Georg Fuchs
Die Schaubühne der Zukunft (1904)   50

Edward Gordon Craig
Der Schauspieler und die Über-Marionette (1908)   55

Jacques Copeau
Die Erneuerung des Theaters (1913)   61

Theatergeschichtlicher Kommentar

Theaterreform um 1900: «Theater der Zukunft»   63

Adolphe Appia und Émile Jaques-Dalcroze   65

Peter Behrens und die Stilkunstbewegung   70

Georg Fuchs und das Münchner Künstlertheater   74

Edward Gordon Craig   78

Jacques Copeau   83

II
Revolte – Erneuerung – Experiment

Filippo Tommaso Marinetti
Das Varieté (1913)   85

Filippo Tommaso Marinetti
Emilio Settimelli / Bruno Corra
Das futuristische synthetische Theater (1915)   92

Enrico Prampolini
Futuristische Bühnenbildnerei (1915)   96
Die futuristische Bühnenatmosphäre (1924)   98

Hugo Ball
Cabaret Voltaire (1916):
«Bildungs- und Kunstideale als Varietéprogramm»* 102

Raoul Hausmann
Dada-Soireen: «Wer gegen DADA ist,
ist DADAist»* 108

Kurt Schwitters
An alle Bühnen der Welt (1919) 110

Lothar Schreyer
Das Bühnenkunstwerk (1916) 113

Iwan Goll
Überdrama (1920) 116

Felix Emmel
Ekstatisches Theater (1924) 118

Leopold Jessner
Die Stufenbühne (1924) 123

Wassily Kandinsky
Über Bühnenkomposition (1912) 125

Friedrich Kiesler
Das Railwaytheater (1924) 132
Debacle des Theaters. Die Gesetze
der G.-K.-Bühne (1924) 132

Fernand Léger
Das Schauspiel. Licht, Farbe, bewegliches Bild
und Gegenstandsszene (1924) 138

Oskar Schlemmer
Mensch und Kunstfigur (1925) 145

Laszlo Moholy-Nagy
Theater, Zirkus, Varieté (1925) 154

Walter Gropius
Theaterbau (1934) 161

Walter Benjamin / Bernhard Reich
Revue oder Theater (1925)   170

Theatergeschichtlicher Kommentar

Revolte und Experiment   174

Theater des Futurismus   177

Filippo Tommaso Marinetti   185

Enrico Prampolini   189

DADA: Zürich und Berlin   192

Kurt Schwitters   199

Theater und Expressionismus: das Stationendrama   206

«Sturm-Bühne» und «Kampf-Bühne»:
das Experimentaltheater von Herwarth Walden
und Lothar Schreyer   211

Wassily Kandinsky   214

Fernand Léger   218

Frederick J. Kiesler   221

Theaterarbeit am Bauhaus   225

Oskar Schlemmer   232

Laszlo Moholy-Nagy   240

III
Politisches Theater – Episches Theater – Dokumentartheater

Wsewolod E. Meyerhold
Das bedingte Theater (1906) — 245
Der Schauspieler der Zukunft und
die Biomechanik (1922) — 248
Rekonstruktion des Theaters (1930) — 252

Sergej M. Eisentein
Montage der Attraktionen (1923) — 260

Erwin Piscator
Das dokumentarische Theater (1929) — 265
Grundlinien der soziologischen Dramaturgie (1929) — 270

Bertolt Brecht
Zur Theorie des Lehrstücks — 275
Die Straßenszene. Grundmodell einer Szene des
epischen Theaters (1940) — 277
Über den Bühnenbau
der nichtaristotelischen Dramatik — 286

Peter Weiss
Notizen zum dokumentarischen
Theater (1968) — 293

Augusto Boal
Für ein Theater der Befreiung — 301

Theatergeschichtlicher Kommentar

Politisches Theater – Episches Theater –
Dokumentartheater — 309

Wsewolod E. Meyerhold — 314

Sergej M. Eisenstein — 322

| Erwin Piscator | 328 |

| Bertolt Brecht | 334 |

Peter Weiss und das Dokumentartheater
der sechziger Jahre — 342

Augusto Boal — 345

IV
Das Schauspieler-Theater

Max Reinhardt
Über das ideale Theater (1928) — 347
Rede über den Schauspieler (1929) — 351

Alexander I. Tairow
Das entfesselte Theater (1923) — 354

Konstantin S. Stanislawski
Die Arbeit des Schauspielers an der Rolle — 361

Jean-Louis Barrault
Betrachtungen über das Theater:
der tragische Mime* — 368

Theatergeschichtlicher Kommentar

Schauspieler-Theater — 374

Max Reinhardt — 375

Konstantin S. Stanislawski — 382

Alexander I. Tairow — 389

Jean-Louis Barrault — 391

V
Theater der Erfahrung – Freies Theater

Antonin Artaud
Das Theater der Grausamkeit.
Erstes Manifest (1932) 395
Schluß mit den Meisterwerken (1933) 404

Jerzy Grotowski
Für ein armes Theater (1965) 412

Julian Beck
Theater in diesen harten Zeiten:
The Living Theatre (1968)* 422

Peter Brook
Das «heilige Theater» (1968) 427

Richard Schechner
Ritualtheater (1969) 433

Gilbert Moses
Ich frage mich manchmal ... (1970) 435

Shuji Terayama
Die theatralische Imagination oder
Die Befürwortung des Duells 440

Eugenio Barba
Theateranthropologie: über orientalische
und abendländische Schauspielkunst (1980)* 443

Jango Edwards
Clown-Theorie:
«Der Clown ist der totale Schauspieler» (1980)* 451

Theatergeschichtlicher Kommentar

Theater der Erfahrung – Freies Theater	458
Antonin Artaud	464
Jerzy Grotowski	471
Peter Brook	476
Shuji Terayama	481
Eugenio Barba	485
Jango Edwards: das Theater der Clowns	489

Anhang

Bibliographie	495
Chronik des Theaters im 20. Jahrhundert: Daten und Ereignisse	517

Die mit einem * versehenen Titelformulierungen stammen von M. Brauneck.

Theoretische Vorbemerkung

Theater, Spiel und Ernst.
Ein Diskurs zur theoretischen Grundlegung der Theaterästhetik*

> «Wenn wir Schatten euch beleidigt,
> O so glaubt – und wohl verteidigt
> Sind wir dann –: ihr alle schier
> Habt nur geschlummert hier
> Und geschaut in Nachtgesichten
> Eures eignen Hirnes Dichten.
> Wollt ihr diesen Kindertand
> Der wie leere Träume schwand,
> Liebe Herrn, nicht gar verschmähn,
> Sollt ihr bald was Beßres sehn.»
> (W. Shakespeare: *Ein Sommernachtstraum* V,1)

1.
Theater entfaltet sich in der Dialektik von Spielen und Zuschauen; der Theatersituation liegt die Vereinbarung der Beteiligten zugrunde, sich

---

* Teile dieses Essays sind erschienen unter den Titeln «Theater – Spiel und Ernst» in: Neue Rundschau 91 (1980), Heft 4, S. 186–205, und «Teatro come atteggiamen-

auf diese Dialektik einzulassen. Der Voyeur ist kein Theater-Zuschauer, und der, dem er zusieht, spielt kein Theater, so theaterähnlich die Situation erscheinen mag. Vielmehr müssen sich in einem Interaktionszusammenhang, soll ihm die Qualität von Theater zugesprochen werden, einige der Beteiligten für die Rolle der Spieler, andere für die Rolle der Zuschauer entscheiden. Nur wenn diese Vereinbarung zustande kommt und solange sie besteht, ist Theater möglich. Der Interaktionszusammenhang erhält einen anderen Charakter, wenn alle Beteiligten spielen und keiner seine Beteiligung an der Situation als Zuschauen versteht oder aber – dies versteht sich eher von selbst – wenn keiner spielt. Spielen und Zuschauen sind die beiden Beteiligungsangebote, die mit der Theaterhandlung gegeben sind.

In der Dialektik von Spielen und Zuschauen ist ein weiteres konstitutives Moment der Theatersituation angelegt, die Dialektik von Spiel und Ernst. Nur Spiel ist der Inhalt der Theaterhandlung, so sehr sie ihrer Form nach der Alltagsrealität gleichen mag; die Bühnentragödie ist eine fiktive Katastrophe. Auf dieses Spiel aber lassen sich Spieler und Zuschauer ernsthaft ein; die Emotionen, die Theater auslöst, Komödie wie Tragödie, sind deswegen durchaus real, affizieren nicht weniger als die Erfahrungen des Alltags. Ernst ist auch die Theatersituation als gesellschaftliche Vereinbarung, das Theater als Institution.

Daß diese Dialektik von Spiel und Ernst, von Spiel-Enklave und Publikums-Öffentlichkeit, ein für die Theaterhandlung höchst produktives Spannungsmoment darstellt, aber auch ein beträchtliches Konfliktpotential enthält, wird durch die Inszenierungsgeschichte des Theaters ebenso bezeugt wie durch seine Skandalgeschichte. Die Spielsituation birgt immer, lassen sich die Spieler auf die ihnen möglichen Freiräume ein, Sprengsätze gegenüber der Ernst-Sphäre der Zuschauer, provoziert und transzendiert den gesellschaftlichen Konsens von Moral, konfrontiert die Zuschauer-Gesellschaft mit ihren Ängsten, ihren Träumen, mit dem Bild eines ‹anderen› Lebens. Das Theater vermag dies, weil es in der Spielsituation weitgehend von den Affektrestriktionen des Alltags entlastet ist, Lust und Unlust sich nach außen hin freier und offener darstellen lassen, das Spiel dem Leben seine Offenheit wahrt. So gerät Theater, wo es sich ernst nimmt, immer wieder an die Grenze des Erträglichen, existiert in einer prinzipiellen Konfliktzone gegenüber jenen Institutionen, deren Funktion es ist, den herrschenden Vereinbarungen über Moral und Sitte, Recht und Politik, Heiliges und Profanes Geltung zu verschaffen. Die Unernsthaftigkeit des Spielens diskreditiert den Ernst der Alltagspragmatik, weil sie schonungslos deren restriktiven Charakter aufdeckt. So

to inscenatorio». In: La scuola degli attori. Rapporti dalla prima sessione dell' ISTA. – Bonn 1–31 ottobre 1980, hrsg. v. F. Ruffini, Florenz und Mailand 1981, S. 127–136 (= Oggi, del teatro 2).

Grundlegung der Theaterästhetik

diskreditierten sich – in der Umkehrung der Bewertung durch die geltende Moral – lange auch jene, die sich dem Theater mit Haut und Haaren verschrieben. Die professionelle Schauspielerei galt über Jahrhunderte hin als unehrenhaftes Gewerbe, gleich dem des Henkers oder der Dirne; Theater war Teufelswerk. Sah man eben zu Recht im Theater die Welt in Frage gestellt.

In der Dialektik von Spiel und Ernst ist das spannungsreiche Verhältnis von Utopie und Wirklichkeit aufgehoben. Wo das Theater diese Dialektik produktiv zu machen vermag, befriedigt es jene Bedürfnisse, die in den Zwangsapparaturen des materiellen Lebensprozesses verdrängt oder illegal geworden sind, und erfüllt damit seinen eigentlichen sozialen Sinn. Nichts anderes meint der Katharsisbegriff, mit dem die aristotelische Reflexion über Theater dessen Bedeutung für die Menschen bezeichnet.

Die ästhetische Konvention, die den abendländischen Begriff von Theater ausmacht, hat ihren Ursprung in den fundamentalen Konditionen der abendländischen Kultur, die ihrer geistigen Struktur nach durch die in der griechischen Philosophie entwickelte Identitätsmetaphysik und die ihr korrespondierende Aristotelische Logik bestimmt ist. Diese Metaphysik und ihre Logik gehen aus von der Dichotomie von Geist und Materie, Spiritualität und Materialität, Subjekt und Objekt. Die Unterscheidung von Wesen und Erscheinung ist eine der Grundannahmen dieser Philosophie, die ihrem Ansatz nach in dem Höhlengleichnis, in der Metapher einer Theatersituation, im 7. Buch von Platons *Staat* dargestellt wird: In einer Höhle gefesselt sitzen die Menschen so, daß sie stets nur die an die Wand geworfenen Schatten der Dinge zu sehen vermögen, die sie, weil ihnen der Blick nach außen verwehrt ist, für das wahre Sein der Dinge halten. Von diesem Grundmuster der Welterklärung aus entwickelte die abendländische Philosophie ihre Systeme, so unterschiedlich die Beziehung von Wesen und Erscheinung auch immer definiert wurde; Hegel und Marx markieren die wesentlichsten Stationen dieser Entwicklung in der neueren Geschichte der Philosophie.

Auf der Grundlage dieses Realitätsmodells, das bis heute wesentlich die Bewußtseins- und Erfahrungsstruktur des abendländischen Menschen prägt, beruht auch die ästhetische Konvention von Theater in diesem Kulturraum: das Spiel auf der Bühne als Metapher der Welt. Theater imaginiert, ahmt nach, ist eine Realität des ‹Als-ob›. Die Aristotelische Bestimmung des Theaters als Mimesis, das heißt nachgeahmte Wirklichkeit, bringt diese ontologische Struktur auf den Begriff. Neben der Dialektik von Spiel und Ernst ist dies ein weiteres Konstitutionsmoment von Theater.

Theater aber bleibt Spiel im Konsens des europäischen Kulturmodells, so ernst es auch von denen, die spielen, und denen, die zuschauen, genommen wird. Es unterscheidet sich darin stets eindeutig von theatralischen

Arrangements in Ernst-Situationen des Alltags oder der kultischen Feier. Die theatralischen Effekte solcher Situationen, seien es die «Spektakel des Vatikans» (Meyerhold) oder politische Massendemonstrationen auf der Straße, mögen beträchtlich sein; dennoch besteht bei den Beteiligten eine eindeutige Übereinkunft darüber, daß in der Situation nicht Theater gespielt wird. Die Rollen selbst, die Status und Funktion der Beteiligten festlegen, wie die vermittelten Sinngehalte haben eine andere Qualität von Verbindlichkeit, eben die von Ernsthandlungen gegenüber dem Spiel. Auf diesen Unterschied bezieht sich auch Bertolt Brecht, wenn er in seinem Essay *Die Straßenszene. Grundmodell einer Szene des epischen Theaters* unterscheidet zwischen dem «natürlichen epischen Theater», als einem Handlungselement in einer Ernst-Situation, der Straßenszene nämlich, und dem «künstlerischen epischen Theater», der Theaterszene. Im ersten Fall gibt es gegebenenfalls einen wirklichen Verletzten oder gar Toten und einen Schuldigen, der tatsächlich zur Verantwortung gezogen wird; bei der gespielten Theaterszene, die gleichermaßen verlaufen kann – sehen wir einmal ab von Brechts inhaltlichen und stilistischen Unterscheidungen zwischen «natürlichem» und «künstlerischem» epischen Theater –, handelt es sich um einen bloßen Spielzusammenhang, der seine Betrachter nicht nur belehrt, sondern auch unterhält. Die Voraussetzung dafür ist eben die Entlastung aller Beteiligten vom Anspruch und der Betroffenheit der Ernst-Situation.

Der Schein der Realität ist es, den das Theater so faszinierend zu erzeugen versteht, der den Zuschauer immer wieder zu ‹echten› und nicht zu gespielten Emotionen kommen läßt, so sehr sich der Zuschauer auch der Theatersituation bewußt sein mag. Gerade im Hinblick auf die aktuelle Wirkung von Theater, komischen wie tragischen Theaters, ist die Dialektik von Spiel und Ernst als dessen wesentlichstes Konstitutionsmoment unmittelbar erfahrbar.

Spieler und Zuschauer zusammen bestimmen die Handlungsstruktur der Theatersituation. Das Publikum ist wie die Spieler ein fundamentales Element der Situation Theater, gleichermaßen also Akteur in seiner Rolle wie diese. Allein aber die Wahrung dieser Differenz, die Unterscheidung von Spielen und Zuschauen, Spielern und Publikum, sichert dem Theater seine utopische Dimension.

In dieser generellen Konstitutionsbedingung hat auch jene von manchen Programmatikern des Theaters immer wieder erhobene Forderung, Unterscheidung von Spielern und Publikum aufzuheben, ihre Grenze. Die Preisgabe dieser Unterscheidung würde das Ende jeden Theaters bedeuten; die Theatersituation würde sich in eine Spielsituation verwandeln, die ihrem Wesen nach neu zu bestimmen wäre, nur wäre es nicht mehr Theater. Die Dialektik von Spiel und Zuschauen aber in einem qualitativ anderen Interaktionszusammenhang aufgehen zu lassen, hieße, sich der

Grundlegung der Theaterästhetik

spezifischen Produktivität jener Dialektik zu begeben. Theater zum Selbstverständlichen zu machen, seine Irritation aufzuheben, indem alle gleichsam hinter die Kulissen sehen, würde bedeuten, auf sein Utopiepotential zu verzichten. Denn erst die inszenatorischen Verfremdungen des Spiels und der Spieler gegenüber dem Publikum stellen jene Objekt-Subjekt-Beziehung her, die Voraussetzung dafür ist, daß Theater – Spielen und Zuschauen – jene Qualität von Erfahrung erhält, die im besten Falle schließlich Erkenntnis befördert. Eben in seiner Abgehobenheit vom Alltag, die sich in der Spiel-Ernst-Dialektik reflektiert, liegt die Möglichkeit des Theaters, zum Reflektionsbereich gegenüber der Alltagswirklichkeit zu werden, dieser gegenüber auch sein kritisches Potential auszuspielen.

Unter diesem Aspekt ist auch die Frage der Guckkastenbühne, die von den meisten Theaterreformern wohl zu voreilig (zugunsten des sogenannten «Arenatheaters» oder «offener» Spielformen) als schlechte Konvention abgetan wird, neu zu durchdenken. Andererseits sind die in manchen Theaterformen schon zum Standard gewordenen Praktiken, das Publikum zum Mitspielen zu animieren, das heißt seinen Status als Zuschauer aufzuheben, eher artifizielle Arrangements innerhalb der Inszenierung als ernst gemeinte Mitspielangebote. Die vermeintliche Grenzaufhebung von Bühne und Publikum läßt oftmals die spektakulärsten theatralischen Effekte entwickeln. Die theatralisch inszenierte (aber eben nur gespielte) Aufhebung der Theatersituation, des Gegenübers von Spielern (Bühne) und Publikum, ermöglicht, durch ihre Brechung der konventionellen Kommunikationsstruktur eine zusätzliche Reflektionsebene innerhalb des Spiels aufzubauen (Beispiel: Brechts Verfremdungstheater), hebt das Distanzverhältnis aber nicht grundsätzlich auf. Im Gegenteil: Die spielerische Verfremdung des Spiels läßt dieses seinem Wesen nach nur um so deutlicher in Erscheinung treten. So kennt das Jesuitentheater des 17. Jahrhunderts bereits das ‹Publikum› als Theaterrolle; und auch das Theater der Romantik entwickelt seine reflektorische Struktur durch die ironische Brechung der Theaterhandlung durch das ‹Spiel im Spiel›.

Das Publikum ist, so bleibt also vorausgesetzt, an der Theaterhandlung stets beteiligt als Publikum, als anwesender Zuschauer und Zuhörer, im sinnlichen Wahrnehmungsfeld der Spielaktion unter den Konditionen der Raumverhältnisse und der vorgegebenen äußeren Kommunikationsbedingungen. Der Zuschauer erfährt sich in dieser Situation in den unterschiedlichen Formen der Betroffenheit: des emotionalen Beteiligtseins mit Lachen, Weinen, Angst, Schrecken, dem Schock; mitdenkend, verstehend, irritiert, ratlos, verständnislos; sich einfühlend, distanziert betrachtend, urteilend, wertend, ‹testend›, Partei ergreifend; physisch angegriffen, mit Ausdrucksbewegungen reagierend; unterhalten, amüsiert oder gelangweilt; als Publikum (!) mitspielend; aktuell reagierend mit Klatschen, Pfeifen, Buhen, Dazwischenrufen, Rausgehen; ganz im Bann des Spiels oder ‹zerstreut›, nebenher beschäftigt mit Rauchen oder Trinken, wie sich der junge Brecht sein Idealtheater dachte. Und auch dann wirkt Theater vornehmlich emotional, wenn es um rational bestimmte Inhalte geht; die Inszenierung nämlich hat diese Inhaltlichkeit auf der Ebene sinnlicher Anschauung zu vermitteln.

2.

Die Theatersituation ist als Interaktionszusammenhang insbesondere durch die Struktur der Rollenbeziehungen, in denen sie sich entfaltet, definiert. Dabei gilt es, zwei Ebenen zu berücksichtigen: jene Rollen und deren Beziehung, deren Übernahme konstitutiv ist für die Theatersituation, die Handlungsrollen als Spieler und Zuschauer also; und jenes gemeinhin im engeren Sinne verstandene theatralische Rollenhandeln innerhalb des Spiels. Die Verschränkung beider Rollensysteme ist die handlungstheoretische Grundlage für die Entfaltung jener Dialektik von Spiel und Ernst, in der die Theaterhandlung für alle Beteiligten zum Ereignis wird.

Daß Theater erst in der Form des Rollenspiels zu seinem eigentlichen Wesen kommt, für Spieler wie Zuschauer seine Produktivität als Erfahrungs(spiel)raum zur Geltung bringt, bestimmt hier den Begriff von Theater seinem Inhalt nach wesentlich. Theater imaginiert; dabei ist die Rolle der Ort, in der imaginierte Welt, Phantasie und Erfahrung von Spieler und Zuschauer konvergieren. So wird das Theaterspiel zu einem Akt der «Selbstüberschreitung» (Jerzy Grotowski), des Transzendierens der Alltagsrollen und Lebensmasken, vermag sogar therapeutische Qualität zu erlangen.

Nachdrücklich beschreibt Grotowski die fundamentale Bedeutung der Rolle für das Theater: «Wir sind überzeugt, daß ein personaler Prozeß, der sich nicht auf eine formale Artikulation und eine disziplinierte Strukturierung der Rolle stützt und sich darin ausdrückt, keine Befreiung ist und an seiner Formlosigkeit scheitern muß. Unserer Meinung nach wird die Phantasie durch die artifizielle Komposition einer Rolle nicht eingedämmt, sondern geleitet. (Die aufreizende Spannung zwischen dem inneren Prozeß und der Form steigert beide. Die Form ist der Köder in einer Falle, der geistige Prozeß reagiert spontan auf ihn, muß aber gegen die Falle ankämpfen.) Die Formen des allgemeinen ‹natürlichen› Verhaltens verschleiern die Wahrheit; wir komponieren eine Rolle als Zeichensystem, das aufzeigt, was hinter der allgemein sichtbaren Maske vor sich geht: die Dialektik des menschlichen Verhaltens.» Dem ist ohne Einschränkung zuzustimmen. Vor allem die Rolle, nicht die Geschichte oder

Grundlegung der Theaterästhetik

die diskursive Logik braucht das Theater; in der Auseinandersetzung mit der Rolle, zumal den Rollenfiguren der großen Theatertradition, Shakespeares wie der Commedia dell'arte, kommt es zu jenen Ereignissen, die sich als Erlebnisspur einprägen und die personale Substanz der Spieler wie der Zuschauer anrühren, die die Welt der Phantasie verändern.

Versuchen wir, die Theaterhandlung ihrer Struktur nach genauer zu beschreiben. In jedem ihrer Momente ist sie durch die Doppelschichtigkeit ihres Rollensystems bestimmt. Folgendes Schema, das von der einfachsten interaktionistischen Beziehung ausgeht, auf die Dialogform aber nicht festgelegt ist, läßt sich entwerfen:

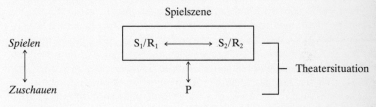

S = Spieler
R = Rolle, literarisch vorgegeben oder in der Spielsituation spontan entwickelt
P = Publikum

Dabei ergeben sich folgende Beziehungen, die die Interaktionsstruktur, insbesondere unter dem für die Theaterhandlung immer wieder herausgehobenen Wirkungsaspekt, bestimmen:

S_1 verhält sich zu S_2 vermittelt über das von ihnen ‹verkörperte› Rollensystem R_1/R_2 und die in diesem System manifestierten Interpretationen der Rollen durch die Spieler, die jeweils die eigene Rolle interpretieren durch ihre Körperlichkeit, dies in erster Linie, aber auch in der intellektuellen Auseinandersetzung damit; die ihr eigenes Rollenverständnis aber nur zu entwickeln vermögen auf die Interpretation der Partnerrolle hin, wie sie selbst die Rolle des andern sehen, aber auch wie der andere seine eigene Rolle versteht. Dieser Prozeß der wechselseitig aufeinander bezogenen Rolleninterpretation, in dem sich das Ich des Spielers gleichsam in ein Spiel-Ich verwandelt, ist innerhalb der Spielsituation fundamental für das Zustandekommen der Ereignishaftigkeit der Spielhandlung; es ist ein Prozeß, der für den Schauspieler zur Herausforderung, ja zum Wagnis werden kann, da er seine personale Identität hier buchstäblich aufs Spiel setzt. In der Selbstentfremdung, die in den Verwandlungen der theatralischen Rollenspiele angelegt ist, probeweise ein anderer zu sein, liegt die Chance zu neuer Selbsterfahrung. Die Rolle diszipliniert das Spiel, gibt ihm bei aller Offenheit die Form, die es nötig hat, um zu einem Medium der Erfahrungsverarbeitung zu werden.

Seiner handlungstheoretischen Struktur nach läßt sich dieser Prozeß in die folgenden Beziehungen auflösen:
- Die objektive (z. B. literarische) Rollenvorgabe R bzw. R_1-R_2: etwa die Beziehung Romeos zu Julia, die im Zusammenhang des Shakespeareschen Stücks als Liebesbeziehung angelegt ist und die Spieler grundsätzlich auf dieses Beziehungsmuster festlegt. Gleiches gilt für Rollen und Rollenbeziehungen, die sich im improvisierten Spiel erst entwickeln; sie haben größere Freiräume zu ihrer aktuellen Verkörperung als literarisch fixierte Rollen.
- Die aktuelle körperliche Beziehung der Spieler S_1 und S_2: Organisiert sich das Spiel in seinem Verlauf zwar über die Rollenvorgaben, haben sich die Spieler doch mit der Körperlichkeit ihrer selbst und ihrer unmittelbaren Spielpartner auseinanderzusetzen. Verprügelt ein Spieler S_1 in der Rolle des ‹Herrn› seinen Spielpartner S_2 in der Rolle des ‹Dieners›, so mag sich S_2 zwar sagen, daß die Schläge nicht ihm, sondern dem, den er spielt, gelten; doch es ist die Hand oder der Fuß von S_1, die er verspürt. Für die personale Beziehung von S_1 und S_2 bleibt dieser Vorgang nicht ohne Folgen, so sehr diese unbewußt bleiben mögen. Die Besonderheit dieser Beziehungsstruktur würde noch pointierter erkennbar, würde man sie in der Analyse eines Rollenverhältnisses aufzeigen, das die Spielpartner in eine intensive erotische Beziehung bringt, in der die Körperlichkeit des Partners in besonderer Weise ‹spielbestimmend› ist.
- Die inhaltliche Verarbeitung und formale Gestaltung der Rolle durch den Spieler, ebenso sein Verständnis der Rolle der anderen: Hier ist unter dem handlungstheoretischen Aspekt der systematische Ort, an dem die Theaterhandlung als Inszenierung zu betrachten ist. Im Prozeß der Rollenverarbeitung und -gestaltung wird der Schauspieler weitgehend vom Regisseur geführt; wie diese Arbeit organisiert ist, bestimmt im wesentlichen die Qualität der Erfahrung, die der Schauspieler dabei macht.
- Schließlich die außerhalb des Rollenzusammenhangs gegebenen Handlungskonditionen: der Spielraum, die Bühne mit allen aufgebotenen Zeichensystemen (Licht, Maske und Kostüm, Musik etc.).

S_1 und S_2 verhalten sich nicht nur zueinander im (internen) Beziehungszusammenhang des Spiels, sondern auch (extern) zum Publikum hin, das auf sie als S_1/R_1 bzw. S_2/R_2 oder aber auch als S_1 oder S_2 oder R_1 oder R_2 für sich reagiert.

Andererseits wirkt dieser Aspekt fraglos auf die Rolleninterpretation der Spieler zurück – oder als Erwartung der Rollenannahme durch das Publikum voraus; denn jeder Spieler will ‹ankommen›, möglichst ‹gut aussehen› in seiner Rolle. Wieder schlägt hier die Dialektik von Spiel und Ernst als Grundbedingung der Theatersituation durch.

Grundlegung der Theaterästhetik

Die Doppelschichtigkeit des theatralischen Rollensystems schließt auf jeder Ebene den Zuschauer voll mit ein: Dieser sieht S_1 in der Rolle R_1; seine Einfühlung, sein Nachdenken gilt der Rollengeschichte (R_1/R_2), sein Applaus der Leistung von S_1 als Darsteller, aber mitunter auch der Rolle selbst: Kinder applaudieren dem Kasperl, der den Räuber mit der Pritsche auf den Kopf schlägt, nicht dem Spieler, der dahintersteckt. Von Aufführungen des *Don Carlos* zur Zeit der Hitlerdiktatur wird berichtet, daß die emphatisch vorgetragenen Freiheitsforderungen des Marquis von Posa das Publikum zu Beifallsstürmen hinriß. Auch dieser Beifall galt der Rolle. Der Zuschauer reagiert also permanent auf beiden Ebenen. Diese Doppelstruktur erklärt manche widersprüchlich erscheinenden Phänomene der Theaterhandlung, etwa den Beifall am Ende der Tragödie. Auch der Schauspieler exponiert sich stets in beiden Rollensystemen gleichermaßen, im Spiel der Rollenhandlung (auf der Bühne) und ‹im Ernst› der Theatersituation, das heißt dem zahlenden Zuschauer gegenüber, der erwartet, daß dieser sein ‹Handwerk› versteht; als Akteur also, der beansprucht, ernst genommen zu werden, auch wenn er spielt, und der den Zuschauer seinerseits ernst nimmt.

Die Rollenstruktur der Theaterhandlung ist in ihren wesentlichen Momenten mitbestimmt durch den überlagernden Strukturzusammenhang von Institution (Theater) und Öffentlichkeit. Das betrifft insbesondere die materiellen Bedingungen des Theaters, aber auch seine ideologische oder gesellschaftspolitische Beanspruchung, etwa als «moralische Anstalt» oder als Dienstleistungsbetrieb (von sehr spezifischer Art) innerhalb der Freizeitgesellschaft. Dieser Zusammenhang stellt sich folgendermaßen dar:

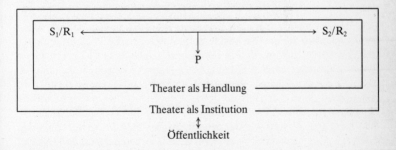

Der Strukturzusammenhang von Institution und Öffentlichkeit ist auch dann von Bedeutung, wenn sich Theaterarbeit in sogenannten Freien Gruppen organisiert, in Formen von Amateurtheater oder spontanen, informellen Zusammenschlüssen von Laienspielern. Der Institutionenaspekt kommt freilich am wirkungsvollsten zur Geltung in jenen Theaterformen, die innerhalb der kulturverwalteten Systeme (Staats-, Landes- und Stadttheater, einschließlich der subventionsabhängigen Privattheater) ihre Arbeitsbedingungen vorgegeben haben. Institution Theater meint in diesem Zusammenhang also nicht in erster Linie die Betriebsstruktur des Theaters, sondern bezeichnet seinen Stellenwert innerhalb des Kulturverständnisses einer Gesellschaft, seine Bedeutung als eine Einrichtung der sozialen Verständigung, als Forum von Diskussion und Kritik, als Spielort, als Einrichtung der Unterhaltung oder Belehrung. Wie immer eine Gesellschaft oder gesellschaftliche Gruppe ‹ihr› Theater definiert, es für sich einrichtet, in diesem Sinne tragen die Mitglieder dieser Gesellschaft Erwartungen an das Theater, dessen Publikum sie sind, heran. Die Spieler wieder haben sich mit diesen Dispositionen auseinanderzusetzen. Unter dem Institutionsaspekt wird die soziale Funktion des Theaters konkret.

3.

Theater ist reine Aktualität, existiert allein in seinem authentischen Vollzug als aktuelle Situation in der Dialektik von Spielen und Zuschauen. Darin liegt die Lebendigkeit von Theater als Kunstform begründet; dies gilt für alle Aufführungskünste gleichermaßen, für Tanz, Musik, Varieté oder Zirkus wie für jene experimentellen Genres, die sich im Umfeld der bildenden Kunst entwickelt haben: Performance, Happening, Aktionskunst. Die besondere Stellung des Theaters wird zu klären sein.

In seiner auratischen Unmittelbarkeit verweigert sich das Theater der Reproduktion; jede Aufführung ist in einem prinzipiellen Sinne einmalig, als aktuelle Handlung und Erlebnis ein Moment des Lebens selbst. Das Theater hat Teil an dessen Verbindlichkeit und Intensität, ist aber auch mit ihm unwiederbringlich verloren. Die Analogie von Theater und Leben, die viel mehr ist als eine Metapher, resultiert daraus, daß der agierende Schauspieler und der reagierende Zuschauer die Theaterhandlung gemeinsam vollziehen, daß in deren beider lebendigen Körperlichkeit Theater aktuell wird. Wie wichtig dieser Aspekt, der gewöhnlich nur im Hinblick auf den Schauspieler reflektiert wird, auch für die Rolle des Zuschauers ist, wird zum Beispiel dadurch einsichtig, daß in einer Aufführung die Reaktionen eines Publikums von Jugendlichen gegenüber einem Publikum von älteren Menschen zumeist deutlich unterschieden sind. Oder man denke an das spontane, turbulente Agieren eines Kinderpublikums. Auch prägt das äußere Erscheinungsbild eines Publikums maßgeblich die Ästhetik der Theatersituation. Die aktuell präsente Körperlichkeit, die das Wesen des Theaters seiner Erscheinungsweise nach bestimmt, ist mithin ein Moment jenes Konstitutionszusammenhangs von Spielen und Zuschauen.

Dieser Sachverhalt ist als unmittelbare Erfahrung für Spieler wie für Zuschauer insbesondere bei Aufführungen evident, in denen der Schauspieler in gemeinhin (für eine Öffentlichkeit) tabuisierten Handlungszusammenhängen, etwa Erotik oder Gewalt, dem Zuschauen ‹preisgegeben› ist, vor allem wenn die Rampe überspielt und das räumliche (schützende) Distanzverhältnis zwischen Spielort und Zuschauerraum zeitweilig aufgehoben ist. Der Zuschauer gerät dabei in eine Form auch physischer Betroffenheit, die eben aufgrund der spezifischen Körpererfahrung in der Theatersituation einen besonderen Akzent erhält. Mehr noch gilt dies freilich für die Spieler.

Gespieltes Theater bleibt wie gelebtes Leben allein in der Erinnerung bewahrt. Film- oder Videoaufzeichnungen von Theater brechen diese Authentizität grundsätzlich, machen deren Verlust unmittelbar erfahrbar, sind nicht mehr Theater, nicht einmal eine Kopie davon.

Die exzeptionelle Seinsweise der Theaterhandlung als reine Aktualität, gleichsam wie das Leben selbst, bestimmt auch das wissenschaftlich-analytische oder das kritisch-wertende Reden über die Theateraufführung. Aussagen darüber sind stets Aussagen von Beteiligten über Erinnerungen, Erlebnisse, über Erfahrungen als Spieler oder Zuschauer; sie entziehen sich deswegen weitgehend der Objektivierung durch eine Wissenschaftssprache.

Die Theaterhandlung ist nicht festgehalten wie die erzählte Geschichte in einem Buch, wie ein Bild oder eine Skulptur und stellt sich deswegen auch nicht einer von ihrer Aktualität abgehobenen ‹objektiven› Betrachtung. Als Objekt ist die Theaterhandlung nie präsent, da sie ihrem Wesen nach eben nur in der dialektischen Aktualität von Spielen und Zuschauen existiert. Im Verhältnis dazu ist Subjektivität als Standpunkt nicht aufhebbar. So wenig wie Erfahrung überhaupt läßt sich Theatererfahrung nicht vermitteln, man muß sie selbst machen.

Begrenzt die Subjektivität des Rezipienten grundsätzlich den Horizont seines Verstehens, so kommt hinsichtlich des Verstehens von Theater ein Moment hinzu, das diese Subjektivität in besonderer Weise exponiert. Keine andere Kunstform fordert so sehr die aktuelle physische und psychische Kondition des Rezipienten wie das Theater; ein ‹müdes› Publikum, das nicht ‹mitgeht›, beeinträchtigt das Spiel auf der Bühne, ein ‹lebendiges› fordert die Spieler heraus, trägt zu deren Produktivität bei.

Das «unbarmherzigste Medium» nennt Peter Brook das Theater, «dem Irrtum ist kein Raum gelassen, und auch nicht der Verschwendung». Ein Roman kann wiederholt nachgelesen werden, der Leser kann Seiten oder Kapitel überschlagen, in der Lektüre einhalten, um über das Gelesene nachzudenken, den Lesevorgang seiner physischen Kondition anpassen; ein Bild kann beliebig lange und immer wieder betrachtet werden, so lange, bis es sich dem Betrachter erschließt. Oft liegen ganze Lebensabschnitte zwischen der ersten Begegnung und dem eigentlichen Verstehen. Und auch Filme sind, obwohl sie in der aktuellen Rezeption dem Publikum ihre Verlaufszeit als Zeit seiner Wahrnehmung aufzwingen, grundsätzlich, und zwar exakt wiederholbar, können angehalten und mit Hilfe geeigneter technischer Apparaturen den unterschiedlichsten analytischen Meßoperationen unterworfen werden.

Der Rezipient ist diesen Kunstformen gegenüber auch nicht in dem Sinne wesentlich, wie er es für das Theater als Zuschauer ist. Dies unterscheidet die Theatersituation zum Beispiel grundlegend von musikalischen Aufführungen, die in ihrer gängigsten Form, dem Gegenüber von Instrumentalist/Sänger und Zuhörer, der Theatersituation vergleichbar erscheinen und durchaus theatralische Elemente haben mögen, aber eben doch nicht Theater in dem Sinne sind, daß erst die Präsenz eines Publikums sie zu ihrem Wesen kommen läßt. Ein Orchester kann wie jeder einzelne Musiker ‹für sich› musizieren, nicht aber eine Theatergruppe ohne Zuschauer ‹für sich› ein Stück aufführen. Das Spielen als Übung oder zur Probe hat einen grundlegend anderen Charakter als die Aufführung vor einem Publikum, also das eigentliche Theater. Bei dieser Unterscheidung wird die stimulierende Wirkung eines Publikums, bei einem Konzert wie bei einer Sportveranstaltung, keineswegs außer acht gelassen oder auch nur unterschätzt. Dennoch: Der Zuschauer eines Fußballspiels wie der Zuhörer eines Klavierkonzerts sind in anderer Weise mit den Vorgängen, denen sie beiwohnen, befaßt als der Zuschauer beim Theater; im Grunde sind sie entbehrlich.

Existiert die Theaterhandlung nur in der jeweiligen Zeit ihres Verlaufs, in ihrer Aktualität, so ist diese Zeitstruktur auch zwingend für die sinnliche Wahrnehmung des Rezipienten, ist die Zeitstruktur seiner Erfahrung. Berücksichtigen wir die konstitutive Funktion des Zuschauers für die Theatersituation, so schließt die Wahrnehmung von Theater wie das Verstehen von Theater auch das wahrnehmende, das verstehende Subjekt ein. Theaterverstehen ist situationales Verstehen, ähnlich dem Verstehen von Alltagssituationen. Die aktuelle Kondition des Zuschauers geht deswegen in besonderer Weise in seine Aussagen über Theater ein, anders als es gemeinhin bei Kunstrezeptionen der Fall ist. Die Qualität eines Bildes wird nicht gemindert, wenn ein ‹blinder› Betrachter davorsteht, wohl aber die Qualität einer Theateraufführung durch die Präsenz eines ‹blinden› Publikums. Mithin sind die Aussagen eines Theaterbesuchers über die Aufführung – das schließt die Position des Wissenschaftlers wie die des Kritikers grundsätzlich ein – Aussagen aus seiner beteiligten Zeugenschaft heraus; er spricht auch über sich, wenn er über die Spieler spricht; über seine Affektion, in der szenisches Spiel und eigene Phantasie zusammenwirken. Hier liegt die Legitimation für die Subjektivität der Theaterkritik, wie professionalisiert der institutionelle Rahmen, in dem sie sich äußert, auch sein mag. Die Einmaligkeit und Aktualität des Theaterspiels korrespondiert mit der Einmaligkeit und Unwiederholbarkeit der Rezeptionssituation, wie Spielen und Zuschauen eine dialektische Einheit bilden. Produktion und Rezeption fallen beim Theater in eins, stehen zeitlich nicht nacheinander, sondern verlaufen gleichzeitig. Bei Werken der bildenden Kunst oder der Literatur ist die Produktion deutlich abgehoben und oft von beträchtlicher zeitlicher Distanz zur Situation ihrer Rezeption; beim Theater ist diese Differenz prinzipiell aufgehoben.

Ein weiteres Spezifikum der Theaterrezeption – als ein Teilmoment der Dialektik von Spielen und Zuschauen – ist, daß sich Theater stets als sozialer Prozeß vollzieht, in der Gemeinschaft von Spielern und Zuschauern. Ist der Leser eines Romans oder der Betrachter eines Bildes mit dem Gegenstand seiner Zuwendung in der Regel allein – der Vorgang der Rezeption hat hier vielfach den Charakter der Kontemplation, die aktuelle Gemeinschaft mit anderen ist keine Bedingung der Rezeption –, so wird Theater nie in sozialer Isoliertheit aufgenommen, sondern stets als personale Beziehungssituation gegenüber den Akteuren auf der Bühne und den anderen Zuschauern, dem Nebenmann im Parkett. Die Entwicklung des Theaterbaus reflektiert deutlich die Entwicklung der allgemeinen gesellschaftlichen Strukturen, die Hierarchie der Sitzreihen und Ränge bildet die Hierarchie der Gesellschaft ab. Und mit guten Gründen setzen die meisten Theaterreformen bei Strukturveränderungen der Theaterarchitektur an. Eine Reihe interessanter Modelle sind in der Zusammenarbeit von Regisseuren und Theaterarchitekten konzipiert worden; der Entwurf des «Totaltheaters» von Walter Gropius für den Neubau des Piscator-Theaters in Berlin ist nur ein Beispiel dafür.

Der Doppelaspekt von Produktion und Rezeption, deren aktuelle Gleichzeitigkeit in der Theatersituation, stellt den Zuschauer also grundsätzlich in eine kommunikative Beziehung mit anderen. Es sind vor allem die volkstümlichen und vorbürgerlichen Theaterformen, die den kommunikativen Austausch der Zuschauer untereinander als Selbstverständlichkeit ansehen. Im höfischen Lebenszusammenhang war die Theateraufführung integriert in andere Formen von Geselligkeit und Lebenskultur, fand vielfach statt, während man aß und trank und miteinander redete. Heute gibt es Theatersituationen, bei denen ein kommunikativer Austausch auch unter dem Publikum stattfindet, kaum noch. Von der Idee, Shakespeare in einem Biergarten im Norden Berlins zu inszenieren, war der junge Brecht fasziniert. Die konventionelle bürgerliche Theaterpraxis hat die Formen der internen Publikumskommunikation auf die Pausen im Foyer beschränkt.

Dem sozialen Wesen der menschlichen Existenz entspricht die Theatersituation unmittelbar; der Theaterzuschauer tritt in der Regel im Plural auf, nämlich als Publikum. Innerhalb der Situation Theater bildet sich eine spezifische gruppendynamische Struktur aus, deren wichtigstes Merkmal die Exponiertheit der Spieler ist. Der kleinen Anzahl von Akteuren, auf der Bühne ‹zur Schau gestellt›, steht zumeist eine weitaus größere Anzahl von Zuschauern als Publikum gegenüber. Die konventionelle Theaterarchitektur nahm diese Struktur auf. Der Theaterraum trennt Spieler und Zuschauer durch die Rampe und den Orchestergraben, die Akteure spielen in dem erhöhten «Guckkasten» frontal vor dem Publikum, oder die Zuschauerränge gruppieren sich rings um eine zentral gelegene Spielfläche («Arenatheater»). Die Theatergeschichte kennt eine Vielzahl von Gestaltungsmöglichkeiten. Immer aber bilden sich in der Raumgliederung die unterschiedlichen Beteiligungsformen an der Theatersituation ab: der Raum für die Spieler – der Platz für die Zuschauer; stets bleibt, selbst in neueren Formen des experimentellen Theaters, das entgegen der Theaterkonvention die kommunikative Beziehung von Spielern und Zuschauern oftmals ohne statische Raumgliederung organisiert, die Dialektik von Spielen und Zuschauen das strukturbestimmende Moment.

Die beiden Handlungsrollen, Spielen und Zuschauen, sind freilich höchst ungleich in ihrer Erfahrungsdimension, in der physischen und psychischen Beanspruchung der Rollenträger. Der Spieler exponiert sich ohne Rückhalt, der Zuschauer indessen vermag anonym zu bleiben im Dunkel des Parketts oder auf der Galerie. Aber eben an diesem Punkt, wo es in eklatanter Weise als Widerspruch erscheint, den Zuschauer als Mitproduzenten der Theaterhandlung zu beanspruchen, wird die konstitutive Bedeutung seiner Rolle besonders deutlich. Denn die Ausgesetztheit des Spielers auf der Bühne, die sich ihm darin vermittelnde affektive Spannung als eines der produktivsten Momente seiner Situation, hat den Zuschauer zur Voraussetzung. Durch diesen erst erhält das Spiel seine Ernst-Dimension, eine Qualität von Verbindlichkeit; ohne den Zuschauer bliebe das Spielen eben nur Spiel und würde nicht zum Theater, das seinem Wesen nach Spiel und Ernst zugleich ist. Der Spieler braucht den Zuschauer als Gegenüber; ihm als Kritiker oder Mitleidendem liefert er sich aus, und vor allem will er ihn unterhalten. In dieser Ausgesetztheit liegt die Verletzbarkeit des Spielers, aber auch seine Überlegenheit.

Aufgrund dieser Konstitution hat das Theater innerhalb der Kunstbereiche einen geradezu exzeptionellen Öffentlichkeitscharakter. Theater wurde deswegen als Institution in seiner sozialen Funktion stets genauer definiert als andere Formen der Kunstbetätigung und strenger den sozialen Kontrollen unterworfen. Besondere Zensur- wie Subventionsmaßnahmen markieren das Spektrum dieses Zusammenhangs. «Instinktiv», schreibt Peter Brook, «wissen die Regierungen, daß das lebendige Ereignis eine gefährliche Hochspannung schaffen kann – wenn das auch nur allzu selten vorkommt. Aber diese uralte Furcht ist die Anerkennung ei-

Grundlegung der Theaterästhetik 29

ner uralten Möglichkeit. Das Theater ist die Arena, wo sich lebendige Konfrontation ereignen kann. Die Konzentration einer großen Menschengruppe schafft eine einzigartige Intensität, und dadurch können Kräfte, die ständig am Werk sind und das tägliche Leben eines jeden Menschen bestimmen, herausisoliert und deutlicher erkannt werden.» Keine andere Kunstform ist deswegen in vergleichbarem Maße zur gesellschaftlichen Institution geworden.

4.

Immer wieder wird das Theater in Analogie zum Leben oder zum Traum gesetzt. Über den metaphorischen Gehalt dieser Analogie hinaus liegt diesem Gedanken die Vorstellung zugrunde, daß in den allgemeinen physischen und psychischen Konditionen des Menschen jene Strukturen angelegt sind, die wir in Situationen und Handlungen, als Alltags- oder Kunsthandlung, wiederfinden, die wir als Theater bezeichnen. Dies betrifft theatralische Strukturen der Alltagskommunikation, also im Zusammenhang von Ernst-Handlungen, ebenso wie das Theater als Kunsthandlung, das heißt als Spiel. Die Beziehung beider Bereiche ist offenkundig. In der Theatralik der Alltagshandlungen, in den Formen der Selbstdarstellung und des Rollen- und Inszenierungsverhaltens in aktuellen Interaktionen entwickelt das Subjekt seine theatralische Wahrnehmungs- und Handlungskompetenz, erlernt es die in spezifischen Kommunikationsgemeinschaften gebräuchlichen theatralischen Zeichensysteme, ja es baut seine personale Identität in szenischen Interaktionsarrangements auf, die die Grundlage theatralischer Handlungen darstellen. Dieses Alltagstheater ist ein fundamentaler Dispositionsbereich für jede Art des Kunsttheaters, auch wenn dieses ein von den Formen der Alltagskommunikation abgehobenes, mehr oder weniger kodifiziertes Zeichensystem entwickelt hat. Es geht hier vielmehr um eine fundamentale Konditionierung zum Spielen und Verstehen von Theater, die unabhängig ist von spezifischen, in sozialen und historischen Kontexten entwickelten Zeichensystemen. Andererseits transzendiert das Theater als Spiel das Leben im Alltag, suspendiert in den Formen seiner Theatralik von den geltenden Ausdrucksstandards und dem angebotenen Rollenrepertoire. In einem Topos des Barocktheaters spielt der Bauer den König, träumt sich in diese Rolle hinein: das Leben als Traum und Theater als das bessere Leben.
Richard Wagners wie Friedrich Nietzsches vitalistischen Interpretationen des Theaters als Lebensakt gehen von der Traumanalogie aus; ebenso sieht Adolphe Appia im Traum das Vorbild seines Theatergesamtkunstwerks. Am konsequentesten hat August Strindberg die Techniken des Traums zur dramaturgischen Methode erhoben. Die permanente Verwandlung von Gegenständen und Figuren ist strukturbildend für sein Mo-

dell der «Traumspiele», die sich nach der «unzusammenhängenden, aber scheinbar logischen Form des Traumes» organisieren.

In der szenisch-situationalen Darstellungsform der Phantasie ist die anthropologische Fundierung von Theater als Form ästhetischen Handelns begründet, in einem Elementargesetz des psychischen Lebens: der in der Phantasie und im Traum imaginierten Verwirklichung des Subjekts. Das Theater stellt die Phantasiearbeit unmittelbar, als aktuelle, das heißt in Handlungsvollzügen sich realisierende Veräußerung seines intendierten Sinns dar. Es bietet Spielräume für jene Lebenswünsche, die in der Alltagskommunikation in die innersubjektiven Enklaven verdrängt bleiben: Theater als ausgelebte Phantasie, aber auch als Kontemplation, im ästhetischen Spiel gleichsam realisierter Traum; schließlich als spielerisch gelebter Entwurf befreiten Lebens. Dies ist ein Programm der Hoffnung, das mit dem Theater seit seinen Anfängen verbunden ist. Unter dem inhaltlichen Aspekt der Handlungsstruktur erscheint dieses Moment als der Utopiegehalt des Theaters, begründet in seinem Wesen als Spiel.

Nähern wir uns dem gleichen Problem von einer anderen Seite her, von der Frage des Theater-Verstehens, das als szenisches Verstehen zu bestimmen ist. Damit ist folgendes gemeint: Während sich das logische Verstehen auf die immanente Struktur des Gesprochenen, das psychologische Verstehen auf die Motivationsstruktur des Sprechers richtet, hat das szenische Verstehen «die Verwirklichung des Subjekts in seinem Beziehungsfeld» zum Gegenstand. Es ist das Verstehen von Situationen, in denen das Subjekt seine Mit- und Umweltbeziehungen verwirklicht, wie entfremdet oder pathologisch gestört auch immer. Szenisches Verstehen sieht ab von einer Rückversicherung (als Frage nach dem Wahrheitsgehalt) an der Faktizität, wie sich Theaterverstehen auch nicht an der faktischen Wahrscheinlichkeit der Bühnenhandlungen orientiert; es begreift die Vorstellungen und Handlungen des Subjekts als aktuelle, lebensgeschichtlich bestimmte Realisierung von dessen Mit- und Umweltbeziehungen, in deren Inszenierung der aus der ‹offen› geführten Kommunikation verdrängte Sinn als Struktur erhalten und rekonstruierbar bleibt. Alfred Lorenzer (Sprachzerstörung und Rekonstruktion, 1970) erläutert szenisches Verstehen folgendermaßen und sieht darin das der inszenatorischen Struktur von Phantasiebildern und Traumgeschichten angemessene hermeneutische Verfahren: «Wie betont psychoanalytisches Verstehen als szenisches Verstehen operiert, wird erst recht deutlich an der Zentrierung auf Phantasien. Phantasien sind nichts anderes als imaginierte Objektbeziehungen, szenische Arrangements, in denen bestimmte Interaktionsmuster ausgelegt werden. Es ist keine Phantasie denkbar, die nicht dieses Wesensmerkmal der Inszenierung hat. In der Phantasie wird der Trieb deshalb sichtbar, weil er sich hier in einer Objektsituation darstellen kann. Man kann Freuds Bemerkung, daß der Trieb nur in der Vorstellung faßbar ist, so variieren: Triebe sind nur erlebbar in den (in der Realität oder Phantasie inszenierten) Objektbeziehungen, d. h. in einem realen oder phantasierten Spiel mit dem Objekt. Die Vorstellungen sind als Darstellung der Beziehungssituation zu verstehen. Was immer der Patient berichtet, die Bedeutung, die mit dieser Mitteilung verstanden werden will, ist die Situation, in der die Trieberfüllung inszeniert ist, eine bewußte oder unbewußte Situation der Wiederholung einer erlebten oder die Erdichtung einer ersehnten Szene.»

Szenisches Verstehen als Verstehen von Interaktionen ist aufgrund von deren Komplexität nur über Evidenzerlebnisse, die den Sinn einer Situation oder Szene als Ich-Inszenierung erfassen, möglich. So erfolgt das Verstehen von Theater analog dem Verstehen von alltäglicher Interaktion weitgehend intuitiv, das heißt, die Sinndimension des theatralischen Handelns und seiner situationalen szenischen Arrangements wird in ihrer ausdruckshaften Verkörperung wahrgenommen und spontan verstanden. Die Inszenierung als künstlerischer Arbeitsprozeß hat die Organisation jener ausdruckshaften Verkörperung des Sinns einer Szene oder Szenenfolge zu ihrer eigentlichen Aufgabe.

Intuitives Erkennen aber beruht auf dem Prinzip der Analogie. Das Subjekt gewinnt seine Erkenntnis mit Hilfe von Modellen in Übertragungsprozessen. Beim Ausdrucksverstehen, in unserem besonderen Fall beim Verstehen von Theater, ist das verstehende Subjekt selbst Modell der Projektion. In sein Ausdruckssystem überträgt es die wahrgenommenen Zeichen und dechiffriert sie. Dabei kommt das Verstehen des Sinns einer Szene in der Regel ohne reflektorische Anstrengungen zustande. «Bei der Intuition», so schreibt C. G. Jung, «präsentiert sich irgendein Inhalt als fertiges Ganzes, ohne daß wir zunächst fähig wären, anzugeben oder herauszufinden, auf welche Weise dieser Inhalt zustande gekommen ist. Die Intuition ist eine Art instinktiven Erfassens gleichviel welcher Inhalte. Sie ist, wie die Empfindung ... eine irrationale Wahrnehmungsfunktion. Ihre Inhalte haben, wie die der Empfindung, den Charakter der Gegebenheit im Gegensatz zu dem Charakter des Abgeleiteten, Hervorgebrachten der Gefühls- und Denkinhalte.»

5.

Ein weiterer Aspekt, der sich aus der Strukturanalogie von Phantasie- und Trauminszenierung mit dem Theater als inszenatorischer Kunsthandlung ergibt, betrifft das Zeichen- und Symbolsystem, innerhalb dessen sich im Theater der kommunikative Austausch vollzieht. Dieses Problem stellt sich vor allem bei Theaterformen, deren Zeichensysteme nicht kodifiziert sind wie die des orientalischen oder des ostasiatischen Theaters, sondern sich unmittelbar aus dem Zeichen- und Ausdrucksrepertoire der

Alltagskommunikation herleiten, wie dies in der abendländischen Theatertradition weithin die Regel ist.

Die in den inneren Enklaven von Traum und Phantasie und in der ästhetischen Enklave Theater zugelassenen Symbolsysteme vermögen komplexere, die Tiefenstruktur der Subjekte bestimmende Sinngehalte in die Anschaulichkeit szenischer Situationen weiterzuleiten und damit der Erfahrung (als Traumerfahrung oder ästhetische Erfahrung) zugänglicher zu machen, als es in den restriktiven Verkehrsformen des Alltags und den dort zur Verfügung stehenden Ausdruckssystemen der Fall ist. Dies ist ein zentrales Moment, das die Zeichensysteme von Kunst generell charakterisiert, in ihm liegt die Sprengkraft der ästhetischen Kommunikation gegenüber den Erfahrungsmöglichkeiten in der Alltagswirklichkeit. So werden die in der Alltagskommunikation weitgehend exkommunizierten Sinngehalte im Theater zur legitimierten Anschauung gebracht, bilden dort ihre Zeichen- und Symbolsysteme aus und erhalten unter den Bedingungen der ästhetischen Produktion und Rezeption Möglichkeiten ihrer spielerischen Verwirklichung. Das Theater ist mithin ein Praxisbereich, der von in der Alltagskommunikation geltenden Konventionen weitgehend suspendiert; das betrifft nicht nur die Spieler, sondern auch den Zuschauer, der im Theater hinsieht, wo er in einer analogen Alltagssituation in der Regel ‹wegschauen› würde.

Theater also stellt mit seinen Symbolsystemen Möglichkeiten der Kommunikation her, die im Alltag unterbrochen, fehlgeleitet oder entfremdet sind. Der Entfaltungsspielraum der Sprachspiele (Wittgenstein) in der Theatersituation ist ungleich größer als im Alltag, wo die Regeln der Kommunikation einem Prozeß der Ökonomisierung und Pragmatik verfallen und in ihm erstarrt sind, wo sie ihren Symbolcharakter weitgehend verloren haben und die Komplexität von Leben nicht mehr erfassen. Die entfremdeten Sprachspiele des Alltags verbergen die lebensgeschichtliche Individualität der Beteiligten fast ganz, sie finden in der Konventionalisierung ihr Ideal. Um so mehr vermag sich das Subjekt im Theaterspiel in seiner lebensgeschichtlichen Besonderheit darzustellen. Dieser Prozeß ist als kreatives Moment von größter Bedeutung; das Theater erhält aus der Aktivierung solcher Phantasie- und Spielpotentiale einen wesentlichen Teil seiner Faszination. Andererseits sind Irritation und Schock, den manche Inszenierung für die Zuschauer erzeugen, gerade eben darin begründet, daß diese mit den Tabus ihres Alltags konfrontiert werden. Im Theater wird die Subversion der Phantasie öffentlich.

In einem Prozeß komplementärer Identifikation bezieht der Zuschauer die Spielsituation auf der Bühne auf sich, entsprechend den Möglichkeiten verstehender Teilhabe. Das fremde Leben wird im Blick auf das eigene gesehen; mit Hilfe des fremden wird das eigene besser begriffen, Verdrängtes erinnert oder geahnt. Theater wird zum analytischen Spiel für

Grundlegung der Theaterästhetik

Spieler wie Zuschauer. Das imaginierte Rollenspiel der Theaterhandlung wird dem Publikum zum Modell und zur Projektionsfolie in seinen einzelnen Momenten, den Gesten und Emotionen, aber auch im Zusammenhang als Lebensform, die in der Einfühlung gleichsam probeweise übernommen wird. Der Zuschauer begreift sich in einer Situation mit dem Spieler und dieser wieder mit seinem Publikum; der organisierende Rahmen dieser dialektischen Beziehung ist die Szene.

Gemeinhin bestätigt der Rezipient die Wahrnehmung, die er in der Theatersituation macht, durch Regression und Introspektion, weitaus seltener durch spontanes Ausdrucksverhalten, durch Lachen oder Weinen. Seine Evidenzerlebnisse beruhen im wesentlichen auf dem Wiederfinden eigener Symbole, auch wenn sie aus seinem alltäglichen Lebenszusammenhang ausgeblendet sind. So steht der Zuschauer zwei Wahrnehmungsbereichen gegenüber: den Interaktionen der Spieler und seinen eigenen, in der Theatersituation entdeckten bewußten und unbewußten Reaktionen. Und da sich Identität in szenisch angelegten Beziehungen aufbaut, ständig interpretiert und aufrechterhält, ist das Theaterspiel, das das inszenatorische Moment des Handelns offenlegt, geradezu als Modell dieses elementarsten Moments der psychischen Kondition des Menschen anzusehen. Handelt das Subjekt in der Alltagskommunikation in der Regel unbewußt nach szenischen Mustern und Rollenkonglomeraten, so macht das Theater diesen Aspekt des Handelns bewußt, bringt ihn unmittelbar zur Anschauung. Die Triebmomente der Handlung sind nicht mehr wie in der Alltagskommunikation in den Situationsarrangements verborgen; die artifizielle theatralische Inszenierung stellt diese vielmehr in angemessenen Symbolsystemen offen aus.

Der Zuschauer ist an diesem Prozeß verstehend beteiligt. Er läßt sich ein auf das Spielangebot der Akteure, nimmt seine Rolle in der vorgegebenen Interaktionssituation auf und erfährt sich als ein Element ihrer Dialektik. Aufgrund seiner Teilnahme an der Spielsituation versteht der Zuschauer fremdes und eigenes Leben zugleich. Im szenischen Verstehen stellt sich die aktuelle Identität von Spielern und Zuschauern her. Jene erfahren sich durch diese als (Theater-)Spieler und diese wiederum erst durch die Spieler als Zuschauer. Die Identität des einen resultiert aus der des andern; je aktiver sich ein Publikum als solches verhält, desto intensiver ist der Schauspieler gefordert. So läßt sich für die Theatersituation feststellen, daß sie nicht nur in der Dialektik von Spielen und Zuschauen, Spiel und Ernst grundgelegt ist, sondern daß alle ablaufenden Prozesse der Wahrnehmung, Empfindung, der Erfahrung oder Identitätsstiftung durch diese dialektische Struktur bestimmt sind. Das Theater als Spiel erscheint somit fundiert in den Konditionen der physischen und psychischen Natur des Menschen, die, analog wieder zum Theater, das Leben als Inszenierung der Subjekte sich entfalten läßt.

6.

Wenden wir uns der Inszenierung als der eigentlichen Erscheinungsweise gespielten Theaters zu. Inszenatorische Arbeit besteht im Aufbau des theatralischen Zeichensystems, in der inhaltlichen und formalen Strukturierung der Theatersituation und in der Organisation ihres kommunikativen Umfeldes. So sehr die Inszenierung arbeitspraktischer und konzeptioneller Strategien bedarf, bleibt sie eine Art Abenteuer, eine Entdeckungsfahrt in imaginierte Lebenssituationen von dem Augenblick an, wo ein Schauspieler die Bühne betritt, wo der Raum zum Spielraum wird. So routiniert dieser Vorgang auch ablaufen mag, er entzieht sich immer wieder der inszenatorischen Berechenbarkeit durch den Regisseur und auch durch den Spieler selbst; die Dynamik der Rolle verschafft sich Geltung, ebenso die dem Spieler selbst unbewußt bleibenden Affektionen. Im Rollenspiel entsteht ein höchst komplexes Symbol imitierten Lebens, ein Rollenleben, das aber zugleich das aktuelle Leben des Spielers ist, der von der Eigendynamik der Spielsituation in seiner personalen Substanz gefordert wird: der Kunstform im Spiel ausgesetztes Leben, auf das Spiel gesetztes Leben.

Inszenatorische Arbeit darf sich nicht verstehen als bloße Umsetzung einer vorausgedachten Spielmöglichkeit oder als szenisch-theatralische Veranschaulichung einer vorgefaßten Idee, sondern sollte die Produktivität der Handlungsdialektik der Theatersituation aufnehmen. Inszenierungen sind deswegen auch nie wirklich abgeschlossen, sondern Stationen eines im Grunde endlosen Erfahrungsprozesses.

Zentrales Produktionsmittel des Theaters ist der menschliche Körper in der Komplexität seiner Ausdrucksmöglichkeiten, seiner Fähigkeit, Beziehungen einzugehen, Zeichen zu setzen, die den Spieler noch im leeren Spielraum präsent sein lassen. Theater ist also vor allem Körperkunst; dies schließt die Sprache, die im Theater stets als gesprochene Sprache gegeben ist, ein, wie Sprechen zur Körperlichkeit des Menschen gehört. Theaterästhetik wird deswegen ihre Grundlage auch in der physischen Konditionierung der menschlichen Natur zu suchen haben, in den elementaren Bewegungsmöglichkeiten des menschlichen Körpers, seinen mimischen und lautlichen Ausdruckssystemen, seinem natürlichen und angelernten Symbolverhalten, seinem Affektrepertoire, in seiner spezifischen Physiognomie, in Jugendlichkeit oder Alter, in seiner rassischen und geschlechtlichen Bestimmtheit. Dabei sind die meisten dieser Ausdruckselemente geprägt durch den geschichtlichen und kulturellen Lebenszusammenhang der Individuen, sind Momente eines komplexen ethno-ästhetischen Systems.

Dies aber bedeutet, daß die körpersprachlichen Ausdruckselemente auch in der Theaterhandlung in hohem Grade durch die Verhaltensstandards der Alltagskommunikation konditioniert sind; die Spieler haben dort die

Grundlegung der Theaterästhetik

Grundmuster ihres Ausdrucksrepertoires erlernt, gleiches gilt für die Dechiffrierkompetenz der Zuschauer. Dennoch kann das Theater für Spieler und Zuschauer zum Übungsraum neuer Ausdrucksmöglichkeiten werden, in dem es gerade in der spielerischen Auseinandersetzung mit den Kunst-Rollen die eigenen Alltags-Rollen und deren Ausdruckssysteme reflektieren läßt. Theater bleibt gegenüber dem Erfahrungsbereich des Alltags und seinem Ausdrucksrepertoire stets das Fremde, der Gegenentwurf, die Irritation; nur in solcher Abgehobenheit, nicht in der artifiziellen Verdopplung, vermag das Theater zum Reflexionsraum des Alltags zu werden. In der Spiel-Ernst-Dialektik sind Vertrautheit und Fremdheit aufgehoben; deswegen auch entzieht sich das Theaterereignis immer wieder dem pädagogischen, aufklärerischen oder agitatorischen Strategiedenken und der Aufrechnung von Wirkung und Wirkungslosigkeit. Der inszenatorische Charakter der Theaterrealität bleibt dabei stets evident, so sehr auch Theater den Schein von Natur anzunehmen vermag; darin liegt sein genuin ideologiekritisches Potential. Da sein wesentlichstes Ausdrucksmittel der menschliche Körper ist, bleibt es darauf angewiesen, seinen Sinngehalt auch sinnlich zu vermitteln.

Betrachten wir die Inszenierung unter formalem Aspekt, so sind Raum und Bewegung ihre fundamentalen Elemente. Inszenieren heißt also auch, Bewegungen im Raum zu ordnen, Räume durch Bewegung zu strukturieren; ohne Bewegungen, ohne Bewegungsspuren wird kein Raum zum inszenierten Raum. Der Bühne als inszeniertem Raum ist zugleich das Moment des Schau-Platzes wesentlich, wie es die traditionellen Modelle des Theaterbaus, als Arena oder Guckkasten, vorgeben. Auch statische Arrangements von Spielern oder Objekten müssen als Ruhe- oder Endpunkte von Bewegungsabläufen erfahrbar sein. Die Inszenierung setzt dadurch Zeichen, macht die Bühne zum Erfahrungsraum für die, die dort spielen, wie für die, die sich in diese Spielrealität einfühlen. Der inszenierte Raum ist deswegen immer Innen- und Außenraum zugleich.

Im Inszenierungszusammenhang von Raum und Bewegung konstituiert sich erst der Sinn der Sprache in der Theaterszene. Der inszenierte Raum definiert die situativen Bedingungen des Sprechens im Rahmen der Theaterhandlung. Hat die linguistische Sprechaktforschung längst erkannt, daß sich in der Alltagskommunikation die sprachliche Bedeutung erst im Zusammenhang situativer Kontexte entfaltet, so trifft das um so mehr für die Sprachverwendung in der Theaterhandlung zu, da hier der Sprechkontext durch die komplexen nichtsprachlichen Zeichenelemente der Inszenierung in besonders pointierter Form Bedeutung erhält.

Der Raum der Theaterhandlung ist realer Bewegungsraum und Phantasieraum zugleich, gibt ein Bewegungsprogramm vor für die physischen Handlungen und interpretiert deren Sinn. Inszenierte Räume lassen in der Dialektik von Raum und Bewegung die Phantasie der Spieler wie der

Zuschauer gerichteter sich entfalten, zwingen, den ausgelegten Spuren zu folgen, werden als Spielräume der Phantasie wie der Körperbewegung produktiv. In der Struktur der Bühne und ihrer Elemente bildet sich die Struktur einer imaginierten Welt ab.

Dokumentation und Kommentar

I
«Theater der Zukunft»: Stilbühne und Theaterreformen um 1900

Adolphe Appia
Die Inscenierung als Schöpfung der Musik (1899)

[...]
Wir haben gesehen, daß, wenn die Inscenierung den Rang eines Ausdrucksmittels im Drama einnehmen soll, sie eines ordnenden Princips bedarf.
Da sie sich nun, wie jede der Zeit nach veränderliche Kombination im Raume, auf eine Frage von Verhältnissen und Aufeinanderfolge zurückführen läßt, so liegt es ihrem ordnenden Principe ob, die Raumverhältnisse des scenischen Lebens und deren zeitliche Aufeinanderfolge in ihrer gegenseitigen Abhängigkeit zu bestimmen.
Im Wortdrama scheint der Dichter durch den Umfang und die Aufeinanderfolge seines Textes dafür zu sorgen. Doch es scheint nur so. Denn der Text an sich besitzt kein festes, bestimmtes Zeitmaß, und jene Zeit, die von keinem Texte ausgefüllt wird, die Pausen, sind schon gar unmeßbar. Wollte man das Zeitmaß für Wort und Schweigen auch mittels des Chronometers feststellen, so würde es doch noch immer bloß vom willkür-

lichen Gutdünken des Autors oder des Inscenierers abhängen, nicht aber notwendig dem ursprünglichen Schöpfungsgedanken entquellen. Die Maße und Verhältnisse, die uns der Text des Dramas giebt, genügen also allein noch nicht, um die Inscenierung folgerichtig zu bestimmen. Die Musik dagegen setzt nicht nur das Zeitmaß und die Aufeinanderfolge der Vorgänge im Drama fest, sondern vom darstellerischen Standpunkt muß sie [...] als die Zeit selbst betrachtet werden.
[...]
Indem wir das Wort-Tondrama aufführen, übertragen wir gewissermaßen die Musik aus der bloßen Zeitlichkeit in die sichtbare Räumlichkeit, denn die Musik nimmt – in der Inscenierung – körperliche Gestalt an. Diese Gestalt wird nun jenem Bedürfnis nach greifbarer Form gerecht, welches früher die Musik auf Kosten ihres eigenen Wesens zu befriedigen gesucht hatte, und zwar befriedigt sie dasselbe nicht mehr bloß illusorisch, der Zeit nach, sondern in vollwahrnehmbarer Thatsächlichkeit, im Raume.
Dieser gewissermaßen musikalische Raum, zu welchem die Inscenierung für das Wort-Tondrama wird, muß demnach ein ganz anders gearteter sein als derjenige, in welchem der bloße Wortdichter sein Drama zu verwirklichen sucht; und da die Musik ihn geschaffen hat, so wird sie uns auch Aufschluß über alles geben, was es uns in dieser Hinsicht zu wissen verlangt.
[...]
Dem Interpreten des bloßen Wortdramas dient das tägliche Leben in seinen äußeren Erscheinungen als Vorbild für das Zeitmaß und die Aufeinanderfolge seines Spiels. Der Darsteller muß vor allem an sich selbst beobachten, wie sich die Vorgänge seines Innenlebens nach außen bekunden; dann muß er den Verkehr mit Menschen der verschiedensten Art aufsuchen und in ähnlicher Weise ihr Verhalten studieren, muß die dahinterliegenden, verborgenen Motive daraus ableiten und sich einüben, das Typische in ihnen möglichst getreu wiederzugeben; sodann hat er die erworbenen Kenntnisse und Fertigkeiten mit feinem Takt den Situationen anzupassen, in welche der Dichter ihn stellt.
[...]
Im Wort-Tondrama hingegen empfängt der Darsteller nicht nur die Suggestion für sein Spiel, sondern auch die bestimmte Angabe für dessen genau einzuhaltende Verhältnisse. Er selbst kann in diese Verhältnisse, welche die Musik endgiltig festgesetzt hat, nicht einmal den Wechsel der Intensität hineintragen; denn auch dieser ist im musikalischen Ausdruck schon enthalten. Der Umfang und die Bedeutung der Wort-Tondichtung (worunter ich die vollständige Partitur des Dramas verstehe) ersetzen also für den Interpreten dieses Dramas das Leben. Und wie der Schauspieler des bloßen Wortdramas sich die nötige Geschmeidigkeit aneignen

Adolphe Appia: Szenenentwurf für Wagners *Walküre*, 1898

muß, um jene Elemente wiederzugeben, die ihm seine Beobachtung des täglichen Lebens geliefert hat, so muß auch der Darsteller des Wort-Tondramas sie erringen: hier jedoch nicht, um sie seinen Beobachtungen dienstbar zu machen, sondern um den formalen Befehlen des in der Partitur verborgenen Lebens gehorchen zu können.

[...]

Im Wortdrama ist die Gegenwart des Schauspielers die unumgängliche Bedingung für jedwede Mitteilung, und sie gewinnt dadurch eine ganz anormale darstellerische Bedeutung, wie es die eben erwähnten optischen Anforderungen, die sie stellt, beweisen. Im Wort-Tondrama dagegen ist der Darsteller nicht mehr der einzige, auch nicht mehr der höchste Vermittler zwischen Dichter und Publikum; hier ist er: **eines der Ausdrucksmittel**, nicht mehr und nicht minder notwendig als alle übrigen Bestandteile des Dramas. Da er nicht mehr «das große Wort zu führen hat», stellt er sich gleichwertig in die Reihe seiner Mitbrüder, der verschiedenen poetisch-musikalischen und darstellerischen Ausdrucksmittel, wie sie bereit, den Schwankungen zu folgen, welche durch die von der Musik momentan dem einen oder andern zuerteilte Bedeutung in ihrer Reihung verursacht werden. So wird er zum Bestandteile eines Organismus und hat sich den Gesetzen des Gleichgewichtes, welche denselben regieren, zu unterwerfen. Wie wir vorhin gesehen haben, werden ihm sein Mienenspiel und seine Bewegungen von der Musik vorgeschrieben;

nunmehr erkennen wir, daß seine darstellerischen Bethätigungen nicht mehr als vereinzelter Vorgang auf der Bühne dastehen, sondern daß sich die Musik gerade durch die Vermittlung des Darstellers auf das gesamte unbelebte Bild überträgt. Denn wie ich [...] darlegen werde, – messen die von der Musik festgesetzten Bewegungen des Darstellers den Raum, lassen das musikalische Zeitmaß gleichsam im Raum Gestalt gewinnen, und bestimmen dadurch auch die Verhältnisse der gesamten übrigen Inscenierung.
[...]
Das Auge zu täuschen, hat innerhalb der echten Kunst keinen Wert: die Illusion, welche ein wahres Kunstwerk hervorruft, beruht nicht darauf, daß sie uns auf Kosten der Wirklichkeit über die Natur der Dinge oder der Sinneseindrücke irre führe, sondern sie will uns im Gegenteil so tief in eine neue Schauweise mit sich ziehen, daß diese Schauweise unsere eigene zu werden scheint. Hierfür ist uns ein gewisser Bildungsgrad unerläßlich, soll unser Verlangen nach Täuschung nicht eine falsche Bahn einschlagen und der grobe Außenschein der Dinge uns nicht zum Ziele der Kunst werden.
[...]
Man wird mir einwenden können, daß, wenn auch durch das unbelebte Bild die scenische Täuschung nicht gewahrt bleibt, sie doch der Darsteller durch seine körperliche Gegenwart auf der Bühne zwingend aufrecht erhält, und daß die von mir angestrebte Harmonie mit dieser Thatsache nicht zu rechnen scheint.
Jedoch die Musik verändert, wie wir gesehen haben, wesentlich die Zeitmaße und Verhältnisse, welche dem Darsteller des Wortdramas vom Alltagsleben geliefert werden, und ersetzt sie durch ihre eigenen. Und nicht nur dies; sondern das Zeitmaß, in welchem sie das innere Drama, d. h. unsere Seelenregungen und alles, was aus ihnen erwächst, zum Ausdruck bringt, ist nicht mehr das gleiche Zeitmaß, in dem sich dieser Vorgang in unserem Alltagsleben äußert. Die Gestalt des Darstellers wird hierdurch zu einer künstlichen Tätigkeit gedrängt, die für ihren Organismus mit den Erfordernissen der gesungenen Sprache übereinstimmt. Die Musik könnte vom Darsteller nicht verlangen, daß er auf seine normale Gebarung verzichte, veränderte sie nicht auch das natürliche Zeitmaß, welches das Leben beherrscht. Und hätten wir nicht die Überzeugung, daß jene überirdische, von der Musik geoffenbarte Welt nicht eine erkünstelte, sondern die jeder Analyse unzugängliche, höchste, allerhabenste Täuschung ist («l'illusion suprême»), so hätten wir auch nicht das geringste Anrecht auf die Wandlung, welche die Musik an unserem Organismus vollzieht, und es würde uns daher aus dieser Wandlung auch kein Genuß erwachsen. Aber gerade die Musik bringt den Darsteller und die beweg-

und handhabbaren Inscenierungs-Elemente einander näher, indem sie ersterem jede persönlich-willkürliche Lebensäußerung versagt, und letztere zu einem solchen Grade von Ausdrucksfähigkeit zwingt, daß sie nun in engste Beziehung zur menschlichen Gestalt zu treten vermögen.
[...] Was der Darsteller an Unabhängigkeit verloren, kommt nun dem Inscenierer, und durch ihn den unbelebten Bühnenfaktoren zu gute: so ist denselben zum Ersatz für die Augentäuschung, die sie opfern mußten, die Fähigkeit geworden, durch die Atmosphäre, in welche sie den Darsteller hüllen, diesem die höchste Ausdrucksfähigkeit zu ermöglichen.
Das musikalische Zeitmaß ist also von weitgehendster ästhetischer Bedeutung; denn einzig durch dies Zeitmaß kann heutzutage die **bewegliche Menschengestalt** im Kunstwerk mitwirken. Diese menschliche Gestalt inmitten einer mit ihren Verhältnissen übereinstimmenden Umgebung wäre an sich schon ein Kunstwerk.[...]
[...]
Es giebt jedoch noch eine andere Art, die menschliche Gestalt mit in den Ausdruck hereinzuziehen, und zwar, indem man die Grundverhältnisse der Musik auf sie überträgt, ohne daß die Mitwirkung des Wortes nötig wird: dies geschieht durch den **Tanz**. Darunter verstehe ich natürlich nicht die Unterhaltungen in Ballsaal und Opernhaus, denen wir diesen Namen beilegen, sondern in der ganzen Ausdehnung des Wortes: das **rhythmische Leben des Menschenkörpers**. Im Tanze schafft sich der Körper ein fiktives Milieu. Um dies zu ermöglichen, **opfert er dem musikalischen Zeitmaß die begriffliche Bedeutung** seines persönlichen Lebens und **gewinnt** dafür den **lebendigen Ausdruck seiner Formen**. Was die reine Musik für unser Empfinden, das ist der Tanz für den Körper: eine fiktive, ohne Rücksicht auf den Verstand sich bekundende Form. [...]
[...]
Was in der Partitur die Musik, das ist im Reiche der Darstellung das Licht: das Ausdruckselement im Gegensatz zum Elemente des andeutend orientierenden Zeichens. Das Licht kann, gleich der Musik, nur das ausdrükken, was dem «inneren Wesen aller Erscheinung» angehört. Wenn auch die Verhältnisse beider Elemente sich im Wort-Tondrama nicht immer parallel gestalten, so ist doch ihre Existenz in diesem Kunstwerk eine sehr gleichartige. Vor allem bedürfen beide gleichermaßen eines Objektes, d. h. einer zufälligen äußeren Erscheinung, an welcher ihre Gestaltungskraft sich zu bethätigen vermag. Der Musik schafft der Dichter dies Objekt; dem Lichte – mittels der Aufstellung – der Darsteller. Auch ist beiden Elementen jene überaus lenksame, weiche Flüssigkeit zu eigen, durch welche sie imstande sind, alle Ausdrucksgrade, vom bloßen Vorhandensein bis zur überströmendsten Intensität, zu durcheilen.
[...]

[...]Mit Licht malt der Wort-Tondichter sein Bild. Die leblosen Farben, welche das Licht bloß vorgestellt hatten, sind nicht mehr vorhanden, dafür aber ist das Licht selbst da, thatsächlich und lebendig, und nimmt der Farbe alles, was sich seiner Beweglichkeit entgegenstellt.
[...]
Das Licht kann durch seine eigene Beschaffenheit oder durch ihm entgegengestellte Gläser gefärbt sein, oder es kann Bilder projicieren, und zwar Bilder von jedem Intensitätsgrade: von kaum wahrnehmbarer Verschwommenheit der Färbung an bis zur klarsten Erscheinung. Ein undurchsichtiger Körper, welcher vor dem Lichtherde angebracht wird, kann dazu dienen, den Strahl auf diesen oder jenen Teil des Bildes, mit Ausschluß der übrigen, zu lenken und kann durch einfache oder teilweise Obstruktion, sowie durch die, mittels Hinzuziehung minder durchsichtiger Körper erzielte, zusammengesetzte Lichtbrechung eine unendlich große Verschiedenartigkeit von Wirkungen hervorbringen. Die Beleuchtung, die schon dadurch etwas Bewegtes ist, daß sie von den Darstellern mit in deren Bewegungen hereingezogen wird, sie wird es an sich und thatsächlich, wenn man den Lichtherd verrückt, oder wenn die Projektionen selbst sich vor einem feststehenden Lichtherd in Bewegung befinden, oder auch, wenn man die den Strahl brechenden Körper in irgendwelcher Weise bewegt.
Indem diese Farb- und Form- und Bewegungskombinationen sich untereinander und dann noch mit dem übrigen Bilde in stetem Wechsel verflechten, schaffen sie eine wahrhaft unbegrenzte Zahl von Möglichkeiten. Sie bilden die Palette des Wort-Tondichters.
Obgleich das verteilte und das gestaltende Licht Objekte brauchen, an welchen sie sich zu bethätigen vermögen, so verändern sie doch nicht die Natur dieser Gegenstände, sondern ersteres läßt sie nur mehr oder weniger wahrnehmbar werden, letzteres macht sie mehr oder weniger ausdrucksvoll. Gefärbt verändert das Licht schon das gegenseitige Verhältnis der Farben, die jenen Gegenständen anhaften, und durch Projicierung von Farbenkombinationen oder Bildern vermag es auf der Bühne ein «Milieu» zu schaffen, oder sogar Dinge, die vor der Projektion gar nicht vorhanden gewesen. [...]
[...]
Der Traum, dieser kostbare Zeuge, giebt uns mehr Aufschluß über die wesentlichsten Wünsche unserer Persönlichkeit, als es die genaueste und feinste Analyse imstande wäre. Ein geheimnisvoller Faden durchzieht unser ganzes Schlafleben und schafft darin die verbindende Einheit, welche in unserem wachen Leben durch die Beziehungen zwischen Ursache und Wirkung vollzogen wird. Voll Bewunderung, ja manchmal auch voll Furcht und Bedauern wird jeder, der es ehrfurchtsvoll beobachtet hat, die unerschöpflichen Möglichkeiten feststellen, welche der Traum um-

schließt. In der That wird uns das begriffliche Leben niemals mit gleicher Klarheit die tiefsten Quellen unseres Wesens erschließen, niemals den latent in uns ruhenden Kräften eine gleiche Freiheit des Spiels gestatten, wird vor allem niemals in gleicher Fülle und gleich reizvoll unser geheimstes Wollen verwirklichen können.

Besonders für den Künstler ist das Traumleben ein unversiegbarer Brunn wahren Genusses, denn ohne daß ihm die Welt, welche es ihm erschließt, im wesentlichen eine neue wäre, ist ihm darin unbegrenzte Macht verliehen. Mit Hafis ruft der Künstler aus:

> «Ja, wenn du sehen willst, was ich bedeute,
> Komm' in mein Reich,
> Mein jauchzendes! – –»

Die Fiktion, welche eine Seele durchsättigt, feiert im Traum die intimste Verwirklichung ihres Daseins: sie bekundet sich nicht mehr in mühsamer Arbeit, um anderen etwas mitzuteilen, mit dem diese leider gewöhnlich nichts anzufangen wissen, sondern sie geht aus der Gruppierung der Elemente hervor, die, endlich lenksam, dem Willen desjenigen gehorchen, der sich ihres ewigen Wertes bewußt ist. Diese Gruppierung ist ein spontaner, dem bloßen Wunsche entfließender Vorgang. Das ganz eigentümliche Glücksgefühl, welches dieser Vorgang zur Folge hat, liegt darin, daß der Gestalter jener Verwirklichung nicht mehr gegen die in der Natur der Dinge und der Menschen liegende, widerstrebende Starrheit zu kämpfen hat: nein, die Gehirnthätigkeit verkörpert sich selbst.

Den Charakter, der einer solchen Schöpfung zu eigen, kann man nicht schildern; aber tief prägt er sich der Seele des Künstlers ein. Wie den Mystiker die Sehnsucht nach dem Himmel erfüllt, so beherrscht den Künstler – und besonders den Künstler unserer Tage – die Sehnsucht nach dem Traume, und seine ganze Schöpfung steht unter ihrem Zeichen.

[...]

Und doch: Es giebt eine unvergleichliche Offenbarerin; wie der Traum gehorcht sie dem Wunsche und schafft eine unantastbare wahre Wirklichkeit. – Und ist sie dem Dichter zu eigen, zeigt seine unbefriedigte Phantasie ihm den Weg zu ihr, dann wandelt sich seine unstillbare Sehnsucht in ein greifbares und glutvollzwingendes Verlangen; er sieht es, weiß es nun: das wache Leben, es vermag den Traum zu schaffen! Dem Künstler ist es gegeben, durch seine eigene lebendige Gestaltungskraft dies Wunder zu vollziehen, und dies scheint ihm fortan das einzig erstrebenswerte Ziel.

Nun verleiht ihm aber jene große Offenbarerin – die Musik – noch weit mehr: zugleich mit dem, was sie erstehen läßt, wird sie zum Ausdruck des tiefen Wunsches, der es geweckt, und enthüllt dem Wort-Tondichter, was er außer seiner Macht geglaubt. Dieser lernt nun verstehen, daß nur das ununterbrochene Zusammenwirken gleichzeitig des ewigen und des zufälligen Elementes – der Idee und der Erscheinung – seiner Vision jene unendliche Mannigfaltigkeit und Beweglichkeit der Pläne, der ewig wechselnden und durch Worte nicht zu beschreibenden Lichter gegeben.

Indem die Musik dem Künstler den vollen Anblick dessen erschließt, was er bis dahin nur dunkel und passiv empfunden, macht sie ihn fähig, es auch Anderen zu übermitteln. Was früher der Künstler unbewußt und für sich allein im Traume vollzogen, das verwirklicht nun bewußt und für alle Menschen der Dichter, der zum Musiker geworden, oder besser gesagt: der Dichter, in welchem der Musiker sich geoffenbart hat. [...]

Aus: Adolphe Appia: Die Musik und die Inscenierung. München (F. Bruckmann) 1899, S. 10–11, 11–12, 12, 12–13, 15, 31, 34–35, 35, 37, 81–82, 93, 94, 114–115, 116–117.

Peter Behrens
Feste des Lebens und der Kunst (1900)

[...]
Wir gehen einer – Unserer Kultur entgegen.

Darum werden wir einen neuen Stil haben, einen eignen Stil in allem, was wir schaffen. Der Stil einer Zeit bedeutet nicht besondere Formen in irgend einer besonderen Kunst; jede Form ist nur eines der vielen Symbole des inneren Lebens, jede Kunst hat nur teil am Stil. Der Stil aber ist das Symbol des Gesamtempfindens, der ganzen Lebensauffassung einer Zeit, und zeigt sich nur im Universum aller Künste. Die Harmonie der ganzen Kunst ist das schöne Sinnbild eines starken Volkes.

In unserm rechten Stolz auf unsre Zeit, in unsrer Freude über das, was einzelne Künste an Neuem schon geschaffen haben, im Vertrauen auf das, was besseres noch zu schaffen ist, und anregend für uns zu höheren Zielen, wollen wir nun ein Haus errichten, das der gesamten Kunst eine heilige Stätte sein soll, ein Sinnbild unsres Überschusses an Kraft, zur Feier unsrer Kultur.

Am Saum eines Haines, auf dem Rücken eines Berges soll sich dies festliche Haus erheben. So farbenleuchtend, als wolle es sagen: Meine Mauern bedürfen des Sonnenscheines nicht! – Seine Säulen sind umkränzt, und von sieben Masten wehen lange weisse Fahnen. Auf der hohen Empore stehen Tubenbläser in glühenden Gewändern und lassen ihre langgezogenen Rufe weit über das Land und die Wälder ertönen. Es öffnen sich langsam die grossen Thorflügel, und man tritt hinein in den hohen Raum. Hier sind alle Farben tiefer gestimmt, wie zur Sammlung. Hatten wir unten in unsrer gewohnten Umgebung alles so gestaltet, dass es Bezug auf unser tägliches Leben habe, auf die Logik unsrer Gedanken, auf unser sinnliches Zweckbewusstsein, nun erfüllt uns hier oben der Eindruck eines höheren Zweckes, ein ins Sinnliche nur übersetzter Zweck, unser geistigstes Bedürfnis, die Befriedigung unsrer Übersinnlichkeit. Der Formen überwältigende Kühnheit, der Einklang der Farben, Wohlgerüche feierlicher Art, das Brausen der Orgel, jubelnde Geigen, das Siegesbewusstsein der Trompeten: Alles eröffnet unsre Seele einem zweiten, ihrem ewigen Leben. Wir sind größer, umfassender, klarer geworden; wir haben die Unzulänglichkeiten des Lebens vergessen, wir haben die Kleinheiten der Seele vergessen, wir haben vergessen, dass vieles hässlich war durch unsre Schuld. Wir wissen nicht mehr, dass es Nebensachen gab; wir wissen nicht mehr, daß das Leid nur traurig war, wir sehen alles im Zusammenhang. Wir sind geweiht und vorbereitet für die grosse Kunst der Weltanschauung! Und nun entrolle sich das Spiel des Lebens: Wir selber spielen es, das schöne Schauspiel unserer ernsten Freude!

Das Theater, wie wir es jetzt noch gewohnt sind, nimmt seine Zuschauer in einem Raum auf, der so in enge Plätze und Logen zerteilt ist, dass jeder Zuschauer möglichst guten Einblick in die guckkastenartige, perspektivische Bühne erhält. Es verfolgt als oberstes Prinzip, dem Zuschauer eine Illusion zu geben: die Illusion der Natur, der Natürlichkeit in Handlung und Umgebung. Man soll für kurze Zeit an das wirkliche Geschehen der Dinge auf der Bühne glauben. Man braucht sich nur klar hierüber zu werden, und es lässt sich nichts erdenken, was so kunstwidrig anmutet, wie diese Panoptikums-Idee. Zu alledem gelingt es nie, die Natürlichkeit wirklich zu erreichen; es gebricht überall, die Bäume wackeln, die Wände zittern, die Felsen sind weich wie Flaumpfühle, die Höhle ist so hoch wie ein Schlosssaal, und so fort. Uns beschleicht ein niederdrückendes Gefühl unsrer schwachen Kraft gegenüber der Grösse der Natur. Es ist ein trauriges Prinzip des Gruselmachens, der Sensation für den niederen Geschmack.

Soll nun das Theater keine Illusion geben? Gewiss! es soll, denn es kann eine geben. Aber nicht die unmögliche der Natur, sondern die der Erhabenheit über sie: Kultur heisst diese Illusion! Wir sollen uns nicht aus der Wirklichkeit, aus der wir im alten Theater – der Kunst sei's geklagt – nie herauskamen, in eine andre Wirklichkeit versetzt fühlen, sondern eben ins Reich der Kunst, durch Sinnbilder unsrer Geisteskultur. Wir wollen nicht durch die Bühnenvorgänge in der Richtung des Rohstoffs ergriffen werden, wir wollen da nicht mitweinen, mitlachen, uns immerfort mitfürchten müssen, wir wollen nicht gerührt sein durch all die sentimentalen Motive, die uns tagtäglich viel näher berühren, wir wollen an ihnen die Kraft der Kunst ermessen. Wir wollen erhoben werden durch die Kunst, durch die der Dichtung wie der Darstellung, über die rohe Natur hinaus! Stücke dieser Art sind vorhanden, sowohl in den neueren wie älteren Dichtungen. Die Kunst starker Seelen will nur dies Eine: das Erheben. Dann werden uns Thränen kommen vor Begeisterung, wir werden erschüttert sein durch die Gewalt der Phantasie und des Rhythmus, uns wird vielleicht grauen vor unsrer eignen Entrücktheit, aber mit den Motiven sind wir versöhnt. Es wird das Traurige eines Schauspiels uns nicht nachgehen, wir werden das Festhaus heiter verlassen. Der kapriziöseste Humor wird uns nicht kitzeln, die Grösse seiner Kunst steht über seiner physischen Wirkung. Der Shakespeare'sche Humor macht uns nicht lachen, er stimmt uns ernst durch seinen Geist. Durch unsre Begeisterung sind wir Mitkünstler geworden, wir sind nicht abwartende Zuschauer mehr, wir sind von der Schwelle an Teilnehmer an einer Offenbarung des Lebens.

Der Raum für diese Teilnehmer liegt in amphitheatralischer Anordnung um eine flache Bühne herum, eine Bühne für reliefartige Wirkung, mit vorspringendem Proscenium. Hiervor, ähnlich der griechischen Orchestra, ist der vertiefte Platz für die Musik, soweit diese – wie bei der Oper – in Beziehung zu dem Drama steht. Lebende Blumen, ein blühender Garten, verwehren das Gefühl der Abgeschlossenheit. Die Sitze sind so gestellt, dass der Verkehr zwischen allen Plätzen ermöglicht bleibt. Wir wollen gesellige Menschen bleiben, und froh sein unsres schönen Lebens, uns nicht nach dem Schluss sehnen, um aufatmen zu können. In den längeren Pausen verweilen wir in einem hellen Raum, oder auf der Terrasse mit dem Ausblick über Thäler und Berge, über die Stadt mit ihrem ernsten Treiben. Wir wollen uns nicht an bestimmte Spielstunden binden, es kann Tag sein oder Abend. Wir werden das Tageslicht durch gedämpfte Scheiben einfallen lassen und einen Akkord finden mit dem künstlichen Licht. Harmonisch wie unsre Stimmung sei dieser Raum. Der Übergang zur Bühne, der bisher durch das Orchester und die Rampe vom Raum der Zuschauer abgeschnitten war, soll jetzt durch eine ansteigende Terrasse vermittelt werden. Wir wollen uns nicht trennen von unsrer Kunst. Das Proscenium, der wichtigste Teil unsrer Bühne, ist im baulichen Gedanken vollkommen vereinigt mit dem Saal. Dahinter in grösserer Breite als Tiefe, schliesst sich die Bühne an. Die grössere Ausdehnung in die Breite bedingt die reliefartige Anordnung und reliefartige Bewegung der Gestalten und Aufzüge. Das Relief ist der markanteste Ausdruck der Linie, der bewegten Linie, der Bewegung, die beim Drama alles ist. Wie der grosse Raum in allen Teilen der Dichtung entsprechend abgestimmt ist, so treffen auf der Bühne die Farben und Formen dieser Stimmung gleichsam zu ihrem Glanzpunkt zusammen. Die gleiche Architektur setzt sich dort fort. Es sind an den Seiten keine Coulissen, die dem Stück eine scheinbar natürliche Umgebung verschaffen, es sind Wände, die rein durch Schönheit die Erhabenheit des Bodens kennzeichnen. Es sind keine Soffiten da, die den Schall verschlucken; die Decke soll klar dem Wohllaut dienen, in edler Wölbung zum Ganzen strebend. Der Hintergrund wird seinem Wesen gemäss lediglich so ausgefüllt, dass er die Stimmung der Handlung, der bewegten Handlung unterstützt. Der Ort des Stückes und die Zeit und alle andern Nebenumstände liegen schon in der Kunst der Dichtung. Der Geniessende schafft sich ein herrlicheres Bild durch seine teilnehmende Phantasie, als es Leinwand oder Bretterverschläge auch nur von ferne erreichen können. Die Sonne, die aus Versen strahlt, muss ihre Glut verlieren, wenn man wagt, sie plump auf die Wand zu malen.

Was Dichtermacht in höhere Sphären rückt, das sollen wir nicht durch nahe Mittel unterstützen wollen. Wohl muss verlangt werden, dass die Kunst der Dichtung uns wahrhaft künstlerisch vorgetragen werde. Der Mangel an Verständnis hierfür geht aber leider Hand in Hand mit dem Überfluss an Scenerie. Der Schauspieler von heute steht zu einem Teil in einer Tradition, die nichts als Tradition vorstellt, zum andern im Naturalismus. Denn wie überall in der Kunst, so verdrängt auch in der Schauspielkunst die Natur den entarteten Stil; aber wie überall, so ist auch hier die Natur noch keine Kunst. Die Aufgabe des Schauspielers ist, mehr zu geben als eine richtige Naturbeobachtung. Es ist nicht schwer für einen Menschen mit Nachahmungstalent, eine Maske vorzunehmen und einen gut beobachteten Charakter wiederzugeben; wenn es auch nicht jeder kann, so ist es doch noch keine Kunst. Das Künstlerische beginnt da, wo eine Erscheinung zur selbstherrlichen Form vereinfacht, das umfassende Sinnbild aller ähnlichen Erscheinungen wird. Der Mensch soll Kulturschöpfer auf der Bühne werden, ein Künstler, der selbst sein Material ist, aus sich heraus und durch sich Edleres schafft. Schön muss er durch seine Begeisterung werden, wenn er vor uns tritt. Schön sei seine Sprache, und vor allem gebe er die Schönheit der Dichtung wieder. Er spreche rhythmisch, er spreche Verse metrisch. Wir verbitten uns, dass man unser Verständnis durch die absichtliche Verdrehung der Verse in Prosa zu erleichtern glaubt. Wir verstehen die Kunst als Form und wollen diese in der meisterlichsten Art. Schön sei seine Bewegung, ein jeder Schritt, ein jeder Griff sei eine künstlerisch übersetzte Form. Der Schauspieler stehe über seiner Rolle, er verdichte sie, bis alles Pathos ist und Pose. Nicht das Pathos und die Pose irgend einer Bühnengrösse der Tradition, sondern seine eigne starke Form, sein Schönheitsideal, sein Stil. Seine Bewegungen sollen rhythmisch sein wie die Sprache seiner Verse. Seine Bewegungen sollen selbst eine Formdichtung werden. Er wird ein Meister des Tanzes werden, eines Tanzes, wie wir ihn als schöne Kunst kaum noch kennen: als Ausdruck der Seele durch den Rhythmus der Glieder. Zu einer Aufführung in dieser Auffassung der Schauspielkunst ist selbstverständlich mehr nötig als das gute Verständnis einzelner Personen. Das Gesamtspiel ist es, was die Aufführung erst zu einer künstlerischen Erscheinung macht, der Rhythmus des ganzen Stückes. Um ein solches Ideal zu erreichen, sind wir gezwungen, von vorn zu beginnen. In unserm ernsten, seltsam eigenwilligen Volk – sagen wir es mit Stolz: in unserm Volk der Genies – wachsen junge Menschen heran, deren Herz schlägt vor Begeisterung für die Bretter, die die Welt bedeuten. Sie wollen wir rufen, sie bitten, mit uns zu arbeiten an dem Werden eines grossen Stils. Wir wollen sie lehren, keine Routiniers zu werden, wir wollen Künstler in des Wortes erhabenster Bedeutung aus ihnen machen, und sie werden zeigen, dass es eine Kunst giebt über die Natur hinaus, eine Kunst der Geisteskultur. [...]

Aus: Peter Behrens: Feste des Lebens und der Kunst. Eine Betrachtung des Theaters als höchsten Kultursymbols. Leipzig (Eugen Diederichs) 1900, S. 10–25.

Georg Fuchs
Die Schaubühne der Zukunft (1904)

[...] Wie unsere Väter sich durch rhythmisch gestaltende Beeinflussung ihrer einfachen, handwerklichen Zivilisation eine Kultur schufen, so wollen wir uns eine moderne Kultur schaffen durch ebensolche Beherrschung unserer komplizierten Maschinenzivilisation. Diese Bewegung hat kaum eingesetzt, ist aber bereits zu einer unwiderstehlichen Flut herangeschwollen, und wir Deutsche sind es, die sie führen. Aufrichtig und ehrfurchtsvoll wollen wir das Leben führen, und ein instinktiver Abscheu ist erwacht in uns gegen alles, was uns herabwürdigt zu knechtischen Nachäffern. Wir wollen kein Leben aus zweiter Hand. Wir haben nicht nur alle Künste befreit von den Fesseln und Larven der versunkenen Zeitalter, sondern wir haben den Kampf aufgenommen gegen jede fälschende Formung des Lebens. Die Menschen, welche mit ihrem Empfinden, ihrem Geschmacke, ihrer Lebensführung, ihrem Schaffen in diese Bewegung eingetreten sind, bilden eine neue Gesellschaft, in welcher die Standesvorurteile der Feudalzeit vollkommen zurücktreten, und welche sich in schroffem Gegensatze fühlt zu der chaotischen Welt des «großen Publikums», und zu ihrer parvenuhaften Pseudokultur. Sie zählt bereits nach Zehntausenden; und diese, als die begabtesten, anspruchsvollsten, überlegensten Männer und Frauen, sind die europäische Zukunft, sie sind zum mindesten die deutsche Zukunft. Was auf sie gegründet wird, das steht auf der Basis, an die alle schöpferischen Kräfte der führenden Rassen hinfort anschließen müssen, das steht sicher. – Sie sind zerstreut in deutschen Landen und sind sich ihrer inneren Zusammengehörigkeit noch nicht alle bewußt, weil ihnen der Mittelpunkt fehlt. Diesen Mittelpunkt zu schaffen, ist das Problem, das uns beschäftigt: die Schaubühne der Zukunft.

Jede Gesellschaft hat das Theater, dessen sie wert ist, und niemand, auch nicht der gewaltigste Künstler, vermag ihr ein anderes aufzuzwingen. Unser «großes Publikum» hat das Theater, dessen es wert ist. Lassen wir ihm das, und verzichten wir darauf, das heute bestehende, konventionelle Theater für Bedürfnisse zu beanspruchen, welche das «große Publikum» nicht hat und niemals haben wird. Die Notwendigkeiten der modernen Kulturentwickelung stellen uns nicht vor die Aufgabe einer «Reform» des Bestehenden, sondern sie zwingen uns zu einer Neuschöpfung, sie fordern von uns eine Schaubühne als fest-

Szene aus dem Festspiel *Das Zeichen*, Darmstadt 1901

lichen Mittelpunkt aller derer, die nicht «großes Publikum» sind, ein Theater für die, welche das Theater noch nicht besitzen, dessen sie «wert sind». Richard Wagner, in die Zeit vor der allgemeinen kulturellen Neugeburt verschlagen, baute ein Festspielhaus für ein Publikum, das er sich erst werben mußte. Wir dagegen planen ein Drama und ein festliches Haus für Zehntausende, die bereits darauf warten; und es ist unser besonderes Glück, daß sich dieses nach Konzentration drängende Publikum aus den Menschen zusammensetzt, welche durch ihre ganze Veranlagung, Lebensauffassung und Erziehung, durch ihren Geschmack wie durch ihren Besitz nicht nur die anspruchsvollsten, sondern auch die eifrigsten und dankbarsten Gäste des Theaters sein müssen – sobald sie nur ein Theater haben.

[...]

Der Zweck der Schaubühne ist, eine überschwängliche Spannung zu erregen und wieder zu entladen. Wenn wir so überschwänglich erregt sind, daß uns innerhalb der einengenden Konvention keine Möglichkeit mehr ist, diesen Ueberschwang voll auszuleben, so müssen wir uns über diese Konvention, über die Wirklichkeit hinauf erheben in einen Kosmos, in dem uns die Erfüllung wird. Ist das der erlösende Zweck der Kunst überhaupt, so ist es in festlicher Weise der der Schaubühne ganz besonders. Auf der Schaubühne soll unsere Menschlichkeit möglichst restlos ihre Vollkommenheit erleben, im Guten wie im Bösen, im Erhabenen wie im Niedrigen. Indem wir unter der Suggestion rhythmischer Gewalten gezwungen werden, die Vorgänge auf der Bühne bis zu einem gewissen Grade mitzuerleben, erleben wir auch selbst endlich einmal die äußerste Steigerung unseres Wesens, kosten wir das Leben unendlich viel tiefer aus, als in dem Parterre des wirklichen Daseins hienieden jemals gegeben sein kann. Das wußte schon der alte Aristoteles, dessen Katharsis also doch wörtlich zu nehmen ist, als Reinigung, Abspannung des Lebensdranges durch ein restloses, rücksichtsloses Ausleben im höheren Chore. Wir gestehen ein, daß wir zunächst weder Literatur noch Musik, noch sonst etwas erwarten, wenn wir in das Theater gehen. Wir wollen uns mit möglichst vielen anderen in einer großen, berauschenden Erhebung zusammenfinden, zusammenfühlen. – Damit dies aber geschehen könne, ist es nötig, daß uns alle zusammen ein unwiderstehlicher Strom erfaßt und uns alle zusammen in eine und dieselbe Schwingung versetzt. Wir erreichen das schon durch auf- und niederwandeln, grüßen, plaudern, scherzen, lachen. Unendlich viel stärker aber schwingen wir zusammen, sobald nur einer aus unserem Kreise heraustritt, durch irgendwelches Tun unser aller Aufmerksamkeit auf sich vereinigt, und dann durch rhythmische Aeußerungen unser aller Herzen und aller Sinne in einem gewissen Takte erregt.

Das nächste Mittel, das er dazu bei der Hand hat, ist sein eigener Kör-

per. Die dramatische Kunst ist ihrem Wesen nach rhythmische Bewegung des menschlichen Körpers im Raume, ausgeübt in der Absicht, andere Menschen in dieselbe Bewegung zu versetzen, hinzureißen, zu berauschen. [...]
[...]
[...] Und ferner kommt es uns darauf an, niemals zu vergessen, daß das Drama seinem Wesen nach eins ist mit der festlichen Menge. Denn es «ist» ja erst, wenn es von dieser erlebt wird. Spieler und Zuschauer, Bühne und Zuschauerraum sind ihrem Ursprung nach nicht entgegengesetzt, sondern eine Einheit. Das japanische Theater hält diese Einheit heute noch fest durch die Brücke, auf welcher der Akteur aus dem Zuschauerraum selbst auf die Bühne vorgeht. Und kommt er zurück, so wird er zuweilen umarmt und geküßt und begrüßt, während er ruhig weiterspielt von der Brücke aus. Auch Shakespeare und seine Schauspieler waren oft rings umgeben von Zuschauern, denn im Hintergrund der Bühne waren damals oft Logen eingerichtet. Auch im älteren italienischen, französischen und deutschen Theater saßen die bevorzugten Gäste auf dem Proszenium selbst links und rechts, so daß die wichtigsten Auftritte sich zwischen ihnen abspielten. Man darf also sagen, daß das Bewußtsein für die Einheitlichkeit der Festgemeinde, der Spielenden und Schauenden, von Zuschauerraum und Bühne erst dann verloren ging, als mit dem Zerfall der alten Kulturen das lebendige Gefühl für den eigentlichen Zweck der Schaubühne erstarb und lehrhafte oder barbarische Absichten an dessen Statt maßgebend wurden.
[...]
Indem wir so aus dem Zweck der Schaubühne deren Form festzustellen suchen, erkennen wir aber auch, daß die Schaubühne nicht das «Gesamtkunstwerk» sein kann. Sie entsteht nicht zur Vollkommenheit durch ein gleichwertiges Zusammenwirken aller Künste, sondern sie ist eine Kunst für sich. Sie hat anderen Zweck und anderen Ursprung, mithin auch andere Gesetze und andere Freiheiten als alle anderen Künste. Sie braucht ihrer keine, um dennoch alles zu sein, was nur irgend von ihr verlangt werden könnte. Das Drama ist möglich ohne Wort und ohne Ton, ohne Szene und ohne Gewand, rein als rhythmische Bewegung des menschlichen Körpers. Aber die Kunst der Schaubühne kann ihre Rhythmen und ihre Formen bereichern aus dem Vermögen aller anderen Künste; und da, wie wir sahen, ihr Zweck ist, ein festlicher Mittelpunkt eines gesamten Kulturlebens zu sein, so wird diese Bereicherung bei gesteigerter Kultur von ihr verlangt nach Maßgabe der Rolle, welche jede der anderen Künste innerhalb der betreffenden Kultur spielt. [...]
[...]
Ihr Schauspieler seid gestellt an die äußerste Warte der Kunst. Indem ihr schaffet, gebt ihr aus dem Rahmen der Schaubühne

das Werk wieder frei, gebt es wieder hinein in das Leben. Ihr seid es, die den Ring schließen, und in euch ist ein tieferer Wert und eine höhere Würde, als bisher angenommen wurde! – Diese begründen sich aus dem lebendigen Zwecke der festlichen Kunst. Indem ihr euer Fleisch und Blut, durchrieselt von den Rhythmen der poetischen Gestaltung, zur Vollendung erhebt, zum vollen Sinne des Menschlichen, durchbrecht ihr tausend geistige Ringe, die um die Kunstwerke gelegt sind, und tragt diese hinein unmittelbar in die Sinnlichkeit der Zuschauer.

[...]

Darum seien euch auch die sinnlichsten Kunstmittel die wichtigsten! – Wenn ihr das Wort des Dichters geistig und sprachlich ganz beherrscht, dann habt ihr erst die Vorarbeit getan: den Stoff ganz in euch aufgenommen. Nun schafft ihr, schaffet euch selbst um zu der Gestalt, die der Dichter will, nicht indem ihr sie wieder zur einmaligen, zufälligen Person herabzieht, sondern indem ihr euch in ihre Allgemeinheit (Typik) und Schönheit emporhebt. Euer ganzer Körper ist vonnöten. Ihr seid im Irrtum, wenn ihr glaubt, das Gesicht sei das wichtigste Ausdrucksmittel. Wenn ihr annehmt, daß mit der Abnahme der bourgeoisen Barbarei auch die Fernröhren aus dem Hause der festlichen Kunst verschwinden müssen, so werdet ihr euch nicht mehr abmühen um «charakteristische» Grimassen. Es ist zu beachten, daß die Ausdrucksmittel für einen großen Raum ausgiebig seien. Eine Qual wird dem Künstler aufgebürdet, wenn man ihn durch unkünstlerische Vorschriften an die eingeengten, nützlichen Bewegungen des Alltags kettet. Kann doch schon der Redner den Drang nach einer freieren Symbolik in den Geberden kaum bemeistern. Für den Schauspieler gar ist dieser Drang der Träger alles Schaffens. Erinnert euch, daß die Kunst des Schauspielers ihre Herkunft genommen hat vom Tanze. Die Ausdrucksmittel des Tanzes sind auch die natürlichen Mittel des Schauspielers, und sie unterscheiden sich von denen des Tanzes nur durch erweiterte Ausdrucksfähigkeit. Je näher dem rhythmisch gebundenen Spiele der Glieder im Tanze, um so Vollkommeneres wird der Schauspieler schaffen, wenn er auch niemals dabei ganz zum Tänzer werden soll. [...]

[...]

Um nun aber darstellende Kräfte in diesem Sinne zu erziehen, müssen wir kultivierte Menschen von tadellosem Wuchse lehren, ihren Körper als Ausdrucksmittel rhythmischer, künstlerischer Intentionen zu gebrauchen.

Die Schaubühne der Zukunft wird für die körperliche Entwickelung und Verfeinerung der Rasse von ungeheurer Bedeutung sein, von ähnlicher Bedeutung, wie sie andere Sports für die angelsächsische Rasse haben. Um Darsteller zu erziehen, welche unseren unermeßlich gesteigerten An-

forderungen an Ausdrucksfähigkeit genügen, wird es nötig sein, die bei allen jungen Menschen lebendige Neigung zum Sport, ganz besonders zum Theaterspielen zu organisieren. Wie überall, so wird auch hier der sportsmäßig ausgeübte Dilettantismus die Vorschule sein, aus welcher der schöpferisch begabte aufsteigt zur Meisterschaft, aus welcher der nicht spezifisch in dieser Richtung beanlagte die Kennerschaft erwirbt, die Fähigkeit, die Meister und ihr Spiel zu verstehen, zu genießen.
[...]
[...]Diese Kunst ist mit dem Volke, oder sie ist überhaupt nicht. Es wäre einfach lächerlich, in unserer demokratischen Zeit nur an die Bedürfnisse einseitiger Aestheten zu denken. Wer unser Volkstum wirklich kennt, der weiß, welch eine Unsumme rassiger Schönheit noch unentfaltet in ihm schlummert und wie lebhaft der Trieb ist, diese Kraft zu nützen! Schaffen wir Gelegenheit zur Ausbildung!
[...]
[...] Die Dichtung ist nichts als die Partitur, aus welcher von den nachschaffenden, ausführenden Intelligenzen die eigentliche Erscheinungsform des Werkes erst entnommen werden muß. Wenn diese «Partitur» an und für sich dem, der sie lesen kann, große Genüsse bietet, um so besser – allein es wird hier, wie in der Musik, immer nur wenige geben, welche wirklich «Partitur lesen» können. Es wird das Drama also für die große Menge nur dann das Erlebnis, welches sie suchen, wenn der Dramatiker vom Schreibtisch aufsteht, wenn er sich besinnt, daß er mit dem Literaten gar nichts, mit dem Dichter nur manches gemein hat, und daß er selbst Hand anlegen muß auf der Schaubühne. Wie der Baumeister auf die Baustelle gehört, so gehört der Dramatiker in das Theater. [...]
[...]

Aus: Georg Fuchs: Die Schaubühne der Zukunft. Berlin und Leipzig (Schuster & Loeffler) o. J. [1905] (= Das Theater. Bd. XV), S. 5–9, 34–36, 38–39, 40–41, 64, 65–66, 68–69, 70, 105.

Edward Gordon Craig
Der Schauspieler und die Über-Marionette (1908)

[...]
Die schauspielkunst ist keine echte kunst. Es ist deshalb unrichtig, vom schauspieler als von einem künstler zu sprechen. Denn alles zufällige ist

Edward Gordon Craig: Skizze einer *Szene*, 1907

feind des künstlers. Kunst ist das genaue gegenteil des chaotischen, und chaos entsteht aus dem zusammenprall vieler zufälle. Kunst beruht auf plan. Es versteht sich daher von selbst, dass zur erschaffung eines kunstwerks nur mit den materialien gearbeitet werden darf, über die man planend verfügen kann. Der mensch gehört nicht zu diesen materialien.
Die menschliche natur ist ganz auf freiheit gerichtet; so erbringt der mensch mit seiner eigenen person den beweis, dass er als *material* für das theater untauglich ist. Da im heutigen theater der menschliche körper als *material* verwendet wird, trägt alles, was dort geboten wird, den charakter des zufälligen. Die bewegungen des schauspielers, der ausdruck seines gesichts und der klang seiner stimme sind den strömen seines gefühls unterworfen, diesen lebendigen strömen, die immer den künstler bewegen müssen, ohne ihn aber je mit sich fortreissen zu dürfen. Der schauspieler

Edward Gordon Craig

ist seinen gefühlen *preisgegeben*, sie bemächtigen sich seiner glieder und lenken sie nach ihrem willen. Er tanzt nach ihrer pfeife, bewegt sich wie in einem bösen traum, hin und her taumelnd, wie einer, der von sinnen ist. Sein kopf, seine arme und beine sind, wenn auch nicht gänzlich außer kontrolle, doch so schwach gegen den anprall des leidenschaftlichen gefühls, dass sie ihn jeden augenblick im stich lassen können. Es nützt ihm nichts, seinen verstand zu rate zu ziehen. Die gelassenen anweisungen Hamlets an die schauspieler (nebenbei gesagt die anweisungen des träumers, nicht des logikers Hamlet) sind in den wind gesprochen. Sobald die gefühle entflammt sind, weigern sich die glieder immer wieder, dem geist zu gehorchen, und der geist selbst entwickelt unablässig die hitze, an der sich die gefühle entflammen. Und wie mit der körperbewegung, so verhält es sich auch mit dem gesichtsausdruck. Wohl mag das bewusstsein im Kampf mit den empfindungen für einen augenblick die oberhand gewinnen und augen und gesichtsmuskeln nach seinem willen bewegen; kaum aber hat es das gesicht für wenige sekunden unter völlige kontrolle gebracht, wird es schon wieder von den gefühlen beiseite gefegt, die sich an der aktivität des geistes entzündet haben. Blitzschnell, ehe der verstand sich wehren kann, hat das leidenschaftliche gefühl das mienenspiel des schauspielers überrannt.

[...] Wir sind also zu der feststellung gelangt, dass das gefühl zuerst eine schöpferische und dann eine zerstörerische kraft ist. Kunst darf, wie wir gesagt haben, keine zufälle dulden. Was der schauspieler darbietet, ist also kein kunstwerk; es ist eine folge vom zufall gelenkter bekenntnisse. Ursprünglich wurde der menschliche körper nicht als material für die theaterkunst verwendet. Ursprünglich galt es als unschicklich, die privaten menschlichen gefühle vor einer menge öffentlich zur schau zu stellen. Ein elefant und ein tiger passten besser für einen geschmack, der nach aufregung verlangt. Der erbitterte kampf zwischen elefant und tiger vermittelt die ganze erregung, die wir vom heutigen theater empfangen, und gibt sie uns unverfälscht. Ein solches schauspiel ist nicht grausamer, im gegenteil, es ist anständiger und menschenwürdiger; denn es gibt nichts schamloseres, als wenn menschen auf einem podium auftreten und bekennen, was ein wirklicher künstler nur verschleiert, nur in vergeistigter form zeigen würde.

[...]

[...] Der menschliche körper ist also, aus dem angeführten grunde, *von natur aus* als material für eine kunst untauglich. Ich bin mir des radikalen charakters dieser behauptung vollkommen bewusst, und da sie lebendige männer und frauen betrifft, die als ein besonderer menschenschlag immer liebenswert sein werden, will ich mich näher erklären, damit ich nicht, ganz gegen meinen willen, beleidigend wirke. Ich weiss sehr wohl, dass alles, was ich hier sage, nicht sofort den auszug aller schauspieler aus allen theatern der welt bewirken und sie nicht in traurige klöster treiben wird, wo sie dann den rest ihres lebens mit lachen und vergnügten unterhaltungen, vorwiegend über die kunst des theaters, verbringen würden. Wie ich an anderer stelle geschrieben habe, wird das theater weiter fortschreiten, und die schauspieler werden es noch einige jahre lang in seiner entwicklung hemmen. Aber ich sehe einen ausweg, wie die schauspieler ihrer jetzigen knechtschaft entfliehen können. Sie müssen sich selbst eine neue schauspielform schaffen, die im wesentlichen in einer neuen symbolischen gebärdensprache besteht. Heutzutage interpretieren sie etwas, indem sie es *verkörpern*; morgen müssen sie es interpretieren, indem sie es *szenisch vorführen*; und dann schliesslich müssen sie etwas *schöpferisch produzieren*. Nur auf diese weise kann wieder stil erreicht werden. Heutzutage verkörpert der schauspieler einen bestimmten charakter. Er ruft seinem publikum zu: «Seht her, jetzt tue ich so, als ob ich der und der wäre; ich stelle mich, als täte ich das und das», und dann beginnt er nicht, wie er doch versprochen hat, etwas *auszudeuten*, sondern er fängt an, etwas so genau wie möglich *nachzuahmen*. [...]

Der schauspieler betrachtet das leben, wie es der fotoapparat sieht, und er versucht, ein bild zu schaffen, das einer fotografie den rang ablaufen soll. Niemals träumt er davon, dass seine kunst eine kunst sein könne wie zum beispiel die musik. Er versucht, natur zu reproduzieren, und denkt selten daran, mit hilfe der natur etwas zu erfinden; niemals träumt er davon, etwas eigenes zu *schaffen*. Das beste, wie gesagt, was er zu tun weiß, wenn er die poesie eines kusses, die hitze eines gefechts oder die stille des todes erfassen und ausdrücken will, ist, fotografisch, sklavisch genau die natur zu kopieren, d. h. er küsst, kämpft, legt sich hin und mimt den tod – und wenn sie sich das alles vorstellen, kommt es ihnen nicht schrecklich stumpfsinnig vor? Ist es nicht eine armselige kunst und eine bescheidene begabung, die dem publikum nicht den geist und das wesentliche einer idee offenbaren kann, sondern nur eine unkünstlerische kopie, eine faksimile-ansicht der wirklichen dinge zu zeigen vermag? Das heisst nachahmer, nicht künstler sein. Es bedeutet, dass man sich in die verwandtschaft des bauchredners begibt.

Ein beliebter ausdruck für die arbeit des schauspielers ist: in seine rolle hineinschlüpfen. Ein besserer ausdruck wäre: aus seiner rolle herausschlüpfen. «Wie denn», ruft der heissblütig aufbrausende schauspieler, «soll ihre theaterkunst nicht aus fleisch und blut sein? Ohne leben?» Es kommt darauf an, was sie leben nennen, mein herr, wenn sie das wort im zusammenhang mit der idee der kunst gebrauchen. Wenn der maler in seiner kunst von leben spricht, dann versteht er darunter etwas ganz anderes als die wirklichkeit, und auch die anderen künstler bezeichnen damit im allgemeinen etwas wesentlich geistiges; nur der schauspieler, der bauchredner oder der tierbändiger meinen eine rohe, wirklichkeitsnahe

und lebensechte reproduktion, wenn sie davon sprechen, ihr werk zu beleben. Und deswegen sage ich, der schauspieler sollte am besten aus seiner rolle herausschlüpfen. [...]
[...]
[...] Es ist ein vernünftiger entschluss: weg mit den echten bäumen, weg mit der geburtszangen-realität, beseitigt das lebensnahe spiel, – und ihr seid auf dem richtigen wege, den schauspieler zu beseitigen. Das ist es, was in zukunft geschehen muss, und ich sehe mit vergnügen, dass einige theaterleiter diesen gedanken schon unterstützen. Schafft den schauspieler ab, und ihr schafft die mittel ab, durch die ein unechter bühnen-realismus entstanden und in blüte gekommen ist. Und nicht länger wird es auf der bühne lebendige wesen geben, die uns verwirren, indem sie kunst und realität vermischen, nicht länger wirkliche lebewesen, an denen die schwachheit und das zittern des fleisches sichtbar sind.

Der schauspieler muss das theater räumen, und seinen platz wird die unbelebte figur einnehmen – wir nennen sie die über-marionette, bis sie sich selbst einen besseren namen erworben hat. Viel ist über die marionette geschrieben worden, einige ausgezeichnete bücher, und kunstwerke sind durch sie inspiriert worden. Heute, in ihrer unglücklichsten zeit, betrachten die meisten leute sie als eine bessere art von puppe, und denken, sie habe sich auch aus der puppe entwickelt. Das ist nicht richtig. Sie ist ein abkömmling der steinbilder in den alten tempeln: das heute recht degenerierte abbild eines gottes. [...]

[...] In der marionette liegt mehr als ein genialer einfall, mehr als das flüchtige aufblitzen der sich entfaltenden großen persönlichkeit. Die marionette ist für mich der letzte abglanz einer edlen und schönen kunst vergangener kulturen. Aber wie jede kunst, wenn sie in grobe und niedrige hände gerät, so ist auch die marionette mit schande bedeckt worden. Heute sind die marionetten nur noch erbärmliche komödianten.

Sie imitieren die komödianten des grösseren, lebendigeren theaters. Sie treten auf, nur um auf den rücken zu fallen. Sie trinken, um betrunken schwanken zu können, und lieben sich, um belacht zu werden. Sie haben den rat ihrer mutter sphinx vergessen. Ihre körper haben die ernste grazie verloren und sind steif geworden. Ihre augen haben die unendliche feinheit verloren, mit der sie zu sehen schienen, jetzt blicken sie starr. Die marionetten zeigen offen ihre knarrenden drähte und sind in ihrer hölzernen weisheit hahnenstolz. Sie erinnern sich nicht mehr daran, dass ihre kunst von der zurückhaltung geprägt sein sollte, die wir manchmal im werke anderer künstler sehen, und dass die höchste kunst die ist, welche die anstrengung verbirgt und den schöpfer vergessen lässt. [...]

Wer weiss, ob nicht die marionette eines tages wieder das treue medium für die schönheitsvorstellungen des künstlers sein wird. Sollen wir nicht hoffnungsvoll dem tag entgegenschauen, der uns die kunstfigur, das sym-

bolische geschöpf durch die geschicklichkeit des künstlers wiederbringt, auf dass wir erneut die «edle künstlichkeit» erreichen, von der der alte schriftsteller spricht? Denn dann werden wir nicht länger unter dem verderblichen einfluss jener emotionalen bekenntnisse menschlicher schwächen stehen, denen die menschen allabendlich beiwohnen und die doch nur im zuschauer wiederum die schwächen hervorrufen, die auf der bühne gezeigt werden. Wir müssen uns daher um die wiederherstellung jener götterbilder bemühen, und wir müssen – nicht zufrieden mit den marionettenpuppen – die über-marionette schaffen. Die über-marionette wird nicht mit dem leben wetteifern, sie wird über das leben hinausgehen. Ihr vorbild wird nicht der mensch aus fleisch und blut, sondern der körper in trance sein; sie wird sich in eine schönheit hüllen, die dem tode ähnlich ist, und doch lebendigen geist ausstrahlen. Mehrere male im laufe dieses aufsatzes haben einige worte über den tod den weg auf mein papier gefunden, hervorgerufen durch das ständige geschrei der realisten: «Leben! Leben! Leben!» und das mag fälschlich für überspanntheit gehalten werden, vor allem von denen, die an dem mächtigen und geheimnisvollen zauber, welcher in leidenschaftslosen kunstwerken liegt, keinen anteil nehmen und keine freude haben. [...]
[...]
Und auch die vergessenen meister in Asien, die die tempel und alles, was in ihnen ist, schufen, haben jeden gedanken, jedes zeichen ihres werks mit dem geist der stillen bewegung durchdrungen, die dem tode verwandt ist, ihn feiernd und grüßend. Auch in Afrika (viele denken, dort würde erst jetzt mit unserer hilfe eine kultur entstehen) wohnte dieser geist, der die wesentliche substanz jeder vollkommenen kultur ist. Auch dort waren große meister zu hause, nicht individuelle künstler, die von der idee der selbstdarstellung besessen waren, als gäbe es nichts wertvolleres und imposanteres als ihre persönlichkeit, sondern künstler, die mit einer art heiliger geduld damit zufrieden waren, ihre gedanken und ihre hände in der richtung arbeiten zu lassen, die ihnen das gesetz wies, im dienste der einfachen wahrheiten. [...]
[...]

Aus: Edward Gordon Craig: Über die Kunst des Theaters. Hrsg. von Dietrich Kreidt. Berlin (Gerhardt) 1969, S. 52, 53, 54–55, 55–56, 64–66, 66–67, 67–68, 68.

Jacques Copeau
Die Erneuerung des Theaters (1913)

[...]
Unter Inszenierung verstehen wir: den Entwurf einer dramatischen Aktion. Das ist das Zusammenwirken der Bewegungen, der Gesten und Haltungen, der Einklang von Gesichtsausdruck, Sprechen und Schweigen; es ist die Totalität des szenischen Spektakels, die ausgeht von einem einzigen Gedanken, der sie entwirft, ordnet und mit sich in Einklang bringt. Der Regisseur entwickelt unter den Spielern jenes verborgene aber sichtbare Band, jene wechselseitige Sensibilität und geheimnisvolle Korrespondenz der Beziehungen, deren Fehlen bewirkt, daß ein Drama, selbst wenn es von ausgezeichneten Schauspielern aufgeführt wird, das Wesentliche seines Ausdrucks verliert. Dies alles zu erreichen, ist die Aufgabe des Regisseurs [...].

Es ist aber nicht so, daß wir unempfindlich wären gegenüber der Kunst, mittels Farbe, Form und Licht eine dramatische Atmosphäre zu schaffen. Drei Jahre ist es jetzt her, daß wir der glücklichen Initiative M. Jacques Rouchés Beifall gespendet haben, der sich bemüht hatte, mit Hilfe vorzüglicher Maler das Bühnenbild mit einer neuen ästhetischen Qualität auszustatten. Wir haben um diese Bemühungen gewußt, wir haben die Projekte und Inszenierungen Meyerholds, Stanislawskys, Dantschenkos in Rußland verfolgt; Max Reinhardts, Littmanns, Fuchs' und Erlers in Deutschland; Gordon Craigs und Grandville Bakers in England. Sicher, es scheint unzweifelhaft, daß sich zur Stunde in ganz Europa alle Theaterkünstler in einem einig sind: in der Verdammung des realistischen Bühnenbildes, das dazu neigt, die Illusion der Dinge selbst herzustellen; und:

Jacques Copeau: Szenenbild aus *Die Brüder Karamasow* (nach Dostojewski), Paris 1914

in der Schwärmerei für ein stilisiertes oder synthetisiertes Bühnenbild, das darauf abzielt, die Illusion (beim Zuschauer) anzuregen. Die neuen Methoden stellen aber zu hohe Ansprüche, [...] als daß man sie heute noch uneingeschränkt vertreten könnte, ohne sich der Lächerlichkeit auszusetzen. [...] Wir sind Gegner jener übertriebenen Stilisierung und haben nicht die Absicht, irgend etwas gegen den Verstand und den guten Geschmack zu unternehmen. Folglich, das sei eingestanden, haben uns die Ideen der Meister, die ich weiter oben erwähnte, manchmal durch ihre Pedanterie und Schwerfälligkeit geradezu schockiert [...]. Es ist mit dieser oder jener attraktiven Formel zu halten, heißt immer, sich für das Theater eigentlich nur nebenbei zu interessieren. Sich für die Erfindungen der Ingenieure und Elektriker zu begeistern, heißt [...], in welcher Form auch immer mit Tricks zu arbeiten. Alte oder neue, wir lehnen sie alle ab! Gut oder schlecht, rudimentär nur oder vervollkommnet [...]; wir verneinen die Bedeutung jedweder Maschinerie (für das Theater)! Man mag die Erklärung solcher Prinzipien verdächtig finden: man wird uns vorhalten, daß wir auf der kleinen Bühne des Théâtre du Vieux-Colombier ja gezwungen sind, auf die Vorteile einer reichen Dekoration zu verzichten. Wir können aber freimütig erwidern, daß wir uns freuen, uns mit einem solchen Mangel an Hilfsmittel zufrieden geben zu müssen. Wir würden ihren Gebrauch verweigern, auch wenn sie uns angeboten würden, denn wir haben die tiefe Überzeugung, daß es verheerend für die dramatische Kunst ist, von einem großen Aufgebot (an Maschinerie) Gebrauch zu machen. Es macht nervös, verbraucht alle Kraft, begünstigt die Bequemlichkeit und das Malerische und läßt das Drama als Ausstattungsstück enden. Wir glauben nicht, daß man, ‹um den ganzen Menschen in seinem Leben darzustellen›, ein Theater benötigt, ‹wo die Dekorationen von unten auftauchen können und blitzschnelle Szenenwechsel erfolgen›, noch, daß schließlich die Zukunft unserer Kunst an ‹eine Frage des Mechanismus› gebunden sein soll. Hüten wir uns davor, von irgend etwas Abstriche zu machen! Man darf nicht die szenischen Konventionen mit den dramatischen Konventionen verwechseln. Die einen zerstören, heißt nicht, die anderen zu befreien. Ganz im Gegenteil! Die Zwänge der Bühne und ihre Künstlichkeit werden uns disziplinieren und zwingen, die ganze Wahrheit in den Gefühlen und Handlungen unserer Personen zu konzentrieren. Mögen die anderen Richtungen vergehen; uns aber lasse man für das Neue Theater ein nacktes Brett!

Aus: Jacques Copeau: Un essai de rénovation dramatique. In: Jacques Copeau: Registres I. Appels. Textes recueillis et établis par Marie-Hélène Dasté et Suzanne Maistre Saint Denis. Notes de Claude Sicard. Paris (Éditions Gallimard) 1974 (= nrf), S. 19–32; hier: S. 29–32; (Übersetzung von Elke Kehr).

Theatergeschichtlicher Kommentar

Theaterreform um 1900: «Theater der Zukunft»

Die in diesem Kapitel zusammengefaßten Theaterreformer leiten die Entwicklung des modernen Theaters zu Beginn des 20. Jahrhunderts ein. Bei allen Unterschieden in den theoretischen und weltanschaulichen Ansätzen lassen sich eine Reihe von Elementen aufweisen, die diese Reform als verhältnismäßig einheitliche Bewegung erscheinen lassen.

1. Die Orientierung an Friedrich Nietzsches Entwurf einer neuen Ästhetik war ein gemeinsamer Ausgangspunkt. Nietzsches Formel vom Theater aus «dem Geiste der Musik» kennzeichnete die Richtung, in die diese Entwicklung ging. Die Musik wurde zum neuen ästhetischen Paradigma, in dem sich der programmatische Antirationalismus dieser Bewegung manifestierte. Die Theaterutopien der Jahrhundertwende proklamierten die Erneuerung der mythischen Dimension des Theaters als «Fest des Lebens». Von dieser Nietzsche-Orientierung her leitete sich auch die kulturkritische Komponente aller theaterästhetischen Entwürfe dieser Periode ab. Das Gesamtkunstwerk, als Festspiel realisiert, entwarf die Utopie einer neuen «Volksgemeinschaft».

2. Daraus folgte als weitere Gemeinsamkeit die Kritik am naturalistischen Theater, am Psychologismus und den aufklärerisch-rationalistischen Grundlagen des Naturalismus. Die Erneuerung des Kunstcharakters des Theaters entgegen der naturalistischen Verdoppelung der Alltagsrealität auf der Bühne war das gemeinsame Ziel aller Reformer. Das Theater befreite sich von der Fessel an die Literatur und konstituierte sich als autonome Kunstform.

3. Verbunden mit der Entliterarisierung des Theaters war die neue Stellung, die dem Regisseur eingeräumt wurde. Der Regisseur wurde als der eigentliche Schöpfer des Theaterkunstwerks angesehen, nicht mehr der Dramatiker. Das Theater entwickelte seinen sozialen Sinn und seinen ästhetischen Wert aus der Produktivität seiner spezifischen Mittel, es ver-

stand sich nicht mehr als Institution der Vermittlung oder Interpretation einer literarischen Vorlage. Für diese Entwicklung spielte das Musiktheater eine entscheidende Rolle, insbesondere die Auseinandersetzung mit dem Werk Richard Wagners. Neu entwickelt wurde auch die Schauspieltheorie. Dem neuen schauspielerischen Ideal kamen der Tänzer oder die Marionette am nächsten; Schauspielkunst war in erster Linie die «Kunst, den Körper zu bewegen». In Analogie zu Zuständen des Rausches, der Trance oder des Träumens wurde die Aktion des Spielers immer wieder als ein aus dem Unbewußten geleitetes Handeln beschrieben. Das Theater der Stilbühne ließ für den klassischen Charakterdarsteller keinen Raum mehr. Die Beschäftigung mit der Commedia dell'arte, mit dem Marionetten- und Maskentheater erhielt eine hervorragende Bedeutung bei der Suche nach Vorbildern.

4. Kennzeichnend war weiterhin die Auffassung der neuen Theaterkultur als Ästhetisierung des Lebens, als neue Lebenskultur. Dabei wurden wesentliche Ideen der Lebensreformbewegung der Jahrhundertwende in die Theaterprogrammatik aufgenommen. Eine für diese Zeit äußerst charakteristische Erscheinung, die Projektierung von Theaterfestspielen, stand ihrer Idee nach in diesem Zusammenhang. Das Festspiel verstand sich als Alternative zum kommerzialisierten Theaterbetrieb, dem jeder soziale und moralische Sinn abgesprochen wurde. Statt dessen stellte sich das Festspiel in den Dienst einer ideologischen Aufrüstung der Nation im Sinne der Erneuerung konservativer Wertvorstellungen mit einer deutlich antimodernistischen, antikapitalistischen, kulturkritischen Perspektive. So wurden diese Festspiele zumeist als Erneuerung feudaler Theaterpraxis organisiert, in aller Regel auch von feudalen Obrigkeiten getragen; ihr völkisch-nationaler Charakter gehörte zu ihrem ideologischen Zuschnitt. Im Zusammenhang mit dieser Festspielidee kam ein besonderes Interesse an Formen des Massentheaters auf; die Führung großer Statistenheere auf der Bühne wurde eine der zentralen Regieaufgaben. Im massenhaften Aufgebot von Akteuren schien das für das Festspiel postulierte neue Gemeinschaftserlebnis und die Einheit von Kunst und Leben augenfällig und suggestiv vermittelt.

5. Charakteristisch für diese Theaterentwicklung war, daß an ihr nicht nur Theaterleute im engeren Sinn beteiligt waren, sondern auch Architekten. Dies hatte zwei Ursachen. Es war offensichtlich, daß das neue Theater als nationales Fest und Gemeinschaftsfeier nicht im baulichen Rahmen der traditionellen Hof- und Stadttheater mit ihren Guckkastenbühnen realisiert werden konnte. Der neue Theaterraum wurde als Gemeinschaftsraum konzipiert; statt des Guckkastentheaters mit seiner Konfrontation von Bühne und Publikum wurde das Arena- oder Rundtheater gefordert. Die Rampe als wichtigstes äußeres Indiz des naturalistischen Illusionstheaters, als architektonische Verfestigung der Tren-

nung von Bühne (Kunst) und Publikum (Leben), wurde abgeschafft. Zum anderen resultierte die konzeptionelle Beteiligung von Archtitekten an der Theaterreform aus deren Einbindung in komplexere Formen der Erneuerung der allgemeinen Lebenskultur, wie sie etwa von Peter Behrens (Darmstadt), Henry van der Velde (Weimar) und der Werkbundbewegung konzipiert wurden. In diesem Zusammenhang war die Auseinandersetzung mit dem antiken Theater und der Theatertradition Japans ein durchgängiges Element der theaterästhetischen Diskussion der Jahrhundertwende. Was gerade das japanische Theater für diese (wie für spätere) Reformer so interessant machte, war die Raumanlage dieses Theaters, das durch sein Stegesystem die Trennung von Bühne und Zuschauerraum überbrückt; aber auch die hohe Stilisierung der japanischen Schauspielkunst, die von allen antinaturalistischen Richtungen des europäischen Theaters immer wieder zum Vorbild genommen wurde; und schließlich die Dramaturgie des traditionellen japanischen Theaters, die nicht im Sinne eines psychologischen Theaters Handlungsdramaturgie ist, sondern von einer weitgehenden Gleichwertigkeit aller an der Inszenierung beteiligten Elemente ausgeht und als Rezeptionshaltung eher die Kontemplation als das emotionale Engagement des Zuschauers an der Handlungsmotivation eines Protagonisten erfordert.

Adolphe Appia und Émile Jaques-Dalcroze

> «Der Traum, dieser kostbare Zeuge, giebt uns mehr Aufschluß über die wesentlichsten Wünsche unserer Persönlichkeit, als es die genaueste und feinste Analyse imstande wäre.»
> (Adolphe Appia: *Die Musik und die Inscenierung*, 1899)

Adolphe Appia wurde am 1. September 1862 als Sohn eines angesehenen Arztes in Genf geboren. Dort begann er 1879 sein Musikstudium; weitere Stationen seiner Ausbildung waren Zürich, Leipzig, Paris und Dresden. 1882 sah Appia in Bayreuth erstmals eine Inszenierung von Wagners *Parsifal*, die ihn tief beeindruckte; 1888 setzte seine Beschäftigung mit Bühnentechnik und Bühnenarchitektur ein. Die Reform der Inszenierungspraxis war von dieser Zeit an das zentrale Thema aller seiner Arbeiten.
Mit Wagners Schwiegersohn, dem Kulturphilosophen Houston Stewart

Chamberlain, den Appia in Bayreuth kennenlernte, entwickelte sich eine enge Freundschaft; dessen Buch *Das Drama Richard Wagners* (1892) vermittelte ihm vor allem Nietzsches Kunsttheorie (*Geburt der Tragödie aus dem Geiste der Musik*). Die immer intensiver werdende Beschäftigung Appias mit dem Werk Richard Wagners führte 1895 zur Veröffentlichung der Studie *La Mise en Scène du Drame Wagnérien*, in der die Grundzüge seiner späteren Inszenierungstheorie bereits angelegt sind.

In den Jahren von 1892 bis 1897 entstand Appias theoretisches Hauptwerk *Die Musik und die Inscenierung* (1899), das er dem Freunde Chamberlain widmete. Der erste Teil enthält eine Theorie der Inszenierung, der zweite Teil Analysen der Hauptwerke Richard Wagners und ihrer Inszenierungspraxis. Das Werk ist geprägt durch Appias uneingeschränkte Verehrung für Richard Wagner und ist deutlich den Ideen der Romantik verpflichtet. Was Appia in dieser Schrift konzipiert, ist eine Art Gesamtkunstwerk als Synthese aller Darstellungsmittel.

Eine neue Entwicklungsstufe wurde eingeleitet durch Appias Zusammenarbeit mit Émile Jaques-Dalcroze (1865–1950), dem Begründer der rhythmischen Gymnastik, als einer von den Ideen der Lebensreformbewegung getragenen Bewegungslehre.

Dalcroze arbeitete zunächst als Dozent am Konservatorium in Genf und entwickelte dort am Rande der konventionellen musikpädagogischen Arbeit eine neue Form von Tanzgymnastik. 1905 kam es in Solothurn zum erstenmal zu einer öffentlichen Aufführung dieser Übungen durch seine Schüler; von 1906 bis 1909 wurden regelmäßig die sogenannten Normalkurse als Einführung in das «System Dalcroze» am Genfer Konservatorium durchgeführt. Da Dalcroze in der Schweiz nur wenig Resonanz für seine Arbeit fand, übersiedelte er 1911 nach Hellerau, einer Gartenstadt unmittelbar bei Dresden, wo ihm ein eigenes Arbeitszentrum errichtet wurde. Ein Großteil seiner Schüler machte den Umzug mit.

Hellerau war auf Initiative von K. Schmidt hin, dem späteren Mitbegründer des Deutschen Werkbundes und einem engagierten Vertreter der Lebensreformbewegung, gegründet worden. Die Stadt wurde (1908) als eine nach den Reformideen der Zeit vorbildlich angelegte Werksiedlung für die Arbeiter von Schmidts «Dresdner Werkstätten für Handwerkskunst» konzipiert. Als im gleichen Jahr Wolf Dohrn in Dresden eine Gartenstadtgesellschaft ins Leben rief, kam es zum weiteren Ausbau Helleraus als Siedlung im Sinne der Gartenstadtbewegung, die Ende des 19. Jahrhunderts von England ihren Ausgang genommen hatte (E. Howard: *Garden Cities of To-morrow,* 1898). Die Architekten R. Riemerschmid, H. Tessenow und H. Muthesius arbeiteten für das Projekt. Dohrn war es auch, der Dalcroze für Hellerau gewann. Nach Plänen von Tessenow wurde 1910 bis 1912 ein Festspielhaus gebaut, das der Mittelpunkt der «Bildungsanstalt Jaques-Dalcroze» wurde.

Bühne von Adolphe Appias und Émile Jaques-Dalcroze' Inszenierung von Glucks *Orpheus und Eurydike* in Hellerau 1912

Zuschauer und Akteure galten bei den Aufführungen in Hellerau als Gemeinschaft. Diesem Gedanken trug vor allem die architektonische Struktur des Hellerauer Hauses Rechnung; hinzu kamen dramaturgische und inszenierungspraktische Momente, die die Hellerauer Spiele zu einer kollektiven Feier werden ließen, in der das Gemeinschaftserlebnis im Mittelpunkt stand. Das Festspielhaus war in der Art eines mobilen Amphitheaters gebaut; Bühne und Zuschauerraum bildeten eine Raumeinheit und konnten der jeweiligen Inszenierung angepaßt werden. Hinzu kam – dies war die geradezu sensationelle Erfindung des Hellerauer Theaters – dessen beleuchtungstechnische Ausstattung. Der gesamte Innenraum des Theaters war mit besonders präparierten Stoffbahnen ausgeschlagen, hinter denen Tausende von Glühbirnen in Reihen installiert waren; es war eine Lichtanlage, die den gesamten Raum von den Wänden und der Decke aus zum Leuchten bringen konnte und außergewöhnliche lichtdramaturgische Effekte ermöglichte. An der Konzeption dieser bühnentechnischen Einrichtung war Adolphe Appia wesentlich beteiligt, und er war es auch, der in den Hellerauer Inszenierungen alle Möglichkeiten dieser neuartigen Lichtregie nutzte. Appia konnte hier erstmals einen Grundgedanken seiner Inszenierungstheorie angemessen verwirklichen, nämlich

die Lichtgestaltung vollkommen der Musik anzupassen, das Licht «seiner musikalischen Qualität nach» (Appia) einzusetzen.
In den Hellerauer Schulfesten wurden jeweils die Arbeitsergebnisse der Anstalt der Öffentlichkeit vorgeführt. 1912 inszenierten Dalcroze und Appia mit den Schülern des Instituts Glucks Oper *Orpheus und Eurydike*, 1914 kam Paul Claudels Drama *Verkündigung* unter der Leitung des Dichters zur Aufführung. Im selben Jahr inszenierten Dalcroze und Appia in Genf das Festspiel *La Fête de Juin* auf einer in den Genfer See hineingebauten Bühne, die als Prospekt den Ausblick auf den See offen ließ. Mit Kriegsausbruch wurde das «Institut» in Hellerau geschlossen.
In den Jahren von 1911 bis 1913 verbreiteten sich die Ideen von Dalcroze über ganz Europa; Zweigstellen der Bildungsanstalt Hellerau wurden eingerichtet in Berlin, Dresden, Frankfurt am Main, Breslau, Nürnberg, London, Petersburg, Kiew, Moskau, Wien, Prag und Warschau. 1911 war Rudolf Bode (Schüler von Dalcroze) in Hellerau, bevor er in München sein eigenes «Institut für Musik und Rhythmus» gründete. Auch Peter Behrens arbeitete bei seinen Theaterinszenierungen nach der «Methode Dalcroze». 1913 wurde nach diesem System an 127 Instituten mit insgesamt über 7000 Schülern gelehrt; in Hellerau selbst waren im Zeitraum 1913 bis 1914 insgesamt 324 Schüler aus fünfzehn Nationen eingeschrieben.
Wirkungsgeschichtlich besonders interessant ist die Verbindung von Dalcroze zu der internationalen Künstlerkolonie Monte Verità bei Ascona, einem Kultort der anarchistischen Bohème und der lebensreformerischen Avantgarde, ein «Versuchsfeld für alternative Lebensformen» (Frecot). Die Reformkolonie war 1900 gegründet worden; 1909 befand sich Dalcroze auf dem Monte Verità zur Kur, und es lag nahe, daß dessen Ideen in Ascona größten Anklang fanden und zu einer ähnlichen Einrichtung, wenn auch in weit kleinerem Maßstab, wie in Hellerau führten. So gründete 1913 Rudolf von Laban (1879–1958) auf dem Monte Verità eine Sommerfiliale seiner Münchner Tanzschule, wo freier Tanz gelehrt wurde. Das Projekt nannte sich «Schule für Kunst der Cooperative individuelle des Monte Verità». Mary Wigman (1886–1972), die in Hellerau ein Lehrdiplom für rhythmische Gymnastik erworben hatte, wurde Schülerin Labans in dessen Sommerschule. Später wurde dort auch noch eine Dalcroze-Schule gegründet. Übergeordnetes Ziel der Arbeit auf Labans «Tanzfarm» war, eine Form des einfachen, naturgemäßen Lebens zu finden; die Schulung der Bewegung des Körpers schien dazu der geeignetste Weg. Die Laban-Schüler waren während ihres Aufenthalts in der Kolonie ganz in das Alternativ-Leben einbezogen. «Nicht nur das Tanzen, für das die vorhandenen, später eingezäunten und mit Sitzplätzen umgebenen Rasenflächen dienten, gehörte zum Programm, sondern auch Gartenarbeiten und andere Verrichtungen, aber auch das naturgemäße Leben einschließlich vegetarischer Kost und der seelisch-körperlichen Erholung

auf Wiesen und in den Luftbädern» (R. Landmann: *Monte Verità*, S. 129). Tanzkleider und -sandalen wurden von den Tänzern selbst gefertigt. Zur Finanzierung der Sommerschule richtete Laban Festspiele in der Kolonie ein, für die er selbst einige Tanzdramen schrieb. Einen Höhepunkt bildeten die Aufführungen im Sommer 1917 anläßlich des «Internationalen Kongresses für Lebenshaltung». Viele Anregungen wurden von Kulttänzen orientalischer Kulturen übernommen; für die Entwicklung und Verbreitung dieser «Sakraltänze» spielte die Tänzerin Charlotte Bara eine wesentliche Rolle. Andere Tanzformen wurden aus Bewegungsstudien griechischer Skulpturen entwickelt.

Dalcrozes Tanzpädagogik hatte deutliche Wirkung auf Appias Inszenierungspraxis und deren theoretische Grundlegung. Waren in der Anfangszeit die Schauspieler für Appia nur ein Element unter anderen in der Hierarchie aller Inszenierungselemente, so erhält unter dem Einfluß von Dalcroze, der in seiner pädagogischen Arbeit den Menschen stets in den Mittelpunkt stellte, nun auch für Appia der Schauspieler eine zentrale Bedeutung. Typisch für diese neue Akzentsetzung sind Appias Bühnenentwürfe von 1909, die er «Rhythmische Räume» nannte. Zuvor war in Appias Schriften stets vom «musikalischen Raum» die Rede gewesen. Auch wird die Bedeutung der Musik nun anders als in der programmatischen Schrift von 1899 gesehen. Appia schrieb: «Der Musiker muß umkehren und sich mutig auf die Suche nach dem Körper begeben, den er seit Jahrhunderten vernachlässigt hat.»

1919 faßte Appia seine Erkenntnisse aus der Zusammenarbeit mit Dalcroze in seinem zweiten theoretischen Hauptwerk *L'Œuvre d'Art vivant* zusammen, das Jaques-Dalcroze und Walt Whitman gewidmet ist.

Im Februar 1914 traf Appia in Zürich mit Gordon Craig zusammen; trotz sprachlicher Verständigungsschwierigkeiten kam es zu einem intensiven Gedankenaustausch der beiden.

1923 entwarf Appia die Bühnenbilder für eine Inszenierung von Wagners *Tristan*, die unter der Leitung von Toscanini an der Mailänder Scala erarbeitet wurde; 1924/25 arbeitete er in Basel an Inszenierungen von Wagners *Ring* und des *Prometheus* von Aischylos; von 1926 stammt ein Regiekonzept zu *Lohengrin*. Neben den praktischen Arbeiten entstanden in diesen Jahren immer wieder theoretische Schriften zu Inszenierungsproblemen, zumeist im Zusammenhang mit dem Werk Richard Wagners, das seine Faszination für Appia nie verlor.

Seine letzte Arbeit – Appia starb im Februar 1928 in Nyon in der Schweiz – galt dem ersten Teil von Goethes *Faust*. Er entwarf dazu ein Szenarium und eine Folge von Skizzen zu Bühnenbildern. Diese Arbeiten wurden 1929 posthum veröffentlicht.

Die Bedeutung Adolphe Appias für die Entwicklung des Bühnenbildes und der Inszenierungstheorie im 20. Jahrhundert wurde erst seit den frühen fünfziger Jahren voll gewürdigt, als eine Reihe von Ausstellungen sein Werk in aller Welt bekanntmachten. Es gab aber bereits 1929 in Braunschweig und in München, 1931 in Bern und 1934 in New York Ausstellungen seiner wichtigsten Bühnenentwürfe.

Auswahl der Schriften von Adolphe Appia
La Mise en Scène du Drame Wagnérien. Paris 1895.
Die Musik und die Inscenierung. München 1899.
Comment reformer notre mise en scène. In: La Revue des Revues 1 (1904), Nr. 9.
Rhythmische Räume. Genf 1909.
Ursprung und Anfänge der rhythmischen Gymnastik. In: Der Rhythmus 1. Jena 1911.
La Gymnastic rythmique et le théâtre. In: Der Rhythmus 1. Jena 1911.
Style et solidarité. In: Der Rhythmus 1. Jena 1911.
Die Musik und das Bühnenbild. In: Theaterkunst Ausstellung (Katalog). Zürich 1914.
L'Œuvre d'Art Vivant. Genf und Paris 1921.
Acteur, Espace, Lumière, Peinture. In: Théâtre populaire. Paris 1954, Nr. 5.

Auswahl der Schriften von Émile Jaques-Dalcroze
Rhythmik als Erziehungsmittel für die Kunst (1904).
Rhythmus, Musik und Erziehung (1922).

Peter Behrens und die Stilkunstbewegung

> «Der Stil aber ist das Symbol des Gesamtempfindens, der ganzen Lebensauffassung einer Zeit, und zeigt sich nur im Universum aller Künste. Die Harmonie der ganzen Kunst ist das schöne Sinnbild eines starken Volkes.»
> (Peter Behrens: *Feste des Lebens und der Kunst*, 1900)

Peter Behrens, am 14. April 1868 in Schleswig-Holstein geboren, gehörte zu den Gründern der Münchner Sezession; zusammen mit Wilhelm Trübner, Thomas Theodor Heine, Max Slevogt, Lovis Corinth und anderen war er später auch an der Gründung der «Freien Vereinigung Münchner Künstler» maßgeblich beteiligt. Diese Sezessionen leiteten in Deutschland die Entwicklung der modernen Malerei ein und manifestierten den Bruch mit den Traditionen des 19. Jahrhunderts. 1897 war Behrens Mitbegründer der «Vereinigten Werkstätten für Kunst und Handwerk» in

München, die 1907 mit den «Dresdner Werkstätten» zu den «Deutschen Werkstätten» fusioniert wurden.

Während der Münchner Zeit arbeitete Behrens an der exklusiven Zeitschrift «Pan» mit und hatte engen Kontakt mit den Literatenkreisen um Otto Erich Hartleben, Julius Bierbaum, Franz Blei, Meier-Graefe und Richard Dehmel. 1899 erfolgte seine Berufung durch den hessischen Großherzog Ernst Ludwig in die Künstlerkolonie nach Darmstadt-Mathildenhöhe. Diese Einrichtung, die der hessische Großherzog nicht zuletzt deswegen ins Leben gerufen hatte, um den hessischen Handwerks- und Manufakturbetrieben neue Aufträge zu verschaffen, hatte sich programmatisch die Synthese von künstlerischer Formgebung und handwerklicher bzw. industrieller Produktion zum Ziel gesetzt. Auch gingen viele Ideen der Lebensreformbewegung (Städteplanung, Wohnkultur etc.) in die Darmstädter Konzeption ein. Das Resultat war, vornehmlich in den Arbeiten von Behrens, der Stil eines ästhetisch überhöhten Funktionalismus, der insbesondere die Gestaltung von Gebrauchsgegenständen der Wohnkultur zu einer neuen formalen Qualität brachte. 1901 veranstaltete die Kolonie ihre erste große Ausstellung «Dokument deutscher Kunst»; weitere Ausstellungen folgten 1904, 1907 und 1908.

Zwischen 1900 und 1910 beschäftigte sich Behrens eingehend mit Theaterproblemen. Nach der Veröffentlichung seiner programmatischen Schrift *Feste des Lebens und der Kunst* im Jahre 1900 entwarf Behrens das Modell eines Rundtheaters mit einem tief in den Zuschauerraum vorgeschobenen Spielpodium und starker Betonung des Proszeniums und der Vorderbühne. Behrens konzipierte diese Bühne bereits nach dem Reliefprinzip, das wenig später von Georg Fuchs weiterentwickelt wurde (gegen das Raumbühnenprinzip von Appia und Craig). 1901 erarbeitete er ein Regiekonzept für Richard Dehmels symbolistisches Kultspiel *Die Lebensmesse*. Im gleichen Jahr verwirklichte Behrens erstmals zusammen mit Georg Fuchs und Willem de Haan seine Theaterideen in der Praxis; er inszenierte das Festspiel *Das Zeichen* von Georg Fuchs, das auf der Treppenanlage des Atelierhauses der Künstlerkolonie zur Eröffnung der Ausstellung «Dokument deutscher Kunst» am 15. Mai 1901 aufgeführt wurde.

Auch außerhalb Darmstadts war Behrens mit Theaterprojekten befaßt. Für die Kunst- und Gartenbauausstellung in Mannheim entwarf er ein Naturtheater; in Düsseldorf nahm er mit Louise Dumont (1862–1932) und deren Ehemann, dem Regisseur Lindemann, Kontakt auf, die, nachdem ihr Festspielprojekt in Weimar gescheitert war, 1905 das Düsseldorfer Schauspielhaus gegründet hatten. Am Hofe des Großherzogs von Baden inszenierte Behrens eine Laienaufführung von Goethes Stück *Die Laune des Verliebten*. 1909 schließlich brachte er bei den Sommerfestspielen in Hagen das Fragment *Diogenes* von Otto Erich Hartleben zur Aufführung und ist darüber hinaus an der Spielplangestaltung dieser Festspiele beteiligt gewesen (vgl. J. Boehne: *Theater und Jugendstil*, S. 150f). Für seine Darmstädter Festspielpläne hatte Behrens auch mit Hofmannsthal verhandelt, diesen jedoch nicht zur Mitarbeit gewinnen können. Über ein anderes Gespräch, das offenbar am Beginn der Theaterreform-Diskussion stand, berichtete Franz Blei rückblickend im «Hyperion»:

«(...) als bei jener denkwürdigen Räuberaufführung am Burgtheater – es war am 30. Februar – das ganze Parkett im ersten Akt die Bühne stürmte und den Franz von Moor verprügelte, da waren sich alle Verständigen klar darüber, daß die Reformbühne sofort erfunden werden müßte. Und dies geschah im Frühjahr 1900 und in Wien. Peter Behrens und der verstorbene Olbrich kamen dahin mit ihrem hellen Enthusiasmus für das Darmstädter Kunsttheater. Und vier Tage lang saßen die genannten beiden, Hermann Bahr und der Schreiber dieses im Bristol-Hotel zusammen, vom neuen Theater redend – bis Bahr die Geduld riß, denn er redete immer nur von Stücken und Behrens immer nur von Bühnenarchitektur. Olbrich sagte lustig: ‹Haben wir nur erst die richtige Bühne so werden die Stücke dazu schon gedichtet werden.› (...) Mit solchen und ähnlichen Ideen reisten die beiden wieder nach Darmstadt. Aber ohne Stücke. Dafür fanden sie dort in Herrn Georg Fuchs einen Mann, der keinen Spaß verstand und in der Reformbühne die Möglichkeit einer Aufführung seiner Tragö- und Komödien erblickte.»

Das dichterische Talent von Georg Fuchs reichte freilich nicht aus, um der Darmstädter Festspielpraxis mit einem neuen Drama eine tragfähige Grundlage zu geben.
In der Darmstädter Kolonie wurde der Theaterbetrieb in der Praxis jedoch mehr von dem Wiener Architekten Joseph Maria Olbrich (1867–1908) und dem Literaten Hermann Bahr (1863–1934) als von Behrens oder Georg Fuchs bestimmt. Der hessische Großherzog hatte Olbrich in die Künstlerkolonie berufen und beauftragt, für die Ausstellung eine große Festspielhalle zu bauen. Der Olbrichsche Theaterbau wurde am Eröffnungstag der Ausstellung mit einer allegorischen Szenenfolge von Wilhelm Holzamer, die Olbrich selbst inszeniert hatte, eingeweiht.
Bemerkenswert sind die Darmstädter Aktivitäten von Hermann Bahr, der wie Olbrich die Darmstädter Festspiele als ersten Versuch einer ganzen Reihe von projektierten Festspielgründungen ansah, durch die eine umfassende Bühnenreform initiiert werden sollte. Nach einem Entwurf Bahrs war eine Schauspielschule geplant, in der (wohl ähnlich wie im Bildungsinstitut Dalcroze in Hellerau) eine der Stilbühne entsprechende Schauspielkunst entwickelt und erprobt werden sollte, die «der ganzen Entwicklung des gesamten Bühnenwesens eine entscheidende neue Wende (geben) und dem Hessischen Namen Ehre» bereiten sollte (H. Bahr; nach Boehne: *Theater und Jugenstil*, S. 151). Das Projekt scheiterte an der Finanzierung und der mangelnden Unterstützung durch die «Normaltheater».

In der Darmstädter Zeit spielte der Kontakt mit dem Kulturhistoriker Kurt Breysig, einem der engagiertesten Anhänger Nietzsches, eine wichtige Rolle für die Entwicklung von Behrens' kunsttheoretischen Vorstellungen. Behrens selbst war ein emphatischer Bewunderer des Autors des *Zarathustra*. In einem Brief von 1902 an die Nietzsche-Schwester Elisabeth Förster-Nietzsche bekundete er seine uneingeschränkte Begeisterung für das Werk des Meisters. In seinem Haus gestaltete Behrens eine Reihe zentraler Dekors aus den leitmotivischen Metaphern des *Zarathustra*, dem Adler und dem Diamanten. Behrens' Nietzsche-Verehrung fand in Georg Fuchs, der sich nach Nietzsches Tod als Statthalter von dessen Ideen ansah, eine geradezu fanatische Gesinnungsgenossenschaft. 1903 verließ Behrens Darmstadt und übernahm (bis 1907) die Stelle des Direktors der Kunstgewerbeschule in Düsseldorf. Im Juli 1907 folgte er einer Berufung als künstlerischer Beirat der AEG nach Berlin. «Behrens wurde damit zum 1. Industriedesigner, der das optische Erscheinungsbild einer Firma von den Produkten über die Firmenbroschüren bis zu den Fabriken, Arbeitersiedlungen und Firmenerholungsstätten bestimmt. Im Berliner Atelier von Behrens arbeiteten Walter Gropius (1907–1910), Ludwig Mies van der Rohe (1908–1911) und Le Corbusier (1910/11)» (Peter Behrens in Nürnberg, S. 277). 1910 gehörte Behrens zu den Gründern des Deutschen Werkbundes. In den Jahren von 1910 bis 1935 entstanden zahlreiche Industriebauten und Siedlungsanlagen im In- und Ausland nach seinen Entwürfen. 1922 leitete er die Meisterklasse für Architektur an der Wiener Akademie, 1936 das Meisteratelier für Baukunst an der Preußischen Akademie der Künste in Berlin. Während des Hitler-Regimes verlor Behrens jeden Einfluß innerhalb öffentlicher Institutionen; er starb am 27. Februar 1940 in Berlin.

Die Widersprüchlichkeit in der geistigen Konzeption des Jugendstils übertrug sich voll auf die in der Darmstädter Kolonie entwickelte Festspielidee. Es war der Widerspruch zwischen der ästhetischen Überhöhung des einzelnen durch die exzeptionelle Form seiner Lebenskultur, perfekt realisiert in der Enklave der Künstlerkommune, und der Utopie einer den Alltag aller Menschen durchdringenden Ästhetik, die den Darmstädter Versuch letztlich scheitern ließ. Dies gilt auch für die Weiterentwicklung dieser Ideen durch Georg Fuchs in München. «Nietzsches die Jugend der Jahrhundertwende so beflügelnde Vision eines ‹Großen Stils› der Zukunft schien unlösbar gekettet an die Idee des großen Einzelnen und seiner verachtenden Gebärde hinunter zur ‹Masse› und zum ‹Pöbel›. Fast alle Nietzscheaner, sei es im Bereich der Kultur oder der Politik, gerieten hier in Konflikt mit dem einsamen Denker von Sils-Maria, denn jeder Begriff eines sozialen, politischen, ökonomischen oder kulturellen Fortschritts im Wilhelminischen Reich war notwendig an die Frage einer Gewinnung dieser ‹Masse› gebunden». Dieser Kommentar T. Buddensiegs (*Das Wohnhaus als Kultbau*, S. 44) zur ideologischen Dimension von Peter Behrens' Entwurf einer neuen ästhetischen Kultur als einer Art Gesamtkunstwerk (*Feste des Lebens*) macht deutlich, in welchem weltanschaulichen Umfeld die Theaterreformbewegung in Deutschland ansetzt.

Auswahl der Schriften von Peter Behrens
Die Dekoration der Bühne. In: Deutsche Kunst und Dekoration 6 (1900), 401–405.
Feste des Lebens und der Kunst. Eine Betrachtung des Theaters als höchstem Kultursymbol. Leipzig 1900.
Die dekorative Bühne – Gedanken und Vorschläge, die Dekoration der Bühne betreffend. In: Darmstädter Bühne 2 (1900/01), Nr. 3.
Die Lebensmesse von Richard Dehmel, als festliches Spiel dargelegt von Peter Behrens. In: Die Rheinlande 1 (1901) Bd. 1, 28–40.
Ein Dokument deutscher Kunst. Die Ausstellung der Künstler-Kolonie in Darmstadt 1901. Vorrede von Peter Behrens. München o. J. (1901).
Das Zeichen. Festliche Handlung von Peter Behrens, Willem de Haan und Georg Fuchs. Vorrede von Peter Behrens. O. O., o. J. (Darmstadt 1901).
Kunst und Technik. In: Elektrotechnische Zeitschrift v. 2. 6. 1910 (31. Jg., Nr. 22), S. 552–555.
Über die Beziehungen der künstlerischen und der technischen Probleme. In: Wendungen. Woningbouw-Nummer 3/4 (März/April) 1910, S. 4–20.

Georg Fuchs und das Münchner Künstlertheater

> «Jede Gesellschaft hat das Theater, dessen sie wert ist, und niemand, auch nicht der gewaltigste Künstler, vermag ihr ein anderes aufzuzwingen.»
> (Georg Fuchs: *Die Schaubühne der Zukunft*, 1904)

Georg Fuchs, am 15. Juni 1868 in Beerfelden im Odenwald geboren, stammte aus einem streng pietistischen, politisch konservativen Elternhaus, das sehr früh schon den Widerstand des Knaben gegen die Enge und Borniertheit dieser Umgebung herausforderte. Fuchs besuchte das Gymnasium in Darmstadt, wo er Stefan George kennenlernte; mit Karl Wolfskehl entwickelte sich eine enge Freundschaft. Der Schüler las Ibsen und vor allem Nietzsche, der von größter Bedeutung für seine weitere geistige Entwicklung wurde.

1889 nahm Fuchs das Studium der Theologie in Darmstadt auf, wechselte jedoch 1890 an die Universität Gießen und studierte dort Germanistik. 1891 zog er nach München, wo er sein Studium abbrach und als freier Journalist arbeitete; daneben entstanden erste literarische Versuche. 1892 veröffentlichte er ein kulturpolitisches Manifest mit dem Titel *Was erwarten die Hessen von ihrem Großherzog Ernst Ludwig?*. In dieser Schrift geht es um die Forderung der Integration des Künstlers in die Gesellschaft und um Probleme der Kunstförderung durch den Fürsten. Als der hessische Großfürst Ernst Ludwig 1899 die Darmstädter Künstlerkolonie gründete, sah Fuchs wesentliche Gedanken dieser Denkschrift von 1892 verwirklicht.

In München wurde Fuchs Herausgeber der «Allgemeinen Kunst-Chronik» und publizierte in dieser Zeitschrift eine Reihe von Beiträgen zu allgemeinen Kulturproblemen und zum Theater. Wichtig sind seine Artikel, die zur «Münchener Sezession» Stellung nehmen, für die sich Fuchs engagierte. Er hatte engen persönlichen Kontakt zu der Malergruppe um Stuck, Trübner, Dill und Behrens, mit dem er später in Darmstadt eng zusammenarbeitete.

1894 kam es zur Zusammenarbeit mit Stefan George. Fuchs publizierte in dessen «Blätter für die Kunst» und warb in seiner eigenen Zeitschrift für Georges Schriften. Zur Theaterreform äußerte sich Fuchs ab 1893 regelmäßig in der «Allgemeinen Kunst-Chronik» und in einer Reihe anderer Zeitschriften («Wiener Rundschau», «Frankfurter Zeitung»). Nietzsches Schrift über die *Geburt der Tragödie* wurde zur «theoretischen Grundlage der Fuchsschen Theaterreform» (Prütting, S. 50 ff).

Um das Jahr 1900 kam es zur Freundschaft mit Peter Behrens, dessen Manifest *Feste des Lebens und der Kunst* 1900 erschienen war. Bereits 1899 arbeiteten beide in der Darmstädter Kolonie zusammen (vgl. Prütting, S. 79 ff). In Darmstadt versuchte Fuchs, seine Vorstellungen zur Theaterreform erstmals praktisch zu verwirklichen. Für die Ausstellung von 1901 schrieb er das Festspiel *Das Zeichen*, eine Apologie auf Nietzsche, der im Herbst 1900 gestorben war und als dessen geistigen Erben und Fortführer seiner Ideen sich Fuchs künftig verstand.

1904 ging Fuchs von Darmstadt zurück nach München und setzte dort seine publizistische Tätigkeit fort. Im Februar 1904 erlebte er das Auftreten der «Traumtänzerin» Magdeleine G. in München. Er sah in deren Trance-Tänzen seine an dem dionysischen Theatermodell Nietzsches orientierten Vorstellungen von der Schauspielkunst voll bestätigt; der Tanz erschien ihm künftig als das Grundelement jedes Theaters. Im gleichen Jahr veröffentlichte er seine wichtigste theaterprogrammatische Schrift *Die Schaubühne der Zukunft*. Mit diesem Buch wollte sich Fuchs offenbar in München «als Theater-Theoretiker und Theater-Fachmann ausweisen» (Prütting, S. 150).

1907 legte Fuchs in der Publikation *Deutsche Form* eine Zusammenfas-

sung seines ästhetischen Programms vor. Auch diese Schrift enthält ein Kapitel «Deutsche Form der Schaubühne». Im selben Jahr wurde der «Verein Münchner Künstler-Theater» gegründet, zu dessen Vorstand er als Schriftführer gehörte; im künstlerischen Beirat des Vereins arbeitete er als Dramaturg mit. Fuchs versprach sich von dieser Einrichtung, die vom Wittelsbacher Hofe protegiert wurde, die Verwirklichung jener Reformpläne, die in Darmstadt gescheitert waren.
Die ästhetischen Theorien des Bildhauers Adolf Hildebrand, insbesondere dessen «Relief-Prinzip», gingen in die ästhetische Konzeption der Fuchsschen Stilbühne ein. Zentrale Ideen seiner Theaterreform waren die Abschaffung der Rampe, die Durchsetzung des Arenatheaters, die Ablehnung jedweden Naturalismus und Illusionismus auf der Bühne und die Erneuerung des Theaterspiels als einer säkularisierten (nationalen) Kulthandlung.
Das Münchner Künstlertheater, mit dessen Bau 1907 von dem an der Theaterreformbewegung engagierten Architekten Max Littmann begonnen wurde, wurde im April 1908 fertiggestellt, rechtzeitig zur Ausstellung «München 1908» anläßlich der 750-Jahr-Feier der Stadt. Die erste Saison des Künstlertheaters wurde am 17. Mai 1908 wurde mit dem *Faust* eröffnet; anschließend wurden Stücke von Shakespeare, Kotzebue, Ruederer und von Fuchs selbst (*Tanzlegendchen*) gespielt. 1909 bereits löste sich der «Verein Münchner Künstler-Theater» auf. Der «Verein Ausstellungspark» übernahm schließlich das Theater und verpachtete es für zwei Spielzeiten an Max Reinhardt. Fuchs wurde als Leiter des Theaters eingesetzt, hatte in dieser Zeit aber auf die künstlerische Führung keinen Einfluß. 1911 bis 1913 übernahm der Drei-Masken-Verlag das Theater in Pacht; Fuchs erhielt eine Stelle als Dramaturg. Die Spielplangestaltung erfolgte nun nach kommerziellen Gesichtspunkten, die Verwirklichung von Reformideen trat völlig in den Hintergrund.
Im Jahre 1910 griff Fuchs erneut seine seit der Darmstädter Zeit propagierte Festspielidee auf und regte die Gründung eines «Vereins Münchner Volks-Festspiele» an. In Berlin wurde 1911 mit ähnlichen Zielen die «Deutsche Volksfestspiel-Gesellschaft» gegründet, die bis 1915 bestand und sich zum Ziel gesetzt hatte, im ganzen Reich Theaterfestspiele einzurichten.
Die ideologische Intention dieser Festspielbewegung war die Erneuerung des Gedankens der Volksgemeinschaft: Massentheater als völkisches Festspiel inszeniert. Charakteristisch für diese Bewegung war ihre enge Verbindung mit den feudalen Herrscherhäusern; dies galt für die Festspielunternehmungen in Darmstadt, München, Berlin und andernorts. Was Fuchs zu jener Zeit anstrebte, war ein «völkisch kultisches Monumental-Drama» auf der Grundlage einer Deutung des Kults als «absolutes Drama» (dazu ausführlich L. Prütting: *Die Revolution des Theaters*, S. 265 ff).

Georg Fuchs und das Münchner Künstlertheater

Die wichtigsten Ereignisse bei den Münchner Volksfestspielen waren die Reinhardt-Inszenierungen *König Ödipus* (1910) und *Die Orestie* (1911), an denen Fuchs jeweils mitgearbeitet hatte. Die Projektierung von Festspielen wurde von Fuchs noch ein paar Jahre weiter betrieben. 1914, als sein Festspiel *Der Sturm* erschien, wollte er im Künstlertheater «Dionysische Spiele» veranstalten; die *Bacchantinnen* von Euripides sollten aufgeführt werden.

Theoretisch entwickelte Fuchs diese Vorstellungen in der 1911 erschienenen Schrift *Die Sezession in der dramatischen Kunst und das Volksfestspiel*. Die Erfahrungen mit dem Münchner Künstlertheater gingen ein in das Buch *Die Revolution des Theaters*, das 1909 veröffentlicht und bereits 1911 ins Russische übersetzt wurde.

Mit Beginn des Krieges wurde das Künstlertheater geschlossen. Fuchs verlor seine Stellung und geriet in eine schwere persönliche Krise. 1916 entstand sein Passionsspiel *Christus*.

Zur Zusammenarbeit mit Max Reinhardt kam es im gleichen Jahr. Fuchs versuchte im Auftrage Reinhardts, die Gründung eines Festspielhauses in Hellbrunn bei Salzburg und die Veranstaltung von Festspielen in München zu arrangieren. Beides kam jedoch nicht zustande. Zur gleichen Zeit betrieb er ein Projekt «Deutsches National-Theater», ebenfalls ohne Erfolg. 1918 gründete Fuchs das «Kriegs-Passions-Spiel-Syndikat» und pries der Heeresführung die Passionsspielidee als politisches Propagandainstrument an. 1919 kam es zur Aufführung seines *Christus*, mit dem er sich später auch mit den Nationalsozialisten zu arrangieren versuchte. Das Spiel erhielt den neuen Titel *Der Heiland* und wurde im Sinne einer Propagierung des «Dritten Reiches», als der mythischen Wiedergeburt eines großdeutschen Reiches, umgeschrieben.

Anfang der 20er Jahre war Fuchs in eine zwielichtige politische Aktion verwickelt. Er arbeitete für monarchistische Gruppen, die in Bayern einen Putsch gegen die Republik vorbereiteten, als Kurier, wurde dabei verhaftet und 1923 von einem Münchner Volksgericht zu zwölf Jahren Zuchthaus verurteilt. 1928 wurde Fuchs, nach fünf Jahren Haft, begnadigt. Er arbeitete in München wieder als freier Schriftsteller und beschäftigte sich vornehmlich mit kulturpolitischen Fragen. Aus einer Reflexion seiner Zuchthauserfahrungen entstand das Buch *Erinnerungen des Zellengefangenen Nr. 2911 – Wir Zuchthäusler*, in dem Fuchs eine Reihe Vorschläge zur Reform des Strafvollzugs unterbreitete. 1936 veröffentlichte er eine Darstellung der Münchner Kulturgeschichte um 1900 (*Sturm und Drang in München um die Jahrhundertwende*). Seit 1935 lebte er unentgeltlich in einem Altersheim in München-Ramersdorf, wo er am 16. Juni 1949 starb. Vom Theater hatte sich Fuchs im Grunde schon 1919 zurückgezogen.

Auswahl der Schriften von Georg Fuchs
(Anonym:) Was erwarten die Hessen von ihrem Großherzog Ernst Ludwig? – Von einem ehrlichen, aber nicht blinden Hessen. München 1892.
Friedrich Nietzsche und die bildende Kunst. In: Kunst für Alle 11 (1895), 33 ff.
Die Schaubühne – ein Fest des Lebens. In: Wiener Rundschau 3 (1899), 483 ff.
Von der stilistischen Neubelebung der Schaubühne. Denkschrift. Darmstadt 1901.
Das Zeichen. Festliche Handlung von Peter Behrens, Willem de Haan und Georg Fuchs. In: Die Ausstellung der Darmstädter Künstler-Kolonie 1901, Darmstadt 1901, 63 ff.
Die Schlaftänzerin Magdeleine G. In: Münchner Neueste Nachrichten 1904, Nr. 89.
Die Schaubühne der Zukunft. Berlin und Leipzig 1905.
Der Tanz. Stuttgart 1906 (= Flugblätter für künstlerische Kultur 6).
Deutsche Form. München 1907.
Das Kulturproblem der Schaubühne. Separatdruck von «Nord und Süd» 32 (1907), 435 ff.
Die Revolution des Theaters. München 1909.
Die Sezession in der dramatischen Kunst und das Volksfestspiel. Mit einem Rückblick auf die Passion von Oberammergau. München 1911.
Das Passionsspiel und seine Wiedergeburt im Weltkriege. Berlin 1916.
Deutsche Festspiele. Denkschrift 1918. München 1918.
Sturm und Drang in München um die Jahrhundertwende. München 1936.

Edward Gordon Craig

«Um das Theater zu retten, muß das Theater zerstört werden; alle Schauspieler und Schauspielerinnen müssen an der Pest sterben ... sie richten die Kunst zugrunde.»
(Eleonora Duse, 1900)

In der zweiten Hälfte des 19. Jahrhunderts stand das Viktorianische England auf dem Höhepunkt seiner Macht. Die politische Expansion (1877 wird die englische Königin Viktoria Kaiserin von Indien) und die industrielle Entwicklung bestimmten den Geist der Zeit und zwangen ihm ihre Maximen auf; Fortschrittsdenken, Wissenschaftsgläubigkeit und jene für den Viktorianismus typische Verbindung von Modernität und Puritanismus schufen ein kulturelles Klima, in dem die Kunst zur Staffage des saturierten Großbürgertums verfiel. Als Reaktion darauf

Edward Gordon Craig

Edward Gordon Craig: Szenenbild von *Hamlet*, Moskau 1912

kamen Tendenzen auf, die für eine Erneuerung der Kunst plädierten und daraus die Erneuerung der gesellschaftlichen Moral erhofften. William Morris (1834–1896) entwickelte vor diesem zeitgeschichtlichen Hintergrund seine Reformideen: einen ästhetischen Kollektivismus, der, als Kunst- und Kulturkritik ansetzend, zunehmend zum politischen (sozialistischen) Programm weiterentwickelt wurde. Morris war zugleich einer der wichtigsten Wegbereiter des Jugendstils.

Im Zuge der Kommerzialisierung des gesamten Kunstbetriebs kam es vornehmlich in London im letzten Drittel des 19. Jahrhunderts zur Gründung zahlreicher Theater. Der Inszenierungsstil dieser Bühnen war geprägt durch das Vorherrschen der naturalistischen Mode, die die Herstellung eines perfekten Bühnenillusionismus zum Ziel hatte. Seit den siebziger Jahren war Henry Irving (1838–1905), der als Schauspieler und Regisseur am Lyceum Theatre, einem der künstlerisch anspruchsvollsten Londoner Privattheater arbeitete, die bestimmende Persönlichkeit im Theaterleben Englands.

Craigs Vater, Edward William Godwin, ein Freund von William Morris und Oscar Wilde, war Architekt, Bühnenbildner und Regisseur; Craigs Mutter Ellen Terry (1847–1928), zu dieser Zeit eine der berühmtesten Schauspielerinnen Englands, nahm auf die Entwicklung ihres Sohnes, des am 16. Januar 1872 geborenen Edward Gordon, größten Einfluß. Das Leben seiner Mutter, die vornehmlich am Lyceum Theatre zusammen mit Irving auftrat, beschrieb Craig in dem Buch *Ellen Terry and her Secret*

Self. Craigs Beschäftigung mit dem Theater setzte in frühester Kindheit ein. «Craig lebt (...) ständig in der Atmosphäre des Theaters, auch wenn der Schulbesuch ihn vorübergehend von den Londoner Bühnen entfernt –» (D. Bablet: *Edward Gordon Craig,* S. 25). 1889 spielte er zum erstenmal eine kleine Rolle am Lyceum Theatre. Henry Irving war als Schauspieler sein großes Vorbild und als Regisseur sein Lehrer; acht Jahre arbeitete Craig an diesem Theater. Neben der Arbeit auf der Bühne begann er zu zeichnen, in erster Linie Skizzen und Entwürfe zu Bühnenbildern und Figurinen. Von allen Stücken, in denen er in diesen Jahren auftrat, wurde für ihn der *Hamlet* das wichtigste; es beschäftigte Craig auch als Regisseur in den späteren Phasen seiner Entwicklung.

1898 gab Craig die Arbeit als Schauspieler voller Zweifel an seiner Begabung und an seinem Können auf. Er widmete sich verstärkt dem Zeichnen und dem Holzschnitt, zugleich begann er, sich systematisch mit Problemen der Ästhetik zu beschäftigen. Er las Nietzsche und Wagner, Ruskin und Tolstoi und entwickelte seine eigenen Vorstellungen zur Theaterreform. Von 1897 liegt ein erstes Manuskript vor, das im Umriß ein auch in der architektonischen Anlage von Grund auf reformiertes Theater entwirft. Besondere Bedeutung für Craigs theatralische Vorstellungen gewann zu dieser Zeit Richard Wagner. Seine Holzschnitte publizierte Craig in der Zeitschrift «The Page», die er 1890 gründete.

Nach dieser fast zweijährigen Pause (Ende 1899) wandte er sich wieder dem Theater zu. Er gründete die «Purcell Operatic Society», eine Einrichtung zur Aufführung von Werken des früheren Musiktheaters. Craig übernahm dabei die Aufgaben des Regisseurs. 1900 kam seine erste Inszenierung heraus, Purcells *Dido und Äneas.* Sie wurde, wie Bablet zu Recht schreibt, «zu einer Revolution in der Darstellung des poetischen Dramas» (ebd. S. 54). Zur gleichen Zeit entstanden Skizzen zu *Hamlet* und *Peer Gynt.* Weitere Inszenierungen folgten in den Jahren 1901 und 1902 auf Freilichtbühnen. Er arbeitete in diesen Jahren mit dem Komponisten Martin Shaw zusammen. Einen besonderen Akzent in der Theaterarbeit dieser Jahre setzten Entwürfe zu einer Folge von «Masques», einem aus der Tradition des englischen Renaissancetheaters stammenden Genre, das in der Art eines Gesamtkunstwerkes alle szenischen Gestaltungsmittel vereinte. Craig hatte zu dieser Zeit bereits seine Form der antinaturalistischen Stilbühne voll entwickelt.

1903 erhielt Craig den Auftrag zu einer Inszenierung am Hofe des Herzogs von Weimar. Dabei geriet er in Auseinandersetzungen mit Otto Brahm (1856–1912), dem entschiedensten Vertreter des Bühnennaturalismus in Deutschland. Die Inszenierung kam deswegen nicht zustande.

Für Craigs Entwicklung wird die Begegnung mit Isadora Duncan (1878–1927) im Jahre 1904, die er in Berlin kennenlernte, von größter Bedeutung. Er begleitete die Duncan auf Tourneen durch ganz Europa und entwickelte in der Auseinandersetzung mit ihrer Tanzkunst seine Konzeption eines *Theaters der Zukunft*.

Im Jahre 1905 erschien sein programmatisches Buch *The Art of the Theatre*, das in der Form eines platonischen Dialogs geschrieben ist, und es entstanden erste Studien zum Marionetten- und Maskentheater. Im gleichen Jahr begegnete Craig bei einem Besuch in Weimar dem belgischen Architekten Henry van der Velde (1863–1957) und studierte eingehend die Pläne, die dieser zum Bau eines Festspielhauses in Weimar entworfen hatte. Das Projekt («Dramatisches Nationaltheater») hatte die Schauspielerin Louise Dumont, die es finanzieren und die künstlerische Leitung übernehmen wollte, entwickelt. Van der Veldes Entwurf des Dumont-Theaters, das als Rundtheater den Prinzipien jenes ästhetischen Funktionalismus entsprach, den van der Velde in allen seinen Arbeiten vertrat, bot bei einem Minimum an technischen Einrichtungen größte experimentelle Möglichkeiten für die Inszenierung. Es kam damit Craigs Vorstellungen von einem zukunftsorientierten Theaterbau sehr entgegen. Dieser Entwurf war später auch die Vorlage für van der Veldes Bau des Werkbundtheaters in Köln (Eröffnung am 18. Juni 1914 mit Goethes *Faust*), wo er in der Form der dreigeteilten Bühne (je nach Bedarf ist innerhalb einer Inszenierung die ganze Bühne oder nur ein Segment geöffnet) «ein neues Bühnenprinzip, das auf die einfachsten szenischen Grundlagen zurückgriff» (Van der Velde: *Geschichte meines Lebens*, S. 359) zur Geltung brachte. Zwischen Craig und van der Velde entwickelte sich eine anhaltende freundschaftliche Beziehung; 1913 unterstützte Craig den Architekten, als dieser beim Bau des Théâtre des Champs Élysées in Paris mit seinen Auftraggebern in Schwierigkeiten kam.

1908 gründete Craig die Zeitschrift «The Mask», in der er unter wechselnden Pseudonymen zahlreiche Beiträge schrieb. Immer wieder behandelte Themen dieser Zeitschrift waren «das Theater der Zukunft, natürlich Bayreuth, die Marionetten und das griechische Theater» (Bablet, ebd. S. 105).

In Deutschland blieb Craig bis etwa 1910 ohne große Wirkung, obwohl seine Kostümskizzen und Bühnenentwürfe in den Jahren 1904 und 1905 in mehreren deutschen Städten (u. a. in Weimar) ausgestellt wurden. Von Otto Brahm erhielt er – trotz grundsätzlicher Divergenzen – den Auftrag, für die Freie Bühne Berlin die Ausstattung für eine Inszenierung von Hofmannsthals *Gerettetes Venedig* zu entwerfen. Mit Max Reinhardt schloß Craig 1906 einen Vertrag, der auf eine längerfristige Zusammenarbeit der beiden abzielte (Craig als Schauspieler, Regisseur und Bühnenbildner); zu große Unterschiede in den künstlerischen Standpunkten verhinderten aber schließlich das Zustandekommen dieser Kooperation (dazu J. Boehne: *Theater und Jugendstil*, S. 155).

1907 schrieb Craig sein wichtigstes Theatermanifest, *Der Schauspieler und die Über-Marionette*, das 1908 in seiner Zeitschrift erschien. Von Stanislawsky wurde Craig im Jahre 1908 eingeladen, um am Künstlertheater in Moskau den *Hamlet* zu inszenieren. Im Januar 1912 – dazwischen lagen mehrere Aufenthalte Craigs in Moskau – war schließlich die Premiere dieser denkwürdigen Aufführung, die Craig den Durchbruch auf der internationalen Ebene des Theaters brachte.

In Florenz gründete er im Jahre 1913 eine Schauspielschule. Es war eine Art Theaterlaboratorium, in dem Theaterforschung und -praxis aufs engste verbunden waren. Vor allem wurden dort Craigs eigene Theaterideen weiterentwickelt und erprobt. Die «Arena Goldoni», so nannte Craig sein Institut, wurde im Jahre 1916 (in der Folge des Krieges) geschlossen.

Adolphe Appia traf Craig im Februar 1914 in Zürich anläßlich der Theaterausstellung des Züricher Kunstgewerbe-Museums. Es kam zu einem intensiven Ideenaustausch; «schließlich arbeiten beide für ein Theater, dessen große Entwicklungslinien sie voraussahen: eine autonome, von der Literatur befreite Kunst laut Craig, kollektive Kundgebung mit oder ohne Zuschauer laut Appia» (Bablet, ebd. S. 207).

Nach dem Krieg (1918) erschien die Zeitschrift «The Mask», die 1915 eingestellt worden war, erneut. Diesem Unternehmen widmete Craig zeitweilig seine ganze Arbeitskraft. Auf einem Theaterkongreß in Rom 1934 («Convegno Volta») entwickelte Craig in einem Referat neue Vorstellungen zu einer Form des modernen Massentheaters. Er traf auf diesem Kongreß unter anderem Tairow, Priandello, Marinetti, Gropius, Yeats und Maeterlinck (vgl. Bablet, ebd. S. 222). 1935 reiste er für mehrere Wochen nach Moskau und wurde dort mit großen Ehrungen bedacht. Die folgenden Jahren waren vor allem wissenschaftlichen Studien gewidmet. Craig ließ sich in Südfrankreich nieder. 1957 erschienen seine Memoiren *Index to the Story of My Days*; am 29. Juli 1966 starb er im Alter von 88 Jahren in Vence.

Auswahl der Schriften von Edward Gordon Craig
The Art of the Theatre. Edinburgh und London 1905.
Die Kunst des Theaters. Berlin und Leipzig 1905.
(Ed.) The Mask (Florenz) 1908–1915, 1918–1919, 1923–1929.
On the Art of the Theatre. London 1911.
Towards a New Theatre. Forty designs for stage scenes. London und Toronto 1913.
Hamlet in Moscow. Notes for a short address to the actors of the Moscow Theatre. In: The Mask. Mai 1915, Bd. 7, Nr. 2.
Screens. The Thousand Scenes in one Scene – some notes and facts relative to the ‹Scene› invented and patented by Edward Gordon Craig. In: The Mask. Bd. 7, Nr. 2, Mai 1915.
The Theatre and the new Civilization. In: Theatre Arts Magazine. Januar 1918, Bd. 3, Nr. 1, 3–7.
(Ed.) The Marionette (Florenz) 1918–1919.
The Theatre Advancing. Boston 1919.

Puppets and Poets. In: The Chapbook. Februar 1921, Nr. 20, 1–33.
Henry Irving. London 1930.
Ellen Terry and Her Secret Self. London 1931.
Licht auf der Straße und Licht auf der Bühne. In: Theater der Welt. Mai–Juni 1937, Bd. 1, Nr. 5/6.
Stanislavsky's System. In: Drama. Juli-September 1937, Bd. 15, Nr. 10, 159–161.

Jacques Copeau

«... uns aber lasse man für das Neue Theater ein nacktes Brett!»
(Jacques Copeau: *Die Erneuerung des Theaters*, 1913)

Jacques Copeau (1879–1949) war ein enthusiastischer Verehrer Adolphe Appias. Die beiden trafen sich erstmals im Jahre 1915. Copeau übernahm wesentliche Elemente der von Appia und Jaques-Dalcroze entwickelten Methode des Körpertrainings in das Übungsprogramm seiner Truppe. Bevor sich Copeau dem Theater zuwandte, war er Kunsthändler. 1911 gründete er zusammen mit André Gide die Zeitschrift «La Nouvelle Revue Française»; 1912 eröffnete er das Théâtre du Vieux-Colombier in Paris, wo er seine Reformideen konsequent verwirklichen konnte.

Der zentrale Gedanke von Copeaus Theaterreform war die «Retheatralisierung» des Theaters, ein Begriff, der aus der Reformprogrammatik von Georg Fuchs stammt. Retheatralisierung meint die Erneuerung des Theaters aus seinen ursprünglichen, einfachsten Mitteln und bezeichnet Gegenpositionen zum naturalistischen Illusionstheater, dem die unkünstlerische Verdoppelung der Wirklichkeit vorgeworfen wurde, wie zum großen Ausstattungsstück, bei dem aufwendige Kostüme und spektakuläre Bühnenaufbauten die ganze Aufmerksamkeit der Zuschauer auf sich ziehen. Zudem galt diese Art des Theaters wegen seiner hohen Kosten als der Inbegriff des kommerzialisierten und mithin künstlerisch korrumpierten Theaterbetriebs, gegen den alle Theaterreformer dieser Jahre mit Vehemenz ankämpften. Copeau vertrat einen formstrengen Theatersymbolismus in der schauspielerischen Technik, in Dekorationen und Bühnenbau. Ziel seiner Arbeit war die getreue Interpretation der Klassiker der dramatischen Literatur; aus dieser Tradition bezog Copeau die geistige Inspiration zu seiner Theaterreform. Mit dieser Orientierung unterscheidet er sich deutlich von seinem großen Vorbild Appia, für den stets das Musiktheater als Gesamtkunstwerk im Mittelpunkt seiner Arbeit stand.

Copeau entwickelte eine Einheitsbühne, die Elemente der Volkstheatertradition aufnahm, eine Art Synthese aus den Bestrebungen der Stilbühnenbewegung und der Commedia dell'arte. Eine zentrale Rolle spielte die Ausbildung der Schauspieler. Die Truppe lebte in einem dem Théâtre du Vieux-Colombier angegliederten Studio als Gemeinschaft zusammen. Ähnlich wie in Dalcrozes Hellerauer Institut ging es bei der pädagogischen Arbeit um die Ausbildung des «ganzen Menschen». Copeau betrieb das gymnastische Training bereits mit Kindern. Die Nähe der Theaterreform zur Lebensreformbewegung dieser Jahrzehnte wird auch hier wieder deutlich. Theaterarbeit war für Copeau stets mehr als nur Profession, sie war immer auch Lebensprogramm. Copeau vertrat diesen Anspruch mit unerhörtem Pathos. Das Théâtre du Vieux-Colombier, mit dem er zahlreiche Gastspielreisen ins Ausland – unter anderem in die USA – unternahm, leitete Copeau bis 1924. 1923 kam es in Paris zur Zusammenarbeit mit Stanislawski; dann zog sich Copeau aus gesundheitlichen Gründen bis 1930 nach Pernand-Vergelesses zurück und betrieb nur noch Studioarbeit mit seiner Truppe («Le Copeau»). Einige Gastspiele wurden in den Niederlanden, der Schweiz, Belgien und England gegeben. 1930 gründete er die «Compagnie des Quinze», mit der er bei Volksfesten und auf Jahrmärkten auftrat und Theater im Stil der Commedia dell'arte machte. Mit dieser Truppe veranstaltete Copeau Tourneen durch Frankreich und Italien. Gelegentlich inszenierte er auch an der Comédie-Française, deren Direktor er 1940 war.

Copeaus Reformarbeit war grundlegend für die moderne Theaterentwicklung in Frankreich; von besonderer Wirkung war sie für das sogenannte «Cartel», zu dem sich 1926 vier Regisseure zusammengeschlossen hatten: Gaston Baty (1885–1952), Louis Jouvet (1887–1951), Charles Dullin (1885–1949) und Georges Pitoëff (1887–1939). Das «Cartel» bekämpfte den kommerziellen Theaterbetrieb ebenso wie die in Konventionen erstarrte akademische Theatertradition, wie sie vornehmlich an der Comédie-Française gepflegt wurde. Zu den wesentlichen Zielen des «Cartels» gehörte die praktische und theoretische Neubegründung der Ausbildung der Schauspieler. Vor allem ging es diesen Reformern darum, dem Theater wieder eine ästhetische und ethische Verpflichtung zurückzugewinnen.

Auswahl der Schriften von Jacques Copeau
La Mise en scène. In: L'Encyclopédie française. Paris 1935.
Le Théâtre populaire (Bibliothèque du Peuple). Paris 1941.
L'Appel du théâtre à la poésie. Renouvellement. Extrait d'une conférence. In: Jacques Copeau et le Vieux-Colombier. Catalogue de l'exposition à la Bibliothèque Nationale. Paris 1963, IX–XIX.
Registres I–VI, Paris 1974ff.

II
Revolte –
Erneuerung –
Experiment

Filippo Tommaso Marinetti
Das Varieté (1913)

[...]
Das zeitgenössische Theater (Verse, Prosa und Musik) widert uns an, denn es schwankt zwischen einer historischen Rekonstruktion (Sammelsurium oder Plagiat) und einer photographischen Wiedergabe unseres täglichen Lebens hin und her; ein pedantisches, langatmiges, analytisches und verwässertes Theater, das bestenfalls dem Zeitalter der Petroleumlampen entsprochen hat.

DER FUTURISMUS VERHERRLICHT DAS VARIETÉ, denn:

1. Das Varieté, das gleichzeitig mit uns aus der Elektrizität entstanden ist, hat zum Glück weder Tradition noch Meister oder Dogmen, sondern lebt von Aktualität.

2. Das Varieté dient rein praktischen Zwecken, denn es sieht seine Aufgabe darin, das Publikum durch Komik, erotischen Reiz oder geistreiches Schockieren zu zerstreuen und zu unterhalten.

3. Die Autoren, die Schauspieler und die Techniker des Varietés haben eine einzige Daseinsberechtigung und Erfolgschance: ständig neue Möglichkeiten zu ersinnen, um die Zuschauer zu schockieren. Auf diese Weise sind Stagnation und Wiederholung völlig unmöglich, und die Folge ist ein

Wetteifer der Gehirne und Muskeln, um die verschiedenen Rekorde an Geschicklichkeit, Geschwindigkeit, Kraft, Komplikationen und Eleganz zu überbieten.

4. Das Varieté ist heute die einzige Theaterform, die sich den Film zunutze macht. Dieser bereichert es um eine sehr große Zahl von Bildern und auf der Bühne nicht realisierbaren Darstellungen (Schlachten, Aufruhr, Rennen, Autorennen und Wettfliegen, Reisen, Überseedampfer, Tiefendimension der Stadt, des Landes, der Meere oder der Himmel).

5. Das Varieté ist ein lohnendes Schaufenster für unzählige Erfindungen und bringt ganz natürlich das zustande, was ich die *futuristischen Wunder* nenne, die ein Produkt der modernen Technik sind. Hier einige Bestandteile dieser Wunder: 1. starke Karikaturen, 2. Abgründe der Lächerlichkeit, 3. kaum fühlbare und köstliche Ironie, 4. verwirrende und endgültige Symbole, 5. Wasserfälle unbezähmbarer Heiterkeit, 6. tiefe Analogien zwischen der Menschheit einerseits und der Tier-, Pflanzen- und Maschinenwelt andererseits, 7. kurz aufblitzender Zynismus, 8. Geflecht aus geistreichen Witzen, Wortspielen und Rätseln, die dazu dienen, die Intelligenz angenehm zu lüften, 9. die ganze Tonleiter des Lachens und des Lächelns zur Entspannung der Nerven, 10. die ganze Skala der Dummheit, des Blödsinns, des Unsinns und der Absurdität, die die Intelligenz unmerklich bis an den Rand des Wahnsinns führen, 11. all die neuen Bedeutungen des Lichtes, des Tones, des Geräusches und des Wortes, die sich geheimnisvoll und unerklärlich bis in die unerforschtesten Teile unserer Sensibilität fortsetzen, 12. eine Reihe von Ereignissen, die rasch abgefertigt werden, und Persönlichkeiten, die von rechts nach links in zwei Minuten über die Bühne geschoben werden («und nun werfen wir einen Blick auf den Balkan»: König Nikolaus, Enver Pascha, Danev, Venizelos, Tiefschläge und Ohrfeigen zwischen Serben und Bulgaren, ein Couplet, und alles verschwindet), 13. lehrreiche satirische Pantomimen, 14. Karikaturen des Schmerzes und der Sehnsucht, die durch Gebärden, die durch ihre spasmodische, zögernde und schläfrige Langsamkeit auf die Nerven gehen, sehr einprägsam sind; ernste Worte, die durch komische Gesten lächerlich gemacht werden; wunderliche Verkleidungen, entstellte Worte, Grimassen, Narrenstreiche.

6. Das Varieté ist heute der Schmelztiegel, in dem die Elemente einer neuen, im Kommen begriffenen Sensibilität sieden. Zu ihnen gehört das ironische Zerlegen aller Prototypen, die durch das Schöne, das Große, das Feierliche, das Religiöse, das Grausame, das Verführerische und das Ungeheuerliche verdorben worden sind, und ebenso die abstrakte Erarbeitung der neuen Prototypen, die ihre Nachfolge antreten werden.

Das Variete ist folglich die Synthese all dessen, was die Menschheit bisher in ihren Nerven herauskristallisiert hat, um sich lachend vom materiellen und moralischen Schmerz abzulenken. Es ist ferner der Siedekessel allen

Gelächters, allen Lächelns, allen Hohngelächters, aller Verrenkungen und aller Grimassen der künftigen Menschheit. Hier genießt man die Fröhlichkeit, die die Menschen in hundert Jahren mit sich reißen wird, ihre Poesie, ihre Malerei, ihre Philosophie und die sprunghafte Entwicklung ihrer Architektur.

7. Das Varieté bietet auf Grund seines Dynamismus von Form und Farbe (Simultanbewegung der Taschenspieler, Ballerinen, Turner, Reiter in bunten Kostümen, spiralförmige Zyklone von Tänzern, die auf den Fußspitzen einherhüpfen) das hygienischste aller Schauspiele. Mit seinem schnellen und mitreißenden Tanzrhythmus rüttelt das Varieté zwangsläufig auch die abgestumpftesten Gemüter aus ihrer Trägheit auf und zwingt sie, ebenfalls zu rennen und zu springen.

8. Das Varieté ist das einzige Theater, das sich die Mitarbeit des Publikums zunutze macht. Dieses bleibt nicht unbeweglich wie ein dummer Gaffer, sondern nimmt lärmend an der Handlung teil, singt mit, begleitet das Orchester und stellt durch improvisierte und wunderliche Dialoge eine Verbindung zu den Schauspielern her. Diese polemisieren ihrerseits zum Spaß mit den Musikern.

Das Varieté nützt auch den Rauch der Zigarren und Zigaretten aus, um die Atmosphäre des Publikums mit der der Bühne zu verschmelzen.

Tristan Tzara: Szenenbild aus *Cœur à gaz*, Paris 1923

Und weil das Publikum auf diese Weise mit der Phantasie der Schauspieler zusammenarbeitet, spielt sich die Handlung gleichzeitig auf der Bühne, in den Logen und im Parkett ab. Sie setzt sich nach Schluß der Aufführung zwischen den Bataillonen der Bewunderer in Smoking mit Monokel fort, die sich am Ausgang drängen, um sich den *Star* streitig zu machen. Doppelter Endsieg: schickes Essen und Bett.

9. Das Varieté ist für den Mann eine lehrreiche Schule der Aufrichtigkeit, denn es verherrlicht seinen Raubtierinstinkt und reißt der Frau alle Hüllen, alle Phrasen, alle Seufzer und alles romantische Schluchzen vom Leib, die sie verunstalten und tarnen. Es läßt dafür alle die bewundernswerten animalischen Eigenschaften der Frau hervortreten, ihre Fähigkeit einzufangen, zu verführen, treulos zu sein und Widerstand zu leisten.

10. Das Varieté ist eine Schule des Heroismus, weil gewisse Schwierigkeitsrekorde erreicht und gewisse Kraftanstrengungen überboten werden müssen. Auf der Bühne entsteht dadurch das starke und gesunde Klima der Gefahr (z. B. Salti mortali, *Looping the loop* mit dem Fahrrad, dem Auto, zu Pferde).

11. Das Varieté ist eine Schule der Spitzfindigkeit, der Kompliziertheit und geistigen Synthese durch seine Clowns, seine Taschenspieler, Gedankenleser, Rechenkünstler, Komiker, Imitatoren und Parodisten, seine Musical-Clowns und seine exzentrischen Amerikaner, deren phantastische Schwangerschaften unwahrscheinliche Gegenstände und Mechanismen zu Tage fördern.

12. Das Varieté ist die einzige Schule, die man den Jugendlichen und den begabten jungen Männern empfehlen kann, weil es auf eindringliche und rasche Weise die sentimentalsten und verschrobensten Probleme und die verzwicktesten politischen Ereignisse erklärt. Beispiel: Vor einem Jahr haben zwei Tänzer in den Folies-Bergère die Verhandlungen von Cambon und Kiderlen-Waechter über die Marokko- und Kongofrage durch einen symbolischen und vielsagenden Tanz dargestellt, der mindestens ein dreijähriges Studium der Außenpolitik ersetzt hat. Die beiden, zum Publikum hingewandten Tänzer machten sich mit verschränkten Armen, eng nebeneinander stehend, gegenseitige Gebietszugeständnisse, sprangen nach vorn und nach hinten, nach rechts und nach links, ohne müde zu werden, wobei sie beide fest ihr Ziel im Auge behielten: sich gegenseitig zu überlisten. Sie erweckten den Eindruck von größter Höflichkeit, von einer unübertrefflich diplomatischen Mischung aus Grausamkeit, Mißtrauen, Hartnäckigkeit und Pedanterie.

Ferner bietet das Varieté eine einleuchtende Erklärung der herrschenden Gesetze des modernen Lebens:

a) die Notwendigkeit von Komplikationen und verschiedenen Rhythmen;

b) die fatale Nützlichkeit der Lüge und des Widerspruchs (z. B. englische Tänzerinnen mit doppeltem Gesicht: Hirtenmädchen und furchterregender Soldat);
c) die Allmacht eines methodischen Willens, der die menschlichen Kräfte modifiziert und verhundertfacht;
d) Simultaneität von Geschwindigkeit + Verwandlungen (z. B. Fregoli).
13. Das Varieté verachtet systematisch die ideale Liebe und ihre Romantik, indem es bis zum Überdruß, mit der Monotonie und der Automatik der täglichen Routine, die sehnsüchtigen Schwärmereien der Leidenschaft wiederholt. Es mechanisiert das Gefühl auf eigenartige Weise, verachtet die Zwangsvorstellung des fleischlichen Besitzes und gibt ihr einen hygienischen Fußtritt, erniedrigt die Wollust zur natürlich Funktion des Koitus, beraubt sie jeden Geheimnisses, jeder deprimierenden Angst und jedes anti-hygienischen Idealismus.
Das Varieté hat hingegen Sinn und Geschmack an den leichten, unkomplizierten und ironischen Liebeleien. Die Kabarettvorstellungen im Freien auf den Terrassen der *Casinos* bieten eine höchst vergnügliche Schlacht zwischen dem spasmodischen Mondschein, der schrecklich gequält und verzweifelt ist, und dem elektrischen Licht, das heftig auf dem falschen Schmuck, dem geschminkten Fleisch, den bunten Röckchen, dem Samt, dem Flitter und dem falschen Rot der Lippen zurückprallt. Natürlich siegt das energiegeladene elektrische Licht, und der weiche und dekadente Mondschein wird besiegt.
14. Das Varieté ist von Natur aus antiakademisch, primitiv und naiv, und deshalb kommt der Improvisation seiner Experimente und der Einfachheit seiner Mittel eine um so größere Bedeutung zu (z. B. der systematische Gang um die Bühne, den die Chansonetten am Ende jedes Couplets wie wilde Tiere im Käfig machen).
15. Das Varieté zerstört das Feierliche, das Heilige, das Ernste und das Erhabene in der Kunst. Es hilft bei der futuristischen Vernichtung der unsterblichen Meisterwerke mit, weil es sie plagiert, parodiert, auf zwanglose Art präsentiert, ohne Apparat und ohne Zerknirschtheit, wie eine x-beliebige Attraktion. So billigen wir bedingungslos die Aufführung des *Parsifal* in 40 Minuten, die in einem großen Varieté in London vorbereitet wird.
16. Das Varieté macht alle unsere Vorstellungen von Perspektive, Proportion, Zeit und Raum zunichte (z. B. einige exzentrische Amerikaner öffnen eine kleine Tür in einem kleinen Zaun von 30 cm Höhe, der isoliert mitten auf der Bühne steht, gehen durch sie durch und machen sie, wenn sie zum zweiten Mal durchgehen, wieder ganz ernsthaft zu, als ob es gar keine andere Möglichkeit gäbe).
17. Das Varieté bietet uns alle bisher erreichten Rekorde: Höchstgeschwindigkeit und höchste Gleichgewichtsakrobatik der Japaner, höchste

Anspannung der Muskeln der Neger, höchste Entwicklung der Intelligenz der Tiere (dressierte Pferde, Elefanten, Seehunde, Hunde und Vögel); die größte melodische Inspiration des Golfes von Neapel und der russischen Steppen, ein Höchstmaß an Pariser Esprit, den größten Kräftevergleich der verschiedenen Rassen (Ringen, Boxen), die größte anatomische Monstrosität und die höchste Schönheit der Frau.
18. Während das heutige Theater das verinnerlichte Leben, die schulmeisterliche Meditation, die Bibliothek, das Museum, die monotonen Gewissenskämpfe, die dummen Analysen der Gefühle, kurzum die Psychologie (ein schmutziges Ding und ein schmutziges Wort) verherrlicht, preist das Varieté die Tat, den Heroismus, das Leben im Freien, die Geschicklichkeit, die Autorität des Instinktes und der Intuition. Der Psychologie hält es entgegen, was ich die *Psychotollheit* nenne.
19. Das Varieté bietet außerdem all den Ländern, die keine große, einmalige Hauptstadt haben (so z. B. Italien) ein brillantes Resümee von Paris, das als die einzige und verwirrende Heimstätte des Luxus und des hyperraffinierten Vergnügens gilt.

DER FUTURISMUS WILL DAS VARIETÉ IN EIN THEATER DER SCHOCKWIRKUNGEN, DES REKORDS UND DER PSYCHOTOLLHEIT VERWANDELN.

1. In den Varietévorstellungen muß die Logik völlig aufgehoben, der Luxus übertrieben, die Kontraste vervielfältigt werden, und auf der Bühne müssen das Unwahrscheinliche und das Absurde herrschen (Beispiel: die Chansonetten müssen sich das Dekolleté, die Arme und besonders die Haare in all den Farben färben, die bisher als Mittel der Verführung vernachlässigt worden sind. Grüne Haare, violette Arme, blaues Dekolleté, orangefarbener Chignon usw. Ein Chanson wird unterbrochen und durch eine revolutionäre Rede fortgesetzt. Eine Romanze wird mit Beleidigungen und Schimpfworten übergossen usw.).
2. Man muß verhindern, daß sich im Varieté Traditionen herausbilden. Man muß deshalb die Pariser Revuen bekämpfen und abschaffen, die mit ihren Compère und Commère, die die Funktion des antiken Chores erfüllen, dumm und langweilig wie eine griechische Tragödie sind. Das gleiche gilt für das Revuepassieren von politischen Persönlichkeiten und Ereignissen, die von geistreichen Worten mit lästiger Logik und Abfolge begleitet werden. Das Varieté darf nämlich nicht das sein, was es leider heute noch ist: eine mehr oder weniger humorvolle Zeitung.
3. Man muß die Überraschung und die Notwendigkeit zu handeln unter die Zuschauer des Parketts, der Logen und der Galerie tragen. Hier nur ein paar Vorschläge: auf ein paar Sessel wird Leim geschmiert, damit die Zuschauer – Herr oder Dame – kleben bleiben und so die allgemeine Heiterkeit erregen (der Frack oder das beschädigte Kleid wird selbstverständlich am Ausgang ersetzt). – Ein und derselbe Platz wird an zehn

Personen verkauft, was Gedrängel, Gezänk und Streit zur Folge hat. – Herren und Damen, von denen man weiß, daß sie leicht verrückt, reizbar oder exzentrisch sind, erhalten kostenlose Plätze, damit sie mit obszönen Gesten, Kneifen der Damen oder anderem Unfug Durcheinander verursachen. – Die Sessel werden mit Juck-, Niespulver usw. bestreut.

4. Man muß auf der Bühne systematisch die gesamte klassische Kunst prostituieren, indem man zum Beispiel an einen einzigen Abend sämtliche griechischen, französischen und italienischen Tragödien in Kurzform oder in einer komischen Mischung aufführt. – Die Werke von Beethoven, Wagner, Bach, Bellini und Chopin werden durch Einfügen neapolitanischer Lieder belebt. – Auf der Bühne treten Seite an Seite Zacconi, die Duse und Mayol, Sarah Bernhardt und Fregoli auf. – Eine Symphonie von Beethoven wird rückwärts, mit der letzten Note beginnend, gespielt. – Shakespeare wird auf einen einzigen Akt reduziert. – Das gleiche tut man mit den ehrwürdigsten Autoren. – *Ernani* läßt man von Schauspielern aufführen, die bis zum Hals in Säcken stecken, und die Bretter der Bühne werden eingeseift, um im tragischsten Augenblick vergnügliche Purzelbäume zu provozieren.

5. Auf jede erdenkliche Weise muß man die *Gattung* der Clowns und der exzentrischen Amerikaner fördern, ihre erhebend grotesken und erschreckend dynamischen Effekte, ihre derben Gags, ihre enorme Brutalität, ihre Westen mit Überraschungseffekten und ihre Hosen, die tief wie die Kiele der Schiffe sind. Daraus wird mit vielen anderen Dingen die große futuristische Heiterkeit hervorgehoben, die das Gesicht der Welt verjüngen soll.

Denn, vergeßt es nicht, wir Futuristen sind **junge, ausgelassene Künstler** wie wir in unserem Manifest ‹Tod dem Mondschein!› verkündet haben. Feuer + Feuer + Licht gegen den Mondschein und die alten Firmamente, jeden Abend Krieg   große Städte schwingen Leuchtreklamen Riesengesicht eines Negers (30 m hoch + 150 m Höhe des Hauses = 180 m) Öffnen Schließen Öffnen Schließen Goldauge (Höhe 3 m) **RAUCHT MANOLI RAUCHT MANOLI ZIGARETTEN** Frau im Hemd (50 m + 120 m Höhe des Hauses = 170 m) violettes, rosiges, lila Mieder schnüren lösen   Sekt elektrischer Glühbirnen in einem Kelch (30 m) perlen verdunsten in einem Schattenmund   Leuchtreklamen verhüllen sich, sterben unter einer schwarzen, festen Hand, erscheinen wieder, bleiben, setzen in der Nacht die Mühe des menschlichen Tages fort Mut + Tollheit sterben niemals bleiben nicht stehen und schlafen nicht ein. Leuchtreklamen = Formation und Zerfall von Mineralen und Pflanzen Mittelpunkt der Erde   Blutzirkulation in den eisernen Gesichtern der futuristischen Häuser Belebung, Rotwerden (Freude, Zorn, los, los, schnell noch, noch mehr) sobald die pessimistische, verneinende, sentimentale, sehnsüchtige Finsternis die Stadt belagert. Strahlendes   Erwachen der Straßen, die während des Tages das dampfende Gewühl der Arbeit kanalisieren   zwei Pferde (Höhe 30 m) lassen goldene mit einem Huf Kugeln rollen **MONA LISA ABFÜHRMITTEL**   es kreuzen sich **trrr trrrr** hochgeliftet über dem Kopf **trombeebeeebeettee pfeiiiiifen** Sirenen   von Krankenwagen + elektrischen Pumpen die Straßen verwandeln sich in herrliche Korridore, führen, schieben mit logischer Notwendigkeit die Menge zu Angst + Heiterkeit + Lärm des Varietés   **FOLIES-BERGÉRE EMPIRE ELLYPSE-CREME** rote rote rote blaue blaue blaue violette Quecksilberröhrchen   riesige Buchstaben-Aale aus Gold Feuer Purpur Diamant, futuristische Herausforderung an die weinerliche Nacht   Niederlage der Sterne Wärme Enthusiasmus Glaube Überzeugung Wille, eine Leuchtreklame durchdringt das gegenüberliegende Haus **Gelbe Ohrfeigen** jenem Gichtleidenden in bibliophilen Pantoffeln, der sein Schläfchen hält   3 Spiegel blicken auf ihn   die Reklame taucht in die drei rotgoldenen Abgründe unter Öffnen, Schließen, Öffnen, Schließen der Schlünde von 3 Milliarden Kilometer Schrecken ausgehen ausgehen schnell Hut Stock Treppe Taxi Stoßen **kee-kee-kee** geschafft   Aufleuchten des Wandelganges   Feierlichkeit der Panther-Kokotten zwischen den Wendekreisen der leichten Musik   runder und warmer Duft der Fröhlichkeit des Varietés = unermüdlicher Ventilator des futuristischen Gehirns der Welt.

Daily-Mail, 21. November 1913

Aus: Umbro Apollonio: Der Futurismus. Manifeste und Dokumente einer künstlerischen Revolution 1909–1918. Köln (DuMont) 1972, S. 170 bis 177.

Filippo Tommaso Marinetti / Emilio Settimelli / Bruno Corra
Das futuristische synthetische Theater (1915)

Wir schaffen das futuristische Theater:
SYNTHETISCH
also sehr kurz. In wenigen Minuten, in wenige Worte und wenige Gesten wird eine Unzahl von Situationen, Empfindungen, Ideen, Sinneswahrnehmungen, Ereignissen und Symbolen zusammengedrängt.

Filippo Tommaso Marinetti / Emilio Settimelli / Bruno Corra

Giacomo Balla: Rekonstruktion der Bühnenausstattung für Strawinskys *Feuervogel*, Rom 1917

Wir sind überzeugt, daß man durch die Kürze auf mechanischem Wege zu einem völlig neuen Theater gelangen kann, das in vollkommenem Einklang mit unserer sehr raschen und lakonischen futuristischen Sensibilität steht. Bei uns kann ein Akt ein *Augenblick* sein, also nur wenige Sekunden dauern. Mit dieser synthetischen, auf das Wesentliche beschränkten Kürze wird das Theater auch die Konkurrenz mit dem *Film* aufnehmen und gewinnen können.

ATECHNISCH

... Mit unserem Streben nach einem synthetischen Theater wollen wir den technischen Aufbau zerstören, der, anstatt sich zu vereinfachen, von den Griechen bis heute immer dogmatischer, töricht logisch, peinlich genau und pedantisch geworden ist und alles erstickt. FOLGLICH:
1. IST ES DUMM, HUNDERT SEITEN ZU SCHREIBEN, WO EINE GENÜGT, nur weil das Publikum aus Gewohnheit und kindlichem Gefühl sehen will, wie sich der Charakter einer Person aus einer Reihe von Ereignissen ergibt, und weil es die Illusion haben will, daß diese Person wirklich existiert, um ihren künstlerischen Wert zu bewundern, während es diesen Wert nicht zugestehen will, wenn sich der Autor darauf beschränkt, die Person mit knappen Zügen anzudeuten.

2. IST ES DUMM, sich nicht gegen das Vorurteil der Theatergerechtigkeit aufzulehnen, wenn das Leben (das aus Handlungen besteht, die unendlich viel unbeholfener, geregelter und voraussehbarer sind als die, die sich auf dem Gebiet der Kunst abspielen) zum größten Teil *undramatisch* ist und auch in diesem Teil unzählige szenische Möglichkeiten bietet. ALLES IST FÜR DAS THEATER GEEIGNET, WENN ES WERT HAT.

3. IST ES DUMM, die Primitivität der Menge zu befriedigen, die am Ende die sympathische Person triumphieren und die unsympathische unterliegen sehen will.

4. IST ES DUMM, auf die Wahrscheinlichkeit Rücksicht zu nehmen (sie ist eine Absurdität, denn Wert und Genialität stimmen durchaus nicht mit ihr überein).

5. IST ES DUMM, alles, was dargestellt wird, mit einer bis ins kleinste gehenden Logik erklären zu wollen, da wir auch im Leben ein Ereignis nie völlig mit all seinen Ursachen und Folgen erfassen, weil die Wirklichkeit um uns herum vibriert und uns Teilstücke von Geschehnissen entgegenschleudert, *die miteinander in Verbindung stehen, die ineinandergeschoben und verworren, verwickelt und in einem chaotischen Zustand sind*. So ist es z. B. dumm, auf der Bühne einen Streit zwischen zwei Personen immer der Reihe nach, logisch und klar darzustellen, während uns die Lebenserfahrung fast nur *Stücke eines Wortstreites* liefert, dem wir als moderne Menschen *einen Augenblick* lang in der Straßenbahn, in einem Café oder auf einem Bahnhof beigewohnt haben und die von unserem Geist wie dynamische Symphonien aus Gesten-, Wort-, Geräusch- und Lichtfragmenten gefilmt worden sind.

6. IST ES DUMM, *sich dem Diktat des Crescendo*, der *Einführung* und des *Haupteffektes am Schluß* zu unterwerfen.

7. IST ES DUMM, der eigenen Genialität die Last einer Technik aufzubürden, *die sich alle* (auch die Dummköpfe) *durch Lernen, Übung und Geduld aneignen können*.

8. IST ES DUMM, AUF DEN DYNAMISCHEN SPRUNG INS LEERE DER TOTALEN SCHÖPFUNG, DIE AUSSERHALB ALLER ERFORSCHTEN GEBIETE LIEGT, ZU VERZICHTEN.

DYNAMISCH, SIMULTAN,

entstanden also aus der Improvisation, der blitzartigen Intuition und der Aktualität, die beeinflussend und offenbarend wirkt. Wir glauben, daß der Wert einer Sache in ihrer Improvisation (Stunden, Minuten, Sekunden) und nicht in ihrer langen Vorbereitung (Monate, Jahre, Jahrhunderte) liegt ...

AUTONOM, ALOGISCH, IRREAL

Die futuristische Theater-Synthese wird nicht der Logik unterworfen sein, sie wird nichts Photographisches enthalten, sie wird *autonom sein,* nur sich selbst gleichen, obwohl sie die Elemente, die sie nach ihrer Laune kombiniert, aus der Wirklichkeit zieht. So wie für den Maler und den Musiker ein engbegrenztes, aber intensiveres Leben existiert, das in der äußeren Welt zerstreut ist, das aus Farben, Formen, Tönen und Geräuschen besteht, so EXISTIERT FÜR DEN MIT THEATERSENSIBILITÄT BEGABTEN MENSCHEN EINE SPEZIALISIERTE WIRKLICHKEIT, DIE DIE NERVEN MIT HEFTIGKEIT ANGREIFT: sie besteht aus dem, was ich DEN BEREICH DES THEATERS nenne.

DAS FUTURISTISCHE THEATER ENTSTEHT AUS DEN BEIDEN HÖCHST VITALEN STRÖMUNGEN der futuristischen Sensibilität, die in den zwei Manifesten *DAS VARIETÉ* und *GEWICHTE, MASSE UND PREISE DES KÜNSTLERISCHEN GENIES* näher bestimmt worden sind: 1) UNSERE GRENZENLOSE LEIDENSCHAFT FÜR DAS AKTUELLE, SCHNELLE, FRAGMENTARISCHE, ELEGANTE, KOMPLIZIERTE, ZYNISCHE, MUSKULÖSE, FLÜCHTIGE UND FUTURISTISCHE LEBEN. 2) UNSERE HÖCHST MODERNE, ZEREBRALE AUFFASSUNG DER KUNST, DERZUFOLGE KEINE LOGIK, KEINE TRADITION, KEINE ÄSTHETIK, KEINE TECHNIK, KEINE OPPORTUNITÄT DEM GENIE DES KÜNSTLERS AUFERLEGT WERDEN DARF, DESSEN EINZIGES ANLIEGEN ES SEIN MUSS, SYNTHETISCHE AUSDRUCKSFORMEN ZEREBRALER ENERGIE ZU SCHAFFEN, DIE EINEN *ABSOLUTEN NEUHEITSWERT* BESITZEN.

Das FUTURISTISCHE THEATER wird es verstehen, seine Zuschauer in Begeisterung zu versetzen, d. h. sie die Eintönigkeit des täglichen Lebens vergessen lassen, indem es sie durch ein LABYRINTH DER SINNESWAHRNEHMUNGEN schleudert, DIE ABSOLUT ORIGINELL UND VÖLLIG UNVORHERGESEHEN ZUSAMMENGEFÜGT SIND.

Das FUTURISTISCHE THEATER wird jeden Abend eine Gymnastik sein, die den Geist unseres Volkes für die schnellen und gefährlichen Wagnisse trainiert, die dieses futuristische Jahr erfordert.

SCHLUSSFOLGERUNGEN:

1. Vollständige Abschaffung der Technik, unter der das passatistische Theater stirbt.
2. Alle Entdeckungen (so unwahrscheinlich, bizarr und undramatisch sie sein mögen) auf die Bühne bringen, die unser Genie im Unterbewußtsein, in den nicht genau bestimmbaren Kräften, in der reinen Abstraktion, dem reinen Zerebralismus, der reinen Phantasie, im Rekord und in der physischen Narrheit macht.
3. Zusammenfassung der Sensibilität des Publikums zu einer Symphonie,

durch eine mit allen Mitteln durchgeführte Erforschung und Aufrüttelung der müdesten Teile. Beseitigung des Vorurteiles der Bühne durch Auswerfen von Netzen von Empfindungen zwischen Bühne und Publikum. Die szenische Handlung wird auf das Parkett und die Zuschauer übergreifen.
4. Engste Verbrüderung mit den Komikern, da sie zu den wenigen Denkern gehören, die vor jedem deformierenden Eingriff der Kultur zurückweichen.
5. Abschaffung der Posse, des Singspiels, der Pochade, der Komödie, des Dramas und der Tragödie, um an ihre Stelle die zahlreichen Formen des futuristischen Theaters zu setzen, wie: befreite Wortgefechte, Simultaneität, Durchdringung, das gemimte Gedicht, die dramatisierte Sinneswahrnehmung, die Fröhlichkeit in Dialogform, die negative Handlung, die zurückgeworfene geistreiche Wendung, die extralogische Diskussion, die synthetische Deformation, den wissenschaftlichen Lichtblick, das zufällige Zusammentreffen, das Schaufenster...
6. Herstellung einer Strömung von respektlosem Vertrauen zwischen uns und der Menge mittels eines kontinuierlichen Kontaktes, um unserem Publikum die dynamische Lebendigkeit des neuen futuristischen Theaters einzuflößen.
[...]
11. 11. 1915

Aus: Christa Baumgart: Geschichte des Futurismus. Reinbek bei Hamburg (Rowohlt) 1966 (rde 248/249), S. 178–181.

Enrico Prampolini
Futuristische Bühnenbildnerei (1915)

Wir müssen uns empören und uns durchsetzen, wir müssen unseren Dichter- und Musiker-Freunden sagen: diese Handlung erfordert dieses und nicht jenes Bühnenbild.
Auch wir müssen Künstler sein und nicht nur Ausführende. Schaffen wir das Bühnenbild, geben wir dem Theaterstück mit all der beschwörenden Kraft unserer Kunst Leben.
Es versteht sich von selbst, daß wir Stücke brauchen, die unserer Sensibi-

lität entsprechen, deren szenische Entwicklung der Handlung eine intesivere und synthetischere Auffassung verlangt.

Erneuern wir das Bühnenbild.
Der völlig neue Charakter, den wir dem Bühnenbild geben werden, ist bedingt durch die *Abschaffung der gemalten Kulisse*. Das Bühnenbild wird nicht länger ein farbiger Hintergrund sein, sondern *eine farblose elektromechanische Architektur, die durch die chromatischen Ausstrahlungen einer Lichtquelle kräftig belebt wird*. Diese werden durch elektrische Scheinwerfer und farbige Gläser erzeugt werden, die analog zur Psyche jeder szenischen Handlung geordnet und koordiniert werden.
Die leuchtenden Strahlen dieser Bündel, dieser farbigen Lichtflächen, und ihre dynamischen Kombinationen werden wunderbare Resultate der Durchdringung und der Überschneidung von Licht und Schatten ergeben. Dadurch werden ausgesparte Stellen und leuchtende Verkörperungen der Freude entstehen. Diese Hinzufügungen, diese irrealen Zusammenstöße, dieser Reichtum an Empfindungen und ferner die dynamischen Bühnenarchitekturen, die sich bewegen und Metallarme ausstrecken, die plastische Ebenen umstürzen inmitten eines ganz neuen modernen Geräusches, werden die vitale Intensität der szenischen Handlung vermehren.

Enrico Prampolini: Bühnenbild zu Bartóks Oper *Der wunderbare Mandarin*, Mailand 1942

Auf einer mit solchen Mitteln erleuchteten Bühne werden die Schauspieler unvorhergesehene dynamische Wirkungen erreichen, die in den Theatern von heute sehr vernachlässigt oder sehr wenig ausgenutzt werden, vor allem auf Grund des alten Vorurteils, daß man die Wirklichkeit nachahmen und darstellen muß. Wozu?
Glauben die Bühnenbildner, daß es absolut notwendig ist, diese Wirklichkeit darzustellen? Idioten! Seht ihr denn nicht, daß eure Anstrengungen, euer überflüssiges Interesse für die Wirklichkeit einzig und allein den Erfolg hat, die Intensivität, den emotionellen Inhalt zu verringern, während man diesen gerade durch die Äquivalente dieser Wirklichkeiten, d. h. durch Abstraktionen erhält.

Schaffen wir das Bühnenbild.
In dem oben Gesagten haben wir die Idee einer dynamischen Szene gegenüber dem statischen Bühnenbild von früher vertreten. Mit den dargelegten Grundsätzen wollen wir nicht nur das Bühnenbild avantgardistischer gestalten, sondern ihm auch wesentliche Werte zuschreiben, die ihm eigen sind und die ihm niemand bis heute gegeben hat.
An Stelle der illuminierten Bühne schaffen wir die *illuminierende Bühne: leuchtender Ausdruck, der mit all seiner emotionellen Kraft die Farben, die die Theaterhandlung erfordert, ausstrahlen wird.*

April/Mai 1915

Aus: Umbro Apollonio: Der Futurismus. Manifeste und Dokumente einer künstlerischen Revolution 1909–1918. Köln (DuMont) 1972, S. 235–236.

Die futuristische Bühnenatmosphäre (1924)

[...]

Die neue Plastik holt ihre Anregungen aus den Formen, die von der modernen Industrie geschaffen werden, die Lyrik lernt von der Telegraphie, die Theatertechnik sollte sich an dem plastischen Dynamismus des modernen Lebens, seiner spezifischen Aktivität orientieren.
Die Grundprinzipien der *futuristischen Bühnenatmosphäre* sind die Essenz der futuristischen Geistigkeit, das heißt: des *Dynamismus, Simultaneität,* der *Einheit* der Handlung zwischen Mensch und Umwelt.
Die *Technik des traditionellen Theaters* hat – im Gegensatz dazu – den Dualismus zwischen *Mensch* (dynamisches Element) und *Umwelt* (statisches Element) vertieft als einen Dualismus zwischen Synthese und Analyse, da sie die Vitalität prinzipiell vernachlässigt hat und ihre Probleme ungelöst ließ.
Wir Futuristen haben eine *szenische Einheit* proklamiert und erreicht.

Enrico Prampolini

Wir haben das *Element Mensch* mit dem *Element Umwelt* in einer *lebendigen szenischen Synthese* als theatralische Aktion vereinigt.
Das futuristische Theater und die futuristische Kunst: Projektionen der geistigen Welt, rhythmisiert als Bewegung im Bühnenraum.
Die *futuristische Bühnentechnik* will als Aktionssphäre
1. das Wesentliche zusammenfassen in der reinen *Synthese,*
2. die dimensionale Augenscheinlichkeit präsentieren mit *plastischen* Mitteln,
3. die Handlung der Kräfte im Spiel *dynamisch* zum Ausdruck bringen.

Synthese, Plastik, Dynamik
Das magische Dreieck eint und teilt die drei Gesichter der futuristischen Bühnentechnik.
Die *Bühnendekoration* der empirischen malerischen Beschreibung der veristischen Elemente verwandelt sich zur Bühnensynthese, als architektonische Komposition von chromatischen Flächen.
Die *Bühnenplastik* als räumliche Konstruktion von plastischen Elementen des szenischen Milieus entwickelt sich zur *Bühnendynamik* als raumchromatische Architektur mit den dynamischen Elementen der leuchtenden Bühnenatmosphäre.

Schematische Darstellung

Bühnensynthese: *Zweidimensionale szenische Umwelt* – Vorrang des farbigen Elementes – Anwendung von Architektur als geometrisches Element der linearen Synthese – Bühnenaktion auf zwei Ebenen – *farbige Abstraktion – Flächen.*

Bühnenplastik: *Dreidimensionale szenische Umwelt* – Vorrang der Plastik – Anwendung von Architektur nicht als prospektive, malerische Vorspiegelung, sondern als plastische lebende Realität gleichsam ein konstruierter Organismus – Abschaffung der Bühne – Bühnenaktion auf drei Ebenen – *plastische Abstraktion – Volumen.*

Bühnendynamik: *Vierdimensionale szenische Umwelt* – Vorrang des räumlich-architektonischen Elementes – Anwendung von rhythmischer Bewegung als wesentliches Element der simultanen Einheit und Durchdringung von Umwelt und Bühnenaktion – *Aufhebung der gemalten Bühne – leuchtende Architektur von farbigen Räumen – dynamische Abstraktion – Raum.*

Der polydimensionale Bühnenraum

Aus dieser schematischen Darstellung wurden die futuristischen Bühnenmöglichkeiten vor dem Horizont des zeitgenössischen Theaters umrissen. Es geht daraus hervor, daß unsere Forschungen über die Bühnen- und Interpretationstechnik hinaus zu einer komplexen, panoramaartigen Sicht der Probleme streben, welche die Zukunft des Theaters betreffen. Während kühne *Dramatiker* und *Regisseure* des russischen und deutschen Theaters heute ein System finden wollen, um die Dramatik in den *Bühnenrahmen* der *Guckkastenbühne* einzuzwängen, den technischen Mechanismus der *Bühne* zu vervollkommnen, halten wir Futuristen den Hysterismus der *Theatermethoden* des 18. Jahrhunderts für überwunden. Wir haben der *traditionellen Guckkastenbühne* die **polydimensionale futuristische Raumbühne** gegenübergestellt. Die Guckkastenbühne und die Dramatik des zeitgenössischen Theaters entsprechen nicht mehr den technischen und ästhetischen Forderungen der neuen theatralischen Sensibilität. Die ebene horizontale Oberfläche und die kubische Dimension der *Guckkastenbühne* fesseln und hindern die letzten Entwicklungen der *dramatischen Handlung,* die zum Sklaven des Bühnenrahmens und des prospektivischen Blickwinkels gemacht wird. Mit der *Aufhebung der Guckkastenbühne* finden die technischen Möglichkeiten der dramatischen Handlung eine vielfältigere, erweiterte Entsprechung. Sie gehen über die dreidimensionalen Grenzen der Tradition hinaus. Sie durchbrechen die horizontale Fläche, um neue vertikale, schräge und polydimensionale Elemente zu vermitteln; sie sprengen den kubischen Widerstand der Guckkastenbühne mit der sphärischen Expansion plastisch-dynamischer Elemente im Raum und *schaffen die futuristische polydimensionale Raumbühne.*

Die elektrodynamische, polydimensionale Architektur aus bewegten, plastischen Leuchtelementen bildet das Zentrum des theatralischen Raumes. Diese neue *Bühnenkonstruktion* ermöglicht es, die *perspektivische Sicht* über die Horizontlinie hinauszuführen, umzukehren und in simultaner Durchdringung zur zentrifugalen Strahlung von unendlichen Sichten und Emotionen des Bühnengeschehens zu gestalten.

Die polydimensionale Raumbühne, eine futuristische Schöpfung für das Theater der Zukunft, erschließt der Theatertechnik und -magie neue Welten.

Der Schauspieler-Raum

Im traditionellen und antitraditionellen zeitgenössischen Theater gilt der Schauspieler stets als *einziges und unentbehrliches Element*, das über die Bühnenhandlung herrscht. Die neuesten Theoretiker und Dramatiker des zeitgenössischen Theaters, wie Craig, Appia und Tairoff, haben die

Rolle des Schauspielers geregelt und seine Bedeutung verringert. Craig definiert ihn als einen *Farbfleck*; Appia stellt eine Hierarchie zwischen *Autor, Schauspieler* und *Raum* auf; Tairoff hält ihn für einen *Gegenstand*, d. h. für eins der vielen Elemente der Bühne.

Ich halte den *Schauspieler* für ein *unnötiges Element* für die Bühnenhandlung; er ist deshalb gefährlich für die Zukunft des Theaters.

Der Schauspieler ist das Element der Interpretation mit den größten Rätseln und den geringsten Garantien.

Während die *Bühnenauffassung* einer Theateraufführung ein *Absolutes* in der szenischen Umsetzung darstellt, verkörpert der Schauspieler stets den *relativen* Teil. In der Tat ist das *Unbekannte des Schauspielers* das, was die Bedeutung der Aufführung verformt und festlegt, wobei die Wirksamkeit des Ergebnisses kompromittiert wird. **Das Eingreifen des Schauspielers im Theater als Element der Interpretation halte ich also für einen der absurdesten Kompromisse für die Kunst des Theaters.**

Das Theater in seiner reinsten Ausdruckskraft ist nämlich ein Ort der *Enthüllung des tragischen, dramatischen und komischen Mysteriums*, jenseits der menschlichen Vorstellungswelt.

Es genügt uns, wenn wir immer noch diesen *grotesken Menschen* sehen müssen, der sich unter dem Bühnenhimmel agitiert, um sich selbst zu erschüttern. Die Erscheinung des menschlichen Elementes auf der *Bühne* bricht das Rätsel des *Jenseits*, das im Theater, dem Tempel der geistigen Abstraktion, regieren soll.

Der Raum ist der metaphysische Nimbus der Umwelt.
Die Umwelt ist die geistige Projektion der menschlichen Handlungen.
Wer kann also den Inhalt der dramatischen Handlung besser hervorheben und aufzeigen als der Raum, der in der szenischen Umwelt den Rhythmus bestimmt?

Die *Personifizierung des Raumes* in der Funktion eines Schauspielers als übergreifendes dynamisches Element der Vermittlung zwischen der szenischen Umwelt und den Zuschauern, ist eine der wichtigsten Errungenschaften für die Entwicklung der Kunst und der Technik des Theaters, denn das Problem der *szenischen Einheit* wird dadurch endgültig gelöst.

Betrachtet man den *Raum* als ein *szenisches Individuum*, das die Theaterhandlung und die Elemente, die sich darin wie Beiwerke bewegen, beherrscht, so wird es deutlich, daß diese *szenische Einheit* durch den Synchronismus zwischen der Dynamik der *szenischen Umwelt* und der Dynamik des *Schauspieler-Raumes* erreicht wird im Spiel, im rhythmischen Ereignis der szenischen Atmosphäre.

**Das polyexpressive Theater
und die futuristische Bühnenatmosphäre**
Die totale Verwandlung der Bühnentechnik orientiert sich an der Entdeckung neuer polyexpressiver Horizonte der Theaterinterpretation.
Die Malerei, *Bühnensynthese*, entwickelt sich zur Plastik, *Bühnenplastik*, diese zur Architektur der plastischen, beweglichen Flächen, *Bühnendynamik*. Der *polydimensionale Bühnenraum* löst die traditionelle dreidimensionale Bühne ab; der menschliche Schauspieler wird zum *Schauspieler-Raum*, zur neuen Bühnenindividualität und diese wiederum zum *futuristischen polyexpressiven Theater*. Das Theater zeichnet sich in seiner Architektur ab im Zentrum eines Tales von spiralförmigen Flächen (Terrassen). Auf diesem *dynamischen Hügel* erhebt sich kühn die *polydimensionale Konstruktion des Bühnenraumes*, Irradiationszentrum der futuristischen Bühnenatmosphäre. Das Theater soll den Charakter experimenteller Ausnahme, episodischer Improvisation für das Leben des einzelnen verlieren. Es soll die Funktion eines transzendenten Organismus für die spirituelle Erziehung im Gemeinschaftsleben übernehmen. Das Theater soll Arena für die geistige Gymnastik werden.
Das *futuristische polyexpressive Theater* wird zum Zentrum abstrakter Kräfte im Spiel. Jede *Aufführung* ist ein *mechanischer Ritus* der ewigen Transzendenz der Materie; sie ist die magische Offenbarung eines spirituellen und wissenschaftlichen Geheimnisses.
[Das Theater ist:] eine panoramaartige Aktionssynthese, die als mystischer Ritus des spirituellen Dynamismus verstanden wird, und ein Zentrum spiritueller Abstraktion für die Zukunftsreligion.

(*Übersetzung*: Gianna Gruber-Giancola)

Aus: Noi (Rom 1924), II s., Nr. 6–9.

Hugo Ball
Cabaret Voltaire (1916):
«Bildungs- und Kunstideale als Varietéprogramm»

[...]
11. III.
Am 9ten las Hülsenbeck. Er gibt, wenn er auftritt, sein Stöckchen aus spanischem Rohr nicht aus der Hand und fitzt damit ab und zu durch die Luft. Das wirkt auf die Zuhörer aufregend. Man hält ihn für arrogant und

Hugo Ball rezitiert ein Lautgedicht im Cabaret Voltaire, Zürich 1916

er sieht auch so aus. Die Nüstern beben, die Augenbrauen sind hoch geschwungen. Der Mund, um den ein ironisches Zucken spielt, ist müde und doch gefaßt. Also liest er, von der großen Trommel, Brüllen, Pfeifen und Gelächter begleitet:

‹Langsam öffnete der Häuserklump seines Leibes Mitte.
Dann schrien die geschwollenen Hälse der Kirchen nach den Tiefen über ihnen.
Hier jagten sich wie Hunde die Farben aller je gesehenen Erden.
Alle je gehörten Klänge stürzten rasselnd in den Mittelpunkt.
Es zerbrachen die Farben und Klänge wie Glas und Zement
und weiche dunkle Tropfen schlugen schwer herunter ...›

Seine Verse sind ein Versuch, die Totalität dieser unnennbaren Zeit mit all ihren Rissen und Sprüngen, mit all ihren bösartigen und irrsinnigen Gemütlichkeiten, mit all ihrem Lärm und dumpfen Getöse in eine erhellte Melodie aufzufangen. Aus den phantastischen Untergängen lächelt das Gorgohaupt eines maßlosen Schreckens.

[...]

30. III.

Alle Stilarten der letzten zwanzig Jahre gaben sich gestern ein Stelldichein. Hülsenbeck, Tzara und Janco traten mit einem «Poème simultan» auf. Das ist ein kontrapunktliches Rezitativ, in dem drei oder mehrere Stimmen gleichzeitig sprechen, singen, pfeifen oder dergleichen, so zwar, daß ihre Begegnungen den elegischen, lustigen oder bizarren Gehalt der Sache ausmachen. Der Eigensinn eines Organos kommt in solchem Simultangedichte drastisch zum Ausdruck, und ebenso seine Bedingtheit durch die Begleitung. Die Geräusche (ein minutenlang gezogenes rrrrr, oder Polterstöße oder Sirenengeheul und dergleichen), haben eine der Menschenstimme an Energie überlegene Existenz.

Das «Poème simultan» handelt vom Wert der Stimme. Das menschliche Organ vertritt die Seele, die Individualität in ihrer Irrfahrt zwischen dämonischen Begleitern. Die Geräusche stellen den Hintergrund dar; das Unartikulierte, Fatale, Bestimmende. Das Gedicht will die Verschlungenheit des Menschen in den mechanistischen Prozeß verdeutlichen. In typischer Verkürzung zeigt es den Widerstreit der vox humana mit einer sie bedrohenden, verstrickenden und zerstörenden Welt, deren Takt und Geräuschablauf unentrinnbar sind.

Auf das Poème simultan (nach dem Vorbild von Henri Barzun und Fernand Divoire) folgen «Chant nègre I und II», beide zum erstenmal. «Chant nègre (oder funèbre) N. I» war besonders vorbereitet und wurde in schwarzen Kutten mit großen und kleinen exotischen Trommeln wie ein Femgericht exekutiert. Die Melodien zu «Chant nègre II» lieferte unser geschätzter Gastgeber, Mr. Jan Ephraim, der sich vor Zeiten bei afrikanischen Konjunkturen des längeren aufgehalten und belehrende und belebende Primadonna mit um die Aufführung wärmstens bemüht war.

[...]
24. V.
Janco hat für die neue Soiree eine Anzahl Masken gemacht, die mehr als begabt sind. Sie erinnern an das japanische oder altgriechische Theater und sind doch völlig modern. Für die Fernwirkung berechnet, tun sie in dem verhältnismäßig kleinen Kabarettraum eine unerhörte Wirkung. Wir waren alle zugegen, als Janco mit seinen Masken ankam, und jeder band sich sogleich eine um. Da geschah nun etwas Seltsames. Die Maske verlangte nicht nur sofort nach einem Kostüm, sie diktierte auch einen ganz bestimmten pathetischen, ja an Irrsinn streifenden Gestus. Ohne es fünf Minuten vorher auch nur geahnt zu haben, bewegten wir uns in den absonderlichsten Figuren, drapiert und behängt mit unmöglichen Gegenständen, einer den andern in Einfällen überbietend. Die motorische Gewalt dieser Masken teilte sich uns in frappierender Unwiderstehlichkeit mit. Wir waren mit einem Male darüber belehrt, worin die Bedeutung einer solchen Larve für die Mimik, für das Theater bestand. Die Masken verlangten einfach, daß ihre Träger sich zu einem tragisch-absurden Tanz in Bewegung setzten.

Wir sahen uns jetzt die aus Pappe geschnittenen, bemalt und beklebten Dinger genauer an und abstrahierten von ihrer vieldeutigen Eigenheit eine Anzahl von Tänzen, zu denen ich auf der Stelle je ein kurzes Musikstück erfand. Den einen Tanz nannten wir «Fliegenfangen». Zu dieser Maske paßten nur plumpe tappende Schritte und einige hastig fangende, weit ausholende Posen, nebst einer nervösen schrillen Musik. Den zweiten Tanz nannten wir «Cauchemar». Die tanzende Gestalt geht aus geduckter Stellung geradeaus aufwachsend nach vorn. Der Mund der Maske ist weit geöffnet, die Nase breit und verschoben. Die drohend erhobenen Arme der Darstellerin sind durch besondere Röhren verlängert. Den dritten Tanz nannten wir «Festliche Verzweiflung». An den gewölbten Armen hängen lang ausgeschnittene Goldhände. Die Figur dreht sich einige Male nach links und nach rechts, dann langsam um ihre Achse und fällt schließlich blitzartig in sich zusammen, um langsam zur ersten Bewegung zurückzukehren.

Was an den Masken uns allesamt fasziniert ist, daß sie nicht menschliche, sondern überlebensgroße Charaktere und Leidenschaften verkörpern. Das Grauen dieser Zeit, der paralysierende Hintergrund der Dinge ist sichtbar gemacht.
[...]
12. VI.
Der Dadaist liebt das Außergewöhnliche, ja das Absurde. Er weiß, daß sich im Widerspruche das Leben behauptet und daß seine Zeit wie keine vorher auf die Vernichtung des Generösen abzielt. Jede Art Maske ist ihm darum willkommen. Jedes Versteckspiel, dem eine düpierende Kraft in-

newohnt. Das Direkte und Primitive erscheint ihm inmitten enormer Unnatur als das Unglaubliche selbst.

Da der Bankrott der Ideen das Menschenbild bis in die innersten Schichten zerblättert hat, treten in pathologischer Weise die Triebe und Hintergründe hervor. Da keinerlei Kunst, Politik oder Bekenntnis diesem Dammbruch gewachsen scheinen, bleibt nur die Blague und die blutige Pose.

[...]

16. VI.

Die Bildungs- und Kunstideale als Varietéprogramm –: das ist unsere Art von «Candide» gegen die Zeit. Man tut so, als ob nichts geschehen wäre. Der Schindanger wächst und man hält am Prestige der europäischen Herrlichkeit fest. Man sucht das Unmögliche möglich zu machen und den Verrat am Menschen, den Raubbau an Leib und Seele der Völker, dies zivilisierte Gemetzel in einen Triumph der europäischen Intelligenz umzulügen. Man führt eine Farce auf, dekretierend, nun habe Karfreitagsstimmung zu herrschen, die weder durch ein verstohlenes Klimpern auf halber Laute, noch durch ein Augenzwinkern dürfe gestört und gelästert werden. Darauf ist zu sagen: man kann nicht verlangen, daß wir die üble Pastete von Menschenfleisch, die man uns präsentiert, mit Behagen verschlucken. Man kann nicht verlangen, daß unsere zitternden Nüstern den Leichendunst mit Bewunderung einsaugen. Man kann nicht erwarten, daß wir die täglich fataler sich offenbarende Stumpfheit und Herzenskälte mit Heroismus verwechseln. Man wird einmal einräumen müssen, daß wir sehr höflich, ja rührend reagierten. Die grellsten Pamphlete reichten nicht hin, die allgemein herrschende Hypokrisie gebührend mit Lauge und Hohn zu begießen.

[...]

23. VI.

Ich habe eine neue Gattung von Versen erfunden, «Verse ohne Worte» oder Lautgedichte, in denen das Balancement der Vokale nur nach dem Werte der Ansatzreihe erwogen und ausgeteilt wird. Die ersten dieser Verse habe ich heute abend vorgelesen. Ich hatte mir dazu ein eigenes Kostüm konstruiert. Meine Beine standen in einem Säulenrund aus blauglänzendem Karton, der mir schlank bis zur Hüfte reichte, so daß ich bis dahin wie ein Obelisk aussah. Darüber trug ich einen riesigen, aus Pappe geschnittenen Mantelkragen, der innen mit Scharlach und außen mit Gold beklebt, am Halse derart zusammengehalten war, daß ich ihn durch ein Heben und Senken der Ellbogen flügelartig bewegen konnte. Dazu einen zylinderartigen, hohen, weiß und blau gestreiften Schamanenhut.

Ich hatte an allen drei Seiten des Podiums gegen das Publikum Notenständer errichtet und stellte darauf mein mit Rotstift gemaltes Manuskript, bald am einen, bald am andern Notenständer zelebrierend. Da Tzara von meinen Vorbereitungen wußte, gab es eine richtige kleine Premiere. Alle waren neugierig. Also ließ ich mich, da ich als Säule nicht gehen konnte, in der Verfinsterung auf das Podest tragen und begann langsam und feierlich:

> Gadji beri bimba
> glandridi lauli lonni cadori
> gadjama bim beri glassala
> glandridi glassala tuffm i zimbrabim
> blassa galassasa tuffm i zimbrabim ...

Die Akzente wurden schwerer, der Ausdruck steigerte sich in der Verschärfung der Konsonanten. Ich merkte sehr bald, daß meine Ausdrucksmittel, wenn ich ernst bleiben wollte (und das wollte ich um jeden Preis) dem Pomp meiner Inszenierung nicht würden gewachsen sein. Im Publikum sah ich Brupbacher, Jelmoli, Laban, Frau Wiegmann. Ich fürchtete eine Blamage und nahm mich zusammen. Ich hatte jetzt rechts am Notenständer «Labadas Gesang an die Wolken» und links die «Elefantenkarawane» absolviert und wandte mich wieder zur mittleren Staffelei, fleißig mit den Flügeln schlagend. Die schweren Vokalreihen und der schleppende Rhythmus der Elefanten hatten mir eben noch eine letzte Steigerung erlaubt. Wie sollte ich's aber zu Ende führen? Da bemerkte ich, daß meine Stimme, der kein anderer Weg mehr blieb, die uralte Kadenz der priesterlichen Lamentation annahm, jenen Stil des Meßgesangs, wie er durch die katholischen Kirchen des Morgen- und Abendlandes wehklagt.
Ich weiß nicht, was mir diese Musik eingab. Aber ich begann meine Vokalreihen rezitativartig im Kirchenstile zu singen und versuchte es, nicht nur ernst zu bleiben, sondern mir auch den Ernst zu erzwingen. Einen Moment lang schien mir, als tauche in meiner kubistischen Maske ein bleiches, verstörtes Jungengesicht auf, jenes halb erschrockene, halb neugierige Gesicht eines zehnjährigen Knaben, der in den Totenmessen und Hochämtern seiner Heimatpfarrei zitternd und gierig am Munde der Priester hängt. Da erlosch, wie ich es bestellt hatte, das elektrische Licht, und ich wurde vom Podium herab schweißbedeckt als ein magischer Bischof in die Versenkung getragen.
[...]

Aus: Hugo Ball: Die Flucht aus der Zeit. Leipzig (Duncker & Humblot) 1927, S, 77-78. 79-80, 89-91, 92, 94-95, 98-100.

Raoul Hausmann
Die Dada-Soireen:
«Wer gegen DADA ist, ist DADAist»

[...]
Am Sonntag, 17. November 1918, ging Baader zum Vormittags-Gottesdienst in den Berliner Dom. Als der Hofprediger Dryander seine Predigt beginnen wollte, rief Baader mit lauter Stimme:
Einen Augenblick! Ich frage Sie, was ist Ihnen Jesus Christus? Er ist Ihnen Wurst...! Weiter kam er nicht; es gab einen fürchterlichen Tumult, Baader wurde verhaftet und eine Anklage wegen Gotteslästerung gegen ihn erhoben. Man konnte ihm aber nichts tun, denn er trug den gesamten Text seiner Ansprache bei sich, in der es hieß:
denn Sie kümmern sich nicht um seine Gebote etc.
Natürlich waren alle Zeitungen voll von diesem Vorfall.
Später, 1919, fuhr Baader nach Weimar, Sitz der sozialdemokratischen Regierung. Wieder unterbrach er von einer Tribüne des Sitzungssaals aus die Verhandlungen und warf große Mengen eines Flugblattes, das er verfaßt hatte, *Die grüne Leiche*, in die Versammlung. Dies wurde selbst im amtlichen stenographischen Bericht der Volksversammlung erwähnt, und selbstverständlich ereiferten sich die Zeitungen darüber. Diese DADAisten stiften doch überall Unfug! Es war aber auf dem Flugblatt unter anderem zu lesen:
REFERENDUM – ist das deutsche Volk bereit, dem Oberdada freie Hand zu geben? Fällt die Volksabstimmung bejahend aus, so wird Baader Ordnung, Friede, Freiheit und Brot schaffen... Wir werden Weimar in die Luft sprengen, Berlin ist der Ort DA-DA!
[...]
Im Januar 1920 hatte ich durch Zufall erfahren, daß der Ober-Dada Baader mit der Konzertdirektion Schönfelder eine DADA-Soiree für sich allein abgeschlossen hatte.
Sofort zu Huelsenbeck gegangen, den Fall erzählt.
Noch denselben Abend fuhren wir nach Dresden ab. Unsere ersten Worte waren: *Was sehen deine entzündeten Augen, lieber Baader? Hier der Weltdada und der Dadasoph, die dir bei deiner Soiree helfen werden.*
Dresden war voll von Intellektuellen und anderen Dummköpfen, und da mußte etwas geschehen, vorgesehen werden. Also lieh ich mir in einer Musikalienhandlung ein großes Grammophon und in einer Drogerie kaufte ich mehrere Dutzend Knallerbsen.
Als der Abend in der Getreide-Börse begann, ließ ich durch die Saaldiener ein grünes Kanapee auf das Podium tragen, *denn*, sagte ich zu Huel-

senbeck, *wir werden uns hinsetzen und Baader wird uns vorstellen.*
Das Podium war durch einen großen grünen Samtvorhang abgeschlossen, durch dessen Schlitz ich den Grammophon-Trichter schob und eine herrliche Jazz-Musik spielen ließ.
Hinter dem Vorhang hörten wir das Gebrause der Volksmenge. Von Zeit zu Zeit warf ich einige Knall-Kapseln auf das Podium.
Punkt 8 Uhr betraten wir den Saal, begaben uns auf unser Kanapee, Zigaretten rauchend, und bestaunten das heulende Publikum, das ungefähr einen Meter unter uns sich bis in die Saalfenster gestaut hatte.
Da rief ich zu Huelsenbeck:
Sieh dir doch mal diese Dreckbande an!
Tosendes Gebrüll als Rückantwort.
Nun stellte Baader uns vor.
Dann stand Huelsenbeck auf und hielt eine DADA-Ansprache, in die hinein Einer von einem Fenster aus brüllte:
Hörn se mal, Se schreim ‹uf de Delejrafendrähdn sitzn de Giehe un spieln Schach!› – Was soll'n dad heesen?
Da setzte sich Huelsenbeck wieder hin.
Nun war die Reihe an mir.
Ich las aus einem Manuskript, *Dadaistische Abrechnung*, unter anderem:
Lassen Sie sich nur durch Ihre Generäle Hindendorf und Ludenburg Ihr schäbiges Leben versichern, Sie sind zum Tode verurteilt. Und Ihre deutschen Dichter von Goethe bis Werfel und von Schiller bis Hasenclever gehören in den Abort getunkt!
Das schlug dem Faß den Boden aus.
Das Publikum brüllte:
Hängt se, haut se, schlagt se dod, dad sin Kommunisten, die ham uns unsern Geenich abgesetzt!
Einige Dutzend junge Männer kletterten auf das Podium und verprügelten uns.
Mich hatte man bis an den Rand des Podiums gedrängt, wo ich auf den Boden fiel. Eine Anzahl Leute trampelten auf mir herum, meine Hose war zerrissen und meine Brille zerbrochen.
Da schrie ich:
Lassen Sie mich sofort los, ich bin Ausländer.
Als ich wieder auf dem Podium angelangt war, sah ich, wie Huelsenbeck und Baader sich verteidigten.
Die Gruppe junger Leute da oben war von der sozialistischen Jugend, wie wir jetzt erfuhren. Auf unsere Versicherung, daß wir ‹auch welche› wären, ließen sie von uns ab.
Dann brüllte ich in das Publikum:
Die Prügelei war für uns eine angenehme Massage, aber für Sie eine Schande! – Wir richten eine Diskussion ein für Jedermann aus dem Publikum.

Drei Minuten Redezeit.
Da war schon der Erste da, aber nicht DADA. Denn er fing gleich an:
An den Galgen mit Ihnen, wir wollen unsern Geenich wieder ham!
Toben im Publikum.
Da sich diese Szene fünf- und sechsmal wiederholte, sagte ich zu Baader:
Du mußt uns retten, erzähle den Leuten ein bißchen Salbaderei.
Der stellte sich hin und versicherte der wilden Horde, daß wir gegen das Kino seien und gegen den Zirkus. Er sprach ungefähr fünf Minuten lang und erreichte eine gewisse Beruhigung.
Dann erlebten wir eine kurze Freude, der Dichter Baron von Lücken stieg zu uns herauf und rief ins Publikum:
Ich finde Dada wunderbar, und es war ein sehr schöner Abend! Ich stifte den Dadaisten alles Geld, das ich bei mir habe, 5 Mark.
Inzwischen hatte die Saalleitung an die Polizei telefoniert, denn die Unruhe wollte sich nicht legen, und schon krachten einige Fauteuils. Die Polizisten steckten nur den Kopf zur Tür herein, sagten: ‹Ach, das sin ja nur die Dadaisten› – und zogen wieder ab.
Da DADA nicht mehr überDADAisiert werden konnte, suchten wir unsere Mäntel, aber man hatte die Garderobe verschlossen.
Ich verteilte die 5 Mark des Barons von Lücken an die Saaldiener, die uns daraufhin unsere Mäntel gaben und uns durch eine Hintertreppe hinausließen, denn vor dem Haupteingang wartete die Menge, um ihre Rechnung mit uns zu begleichen. [...]

Aus: Raoul Hausmann: Am Anfang war Dada. Hrsg. von Karl Riha und Günter Kämpf mit einem Nachwort von Karl Riha. Gießen (Anabas) 1980, S. 56, 115–117.

Kurt Schwitters
An alle Bühnen der Welt (1919)

Ich fordere die Merzbühne.
Ich fordere die restlose Zusammenfassung aller künstlerischen Kräfte zur Erlangung des Gesamtkunstwerkes. Ich fordere die prinzipielle Gleichberechtigung aller Materialien, Gleichberechtigung zwischen Vollmenschen, Idiot, pfeifendem Drahtnetz und Gedankenpumpe. Ich fordere die restlose Erfassung aller Materialien vom Doppelschienenschweißer bis zur Dreiviertelgeige. Ich fordere die gewissenhafteste Vergewaltigung der Technik bis zur vollständigen Durchführung der verschmelzenden Verschmelzungen. Ich fordere die abstrakte Verwendung der Kritiker

und die Unteilbarkeit aller ihrer Aufsätze über die Veränderlichkeit des Bühnenbildes und die Unzulänglichkeit der menschlichen Erkenntnisse überhaupt.

Ich fordere den Bismarckhering.

Man setze riesenhafte Flächen, erfasse sie bis zur gedachten Unendlichkeit, bemäntele sie mit Farbe, verschiebe sie drohend und zerwölbe ihre glatte Schamigkeit. Man zerknicke und turbuliere endliche Teile und krümme löchernde Teile des Nichts unendlich zusammen. Glattende Flächen überkleben. Man drahte Linien Bewegung, wirkliche Bewegung steigt wirkliches Tau eines Drahtgeflechtes. Flammende Linien, schleichende Linien, flächende Linien überquert. Man lasse Linien miteinander kämpfen und sich streicheln in schenkender Zärtlichkeit. Punkte sollen dazwischensternen, sich reigen, und einander verwirklichen zur Linie. Man biege die Linien, knacke und zerknicke Ecken würgend wirbelt um einen Punkt. In Wellen wirbelnden Sturmes rausche vorbei eine Linie, greifbar aus Draht. Man kugele Kugeln wirbelnd Luft berühren sich. Einander durchdringend zereinen Flächen. Kisten kanten empor, gerade und schief und bemalt. Ich sich Klappcylinder versinken erdrosselt Kisten Kasten. Man setze Linien ziehend zeichnen ein Netz lasurierend. Netze umfassen verengen Qual des Antonius. Man lasse Netze brandenwogen und zerfließen in Linien dichten in Flächen, Netzen die Netze. Man lasse Schleier wehen, weiche Falten fallen, man lasse Watte tropfen und Wasser sprühen. Luft bäume man weich und weiß durch tausendkerzige Bogenlampen. Dann nehme man Räder und Achsen, bäume sie auf und lasse sie singen [Wasserriesenüberständer]. Achsen tanzen mitterad rollen Kugeln Faß. Zahnräder wittern Zähne, finden eine Nähmaschine, welche gähnt. Empordrehend oder geduckt, die Nähmaschine köpft sich selbst, die Füße zu oben. Man nehme Zahnarztbohrmaschine, Fleischhackmaschine, Ritzenkratzer von der Straßenbahn, Omnibusse und Automobile, Fahrräder, Tandems und deren Bereifung, auch Kriegsersatzreifen und deformiere sie. Man nehme Lichte und deformiere sie in brutalster Weise. Lokomotiven lasse man gegeneinander fahren, Gardinen und Portieren lasse man Spinnwebfaden mit Fensterrahmen tanzen und zerbreche winselndes Glas. Dampfkessel bringe man zur Explosion zur Erzeugung von Eisenbahnqualm. Man nehme Unterröcke und andere ähnliche Sachen, Schuhe und falsche Haare, auch Schlittschuhe und werfe sie an die richtige Stelle, wohin sie gehören, und zwar immer zur richtigen Zeit. Man nehme meinetwegen auch Fußangeln, Selbstschüsse, Höllenmaschinen, den Blechfisch, in dem man Puddings backt [Kritiker] und den Trichter, natürlich alles in künstlerisch deformiertem Zustande. Schläuche sind sehr zu empfehlen. Man nehme kurz alles, von der Schraube des Imperators bis zum Haarnetz der vornehmen Dame, jedesmal entsprechend den Größenverhältnissen, die das Werk verlangt.

Menschen selbst können auch verwendet werden.
Menschen selbst können auf Kulissen gebunden werden.
Menschen selbst können auch aktiv auftreten, sogar in ihrer alltäglichen Lage, zweibeinig sprechen, sogar in vernünftigen Sätzen.
Nun beginne man die Materialien miteinander zu vermählen. Man verheirate z. B. die Wachstuchdecke mit der Heimstättenaktiengesellschaft, den Lampenputzer bringe man in ein Verhältnis zu der Ehe zwischen Anna Blume und dem Kammerton a. Die Kugel gebe man der Fläche zum Fraß und eine rissige Ecke lasse man vernichten durch 22tausendkerzige Bogenlampenschein. Man lasse den Menschen auf den Händen gehen und auf seinen Füßen einen Hut tragen, wie Anna Blume. [Katarakte.] Schaum wird gespritzt.
Und nun beginnt die Glut musikalischer Durchtränkung. Orgeln hinter der Bühne singen und sagen: «Fütt Fütt». Die Nähmaschine rattert voran. Ein Mensch in der einen Kulisse sagt: «Bah». Ein anderer tritt plötzlich auf und sagt: «Ich bin dumm». [Nachdruck verboten.] Kniet umgekehrt ein Geistlicher dazwischen und ruft und betet laut: «O Gnade wimmelt zerstaunen Halleluja Junge, Junge vermählt tropfen Wasser.» Eine Wasserleitung tröpfelt ungehemmt eintönig. Acht. Pauken und Flöten blitzen Tod, und eine Straßenbahnschaffnerspfeife leuchtet hell. Dem Mann auf der einen Kulisse läuft ein Strahl eiskaltes Wasser über den Rücken in einen Topf. Er singt dazu cis d, dis es, das ganze Arbeiterlied. Unter dem Topfe hat man eine Gasflamme angezündet, um das Wasser zu kochen, und eine Melodie von Violinen schimmert rein und mädchenzart. Ein Schleier überbreitet Breiten. Tief dunkelrot kocht die Mitte Glut. Es raschelt leise. Anschwellen lange Seufzer Geigen und verhauchen. Licht dunkelt Bühne, auch die Nähmaschine ist dunkel.
Ich fordere Einheitlichkeit in der Raumgestaltung.
Ich fordere Einheitlichkeit in der Zeitformung.
Ich fordere Einheitlichkeit in der Begattungsfrage, in bezug auf Deformieren, Kopulieren, Überschneiden. Das ist die Merzbühne, wie sie unsere Zeit braucht. Ich fordere Revision aller Bühnen der Welt auf der Grundlage der Merzidee.
Ich fordere sofortige Beseitigung aller Übelstände.
Vor allen Dingen aber fordere ich die sofortige Errichtung einer internationalen Experimentierbühne zur Ausarbeitung des Merzgesamtkunstwerkes.
Ich fordere in jeder größeren Stadt die Errichtung von Merzbühnen zur einwandfreien Darstellung von Schaustellungen jeder Art. [Kinder zahlen die Hälfte.]

Aus: Kurt Schwitters Manifeste und kritische Prosa. Hrsg. von Friedhelm Lach. Köln (DuMont) 1981, S. 39–41 (= Das literarische Werk, Bd. 5).

Lothar Schreyer
Das Bühnenkunstwerk (1916)

[...]
Das Bühnenkunstwerk ist ein selbständiges Kunstwerk.
Das Bühnenkunstwerk ist künstlerische Schöpfung. Es ist keine Nachahmung der Naturgestalt oder Kulturgestalt. Es ist die Gestalt, die der Bühnenkünstler seiner Vision gibt. Es ist Kunstgestalt.
Das Bühnenkunstwerk ist nicht dramatische Dichtung, nicht schauspielerische Schöpfung, nicht ein Anordnen der in einer Dichtung mittelbar und unmittelbar enthaltenen tatsächlichen Verhältnisse. Es ist keine Nachschöpfung der Dichtung, kein Werk der bildenden Künste oder des Kunstgewerbes, keine Verbindung verschiedener in Raum und Zeit wirkender Künste.
Das Bühnenkunstwerk ist eine künstlerische Einheit. Es ist durch Intuition empfangen, in Konzentration gereift, als Organismus geboren. Es ist gebildet aus den künstlerischen Ausdrucksmitteln Form, Farbe, Bewegung und Ton. Es ist ein selbständiges Kunstwerk, wirkend in Raum und Zeit.
Die Bühnenkunst ist eine selbständige Kunst.

Die Gestalt des Bühnenwerkes ist Kunstgestalt. Die Gestalt ist nur abhängig von dem Künstler, dem die Offenbarung wurde. Der Künstler gestaltet aus Notwendigkeit. Einen Vorwand der Gestaltung kennt er nicht. Er bildet nicht die ungreifbare, unbegreifbare Vision. Er verkündet sie. Er verkündet sie mit Zeichen, denen die Macht eigen ist, Gefühle auszudrücken. Diese Zeichen sind die künstlerischen Mittel.
Die bühnenkünstlerischen Mittel sind aus den Grundformen, Grundfarben, Grundbewegungen und Grundtönen gestaltet.
Wie die Gestaltung vor sich geht, weiß niemand. Es ist das Geheimnis der Weltschöpfung und der Geburt.
Die Grundformen sind die mathematischen Körper und Flächen.
Die Grundfarben sind schwarz, blau, grün, rot, gelb, weiß.
Die Grundbewegungen sind die waagerechte und senkrechte, die aufsteigende und absteigende Bewegung, die sich öffnende und sich schließende Spiralbewegung.
Die Grundtöne sind die reinen Töne.
Die Verbindungen der Grundgestalten im Kunstwerk sind eine künstlerische Gesamtheit und Einheit.
Die Einheit ist eine Einheit in Raum und Zeit.
Aus den Grundformen und Grundfarben sind die Elemente des Bühnen-

kunstwerkes geschaffen, die den Raum bilden und gliedern.

Die Kunstmacht der Flächen ist gegeben durch das Verhältnis ihrer Ausdehnung zu ihrer Umrißlinie, die Kunstmacht der Körper durch das Verhältnis der Körperfläche zur Körpermasse.

Die Fläche ist stets Körperfläche.

Die Grundformen bilden den Raum; sie öffnen und schließen ihn. Sie geben der Bühnenöffnung, dem Grundriß und den anderen räumlichen Begrenzungen des Bühnenkunstwerkes die Gestalt.

Die Grundformen gliedern den Raum. Jede Raumbildung ist schon Raumgliederung. Die Körper gliedern den geschaffenen Raum. Die Körper haben Kunstgestalt und nicht Naturgestalt oder Kulturgestalt. Die Körpergestalt wirkt nur durch ihre Form und nicht durch ihre Materie. Der einzige natürliche und echte Körper auf der Bühne scheint der Mensch zu sein. Er scheint es nur zu sein. Denn im Bühnenkunstwerk ist er kein Mensch mehr. Der Künstler verwandelt. Der Körper, der Träger der Form, ist Träger der Ausdrucksmittel der Verwandlung.

Die Form trägt die Farbe. Auch die Farbe bildet und gliedert den Raum. Die Kunstmacht der Farbe ist abhängig von dem Helligkeitsgrad und der Flächenausdehnung des einzelnen Farbelementes. Meist sind es mehr als zwei Grundfarben, die das Kunstwerk gestalten. Das Farbkunstwerk ergibt sich dann aus einer Mischung oder einem Nebeneinander der Grundfarben.

Jede von der Form getragene Farbe ist eine Mischung von Farbe und Lichtfarbe. Die Lichtfarbe wandelt und bestimmt die Farbe der Form. Das Licht ist Farbbildner.

Das Licht trägt die Farbe. Die Lichtfarbe selbst ist Ausdrucksmittel. Das Licht des Bühnenkunstwerkes ist Grundlicht oder Beleuchtung. Die Beleuchtung ist direktes, das Grundlicht indirektes Licht. Das Licht ist das einfachste Mittel, Körperlichkeit in Geistigkeit zu wandeln.

Das Licht und seine Farbe sind Träger der Bewegung.

Die Bewegung wirkt in der Zeit. Sie ist Mittel der Entwicklung. Sie kündet von dem Werden, Wachsen und Vergehen der Vision. Sie verkündet die geistige Handlung.

Die Kunstmacht der Bewegung ist bestimmt durch Richtung und Geschwindigkeit der Bewegung.

Die Bewegung ist Grundbewegung und Einzelbewegung. Die Grundbewegung trägt das Gesamtwerk, die Einzelbewegung seinen einzelnen Bestandteil.

Das bewegte Licht ist wandelndes Grundlicht oder wandelnde Beleuchtung. Die wandelnde Beleuchtung kann das Grundlicht wandeln.

Bewegte Farbe ist bewegtes Licht oder bewegter Körper.

Bewegter Körper ist bewegte Form.

Bewegung der Körper wandelt den Raum.

Bewegter Körper ist meist der menschliche. Der Einzelmensch, die Menschengruppe, die Menschenmasse tragen die Bewegung. Die bewegte Gruppe umfaßt drei oder mehr Einzelmenschen. Jede Gruppe ist eine Bewegungseinheit mit untergeordneten Eigenbewegungen der Einzelmenschen. Haben die Einzelglieder der Gruppe keine Eigenbewegung mehr, bilden sie ausschließlich eine Bewegungseinheit, so ist die Gruppe Masse geworden.
Der bewegte Körper ist Teil der Form des Bühnenkunstwerkes, also von der Raumgestalt abhängig.
Der bewegte ist auch der tönende Körper.
Der Ton ist Einzelton oder Tonverbindung. Seine Kunstmacht ist abhängig von Höhe, Stärke, Geschwindigkeit und Klang des Tones.
Der menschliche Ton als Sprache gibt die Melodie des Einzelmenschen, der Gruppe oder Masse, aufgebaut auf der Melodie des Gesamtwerkes. Zwischen beiden steht die Vokalmusik als Übergang.
Die Sprache formt Worte und Wortverbindungen. Die Wortverbindung kann in ein selbständiges Kunstwerk, ein Wortkunstwerk, eine Dichtung verwandelt werden.
Jeder Teil des Bühnenkunstwerkes wird von seinem Rhythmus getragen. Alle Teile werden von dem Grundrhythmus des Gesamtwerkes zusammengehalten.

Diese Leitsätze einer Bühnenkunst vernichten die bestehende Theaterkunst.
Abgetan ist das Starsystem. Abgetan sind die psychologischen Studien. Abgetan ist die Natur auf der Bühne. Abgetan ist die Bogenbühne und ihre Malerei, die künstliche Perspektive und ihr Beleuchtungssystem. Abgetan ist die Illusionsbühne. Abgetan ist die Bühne als Museum für Geschichtsanschauung und Trachtenkunde. Abgetan ist die Bühne als Museum für Literaturgeschichte. Die Bühne ist Kunststätte geworden.
Diese Leitsätze schaffen eine Bühnenkunst.

Aus: Der Sturm. 7. Jg. (August 1916). Heft 5, S. 50–51.

Iwan Goll
Überdrama (1920)

Ein schwerer Kampf ist entsponnen zum neuen Drama, zum Überdrama. Das erste Drama war das der Griechen, in dem die Götter sich mit den Menschen maßen. Ein Großes: daß der Gott damals den Menschen dessen würdigte, etwas, was seither nicht mehr geschah. Das Drama bedeutete ungeheure Steigerung der Wirklichkeit, tiefstes, dunkelstes, pythisches Versenken in die maßlose Leidenschaft, in den zerfressenden Schmerz, alles überreal koloriert.

Später kam das Drama des Menschen um des Menschen willen. Zerwürfnis mit sich selber, Psychologie, Problematik, Vernunft. Es wird nur gerechnet mit einer Wirklichkeit und einem Reich, und alle Maße sind darum beschränkt. Alles dreht sich um einen Menschen, nicht um den Menschen. Das Leben der Gesamtheit kommt schlecht zur Entwicklung: keine Massenszene erreicht die Wucht des alten Chores. Und wie groß die Lücke ist, merkt man an den mißlungenen Stücken des vergangenen Jahrhunderts, die nichts anderes mehr sein wollen als: interessant, advokatorisch herausfordernd oder einfach beschreibend, Leben nachahmend, nicht schöpferisch.

Nun fühlt der neue Dramatiker, daß der Endkampf bevorsteht: die Auseinandersetzung des Menschen mit allem Ding- und Tierhaften um ihn und in ihm. Es ist ein Dringen in das Reich der Schatten, die an allem haften, hinter aller Wirklichkeit lauern. Erst nach ihrer Besiegung wird vielleicht Befreiung möglich. Der Dichter muß wieder wissen, daß es noch ganz andere Welten gibt als die der fünf Sinne: Überwelt. Er muß sich mit ihr auseinandersetzen. Das wird keineswegs ein Rückfall werden ins Mystische oder ins Romantische oder ins Clowneske des Varietés, wiewohl ein Gemeinsames darin zu finden ist, das Übersinnliche.

Zunächst wird alle äußere Form zu zerschlagen sein. Die vernünftige Haltung, das Konventionelle, das Moralische, unseres ganzen Lebens Formalitäten. Der Mensch und die Dinge werden möglichst nackt gezeigt werden und zur besseren Wirkung immer durch das Vergrößerungsglas. Man hat ganz vergessen, daß die Bühne nichts anderes ist als ein Vergrößerungsglas. Das wußte das große Drama immer: der Grieche schritt auf Kothurnen, Shakespeare sprach mit den toten Riesengeistern. Man hat ganz vergessen, daß erstes Sinnbild des Theaters die Maske ist. Die Maske ist starr, einmalig und eindringlich. Sie ist unabänderlich, unentrinnbar, Schicksal. Jeder Mensch trägt seine Maske, was der Antike seine Schuld nannte. Die Kinder haben Angst vor ihr und sie schreien. Der Mensch, der selbstgefällige, der nüchterne, soll wieder zu schreien ler-

nen. Dazu ist die Bühne da. Und erscheint uns nicht sehr oft größtes Kunstwerk, ein Negergott oder ein ägyptischer König, als Maske?
In der Maske liegt ein Gesetz, und dies ist das Gesetz des Dramas. Das Unwirkliche wird zur Tatsache. Es wird für einen Augenblick bewiesen, daß das Banalste unwirklich und «göttlich» sein kann, und daß gerade darin die größte Wahrheit liegt. Die Wahrheit ist nicht in der Vernunft enthalten, der Dichter findet sie, nicht der Philosoph. Das Leben, nicht das Erdachte. Und es wird ferner gezeigt, daß jeglicher Vorgang, der erschütterndste, wie das unbewußte Auf- und Zuklappen eines Augenlids, von eminenter Wichtigkeit sind für das Gesamtleben dieser Welt. Die Bühne darf nicht mit nur «realem» Leben arbeiten, und sie wird «überreal», wo sie auch von den Dingen hinter den Dingen weiß. Reiner Realismus war die größte Entgleisung aller Literaturen.
Die Kunst ist nicht dazu da, es dem fetten Bürger bequem zu machen, daß er den Kopf schüttele: Jaja, so ist es! Jetzt gehen wir zum Erfrischungsraum! Die Kunst, sofern sie erziehen, bessern oder sonst wirken will, muß den Alltagsmenschen erschlagen, ihn erschrecken, wie die Maske das Kind, wie Euripides die Athener, die nur taumelnd herausfanden. Die Kunst soll den Menschen wieder zum Kind machen. Das einfachste Mittel ist die Groteske, aber ohne daß sie zum Lachen reize. Die Monotonie und die Dummheit der Menschen sind so enorm, daß man ihnen nur mit Enormitäten beikommen kann. Das neue Drama sei enorm.
Das neue Drama wird darum alle technischen Mittel zu Hilfe ziehen, die heute die Wirkung der Maske auslösen. Da ist zum Beispiel das Grammophon, die Maske der Stimme, das elektrische Plakat, oder das Sprachrohr. Die Darsteller müssen undimensionierte Gesichter-Masken tragen, in denen der Charakter grob-äußerlich schon erkennbar ist: ein zu großes Ohr, weiße Augen, Stelzbeine. Diesen physiognomischen Übertreibungen, die wir selbst notabene nicht als Übertreibungen auffassen, entsprechen die inneren der Handlung: die Situation möge kopfstehen, und oft möge, damit sie eindringlicher sei, ein Ausspruch mit dem Gegenteil ausgedrückt werden. Genau so wird es wirken, wie wenn man lange und fest auf ein Schachbrett sieht, und einem bald die schwarzen Felder weiß, die weißen Felder schwarz erscheinen: es überspringen einander die Begriffe, wo man an die Wahrheit grenzt. Wir wollen Theater. Wir wollen unwirklichste Wahrheit. Wir suchen nach dem Überdrama.

Aus: Internationale Ausstellung neuer Theatertechnik. Katalog, Programm, Almanach. Hrsg. von Friedrich Kiesler. Wien (Würthle & Sohn) 1924, 52–59.

Felix Emmel
Ekstatisches Theater (1924)

Dieses Theater ist nur zu verwirklichen durch einen neuen Typus des Spielleiters. Nur, wer zu dem Quellgrund des Dramatischen hinabzusteigen vermag, kann den Rhythmus des Dramas auf der Bühne gestalten. Nur, wer Menschenschicksal in Rhythmen fluten spürt, kann diese Rhythmen verlebendigen. Der neue Spielleiter wird also die bewegte Vision ans Licht heben müssen, aus der dem Dichter unbewußt Gestalten gewachsen sind. Er wird mit dem Dichter aus dem gleichen Quellgrund schöpfen müssen, ohne ihn naiv zu interpretieren. Sein Ziel kann nur eine Regie der dramatischen Vision sein. Die Notwendigkeit eines Spielleiters folgt aus der notwendigen Einheit dieser Vision. [...]
[...] Eine autonome Kunst des Theaters hat es nie gegeben. Das Theater war in seinem Ursprung eine kultische Angelegenheit. Gewiß konnte sich die kultische Ekstase, solange sie noch lebendig war, auch tänzerisch auswirken, und hat dies reichlich getan. Heute, wo die religiösen Bindungen gelockert sind, gibt es nur noch einen kultischen Lebensnerv für die Bühne: die Verbindung mit dem Dichter. Durch sein Sehertum, das eine Vertiefung des Religiösen zum Schicksalhaften bedeutet, bleibt das Theater kultisch bestimmt und profaniert sich selbst, wenn es diesen Nerv durchschneidet. Die tiefste magische Wirkung wäre dadurch preisgegeben, zugunsten einer rein mimischen Bereicherung unserer Sinne. [...]
Das Theater kann gar keine bloße Reproduktion des dichterischen Werkes bieten. Denn reproduziert werden kann ein Kunstwerk nur mit den Mitteln der gleichen Kunst, der dieses Werk angehört, d. h. ein Bild mit malerischen Mitteln, ein Musikstück in Tönen und so fort. Wird aber der Gegenstand einer Kunst, wie das Drama, das ja der Dichtung zugehört, in einer ganz anderen Kunst (der theatralischen) mit neuen Mitteln von neuem gestaltet, so kann man nicht mehr von Reproduktion, man muß von Umschöpfung sprechen. Diese Umschöpfung ist – der Dichtung gegenüber – eine neuartige eigene Leistung der Bühne mit den besonderen Mitteln einer anderen Kunst. Denn Dichterworte können, genau genommen, nur durch ihr eigenes Material, d. h. durch Worte «interpretiert» werden. Werden sie jedoch in Bewegungen und körperliche Rhythmen umgesetzt, so ist das nicht mehr Interpretation, sondern nachschöpferische oder mitschöpferische Projektion auf eine andere künstlerische Ebene. Damit solche Umschöpfung sich vollziehen kann, muß der Regisseur zu dem gleichen Quellgrund hinabtauchen, aus dem schon der Dichter schöpfte. Er muß seinerseits sein Werk aus der dramatischen Vision der Dichtung beginnen. Treibt ihn jedoch die gleiche Vision, dann jedoch

darf er (ja muß er zuweilen) den Dichter kürzen oder wortlos ergänzen, über ihn hinausschreiten, seine Intensität vertiefen, ihm helfen wie ein schöpferischer Bruder, dessen Blut im gleichen Takte pulst. Dieser neue Regisseur der dramatischen Vision ist also weder autonom, noch dem Dichter hörig. Weder ein Theatraliker, noch ein bloßer Interpret. Weil er die kultische Bindung seiner dramatischen Vision hat, kann er nie zu einem technischen Virtuosen des Theaters hinabsinken. [...]
Alle dramatische Erregung ist kultisch. Sie pflanzt sich nur durch Ekstase fort. Nicht durch Gliederung äußeren Geschehens und nicht durch psychologische Begründung. Unser neues Ziel ist also: das ekstatische Theater. Was ist Ekstase? Nach der ursprünglichen griechischen Wortbedeutung: ein Hinaustreten aus sich. Jeder Schauspieler muß aus sei-

Bühnenentwurf von Otto Reigbert für Walter Hasenclevers Stück *Der Sohn*, Kiel 1919

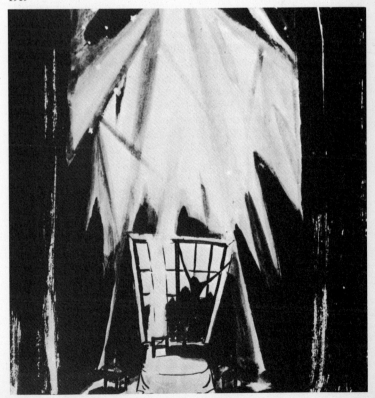

ner privaten Persönlichkeit hinaustreten, wenn er eine dichterische Gestalt verkörpern soll. Er muß sich gleichsam in sie verwandeln. Diese Verwandlung aber gelingt nur durch Ekstase, durch einen eigentümlichen Zustand glühenden Gebanntseins von der dichterischen Gestalt. Ekstase ist also ein kultisches Gefühl. Alle frühen religiösen Tänze sind ekstatisch. Die Mänaden spürten den Gott selbst in sich. Noch heute glauben die Nautsch-Mädchen, daß der Gott selber ihre Glieder rhythmisch bewege. Auch die frühe Schauspielkunst und das frühe Drama sind ekstatischer Gottesdienst. Ekstatisch von Gott erfüllte Menschen übertrugen durch Wort und Gebärde das göttliche Erfülltsein auf eine in Andacht verbundene Gemeinde, die so ihrerseits wieder zu einem gemeinschaftlichen Gotteserlebnis kam. Selbst in unserer Zeit jedoch, die keine Einheit religiösen Glaubens mehr kennt, kann das Drama seinen religiösen Mutterboden nicht verleugnen. Zwar sind alle rein konfessionellen Bindungen unwiederbringlich dahin. Aber die Bindung an das Geheimnis des menschlichen Schicksals bleibt. Der Mensch empfindet heute weniger als je sein Schicksal allein als sein Werk. Wenn er das täte, so würde das den Tod des Dramas bedeuten. Gerade das Geschlecht, das durch den Weltkrieg ging, weiß, daß außer dem menschlichen Willen und der menschlichen Erkenntnis noch andere Mächte sein Dasein formen. Mächte, deren Richtung wir alle dunkel spüren, die sich unserer wachen Erkenntnis jedoch wie unserer willensmäßigen Erfassung entziehen.
Deshalb glaubt es wieder an den dramatischen Dichter in seiner ursprünglichsten Wesenheit: an den Seher, an den überlogischen Deuter und Gestalter menschlichen Geschicks. Das Drama ist uns wieder kultische Zuflucht, zu der wir aus dem chaotischen Bruchstück des eigenen Lebens fliehen, um in ihm den befreienden Rhythmus des Schicksals zu spüren. Der Dramatiker wird wieder Mittler des Göttlichen, der den Puls Gottes klopfen fühlt und ihn in den Rhythmen menschlicher Schicksale gestaltet. Die ehemals konfessionell gläubige Verbundenheit verwandelte sich in eine kultische Bindung an den dichterischen Menschen. Nur der Schauspieler, der sich in gläubiger Ekstase in eine dramatische Gestalt versenkt, wird sie verkörpern, wird sich in sie verwandeln können. Diese Ekstase ist nicht physiologisch, psychologisch oder gar pathologisch zu begreifen. All das sind unzulängliche intellektuelle Einstellungen, die das Wesentliche verfehlen. Uns geht allein die Ekstase als Erlebnis an. Ekstase aber als Erlebnis und als kunstschöpferische Gestalterin ist nicht zu widerlegen. Die dramatische Ekstase ist der Quellgrund der neuen Bühne, um die wir ringen. Nicht der theatralische, nicht der naturalistische, nicht der psychologische Spielleiter kann das Drama wirklich verlebendigen. Nur der ekstatische Regisseur wird der Meister der neuen Bühne sein. Nicht durch bohrende Intellektualität, die sich einen Grundgedanken erarbeitet, läßt sich das Drama auf der Bühne gestalten. Nicht durch Wir-

kungssinn und technische Routine. Nicht durch analytische Klarlegung der Seelenmechanik. Nur durch eine Innenschau der dramatischen Vision, die er ekstatisch auf die Schauspieler überträgt, verwirklicht der neue Spielleiter das Drama. Er ist ein glühender Mensch, der vom Drama besessen ist. Er muß bis in jenen Urschacht hinabsteigen, aus welchem dem Dichter sein Werk wuchs. Er hat das Drama nicht nur verstanden, er hat den Rhythmus des Dramas im Blute, jenen schicksalhaften Rhythmus, aus dem heraus er nun Wort und Gebärde, Mensch und Raum, Farbe und Linie gliedert und rhythmisiert. Nur aus der Ekstase läßt sich die ersehnte Einheit von Wort und Gebärde auf der Bühne erzielen, jene Einheit, in der nicht eines das andere begleitet, erklärt oder gar hemmt wie bisher, sondern in der beides im gleichen Rhythmus pulsiert. [...]
[...]
Entscheidend jedoch für die neue Bühne ist – neben Rhythmus und Melos des Wortes – der Körper-Ausdruck des Schauspielers. Verbannt sei von der Bühne die logisch-unterstreichende Gebärde. Der Redner pflegt sich ihrer zu bedienen, um gewisse Teile seiner Rede hervorzuheben. Auf der Bühne ist nicht ihr Platz (wenn es sich nicht etwa um die Darstellung eines Redners selbst handelt). Denn von innen gegliederte Sprache bedarf einer äußeren Unterstreichung nicht, die den Schauspieler von der Darstellung ab und in die Rhetorik hineindrängt. Verbannt sei auch die sinnlich-ausmalende Gebärde, welche den ausgesprochenen Gedanken naiv verdeutlichen will. Wenn der König in der «Jungfrau von Orleans» die Worte: «Kann ich Armeen aus der Erde stampfen?» dadurch ausmalt, daß er wirklich mit dem Fuße aufstampft, so ist diese gebärdenhafte Untermalung unkünstlerisch. Auch die psychologisch-erklärende Gebärdensprache unserer Bühne muß überwunden werden, denn die Bühne ist kein Katheder wissenschaftlicher Psychologie. Ebenso die naturalistische Übertragung der Gebärdensprache des Alltags auf das Theater. Die neue Bühne ringt demgegenüber heute um die ekstatische Gebärde. Das ist keine verweilende schöne Pose, kein statuarisch-symbolischer Seelenausdruck, das ist körperlicher Rhythmus des Schauspielers, der durch die Bewegungsenergien des Dramas bestimmt wird. Der Schauspieler muß so sehr von der dichterischen Gestalt gebannt sein, daß er sich ekstatisch-körperlich bewegt wie sie. Dieser ekstatische Körperausdruck muß also aus derselben dramatischen Quelle strömen wie das gegliederte Wort. Nur so kommt es endlich zu jener großen Einheit von Wort und Gebärde, die unsere Bühne noch schmerzlich vermissen läßt. Es darf auf der Bühne kein Nebenher von Körperlichem und Klanglichem mehr geben. Beides muß aus dem gleichen Rhythmus strömen, dem Schicksalsrhythmus der dichterischen Gestalt. Man muß also sozusagen mit dem Körper sprechen, mit dem Worte sich bewegen (auch wenn man nur zuhört und nicht selbst spricht). [...]

Wir müssen die Bühne wieder von allem Überflüssigen, allem dekorativen Schein befreien. Wir müssen ein Theater der einfachen Linie, der reinen Farbe, des reinen Raumes schaffen, das die Schwingen der Phantasie nicht lähmt. Alles Bildnerische ist nicht als bloße Umrahmung, nicht als begleitender Genuß zu gestalten, sondern als Auswirkung des dramatischen Rhythmus selbst. Wir fordern also das dramatisch-bewegte Bühnenbild, das raum-rhythmische Bühnenbild. Wie gelangen wir dazu? Einmal durch eine Gliederung des Bühnenbodens. Schauspieler, die auf den üblichen ebenen Bühnenbrettern spielen müssen, können sich dramatisch überhaupt nicht bewegen. Wenn die Seele des Schauspielers sich dramatisch aufschwingt, muß es möglich sein, daß sich sein Körper aufwärts in den Raum bewegt. Dasselbe gilt in erhöhtem Maße für Menschenmassen auf der Bühne. Diese seelische Aufwärtsbewegung muß also in ihrem Rhythmus auf die Gliederung des Bühnenbodens übertragen werden können. So kommt Tairoff zu seinen wohldurchdachten Erhöhungen des Bühnenbodens. So kommt auch Jeßner zu seiner oft angefeindeten «Treppe». [...]

Wir kämpfen weiterhin heute um eine neue Einstellung der Farbe in diesem dramatischen Raum. Allerdings dürfen Farben nicht als rein malerische Werte verwendet werden. Farbimpressionen, die verweilende Betrachtung fordern, gehören nicht auf die bewegte Bühne. Die Farbe kann gleichsam das Melos des Raumes sein. Sie kann schwer und leicht, traurig und süß, mystisch und klar, hart und weich im Raume aufklingen, je nach dem dichterischen Willen. Wesentlicher jedoch ist für die Bühne die dramatische Farbe. Farben vermögen nämlich auch Bewegtes zu vermitteln. Sie können lustig sein, graziös. lockend, leidenschaftlich, verzweifelnd, verströmend, brennend, jubelnd. Dieser dramatische Charakter der Farbe muß für die neue Bühne fruchtbar werden. [...]

Gegenüber dem rhythmischen Raum und der dramatischen Farbe ist der Bereich der Linien und plastischen Formen auf der neuen Bühne begrenzt zu nennen. Ganz wird man sie jedoch nie entbehren können. Sie sind es, die am leichtesten vom Drama ablenken und die Aufführung in Naturalismus versinken lassen. Selbst die technischen Formen Meyerholds, jene Ingenieurkonstruktionen aus Eisen und Holz auf der Bühne, sind noch Illusionen einer kommenden, besonders von Rußland ersehnten, mechanisierten Wirklichkeit, nicht Befreiung von dieser Illusion.

Linie und Form auf der neuen Bühne dürfen keine malerischen, plastischen, architektonischen oder technischen Formschwelgereien sein. Keine Angelegenheit für sich. Kein statuarischer Sondergenuß. Auch Linie und Form müssen dynamisch im Sinne des Dramas ausgewertet werden. Wir fordern hiermit also für die neue Bühne die dramatische Linie, die dramatische Körperform. In der Tat kann allem Linienmäßigen eine starke Bewegungstendenz innewohnen, die für die neue Bühne wesentlich ist. Wenn ich in einen Kiefernwald eintrete, so streift mein Auge an den langen Linien der Stämme empor, und ich fühle mich durch den Bewegungsdrang selbst mit gehoben. Trete ich in eine niedrige Fischerhütte, so kapseln die Linien des Gebälks auch meine Seele gleichsam ein. So werde ich unter der gestirnten Himmelshalbkugel ins Unendliche gezogen, an der Horizontale des Meeres innerlich geweitet. Alle Linien und körperlichen Formen haben solche Bewegungstendenz in sich. Es gibt ein Lasten, ein Emporziehen, ein Aufstreben, ein Gefangensein, ein Ersticken, ein Ins-Freie-Drängen, ein In-die-Tiefe-Treiben der Linien und körperlichen Formen. Diese Bewegungstendenz in den Dienst des dramatischen Rhythmus zu stellen, ist unser Ziel. Wir wollen alle diese Linien und Körperformen von innen bewegen, vom Drama her bewegen und ihnen keine Sonderbewegung neben dem Drama oder gegen das Drama gestatten.[...]

Der rhythmische Raum, die von innen bewegte Linie, die dramatische Farbe – das sind die drei großen bildnerischen Notwendigkeiten des ekstatischen Theaters.

Aus: Felix Emmel: Das ekstatische Theater. Prien. (Kampmann & Schnabel) 1924, S. 15, 17–18, 18–19, 25–27, 40–41, 46, 47, 48–50.

Leopold Jessner
Die Stufenbühne (1924)

Die Geschichte des Theaters bewegt sich, wie jeder historische Ablauf, in Reaktionen. Eine gesunde Wahrheit dauert längstens fünfzehn bis zwanzig Jahre – so lautet ein Wort Henrik Ibsens –, um dann einer neuen Platz zu machen. Seit dem großen Geschehnis des Weltkrieges steht das Theater wiederum an einem Wendepunkt. Denn der Mensch von heute glaubt nicht mehr an die sogenannte Wirklichkeit, die ihm mit Pappe und Schminke demonstriert wurde, glaubt nicht mehr an die Illusionen eines glanzvoll-farbigen Flitters, den ihm die Rampenlichter vortäuschen. Dem, der selbst ein Zerrissener durch das Geschehnis der unmenschlichen letzten Jahre voll Blut, voll Tränen, voll verhaltenem Grimm gewandert ist, können die Bretter, die die Welt darstellen, nicht mehr als verkleinernde Photographie oder spielerisch-opulentes Zauber-Theater bedeutsam werden. [...]

Leopold Jessner: Szenenbild (Stufenbühne) von *Wilhelm Tell*, Berlin 1923

Als am 12. Dezember 1919 Schillers *Wilhelm Tell* im Berliner Staatlichen Schauspielhaus – wie man sagte: auf einer *«Treppe»* – in Szene ging, bedeutete dies nichts anderes als die resolute Wandlung des theatralischen Erlebnisses. Denn jene «Treppe», die bislang nur als integrieren der Teil einer Dekoration und nicht als selbständiger architektonischer Aufbau existierte, erwies sich bald über jede spekulative Sensation hinaus als systematisches Mittel, die Bühne von den Zufälligkeiten eines illusionsschaffenden *äußerlichen* Dekors zu befreien, und von nun an – als raum- und zeitlosen Schauplatz – einer Darstellung dienstbar zu machen die ihre Gesetze lediglich aus dem *innerlich Wesenhaften* der Dichtung empfängt.

Was aber hat der Kern jenes schweizerischen Revolutionsdramas mit einer noch so malerisch hingehängten Ansichtskarte der Alpen gemeinsam? Mehr als alle photographische Wiedergabe der Berge müßte *ein einziger* Bergrücken, ins Überperspektivische auf die Bühne gestellt, die Gewaltigkeit des szenischen Vorgangs bezeugen. Und darauf allein kam es an.

Derselbe Versuch: statt historischer Reproduktion die *Idee* des Dichtwerkes symbolisch wiederzugeben, wurde dann in «Richard III.» noch sichtbarer erstrebt. Hier erschien der Stufenbau nicht mehr, wie noch im «Tell», als selbständiger architektonischer Aufriß, sondern als Ausdruck des Schicksalhaften. Zur Höhe einer roten Stufenflucht jagt Richard Gloster und wird als Richard III. gekrönt. Dann entrollen sich die Schlachten. Und von derselben rot-gestuften Bühne, auf der er als Krieger im Höhepunkt seines Glanzes gestanden, halb entkleidet – zerrissen – verworren – ein Wahnsinniger schon – von der obersten Höhe bis zur untersten Tiefe torkelnd, vollzieht sich sein Untergang. Bis in die Farbe der Kostüme hinein sollte das Symbolhafte sich durchsetzen: weiß die Krieger Richmonds, das Heer, das für die Wahrheit kämpft; rot die Krieger Richards, der Blut vergießt nur um des Blutes willen. Die Schlachten aber sollten, aller örtlichen Zerstückheit enthoben, zu einheitlicher Vision gesteigert werden, in dem der musikalische Rhythmus unzähliger Pauken ihre Darstellung vermittelt – ein Prinzip, das sich später in Grabbes «Napoleon» zu noch zentralerer Bedeutung entwickeln sollte.

Dieser nunmehr seit fünf Jahren gepflegte Darstellungsstil, der nichts gemein haben soll mit irgendwelchen Ismen und insonderheit nicht mit jenen Gesetzlosigkeiten verwechselt werden will, die sich als «expressionistische» Ausdrucksweise bekunden, erforderte in seinen Anfängen stärkste Konzentration auf das Wesentliche, möglichste Eindeutigkeit der Linienführung und unausgesetzte Spannkraft des Schauspielers.

Jede Forderung, die sich durchzusetzen ringt, bedarf einer unüberhörbaren Tonstärke, eines unübersehbaren In-die-Augen-springens, einer fast didaktischen Strenge ihres revolutionären Furors. Erst in Fleisch und Blut übergegangen, darf sie sich vertiefend entfalten.
[...]

Aus: Leopold Jessner: Schriften. Theater der zwanziger Jahre. Hrsg. von Hugo Fetting. Berlin (Henschel) 1979, S. 155–156.

Wassily Kandinsky
Über Bühnenkomposition (1912)

Jede Kunst hat eine eigene Sprache, d. h. die nur ihr eigenen Mittel.
So ist jede Kunst etwas in sich Geschlossenes. Jede Kunst ist ein eigenes Leben. Sie ist ein Reich für sich.
Deswegen sind die Mittel verschiedener Künste äußerlich vollkommen verschieden. Klang, Farbe, Wort!...
Im letzten innerlichen Grunde sind diese Mittel vollkommen gleich: das

letzte Ziel löscht die äußeren Verschiedenheiten und entblößt die innere Identität.

Dieses *letzte* Ziel (Erkenntnis) wird in der menschlichen Seele erreicht durch feinere Vibrationen derselben. Diese feineren Vibrationen, die im letzten Ziele identisch sind, haben aber an und für sich verschiedene Bewegungen und unterscheiden sich dadurch voneinander.

Der undefinierbare und doch bestimmte Seelenvorgang (Vibration) ist das Ziel der einzelnen Kunstmittel.

Ein bestimmter Komplex der Vibrationen – das Ziel eines Werkes.

Die durch das Summieren bestimmter Komplexe vor sich gehende Verfeinerung der Seele – das Ziel der Kunst.

Die Kunst ist deswegen unentbehrlich und *zweckmäßig*.

Das vom Künstler richtig gefundene Mittel ist eine materielle Form seiner Seelenvibration, welcher einen Ausdruck zu finden er gezwungen ist.

Wenn dieses Mittel richtig ist, so verursacht es eine beinahe identische Vibration in der Seele des Empfängers.

Das ist unvermeidlich. Nur ist diese zweite Vibration kompliziert. Sie kann erstens stark oder schwach sein, was von dem Grad der Entwicklung des Empfängers und auch von zeitlichen Einflüssen (absorbierte Seele) abhängt. Zweitens wird diese Vibration der Seele des Empfängers entsprechend auch andere Saiten der Seele in Schwingung bringen. Das ist die Anregung der «Phantasie» des Empfängers, welcher am Werke «weiter schafft».* Die öfter vibrierenden Saiten der Seele werden beinahe bei jeder Berührung auch anderer Saiten mitklingen. Und manchmal so stark, daß sie den ursprünglichen Klang übertönen: es gibt Menschen, die durch «lustige» Musik zum Weinen gebracht werden und umgekehrt. Deswegen werden einzelne Wirkungen eines Werkes bei verschiedenen Empfängern mehr oder weniger gefärbt.

Der ursprüngliche Klang wird aber in diesem Falle nicht vernichtet, sondern lebt weiter und verrichtet, wenn auch unmerklich, seine Arbeit an der Seele.**

Es gibt also keinen Menschen, welcher die Kunst nicht empfängt. Jedes Werk und jedes einzelne Mittel des Werkes verursacht in jedem Menschen ohne Ausnahme eine Vibration, die im Grunde der des Künstlers identisch ist.

---

* Heutzutage rechnen u. a. besonders Theaterinszenierungen auf diese «Mitwirkung», welche natürlich stets vom Künstler gebraucht wurde. Daher stammte auch das Verlangen nach einem gewissen freien Raum, welcher das Werk vom letzten Grade des Ausdruckes trennen mußte. Dieses Nicht-bis-zuletzt-Sagen verlangten z. B. Lessing, Delacroix u. a. Dieser Raum ist das freie Feld für die Arbeit der Phantasie.

** So wird mit der Zeit jedes Werk richtig «verstanden».

Die innere, im letzten Grunde entdeckbare Identität der einzelnen Mittel verschiedener Künste ist der Boden gewesen, auf welchem versucht wurde, einen bestimmten Klang einer Kunst durch den identischen Klang einer anderen Kunst zu unterstützen, zu stärken und dadurch eine besonders gewaltige Wirkung zu erzielen. Das ist ein Wirkungsmittel.
Die Wiederholung aber des einen Mittels einer Kunst (z. B. Musik) durch ein identisches Mittel einer anderen Kunst (z. B. Malerei) ist nur *ein* Fall, *eine* Möglichkeit. Wenn diese Möglichkeit auch als ein inneres Mittel verwendet wird (z. B. bei Skrjabin), so finden wir auf dem Gebiete des Gegensatzes und der komplizierten Komposition erst einen Antipoden dieser Wiederholung und später eine Reihe von Möglichkeiten, die zwischen der Mit- und Gegenwirkung liegen. Das ist ein unerschöpfliches Material.

Das 19. Jahrhundert zeichnete sich als eine Zeit aus, welcher innere Schöpfung fern lag. Das Konzentrieren auf materielle Erscheinungen und auf die materielle Seite der Erscheinungen mußte die schöpferische Kraft auf dem Gebiete des Inneren logisch zum Sinken bringen, was scheinbar bis zum letzten Grad des Versinkens führte.
Aus dieser Einseitigkeit mußten sich natürlich auch andere Einseitigkeiten entwickeln.
So auch auf der Bühne:
1. kam auch hier (wie auf anderen Gebieten) notgedrungen die minutiöse Ausarbeitung der einzelnen schon existierenden (früher geschaffenen) Teile, die der Bequemlichkeit halber stark und definitiv voneinander getrennt wurden. Hier spiegelte sich die Spezialisierung ab, die immer sofort entsteht, wenn keine neuen Formen geschaffen werden, und
2. der positive Charakter des Zeitgeistes konnte nur zu einer Form der Kombinierung führen, die ebenso positiv war. Man dachte eben: zwei ist mehr als eins, und suchte jede Wirkung durch Wiederholung zu verstärken. In der inneren Wirkung kann es aber umgekehrt sein, und oft ist eins mehr als zwei. Mathematisch ist $1 + 1 = 2$. Seelisch kann $1 - 1 = 2$ sein.
ad 1. Durch die *erste Folge des Materialismus*, d. h. durch die Spezialisierung und die damit verbundene weitere äußerliche Ausarbeitung der einzelnen Teile, entstanden und versteinerten sich drei Gruppen von Bühnenwerken, die voneinander durch hohe Mauern abgeteilt wurden:
 a) Drama,
 b) Oper,
 c) Ballett.
a) Das Drama des 19. Jahrhunderts ist im allgemeinen eine mehr oder weniger raffinierte und in die Tiefen gehende Erzählung eines Vorganges von mehr oder weniger persönlichem Charakter. Es ist gewöhnlich eine Beschreibung des äußeren Lebens, wo das seelische Leben des Menschen

auch nur soweit mitspielt, als es mit dem äußeren Leben zu tun hat.* *Das kosmische Element fehlt vollkommen.*
Der äußere Vorgang und der äußere Zusammenhang der Handlung ist die Form des heutigen Dramas.
b) Die Oper ist ein Drama, zu welchem Musik als Hauptelement hinzugefügt wird, wobei Raffiniertheit und Vertiefung des dramatischen Teiles stark leiden. Die beiden Teile sind vollkommen äußerlich miteinander verbunden. D. h. entweder illustriert (bzw. verstärkt) die Musik den dramatischen Vorgang, oder der dramatische Vorgang wird als Erklärung der Musik zu Hilfe gezogen.
Dieser wunde Punkt wurde von Wagner bemerkt, und er suchte ihm durch verschiedene Mittel abzuhelfen. Der Grundgedanke war dabei, die einzelnen Teile organisch miteinander zu verbinden und auf diese Weise ein monumentales Werk zu schaffen.**
Durch Wiederholung einer und derselben äußeren Bewegung in zwei Substanzformen suchte Wagner die Verstärkung der Mittel zu erreichen und die Wirkung zu einer monumentalen Höhe zu bringen. Sein Fehler war in diesem Falle der Gedanke, daß er über ein Universalmittel verfügte. Dieses Mittel ist in Wirklichkeit nur eines aus der Reihe von oft gewaltigeren Möglichkeiten in der monumentalen Kunst.
Abgesehen aber davon, daß eine parallele Wiederholung nur *ein* Mittel ist, und davon, daß diese Wiederholung nur äußerlich ist, hat Wagner ihr eine neue Gestaltung gegeben, die zu weiteren führen mußte. Vor Wagner hat z. B. die Bewegung einen rein äußerlichen und oberflächlichen Sinn in der Oper gehabt (vielleicht nur Entartung). Es war ein naives Anhängsel der Oper: das An-die-Brust-Drücken der Hände – Liebe, das Heben der Arme – Gebet, das Ausbreiten der Arme – starke Gemütsbewegung u. dgl. Diese kindlichen Formen (die man noch heute jeden Abend sehen kann) standen in äußerlichem Zusammenhang mit dem Text der Oper, der wieder durch die Musik illustriert wurde. Wagner hat hier eine direkte (künstlerische) Verbindung zwischen der Bewegung und dem musikalischen Takt geschaffen: die Bewegung wurde dem Takt untergeordnet.
Diese Verbindung ist aber doch nur äußerlicher Natur. Der innere Klang der Bewegung bleibt aus dem Spiel.

* Ausnahmen finden wir wenige. Und auch diese wenigen (z. B. Maeterlinck, Ibsens «Gespenster», Andrejews «Das Leben des Menschen» u. dgl.) bleiben doch im Banne des äußeren Vorganges.
** Dieser Gedanke Wagners hat über ein halbes Jahrhundert gebraucht, um über die Alpen zu gelangen, wo er eine offiziell ausgedrückte Paragraphengestalt erhält. Das musikalische «Manifest» der «Futuristi» lautet: «Proclamer comme une nécessité absolue que le musicien soit l'auteur du poème dramatique ou tragique qu'il doit mettre en musique» (Mai 1911, Mailand).

Auf dieselbe künstlerische, aber auch äußerliche Weise wurde bei Wagner andererseits die Musik dem Text untergeordnet, d. h. der Bewegung in breitem Sinne. Es wurde musikalisch das Zischen des glühenden Eisens im Wasser, das Schlagen des Hammers beim Schmieden u. dgl. dargestellt.

Diese *wechselnde* Unterordnung ist aber auch wieder eine Bereicherung der Mittel gewesen, die zu weiteren Kombinationen führen mußte.

Also einerseits bereicherte Wagner die Wirkung eines Mittels und verminderte andererseits den inneren Sinn – die rein künstlerische innere Bedeutung des Hilfsmittels.

Diese Formen sind nur mechanische Reproduktionen (nicht innere Mitwirkungen) der zweckmäßigen Vorgänge der Handlung. Ähnlicher Natur ist auch die andere Verbindung der Musik mit Bewegung (im breiten Sinne des Wortes), d. h. die musikalische «Charakteristik» der einzelnen Rollen. Dieses hartnäckige Auftauchen eines musikalischen Satzes bei dem Erscheinen eines Helden verliert schließlich an Kraft und wirkt auf das Ohr wie eine altbekannte Flaschenetikette auf das Auge. Das Gefühl sträubt sich schließlich gegen derartige konsequent programmatische Anwendungen einer und derselben Form.*

Endlich das Wort braucht Wagner als Mittel der Erzählung oder zum Ausdruck seiner Gedanken. Es wurde hier aber kein geeignetes Milieu für solche Zwecke geschaffen, da in der Regel die Worte vom Orchester übertönt werden. Es ist kein genügendes Mittel, in vielen Rezitativen das Wort klingen zu lassen. Aber der Versuch, das unaufhörliche Singen zu unterbrechen, versetzte dem «Einheitlichen» schon einen gewaltigen Stoß. Doch der äußere Vorgang blieb auch davon unberührt.

Abgesehen davon, daß Wagner trotz seiner Bestrebungen, einen Text (Bewegung) zu schaffen, hier vollkommen in der alten Tradition des Äußerlichen blieb, ließ er das dritte Element ohne Beachtung, welches heute in einer noch primitiven Form vereinzelt angewendet wird – die Farbe und die damit verbundene malerische Form (Dekoration).

Der äußere Vorgang, der äußere Zusammenhang der einzelnen Teile desselben und der beiden Mittel (Drama und Musik) ist die Form der heutigen Oper.

c) Das Ballett ist ein Drama mit allen schon beschriebenen Kennzeichen und demselben Inhalt. Nur verliert hier der Ernst des Dramas noch mehr als in der Oper. In der Oper kommen außer Liebe auch andere Themen vor: religiöse, politische, soziale Verhältnisse sind der Boden, auf wel-

---

* Dieses Programmatische durchdringt das Schaffen Wagners und erklärt sich scheinbar nicht nur aus dem Charakter des Künstlers, sondern auch aus dem Bestreben, eine präzise Form zu dem neuen Schaffen zu finden, wobei der Geist des 19. Jahrhunderts seinen Stempel des «Positiven» darauf abdrückte.

chem Begeisterung, Verzweiflung, Ehrlichkeit, Haß und gleichartige andere Gefühle wachsen. Das Ballett begnügt sich mit Liebe in einer kindlichen Märchenform. Außer Musik werden hier die einzelnen und Gruppenbewegungen zu Hilfe genommen. Alles bleibt in einer naiven Form des äußerlichen Zusammenhanges. Es werden sogar in der Praxis nach Belieben einzelne Tänze eingeschoben oder ausgelassen. Das «Ganze» ist so problematisch, daß solche Operationen vollkommen unbemerkt bleiben.

Der äußere Vorgang, der äußere Zusammenhang der einzelnen Teile und der drei Mittel (Drama, Musik und Tanz) ist die Form des heutigen Balletts.

ad 2. Durch die *zweite Folge des Materialismus,* d. h. durch die positive Addierung (1 + 1 = 2, 2 + 1 = 3), wurde nur eine Kombinierungs- (bzw. Verstärkungs-)form gebraucht, die ein Parallellaufen der Mittel verlangte. Z. B. starke Gemütsbewegung bekommt sofort ein ff. als unterstreichendes Element in der Musik. *Dieses mathematische Prinzip baut auch die Wirkungsformen auf einer rein äußerlichen Basis auf.*

Alle die genannten *Formen,* die ich Substanzformen nenne (Drama – Wort, Oper – Klang, Ballett – Bewegung), und ebenso die Kombinationen der einzelnen Mittel, die ich Wirkungsmittel nenne, werden zu einer *äußerlichen Einheit* konstruiert. *Da alle diese Formen aus dem Prinzip der äußeren Notwendigkeit entstanden.*

Daraus fließt als logisches Resultat die Begrenzung, die Einseitigkeit (= die Verarmung) der Formen und Mittel. Sie werden allmählich orthodox, und jede minutiöse Änderung erscheint revolutionär.

Stellen wir uns auf den Boden des Innerlichen. Die ganze Sachlage verändert sich wesentlich.

1. Es verschwindet plötzlich der äußere Schein jedes Elementes. Und sein innerer Wert bekommt vollen Klang.

2. Es wird klar, daß bei Anwendung des inneren Klanges der äußere Vorgang nicht nur nebensächlich sein kann, sondern als Verdunklung schädlich.

3. Es erscheint der Wert des äußeren Zusammenhangs im richtigen Licht, d. h. als unnötig beschränkend und die innere Wirkung abschwächend.

4. Es kommt von selbst das Gefühl der Notwendigkeit der *inneren Einheitlichkeit,* die durch äußere Uneinheitlichkeit unterstützt und sogar gebildet wird.

5. Es entblößt sich die Möglichkeit, jedem der Elemente das eigene äußere Leben zu behalten, welches äußerlich im Widerspruch zum äußeren Leben eines anderen Elementes steht.

Wenn wir weiter aus diesen abstrakten Entdeckungen praktische schaffen, so sehen wir, daß es möglich ist,

ad 1. nur den inneren Klang eines Elementes als Mittel zu nehmen,

ad 2. den äußeren Vorgang (= Handlung) zu streichen,

ad 3. wodurch der äußere Zusammenhang von selbst fällt, ebenso wie
ad 4. die äußere Einheitlichkeit, und
ad 5. daß die innere Einheitlichkeit eine unzählige Reihe von Mitteln in die Hand gibt, die früher nicht da sein konnten.
Hier wird also zur einzigen Quelle die innere Notwendigkeit.
Die folgende kleine Bühnenkomposition [*Der gelbe Klang* – MB] ist ein Versuch, aus dieser Quelle zu schöpfen.
Es sind hier drei Elemente, die zu äußeren Mitteln im *inneren Werte* dienen:
1. musikalischer Ton und seine Bewegung,
2. körperlich-seelischer Klang und seine Bewegung durch Menschen und Gegenstände ausgedrückt,
3. farbiger Ton und seine Bewegung (eine spezielle Bühnenmöglichkeit).
So besteht hier schließlich das Drama aus dem Komplex der inneren Erlebnisse (Seelenvibrationen) des Zuschauers.
ad 1. Von der Oper wurde das Hauptelement – die Musik als Quelle der inneren Klänge – genommen, die in keiner Weise äußerlich dem Vorgang untergeordnet sein muß.
ad 2. Aus dem Ballett wurde der Tanz genommen, welcher als abstrakt wirkende Bewegung mit innerem Klang gebracht wird.
ad 3. Der farbige Ton bekommt eine selbständige Bedeutung und wird als gleichberechtigtes Mittel behandelt.
Alle drei Elemente spielen eine gleich wichtige Rolle, bleiben äußerlich selbständig und werden gleich behandelt, d. h. dem inneren Ziele untergeordnet.
Es kann also z. B. die Musik vollkommen zurückgeschoben oder in den Hintergrund geschoben werden, wenn die Wirkung z. B. der Bewegung ausdrucksvoll genug ist und durch starke musikalische Mitwirkung geschwächt werden könnte. Dem Wachsen der Bewegung in der Musik kann ein Abnehmen der Bewegung im Tanz entsprechen, wodurch beide Bewegungen (positive und negative) größeren inneren Wert bekommen usw. usw. Eine Reihe von Kombinationen, die zwischen den zwei Polen liegen: Mitwirkung und Gegenwirkung. Graphisch gedacht können die drei Elemente vollkommen eigene, voneinander äußerlich unabhängige Wege laufen.
Das Wort als solches oder in Sätze gebunden wurde angewendet, um eine gewisse «Stimmung» zu bilden, die den Seelenboden befreit und empfänglich macht. Der Klang der menschlichen Stimme wurde auch rein angewendet, d. h. ohne Verdunkelung desselben durch das Wort, durch den Sinn des Wortes.

Aus: Der Blaue Reiter. Hrsg. von Wassily Kandinsky und Franz Marc. Dokumentarische Neuausgabe von Klaus Lankheit. München (Piper) 1967, S. 189–208.

Friedrich Kiesler
Das Railwaytheater (1924)

Die Raumbühne des Railwaytheaters, des Theaters der Zeit, schwebt im Raum. Sie benützt den Boden nur mehr als Stütze für ihre offene Konstruktion. Der Zuschauerraum kreist in schleifenförmigen elektromotorischen Bewegungan um den sphärischen Bühnenkern.
Die von Alters her gebräuchliche Form einer zentralen Lagerung der Szene hat mit dem modernen Problem der Raumbühne nichts zu tun. Eine Zentralbühne oder ein Zentraltheater ist keine Raumbühne oder ein Theater der Zeit.
Der Sportplatz schafft, was Architektonik und Spiel betrifft, die Impulse für die bauliche Anlage unseres Theaters. Das Theater der Zeit ist ein Theater der Geschwindigkeiten. Deshalb ist seine konstruktive Form und das Spiel der Bewegung poly-dimensional, das heißt: sphärisch.
Der individualistische Schauspieler verschwindet vollständig in einer übernatürlichen Typenform.
Kulissen fallen gänzlich weg.
Milieu-Suggestion schafft die Filmprojektion.
Plastische Formen entstehen aus glasartigem Ballonstoff. Die Dichtung unserer Zeit ist weder Versequilibristik noch Stegreifspiel.
Der Dichter unserer Zeit ist Ingenieur der mit höchster mathematischer Präzision berechneten optophonetischen Spielsymphonie.

Debacle des Theaters.
Die Gesetze der G.-K.-Bühne (1924)

Die Elemente der neuen schauspielerischen Gestaltung sind ungeklärt: sie müssen erarbeitet werden. Die Stegreifbühne kann Weg, aber nicht Ziel sein. Durch das Fronverhältnis des Spielers zur Dichtung ist eine schleimige Verschmelzung beider entstanden. Die freundlichen Gegner müssen getrennt, die Grenzen ihrer Reiche neu abgesteckt werden. Die Macht, die dem Schauspieler innerhalb der Gesellschaft gegeben ist, muß wieder schöpferisch werden. Er wird sie im Sinne seiner Zeit und ihrer treibenden Idee manifestieren. Er wird die Klassen zu einer Masse formen. Er wird von ihr getragen werden. Diese Verschmelzung wird beglückend, befreiend sein: für Zuschauer und Spieler. Heute ist sie eine Qual für beide: animierte Geld- und Zeitabtreibung.
Schauspiel, Dichtung, szenische Gestaltung haben kein natürliches Milieu. Publikum, Raum, Spieler sind künstlich vereinigt. Die Kraft einer

Friedrich Kiesler

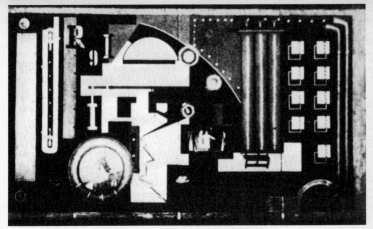

Frederick J. Kiesler. Szenenbild zu «R. U. R.», Berlin 1923

neuen, tragenden Anschauung hat noch keinen einheitlichen Block geschaffen. Die Gemeinschaft hat Zwei-Stundendauer. Die Pausen sind das gesellschaftliche Ereignis.
Wir haben kein Theater der Zeit. Ein agitatorisches Theater, ein Tribunal, eine Macht, die nicht das Leben illustriert, sondern gestaltet.
Unsere Theater sind Kopien abgestorbener Architekturen. Systeme veralteter Kopien. Kopien von Kopien. Barockokotheater. Der Schauspieler arbeitet beziehungslos zur Umgebung. Ideell und körperlich. Er ist hineingestellt, direktorial verpflichtet; von der Regie für den Part aufgezogen. Er soll ein Grab lebendig machen, über das ein Mauerwerk aus Rot, Gold, Weiß gestülpt ist, ein Parkett befrackter Mumien, dekolletierter Gallerten, antiquierter Jugend.
Der Szenengestalter steht vor einer schwierigen Aufgabe, wenn er die Guckkastenbühne für ein zeitgenössisches Spiel einrichten und nicht die Arbeit eines Posamentiers leisten soll. Die elektro-mechanische Arena mit ihren elektro-mechanisierten Spielern steht ihm noch nicht zur Verfügung. Er muß sich mit Übergangstheatern abfinden.
Die G.-K.-Bühne ist ein Kasten, der an den Zuschauerraum angehängt ist. Die Form dieses Kastens ist das Resultat technischer Rücksichten, nicht künstlerischer Zweckgestaltung. Die Beziehung zwischen Spieler, Bühne, Zuschauer muß für jedes Stück, für jede Szene neu geschaffen werden. Künstlich. Aus Elementen des Bühnenspiels. Die Bindung durch den Inhalt eines Stückes genügt nicht. Solchen Kontakt erfüllt das gedruckte Buch besser. Das Schöpfungsgesetz des Bühnenwerks ist die

opto-phonetische Gestaltung. Partituren für solches Spiel sind nicht dialogisierte Romane, Historien, Novellen, Gedichte. Die Bühne hat ihre eigenen Gesetze, sie ist nicht in Aftermiete bei Buchmachern und Direktoren. Die Formkräfte ihrer Dichtung sind elementar: Der Raum, das Wort, die Farbe. Die Exaktheit räumlicher, zeitlicher Dimensionen organisiert die Bewegung. Das Melos der Idee ist der Atem der Gestaltung.

Die erste praktische Forderung an den Bühnengestalter lautet: Jeder Vorgang auf der Bühne muß von allen Plätzen des Zuschauerraumes eindeutig klar gesehen werden können. So selbstverständlich diese Forderung auch ist: sie wurde von keinem modernen Theaterbauer erfüllt. Der Galeriebesucher verliert die obere halbe Bühne mit ihrer Tiefe im Diagonalschnitt aus dem Auge, der Hauptprospekt geht für ihn fast zur Gänze verloren; der Parkettbesucher nimmt keinen Grundriß wahr; von den Seitenplätzen des Parterres, der Logen und Ränge muß man auf den rechten oder linken Teil der Bühne verzichten; das Gros der Mitte sieht die Erscheinungen schichtenweise hintereinander silhouettiert, also flach.

Das aber sind nicht nur Übel der Guckkastenbühne, sondern auch Folgen unorganischer Spieleinrichtung. Die Aufführung darf nicht durch Addition von Wort, Mensch, Gegenstand, Kulisse, Licht entstehen. Detailklitterung: Szenensummierung. Die Spielgestaltung muß wachsen, werden. Die Ausstattung ist kein Requisitenarrangement.

Die zweite Forderung betrifft den Schauspieler: Der Schauspieler darf nicht die Empfindung haben, daß er nur dann gut gesehen und gehört wird, wenn er an der Rampe spielt und spricht. Unsere Schauspieler meiden die Tiefe der Bühne, sie benützen jede passende und unpassende Gelegenheit, um sich an die Rampe zu flüchten. Sprache und Aktion sind nicht innerlich und mit der Szenerie verwachsen, sind nicht plastisch, sondern dekorativ, ein Begleitspiel des Textes. Die Tiefe der Bühne ist unter solchen Umständen zwecklos, unökonomische Raumverschwendung, ein Vakuum, eine Verlegenheit, wirkt als Ausstellungsraum für die Dekorationen der Szene. Der Gesamtraum der Bühne ist für den Schauspieler noch nicht erobert; effektiv gehört ihm nur die Rampe. Weder Bühnenbau noch Regie haben ihm die Möglichkeit geboten, jene elementare, schauspielerische Intensität zu entwickeln, die nicht nur illustrierendes Sprechen und Gestikulieren ist. Das Verhältnis des Schauspielers zur Dichtung kann nur das Verhältnis des Künstlers zur Natur sein. Sie bleibt ihm Material zur Gestaltung, niemals Vorlage zur Nachahmung. Dann ist die Gestaltung produktiv-primär, nicht reproduktiv. Die Suggestivkraft solcher schauspielerischer Leistung wäre so stark, daß der ganze Plunder moderner oder altmodischer Ansichtskarten-Romantik (die auch Tairoffs malerische, Meierholds plastische Szenerien beibehalten) in Kulissen- und Kostümform überflüssig würde, um den Raum zu gestalten und aus seinen Gesetzen die Dichtung zu verlebendigen.

Die Dynamik, die sich solchem Spiel ergäbe, brauchte nur eine rhythmische Überleitung auf die Umgebung des Spielers, die räumlichen Begrenzungen des szenischen Grundrisses hätten diese Bewegungen vorzubereiten, aufzunehmen, zu kontrastieren, hätten mitzuschwingen wie die Resonanzwände eines Toninstruments. Dann erst könnten wir mit der Möglichkeit absoluter Spieleinheit rechnen. Diese Spieleinheit bleibt aber unerreichbar auf einer Bildbühne. Und Bildbühnen bieten alle unsere heutigen Theater. Der Widersinn: Bild – Bühne ist im allgemeinen unentdeckt geblieben. Denn Bühne ist Raum, Bild Fläche. Ein räumlicher Zusammenschluß von Bühne und Bild ergibt jenes verlogene Kompromiß: Bühnen-Bild, auf dessen Wirkung alles heutige Theaterspiel eingestellt ist.

Vor bildmäßig komponierten Prospekten und Kulissen, aus entzückenden Entwürfen in Riesendimensionen übertragen, um Sitzgelegenheiten gruppiert, treten unvermittelt Schauspieler auf, absolute Fremdkörper vor diesen geschlossenen Malereien. Die Ruhe des Hauptprospekts ist heroisch angesichts des Drängens der Schauspieler und Einander-Ausweichens um nur gut gesehen zu werden, wie es die Regie, das Publikum verlangt. Versatzstücke ängstigen sich um ihre Spreizen und stellen den Schauspielern hinterrücks ein Bein. Sie negieren einander: Kulisse und Spieler. Jeder organische Zusammenhang wird hinfällig. Der Regisseur schlichtet die Rivalität, versöhnt. Der Maler protestiert; der Schauspieler wendet sich ans Publikum und kehrt der Bühne den Rücken. Das Spiel fällt zwischen Natur und Kunst durch.

Der Hauptprospekt, bemalt oder nicht bemalt, plan oder rund, schließt die Bühne als Hintergrund ab. Die Szenerie ist Textdraperie, das Spiel frontal entwickelt. Rechts oder links vom Kastenversteck des Souffleurs, ihm gegenüber, rasch, langsam, treten die Schauspieler auf, sprechen, stellen dar, gehen ab; Seitenabdeckungen verschlucken sie. Der Schnürboden ist Schallfänger, der Mantel des Bühnenrahmens Schallbrecher. Maskierte Fußrampen leuchten von unten, verflachen jede Plastik, Soffittenrampen, ängstlich geborgen, leuchten von oben, gute Schattenvertilger. Scheinwerfer, geheimnisvoll postiert, verfolgen die Prominenten. Ein Rundhorizont eröffnet ungeahnte Perspektiven. Der Vorhang ist Paravent für die Umkleidung der Szene. Wenn er sinkt, wird der Zuschauerraum erhellt. Oder auch nicht; es bleibt dunkel. Hokuspokus. Es wird verwandelt. Musik. Gong oder Klingel. Alle Augen klappen für die neue Gruppenaufnahme auf; der Vorhang ist hochgeflogen. Wieder treten Schauspieler auf, ab. Text wird gesprochen, gespielt, gesungen. Schwarze Magie der Geräusche ...

Daß dieses Spiel für gewisse Zeiten Schönheiten und Berechtigung gehabt hat, will ich nicht bestreiten: für uns ist das Illusions- und Illustrationstheater zu Ende. Die Zeit ist fürs offene Spiel reif geworden. Buchillustrationen mittels Wort, Farbe, Geste auf der Büh-

ne sind überflüssig. Kein Mensch glaubt mehr dran. Es ist Vogel-Strauß-Politik der Schauspieler, Dichter, Maler, Direktoren.
Das heutige Theater verlangt eine Vitalität wie sie das Leben hat und diese Vitalität mit der Kraft und dem Tempo der Zeit. Die Spannkraft solcher Spiellebendigkeit hat an der Rampe nicht genug und nicht an Ekken, dem Da und Dort, ihr Atem saugt den Bühnenraum voll, sie verlangt nach Weite, Unbändigkeit der Bewegung, nach Raum im wahrsten Sinne des Wortes. Das kann ihr eine Bildbühne, deren Spiel und Szenerie auf dekorative Frontalwirkung eingestellt ist, nicht geben. Der neue Wille sprengt die Bildbühne, um sie in Raum aufzulösen, wie es das Spiel verlangt. Er schafft die Raumbühne, die nicht nur a priori Raum ist, sondern auch als Raum erscheint. Der Bühnenrahmen als Guckloch der Guckkastenbühne ist panoramatischer Schlitzverschluß. Der Aufmarsch der Kulissen, Spieler, Gegenstände im Bühnenraum wird als Relief, nicht als Dreidimensionalität wahrgenommen. Starrer Raum kann optisch niemals kubisch exakt ausgewertet werden, es sei, daß er bereits vom Beschauer durchmessen wurde, so daß er, wiedergesehen, mit Hilfe der Erfahrung rekonstruiert wird. Jede individuelle Rekonstruktion aus dem Erleben anderer Räume ist unpräzise und für die Spielwirkung ungenügend. Raum ist nur für denjenigen Raum, der sich in ihm bewegt. Für den Schauspieler; für den Zuschauer nicht. Es gibt nur eine Möglichkeit, das Raumerlebnis optisch exakt zu vermitteln: Die Bewegung, die sich in Raum umsetzt.
Die Aufgabe der Regie besteht darin, die Dreidimensionalität durch Elemente des Bühnenspiels optophonetisch zu verlebendigen; Aufgabe des Baumeisters ist es, die Konstruktion der Bühne so zu gestalten, daß das Raumspiel von allen Zuschauern unzweideutig gesehen werden kann. Die Bühne muß für diesen Zweck jeweilig neu eingerichtet werden. Eine dieser Lösungen ist: Der Bühnenboden wird gehoben und steigt allmählich zur schrägen Ebene an. Der Szenengrundriß wird jetzt vom Beschauer genau eingesehen. Jede aus zeitlicher Präzision der Bewegungen wachsende räumliche Distanzierung kommt zu klarer, kubischer Wirkung. Die Seitenabdeckungen der Szene schließen sich nach der Tiefe immer mehr zusammen, wodurch das Spiel in den rückwärtigen Ecken wegfällt. Die Bühnendecke neigt sich leicht im Blickwinkel der obersten Zuschauergalerie. Die Bühne erweist sich jetzt als ein vierkantiger Trichter, der sich aus ihrer Tiefe in den Zuschauerraum öffnet. Der Schauspieler wird auf dieser Bühne von jedem Platze des Theaters ganz gesehen, seine Stimme klingt von allen Stellen der Bühne gleich laut und akzentuiert. Die große Fläche des Hauptprospekts dominiert nicht mehr als Hintergrund. Sie ist ein schmaler Streifen geworden, der für ein Bild nicht mehr taugt. Die Bühne ist leer, sie wirkt als Raum, als Dekoration befriedigt sie nicht. Sie wartet darauf, durch Spiel verlebendigt zu werden. Alles ist jetzt aufs Spiel ange-

legt. Träger der Bewegung sind: Der Klang, die Gestalt, Gegenstände, die Mechanik der gesamten Bühnenmaschinerie; das Licht. Die Organisation der Spielelemente aus Stabilität und Bewegung zur Einheit ergibt die Aufführung. Ein Element bedingt das andere. Ihre eingeborenen Gegensätze werden nicht verschleiert, sondern vertieft. Eines kann ohne das Andere nicht zur Wirkung kommen. Nichts ist Staffage, alles Ergänzung, Folgerung, Entwicklung, Schluß. Die Energien der Komponenten steigern einander, wachsen, kristallisieren sich vor den Augen des Publikums. Kein Mysterium. Die Bühnengestaltung entwickelt sich sukzessiv; Simultaneität der Bildbühne ist aufgelöst. Es gibt weder einen Vorhang noch eine Verdunkelung als Vorhangersatz. Das Spiel ist orchestral. Die Führung der Bewegung gleitet von einem Element zum andern. Mit Beginn schnellen die Bewegungen ab, akzeleriert, retardiert, ununterbrochen bis zum Endschlag des Spiels.
Die neue Schönheit liegt nicht in der Textdekoration durch Schauspielen und Malerei. Die Fläche mit täuschender Räumlichkeit ist Wurzel eines neuen Spiels, des Kinos, geworden. Das Raumspiel ist die Wirkungskraft des Theaters. Niemand ist gezwungen, sich Unraumbühnen erst vorstellen zu müssen: jede bestehende Bühne ist Bildbühne, also klassische Unraumbühne. Sie ist mit dem Kaleidoskop zu vergleichen, das auch Raum ist, dessen Wirkung aber nur in der Rückfläche besteht, vor der das Bildspiel stattfindet. Der Film hat nichts mit der sinfonischen Raumorganisation der Bühnenelemente zu tun. Seine Aufgabe ist es, sich von der Nachäffung des Theaters loszumachen; Aufgabe der Bühne bleibt es, ihre eigenen Gesetze zu vertiefen und keine Kopie des Films zu werden. Enthusiasmen einiger vom inhaltlosen, wortlosen Theater sind kinoide Sackgassen. Gleichgültig, ob sie grotesk, tragödisch, abstrakt oder equilibristisch gedacht sind. Ganz im Gegenteil: wir brauchen das Wort, den Inhalt so notwendig – wie sie. Und das allgemeine, kritiklose Hinnehmen des Widersinns Bildbühne zeigt, wie notwendig der scheinbare Pleonasmus: Raumbühne – der sich aus dem Gegensatz zur Bildbühne von selbst ergibt – ist, um auch durch die Bezeichnung darauf zu weisen, daß trotz tausendfachem Theaterspiels die Bühne noch immer nicht das ist, was sie sein soll: nämlich Raum, aus dessen Spannungsverhältnissen das Bühnenspiel einer Dichtung wird und endet.
[...]

Aus: Internationale Ausstellung neuer Theaterkritik. Katalog, Programm, Almanach. Hrsg. von Friedrich Kiesler. Wien (Würthle & Sohn) 1924, S. v 1, 43–56.

Fernand Léger
Das Schauspiel:
Licht, Farbe, bewegliches Bild
und Gegenstandsszene (1924)

(Für Rolf de Maré,
Leiter des Schwedischen Balletts)

Von der Bühne sprechen heißt, sämtliche Erscheinungsformen unserer täglichen Umwelt ins Auge fassen, was einem Grundbedürfnis des modernen Lebens entspricht. Der Alltag selber ist uns zum Schauspiel geworden.

Mehr denn je lenkt das Auge als verantwortungsreichstes Cheforgan den ganzen Menschen. Von früh bis spät registriert es ununterbrochen die vielfältigsten Eindrücke und hat dabei immer flink, verläßlich, subtil und exakt zu sein.

In einer von der Geschwindigkeit beherrschten Welt hat das Auge des Fußgängers, Autofahrers oder am Mikroskop sitzenden Forschers im über Leben oder Tod entscheidenden Bruchteil einer Sekunde die Situation zu erfassen.

Das Leben flitzt dermaßen schnell vorbei, daß alles beweglich wird. Der Rhythmus des Alltags ist von solcher Dynamik, daß schon der Straßenausschnitt, den man von der Terrasse eines Kaffees überblickt, wie ein Schauspiel zusammenprallender und auseinanderfahrender Elemente wirkt. Die Heftigkeit der Kontraste übersteigert den flüchtigsten Eindruck.

Da transportieren zwei Männer auf einem Handkarren die vergoldeten Riesenlettern einer Reklame durch die Stadt und erreichen damit völlig ungewollt eine so überraschende Wirkung, daß jedermann unwillkürlich stehenbleibt. Derartige Alltagsereignisse bilden den Ausgangspunkt des modernen (unliterarischen) Schauspiels. Auf ihnen aufzubauen und das Publikum immer wieder durch solche Überraschungen zu packen, verlangt von den Artisten, die darauf aus sind, die Massen zu unterhalten, die Fähigkeit, unablässig auszuwählen und zu erfinden. Ein harter Beruf – der härteste, den ich kenne.

Er verlangt die Fähigkeit, unermüdlich auszuwählen und zu erfinden. Glücklicherweise vervielfachen die sich jagenden Erfindungen unsere modernen Gestaltungs- und Ausdrucksmittel.

Die ehemals starr beschränkten Gegenstände, Lichteffekte und Farben werden lebendig und beginnen sich zu bewegen.

Wie früher dominiert auf der Bühne auch heute noch das «menschliche Element», vom glänzenden Tänzer, der die Szene beherrscht, bis zum

Music-Hall-Ensemble mit seiner gewollten Erotik. Aber die Riesenrevues mit ihrer Jagd nach dem ewig Neuen haben die ohnehin beschränkten Mittel erschöpft. Sie sind am Ende. Der Quell ist versiegt. Wir erleben die Endphase einer Krise. An uns ist es nun, neuere, neueste Möglichkeiten ins Spiel zu bringen, die der kurz bemessenen Zeit des modernen Schaubildes entsprechen, das, soll es geschlossen wirken, nicht länger als fünfzehn bis zwanzig Minuten dauern darf.

Schon ist man darauf gekommen, die anthropozentrische Schaustellung mechanisch zu konkurrenzieren oder vielmehr zu erneuern. Man hatte den Einfall, mit den Dingen selbst, das heißt mit dem Material als solchem, zu agieren und sie wie Spieler in Bewegung zu bringen.

Industrie und Handel haben, vom unerbittlichen Konkurrenzkampf gezwungen, als erste die attraktive Seite der Gegenwart ihren Zwecken dienstbar gemacht. Sie verstanden vortrefflich, daß ein Schaufenster oder ein ganzes Kaufhaus ein permanentes Schauspiel sein muß. Sie kamen auf die Idee, mit nichts als den Dingen ihres Betriebes eine verführerisch zudringliche Atmosphäre zu schaffen, so daß die Kundin, die bei ihnen eintritt, schon nach dem ersten Blick halbwegs ins Netz der Werbung verstrickt ist und kaufen *muß*, weil die gerissene Präsentation sie unversehens entwaffnet hat. Das Geschäft sucht seine Opfer und findet es oft dank seiner klug kalkulierten Faszinations- und Bestrickungskünste. Die bunt erleuchtete Bar macht die besten Geschäfte.

Fernand Léger: Szenenbild aus dem Ballett *Skating Rink* von Maré, 1922

Die katholische Kirche verstand es schon früh, die Leute mit solchen Mitteln nach ihren Grundsätzen zu lenken. In ihren wundervollen Domen und Kathedralen gelang es ihr, die Kunst des Schaugepränges zu höchster Entfaltung zu bringen und die ihr zuströmenden Massen durch wohldurchdachte, auf den inneren wie äußeren Menschen abgestimmte Feste und Feiern in Bann zu ziehen.

Sie weiß seit Jahrhunderten, daß der Mensch den glänzenden, leuchtenden, buntprangenden Dingen erliegt und hat mit den bildenden Künsten auch die Instrumentalmusik und den Gesang in ihren Dienst gestellt. Wenn es ihr gelang, sich überall durchzusetzen, so nicht zuletzt deshalb, weil sie es nie verschmäht hatte, die Auge und Ohr ansprechenden Mittel der jeweiligen Epoche zu benutzen.

Will er nicht von der gigantischen Inszenierung des modernen Lebens ganz an die Wand gespielt werden, bleibt dem heutigen Künstler, der sich ein Publikum schaffen möchte, nichts anderes übrig, als von seinem ästhetischen Standpunkt her alles, was ihn umgibt, als Rohmaterial zu betrachten, und aus dem bunten Wirbel des Alltags die ihm entsprechenden bildnerischen und bühnenmäßigen Werte auszuwählen, um sie dann selber zu einem Schauspiel umzugestalten, und sie unter seinem Szepter zu einer höheren szenischen Einheit emporzuführen. Schwingt er sich dabei aber nicht bis zur obersten Stufe der Kunst empor, wird er gleich vom Leben konkurrenziert, überholt und in Frage gestellt. Nur der Erfindungsreichtum einer schöpferischen Phantasie vermag ihn zu retten. Bloße Anpassung, wie sie heute Mode geworden ist, reicht keineswegs aus, das hier aufgeworfene Problem einer bleibenden Lösung entgegenzuführen. «Ich passe mich an, du passest dich an, er passt sich an ...» – eine ebenso elegante wie bequeme Formel für Minimalisten. Das gegenwärtige Leben paßt sich nicht an, begnügt sich nicht mit Imitationen, sondern erweist sich jeden Morgen erneut als ein mehr oder weniger glücklicher Erfinder. Imitieren mag auf der Theaterbühne noch angehen; mit dem «Schauspiel», wie wir es bisher verstehen, ist es unvereinbar. Sowohl die unübersehbare Weltbühne als auch die weit engere der öffentlichen Unterhaltung ertragen nur noch Erfinder. Für Arrangeure ist da kein Platz.

Die kommerziellen Bemühungen haben ein solches Niveau erreicht, daß die Mannequinparade einer besseren Modeschau es, was die Revuewirkung betrifft, oft mit Vorführungen mittlerer Bühnen aufnehmen kann.

Wir sind heute viel schauspielversessener als früher. Der Andrang zur Bühne und zur Leinwand ist zu einer allgemeinen Erscheinung geworden. In volkreichen Vierteln gehen die Eintrittskarten schon im Vorverkauf weg.

Diese beinahe grenzenlose Schauwut und Vergnügungssucht müssen wohl als Reaktion auf die harten Anforderungen des modernen Lebens gewertet werden, eines kalt berechnenden Lebens, das keine Schonung kennt, auf alles und jedes die Mikroskope richtet, Menschen und Dinge unter die Lupe nimmt, Raum und Zeit als harte Realitäten einkalkuliert, Sekunde und Millimeter zum geläufigen Grundmaß erhebt und in seiner mitreißenden Jagd nach Perfektion selbst das schöpferische Genie bis an die Grenzen des Möglichen treibt.

Dieses Leben ist das Ergebnis eines erbarmungslos formenden Krieges, der nur die nackte Wahrheit gelten ließ, alle moralischen Werte einer Totalrevision unterzog und die Leistungsfähigkeit und Widerstandskraft des Menschen bis zum Zerbrechen erprobte. Nach vier überfordernden Jahren sieht sich der moderne Mensch in eine «friedliche» Gesellschaft zurückverpflanzt, deren Wirtschaftskriege nicht minder unerbittlich wüten als die kaum überstandenen Kämpfe an der feindlichen Front.

Solange die wirtschaftliche Entwicklung nicht zum erhofften Gleichgewicht führt und die Maschine nicht die Rolle des Dieners, sondern des herzlosen Sklaventreibers spielt, werden sich die Arbeitermassen in die Fabrik, an den Tisch und abends endlich durch die Türen der Säle drängen, wo ihnen irgendein Schauspiel die nötige Ablenkung vom zermürbenden Existenzkampf bietet. Eine Art Trunkenheit, wie sie ähnlich vom Alkohol oder von Drogen bewirkt wird, aber auch ein schwer beschreibbares, dunkles und doch wieder deutlich fühlbares Bedürfnis nach Schönheit, auf das ich gleich noch zurückkommen werde, führt sie hier wie Nachtfalter um das Licht der Laternen zusammen.

Welches Angebot entspricht dieser gewaltigen Nachfrage?

Music-Hall, Zirkus, Revue, Ballett, Volksfest und mondäne Soirée bilden das Angebot auf die gewaltige Nachfrage nach ablenkendem Schaustoff. [...]

Wie stand es mit diesem Angebot in früheren Zeiten?

Die antike Bühne war wesentlich theatralisch. Neben dramatischer Gebärde und Deklamation bediente sie sich, was uns natürlich besonders interessiert, eines von ihr erfundenen plastischen Ausdrucksmittels – der Maske.

Die Maske beherrschte das antike Theater. Aber selbst die primitivsten Völker verwenden sie zu ähnlichen Zwecken, denn gerade dank ihrer beschränkten Mittel wurden sie zur Erkenntnis gedrängt, daß die Menschenähnlichkeit der Spieler der erstrebten Stimmung und dem spontanen Erstaunen nicht zum Vorteil gereicht. Zweck der Maske ist es, das Gesicht umzuformen.

Ich werde versuchen, im folgenden von dieser einfachen Feststellung auszugehen, denn sie stützt eine wichtige These meines Vortrages:

Die optische Wirkung des Saales und jene der Bühne sind scharf auseinanderzuhalten und die individuell geprägten Schauspieler durch anonymes Menschenmaterial zu ersetzen. Die Szene hat zum Spielplatz schöpferischer Phantasie zu werden. Das vorgeführte Menschenmaterial erhält im Schaubild den gleichen Stellenwert wie der einzelne Gegenstand und das ganze Dekor.

Wir verfügen gegenwärtig, wie jedermann feststellen kann, über die vielfältigsten Mittel, aber nur unter der bereits genannten Bedingung, daß auch das Individuum, das die Szene beherrscht, wie alles übrige zu einem solchen Mittel wird. Selbst der talentierte Star – und Talent sollte er haben – verunmöglicht allzuoft die erstrebte Einheit. Ich habe nichts gegen den Tänzertyp, der seit Jahrhunderten allen Regeln gerecht wird, um mit seiner klassischen Darbietung das Publikum hinzureißen. Aber er sollte merken, daß es auch für große Genies nicht tausend Arten zu lächeln, Pirouetten zu drehen, Kapriolen zu springen und seine Beine zu schwingen gibt. Sein Repertoire ist erschöpft. So täte er und jeder begabte Artist wohl gut daran, einmal bescheiden um sich zu blicken und nach den Mitteln Ausschau zu halten, die es dem Talentierten ermöglichen, sich zu erneuern.

Den Platz auf der Bühne macht ihm niemand streitig. Er wird dort weiterhin oder vielmehr erst recht glänzen, wenn er sich an den Menschen von heute und nicht an den musealen Schätzen der Vergangenheit orientiert. Der moderne Alltag überbordet von Bildideen.

Warum folgt er nicht dem unpretentiösen Beispiel der Akrobaten? Eine zehnminütige Ballettnummer ist oft reicher an Bildeinfällen als manch langgezogene Szene. Welcher Solotänzer wäre so wendig und flink, daß er es wagen dürfte, auf der Bühne das Rad zu machen, auf den Händen zu gehen und einen Salto zu schlagen? Keiner! Und doch vermöchte etwas Akrobatik ihre eigene Sprache und Bühnenwirkung wesentlich aufzufrischen und zu bereichern. Anmutig sein, das wollen fast alle. Sie wissen recht gut, daß uns die Straßen von einem Ende zum andern und die Häuser von oben bis unten mit Anmut umgeben, und spüren, daß da die Grundkonzeption für neue, von moderner Grazie getragene Schauveranstaltungen zu finden wäre, die ohne die ewig gleich drehenden Beine, kreisenden Arme und lächelnden Lippen auskommen könnten.

Sobald sich die Tänzer entschließen, mehr Choreographen als Stars zu sein, sich selber als bloßer Teil ins Ganze einzuordnen, die Rolle des beweglichen Dekors zu übernehmen und das Gegenstandsschauspiel maßgebend mitzugestalten, werden auf der Bühne zahlreiche Möglichkeiten in Erscheinung treten, die sich bis heute hinter den Kulissen versteckt gehalten hatten, und der Mechanismus unerwarteter Bildeffekte wird die Szene erfrischend beleben.

Greifen wir gleich das Grundproblem auf! Vor uns liegt ein lebloser, dunkler Saal. Dreißig Prozent der Zuschauer sind kalt, zerstreut, nur schwer zu begeistern. Zwischen ihnen und der Bühne vorn zieht sich der gefährliche Todesstreifen der Rampe hin, ein wirkliches Hindernis, das es unbedingt zu überwinden gilt, will man im Saal jene Atmosphäre schaffen, ohne die das seinen eigenen Träumen hingegebene Publikum nicht in Schwung gebracht werden kann.

Um dieses Ziel zu erreichen, bedarf es eines Großeinsatzes szenischer Effekte, muß der Grundsatz verwirklicht werden, daß die Stimmung auf der Bühne in einem umgekehrten Verhältnis zu jener im Zuschauerraum stehen soll.

Für den Idealfall müßten wir verlangen, daß die Bühne restlos von den Einfällen einer schöpferischen Phantasie beherrscht wird. So stünde denn einem toten, dunklen, lautlosen Zuschauerraum eine Bühne voller Bewegung, Leben und Licht gegenüber, ein Festplatz des Erfindens.

Ginge es nach mir, bekäme der Zuschauer auf der Bühne weder die Nasenspitze des Herrn zu sehen, der ihn eben im Autobus abgestoßen hat, noch das Profil der blonden Schönheit, in die er eifersüchtig vernarrt ist.

Der Mensch verschwände, würde zum wandelnden Versatzstück oder hätte seinen Platz hinter den Kulissen, um von dort aus das neue «Theater des schönen Gegenstandes» zu dirigieren.

Wir wollen nicht übersehen, daß sich bereits zahlreiche Akrobaten, Jongleure und andere Varieté-Artisten über den Schauwert toter Objekte im klaren sind und sich sorgfältig mit schönen Gegenständen umgeben – aber vorläufig doch immer nur so, daß diesen Objekten lediglich sekundäre Bedeutung zukommt.

Die Wirkung ihrer oft mit bescheidensten Mitteln in Szene gesetzten Nummer beruht zur Hälfte auf solchen Schaueffekten.

Die Kuppel des «Nouveau-Cirque» ist ein Märchenhimmel. Während der winzige Akrobat Abend für Abend in der metallenen Wölbung dieses scheinwerferbestirnten «Planetariums» einsam sein Leben aufs Spiel setzt, sitze ich zerstreut auf meinem Platz. Trotz der halsbrecherischen Leistungen, die ihm ein sattes Publikum, das recht selbstzufrieden seine Rauchwolken zu ihm hinaufpafft, grausam abfordert, achte ich kaum auf ihn, vergesse ihn bald mitsamt den rotangelaufenen Zuschauervisagen, denn mich fasziniert das ihn umgebende Gegenstandschauspiel. Ich stehe im Bann dieser einzigartigen Architektur aus bunten Masten, metallenen Röhren und sich überschneidenden Drähten, die dort oben im spielenden Lichte agieren.

Wer sich an ein modernes Publikum wenden möchte, tut gut daran, sich solche Dinge zu merken.

Es ist an der Zeit, das kleine Menschlein unauffällig von der Bühne verschwinden zu lassen. Daß sie deshalb noch längst nicht leer wird, dafür übernehme ich jede Garantie, denn wir bringen nun die *Dinge* ins Spiel, lassen die *Gegenstände* agieren.

Nehmen wir als Beispiel eine Bühne von minimaler Tiefe. Hier gilt es vor allem, die vertikale «Bildfläche» voll auszunützen. Mit der Uhr in der Hand müssen Bewegung, Licht und Ton einer Nummer exakt berechnet und aufeinander abgestimmt werden, denn was in zehn Sekunden wirkungsvoll abrollt, kann, auf zwölf ausgedehnt, bereits langweilig werden. Der Hintergrund besteht aus beweglichen Dekorationsstücken. Die Handlung setzt ein. Als lebender Dekor schlagen sechs Spieler das Rad über die ausgeleuchtete Bühne und wiederholen die gleiche Bewegung in Gegenrichtung als phosphoreszierende Figuren vor dunklem Grund, während eine Kinoprojektion die oberen Prospektpartien belebt, die sich bewegenden Versatzstücke des Fonds kurz zur Geltung bringt und einen sich schimmernd drehenden Metallgegenstand auftauchen und wieder versinken läßt. Die ganze Szene des sich nach dem Willen des Regisseurs vielfach überschneidenden Zusammenspiels graziöser Überraschungen und schockartiger Einfälle bleibt bis ins Letzte geregelt. Erscheint ein Gesicht, ist es starr, steif und kalt wie Metall. Die menschliche Gestalt wird nicht von der Bühne verbannt, doch, wo sie auftaucht, geschieht es ohne den mindesten persönlichen Ausdruck, ist sie stark geschminkt oder trägt eine Maske, wird völlig verwandelt oder agiert mit mechanisch geregelter Bewegung. Kurz, sie darf hier nichts anderes sein als eines der vielen Dinge, die ins Ganze Abwechslung bringen. Soweit es dem geschlossenen Gesamtablauf einer Nummer nicht abträglich ist, kann das Menschenmaterial auch in parallel rhythmisierten oder kontrastvoll aufeinanderstoßenden Gruppen eingesetzt werden.

Mit all diesen Mitteln muß die trennende Rampe überwunden und eine Atmosphäre geschaffen werden, die die Zuschauer packt und – falls sie erahnen, was sie hier suchen – befriedigt.

Nichts auf der Bühne soll sie an den Saal erinnern, in welchem sie sitzen. Was sie dort sehen, ist eine völlig ins unerhört Neue verwandelte Märchenwelt, so daß sie sich wie eben noch Blinde vorkommen müssen, denen die magische Heilkraft eines Zauberstabes urplötzlich die staunenden Augen geöffnet hat.

Wir besitzen heute durchaus die Mittel und Möglichkeiten für ein derartig modernes Schauvergnügen und auch den Beweis, daß das Publikum, das ja meist besser ist, als man gemeinhin annimmt, uns folgt. [...]

Aus: Fernand Léger: Mensch, Maschine, Malerei. Übersetzt und eingl. von R. Füglister. Bern (Benteli) 1971, S. 151–154, 155–158.

Oskar Schlemmer
Mensch und Kunstfigur (1925)

Die Geschichte des Theaters ist die Geschichte des Gestaltwandels des Menschen: der Mensch als Darsteller körperlicher und seelischer Geschehnisse im Wechsel von Naivität und Reflexion, von Natürlichkeit und Künstlichkeit.
Hilfsmittel der Gestaltverwandlung sind Form und Farbe, die Mittel des Malers und Plastikers. Der Schauplatz der Gestaltverwandlung ist das konstruktive Formgefüge des Raums und der Architektur, das Werk des Baumeisters. – Hierdurch wird die Rolle des bildenden Künstlers, des Synthetikers dieser Elemente, im Bereich der Bühne bestimmt.

Zeichen unserer Zeit ist die Abstraktion, die einerseits wirkt als Loslösung der Teile von einem bestehenden Ganzen, um diese für sich ad absurdum zu führen oder aber zu ihrem Höchstmaß zu steigern, die sich andererseits auswirkt in Verallgemeinerung und Zusammenfassung, um in großem Umriß ein neues Ganzes zu bilden.
Zeichen unserer Zeit ist ferner die Mechanisierung, der unaufhaltsame Prozeß, der alle Gebiete des Lebens und der Kunst ergreift. Alles Mechanisierbare wird mechanisiert. Resultat: die Erkenntnis des Unmechanisierbaren.
Und nicht zuletzt sind Zeichen unserer Zeit die neuen Möglichkeiten, gegeben durch Technik und Erfindung, die oft völlig neue Voraussetzungen schaffen und die Verwirklichung der kühnsten Phantasien erlauben oder hoffen lassen.
Die Bühne, die Zeitbild sein sollte und besonders zeitbedingte Kunst ist, darf an diesen Zeichen nicht vorübergehen.

‹Bühne›, allgemein genommen, ist der Gesamtbereich zu nennen, der zwischen religiösem Kult und der naiven Volksbelustigung liegt, die beide nicht sind, was die Bühne ist: zwecks Wirkung auf den Menschen vom Natürlichen abstrahierte Darstellung.
Dieses Gegenüber von passivem Zuschauer und aktivem Darsteller bestimmt auch die Form der Bühne, deren monumentalste die antike Arena und deren primitivste das Brettergerüst auf dem Marktplatz ist. Konzentrationsbedürfnis schuf den Guckkasten, die heutige ‹universale› Form der Bühne. ‹Theater› bezeichnet das eigentlichste Wesen der Bühne: Verstellung, Verkleidung, Verwandlung. Zwischen Kult und Theater liegt ‹die Schaubühne als eine moralische Anstalt betrachtet›, zwischen

Theater und Volksfest liegen Varieté und Zirkus: die Schaubühne eine artistische Anstalt. Die Frage nach dem Ursprung von Sein und Welt, ob am Anfang das Wort, die Tat oder die Form war – ob Geist, Handlung oder Gestalt – der Sinn, das Geschehen oder die Erscheinung – ist auch in der Welt der Bühne lebendig und läßt diese unterscheiden in

die Sprech- oder Tonbühne eines literarischen oder musikalischen Geschehens,

die Spielbühne eines körperlich-mimischen Geschehens,

die Schaubühne eines optischen Geschehens.

Diesen Gattungen entsprechen ihre Vertreter, nämlich:

der Dichter (Schriftsteller oder Tonsetzer) als der Wort- oder Tonverdichtende,

der Schauspieler als der mittels seiner Gestalt Spielende und

der Bildgestalter als der in Form und Farbe Bildende.

Jede dieser Gattungen vermag für sich zu bestehen und sich innerhalb ihrer selbst zu vollenden.

Das Zusammenwirken zweier oder aller drei Gattungen, wobei eine die Führende sein muß, ist eine Frage der Gewichtsverteilung, die bis zur mathematischen Präzision erfolgen kann. Ihr Vollstrecker ist der universale Regisseur.

Vom Standpunkt des Materials aus gesehen, hat der Schauspieler den Vorzug der Unmittelbarkeit und Unabhängigkeit. Sein Material ist er selbst; sein Körper, seine Stimme, Geste, Bewegung. Der Edeltyp, der zugleich Dichter ist und unmittelbar aus sich selbst auch das Wort gestaltet, ist jedoch heute eine ideale Forderung. Ehedem erfüllten diese Shakespeare, der erst spielte, bevor er dichtete und die improvisierenden Akteure der commedia del arte. Der Schauspieler von heute gründet seine Existenz auf das Wort des Dichters. Doch wo das Wort verstummt, wo allein der Körper spricht und dessen Spiel zur Schau getragen wird – als Tänzer – ist er frei und der Gesetzgeber seiner selbst.

Das Material des Dichters ist Wort und Ton.

Mit Ausnahme des Sonderfalls, wo er unmittelbar selbst Schauspieler, Sänger oder Musiker ist, schafft er den Darstellungsstoff für deren Übertragung und Reproduktion auf der Bühne, sei es durch die organische menschliche Stimme oder durch konstruktiv-abstrakte Instrumente. Die Vervollkommnung dieser Instrumente erweitert auch die Gestaltungsmöglichkeiten mit ihnen, während die menschliche Stimme zwar begrenztes, aber einzigartiges Phänomen ist und bleibt. Die mechanische Reproduktion durch Apparate vermag Instrumententon und Stimme vom Menschen abzulösen und diese über ihre Maß- und Zeitbedingtheit hinaus zu steigern.

Das Material des bildenden Künstlers – des Malers, Plastikers, Baumeisters – ist Form und Farbe.

Diese vom menschlichen Geist erfundenen Mittel der Gestaltung sind gemäß ihrer Künstlichkeit abstrakt zu nennen, indem sie ein Unternehmen wider die Natur zum Zweck der Ordnung bedeuten.

Die Form tritt in Erscheinung in der Höhen-, Breiten- und Tiefenausdehnung als Linie, als Fläche und als Körper. Je nach dem ist sie dann Lineament (Gerüst), Wand oder Raum und als solche starre, d. h. greifbare Form.

Unstarre nicht greifbare Form ist sie als Licht, das in der Geometrie des Lichtstrahls und Feuerwerks linear und als Lichtschein körper- und raumbildend wirkt. Zu jeder dieser Erscheinungsarten, die an sich farbig sind – nur das Nichts ist farblos – kann unterstützend die färbende Farbe treten. Farbe und Form kommen in ihren elementaren Werten rein zum Ausdruck in dem Konstruktiven der architektonischen Raumgestaltung. Hier bilden sie Gegenstand und Gefäß des vom lebendigen Organismus Mensch zu Erfüllenden.

In Malerei und Plastik sind Form und Farbe die Mittel, diese Beziehungen zur organischen Natur durch Darstellung ihrer Erscheinungsformen herzustellen. Deren Vornehmste ist der Mensch, der einerseits ein Organismus aus Fleisch und Blut, andrerseits auch der Träger von Zahl und ‹Maß aller Dinge› ist (Goldner Schnitt).

Diese Künste – Architektur, Plastik, Malerei – sind unbeweglich; sie sind eine in einen Moment gebannte Bewegung. Ihr Wesen ist die Unveränderlichkeit eines nicht zufälligen, sondern typisierten Zustandes, das Gleichgewicht der Kräfte im Bestand. Es könnte, zumal im Zeitalter der Bewegung, als Manko erscheinen, was höchster Vorzug dieser Künste ist.

Die Bühne als Stätte zeitlichen Geschehens bietet hingegen die Bewegung von Form und Farbe; zunächst in ihrer primären Gestalt als bewegliche, farbige oder unfarbige, lineare, flächige oder plastische Einzelformen, desgleichen veränderlicher beweglicher Raum und verwandelbare architektonische Gebilde. Solches kaleidoskopisches Spiel, unendlich variabel, geordnet in gesetzmäßigem Verlauf, wäre – in der Theorie – die absolute Schaubühne. Der Mensch, der Beseelte, wäre aus dem Gesichtsfeld dieses Organismus der Mechanik verbannt. Er stünde als ‹der vollkommene Machinist› am Schaltbrett der Zentrale, von wo aus er das Fest des Auges regiert.

Indessen sucht der Mensch den Sinn. Sei es das faustische Problem, das sich die Erschaffung des Homunkulus zum Ziele setzt; sei es der Personifikationsdrang im Menschen, der sich Götter und Götzen schuf: der Mensch sucht immerdar Seinesgleichen oder sein Gleichnis oder das Unvergleichliche. Er sucht sein Ebenbild, den Übermenschen oder die Phantasiegestalt.

Der Organismus Mensch steht in einem kubischen, abstrakten Raum der Bühne. Mensch und Raum sind gesetzerfüllt. Wessen Gesetz soll gelten? Entweder wird der abstrakte Raum in Rücksicht auf den natürlichen Menschen diesem angepaßt und in Natur oder deren Illusion rückverwandelt. Dies geschieht auf der naturillusionistischen Bühne.

Oder der natürliche Mensch wird in Rücksicht auf den abstrakten Raum diesem gemäß umgebildet. Dies geschieht auf der abstrakten Bühne.

Die Gesetze des kubischen Raums sind das unsichtbare Liniennetz der planimetrischen und stereometrischen Beziehungen.

Dieser Mathematik entspricht die dem menschlichen Körper innewohnende Mathematik und schafft den Ausgleich durch Bewegungen, die ihrem Wesen nach mechanisch und vom Verstand bestimmt sind. Es ist die Geometrie der Leibesübungen, Rhythmik und Gymnastik. Es sind die körperlichen Effekte (dazu die Stereotypie des Gesichts), die in dem exakten Equilibristen und in den Massenriegen des Stadions, wiewohl hier ohne Bewußtsein der Raumbeziehungen, zum Ausdruck kommen.

Die Gesetze des organischen Menschen hingegen liegen in den unsichtbaren Funktionen seines Innern: Herzschlag, Blutlauf, Atmung, Hirn- und Nerventätigkeit. Sind diese bestimmend, so ist das Zentrum der Mensch, dessen Bewegungen und Ausstrahlungen einen imaginären Raum schaffen. Der kubisch-abstrakte Raum ist dann nur das horizontal-vertikale Gerüst dieses Fluidums. Diese Bewegungen sind organisch und gefühlsbestimmt. Es sind die seelischen Affekte (dazu die Mimik des Gesichts), die in dem großen Schauspieler und den Massenszenen der großen Tragödie zum Ausdruck kommen.

In alle diese Gesetze unsichtbar verwoben ist der Tänzermensch. Er folgt sowohl dem Gesetz des Körpers als dem Gesetz des Raums; er folgt sowohl dem Gefühl seiner selbst wie dem Gefühl vom Raum. Indem er alles Folgende aus sich selbst gebiert – ob er in freier abstrakter Bewegung oder sinndeutender Pantomime sich äußert; ob auf der einfachen Bühnenebene oder in einer um ihn erbauten Umwelt; ob er dahin gelangt zu sprechen oder zu singen; ob nackt oder vermummt – er leitet über in das große theatralische Geschehen, von dem hier nur das Teilgebiet der Umwandlung der menschlichen Gestalt und ihrer Abstraktion umrissen werden soll.

Die Umbildung des menschlichen Körpers, seine Verwandlung, wird ermöglicht durch das Kostüm, die Verkleidung. Kostüm und Maske unterstützen die Erscheinung oder verändern sie, bringen das Wesen zum Ausdruck oder täuschen über dasselbe, verstärken seine organische oder mechanische Gesetzmäßigkeit oder heben sie auf.

Das Kostüm als Tracht, aus Religion, Staat, Gesellschaft erwachsen ist ein anderes als das theatralische Bühnenkostüm, wird aber meist mit jenem verwechselt. Soviel Trachten die Menschheitsgeschichte hervorgebracht hat, so wenig echte aus der Bühne erwachsene Bühnenkostüme brachte sie hervor. Es sind die wenigen zu Typen erhobenen und bis heute gültigen Kostüme der italienischen Komödie: Arlequin, Pierrot, Columbine usw.

Dies sind die Möglichkeiten des kostümverwandelten im Raum sich bewegenden Tänzermenschen.

Aber alle Kostüme sind nicht imstande, die Bedingtheit der menschlichen Gestalt, das Gesetz der Schwere, dem sie unterworfen ist, aufzuheben. Ein Schritt ist nicht viel länger als ein Meter, ein Sprung nicht höher als zwei. Der Schwerpunkt darf nur für den Augenblick verlassen werden. Er vermag eine wesentlich andere als natürliche Lage z. B. horizontal schwebend nur für Sekunden einzunehmen.

Teilweise Überwindung des Körperlichen, jedoch nur im Bereich des Organischen, ermöglicht die Akrobatik; der ‹Schlangenmensch› der gebrochenen Glieder, die lebende Luftgeometrie am Trapez, die Pyramiden aus Körpern.

Das Bestreben, den Menschen aus seiner Gebundenheit zu lösen und seine Bewegungsfreiheit über das natürliche Maß zu steigern, setzte an Stelle des Organismus die mechanische Kunstfigur: Automat und Marionette. Dieser hat Heinrich v. Kleist, jenem E. T. A. Hoffmann Hymnen gesungen.

Der englische Bühnenreformer Gordon Craig fordert: «Der Schauspieler muß das Theater räumen und seinen Platz wird ein unbelebtes Wesen – wir nennen es Über-Marionette – einnehmen» und der Russe Brjussow fordert «die Schauspieler durch Sprungfederpuppen zu ersetzen, in deren jeder ein Grammophon steckt.»

In der Tat gelangt der auf Bild und Umbildung, auf Gestalt und Gestaltung gerichtete Sinn des Bildgestalters der Bühne gegenüber zu solchen Folgerungen. Für die Bühne ist hierbei weniger die paradoxe Ausschließlichkeit als die Bereicherung ihrer Ausdrucksformen von Wert.

Die Möglichkeiten sind außerordentlich angesichts der heutigen Fortschritte in der Technik: die Präzisionsmaschinen, die wissenschaftlichen Apparate aus Glas und Metall, die künstlichen Glieder der Chirurgie, die phantastischen Taucher- und militärischen Köstüme usw. ...

Infolgedessen sind auch die Gestaltungsmöglichkeiten nach der metaphysischen Seite hin außerordentlich.

Die Kunstfigur erlaubt jegliche Bewegung, jegliche Lage in beliebiger Zeitdauer, sie erlaubt – ein bildkünstlerisches Mittel aus Zeiten bester Kunst – die verschiedenartigen Größenverhältnisse der Figuren: Bedeutende groß, Unbedeutende klein.

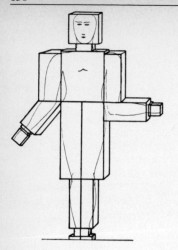

Für die Umwandlung des menschlichen Körpers im Sinne dieses Bühnenkostüms können grundsätzlich bestimmend sein:

Die Gesetze des umgebenden kubischen Raums; hier werden die kubischen Formen auf die menschlichen Körperformen übertragen: Kopf, Leib, Arme, Beine in räumlich-kubische Gebilde verwandelt.

Ergebnis: Wandelnde Architektur.

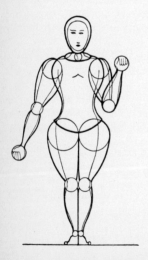

Die Funktionsgesetze des menschlichen Körpers in Beziehung zum Raum; diese bedeuten Typisierung der Körperformen: die Eiform des Kopfes, Vasenform des Leibes, die Keulenform der Arme und Beine, die Kugelform der Gelenke.

Ergebnis: Die Gliederpuppe.

Oskar Schlemmer

Die Bewegungsgesetze des menschlichen Körpers im Raum; hier sind es die Formen der Rotation, Richtung, Durchschneidung des Raums: Kreisel, Schnecke, Spirale, Scheibe.
Ergebnis: Ein technischer Organismus.

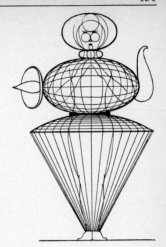

Die metaphysischen Ausdrucksformen als Symbolisierung der Glieder des menschlichen Körpers: die Sternform der gespreizten Hand, das ∞ Zeichen der verschlungenen Arme, die Kreuzform von Rückgrat und Schulter; ferner Doppelkopf, Vielgliedrigkeit, Teilung und Aufhebung von Formen.
Ergebnis: Entmaterialisierung.

Ein ähnliches sehr gewichtiges Phänomen bedeutet das In-Beziehung-setzen des natürlichen ‹nackten› Menschen zur abstrakten Figur, die beide aus dieser Gegenüberstellung eine Steigerung der Besonderheit ihres Wesens erfahren.

Dem Übersinnlichen wie dem Unsinn, dem Pathetischen wie dem Komischen eröffnen sich ungekannte Perspektiven. Vorläufer sind im Pathetischen die durch Maske, Kothurn und Stelzen monumentalisierten Sprecher der antiken Tragödie, im Komischen die Riesenfiguren von Karneval und Jahrmarkt.

Wunderfiguren dieser Art, Personifikationen höchster Vorstellungen und Begriffe, ausgeführt in edelstem Material, werden auch einem neuen Glauben wertvolles Sinnbild zu sein vermögen.

In dieser Perspektive kann es sogar sein, daß das Verhältnis sich umkehrt: dann ist vom Bildgestalter das optische Phänomen gegeben und gesucht ist der Dichter der Wort- und Tonideen, der ihnen die adäquate Sprache leiht.

Sonach bleibt – Idee, Stil und Technik entsprechend – zu schaffen

das Abstrakt-Formale und Farbige
das Statische, Dynamische und Tektonische
das Mechanische, Automatische und Elektrische
das Gymnastische, Akrobatische und Equilibristische
das Komische, Groteske und Burleske   Theater.
das Seriöse, Pathetische und Monumentale
das Politische, Philosophische und Metaphysische

Utopie? – Es bleibt in der Tat verwunderlich wie wenig bis heute nach dieser Seite verwirklicht wurde. Die materialistisch-praktische Zeit hat in Wahrheit den echten Sinn für das Spiel und das Wunder verloren. Der Nützlichkeitssinn ist auf dem besten Weg sie zu töten. Voll Erstaunen über die sich überstürzenden technischen Ereignisse nimmt sie diese Wunder des Zwecks als schon vollendete Kunstgestalt, während sie tatsächlich nur die Voraussetzungen zu ihrer Bildung sind. «Kunst ist zwecklos» insofern die imaginären Bedürfnisse des Seelischen zwecklos zu nennen sind. In dieser Zeit zerfallender Religionen, die das Erhabene tötet und zerfallender Volksgemeinschaft, die das Spiel nur drastisch-erotisch oder artistisch-outriert zu genießen vermag, erhalten alle tiefen künstlerischen Tendenzen den Charakter der Ausschließlichkeit und des Sektenhaften.

So bleiben dem Bildner heute der Bühne gegenüber diese drei Möglichkeiten!

Entweder er sucht die Verwirklichung innerhalb Gegebenem. Dies bedeutet die Mitarbeit an der bestehenden Form der Bühne; es sind die «Inszenierungen», in denen er sich in den Dienst von Dichter und Schauspieler stellt, um deren Werk die entsprechende optische Form zu geben. Ein Glücksfall, wenn sich seine Intentionen mit denen des Dichters decken.

Oder er sucht die Verwirklichung unter größtmöglicher Freiheit. Diese besteht für ihn auf den Gebieten der Bühne, die vornehmlich Schau sind, wo Dichter und Schauspieler zurücktreten zugunsten des Optischen oder durch dieses erst wirksam werden: Ballett, Pantomime, Artistik; ferner auf den von Dichter und Schauspieler unabhängigen Gebieten der anonymen oder mechanisch bewegten Form-, Farb- und Figurenspiele.

Oder er isoliert sich ganz vom bestehenden Theater und wirft die Anker weit aus ins Meer der Phantasie und fernen Möglichkeiten. Dann bleiben seine Entwürfe Papier und Modell, Material für Demonstrationsvorträge und Ausstellungen für Bühnenkunst. Seine Pläne scheitern an der Unmöglichkeit der Verwirklichung. Schließlich ist diese belanglos für ihn; die Idee ist demonstriert und ihre Verwirklichung ist eine Frage der Zeit, des Materiellen, des Technischen. Sie beginnt mit dem Bau des neuen Bühnenhauses aus Glas, Metall und der Erfindung von morgen.

Sie beginnt aber auch mit der inneren Verwandlung des Zuschauers Mensch als dem A und O der Voraussetzung jeder künstlerischen Tat, die selbst bei ihrer Verwirklichung verurteilt ist, Utopie zu bleiben, solange sie nicht die geistige Bereitschaft vorfindet.

Aus: Oskar Schlemmer/Laszlo Moholy-Nagy/Farkas Molnár: Die Bühne im Bauhaus. Nachwort von Walter Gropius. Mainz/Berlin (Florian Kupferberg) 1965, S. 7–20 (= Neue Bauhausbücher).

Laszlo Moholy-Nagy
Theater, Zirkus, Varieté (1925)

[...]

2. Versuche heutiger Theatergestaltung

a) Theater der Überraschungen, Futuristen, Dadaisten, Merz

Bei der Untersuchung aller Gestaltungen gehen wir heute von der Ziel, Zweck und Materialien einbeziehenden Funktion aus.

Von dieser Voraussetzung aus gelangten die FUTURISTEN, EXPRESSIONISTEN UND DADAISTEN (MERZ) zu dem Ergebnis, daß die phonetischen Wortbeziehungen die anderen Gestaltungsmittel der Literatur an Bedeutung überwiegen, daß das Logisch-Gedankliche einer literarischen Arbeit bei weitem nicht die Hauptsache sei. Wie bei der gegenständlichen Malerei nicht der Inhalt als solcher, nicht die abgebildeten Gegenstände das Wesentlichste waren, sondern die Beziehungen der Farben untereinander, so stellte man in der Literatur nicht die logisch-gedankliche, sondern nur die aus den Wortgeräuschbeziehungen entstehende Wirkung in den Vordergrund. Bei einzelnen Dichtern ist die Auffassung sogar dahin erweitert bezw. beschränkt worden, daß die Wortbeziehungen in ausschließliche Tonbeziehungen umgewandelt wurden, was die vollkommene Auflösung des Wortes in logisch-gedanklich zusammenhanglose Vokale und Konsonanten bedeutete.

So entstand das dadaistische und futuristische «Theater der Überraschungen», welches das Logisch-Gedankliche (Literarische) ganz auszuschalten wünschte. Trotzdem wurde der Mensch, der bis dahin im Theater ausschließlich der Träger logisch-kausaler Handlungen und lebendiger Denktätigkeit gewesen war, auch hier dominierend verwendet.

b) Die mechanische Exzentrik

In logischer Folge darauf entstand die Forderung einer MECHANISCHEN EXZENTRIK als einer Aktionskonzentration der Bühne in Reinkultur. Der Mensch, dem es nicht mehr gestattet sein sollte, sich als geistiges Phänomen in seinen geistigen (logisch-gedanklichen) Fähigkeiten zu repräsentieren, hat in dieser Aktionskonzentration keinen Platz mehr; denn er kann – wenn auch noch so kultiviert – mit seinem Organismus höchstens eine gewisse auf seinen natürlichen Körpermechanismus bezogene Bewegungsorganisation durchführen.

Die Wirkung dieser Körpermechanik (bei Artisten z. B.) besteht im wesentlichen darin, daß der Zuschauer über die ihm von andern vorgeführten Möglichkeiten seines eigenen Organismus erstaunt oder erschrocken ist. Es entsteht also eine subjektive Wirkung. Hier ist der menschliche Körper allein das Mittel der Gestaltung. Für eine objektive Bewegungsgestaltung ist dieses Mittel begrenzt, um so mehr als es zudem noch mit «gefühlsmäßigen» (literarischen) Elementen vermischt wird. Die Unzulänglichkeit «menschlicher» Exzentrik führte zu der Forderung einer bis ins Letzte beherrschbaren, exakten Form- und Bewegungsorganisation, welche die Synthese der dynamisch kontrastierenden Erscheinungen (von Raum, Form, Bewegung, Ton und Licht) sein sollte. Mechanische Exzentrik.

3. Das kommende Theater: Theater der Totalität

Eine jede Gestaltung hat außer den allgemeinen auch ihre besonderen Prämissen, von denen sie in der Verwendung der ihr eigenen Mittel ausgehen muß. So wird es die Theatergestaltung klären, wenn man das Wesen ihrer vielumstrittenen Mittel: des menschlichen Wortes und der menschlichen Handlung und gleichzeitig die Möglichkeiten seines Schöpfers, des Menschen, untersucht.

Das Enstehen der MUSIK als bewußte Gestaltung kann aus der melodischen Rezitation der Heldensage abgeleitet werden. Als diese in ein System gefaßt wurde, das nur in bestimmten Intervallen ertönende «KLÄNGE» zu verwenden erlaubte, und die sogenannten «GERÄUSCHE» ausschaltete, blieb für eine besondere Geräuschgestaltung nur in der Dichtung Raum. Das war die grundlegende Idee, von der die expressionistischen, futuristischen und dadaistischen Dichter und Bühnengestalter bei ihren Lautgedichten ausgingen. Aber heute, da sich die Musik zur Aufnahme von Geräuschen aller Art erweitert hat, ist diese sinnlich-mechanische Wirkung der Geräuschbeziehungen kein Monopol der Dichtung mehr. Sie gehört – gleich den Tönen – in das Gebiet der Musik, ebenso wie es die Aufgabe der Malerei als Farbengestaltung ist, die primäre (apperzeptionelle)* Wirkung der Farben eindeutig zu organisieren.

---

* «Apperzeptionell» soll hier dem «Assoziativen» gegenübergestellt eine elementare Stufe der Wahrnehmung und Begriffsbildung (psychophysische Aufnahme) bedeuten. Z. B. eine Farbe aufnehmen = apperzeptioneller Vorgang. Das menschliche Auge reagiert ohne vorherige Erfahrung auf Rot mit Grün, auf Blau mit Gelb usw. Ein Objekt = Farbe + Stoff + Form aufnehmen = mit gehabten Erfahrungen in Verbindung bringen = assoziativer Vorgang.

So kommt der Irrtum der Futuristen, Expressionisten und Dadaisten und
der Fehler aller auf dieser Basis gebauten Folgerungen (z. B. NUR mechanische Exzentrik) zum Vorschein.
Es ist aber festzustellen, daß jene Ideen gegenüber einer literarisch-illu-
strativen Auffassung – weil sie vollkommen entgegengesetzt waren – die
Gestaltung des Theaters vorwärts gebracht haben. Es wurde dadurch die Vorherrschaft der nur logisch-gedanklichen Werte aufgehoben.
Hat man aber diese Vorherrschaft einmal gebrochen, so dürfen die
Assoziationsbindungen und die Sprache des Menschen, und damit er
selbst in seiner Totalität als Gestaltungsmittel der Bühne nicht mehr ausgeschaltet werden. Allerdings ist er nicht mehr zentral, wie im traditionellen Theater, sondern NEBEN DEN ANDEREN GESTALTUNGS-
MITTELN GLEICHWERTIG zu verwenden.

Der Mensch, als aktivste Erscheinung des Lebens, gehört unbestreitbar
zu den wirksamsten Elementen einer dynamischen (Bühnen)gestaltung
und daher ist seine Verwendung in der Totalität seines Handelns, Sprechens und Denkens funktionell begründet. Mit seinem Verstand, seiner
Dialektik, seiner Anpassung an jede Situation durch Beherrschung seiner
körperlichen und geistigen Fähigkeiten ist er – in der Aktionskonzentration verwendet – vornehmlich zu einer Gestaltung dieser Kräfte
bestimmt.
Und wenn die Bühne dem nicht die vollen Entfaltungsmöglichkeiten gäbe, müßte man dafür ein Gestaltungsgebiet erfinden.

Aber diese Verwendung des Menschen ist durchaus zu unterscheiden von
seinem bisherigen Auftreten in dem traditionellen Theater. Während er
dort nur der Interpret einer dichterisch gefaßten Individualität oder Type
war, soll er in dem neuen THEATER DER TOTALITÄT die ihm zur
Verfügung stehenden geistigen und körperlichen Mittel aus sich heraus
PRODUKTIV verwenden und sich in den Gestaltungsvorgang INITIA-
TIV einordnen.
Während im Mittelalter (und auch noch in der Gegenwart) der Schwer-
punkt der Bühnengestaltung in der Darstellung der verschiedenen Typen
(Held, Harlekin, Bauer usw.) lag, ist es die Aufgabe des KÜNFTIGEN
SCHAUSPIELERS, das allen Menschen GEMEINSAME in Aktion zu
bringen.

In dem Plan eines solchen Theaters können NICHT die herkömmlich-
sinnvollen, kausalen Bindungen die Hauptrolle spielen. In der Betrachtung der Bühnengestaltung als Kunstwerk muß man von der Auffas-
sungsweise der bildenden Künstler lernen:
Wie es unmöglich ist zu fragen, was ein Mensch (als Organismus) bedeu-

tet oder darstellt, so ist es unzulässig, bei dem heutigen, ungegenständlichen Bilde, da es eine Gestaltung, also auch ein vollkommener Organismus ist, ähnlich zu fragen.

Das heutige Bild stellt mannigfaltige Farben- und Flächenbeziehungen dar, welche einerseits mit ihren logisch-bewußten Problemstellungen, andererseits mit ihren (unanalysierbaren) Imponderabilien, mit der Intuition des Schöpferischen als künstlerische Gestaltung wirken.

Ebenso muß das Theater der Totalität mit seinen mannigfaltigen Beziehungskomplexen von Licht, Raum, Fläche, Form, Bewegung, Ton, Mensch – mit allen Variations- und Kombinationsmöglichkeiten dieser Elemente untereinander – künstlerische Gestaltung: ORGANISMUS sein.

So darf das Hineinbeziehen des Menschen in die Bühnengestaltung nicht mit Moralisierungstendenz oder mit wissenschaftlicher oder mit INDIVIDUALPROBLEMATIK belastet werden. Der Mensch darf nur als Träger ihm organisch gemäßer funktioneller Elemente tätig sein.

Es ist aber selbstverständlich, daß alle anderen Mittel der Bühnengestaltung in ihrer Auswirkung eine Gleichwertigkeit mit dem Menschen erlangen müssen, der als ein lebendiger psychophysischer Organismus, als Erzeuger unvergleichlicher Steigerungen und zahlloser Variationen ein hohes Niveau der mitgestaltenden Faktoren fordert.

4. Wie soll das Theater der Totalität verwirklicht werden?

Die eine heute noch wichtige Auffassung besagt, daß das Theater Aktionskonzentration von Ton, Licht (Farbe), Raum, Form und Bewegung ist. Hier ist der Mensch als Mitaktor nicht nötig, da in unserer Zeit viel fähigere Apparate konstruiert werden können, welche die nur mechanische Rolle des Menschen vollkommener ausführen können, als der Mensch selbst.

Die andere, breitere Auffassung will auf den Menschen als auf ein großartiges Instrument nicht verzichten, obwohl in der letzten Zeit niemand die Aufgabe, den Menschen als Gestaltungsmittel auf der Bühne zu verwenden, gelöst hat.

Aber es ist möglich, in einer heutigen Aktionskonzentration auf der Bühne die menschlich-logischen Funktionen einzubeziehen, ohne der Gefahr einer Naturkopie zu verfallen und ohne einem dadaistischen oder Merz-Charakter von überall hergeholten und zusammengeklebten, wenn auch geordnet erscheinenden Zufälligkeiten zu erliegen?

Die bildenden Künste haben die reinen Mittel ihrer Gestaltung, die pri-

mären Farben-, Massen-, Material- usw. Beziehungen gefunden. Aber wie lassen sich menschliche Bewegungs- und Gedankenfolgen in den Zusammenhang von beherrschten, «absoluten» Ton-, Licht- (Farbe), Form- und Bewegungselementen gleichwertig einordnen? Man kann dem neuen Theatergestalter in dieser Hinsicht nur summarische Vorschläge machen. So kann die WIEDERHOLUNG eines Gedankens mit denselben Worten, in gleichem oder verschiedenem Tonfall durch viele Darsteller als Mittel synthetischer Theatergestaltung wirken. (CHÖRE – aber nicht der begleitende, passive, antike Chor!) Oder die durch Spiegelvorrichtungen ungeheuer vergrößerten Gesichter, Gesten der Schauspieler und ihre der VERGRÖSSERUNG entsprechend verstärkten Stimmen. Ebenso wirkt die SIMULTANE, SYNOPTISCHE, SYNAKUSTISCHE (optisch- oder phonetisch-mechanische) Wiedergabe von Gedanken (Kino, Grammophon, Lautsprecher) oder eine ZAHNRADARTIG INEINANDERGREIFENDE Gedankengestaltung.
Die zukünftige Literatur wird – unabhängig von dem Musikalisch-Akustischen – zuerst nur ihren primären Mitteln eigene (assoziativ weitverzweigte) «Klänge» gestalten. Dies wird sicherlich auch einen Einfluß auf die Wort- und Gedankengestaltung der Bühne ausüben.

Das bedeutet u. a., daß die bisher in den Mittelpunkt der sogenannten «KAMMERSPIELE» gestellten Phänomene unterbewußten Seelenlebens oder phantastischer und realer Träume kein Übergewicht mehr haben dürfen. Und wenn auch die Konflikte heutiger sozialer Gliederung, weltumspannender technischer Organisation, pazifistisch-utopischer und anderweitig revolutionärer Bestrebungen in der Bühnengestaltung Raum haben können, werden sie nur in einer Übergangsperiode Bedeutung gewinnen, da ihre zentrale Behandlung eigentlich der Literatur, Politik und Philosophie zukommt.

Als GESAMTBÜHNENAKTION vorstellbar ist ein großer, dynamisch-rhythmischer Gestaltungsvorgang, welcher die größten miteinander zusammenprallenden Massen (Häufung) von Mitteln – Spannungen von Qualität und Quantität – in elementar gedrängter Form zusammenfaßt. Dabei kämen als gleichzeitig durchdringender Kontrast Beziehungsgestaltungen von geringerem Eigenwert in Betracht (komisch-tragisch; groteskernst; kleinlich-monumental; wiedererstehende Wasserkünste; akustische und andere Späße usw.). Der heutige ZIRKUS, die OPERETTE, VARIETÉ, amerikanische und andere CLOWNERIE (Chaplin, Fratellini) haben in dieser Hinsicht und in der Ausschaltung des Subjektiven – wenn auch noch naiv, äußerlich – Bestes geleistet, und es wäre oberflächlich, die großen Schaustellungen und Aktionen dieser Gattung mit dem Worte «Kitsch» abzutun. Es ist gut, ein für allemal festzustellen, daß die so verachtete Masse – trotz ihrer «akademischen Rückständigkeit» – oft die gesundesten Instinkte und Wünsche äußert. Unsere Aufgabe bleibt immer das schöpferische Erfassen der wahren und nicht der vorgestellten (scheinbaren) Bedürfnisse.

5. Die Mittel

Jede Gestaltung soll ein uns überraschender neuer Organismus sein, und es liegt nahe, die Mittel zu diesen Überraschungen aus unserem heutigen Leben zu nehmen. Nichts kann durchschlagender sein als die Wirkung der neuen Spannungsmöglichkeiten, die von den uns bekannten und doch nicht richtig bemessenen Elementen (Eigenschaften) modernen Lebens (Gliederung, Mechanisierung) hervorgebracht werden. Unter diesem Gesichtspunkt wird man zur richtigen Erfassung einer Bühnengestaltung kommen können, wenn außer dem Aktor Mensch auch die anderen dazu nötigen Gestaltungsmittel einzeln untersucht werden.

Die TONGESTALTUNG wird sich in Zukunft der verschiedenen Schallapparate mit elektrischem und anderem mechanischen Betrieb bedienen. An unerwarteten Stellen auftretende Schallwellen – z. B. eine sprechende oder singende Bogenlampe, unter den Sitzplätzen oder unter dem Theaterboden ertönende Lautsprecher, Schallverstärker – werden u. a. das akustische Überraschungsniveau des Publikums so heben, daß eine auf anderen Gebieten nicht gleichwertige Leistung enttäuschen muß.

Die FARBE (LICHT) hat in dieser Hinsicht noch größere Wandlungen durchzumachen als der Ton.

Die Entwicklung der Malerei der letzten Jahrzehnte hat die absolute Farbengestaltung geschaffen und dadurch auch die Herrschaft der klarleuchtenden Töne. Die Monumentalität, die kristallene Ausgeglichenheit ihrer Harmonien wird natürlich auch nicht einen verwischt-geschminkten, durch die Mißverständnisse des Kubismus, Expressionismus usw. zerrissenen kostümierten Schauspieler dulden. Die Verwendung von metallenen oder aus exakten künstlichen Materialien hergestellten Masken und Kostümen wird auf diese Weise selbstverständlich; die bisherige Blässe des Gesichts, die Subjektivität der Mimik und Geste des Schauspielers auf einer farbigen Bühne ist damit ausgeschaltet, ohne die Konstrastwirkungen zwischen dem menschlichen Körper und irgendeiner mechanischen Konstruktion zu schädigen. Dazu gesellt sich die Verwendbarkeit von reflektorischen Projektionen zu Flächenfilmen und Raumlichtspielen, die AKTION DES LICHTES als höchst gesteigerter Kontrast und die durch die heutige Technik gegebene Gleichwertigkeit auch dieses Mittels (Licht) neben allen anderen. Es ist noch verwendbar als unerwartete Blendung, als Aufleuchten, Phosphoreszieren, ganz In-Licht-tauchen des Zuschauerraumes mit der gleichzeitigen Steigerung oder dem vollkommenen Erlöschen aller Lichter der Bühne. All das natürlich durchaus verschieden von den jetzigen überlieferten Bühnengewohnheiten.

Mit der Tatsache, daß auf der Bühne Gegenstände mechanisch bewegbar wurden, ist die bisher im allgemeinen horizontal gegliederte Bewegungsorganisation im Raum um die Möglichkeit vertikaler Bewegungssteigerung bereichert worden. Der Verwendung von komplizierten APPARATEN, wie Film, Auto, Lift, Flugzeug und anderen Maschinen, auch optischen Instrumenten, Spiegelvorrichtungen usw., steht nichts im Wege. Dem Verlangen unserer Zeit nach dynamischer Gestaltung wird in dieser Hinsicht, wenn vorläufig auch in Anfängen, Genüge getan.

Eine weitere Bereicherung wäre es, wenn die Isolation der Bühne aufgehoben würde. Im heutigen Theater sind BÜHNE UND ZUSCHAUER zu sehr voneinander getrennt, zu sehr in Aktives und Passives geteilt, um schöpferisch Beziehungen und Spannungen zwischen den beiden zu erzeugen.
Es muß endlich eine Aktivität entstehen, welche die Masse nicht stumm zuschauen läßt, sich nicht nur im Innern erregt, sondern sie zugreifen, mittun und auf der höchsten Stufe einer erlösenden Ekstase mit der Aktion der Bühne zusammenfließen läßt.
Daß ein solcher Vorgang nicht chaotisch, sondern mit Beherrschtheit und Organisation vor sich geht, das gehört zu den Aufgaben des tausendäugigen, mit allen modernen Verständigungs- und Verbindungsmitteln ausgerüsteten NEUEN SPIELLEITERS.

Selbstverständlich ist zu einer solchen Bewegungsorganisation die heutige GUCKKASTENBÜHNE nicht geeignet.
Die nächste Form des entstehenden Theaters wird auf diese Forderungen – in Verbindung mit den kommenden Autoren – wahrscheinlich mit schwebenden HÄNGE- UND ZUGBRÜCKEN kreuz und quer, aufwärts und abwärts, mit einer in dem Zuschauerraum vorgebauten Tribüne usw. antworten. Außer einer Drehvorrichtung wird die Bühne von hinten nach vorn und von oben nach unten verschiebbare Raumbauten und PLATTEN haben, um Geschehnisteile (Aktionsmomente) der Bühne in ihren Einzelheiten – wie die Großaufnahme des Films – beherrschend hervorzuheben. Es könnte an die Stelle des heutigen Parterrelogenkreises eine mit der Bühne verbundene Laufbahn angebracht werden, um die Verbindung mit dem Publikum (etwa in zangenartiger Umklammerung) zu ermöglichen.

Die auf der neuen Bühne entstehenden und möglichen NIVEAUUNTERSCHIEDE VON BEWEGLICHEN FLÄCHEN würden zu einer wirklichen Raumorganisation beitragen. Der Raum besteht dann nicht mehr aus Bindungen der Fläche in dem alten Sinne, der eine architektonische Raumvorstellung nur bei geschlossenen Flächenbindungen kannte; der neue Raum entsteht auch durch lose Flächen oder durch lineare Flächenbegrenzungen (DRAHTRAHMEN, ANTENNEN), so daß die Flächen unter Umständen nur in ganz lockerer Beziehung zueinander stehen, ohne daß sie einander zu berühren brauchen.

In dem Moment, da eine eindringliche und hohe Aktionskonzentration sich funktionell verwirklichen läßt, entsteht zugleich die entsprechende ARCHITEKTUR des Vorstellungsraumes. Ferner entstehen einerseits die exakten, die Funktion betonenden KOSTÜME, andererseits die Kostüme, welche nur einem Aktionsmoment untergeordnet, plötzliche Wandlungen möglich machen. Es entsteht eine gesteigerte Beherrschung aller Gestaltungsmittel, zusammengefaßt in eine Einheit ihrer Wirkung, aufgebaut zu einem Organismus völliger Gleichgewichtigkeit.

Aus: Oskar Schlemmer/Laszlo Moholy-Nagy/Farkas Molnár: Die Bühne im Bauhaus. Nachwort von Walter Gropius. Mainz/Berlin (Florian Kupferberg) 1965, S. 46–56 (Neue Bauhausbücher).

Walter Gropius
Theaterbau (1934)

Der Theaterbau und seine Architektur ist das räumliche Gefäß der gesamten dramatischen Handlung; die Art seines Aufbaus kann nur aus den vielfältigen Bedingungen entwickelt werden, die das Bühnenkunstwerk selbst stellt.
Ich glaube, daß eine Reinigung und Erneuerung des Theaters, das im materalistischen Zeitalter der Maschine im Unterschied zu hohen Kulturen der Vergangenheit die tiefsten Beziehungen zur menschlichen Empfindungswelt verloren hat, nur von einer elementaren Klärung des umfassenden Problems der Bühne her in allen ihren theoretischen und praktischen Auswirkungen möglich ist, und zwar in dem Maße, wie das Leben

der Völker an Einheit der geistigen Haltung gewinnt. Denn die Bühne ist ein Widerspiel des Lebens. Sie kann nur dann – über den begrenzten Kreis einer geistigen Schicht hinaus – ein Sprachrohr für alle sein, wenn sie die Zauberformel findet, die in der Seele *aller* Volksschichten zündet. In ihrem Urgrund entstammt die Bühne einer metaphysischen Sehnsucht, sie dient also dem Sinnfälligmachen einer übersinnlichen Idee. Die Kraft ihrer Wirkung auf die Seele des Zuhörers und Zuschauers ist demnach abhängig vom Gelingen einer Umsetzung der Idee in sinnfällig Wahrnehmbares, in Wort, Ton und Raum. Das Wortwerk des Dichters und das Tonwerk des Musikers stehen außerhalb dieser Überlegungen, die vom Spielwerk und seinen räumlichen Beziehungen her die Forderungen an das Bauwerk klarstellen wollen.

Das Phänomen des Raums ist bedingt durch endliche Abgrenzung im endlosen Freiraum, durch Bewegung mechanischer oder organischer Körper in diesem begrenzten Raum und durch die Schwingungen des Lichts und der Töne in ihm. Die Schöpfung des bewegten, lebendigen, also künstlerischen Raums setzt die überlegene Beherrschung aller natürlichen Forderungen der Statik, Mechanik, Optik und Akustik voraus, damit seine Idee leibhaftig und lebendig wird.

Diese Problemstellung diktiert den Arbeitsweg der Bühnenerneuerung: praktische Erforschung der einzelnen Probleme des Raums, des Körpers, der Form, der Farbe, des Lichts, der Bewegung und des Tons; Ausbildung der Bewegungen des organischen und des mechanischen Körpers, Ausbildung des Sprech-, Musik- und Geräuschtons, Bau des Bühnenraums und seiner veränderbaren Elemente, Bau der Bühnenfiguren und Ausbildung der Bühnenlichttechnik. Ob der Charakter des Spiels ethischer oder unterhaltend-belustigender Art ist, ob Drama oder Variété, die Gültigkeit der optischen, akustischen und mechanischen Raumgesetze bleibt für alle Schauformen und ihre verschiedenen Größenordnungen bestehen.

Das Bühnenkunstwerk ist seinem Wesen nach ein Gemeinschaftskunstwerk. Seinem kollektiven Wesen entspricht die Vielfalt seiner künstlerischen Einzelprobleme, deren jedes seine eigene künstlerische Welt besitzt. Denn die Wirkung des eigentlichen Spielwerks entsteht erst unter dem Taktstock des Spielleiters aus der Summe der Einzelwerke der Schauspieler, der Musiker, der Tänzer, der Bühnenbildner und der Techniker des Lichts und der mechanischen Einrichtungen. Für sie alle ist das dem Spielwerk zugrunde liegende Wortwerk des Dichters oder Tonwerk des Komponisten gleichsam nur der künstlerische Vorwand, ihre eigene intuitive Gestaltungskraft sichtbar oder hörbar zu machen. Ihr Werk besteht also nicht selbständig für sich, sondern wird erst im Zusammenspiel aller verständlich und lebendig.

Die Fülle der Probleme im Bühnenkunstwerk erklärt die Seltenheit eines

Walter Gropius: *Entwurf eines «Totaltheaters»*, 1928: «Eine vollständige Verwandlung des Hauses tritt ein, wenn die große Parkettscheibe um 180° um ihren Mittelpunkt gedreht wird! Denn dann verschiebt sich die exzentrisch in ihr eingebettete Vorbühne als allseitig von ansteigenden Zuschauerreihen umgebene Rundarena in die Mitte des Schauhauses! Auch während der Vorstellung kann diese Drehung vollzogen werden (...). Dieser Eingriff gegenüber dem Zuschauer, ihn während des Spiels vom Orte zu bewegen und das Spielzentrum unerwartet zu verlagern, hebt geltende Maßstäbe auf, stößt ihn vom Physischen her in ein neues Raumbewußtsein und macht ihn zum Mitträger der Handlung».

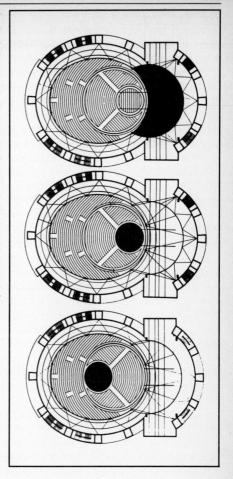

überragenden Spielleiters, dessen universelle Begabung alle künstlerischen Schaffensgebiete umspannen muß. Er muß ein umfassender Mensch sein. Die Totalität seiner Begabung und seines Könnens bleibt absolut entscheidend für die Größe seiner Gesamtleistung, auch wenn er die vorzüglichsten Künstler und Spezialisten zum Spielwerk vereinigt hat. Seine geistige Vorstellungskraft allein vermag den Verschmelzungsprozeß zur Einheit des Spielwerks zu vollziehen.
Ich sehe die Aufgabe des heutigen Theaterarchitekten darin, diesem universellen Spielleiter das große Licht- und Raumklavier zu schaffen, so

unpersönlich und veränderbar, daß es ihn nirgends festlegt und allen Visionen seiner Vorstellungskraft fügsam bleibt, ein Bauwerk also, das schon vom Raum her den Geist umbildet und erfrischt.

Wie kann nun der Architekt helfen, die Erstarrung, in die das Theater geriet, aufzulockern und der am Mangel neuer baulicher Bühnenentwicklung leidenden Regie wieder neue Impulse zu geben?

Der Kern des Theaterbaus ist die Bühne. Ihre Art und Lage in bezug auf den Ort des Zuschauers ist entscheidend für den räumlichen Bewegungsablauf des Dramas und für seine sinnliche Eindringlichkeit. Von hier muß die Findung des heutigen Theaterraums ausgehen. Die Entwicklungsgeschichte aller Zeiten kennt nur drei Grundformen der Bühne: die *erste* und ursprünglichste ist die zentrale Rundbühne, aus der Kampfarena der Alten entwickelt, auf deren kreisrunder Mittelscheibe sich das Spiel rundplastisch nach allen Frontrichtungen hin gleichzeitig entwickelt, konzentrisch von den Massen der Zuschauer auf den trichterförmigen Wandungen umgeben. Der Schauspieler wird hier zum handelnden Exponenten einer konzentrisch angeordneten Masse Mensch, mit der er eine Einheit bildet, unentrinnbar als ihr Gefangener wie der römische Gladiator oder als geistiger Sieger über die Masse als Priester, Volksredner oder Künstler. Wir kennen diese Form des dreidimensionalen Theaters nur noch als Sport- und Stierkampfarena und als Varieté-Zirkus. Während einige asiatische Völker noch das Tanz- und Spielpodium inmitten umgebender Zuschauermengen als einfachste, ursprünglichste Bühne erhielten, hat das europäische Drama fast ausschließlich die Bühne hinter Rampe und Vorhang kultiviert.

Die *zweite* klassische Bühnenform der Alten ist die griechische Proszeniumsbühne mit halbkreisförmig angeordneten Zuschauerreihen und zungenartig vorspringender Vorbühne. Auf dieser gleichsam halbierten Rundarena vollzieht sich das Spiel nicht allseitig rundplastisch wie auf der Rundbühne, sondern reliefartig auf einer halbkreisförmigen Spielebene mit Front nach vorwärts, rechts und links, aber mit dem Rücken vor einem festen Hintergrund, der Aktionswand für Auftritt und Abgehen des Schauspielers. Mit dieser Aktionswand, der auch der ‹deus ex machina› entsteigt, verläßt das Schauspiel den freien Raum; denn jede räumliche Bewegung des Spiels, jeder Schritt und jede Geste des Schauspielers tritt in Beziehung zu dieser ortsfesten Wand, zu diesem Reliefgrund des plastisch beweglichen Schaubildes, aus dem sich später Kulisse, Bühnenbild und Vorhang entwickeln sollten.

Mehr und mehr wird der nur an diese Aktionswand angelehnte offene Bühnenraum des Proszeniums vom Beschauer weg nach rückwärts eingesogen, eingestülpt, zur Tiefen- oder ‹Guckkastenbühne›, jener *dritten* und letzten Bühnengrundform, die unser heutiges Theater beherrscht. Ein grundlegend neues räumliches Gebilde ist nun entstanden. Der reale

Raum, die Welt des Zuschauers, wird abgetrennt vom Bühnenraum, der Welt des Scheins. Der Zuschauer blickt von seiner profanen Bank aus nur noch durch ein gerahmtes Fenster auf das wechselnde Bild der Illusion, das der Vorhang ihm enthüllt. Die dritte plastische Dimension dieses Szenenbildes schrumpft wie auf der Mattscheibe eines fotografischen Apparates zusammen, das Schwingungssystem der Bewegungsrichtungen des Spiels vermag den Beschauer nicht mehr sinnlich-räumlich einzubeziehen. Jenseits des Rampenlichts vermindert sich seine Aktivität mit dem Verlust der räumlichen Beziehungen zum Spiel, er steht *neben* dem Drama, nicht *in* ihm. Die räumliche Trennung der zwei Welten – Schauraum und Spielraum –, so viel technische Vervollkommnung sie auch gebracht hat, wird zum Verhängnis und zwingt den Beschauer, den Weg zum Erlebnis über die Brücke des Intellekts zu nehmen.

So entstand aus dem Theater aktiver Gemeinden allmählich der Typus jenes Hoftheaters, das unsere Zeit noch unverdrängt beherrscht. Mit seinen Logen, Polsterparketts und Holzgalerien setzt es das System der räumlichen Distanzierung zwischen Bühne und Schauraum auch in der Platzanordnung der Zuschauer fort. Die Nebenabsicht der Gesellschaft, sich selbst im Theater ein Schauspiel zu bieten, würdigt das Bühnenspiel zur ästhetischen Unterhaltung herab. Nach der gesellschaftlichen Rangordnung unter den absoluten Herrschern folgte die Rangordnung des Geldes, und das Geschäftstheater im Kleid des Hoftheaters ließ das Volk trotz allem Aufwand nach und nach die innere Fühlung zum Theater verlieren. Ja, man glaubte schließlich, der moderne Mensch brauchte das Theater nicht mehr, es sei durch den Film, der nähere Verbindung mit dem Weltgeschehen hatte, ersetzbar. Die Bühnen*form* war unwirksam geworden, und man glaubte, es sei die Bühne überhaupt. Man schüttete das Kind mit dem Bade aus. Solange aber das Theater sich nicht auf seine ursprünglichen Möglichkeiten besinnt, vom Raum her und mit den Mitteln des Raums den Zuschauer wieder zu packen und zu aktivieren, beraubt es sich selbst seiner stärksten Wirkungsmittel und wird weiterhin die Menge an den Film verlieren.

Aber welche Bühnenform sucht der Spielleiter von heute? Jede Bühnenform ist zwar historisch bedingt, jedes Zeitalter schuf sich das dramatische Forum, das es brauchte, aber das Amphitheater der Antike, die spätklassische Bühne des Terenz, die mittelalterliche Simultanbühne, die Meistersingerbühne, die englische Bühne der elisabethanischen Zeit und das Hoftheater, sie alle besitzen überzeitliche Werte, die als überkommenes Gedankengut zu einer neuen Raumeinheit des Theaters der Zukunft verschmolzen werden müssen. Keine der drei klassischen Raumformen, Rund-, Relief- und Tiefenbühne allein, sondern nur ihre Summe wird dem Umfang der räumlichen Partitur des kommenden Bühnenspiels gerecht werden können, eines Spiels, das, wieder von den Geschehnissen des Lebens selbst getragen, alle realen und transzendentalen Wirkungsmöglichkeiten des theatralischen Wortes, der Musik, des Tanzes, des sportlichen Wettspiels und des Films gleichzeitig im szenischen Raum zu mobilisieren und so die Massen aufzurütteln und zu ergreifen vermag.

Dies sind die Forderungen für das Theater der Zukunft und seine Form: Universale architektonische Zusammenfassung aller raumbildenden Faktoren, aus deren zweck- und zielbewußter Gliederung sich die menschliche Zusammenfassung ergibt, das volksverbindende Gemeinschaftstheater, das Zentrum lebendigen Geistes für die Masse. Einheit des Spielraums und des Schauraums; Gliederung, aber nicht Trennung.

Mobilisierung aller räumlichen Mittel, um das Publikum in seiner intellektbetonten Apathie aufzurütteln, zu bestürmen, zu überrumpeln und zum Miterleben des Spiels zu nötigen:

durch Verkettung von Jenseits und Diesseits, von Bühne und Zuschauerraum;

durch Hineintragen des szenischen Geschehens in den Schauraum vor, um, über und zwischen den Zuschauern, so daß sie dem Schauplatz des Spiels selber räumlich zugehören und ihm nicht hinter den Vorhang entrinnen können; durch aktive Teilnahme des Zuschauers an Aufzügen und Aufmärschen;

durch Erzeugung räumlicher Visionen, durch die Verlebendigung des ganzen Schauhauses vom dreidimensionalen Raum her, statt nur vom flachen ‹Bühnenbild› aus;

durch Einbau mechanischer und lichttechnischer Kraftfelder, in allen drei Richtungen des Raums beweglich, aus deren Bauelementen und Lichtkuben der Spielleiter die Traumräume seiner Vorstellungen vielfältig veränderbar in dem unsichtbaren Koordinatennetz des neutralen, verdunkelten Schauraums entstehen lassen kann;

durch ein System von Projektions- und Filmapparaten, die dem Spielleiter die Macht geben, alle Wand- und Deckenflächen des Hauses um den Beschauer herum aufzulösen und in filmartig bewegte Szenen zu verwandeln, die ihm gleichsam gestatten, mit Licht zu bauen, und die die Last und Masse der Requisiten und gemalten Szenenbilder vermindern.

Aus der Summe aller Projektions*ebenen* entsteht so der dreidimensionale Projektions*raum*, das reale Schauhaus zerfließt zum wandelbaren Raum der Illusion, wird Schauplatz selbst.

Die technische Bühne sei ein Präzisionswerk maschineller Funktionen, das, einem industriellen Montagesaal oder einem Verschiebebahnhof vergleichbar, von einer Blockstation, einem zentralen Kommandostand mit Klaviatur für alle Bewegungs- und Lichtfunktionen aus in Tätigkeit gesetzt wird, so einfach wie möglich, aber auch so vielfältig wie möglich.

Die Magazine müssen so zur Bühne liegen, daß alle nicht durch Lichtillusionen ersetzbaren Aufbauteile direkt und ohne Umladung auf Schienen oder an Laufkatzen zu ihrem Bestimmungsort gefahren werden können.

Ein System von Bühnenwegen muß es den Schauspielern ermöglichen, von den verschiedensten Richtungen her den Schauraum von und nach den Spielebenen einzeln oder in Zügen zu durchschreiten, und Außenportale seitlich der Bühne sollen den Durchfluß von Umzügen von außen her über die Bühne und wieder hinaus gestatten.

Gute Sichtbarkeit und Hörbarkeit von allen Plätzen aus ist auch für das Theater der Massen unentbehrlich. Dieses Problem zwingt zur Längenverkürzung der Grundrißform, die die Maximallänge der großen europäischen Opernhäuser nicht überschreiten darf, ohne freilich die Breitenentwicklung des Schauraums zu beschränken, die logisch zur Kreissegmentform des Schauhausgrundrisses führen wird.

Möglichst nur *ein* Rang, damit die Ungunst steiler Sehwinkel und die Trennung der Zuschauermassen voneinander vermieden wird.

Schneller Zu- und Abfluß der Publikumsmassen, kurze Wege zu den Ausgängen an der Peripherie, keine Verkehrskreuzungen, Vermeidung von Treppen, statt dessen zum Rang Rampen und mechanische Fahrtreppen.

Garderoben mit breitester Frontentwicklung. Zusammenlegung von Hauptvestibül und Foyer zu *einem* großen Versammlungsraum während der Spielpausen.

Und die Architektur des neuen Theaters? Eine großartige Demonstration dessen, was unser Zeitalter an neuen Konstruktionen und Materialien hervorgebracht hat, aus Eisen, Glas, Beton, Metall, geordnet nach den Gesetzen der Proportion, des Rhythmus, der Farbe und der Struktur der Materialien! Statt erborgter Stilfassaden, statt Lüster-, Samt- und Logenprunk die reinen Beziehungen zwischen stofflichem und abstraktem Raum. Ein lauteres Gefäß für die in ihm wirkenden Kräfte des Dramas. In diesem Sinne schafft überhaupt erst der Baumeister das Theater und die Bühnenform das Spiel. Denn wie der Geist den Körper baut, so bildet der Bau den Geist um, er befruchtet die räumliche Vorstellungswelt der Dichter.

Wir sind recht arm an Realisationen entschlossener Vorstöße ins Neuland des Bühnenbaues. Van de Veldes dreiteilige Tiefenbühne in Köln 1914, von Perret 1925 im Theater der Kunstgewerbeausstellung in Paris erweitert und entwickelt, und Poelzigs Umbau des Reinhardtschen Großen Schauspielhauses mit weit vor die Tiefenbühne vorspringendem Proszenium sind wohl die einzigen ausgeführten Anfangsversuche, die erstarrte Tiefenbühne aufzulockern, die Flachheit des Bühnenbildes zu sprengen und die dritte Dimension zurückzuerobern.

Die kühneren Bühnenbaupläne grundsätzlicher Art von Strnad in Wien, von Gebr. Wessnin und von Golosow in Rußland, von Kiesler und von Kastner in den USA, von Zdenko, von Strizic, von Traugott Müller in Berlin und von mir selbst warten noch, bis ihre Zeit gekommen ist.

Als Beispiel will ich einen typischen Entwurf näher erläutern, ein Massentheater nach meinem Entwurf. In meinem ‹Totaltheater›, das ursprünglich für Erwin Piscator bestimmt war, habe ich versucht, ein Theaterinstrument zu schaffen, das so veränderbar ist, daß die Spielleitung mit Hilfe einfacher, sinnreicher Einrichtungen alle drei klassischen Bühnenformen in *einem* Hause nach ihrem Wunsch verwenden kann: Tiefenbühne, Prosceniumsbühne und Rundbühne.

Der Grundriß des Hauses ist eine Ellipse, der Aufriß den Forderungen guter Akustik folgend eine Parabelkurve. Das Schauhaus bildet also ein der Länge nach halbiertes Ei, an dessen abgeflachter Spitze die dreiteilige Tiefenbühne liegt. Die Kuppelung einer Drehbühne mit zweifach hintereinander gestaffelten, seitwärts einfahrenden Bühnenwagen von der Länge der mittleren Bühnenöffnung ergibt außerordentlich zahlreiche Kombinationen. Die Bühnenwagen können auch zu chorischen Zwecken auf einem Umgang rings um das Schauhaus herumgefahren werden. Das Parkett ist amphitheatralisch aufgebaut und ohne Logen und umfaßt zangenartig die der Tiefenbühne vorgelagerte kreisrunde heb- und versenkbare Vorbühne, die ihrerseits wieder exzentrisch in eine größere drehbare Scheibe eingebaut ist, auf der sich der vordere Teil der Zuschauerreihen befindet. Von der Vorbühne aus kann der Schauspieler auf mehreren Wegen zwischen die Zuschauermengen hinabsteigen oder umgekehrt auf die Vorbühne zuschreiten. Und drei Laufringe führen zu szenischen Aufzügen, benutzbar durch und um das Schauhaus; der erste umkreist die Proszeniumsbühne, der zweite die große drehbare Parkettscheibe, der dritte das gesamte Zuschauerhaus um die inneren Tragpfeiler des Gebäudes herum.

Eine vollständige Verwandlung des Hauses tritt aber ein, wenn die große Parkettscheibe um 180° um ihren Mittelpunkt gedreht wird: Dann verschiebt sich die exzentrisch in ihr eingebettete Vorbühne als allseitig von ansteigenden Zuschauerreihen umgebene Rundarena in die Mitte des Schauhauses! Auch während der Vorstellung kann diese Drehung vollzogen werden. Der Schauspieler gelangt zu ihr entweder von unten über Treppen oder auf dem in dieser Scheibenstellung zur Tiefenbühne zurückführenden Gang oder auch von der Decke her durch herablaßbare Gerüste und Treppen, die also auch senkrechte Spielbewegungsvorgänge über der Rundarena gestatten.

Dieser Eingriff gegenüber dem Zuschauer, ihn während des Spiels vom Orte zu bewegen und das Spielzentrum unerwartet zu verlagern, hebt geltende Maßstäbe auf, stößt ihn vom Physischen her in ein neues Raumbewußtsein und macht ihn zum Mitträger der Handlung.

Gleichzeitig verwandelt sich das verdunkelte Schauhaus zur Szene, seine Deckenkuppel und Wände leuchten auf, vom Zentrum und von der Peripherie her gleichsam ‹unter Film› gesetzt. Der Zuschauer sitzt eingefangen unter Wolken- und Sternenhimmel, rings umgeben von Meereswellen, oder es laufen Menschenmassen auf ihn zu, während ihn die dramatische Handlung auf der zentrischen Rundarena im Banne hält. Die Trennung zwischen Spiel und Publikum ist überwunden. Wort, Licht und Musik haben keinen festen Ort mehr. Der Spielleiter wird souverän, er bestimmt die Richtung des Interesses nach den wechselnden Erfordernissen des Spiels. Er verändert Standort und Raumform und unterwirft das Publikum auf Gnade und Ungnade der Dynamik seiner Vorstellungswelt.

Die Überwältigung des Zuschauers ist das Ziel dieses ‹Totaltheaters›, ihm haben sich alle technischen Mittel unterzuordnen, niemals dürfen sie Selbstzweck werden. Denn je einfacher und knapper sie den Zweck erfüllen, um so sicherer bleiben sie in der Hand des schöpferischen Dirigenten. Kampf gegen die Technik der Bühne wäre ebenso falsch wie ihr Übermaß. Die Aufwendungen für einen guten und wandlungsfähigen Apparat werden reichlich aufgewogen durch die Vielfalt der Ausnutzbarkeit des gleichen Hauses für Schauspiele und Versammlungen, für instrumentale und chorische, für filmische und sportliche Ereignisse.

Das ›Totaltheater‹ stellt eine neue Bühnenform des Massentheaters dar. Der Typ des kleineren Schauspielhauses darf sich von diesem nicht grundsätzlich, sondern nur dem Grade nach unterscheiden; denn dieselben Gesetze, Erkenntnisse und räumlichen Vorstellungen gelten auch hier.

Aber – wie sollen wir weiterkommen, ohne die Realität neuer, gebauter Häuser? Wo sind die Bauherrn? Ich glaube, in erster Linie obliegt es dem Staat, dem erstarrten Theater als Hüter des kulturellen Lebens im Volke vom Bau her neue Impulse zu geben. Welche Kluft liegt zwischen dem heutigen Geschäftstheater und dem klassischen Theater der Griechen, das der Staat erhielt! Vom Geschäftstheater kann kein neues Leben kommen. Ich fordere das staatliche Versuchstheater! In einem Zeitalter der sich wandelnden Lebens-, Staats- und Wirtschaftsformen sollten sich nicht die Geister zusammenfinden, die die Entwicklung des Theaters entscheidend vorwärts zu treiben vermögen? Hier sind sie, in unserer Mitte! Das Theater ist tot, es lebe das Theater!

Aus: Walter Gropius: Apollo in der Demokratie. Mainz/Berlin (Kupferberg), S. 115–121.

Walter Benjamin / Bernhard Reich
Revue oder Theater (1925)

Ein Brief des Lord A ..... an den Lord B ..... Abfassungszeit: das Jahr der Erstaufführung von Shakespeares Hamlet.

Lieber Freund!

Ich habe neulich das Theaterstück «Hamlet» von William Shakespeare, das hier von den vornehmen Kreisen sehr beachtet wird, angesehen und nahm mir vor, Dir einiges darüber mitzuteilen. Den Inhalt brauche ich Dir nicht zu erzählen, denn wir haben vor Jahren zusammen auch ein Stück «Hamlet» gesehen, aber es war nicht von Shakespeare. An dieses erinnerte ich mich neulich in vielen Szenen. Die jungen Dichter von heute machen es sich sehr gerne bequem. Sie haben keinen Ehrgeiz nach neuen Stoffen und plündern, was ihnen unter die Finger kommt. William Shakespeare, der diesen neuen «Hamlet» zusammenstellte, ist besonders berüchtigt. In seiner Jugend war er ein Wilddieb und jetzt bestiehlt er seine Kollegen in solchem Grade, daß, wie Du Dich erinnerst, ein Pamphlet gegen ihn herauskam, in dem er klipp und klar eine Krähe genannt wurde. Diese Dichter halten nichts von Originalität, aber die Nachwelt wird ihnen das ankreiden, denn nur ein Originaldichter kann die Unsterblichkeit erringen. (Bemerkungen des Theraterdirektors X, in dessen Besitz sich dieser Brief befindet: Diese Ansicht kann ich nicht teilen. Das Publikum will nur immer dasselbe haben, und das Theater lebt von den Varianten. Die exemplarischen Typen sichern die entscheidenden Wendungen der theatralischen Epochen. Ein guter Film hält sich durch die überraschende Abwandlung; je strenger die Schablone, desto besser. Und für die Revue übernehmen wir die New Yorker Schlager nach Berlin und Paris.) Diese Jungen halten auch nichts von der Form, die uns die griechischen Stücke vorgemacht haben, wie sie bei der Wiedergeburt durch die schwarze Magie jetzt überall billig zu haben sind. In Spanien, wo auch so lässig gedichtet wird, läßt man sich das nicht länger gefallen. Don Alonso Lopez Pinciano sagt, das Theater sei wie eine Landkarte; Valladolid nur einen Finger breit von Toledo; kaum habe man einen Menschen gesehen, der sechzehn Jahre ist, so stehe er schon wieder mit sechzig auf der Bühne. (Lope de Vega bemerkt allerdings: Ich mache in 24 Stunden meine Stücke fertig. Ich kann mich nur nach dem Geschmack des Publikums richten, der, wie überall, von den Frauen regiert wird.) Eigentlich sind das alles ja keine Stücke, sondern nur zwei oder drei handlungführende Hauptszenen; um diese sind dann eine Reihe von Einlagescenen gruppiert, in denen sich der Pomp des Theaters, soweit wir hier solchen erwar-

ten können, entfaltet. Im übrigen treibt in ihnen der Schauspieler sein Wesen, und der Dichter ist abgesetzt. (Wenn man «Hamlet» vor 300 Jahren für eine Revue gehalten hat, so kann man unsere Revue nach 300 Jahren als Trauerspiele ansehen.) Urteile Du selbst! Hamlet ist aufgefordert zur Rache. Jeder erwartet nun von ihm eine Tat, die diesem Verlangen entspricht. Aber William Shakespaere? Zuerst unerhält sich der alte Schwätzer Polonius mit einem Diener, der noch alberner ist als er selbst, und beide machen nur Clownspäße. In der nächsten Szene parodieren unsere beiden besten Komiker das Zeremoniell des englischen Hofes. Dann kommt die übliche Staatsaktion mit Gesandten, die lange Papierrollen tragen als Briefe. Nun hält eine angeblich komische Abhandlung über den Wahnsinn das Stück auf. Mit Hamlets Auftritt geht es auch nicht weiter. Hamlet spielt auf mehrere Arten Wahnsinn, und Shakespeare kramt dazu Gemeinplätze aus Montaigne aus. Und dann kommen die Schauspieler. Einer von ihnen hält eine pathetische Rede, die gar keine Beziehung zum Stücke hat. Aber die Parodie, die auf einen unserer besten Heldendarsteller der alten Schule gemünzt ist, hat gefallen. Wie auch das endlich beklatscht und vorbei war, kriegt Hamlet endlich einen Zipfel von Handlung zu fassen und besinnt sich darauf, seinen Vater zu rächen. Ich muß zwar vorurteilslos gestehen, daß die Varietät dieser Auftritte, wo jeder Schauspieler isoliert seine Wirkung tut, dieses ununterbrochene Heranrollen von neuen Szenen, in denen immer etwas vorkommt, mich auf angenehme Art zerstreut hat, – ich nannte es eine Revue der Leidenschaften. Aber diese Wirkungen werden unzweifelhaft mit den Schauspielern erlöschen, denen sie zugedacht sind. (Das sind sehr befremdliche Ansichten. Ich habe beim «Hamlet» die größte Mühe gehabt, den Schauspielern die tiefe Psychologie ihrer Rollen begreiflich zu machen, und wir haben uns darüber gestritten, ob Hamlet wirklich verliebt, Ophelia eine Jungfrau, Polonius ein Narr oder ein Weiser war, denn jede Szene gibt eine andere Auskunft. Aber vielleicht hat Lord A ..... recht, und man hat in dem zweiten Akt vier Hauptszenen für einen Schauspieler, zuerst muß er einen Wahnsinnigen, dann einen Tiefsinnigen spielen, er deklamiert eine Rede, er ist leidenschaftlich. Der Verwandlungskünstler wird hier das Vorbild des Schauspielers.)
Der fette Burbadge spielte den Hamlet. Natürlich hatte er wieder eine Glanznummer eingelegt: «Sein oder Nicht-Sein». Shakespeare hat sich nicht angestrengt. Er wiederholt nur sein Schema. Man erinnert sich sofort an Macbeths Arie «Wärs abgetan, wenn es getan», und dann Othellos «Gefiel es Gott», das damals Furore machte und auf der Straße von den Leierkastenmännern wiederholt vorgetragen wurde. Das Beste an diesem Stück ist die Szene auf dem Kirchhof, wenn Hamlet mit dem Schädel des Spaßmachers in der Hand über die Vergänglichkeit des Lebens spricht. Der Auftritt lohnt den Abend.

Das nächste Mal lade ich einige Freunde allein zu dieser Einlage in meine Loge. Übrigens gehen die Vornehmen, wie man mir sagt, nur zu dieser Szene. Das ist ein Vorteil dieser lockeren Form, daß man kommt und geht, wann man will, ohne den Zusammenhang zu verlieren. Im übrigen gibt es in diesem Stück, wie überhaupt bei uns in England, viel Bewegung auf der Bühne. Fortwährend tritt von vorne, von oben oder von unten jemand auf. Das ist sehr anstrengend zu verfolgen, weil ohne Pausen gespielt wird, man hat nicht Zeit, seinen gesellschaftlichen Verpflichtungen indessen nachzukommen. Das Theater steht noch sehr tief. Das Publikum ist schlecht und ungebildet, und die Stücke sind auch danach, üble Phantasien, wie in Six-pence-Romanen. Es ist an der Zeit, daß sich die Bühne wandelt, und wenn sie schon den Griechen nicht nacheifern will, von den Italienern lernt, wie man an einem würdigen Sujet, am Orpheus z. B. die Künste des Theaters zeigt, indem man Massen der schönsten Frauen paradieren läßt, Luftakte ausführt, Feuerwerke abbrennt, kurz, die Maschinerie zum vielbewunderten Akteur macht. Die dürftigen Geldmittel sind schuld, daß man sich keinen Prunk und keine schönen Bilder erlaubt. Im Grunde ist es langweilig, nur die Einzelleistungen der Schauspieler zu bewundern. (Dies Spiel ohne Pausen ist eine gute Idee. Es muß überall was los sein. Wenn der Plüschvorhang fällt, darf das Publikum sich nicht selbst überlassen bleiben. Es wird gelähmt, sowie es keine Beschäftigung findet. Das Büffett allein kann es nicht schaffen. Kinoreklame auf dem Vorhang ist viel zu wenig. Im Foyer muß es weitergehen. Die Phantasie, die an den Darbietungen der Bühne ermüdet, muß die Gelegenheit haben, sich bei den Promenadenkonzerten des Foyer günstig zu beeinflussen und im Tanz mit geeigneten Partnern zu kräftigen. Die Phantasie, die sich allen Anstrengungen gewachsen zeigt, darf während des Zwischenaktes nicht dem gefährlichen Zustand des Müßigganges überlassen bleiben. Sie muß die Gelegenheit haben, sich an neuen Darbietungen – Jongleure, Illusionisten, Feuerfresser, in geheimen Kabinetts, bei separatem Entree – anzuregen und womöglich ihre Form zu verbessern. Die Aufmerksamkeit des Publikums muß massiert werden, damit sie für den nächsten Akt frisch bleibt. Das Publikum muß sich während der Aufführung auf den Zwischenakt und während des Zwischenaktes auf die Aufführung freuen.)

[...] Es ist unzweifelhaft, daß ein Aufenthalt in fremden Zonen anregender ist als die exotischen Trachten der Schauspieler, ebenso unzweifelhaft ist es, daß das Theater dieses Defizit durch die Kürze des Zeitraumes, in dem man diese verschiedenen Gegenden sehen konnte, ausglich. Dieses ewige Hineinrollen von neuen Szenen, dieses Zerschneiden von Szenenreihen durch andere vermittelten den Eindruck eines ungewöhnlich bewegten Lebenslaufes. Die Einrichtung dieser Bühne, Nebeneinanderstellen von Szenen, kräftigte eine philosophische Betrachtungsweise, indem auf die Ereignisse in Alexandria prompt die Entscheidungen in Rom reagierten und sich so die Welt als eine Anzahl wechselseitig aufeinander wirkender Kraftfelder plastisch und überschaubar darstellte. Es scheint, daß das gegenwärtige Theater den Ansprüchen eines Zeitalters nicht gewachsen ist, in dem noch die Zeit, aber nicht mehr die Distanz eine Rolle spielt, die Gefahr, aber nicht mehr Geld auf der Straße zu finden ist. Das Theater ist ein Theater der vergangenen Epochen geblieben, es entspricht in der Planheit der Kleinstaaterei, in den Problemen der Seelenzergliederung dem Müßiggang, der aller Laster Anfang ist, in seinem Theaterbau, der Kammerspieldiele, der Beschränktheit seiner Insassen, in seinen dünnen und sich langsam realisierenden Beziehungen einer Zeit, in der die Postkutsche das modernste der Verkehrsmittel war. Es rechnet mit dem Spießer und nicht mit dem Bourgeois, es ist unbrauchbar geworden, als der Einzug der Massen in die großen Städte begann. Die Revue kommt dem Abwechslungsbedürfnis des Großbourgeois entgegen, mehr in der Zahl als in der Art und Einrichtung ihrer Darbietungen. Sie wird bald den Vorrat ihrer Einfälle erschöpfen; seitdem sie den Frauenkörper bis zur absoluten Nacktheit entkleidet, hat sie keine andere Variation mehr zur Verfügung als die Quantität, es werden bald mehr Girls als Theaterbesucher sein. Zwischen der Revue und den Phantasiekräften der Bewohner der großen Städte steht wehrend der Kordon der Bildungstrabanten, unter ihnen der Dichter, den Blick auf die Unsterblichkeit des Pantheon gerichtet. Die Revue hat es nicht nötig, im scheuen Bogen um das von dem Dichter besetzte Gebiet herumzugehen, sie mag ganz frech eindringen! Die feierliche Kontinuität der Akte, die uns nichts erspart, aber nur kleine Territorien bestreicht, können wir uns nicht leisten. Die einzelnen Szenen müssen reizend, überraschend und appetitlich beisammenstehen. Heiteres neben Ernstem! Die Virtuosität der Schauspieler neben Theateringenieuren! Sie wird das Wembley der Theaterkunst sein.

Aus: Der Querschnitt. 5. Jg. 1925, Bd. 2, S. 1039–1041, 1042–1043.

Theatergeschichtlicher Kommentar

Revolte und Experiment

Die Stilbühne hatte die Erneuerung des Theaters vornehmlich in der Rückgewinnung von ästhetischer Gesetzmäßigkeit und einer Restitution des Theaters als moralische Anstalt gesehen. Damit blieb diese Reformbewegung der idealistischen Ästhetiktradition verpflichtet; eingebunden in den geistesgeschichtlichen Raum des 19. Jahrhunderts, wenngleich wirkungsgeschichtlich von größter Bedeutung für die Entwicklungen der ersten Jahrzehnte des 20. Jahrhunderts. Es wurden Stilisierung und Abstraktion gegen Psychologismus und Naturalismus gesetzt, es ging um einen «neuen Stil», nicht aber um die grundsätzliche Ablehnung aller bis dahin geltenden Kunstgesetze. Richard Wagner hatte für die meisten die theaterästhetischen Orientierungen («Gesamtkunstwerk») vorgegeben.

Demgegenüber setzte mit dem Futurismus um 1910 und wenig später mit der Dadabewegung eine Entwicklung ein, die statt der Reform den konsequenten Bruch mit der Tradition förderte, die ein neues Kunstverständnis entwickelte aus der radikalen Negation aller geltenden ästhetischen Normen.

Eine Vorstufe zu diesen Entwicklungen markierte bereits im letzten Jahrzehnt des 19. Jahrhunderts Alfred Jarry (geboren 1873). Die Aufführung seines *Ubu Roi* am 10. Dezember 1896 am Théâtre de l'Œuvre in Paris wurde zwar kein Erfolg, wirkte aber wie ein Paukenschlag im Theaterbetrieb der Jahrhundertwende und löste einen beispiellosen Skandal aus. Jarry wurde damit zum Vorbild aller Dadaisten und Surrealisten. André Gide beschrieb ihn in dem Roman *Die Falschmünzer*, wie er vom Fahrrad aus Passanten mit Pistolenschüssen und nicht durch Betätigung der Klingel warnte: «Jarry, mit knallrot geschminkten Lippen, war gekleidet wie der traditionelle dumme August aus dem Zirkus. Alles an ihm war absurd gekünstelt. Dies galt in Sonderheit auch von seiner Sprechweise, deren ausgeklügelten Idiotismus mehrere Argonauten eifrig nachzuahmen suchten, indem sie die Silben zerhackten, bizarre Worte erfanden, andere Worte bizarr verrenkten. Aber keiner vermochte den Meister zu errei-

chen in der Hervorbringung dieser Stimme ohne Klang, ohne Empfindung, ohne Betonung, ohne Sinn.»
Bereits als Schüler am Gymnasium zu Rennes schrieb Jarry Theaterstücke und brachte sie zur Aufführung. Unter anderem verfaßte er auf Bitten von Henri Morrin eine Komödie nach einer satirischen Prosaepisode (*Les Polonais*), die dessen Bruder Charles über einen Physiklehrer der Schule geschrieben hatte. 1888 wurde diese Farce, die den Titel der Prosavorlage übernahm, auf dem Dachboden der Morrins aufgeführt, kurz darauf als Marionettenspiel in der Wohnung von Jarrys Mutter, wo der theaterbesessene Sohn ein Theater («Théâtre des Phynances») eingerichtet hatte. Dieses Stück war quasi die erste Fassung des *Ubu Roi*.
1891 kam Jarry nach Paris, wo er weiter an dem *Ubu*-Stoff arbeitete. Die Fassungen, die nun entstanden, trugen bereits den Titel *Ubu Roi* und *Ubu Cocu*; sie wurden in der Wohnung von Jarry aufgeführt. 1894 fand eine Aufführung in der Wohnung des Pariser Verlegers Vallette statt; die öffentliche Premiere war dann zwei Jahre später am Théâtre de l'Œuvre, wo Jarry inzwischen als Dramaturg arbeitete. In der Stellungnahme für oder gegen den *Ubu* schieden sich die Geister. Jarry antwortete 1897 seinen Kritikern mit der Schrift *Questions de Théâtre*.
Mit dem *Ubu* schrieb Jarry ein Stück, das sich nicht nur durch seinen Antinaturalismus gegen die um 1900 noch vorherrschende Theaterästhetik stellte, sondern darüber hinaus eine radikal neue ästhetische Auffassung manifestierte. Wie für den Menschen Jarry Theaterfiktion und Alltagsrealität in einer spektakulär inszenierten und exzessiv gelebten Bohème-Existenz zu einer autonomen Kunstwelt synthetisiert erschienen, so ist die *Ubu*-Farce synthetisches Theater: groteskes Maskenspiel, Clownerie, Grand-Guignol-Tradition und Historienspektakel; eine Kunstrealität, deren Elemente sich vornehmlich durch ihre Ambivalenz charakterisieren. So bleibt auch jede Deutung, die den *Ubu* festlegen will, gegenüber der irritierenden Komplexität und Widersprüchlichkeit des Stücks auf der Strecke. Jarry reflektierte die Struktur dieser synthetischen Realität, in der die Koordinaten und Gesetzmäßigkeiten von Physik und Metaphysik aufgehoben sind, in seinen Bemerkungen zur Pataphysik (*Heldentaten und Ansichten des Doktor Faustroll, Pataphysiker*), jener Wissenschaft, die die Gesetze untersucht, «durch die die Ausnahmen bestimmt werden (...) die Wissenschaft imaginärer Lösungen».
Jarry schrieb auch eine Anzahl Gedichte, Dramen, Prosaarbeiten, Rezensionen und kürzere theaterprogrammatische Essays. Der *Ubu Roi* erhielt mehrere Fortsetzungen bzw. Neufassungen: *Ubu Cocu* (1897 als Fragment), *Ubu Enchaîné* (1900) und *Ubu sur la Butte* (1906) (zur *Ubu*-Chronologie vgl. Völker, S. 137f). 1894 bis 1896 gab er zusammen mit Rimy de Gourmont (1858–1915) die Kunstzeitschrift «Ymagier» heraus.
Am 1. November 1907 starb Jarry, durch Alkohol und Krankheit körper-

lich völlig verfallen, im Alter von 34 Jahren in der Charité in Paris. Seine theaterästhetischen Ideen werden vor allem von Antonin Artaud aufgenommen, der 1927 zusammen mit Roger Vitrac (1899–1952) das Théâtre d'Alfred Jarry in Paris gründete. 1949 wurde in Paris das «Collège de Pataphysique» eingerichtet, das u. a. auch das Werk Alfred Jarrys wissenschaftlich und editorisch betreut.

Jarrys aggressive Persiflage auf die Theaterkonvention war das Vorspiel für die Theaterexperimente der frühen Avantgardebewegungen des 20. Jahrhunderts. Drei Aspekte lassen sich bei aller Vielfalt und Gegensätzlichkeit als Gemeinsamkeiten der wichtigsten Entwicklungsrichtungen herausheben:

1. Die Theaterexperimente der Futuristen und im Umkreis der Dadabewegung wurden in engster Verbindung zur bildenden Kunst entwickelt; es waren szenographische Versuche eines mehr oder weniger abstrakten Theaters, in der konsequentesten Ausformung «Theater der Gegenstände», Theater ausschließlich mit Licht, Farben und Geräuschen entwickelt, Figurentheater ohne den menschlichen Akteur auf der Bühne. Es erfolgte ein einschneidender Paradigmawandel: von der Natur und dem Organischen (als dessen höchster Ausdruck die Musik galt) zum Mechanischen und zur Konstruktion. Das seiner Struktur nach additiv organisierte Gesamtkunstwerk (aus dem Geiste des 19. Jahrhunderts) wurde abgelöst durch die «abstrakte Bühnensynthese».

2. Die Adaption von Genres oder Medien, die der geltenden ästhetischen Konvention nach nicht als kunstfähig galten: Zirkus, Akrobatik, Sport, Varieté, Film, Bildprojektionen, Zeitung, Schnellzeichnung; als mehr oder weniger strukturiertes Nummernprogramm arrangiert, das provokatorisch die Äußerlichkeit der Sensation gegen die Kontemplation der konventionellen Kunstrezeption setzte.

3. Die Theatralisierung öffentlicher Aktionen und Soireen, ihre Gestaltung als Happening, bei dem die aktuelle Lebenssituation zur Kunsthandlung deklariert wurde. Das im vorprogrammierten Skandal herausgeforderte und provozierte Publikum wurde zum Hauptakteur. Spiel und Ernst waren tendenziell in ihrer Unterscheidung und Entgegensetzung aufgehoben in einer neuen Kunst-Leben-Identität. Es waren vor allem die Formen theatralischer Aktionskunst, die das herkömmliche Kunstverständnis am radikalsten negierten und infolgedessen den Zuschauer am heftigsten irritierten.

Theater des Futurismus

> «Ein Rennwagen, dessen Karosserie große Rohre schmücken, die Schlangen mit explosivem Atem gleichen... ist schöner als die Nike von Samothrake.»
> (Filippo Tommaso Marinetti: *Manifest des Futurismus*, 1909)

Die futuristische Bewegung nahm ihren Anfang mit der Veröffentlichung von Filippo Tommaso Marinettis (1876–1944) Manifest *Le Futurisme*, das am 20. Februar 1909 auf der ersten Seite der Pariser Zeitung «Le Figaro» erschien. Im März schaltete sich Marinetti, der bis dahin vor allem durch seine 1905 gegründete Zeitschrift «Poesia» in Literatenkreisen bekannt war, in Triest in den politischen Wahlkampf ein; eine Reihe weiterer Manifeste (das wichtigste war *Tod dem Mondschein!*) erschienen in rascher Folge. Im Januar/Februar 1910 fand die entscheidende Begegnung Marinettis mit den Malern Umberto Boccioni, Carlo Carrà, Luigi Russolo, Giacomo Balla und Gino Severini statt. Damit hatte sich der Kern der Gruppe der Futuristen formiert; Enrico Prampolini schloß sich im Oktober 1913, Depèro im März 1914 den Futuristen an.
Der Futurismus proklamierte den Umsturz aller bis dahin geltenden Nor-

Umberto Boccioni: *Futuristen-Soiree*, Mailand 1911

men in der Kunst und verkündete ein neues revolutionäres Lebensgefühl. Das futuristische Programm stellte den überkommenen Lebenswerten das emphatische Bekenntnis zur Moderne entgegen, aufs aggressivste pointiert in dem futuristischen Technik- und Maschinenkult, in einer stürmischen Sprache als Erlebnis einer jungen Generation vorgetragen:

«1. Wir wollen die Liebe zur Gefahr besingen, die Vertrautheit mit Energie und Verwegenheit.
2. Mut, Kühnheit und Auflehnung werden die Wesenselemente unserer Dichtung sein.
3. Bis heute hat die Literatur die gedankenschwere Unbeweglichkeit, die Ekstase und den Schlaf gepriesen. Wir wollen preisen die angriffslustige Bewegung, die fiebrige Schlaflosigkeit, den Laufschritt, den Salto mortale, die Ohrfeige und den Faustschlag.
4. Wir erklären, daß sich die Herrlichkeit der Welt um eine neue Schönheit bereichert hat: die Schönheit der Geschwindigkeit. Ein Rennwagen, dessen Karosserie große Rohre schmücken, die Schlangen mit explosivem Atem gleichen (...) ein aufheulendes Auto, das auf Kartätschen zu laufen scheint, ist schöner als die *Nike von Samothrake*.
5. Wir wollen den Mann besingen, der das Steuer hält, dessen Idealachse die Erde durchquert, die selbst auf ihrer Bahn dahinjagt.
6. Der Dichter muß sich glühend, glanzvoll und freigebig verschwenden, um die leidenschaftliche Inbrunst der Urelemente zu vermehren.
7. Schönheit gibt es nur noch im Kampf. Ein Werk ohne aggressiven Charakter kann kein Meisterwerk sein. Die Dichtung muß aufgefaßt werden als ein heftiger Angriff auf die unbekannten Kräfte, um sie zu zwingen, sich vor dem Menschen zu beugen.
8. Wir stehen auf dem äußersten Vorgebirge der Jahrhunderte! (...) Warum sollten wir zurückblicken, wenn wir die geheimnisvollen Tore des Unmöglichen aufbrechen wollen? Zeit und Raum sind gestern gestorben. Wir leben bereits im Absoluten, denn wir haben schon die ewige, allgegenwärtige Geschwindigkeit erschaffen.
9. Wir wollen den Krieg verherrlichen – diese einzige Hygiene der Welt – den Militarismus, den Patriotismus, die Vernichtungstat der Anarchisten, die schönen Ideen, für die man stirbt, und die Verachtung des Weibes.
10. Wir wollen die Museen, die Bibliotheken und die Akademien jeder Art zerstören und gegen den Moralismus, den Feminismus und gegen jede Feigheit kämpfen, die auf Zweckmäßigkeit und Eigennutz beruht.
11. Wir werden die großen Menschenmengen besingen, die die Arbeit, das Vergnügen oder der Aufruhr erregt; besingen werden wir die vielfärbige, vielstimmige Flut der Revolution in den modernen Hauptstädten; besingen werden wir die nächtliche, vibrierende Glut der Arsenale und Werften, die von grellen elektrischen Monden erleuchtet werden; die gefräßigen Bahnhöfe, die rauchende Schlangen verzehren; die Fabriken, die mit ihren sich hochwindenden Rauchfäden an den Wolken hängen; die Brücken, die wie gigantische Athleten Flüsse überspannen, die in der Sonne wie Messer aufblitzen; die abenteuersuchenden Dampfer, die den Horizont wittern; die breitbrüstigen Lokomotiven,

Theater des Futurismus

die auf den Schienen wie riesige, mit Rohren gezäumte Stahlrosse einherstampfen und den gleitenden Flug der Flugzeuge, deren Propeller wie eine Fahne im Winde knattert und Beifall zu klatschen scheint wie eine begeisterte Menge» (F. T. Marinetti: *Manifest des Futurismus*, 1909).

Die futuristische Revolte hatte ihre Beweggründe in der ökonomischen, politischen und geistigen Situation Italiens um die Jahrhundertwende. Diese war gekennzeichnet durch die wirtschaftliche und technologische Unterentwicklung des Landes, seine politische Uneinigkeit und teilweise Unselbständigkeit (Besetzung italienischer Gebiete durch Österreich) und durch eine eklatante Stagnation des geistigen Lebens. Der Futurismus fand in dieser Situation seine Anhänger einerseits im Lager des Großbürgertums, das die nationale Einheit anstrebte (Krieg gegen Österreich), aber auch in der sozialistischen Arbeiterschaft des Nordens Italiens, der Industrialisierung und Modernisierung eine Verbesserung ihrer realen Lage versprachen. Der Weg an die Seite der Faschisten, den viele Futuristen gingen, war für die ideologische Widersprüchlichkeit der Bewegung ebenso charakteristisch wie die Parteinahme anderer Gruppen der Futuristen für die sozialistische Arbeiterbewegung.

In der Öffentlichkeit machten die Futuristen, angeführt von Marinetti, durch spektakuläre Aktionen auf ihre Ziele aufmerksam; in kürzester Zeit waren sie in ganz Europa bekannt. 1912 veröffentlichte Herwarth Walden in der expressionistischen Zeitschrift «Der Sturm» die Manifeste Marinettis. 1914 erschien in Moskau eine ins Russische übersetzte Sammlung «Manifeste der italienischen Futuristen».

Im Zentrum der futuristischen Ästhetik steht das Prinzip der Simultaneität. Damit ist ein für die gesamte Avantgardekunst konstitutives Strukturprinzip bezeichnet. Als Zeitstruktur negiert das Prinzip der Simultaneität die Geschichte, den Verlauf der Zeit; konstituiert im Kunstwerk einen «zeitfreien» Ort, in dem das Subjekt in radikalster Weise auf sich selbst zurückgeworfen ist. Der Erfahrung einer dissoziierten Realität begegnet das Subjekt mit seiner assoziativen Phantasie und einer von allen tradierten Regeln befreiten ästhetischen Produktivität. Das ideologische Moment dieser aus dem Elitebewußtsein seiner Mitglieder getragenen Bewegung reflektiert sich in diesen Konstitutionsmomenten der futuristischen Ästhetik.

Für die Theaterentwicklung bringt der Futurismus eine Reihe bahnbrechender Neuerungen hervor, insbesondere für das Experimental- und Avantgardetheater:

1. Die futuristischen Soiren, Saal- und Straßenaktionen, spektakuläre Formen der öffentlichen Selbstdarstellung, als Massenveranstaltungen mit großen theatralischen Effekten arrangiert. Die Protestaktion ist hier zur Kunsthandlung erklärt, der Skandal wird ästhetisiert in Ritualen, die

sich schnell ausbilden: das Verlesen höchst provokanter kulturkritischer Manifeste, Aktionsstrategien, die zur Erzeugung chaotischer Massenkrawalle führen; Lärm, Schlägereien, das Werfen von Gegenständen, exzessive Verkleidungen, das Vorzeigen von Transparenten, theatralische Umzüge. Das Publikum wird dabei zum Mitakteur. Die aktuelle Lebenssituation ist für alle Beteiligten Theater. Diese Formen nimmt die Dadabewegung auf; sie werden in den Happenings der sechziger Jahre weiterentwickelt. Für diese Aktionskunst ist vor allem Marinetti der Initiator.
2. Das Varieté und das Music-Hall-Theater. Ein Alternativmodell von Theater mit stark polemischer Tendenz gegenüber der konventionellen Theaterkultur: Schocks statt Kontemplation, nervliche Sensationen statt Reflexion; äußere Attraktion, vulgär und aggressiv, wird gegen die überkommene Innerlichkeitskultur gesetzt. Der Einsatz aller modernen technischen (Film, Projektion) und artistischen Mittel (Akrobatik, Sensationsdarstellung) wird gegen die Tradition des klassischen Literaturtheaters aufgeboten. Der Zuschauer soll für die Reizüberflutung seines Alltags, für das Tempo des Lebens in den großen Städten trainiert und konditioniert werden. Marinettis Manifest *Varieté* entwirft diese Theaterform, die insbesondere auf die russische Avantgarde gewirkt hat, am prägnantesten. Dabei sind es die beiden zentralen aufeinander bezogenen Strukturmomente futuristischer Ästhetik, die diesem Theater zugrunde gelegt werden, das Prinzip der Montage und das Prinzip der Simultaneität. Mit beiden wollten die Futuristen Strukturmomente der modernen Lebensrealität abbilden und dem Zuschauer als Elemente einer «neuen futuristischen Sensibilität» vermitteln.
3. Das futuristische Experimentaltheater, wie es vornehmlich Enrico Prampolini (1894–1956), Fortunato Depèro (1892–1960) und Giacomo Balla (1871–1958) entwickelt hatten. Hier bleibt das Theater als Kunstform erhalten, bricht jedoch durch seine experimentelle Ästhetik mit jeder Tradition. Es ist ein Theater, das auf die völlige Technisierung der Bühne hinzielt, also ohne Schauspieler; abstraktes Theater von Figurinen oder Gegenständen, als Farb-, Licht- oder Schallspiel gestaltet; es ist in einem Zwischenbereich zur bildenden Kunst angesiedelt und als Vorstufe der späteren Performance-Entwicklung zu betrachten. Der futuristische Bruch mit der Tradition ist hier in die Kunstform zurückgenommen.
4. Für die futuristische Bewegung zwar überaus typisch, in der Praxis jedoch nur eine Randerscheinung, war das Flugtheater von Fedele Azari, das dieser im Frühjahr 1918 über Busto Arsizio veranstaltete. Azari war Flieger bei der italienischen Armee und formulierte seine Ideen in dem Manifest *Futuristisches Flugtheater* im April 1919. In Azaris Flugtheater wird die Maschinen- und Technikbegeisterung der Futuristen am konsequentesten in die ästhetische Produktion umgesetzt. Azari beschreibt sein Konzept folgendermaßen:

Theater des Futurismus

Virgilio Marchi: Szenenentwurf für das Ballett *Medio Evo*, 1922

«Wir futuristischen Flieger lieben das rechtwinklige Hinaufrauschen und den senkrechten Sturzflug in das Nichts, das Drehen in betrunkenem Gieren, während wir mit unseren Körpern durch die Zentrifugalkraft in die kleinen Sitze gedrückt werden, und wir lieben es, uns den spiralförmigen Wirbeln hinzugeben, die uns um die im Nichts eingebettete Wendeltreppe zwingen: und das zwei-, drei- oder zehnmalige Umdrehen in immer fröhlicheren Schleifenflügen, das Hinüberlehnen über den Flügel bei wirbelnden Überschlägen; das strudelförmige Fliegen, das Ausrutschen, das Schaukeln in langen Stürzen – wie tote Blätter – und das Sichbetäuben mit einer atemberaubenden Anzahl von Trudeln; kurz: das Rollen, das Schaukeln und das Umdrehen in der Luft auf unsichtbaren Trapezen, indem wir mit unseren Flugzeugen ein großes Windrad in die Luft malen. Wir futuristischen Flieger können mittels des Fluges eine neue Kunstform schaffen, die höchst komplexe Geistesverfassungen zum Ausdruck bringen kann.

Wir Flieger schreien unsere Empfindungen und unseren Lyrizismus von oben herunter, mit dem Schaukeln und schnellen Hin-und-Her-Bewegen unserer Flugzeuge, wobei fröhlichste Purzelbäume, improvisierte Hieroglyphen und bizarrste Evolutionen im Rhythmus unserer Lust ausgeführt werden.
Die Kunstform, die wir mit unserem Flug schaffen, ist analog zum Tanz, ist dem Tanz aber unendlich überlegen wegen seines grandiosen Hintergrunds, seiner unübertrefflichen Dynamik und der sehr unterschiedlichen Möglichkeiten, die er bietet, u. a. durch die Nutzung der drei Dimensionen des Raumes. (...)
Werden solche Darstellungen bzw. Vorträge mit zwei oder mehreren Flugzeugen durchgeführt, ist es möglich, ganze Dialoge und dramatische Handlungen auszuführen. Bei der Betrachtung eines Fluggefechts zum Beispiel kann der Zuschauer die unterschiedlichen Haltungen der Gegner wahrnehmen und die Empfindungen der Piloten erraten; man kann die Sprünge und die spiralförmigen Aufwärtsbewegungen des Angreifers von den schlängelnden, katzenartigen oder offen aggressiven, impulsiven oder vorsichtigen Taktiken des angegriffenen Piloten unterscheiden. Dies ist aber nur ein Aspekt der vielseitigen Ausdrucksmöglichkeiten beim Flug. Mit anderen Worten, wir möchten eine großartige Luftkunst mit neuer Akrobatik dadurch schaffen, daß wir künstlerisch diejenigen Ausdrucksmöglichkeiten komponieren, die bereits für außerkünstlerische Zwecke verwendet werden. (...)
In Zusammenarbeit mit meinem Freund Luigi Russolo, Genie-Erfinder der futuristischen *intonarumori*, habe ich eine besondere Art Motorhaube erfunden, die die Resonanz des Motors steigert und einen Auspufftyp, der die Klangfülle des Motors reguliert, ohne seine Funktion zu beeinträchtigen.
Jedes Flugzeug wird von einem futuristischen Maler bemalt und signiert werden: Balla, Russolo, Freni, Depero, Dudreville, Baldessari, Rosai, Furazzi, Ginna, Conti, Sironi u. a. haben bereits phantastische Flugzeug-Dekorationen entworfen.
Aus einer Spezialöffnung kann eine ausdrucksvolle Spur aus gefärbtem und parfümiertem Staub, Konfetti, Raketen, Fallschirmen, Puppen, kleinen bunten Luftballons etc. «gelegt» werden. (...)
Sobald die Freiheit der Luftwege wiederhergestellt ist, werden die futuristischen Flieger Tag und Nacht Lufttheateraufführungen über Mailand veranstalten, mit Dialogflügen, Pantomime, Tanz und großen Gedichten der *paroliberi* der Luft, komponiert von den futuristischen Dichtern Marinetti, Buzzi, Corra, Settimelli, Folgore u. a. Während des Tages werden über einer grenzenlosen Masse von Zuschauern bemalte Flugzeuge in einer durch ihre Rauchemissionen gefärbten Luft tanzen und nachts werden sie bewegliche Konstellationen bilden und mit Lichtstrahlen bekleidet phantastische Tänze ausführen.
(1) Futuristisches Lufttheater hat nicht nur besondere künstlerische Eigenschaften, es ist dem Wesen nach heroisch und wird eine wunderbare und beliebte Schule für den Mut werden.
(2) Lufttheater wird im wahrsten Sinne ein Volkstheater sein, da mit Ausnahme derjenigen, die reservierte Sitzplätze auf der Haupttribüne bezahlen, um die Flieger und die futuristischen Bemalungen der Flugzeuge ganz aus der Nähe bewundern zu können, Millionen von Zuschauern kostenlos zuschauen können. So werden endlich auch die Armen ein Theater haben.
(3) Das Lufttheater mit seinem ausgedehnten Aufführungsraum, dem großen Publikum und der Beliebtheit seiner fliegenden Luftschauspieler (unter denen

Schauspieler wie Zucconi, Duse, Caruso, Tamagno hervortreten werden) wird die kommerzielle und die industrielle Luftfahrt stimulieren.
(4) So wird dieses Theater das wahre, lohnende, ganz freie, männliche, energische und praktische Theater der großen futuristischen Nation werden, die wir anstreben.»

(Übersetzung von Marianne Tursig)

Von entscheidender Bedeutung für die Durchsetzung des modernen Theaters in Italien war der Kritiker, Stückeschreiber, Theaterleiter, Regisseur, Theaterhistoriker, Archäologe, Fotograf und Filmemacher Anton Giulio Bragaglia, der am 11. Februar 1890 in Frosinone geboren wurde und am 15. Juli 1960 in Rom starb. Bragaglias Bedeutung für Italien ist vergleichbar der Bedeutung, die Jacques Copeau für die Theaterreform in Frankreich hatte.

Bragaglia schloß sich 1910 den Futuristen an, wahrte aber der Bewegung insgesamt gegenüber eine deutliche Distanz, die sich vor allem in seiner von den meisten Futuristen abweichenden Einschätzung der Bedeutung der Tradition für die Entwicklung der Moderne ausdrückte. Für Bragaglia stand die Forderung nach einem «neuen Theater» nicht im Widerspruch zu den zentralen ästhetischen Prinzipien der Tradition; vielmehr versuchte er, in die aktuelle Theaterreform bestimmte Elemente der Tradition zu integrieren, insbesondere der Commedia dell'arte, des Masken- und Volkstheaters.

Zu den Futuristen ergab sich für Bragaglia eine unmittelbare Beziehung durch seine fotoexperimentellen Arbeiten. Er entwickelte die sogenannte «Fotodynamik»; Beispiele dieser Arbeiten wurden 1912 und im März 1913 in Rom ausgestellt. Marinetti schrieb die Einführungen für diese Ausstellungen. Die fotodynamischen Bilder Bragaglias zeigen, durch Mehrfachbelichtung oder durch Ausnutzung der Bewegungsunschärfe bewirkt, Objekte in Bewegungsphasen. In der im Bild fixierten «dynamischen Bewegung» als der gleichzeitigen Darstellung ungleichzeitiger Momente einer Bewegungssequenz kommt das für die «futuristische Sensibilität» so zentrale Prinzip der Simultaneität zum Ausdruck. Im Juni 1913 veröffentlichte Bragaglia das Manifest *Futuristischer Fotodynamismus*.

Mit der Gründung der Zeitschrift «Le Cronache d'Attualità» im April 1916 schuf er ein für den Futurismus bedeutsames Publikationsorgan, das bis 1922 erschien. 1916 produzierte Bragaglia drei Filme, bei denen er Regie führte, «Perfido Incanto» (mit Dekorationen von Prampolini), «Thais» und «Il mio cadavere». Ende 1918 gründete er in Rom die erste italienische Kunstgalerie, die Casa d'Arte Bragaglia, in der die internationale Avantgardekunst vorgestellt wurde.

Ein für die Theaterentwicklung Italiens entscheidendes Ereignis war die Eröffnung des Teatro sperimentale degli Indipendenti (1922) in Rom.

Bragaglia stellte in diesem Theater das gesamte Spektrum des modernen europäischen Theaters vor: Apollinaire, Jarry, Pirandello, O'Neill, Brecht, Sternheim, Shaw, Strindberg, Wedekind, Schnitzler u. a. Besonders breiten Raum räumte er freilich den futuristischen Theaterexperimenten ein. Es gelang ihm, die futuristischen «Szenographen» Marchi, Prampolini, Pannaggi, Paldini, Fornari und Valente als Mitarbeiter zu gewinnen. Bragaglia selbst führte zumeist Regie und konnte hier (im ersten «teatro stabile» Italiens) seine Reformideen praktisch verwirklichen. Dies hieß in erster Linie, die Bedeutung der Literatur für das Theater zurückzudrängen. In seiner programmatischen Schrift *Del teatro teatrale* (1927) entwickelte er seine Vorstellung von einem «theatralischen Theater». Die Techniken des spontanen Improvisationstheaters mit den szenographischen Experimenten der Futuristen zu verbinden, war sein erklärtes Ziel.

Bragaglia faßte die Theaterszene architektonisch auf; er schaffte die gemalte Kulisse zugunsten einer «szenoplastischen» Lösung ab, das heißt der Spielraum wurde ausschließlich durch Raumelemente strukturiert. Bahnbrechend war Bragaglias Lichtregie (angeregt durch Appia), das sogenannte «psychologische Licht», das durch wechselnde Intensität, durch seine Bewegung und Farbigkeit gleichsam mitspielt. Besonders ausgeprägt in Bragaglias Theater waren die Masken, sogenannte «mobile Masken» aus beweglichem, sehr dünnem Kautschukmaterial konstruiert. Die Bühnentechniker hatten für ihn die gleiche Bedeutung wie die Schauspieler; sie waren es, die die «multiple Bühne» funktionieren ließen, das heißt zur gleichen Zeit waren sechs ausgestattete Szenenarrangements spielbereit, auf Plattformen neben, in, über und unter der Bühne montiert, die mit Hilfe einer elektrischen Maschinerie ins Spielzentrum gebracht werden konnten. Der dadurch möglich gewordene sehr rasche Szenenwechsel gehörte zu den für das «theatralische Theater» charakteristischen «Überraschungen» und Effekten. Bragaglia hatte diese «multiple Bühne» aus den Bühnentechniken des antiken Theaters entwickelt. 1936 wurde das Teatro degli Indipendenti aus finanziellen Gründen geschlossen.

Bragaglia arbeitete zunächst als Gastregisseur an einigen Bühnen; 1937 ergriff er die Initiative zur Gründung des Teatro delle Arti innerhalb der 1935 errichteten Staatlichen Akademie der Schauspielkunst in Rom. Er leitete dieses Theater bis 1943 und führte dort das künstlerische Konzept des Indipendenti weiter. 1945 wurde er in die UNESCO berufen und vertrat bis 1957 Italien auf allen internationalen Theaterkongressen.

In den fünfziger Jahren standen vor allem Forschungen zur Theatergeschichte im Mittelpunkt seiner Arbeiten; daneben reiste er mit seiner Truppe zu Gastspielen durch Italien und Amerika, hielt Vorträge in aller Welt und organisierte zahlreiche Ausstellungen zur Bühnenbildentwicklung. 1959 wurde Bragaglia zum Präsidenten der Associazione Nazionale

Regiti e Scenografi berufen. Er gab in diesen Jahren auch eine Reihe Theaterzeitschriften heraus.
In Rom wurde nach seinem Tode ein «Centro studi Bragaglia» eingerichtet, das als wissenschaftliche Einrichtung die Auswertung und Weiterführung der Arbeiten Bragaglias betreibt.

Filippo Tommaso Marinetti

> «Der Futurismus will das Varieté in ein Theater der Schockwirkungen, des Records und der Psychotollheiten verwandeln.»
> (Filippo Tommaso Marinetti: *Das Varieté*, 1913)

Filippo Tommaso Marinetti wurde am 22. Dezember 1876 in Alexandrien (Ägypten) geboren; er stammte aus großbürgerlichem Hause, sein Vater war Rechtsanwalt. Nach einem juristischen Studium in Genua und Pavia arbeitete er, finanziell unabhängig, bei einigen Pariser Zeitschriften («La Vogue», «La Plume» und «Revue Blanche»). 1898 ging Marinetti nach Italien zurück, nach Mailand, wo sich bald eine Gruppe junger Literaten um ihn sammelte. Seine ersten literarischen Arbeiten entstanden, 1902 der utopische Roman *La Conquête des Étoiles*, 1904 der Lyrikband *Destruction* und 1905 das Theaterstück *Roi Bambance* (nach dem Vorbild von Jarrys *Ubu Roi*), das 1909 in Paris am Théâtre L'Œuvre uraufgeführt wurde. In viele Städte Frankreichs und Italiens reiste Marinetti als Rezitator symbolistischer Lyrik (Baudelaire, Mallarmé, Verlaine, Rimbaud u. a.)
1905 gründete Marinetti in Mailand die Literaturzeitschrift «Poesia» und propagierte die Einführung des «freien Verses» in die italienische Lyrik. Am 11. Februar 1909 erschien im «Figaro» sein epochemachendes *Manifesto del futurismo*; weitere Manifeste folgten: im März das *Erste futuristische politische Manifest* und im April 1909 *Tod dem Mondschein!*; im April 1910 das Manifest *Gegen das rückständige Venedig*, im Januar 1911 das *Manifest der futuristischen Dramaturgen*, im Mai 1912 das *Technische Manifest der futuristischen Literatur* mit einer Ergänzung im August desselben Jahres; am 11. Mai 1913 erschien das für die Literaturentwicklung besonders wichtige Manifest *Drahtlose Einbildung. Zerstörung der Syntax. Befreite Worte*, am 29. September desselben Jahres *Das Varieté-Theater*, am 8. Juli 1917 das *Manifest des futuristischen Tanzes*. Am 11. Januar

1921 veröffentlichte Marinetti das Manifest *Taktilismus*. Damit sind nur die wichtigsten seiner programmatischen Schriften genannt.

Seit März 1909 engagierte sich Marinetti offen für die Politik der Interventionisten, also für den Krieg gegen Österreich und die nationale Einigung Italiens (*Futurismo e Fascismo*, 1924). Marinetti nahm 1914 mit anderen Futuristen an interventistischen Kundgebungen in Mailand im Teatro Dal Verme teil, ebenso im März 1915 in Rom, wo er – zusammen mit Mussolini, mit dem Marinetti persönlich befreundet war – verhaftet wurde. Bei Kriegseintritt Italiens am 22. Mai 1915 meldete sich Marinetti freiwillig zum Militär; nach 1918 kämpfte er auf der Seite der Faschisten, insbesondere engagierte er sich bei dem faschistischen Kongreß 1919 in Florenz. Im Mai 1920 «verließ Marinetti die faschistischen Kampfbünde wieder, weil sie ihm keine Gewähr boten, seine antiklerikalen und republikanischen Ziele durchzusetzen. Trotzdem blieb er Mussolinis Verbündeter und Freund ... Als Mussolini aber mit dem Marsch auf Rom (1922) seine Ernennung zum Minsterpräsidenten durch König Viktor Emanuel III. erzwang, war die Rolle des Futurismus als politische Bewegung ausgespielt» (Ch. Baumgarth: *Geschichte des Futurismus*, S. 109). Marinetti nahm noch am Krieg gegen Abessinien und am Zweiten Weltkrieg teil. Anklagen wegen politischer Äußerungen bzw. Verletzungen der Sittlichkeit brachten Marinetti (1910 wegen seines Romans *Mafarka le futuriste*) mehrfach vor Gericht.

In der Öffentlichkeit wirkten die Futuristen durch vielfältigste publizistische Aktivitäten: Flugblätter, Manifeste, Zeitschriften – die wichtigsten waren «Lacerba», von der die erste Nummer am 1. Januar 1913 erschien, und «Noi», von Prampolini 1916 gegründet. Besonders spektakulär waren ihre Auftritte bei Soireen. Die erste größere Massenaktion dieser Art fand am 14. Februar 1910 im Teatro Lirico in Mailand statt; darüber berichtete der «Corriere della Sera»:

«Die Veranstaltung der Futuristen im Teatro Lirico begann mit der poetischen Verherrlichung der fiebrigen Schlaflosigkeit, das Salto mortale, der Ohrfeige und des Faustschlages; nach einer unerwarteten Wendung endete sie mit dem Erscheinen der Polizei auf der Bühne.

Das Theater war gedrängt voll; die Eintrittspreise waren so niedrig, daß sehr viele Zuschauer überhaupt nichts bezahlt haben. In den Logen und im Parkett – neben bekannten Namen – viele, die man nie zuvor gesehen hat und die sich offenbar nur von futuristischen Veranstaltungen aus der Ruhe bringen lassen. Als um 21 Uhr 10 auf der Bühne, auf der sechs Stühle um einen Tisch herum aufgereiht stehen, noch niemand zu sehen ist, beginnt das poesiedurstige Publikum unruhig zu werden.

Aber die Futuristen lassen nicht lange auf sich warten. Nach einigen Minuten tritt aus dem zurückgezogenen Vorhang MARINETTI, gefolgt von sechs seiner Anhänger. Alle sind schwarz gekleidet, ernst und feierlich.

– Ist jemand gestorben? – ertönt sofort eine Stimme.

Das erste Gelächter bricht los. Aber die Futuristen sind auf jede Schlacht vorbereitet und setzen sich in aller Ruhe hin, während das Publikum in einen ohrenbetäubenden Beifall ausbricht. Das Publikum spart nicht mit Ermutigungen.
– Bravo! Heraus mit euch! Weiter! Sind alle da?
Jetzt ist es soweit: F. T. MARINETTI tritt nach vorn, kühn und kahl. Die Zukunft des Futurismus hat keine Haare auf dem Kopf. Ein stürmischer Beifall bricht gerade in dem Augenblick los, als der Herold der neuen Dichtung den Mund aufmachen will. Der Dichter verbeugt sich, wartet. Dann versucht er zu sprechen. Erneuter Beifall, erneute Verbeugung, erneutes Warten. Endlich, mit aller ihm zur Verfügung stehenden Kraft, beginnt F. T. MARINETTI mit dem ersten Programmpunkt: ‹Erklärung›.
Der Erfolg ist überwältigend. Alle Sätze, auch die noch nicht zu Ende gesprochenen, werden von Beifallssalven und langen Kommentaren begleitet. F. T. MARINETTI verkündet die Lehre des Futurismus, die Haß gegen die Vergangenheit zum Inhalt hat, und wirft in die Diskussion die berühmten Toten, die die Lebenden unterdrücken, die Beine der kindisch gewordenen Alten, die Leichen, die man der energiegeladenen Jugend als Hindernisse in den Weg wirft ...
– Oh, wie viele Tote! – schreit jemand.
Aber F. T. MARINETTI fährt fort, während der Beifall sich hier und da in Pfeifen verwandelt, aber ohne beleidigende Absicht. Man pfeift wie man klatscht: um Krach zu machen. Der Satz ‹wir werden die Lokomotiven unserer Phantasie auf gut Glück losjagen› wird vom Publikum naturalistisch untermalt durch das Nachahmen von tausend abfahrenden Lokomotiven. Aber als der Vortragende von der Notwendigkeit ‹der Verachtung des Weibes› spricht, bricht, noch ehe er den Gedanken völlig ausführen kann, ein gewaltiger Beifall los, der einige Minuten dauert.
– Es lebe die Frau! Es lebe die Frau! und ähnliche unmißverständliche Sätze werden gerufen.
Endlich, mit großer Mühe, kommt der Erfinder des Futurismus zum Schluß und ruft: ‹Wir Futuristen fürchten nicht das Pfeifen, sondern nur die leichtfertigen Zustimmungen. Wir bitten nicht um Beifall, sondern darum, ausgepfiffen zu werden.› Das Publikum ist nicht gewillt, diesen Wunsch zu erfüllen und klatscht wie wild. (...)
Endlich versucht Herr ZIMOLO (MICHELANGELO), den Krach zu übertönen, und kündigt eine Ode an, man versteht nicht von wem, ‹Dem General Asinari di Bernezzo ›, die sich sofort in den reinsten Irredentismus stürzt. Die ersten Strophen werden lächelnd aufgenommen, dann wird geklatscht, dann geschrien. Einer ruft:
– Ihr seid Futuristen der Steinzeit!
– Vorwärts! Eseltreiber – ermutigt ein anderer. Und ZIMOLO (MICHELANGELO) fuchtelt mit den Armen beim Deklamieren, und die Verse rufen zum Krieg auf, sprechen von schändlichen Bündnissen. Viele schreien, andere applaudieren. Da hat F. T. MARINETTI eine rettende Idee. Er kommt nach vorn und ruft:
– Unsere erste futuristische Schlußfolgerung soll sein: ‹Nieder mit Österreich!›
Diese unerwartete Wendung versetzt das Theater in Aufruhr. Alle springen auf, viele stimmen zu, viele lachen und scherzen noch, andere protestieren. Und mitten in diesem Lärm läuft F. T. MARINETTI auf der Bühne hin und her mit erhobe-

nem Arm und ausgestrecktem Zeigefinger – Typ ‹der protestierende Bürger› – und wiederholt seinen Ruf in regelmäßigen Abständen.
Und die Futuristen schreien mit.
Auf einmal erscheint ein Polizeibeamter auf der Bühne und fordert MARINETTI auf zu schweigen. Aber dieser setzt seinen Protestmarsch fort. Da bindet sich der Beamte die Schärpe um, und ein zweiter kommt hinzu, der sich auch die Schärpe umbindet. Das Publikum schreit immer mehr, Apfelsinenschalen werden vom Rang geworfen und treffen MARINETTI.
– Feigling! – ruft der Anführer der Futuristen – komm runter, wenn du Mut hast! Nieder mit Österreich!
Und er stimmt seinen Refrain wieder an und läuft hin und her. Aber die beiden Polizeibeamten lassen mit Hilfe einiger Wachmänner in Zivil die Futuristen hinter dem Vorhang verschwinden. (...)
Es heißt, die Futuristen sollen wegen aufrührerischer Rufe angezeigt werden. Wegen der Rufe, nicht wegen der Verse» (nach Ch. Baumgarth: *Geschichte des Futurismus*, S. 40f und 44).

Diese Aktionen theatralisierten den kulturrevolutionären Protest und stellten den Beginn der avantgardistischen Aktionskunst dar. Es waren Formen eines Massentheaters, die der Strategie des Skandals folgten und die Forderung der Avantgarde, Kunst und Leben eins sein zu lassen, konsequent verwirklichten. Die Dadaisten in Zürich, die über den persönlichen Kontakt Hugo Balls mit Marinetti in engster Verbindung mit den italienischen Futuristen standen, übernahmen diese Aktionsformen.
In den zwanziger Jahren organisierte Marinetti vor allem die Verbreitung der futuristischen Idee auf internationaler Ebene, insbesondere durch die Ausrichtung «futuristischer Ausstellungen». 1921 veröffentlichte er in zwei Bänden *Synthetisches futuristisches Theater*; 1924 erschien sein Manifest *Der Weltfuturismus*. Inzwischen war der Futurismus als Kunstrichtung etabliert und in aller Welt bekannt. Marinetti starb am 2. Dezember 1944.

Auswahl der Schriften von Filippo Tommaso Marinetti
Futurismo e Fascismo. Foligno 1924.
Poemi Simultanei. La Spezia 1933.
Teatro. 3. Vol. Hrsg. von G. Calendoli. Rom 1960.
Teoria e invenzione futurista. Prefazione di Aldo Palazzeschi. Introduzione, testo e note a cura di Luciano De Maria. Verona 1968.
Marinetti e il Futurismo. Hrsg. von L. De Maria. Mailand 1973.

Die Welt des Geistes und Geldes

DEUTSCHLAND

«So sind die Anfänge aller Schauspielkunst ...

... Der rohe Mensch ist zufrieden, wenn er nur etwas vorgehen sieht; der gebildete will empfinden, und Nachdenken ist nur dem ganz gebildeten angenehm.»

Johann Wolfgang von Goethe, «Wilhelm Meisters Lehrjahre»

So ist es auch im Umgang mit dem Geld: Einige Menschen wirtschaften bis zum nächsten Zahltag, andere legen etwas auf die hohe Kante; die «ganz gebildeten» denken darüber nach, wie sie ihre Ersparnisse wirklich profitabel anlegen können.

Pfandbrief und Kommunalobligation

Meistgekaufte deutsche Wertpapiere - hoher Zinsertrag - schon ab 100 DM bei allen Banken und Sparkassen

Verbriefte Sicherheit

Enrico Prampolini

«Wir fühlen auf mechanische Weise. Wir fühlen uns aus
Stahl gebaut. Auch wir Maschinen, auch wir, Mechanisierte ...»
(Enrico Prampolini: *Die mechanische Kunst*, 1923)

Neben Giacomo Balla (1871–1958) und Fortunato Depèro (1892–1960) ist Enrico Prampolini, der am 20. April 1894 in Modena geboren wurde, der Bühnenbildner, der durch seine praktischen Arbeiten wie durch eine Reihe von Manifesten am meisten zur Entwicklung des futuristischen Theaters beigetragen hat.
Prampolini nahm 1912 sein Studium der Malerei in Rom auf; im Oktober 1913 schloß er sich dem Kreis der römischen Futuristen um Balla an. 1914 trat er erstmals mit einem Manifest an die Öffentlichkeit: *Die Atmosphärenstruktur. Manifest für eine futuristische Architektur* (28. Februar in «Il piccolo Giornale d'Italia»). 1915 veröffentlichte er eine Folge von Manifesten: *Reine Malerei. Beitrag zur abstrakten Kunst, Absolute Bewegungsgeräuschkonstruktionen. Basen für eine neue Bewegungsplastik* (jeweils im März 1915). Am 12. Mai 1915 erschien in der Zeitschrift «La Balza» (Nr. 3) das erste wichtige Theatermanifest *Futuristische Bühnenmalerei und Choreographie. Technisches Manifest*, im Dezember folgte *Die Farben- und Totalskulptur. Manifest für eine chromatische und polyexpressive Plastik*. Mit diesen programmatischen Beiträgen war der Umriß von Prampolinis experimentellen Arbeiten angezeigt.
Seine Bühnenentwürfe waren integriert in eine dynamische, plastische Raum- und Bewegungsgestaltung; sie sprengten alle konventionellen Vorstellungen von Bühne und Theater. Eine dynamische Lichtarchitektur war das Ziel von Prampolinis Bühnengestaltungen; die Bühne wurde total technifiziert. Der plastische Lichtausdruck ersetzte das Spiel der Schauspieler: «Farbenglühende Ausstrahlungen (...), die durch ihr tragisches Zusammenbündeln oder ihr wollüstiges Zurschaustellen im Zuschauer unvermeidlich neue Empfindungen und neue Gefühlswerte hervorrufen. Vorbeihuschende Lichtreflexe und erleuchtete Formen (die durch den elektrischen Strom zusammen mit farbigen Gasen erzeugt werden) lösen sich in dynamischen Verzerrungen los; echte Gas-Darsteller eines unbekannten Theaters sollen die lebenden Schauspieler ersetzen» (Manifest vom 12. Mai 1915).
In Rom entwarf Prampolini in den Jahren 1917 bis 1919 eine Reihe bedeutender Bühnenausstattungen; seine Arbeiten für Achille Riccardis «Theater der Farben» (1920/21) stellten den Höhepunkt futuristischer Szenographie in diesen Jahren dar. Im Mittelpunkt aller Experimente

(auch bei den Arbeiten von Depèro und von Balla) stand der Versuch einer totalen Synthese von Theater und bildender Kunst: «Plastisches Theater», «mechanische Kunst», «synthetisches Theater», «totales Theater». Die *Prinzipien neuester szenographischer Emotivität*, die Prampolini im April 1917 in der Nr. 1 der Zeitschrift «Procellaria» veröffentlichte, führten diese Ideen auf der Ebene der Rezeptionsproblematik weiter.
1916 lernte Prampolini den Dadaisten Tristan Tzara kennen. Im Juni 1916 gründete er (zusammen mit Sanminiatelli) die Zeitschrift «Noi», mit er engen Kontakt zu den Züricher Dadaisten hielt (einen Monat später erschien in Zürich die Zeitschrift «Dada»). In der Nr. 2/3/4 von «Noi» veröffentlichte Prampolini im Februar 1918 das aggressive kulturkritische Pamphlet *Bombardieren wir die Akademien und industrialisieren wir die Kunst*. Im gleichen Jahr richtete er zusammen mit dem Kunstkritiker Recchi in Rom die «Casa d'arte Italiana» ein, eine Galerie, die die Aufgabe hatte, zeitgenössische Kunst des Auslandes in Italien vorzustellen und den internationalen Austausch zu fördern. Im Oktober 1919 erschien das Manifest *Futuristische Dekorationskunst*; dabei ging es, neben dem Theater, um einen weiteren wesentlichen Bereich futuristischer Gestaltungsaktivitäten, nämlich um die Ausstattung von Festen, Sälen, Stadien und ähnlichen öffentlichen Räumlichkeiten.
Prampolini hatte enge Kontakte zu Künstlergruppen in Deutschland; offenbar wurden diese über den Kreis der Züricher Dadaisten vermittelt. So nahm er im Juni 1922 an einem «Internationalen Kongreß der Künstler der Avantgarde» in Düsseldorf teil; eine Schrift, die er für den Kongreß verfaßte, erschien in der Zeitschrift «De Stijl» (Nr. 8, August 1922) und in der Juni/Juli-Nummer von «Noi». In «De Stijl» erschien bereits in Nr. 7 der Text *Die Ästhetik der Maschine und die mechanische Introspektion in die Kunst*. Mit Gropius, Kandinsky und Klee arbeitete er zeitweilig am Bauhaus in Weimar zusammen. 1921 hatte das Bauhaus graphische Arbeiten italienischer Futuristen, darunter auch Arbeiten von Prampolini, in Mappen gedruckt und zum Verkauf angeboten, um die Finanzen des Instituts aufzubessern; in der Reihe der Bauhausbücher war ein Band «Futurismus» geplant, für den Prampolini als Verfasser vorgesehen war. Im übrigen gingen manche Theaterexperimente am Bauhaus in ähnliche Richtung wie die Arbeiten Prampolinis.
Im Mai 1923 erschien in «Noi» (Nr. 2) das von Prampolini zusammen mit Paladini und Pannaggi (im Oktober 1922 bereits) unterzeichnete Manifest *Die mechanische Kunst*, eine für die Entwicklung der Avantgarde richtungsweisende Schrift. Es wurde eine Ästhetik gefordert, die die künstlerische Produktion konsequent den Produktionsweisen der technischen Produktivkräfte anpaßt, ein Konzept, das vor allem von den sowjetrussischen Konstruktivisten (Majakowski, Meyerhold u. a.) aufgenommen wurde. Es hieß darin: «Wir fühlen auf mechanische Weise. Wir füh-

len uns aus Stahl gebaut. Auch wir Maschinen, auch wir, Mechanisierte! (...) Wir Futuristen zwingen die Maschine dazu, sich ihrer praktischen Funktion zu entledigen, sich zum geistigen und selbstlosen Leben der Kunst emporzuschwingen und eine erhabene und befruchtende Wirkung auszuüben.» Ähnliche Gedanken finden sich in dem Manifest vom März 1924 *Spirituelle Architektur*.

Neben seinen Bühnenentwürfen arbeitete Prampolini auch für den Film. Auf zahlreichen internationalen Ausstellungen war er einer der wichtigsten Repräsentanten des italienischen Futurismus (1920 in Genf, 1924 in Wien, 1925 in Paris). 1926 kooperierte Prampolini mit der Berliner Künstlergruppe «Die Abstrakten»; 1927 und 1928 war er Leiter des Futuristischen Pantomimentheaters, zunächst in Mailand, später mit Auftritten in Paris. Im September 1929 unterzeichnete Prampolini zusammen mit anderen Futuristen das *Manifest der futuristischen Flugmalerei*; 1932 erschien sein Manifest *Szenische futuristische Atmosphäre*. 1934 leitete er die Zeitschrift «Stile Futurista», die in Turin erschien. Dort veröffentlichte er in Nr. 2 seine Proklamation *Jenseits der Malerei zu den Polymaterikern*. In dieser Zeitschrift polemisierte Prampolini auch gegen Hitler; 1940 wurde in Mailand sein Buch *Scenotècnica* veröffentlicht; 1944 erschien *Arte polimaterica* (in Rom). «In den Jahren zwischen den beiden Weltkriegen war er der wichtigste Vertreter des sogenannten ‹zweiten Futurismus›» (Ch. Baumgarth: *Geschichte des Futurismus*, S. 294). Prampolini entwickelte in seinen Theaterarbeiten die Erkenntnisse von Appia und Craig gerade in Hinsicht auf Licht- und Farbregie weiter; Ziel seiner Experimente war ein abstraktes, synthetisches Theater, das die Grundlagen der Bühnenkunst aus den Bedingungen und Möglichkeiten der technischen Produktivkräfte ableitet.

Auswahl der Schriften von Enrico Prampolini
Scenotècnica, Mailand 1940.
Arte polimaterica. Rom 1944.

DADA: Zürich und Berlin

> «Gegen die weltverbessernden Theorien literarischer Hohlköpfe. Für den Dadaismus in Wort und Bild ...»
> (*Dadaistisches Manifest*, 1918)

Am 5. Februar 1916 eröffnete Hugo Ball in Zürich eine Künstlerkneipe, der er den Namen «Cabaret Voltaire» gab. Damit war die wichtigste öffentliche Institution von Dada ins Leben gerufen. Richard Huelsenbeck, der aus Berlin nach Zürich zugereiste Dadaist, kommentiert: «Dada bedeutet: Mut, Verachtung, Überlegenheit, revolutionärer Protest, Vernichtung der herrschenden Logik, der sozialen Hierarchie, Negation der Geschichte, totale Freiheit, Anarchie, Vernichtung des Bürgers.» Mit Bürgerlichkeit identifizierte diese Künstlergruppe den Krieg und die Ungeistigkeit. Im Namen der abendländischen Kultur hatte die überwiegende Zahl der künstlerischen und wissenschaftlichen Intelligenz in Deutschland 1914 den Krieg gerechtfertigt, eben zur Verteidigung dieser Kultur.

Die Dada-Bewegung wurde getragen von oppositionellen Intellektuellen aus nahezu allen europäischen Ländern, die vor allem eines verband: ihre Kriegsgegnerschaft. Als Pazifisten gerieten sie in offenen Konflikt mit ihren Staaten, in Deutschland nicht anders als in Frankreich oder Rumänien. Die publizistische oder künstlerische Arbeit dieser Gruppen wurde seit Ausbruch des Krieges durch noch strengere Zensurüberwachung fast unmöglich gemacht; vielen drohte zudem die Einberufung zum Militärdienst. Den Schwierigkeiten im eigenen Lande entzogen sich viele Intellektuelle durch Emigration.

So wurde die Schweiz, Zürich im besonderen, zum Sammelpunkt der emigrierten europäischen Intelligenz. Schon vor 1914 hatte sich dort eine Reihe prominenter Anarchisten niedergelassen, zum Beispiel Bakunin. Auch Lenin lebte in Zürich, in der Spiegelgasse vis-à-vis vom «Cabaret Voltaire». Diese Emigranten stellten das Publikum der ersten dadaistischen Matineen.

Die aktiv am Programm des Kabaretts Beteiligten waren ebenfalls Emigranten: Hugo Ball (1886–1927), Emmy Hennings (1885–1948), Tristan Tzara (1896–1963), Richard Huelsenbeck (1892–1974), Walter Serner (1889–verschollen), Hans Arp (1887–1966) und Marcel Janco (geb. 1895); russische Musiker traten auf; emigrierte Maler lieferten die Plakate für die Dada-Veranstaltungen und stellten Holzschnitte zur Illustration der Dada-Publikationen zur Verfügung.

Die Schweiz war als Emigrationsland nicht nur wegen seiner zentralen Lage geradezu ideal; ihre Neutralität bot weitgehend Schutz vor dem Zu-

DADA: Zürich und Berlin

griff der Behörden aus den Heimatländern; Asylrecht und Pressefreiheit ermöglichten publizistisches Arbeiten. Zum einheimischen Schweizer Publikum hatten die Dadaisten kaum Kontakt; die Emigrantenszene, in der sie lebten, hatte alle Merkmale einer Caféhaus-Bohème. Picasso und Braque als die wesentlichen Vertreter des Kubismus wurden besonders verehrt, sehr enge Beziehungen bestanden zu den Futuristen in Italien. Marinettis Manifest *Die befreiten Worte* bot die theoretische Grundlage für die Simultangedichte, deren hochtheatralischer Vortrag eine Spezialität der Züricher wurde.

Hugo Ball gilt zu Recht als Initiator und wichtigste Integrationsfigur in den ersten Monaten der Bewegung, auch später wieder, nachdem er sich für einige Monate aus Zürich zurückgezogen hatte. Ball gehörte zuvor den Expressionistenkreisen in Berlin an; in München hatte er als Dramaturg und Regisseur gearbeitet und zusammen mit Kurt Pinthus ein eigenes Theater geplant, eine Art Volksbühne, die speziell dem zeitgenössischen Theater gewidmet sein sollte. Das Projekt kam aus finanziellen Gründen nicht zustande. In Berlin arbeitete Ball in der Redaktion der

Marcel Janko:
Cabaret Voltaire,
1916

Zeitschrift «Die Aktion» mit, dem Antikriegsblatt von Franz Pfemfert, das seit seiner Gründung im Umfeld linksradikaler, anarchistischer Positionen einzuordnen war. Ball hatte selbst auch Beziehungen zu Anarchistenkreisen und studierte intensiv die Schriften von Gustav Landauer, Michael Bakunin und Kropotkin. 1917 übersetzte er Bakunins *Anarchistisches Statut* und bemühte sich um die Herausgabe eines Bakunin-Breviers.

Das Interesse der künstlerischen Intelligenz am Anarchismus war in diesen Jahren sehr verbreitet. Es war fast die Regel, daß von der literarischen Intelligenz der theoretische Sozialismus über die Schriften der Anarchisten rezipiert wurde. Was die Intelligenz am Anarchismus ansprach, war der radikal in den Mittelpunkt des Denkens gesetzte Freiheitsbegriff, der der schrankenlosen Entfaltung des Individuums alles unterordnete.

Hugo Ball war in seiner Münchner Zeit Mitherausgeber einer anarchistischen Zeitschrift, der «Revolution», in der er auch seine radikalsten Gedichte veröffentlichte. Das Programm der Zeitschrift ist in einem Beitrag von Erich Mühsam formuliert und gibt recht genau die revolutionäre Mentalität wieder, die auch in das Gründungskonzept von Dada einging. Mühsam schrieb: «Revolution entsteht, wenn ein Zustand unhaltbar ist (...). Zerstörung und Aufrichtung sind in der Revolution identisch. Alle zerstörende Lust ist eine schöpferische Lust (Bakunin). Einige Formen der Revolution: Tyrannenmord, Absetzung einer Herrschaftsgewalt, Etablierung einer Religion, Zerbrechen alter Gesetze (in Konvention und Kunst), Schaffen eines Kunstwerks, der Geschlechtsakt. Einige Synonyme für Revolution: Gott, Brunst, Rausch, Chaos. Laßt uns chaotisch sein!»

Die intellektuelle Revolte vor allem war es, die am Anfang der Dada-Bewegung stand. Dadurch war die Ästhetik dieser Bewegung wesentlich bestimmt, insbesondere die aktionistische Form ihrer Theatralität.

Die Gründung des «Cabaret Voltaire» war für Ball, der 1915 mit seiner Gefährtin Emmy Hennings Deutschland verlassen hatte, der Abschluß einer chaotischen Lebensphase; er berichtet über den Eröffnungstag: «Das Lokal war überfüllt: viele konnten keinen Platz mehr finden. Gegen 6 Uhr abends, als man noch fleißig hämmerte und futuristische Plakate anbrachte, erschien eine orientalisch aussehende Deputation von 4 Männlein, Mappen und Bilder unterm Arm; vielmals diskret sich verbeugend. Es stellten sich vor: Marcel Janko der Maler, Tristan Tzara, Georg Janko und ein 4. Herr, dessen Name mir entging. Arp war zufällig auch da, und man verständigte sich ohne viele Worte. Bald hingen Jankos generöse Erzengel bei den übrigen schönen Sachen, und Tzara las noch am selben Abend Verse älteren Stiles, die er in einer nicht unsympathischen Weise aus den Rocktaschen zusammensuchte.»

Marcel Janco war ein rumänischer Maler, der zu Kriegsbeginn aus Ru-

DADA: Zürich und Berlin

mänien geflüchtet war und in der Schweiz Arbeit und Anschluß an Gleichgesinnte suchte. Er blieb Mitarbeiter des Kabaretts und gehörte zum engsten Dada-Kreis ebenso wie Emmy Hennings.

Tristan Tzara wurde einer der profiliertesten Dada-Repräsentanten in Zürich; er stammte wie Janco aus Rumänien. Tzara war Literat, der in die Schweiz gekommen war, um Philosophie zu studieren; er hatte beste Verbindungen zu den italienischen Futuristen und beteiligte sich an den meisten Programmen des Kabaretts mit Vorträgen. Später organisierte er die Dada-Bewegung in Paris.

Hans Arp war 1916 bereits ein renommierter Bildhauer. Er hatte in Paris im Kreis um Picasso gearbeitet. Seit Kriegsausbruch lebte er mit seiner Lebensgefährtin Sophie Taeuber, die sich ebenfalls an den Dada-Programmen beteiligte, in der Schweiz.

In dieser Besetzung arbeitete die Gruppe knapp eine Woche lang, dann kam ein weiteres Mitglied hinzu, das das Programm des Kabaretts wesentlich prägte: der Medizinstudent Richard Huelsenbeck aus Berlin, den Ball aus dem Kreis um Pfemfert kannte und den er nach Zürich gerufen hatte. Huelsenbeck war einer der radikalsten Publizisten in den linkssozialistischen Kreisen Berlins. Wie kaum einer der Zürcher war er vom Haß auf das wilhelminische Deutschland erfüllt. Im Gegensatz zu den anderen Mitgliedern, denen Krieg und Kriegsdienst vor allem Störung der persönlichen Lebensplanung bedeuteten, war Huelsenbeck Kriegsgegner aus politischer Überzeugung; er brachte den aggressiven Ton in die Auftritte der Dadaisten und regte das Schreiben von Manifesten an, mit denen Dada seinen Standpunkt in der Öffentlichkeit darlegte.

Im April 1916 erweiterte sich der Kreis der Gruppe noch einmal. Es kamen hinzu der Experimentalfilmer Hans Richter (1888–1978) aus Berlin, der ebenfalls in der Zeitschrift «Die Aktion» publiziert hatte; Walter Serner, ein Österreicher, der mit dem Text *Letzte Lockerung* eines der interessantesten Dada-Manifeste verfaßte; schließlich der Maler und Grafiker Christian Schad (1894–1980) und der schwedische Maler und Filmemacher Viking Eggeling (1880–1925).

Am 14. Juli 1916 fand die erste große Dada-Veranstaltung im Zunfthaus zur Waag in Zürich statt; die vorausgegangenen Programme des «Cabaret Voltaire», das in dieses neue Haus umgezogen war, waren im Vergleich dazu nur eine Art Vorspiel gewesen.

Am 29. März 1917 wurde in Zürich die Galerie DADA eröffnet; am 1. Juli 1917 erschien die erste Nummer der Zeitschrift «DADA». Außerdem gab es eine «Collection DADA»; unter diesem Begriff wurden alle Schriften der Gruppe publiziert. Bereits im Mai 1916 war der *DADA-Almanach Cabaret Voltaire* erschienen.

Richard Huelsenbeck interpretiert diese Phase der Dada-Bewegung in seinem Buch *Dada. Eine literarische Dokumentation* aus dem Lebensgefühl der in Zürich versammelten Künstler folgendermaßen:

«Meine Erklärung des Dadaismus ist die, daß es sich hier um eine Gruppe junger Menschen handelte, die im Zustand der anomischen Unsicherheit das Chaos in sich erlebten. Sie erlebten es nicht als Verbrecher, nicht als professionelle Revolutionäre, nicht als religiöse Fanatiker, nicht nur als Künstler, sondern sie erlebten es zuerst als Menschen. Ich verstehe das in dem Sinne, daß die innere Gesetzlosigkeit sich in jedem Dadaisten in strenger Notwendigkeit und in strenger Wechselwirkung mit seinem Herkommen, seiner persönlichen Geschichte und Tradition und seiner eigenen charakterlichen Intensionalität entwickelte. Die Dadaisten waren diejenigen Menschen, die aufgrund einer besonderen Sensibilität die Nähe des Chaos verstanden und es zu überwinden suchten. Sie waren Anarchisten ohne politische Absichten, sie waren Halbstarke ohne Gesetzesüberschreitung, sie waren Zyniker, die ebenso den Glauben und die Frömmigkeit schützten, sie waren Künstler ohne Kunst. Die Dadaisten, der Einzelne wie auch die Gruppe, verstanden, zu einer Zeit, als die Welt, zwar aufgerüttelt durch den Krieg, aber noch in tiefem Schlaf hinsichtlich eines wirklichen Verständnisses dieser Katastrophe, am ehesten, was ich (...) als schöpferische Irrationalität bezeichne.»

Hugo Ball zog sich als erster (schon Ende 1916) von der Gruppe zurück und sah in dem Unternehmen keinen Sinn mehr. Auf Zureden der Freunde übernahm er 1917 noch einmal für kurze Zeit die Galerie DADA. Schließlich aber ging er (noch 1917) nach Bern und arbeitete dort bis 1919 als Journalist bei der «Freien Zeitung». Die weitere Entwicklung Balls war bestimmt durch seine Hinwendung zum religiösen Mystizismus.
Bei Kriegsende 1918 löste sich die Züricher Gruppe insgesamt auf. Die wichtigsten Anschlußunternehmen waren Dada-Berlin, von Richard Huelsenbeck gegründet, und die Dada-Gruppe in Paris, die bald in der neuen surrealistischen Bewegung aufging.
Dada-Berlin entwickelte sich in vieler Hinsicht anders als Dada-Zürich. Das hatte seine Gründe in den ganz anderen Voraussetzungen, die in Berlin gegeben waren, den besonderen lokalen und vor allem politischen Verhältnissen der Stadt, aber auch in der besonderen Struktur der Berliner Gruppe. Als Richard Huelsenbeck Ende 1917 von Zürich nach Berlin kam, gab es dort bereits zwei Institutionen, die gewisse Dispositionen für die Dada-Bewegung aufwiesen. Es war dies der Kreis um die Zeitschrift «Neue Jugend», die im Malik-Verlag erschien, dessen Leiter Wieland Herzfelde war; wichtigste Mitarbeiter des Verlages waren Herzfeldes Bruder John Heartfield (1891–1968) und Georges Grosz (1893–1959); und eine Gruppe linker Intellektueller um Franz Jung (1888–1963) und dessen Verlag und Zeitschrift «Freie Straße». Die Malik-Mitarbeiter bildeten neben Huelsenbeck, Raoul Hausmann (1886–1970) und Johannes Baader (1875–1955) die Kerntruppe des Berliner Dada.
Drei Momente waren es, die den Malik-Verlag und dessen Autorengrup-

pe in die Nähe der Dada-Bewegung brachten: 1. Die engagierte Antikriegshaltung. Aus dem Pfemfert-Kreis kamen die meisten Malik-Mitarbeiter, aber auch die deutschen Mitglieder der Züricher Dadaisten hatten in der «Aktion» publiziert: Huelsenbeck, Ball, Hennings, Serner und Richter. 2. Die Technik des witzigen, listigen Unterlaufens von Zensur und bürgerlicher Öffentlichkeit, wie sie Wieland Herzfelde in Fragen der Lizenzbeschaffung, des Vertriebs und der Verlagsfinanzierung praktiziert hatte. Und 3. die Antikriegsveranstaltungen der «Neuen Jugend», die auf die Provokation der Ordnungsbehörden hin angelegt waren und entsprechend spektakulär verliefen.

Was die Malik-Gruppe jedoch von den Züricher Dadaisten deutlich unterschied, waren die Disziplin und Konsequenz der politischen Arbeit. Diese Haltung resultierte weitgehend aus der politischen Situation in Berlin, die die künstlerische Intelligenz in anderer Weise zur Stellungnahme und politischen Entscheidungen zwang als die Emigranten-Bohème der Züricher Cafés.

Am 12. April 1918 trat die Dada-Gruppe zum erstenmal in der Berliner Öffentlichkeit auf. Huelsenbeck hatte die Initiative ergriffen. Er arrangierte in einer Berliner Galerie einen Vortragsabend, in dessen Mittelpunkt Theodor Däubler stand, der von den Expressionisten hoch verehrte Lyriker, der sich besonders für den italienischen Futurismus eingesetzt hatte. Ganz den Züricher Praktiken entsprechend war das Programm dieses Abends höchst heterogen. Neben Dada-Vorträgen von Huelsenbeck wurde vor allem expressionistische Lyrik vorgetragen.

Huelsenbeck schreibt über eine dieser Veranstaltungen: «Hausmann, Grosz, Jung und ich veranstalteten den ersten großen Dada-Abend in Berlin im Grafischen Kabinett (...) Ich las ein Einleitungsmanifest, in dem ich erklärte, es seien noch nicht genug Menschen umgebracht worden. Die Polizei wollte einschreiten, die Kinder weinten, die Männer trampelten. Grosz urinierte an die Bilder der Ausstellung. Es war alles in allem eine tumultöse und darum sehr dadaistische Angelegenheit.» Bei allen Veranstaltungen dieser ersten Phase stand der Protest gegen die bürgerliche Kunst- und Kulturtradition noch im Mittelpunkt.

Eine zentrale Figur in der Berliner Dada-Szene wurde sehr bald Johannes Baader (1875–1955), der aus Köln zu der Berliner Gruppe stieß.

Nach den ersten Veranstaltungen erschienen bald eine Reihe dadaistischer Publikationen, Zeitschriften und Almanache. Die wichtigsten Zeitschriften waren «Jedermann sein eigener Fußball», «Der Dada», «Die Pleite», «Der Gegner» und «Der blutige Ernst», die alle 1919 mit der ersten Nummer erschienen. 1920 gibt Huelsenbeck den *DADA-Almanach* heraus, der die wichtigsten internationalen Dada-Beiträge zusammenfaßt; ebenfalls 1920 erscheint von Huelsenbeck die erste Geschichte der Dada-Bewegung unter dem Titel *En avant Dada*. Einer der Höhepunkte der Berliner Dada-Veranstaltungen war die «Erste internationale Dada-Messe», die im Juni 1920 in den Räumen der Kunsthandlung Dr. Otto Burchard eröffnet wurde. Anläßlich dieser Ausstellung kam es zu der massivsten Reaktion der Staatsgewalt gegen die Dadaisten. Ausgestellt waren Arbeiten von Grosz, Heartfield, Hausmann, Otto Dix und den russischen Avantgardisten, die aufs schärfste die staatliche Obrigkeit attackierten, diese vor allem als die schuldige Instanz am Krieg und dem Nachkriegselend anprangerten. Bis auf Hausmann wurden alle Aussteller vor Gericht gestellt. In einer Zeitung stand folgender Bericht über diese Ausstellung:

«An der Decke des Ausstellungsraumes hing ein ausgestopfter Soldat mit Offiziersachselstücken und der Maske eines Schweinskopfes unter der Feldmütze; an der Wand stand ein aus schwarzem Leinen ausgestopfter Frauenrumpf ohne Arme und Beine, an dessen Brust waren ein verrostetes Messer und eine zerbrochene Gabel angenäht. An der einen Schulter auch eine elektrische Klingel, auf der anderen ein Spirituskocher. Am Hinterteil des Frauenkörpers befand sich ein eisernes Kreuz. Ferner lag eine Mappe ‹Gott mit uns› aus, die Karikaturen von Militärs enthielt – – – Zu der schwebenden Puppe in der Ausstellung war folgende Anmerkung gegeben: Um dieses Kunstwerk zu begreifen, exerziere man täglich 12 Stunden mit vollgepacktem Affen und feldmarschmäßig ausgerüstet auf dem Tempelhofer Feld. Zu Beginn der Sitzung erklärte der Ober-Dada Baader, der Dadaismus habe es sich zur Aufgabe gemacht, kulturell schädlichen Sedimentbildungen entgegen zu wirken. Dies geschehe am besten durch den Humor, denn dieser fehle uns Deutschen am meisten.»

Neben den Berliner Aktionen veranstaltete die Dada-Gruppe Tourneen mit ähnlichen Programmen wie in Berlin; im Januar 1920 in Leipzig, im März in Prag und Karlsbad, zuvor in Dresden.

Eine Sonderstellung in der deutschen Dada-Entwicklung nahm der MERZ-Künstler Kurt Schwitters aus Hannover ein.

Kurt Schwitters

«O du Geliebte meiner 27 Sinne, ich liebe dir – du deiner
dich dir, ich dir, du mir – Wir?»
(Kurt Schwitters: *Anna Blume*, 1922)

Mit der Übertragung des Konstruktionsprinzips der Collage auf das Theater kreierte Kurt Schwitters die «Merzbühne», mit der er zu einem der wichtigsten Programmatiker der avantgardistischen Aktionskunst wurde. Schwitters ist mit dem Konzept seiner Merz-Kunst in die Nähe der Dada-Bewegung zu stellen, setzt sich von den Dadaisten, insbesondere der Berliner Gruppe, aber deutlich durch seinen Anspruch ab, «reiner Künstler» zu sein. Wesentliche Momente seiner Kunstauffassung verbinden ihn mit dem Bauhaus und der holländischen De Stijl-Gruppe um Theo van Doesburg (1883–1931).

Kurt Schwitters wurde am 20. Juni 1887 in Hannover geboren; von seinem Elternhaus her war seine finanzielle Unabhängigkeit gesichert. Nach Abschluß des Realgymnasiums studierte er von 1908 bis 1909 zunächst an der Kunstgewerbeschule in Hannover, von 1909 bis 1914 an der Kunstakademie zu Dresden, kurze Zeit auch in Berlin. 1917 wurde er zum Militärdienst eingezogen, von dem er alsbald wieder wegen Untauglichkeit entlassen und als Hilfsdienstpflichtiger einem Eisenwerk zugewiesen wurde. Dort arbeitete Schwitters als Maschinenzeichner. 1918 schrieb er: «Sofort bei Ausbruch der glorreichen Revolution habe ich gekündigt und lebe ganz der Kunst.» Werner Schmalenbach schreibt in seiner Schwitters-Monographie über diese Zeit: «Nach der schnellen Aneignung und ebenso schnellen Überwindung expressionistischer Ausdrucksformen durch den Maler und Dichter Schwitters während des Krieges entwickelte er in den ersten Monaten nach Kriegsende seinen Ein-Mann-Dadaismus, dem er den Namen ‹Merz› gab und dessen Charakteristika, soweit es die Bildkunst betrifft, der Verzicht auf Gegenstandswiedergabe und die Verwendung grundsätzlich aller Materialien waren. Die ersten Collagen entstanden Ende 1918» (ebd. S. 41). Der Name «Merz» war eine Zufalls- und Unsinnswortbildung, abgeleitet von der zweiten Silbe von «Commerz», mit einem mehr oder weniger bedeutsamen Assoziationsfeld und vielen Variationen; er wurde bald eine Art Markenzeichen für alle Aktivitäten des «Merzers» Schwitters («Kurt Merz Schwitters»). Seit 1918 arbeitete er mit Herwarth Walden in Berlin zusammen, der mit seiner Galerie und Zeitschrift «Der Sturm» die Verbindung der neuen Kunstbewegungen in Deutschland zur internationalen Avantgarde herstellte. Im «Sturm» erschienen 1919 die ersten Gedichte von Schwitters, kurz zuvor war in der Buchreihe «Die Silbergäule» seine Textsammlung *Anna Blume* erschienen, mit der Schwitters schlagartig bekannt, berühmt und berüchtigt wurde. Schmalenbach schreibt: «Die Auflagenziffern stiegen rapid, Schwitters wurde zu einer Skandalfigur erster Ordnung» (ebd. S. 41).

Zusammen mit Walden lernte Schwitters den Dichter und Vortragsartisten Rudolf Blümner (1873–1945) kennen; enge Kontakte hatte er zu den Züricher und Pariser Dadaisten, zu Arp und Tzara. Im September 1920 veranstaltete er zusammen mit Tzara, Theo und Nelly van Doesburg, Moholy-Nagy, El Lissitzky, Burchartz, Hans Richter u. a. in Weimar ein Dada-Treffen; Auftritte der Gruppe in anderen Städten schlossen sich unmittelbar an.

Zu den Berliner Dadaisten hatte Schwitters ein gebrochenes Verhältnis. Mit Hausmann und Hannah Höch (1889–1978), mit denen er auch gemeinsame Dada- und Merz-Soireen veranstaltete, verband ihn enge Freundschaft. Die Berliner Gruppe insgesamt jedoch lehnte Schwitters (und diese ihn) strikt ab. Schwitters war nicht bereit, sich deren Politisierung der künstlerischen Arbeit anzuschließen. So hatten die Berliner Schwitters auch nicht zur Beteiligung an der Dada-Messe 1920 eingeladen. Seit 1922 bestanden enge Verbindungen zum Bauhaus. Schwitters wurde zu Lesungen eingeladen; Arbeiten von ihm erschienen in den Bauhaus-Büchern und -Mappen.

Vom Herbst 1922 bis zum Frühjahr 1923 unternahm Schwitters seinen «DADA-Feldzug nach Holland», eine Reise mit dadaistischen Soireen in zahlreichen holländischen Städten (Den Haag, Haarlem, Amsterdam, Rotterdam, s'Hertogenbosch, Utrecht, Drachten, Leyden; vgl. Schmalenbach, ebd. S. 48 ff), die er zusammen mit Theo und Nelly van Doesburg und Vilmos Huszár unternahm. Van Doesburg war (mit Piet Mondrian) der Gründer der Zeitschrift «De Stijl» (1917), in der vor allem die abstrakte Richtung der modernen Kunst propagiert wurde.

Von dieser Tournee durch Holland gibt es einige recht anschauliche Berichte (vgl. K. Schippers: *Holland Dada*, S. 75 ff), die die Form der Schwitters'schen Dada-Auftritte dokumentieren. Im «Nieuwe Rotterdamsche Courant» heißt es in einer Reportage vom 30. Januar 1923: Der Dadaist Kurt Schwitters verkündete dem Publikum von der Bühne herab,

«daß er und Theo van Doesburg sich entschlossen hätten, jedesmal wenn während der Aufführung des Programms Spektakel gemacht würde – was sie selbstverständlich erwarteten! – fünf Minuten zu pausieren, damit das Publikum sich erholen könnte. Und im übrigen gebe es in der Garderobe ein Beschwerdebuch, in welches man die sehr geschätzten Bemerkungen und Einwendungen eintragen könnte. Der junge Mann verschwand, man schaltete das Licht wieder ein und plötzlich hörte man jetzt von hinten aus dem Saal einen Lärm mit vielem Dada. Dada hie, Dada da. Das war Theo van Doesburg. In einem schwarzen Anzug und einem schwarzen Hemd und mit einer langen schwarzen Krawatte; ein Monokel war ans Auge ge-

Kurt Schwitters: Zeichnung zur *Normalbühne Merz* (Raumbühne), 1925

klemmt. Dadasophierend trat er auf die Bühne und dadasophierte dort weiter. Man lacht, ruft, kreischt; jemand ließ eine Ballonpfeife losgehen, die piep sagte, und er war auf diese Weise so erfolgreich, daß er es noch einmal und im weiteren dauernd machte. Dann kam Schwitters wieder. Zuerst gab es ‹Eine leichtfaßliche

Methode zur Erlernung des Wahnsinns für Jedermann›, eine Probe seiner dadaistischen Dialektik (...) ‹Man meint auf einer Blumenwiese zu sitzen und sitzt auf dem Klosett› und in diesem Stil noch ein wenig. Dann auf einmal ein Gedicht: Miau, wau, wau, eine Litanei von Ziffern 1, 2, 3, 4, 5, 6, 7, 8, 9, usw. Kläglich gesungen, geheult, geschrien (...). Vielleicht gehört es zur ‹Methode zum Wahnsinnig-werden›. Danach plötzlich eine Erzählung von einem Ofen mit vier Türen und fünf Rohren. ‹Hier zieht es, weil eine Fliege gähnt. Warum ist es denn ein Ofen? Weil es aus Sammet ist›. Und so weiter. Bis ins Unendliche über den Ofen, der ein Sack aus Samt und eigentlich doch ein Bauch war und über den Bauch, der ein Ofen war ... Alles Dada. Jemand rief: ‹Gaga [= Gehe, gehe – R. R.]. Jubeln, Schreien. Kurt Schwitters bläst zum Rückzug. Fünf Minuten Pause als Strafe. Er kehrt zurück und erzählt fürwahr wieder über den Ofen. Die Leute rufen: ‹Etwas anderes›. Er erörtert, daß man ihn nicht stören soll. Eine Stimme aus dem Publikum: ‹Sie stören hier die Ruhe mit Ihrem Unsinn.› ‹Naive Bemerkung! Wozu sonst ist dieser Mann hierhergekommen?› Lärm. Der Redner schweigt und verschwindet wieder, und Van Doesburg erscheint. Er hält es für egoistisch, daß zehn Prozent der Anwesenden mit ihrem Lärm die übrigen neunzig Prozent daran hindern zuzuhören. ‹Es liegt weiterhin nicht bei Ihnen zu lärmen, sondern bei uns!› sagt er. Beifall, Lachen, Jubeln. Schwitters kehrt zurück und spricht wieder vom Ofen, jetzt aber blitzschnell, und plötzlich fängt er wieder an zu miauen, zu kläffen und zu heulen. Der Saal heult auch, die Ballonpfeife gellt über alles hinaus.
Dann gibt es zur Abwechslung etwas anderes. Eine dadaistische Tanzaufführung unter Begleitung von Huszár. Frau Nelly van Doesburg spielt dazu Klavier. (...) Der Tanz wird auf eine Leinwand projiziert. Ein Kopf, der sich mit Armen und Beinen bewegt. Er hat ein rotes und ein grünes Auge, die sich abwechselnd öffnen und schließen. Stürmischer Beifall. Danach gibt es den ‹Brautmarsch für ein Krokodil›, noch eine andere Tanzaufführung: ein Mannequin, von Frau van Doesburg dargestellt, ein rotes Licht in der Hand, das an den vitalen Momenten aufleuchtet. Kurt Schwitters begleitet mit Hundegeheul und einem Kinderspielzeug, das einen heulenden Lärm erzeugt. Noch zwei Musikstücke: ein ‹Trauermarsch für einen Vogel› und ein ‹Kriegsmarsch für die Ameisen›. Plötzlich erscheint Van Doesburg auf der Galerie und schreit von dort aus in schlechtem Französisch dadaistische Aphorismen. Der größere Teil ist wegen des Lärms unverständlich (...)» (nach K. Schippers: *Holland Dada*, S. 78f); Übersetzung von Rita Radstaat).

Zum Vortrag seiner *Kinderharfe* schwang Schwitters eine Rassel, mit der er einen «zarten, singenden Ton» erzeugte. Immer wieder hatte das Publikum Anlaß, Schwitters' groteske Vortragsartistik zu bewundern. In der Art einer Multimedia-Schau waren die Vorträge von raffinierten Licht- und Geräuscheffekten begleitet.

Ab 1923 gab Schwitters die Zeitschrift und Schriftenreihe «Merz» heraus, von der bis 1932 siebzehn Publikationen (darunter eine Sprechplatte «Scherzo der Ursonate. Gesprochen von Kurt Schwitters» und eine Mappe mit sieben Lithographien von Hans Arp) erschienen (vgl. Schmalenbach, ebd. S. 388f). – Anfang und Mitte der zwanziger Jahre beschäftigt sich Schwitters mit seinen Bühnenarbeiten, der «Merzbühne» und der «Normalbühne Merz».

Kurt Schwitters

1923 begann Schwitters mit seinem ersten Merzbau, einer skulpturalen Monumentalcollage, die, über Jahre hin immer weitergebaut, als Raumplastik mit der Zeit sein gesamtes Haus durchwucherte. Dieser erste Merzbau (ein zweiter wurde im Exil in Norwegen, ein dritter 1947 in England begonnen) wurde zusammen mit Schwitters' Haus 1943 durch Bomben zerstört.

Im Ausland, besonders in den USA, wurde Schwitters bald bekannt, vor allem durch die Aktivitäten von Katherine S. Dreier, die in New York mit Marcel Duchamp die Galerie «Société Anonyme» betrieb.

1937 emigrierte Schwitters, nachdem seine Bilder in der Ausstellung «Entartete Kunst» gezeigt wurden. Er ging zuerst nach Norwegen, 1940 nach England, wo er schließlich in London ansässig wurde. Am 8. Januar 1948 starb Kurt Schwitters. In den letzten Jahren war seine Arbeit der Rekonstruktion seines Merzbaus aus Hannover gewidmet, für die er vom Museum of Modern Art (New York) den Auftrag und ein Stipendium erhalten hatte.

Das Prinzip seiner Merz-Kunst faßte Schwitters selbst am prägnantesten zusammen in einem Text, der *Die Merzmalerei* überschrieben ist und erstmals im Juli 1919 im «Sturm» veröffentlicht wurde:

«Die Bilder Merzmalerei sind abstrakte Kunstwerke. Das Wort Merz bedeutet wesentlich die Zusammenfassung aller erdenklichen Materialien für künstlerische Zwecke und technisch die prinzipiell gleiche Wertung der einzelnen Materialien. Die Merzmalerei bedient sich also nicht nur der Farbe und der Leinwand, des Pinsels und der Palette, sondern aller vom Auge wahrnehmbaren Materialien und aller erforderlichen Werkzeuge. Dabei ist es unwesentlich, ob die verwendeten Materialien schon für irgendwelchen Zweck geformt waren oder nicht. Das Kinderwagenrad, das Drahtnetz, der Bindfaden und die Watte sind der Farbe gleichberechtigte Faktoren. Der Künstler schafft durch Wahl, Verteilung und Entformung der Materialien.

Das Entformen der Materialien kann schon erfolgen durch ihre Verteilung auf der Bildfläche. Es wird noch unterstützt durch Zerteilen, Verbiegen, Überdecken oder Übermalen. Bei der Merzmalerei wird der Kistendeckel, die Spielkarte, der Zeitungsausschnitt zur Fläche, Bindfaden, Pinselstrich oder Bleistiftstrich zur Linie, Drahtnetz, Übermalung oder aufgeklebtes Butterbrotpapier zur Lasur, Watte zur Weichheit» (nach Schmalenbach, ebd. S. 138).

Auf die Bühne und das Theater übertragen, bedeutet dieses Programm die totale Theatralisierung beliebiger Material- und Aktionsarrangements, das Collage-Theater ohne Sinnverweisung oder Ausdrucksvermittlung: «Die künstlerische Gestaltung kennt den Zweck nicht... Kunst ist ausschließlich Gleichgewicht durch Wertung der Teile» (Schwitters; vgl. Schmalenbach, ebd. S. 100). In der Merzbühne realisierte Schwitters seine Idee des Gesamtkunstwerks als Aktionszusammenhang.

Schwitters war früh mit dem avantgardistischen Experimentaltheater in

Berührung gekommen. In Berlin lernte er Waldens «Sturm-Bühne» kennen; El Lissitzki, mit dem Schwitters befreundet war, machte ihn mit den sowjetrussischen Theaterexperimenten bekannt; er traf den Ungarn Moholy-Nagy, der am Bauhaus lehrte und dort das Konzept eines «Total-Theaters» entwickelte. Der in Holland lebende Ungar Vilmos Huszár, der Schwitters auf seinem «Dadafeldzug» begleitete, beschäftigte sich mit der Mechanisierung des Theaters.

Schwitters selbst entwickelte zwei Theatermodelle: die «Merzbühne» und die «Normalbühne Merz». Das Merzbühnen-Programm veröffentlichte er erstmals in Waldens Zeitschrift «Sturm-Bühne» (1918). Zusammen mit dem Schauspieler und Theaterleiter Franz Rolan formulierte Schwitters dieses Programm auch noch in Form eines Dialogs mit dem Publikum; dieser Text erschien im «Sturm» und 1926 (in gekürzter Fassung) unter dem Titel *Stegreifbühne Merz* in dem Katalog der «Internationalen Ausstellung neuer Theatertechnik», die Friedrich Kiesler in Wien organisierte.

Die Äußerungen (aus dem Jahre 1925) über die «Normalbühne Merz» sind spärlicher. Die erhaltenen Skizzen und Fotos von Modellen zeigen eine Raumbühne von konstruktivistischer Strenge. Werner Schmalenbach schreibt darüber (ebd., S. 201 f):

«Nichts ist da vom visionären Rausch der Merzbühne, nichts von der überschwenglichen Erträumung eines Gesamtkunstwerkes, nichts von der Verschmelzung aller Materialien – einschließlich Dichterwort, Schauspieler, Musik und Geräusch – zum ‹rein› künstlerischen Bühnengeschehen. Der Geist, aus dem die ‹Normalbühne Merz› erdacht wurde, war ein völlig anderer. Nun kam es auf die abstrakte Reinheit und Einfachheit der Formen und auf die Zweckmäßigkeit der Funktionen an. Bühne und Dichtwerk wurden wieder dualisiert, der Schauspieler als Träger der Handlung und der Sprache wieder in seine alten Rechte eingesetzt. Der Bühne fiel eine unauffällig begleitende und dienende Rolle zu. Zudem wurde ihrer mechanischen Veränderlichkeit und ihrer konstruktiven Funktionalität große Aufmerksamkeit geschenkt – im Gegensatz zur funktionellen Absurdität der Merzbühne. Formal gesehen war es eine purifizierte ‹Stilbühne› aus einfachsten Kuben und wenigen Grundfarben, denen es untersagt war, Materialien vorzutäuschen. Schwitters sagt darüber 1926: ‹Die Bühne ist nur Begleitung der Handlung des Stückes. Sie soll so einfach und unauffällig sein wie möglich, damit die Handlung hervortritt. Die begleitende Normalbühne verwendet die einfachsten Formen und Farben: Gerade, Kreis, Ebene, Würfel, Würfelteil – daß sie zueinander leicht in Beziehung gebracht werden können. (...) Alles ist leicht gebaut leicht transportabel, leicht veränderlich, so daß es während der Vorstellung leicht variiert werden kann. Die Normalbühne dient als Hintergrund und Begleitung für jedes Stück, das als gutes Drama wesentlich Handlung ist. (...) Das Wichtigste ist die Handlung. (...) Die Normalbühne ist sachlich, ist bequem, ist billig.› In ‹Merz 11 Typoreklame› schreibt er 1924: ‹Die normale Bühne Merz ist eine normale Montierbühne. Sie verwendet nur normale Formen und Farben als Begleitung und Hintergrund für typische und individuelle Formen und Farben. Die normale Bühne Merz ist einfach und zeitgemäß, billig, stört nicht die Handlung, ist leicht zu verändern, unterstützt die Handlung durch Unterstreichen der beabsichtigten Wirkung. Kann mitspielen, sich bewegen, paßt für jedes Stück.› Er unterscheidet zwischen drei Elementen des Bühnenvorgangs: dem Individuellen (Schauspieler), dem Typischen (z. B. Volksmassen, die je nachdem maskiert und uniformiert auftreten sollten; auch gewisse Requisiten) und dem Normalen: dem Bühnenbild und seinen gleichbleibenden Requisiten wie Tisch, Stuhl usw. Die ‹normalen›, also genormten Teile sollen für jedes Stück gleich bleiben: ‹Nur wer alle Stücke auf der Normalbühne spielen will, soll sich eine bauen.› Schwitters entwarf zwei Grundnormen: eine Guckkastenbühne und eine Raumbühne. Die erste wurde 1924 in der Ausstellung internationaler Theatertechnik in Wien, die zweite 1926 in der Ausstellung gleicher Thematik in New York gezeigt.»

Realisiert wurde zu Schwitters' Lebzeiten keines der beiden Projekte. Schwitters arbeitete Mitte der 20er Jahre an einer Merz-Revue «von gigantischem Ausmaß», zu der Hannah Höch Figurinen entwerfen sollte; Werner Stuckenschmidt war als Komponist für das Projekt, zu dem die Arbeiten jedoch bald wieder abgebrochen wurden, vorgesehen (vgl. Schmalenbach, ebd. S. 230f). 1928 arrangierte Schwitters zu einem «Fest der Technik» zusammen mit Käte Steinitz eine Revue. Schwitters' Bühnenstücke wurden erst nach seinem Tode veröffentlicht.

Auswahl der Schriften von Kurt Schwitters
Anna Blume und ich. Die gesammelten «Anna-Blume»-Texte. Hrsg. von E. Schwitters. Zürich o. J. [1965].
Das literarische Werk. Hrsg. von F. Lach:
Bd. 1: Lyrik. Köln 1973.
Bd. 2: Prosa 1818–1930. Köln 1974.
Bd. 3: Prosa 1930/31–1947. Köln 1975.
Bd. 4: Schauspiele und Szenen. Köln 1977.
Bd. 5: Manifeste und kritische Prosa. Köln 1981.

Theater und Expressionismus: das Stationendrama

«Die Bühne werde Ausdruck, nicht Spiel!»
(Walter Hasenclever: *Das Theater von morgen*, 1916)

Stand die Stilbühnenbewegung noch ganz unter der Losung «Weg von der Literatur, vom Dichterwort», so entfaltete sich der Theater-Expressionismus in enger, produktiver Beziehung zur expressionistischen Dramatik, die in Sprache und Dramaturgie die Lösung vom Naturalismus (der Gegenposition aller um 1900 aufkommenden Kunstentwicklungen) gründlich vollzogen hatte. Der Expressionismus verkündete die Utopie von Aufbruch und Neuerung. Damit war der Gegensatz von Theater und Wortkunst aufgehoben, und die neue Verbindung des Theaters mit der dramatischen Literatur der Zeit konnte sich bei völliger Wahrung der Eigenständigkeit des Theaters als Kunstform vollziehen. Diese Position hatten die Vertreter der Stilbühne erkämpft. Der Theater-Expressionismus kam zu seinen Höhepunkten aber immer wieder auch in Inszenierungen von Stücken der klassischen Literatur, die aus dem geistigen Pathos des Expressionismus neu gedeutet wurden. Das expressionistische Theater unterschied sich durch sein weltanschauliches Engagement und seine inhaltliche Programmatik («neuer Mensch», «Aufbruch», «Wandlung», «Tat») deutlich von den avantgardistischen Theaterexperimenten des Futurismus und der Dadaisten.

Das strukturale Grundmuster des expressionistischen Dramas ist das Stationenmodell. Es wurde im wesentlichen vorgeformt in August Strindbergs (1849–1918) Dramaturgie der Traumspiele; darunter fallen insbesondere dessen Stücke *Nach Damaskus*, eine Trilogie, die zwischen 1898 und 1904 entstand, und *Ein Traumspiel* von 1901.
Dem Stationendrama liegt ein szenisches Strukturmodell zugrunde, das den Spielfortgang nicht im Sinne einer psychologisch motivierten Handlungskette entwickelt, sondern es entfaltet sich in einer Folge von «Stationen», die, in jeweils autonomen Spielkomplexen, den Protagonisten des Stücks in immer neue Begebenheiten, in neue Entscheidungs- und Handlungszusammenhänge verwickelt. Dabei wechselt oftmals auch die Realitätsebene: Traum, Phantasie, Märchenwelt und Realwirklichkeit stehen bruchlos nebeneinander, bilden eine äußerst komplexe, lediglich im Erlebniszentrum des Protagonisten konvergierende Spielwelt. Die Stationen folgen keinem kontinuierlichen Zeitablauf, sie sind leicht umzustellen; Vergangenes, Gegenwärtiges und Zukünftiges durchdringen sich.

Theater und Expressionismus

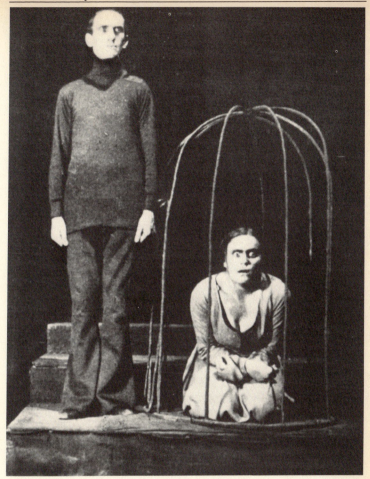

Ernst Toller: Szenenbild von *Masse Mensch*, Berlin 1921

In einer mit «Erinnerung» überschriebenen Vorbemerkung zu dem Stück *Ein Traumspiel* schreibt Strindberg:

«Der Verfasser hat in diesem Traumspiel mit Anschluß an sein früheres Stück ‹Nach Damaskus› versucht, die unzusammenhängende, aber scheinbar logische Form des Traumes nachzuahmen. Alles kann geschehen, alles ist möglich und wahrscheinlich. Zeit und Raum existieren nicht; auf einem unbedeutenden wirklichen Grunde spinnt die Einbildung weiter und webt neue Muster: eine Mischung von Erinnerungen, Erlebnissen, freien Einfällen, Ungereimtheiten und Improvisationen. Die Personen teilen sich, verdoppeln sich, dublieren sich, verdunsten, verdichten sich, zerfließen, sammeln sich. Aber ein Bewußtsein steht über allen, das ist das des Träumers; für dieses gibt es keine Geheimnisse, keine Inkonsequenz, keine Skrupel, kein Gesetz. Er richtet nicht, er spricht nicht frei, referiert nur; und wie der Traum meist schmerzlich ist, weniger oft freudig, geht ein Ton von Wehmut und Mitleid mit allem Lebenden durch die schwindelnde Erzählung (...).»

Im Modell des Traums, das Strindberg seiner Dramaturgie zugrunde legt, fallen Reales und Irreales zusammen; als geträumte Wirklichkeit ist diese Wirklichkeit real, insofern sie rückbezogen ist auf ein träumendes Subjekt, in einer mehr oder weniger eindeutigen oder auch höchst verschlüsselten Weise mit dessen Biographie verknüpft. Sie erscheint jedoch unwirklich und phantastisch, bezogen auf die Gesetze der realen, bewußt erfahrenen Tagwelt. Diese besondere Vermittlung von Wachzustand und Traum läßt Strindberg unterstellen, daß in diesem Modell die Totalität des Lebens abgebildet sei: die bewußt erfahrene Tagwelt und jene unbewußt bleibende Wirklichkeit, die sich in den Traumbildern darstellt, die Wirklichkeit der Phantasien und der verdrängten Wünsche.

In der Übertragung des Traummodells auf die Dichtung erscheint der Dichter als jener Wachträumer, für den Dichtungswirklichkeit und Lebenswirklichkeit einander ergänzen und erklären, als jenes «referierende» Bewußtsein, das die «neuen Muster» des Traums als Strukturen und Sinnzusammenhänge der Wirklichkeit aufdeckt.

Die Dramaturgie der Traumspiele, die in wesentlichen Momenten auch die des expressionistischen Stationendramas ist, läßt sich also durch folgende Elemente kennzeichnen: 1. Verzicht auf Handlung im Sinne psychologisch kausaler Motivation der Geschehnisfolge. – 2. Raum und Zeit sind nicht mehr analog der Ordnungskategorien der realen Wirklichkeit strukturbestimmende Elemente des Bühnengeschehens, vielmehr sind alle Zeit- und Raumdimensionen vermischt. An der Manipulation mit der Zeitabfolge wird das «neue Muster» des Traums, von dem Strindberg gesprochen hatte, erkennbar. Die Zeit wird in den Traumspielen nicht aufgehoben, sondern vielmehr als Erscheinungsform des Lebens dargestellt, als erlebte Zeit; nicht die abstrakte physikalische Zeit strukturiert die Handlungsabfolge, sondern die subjektive Zeit des erlebenden Protagonisten. Ähnliche Zeitverhältnisse strukturieren, wie die Psychoanalyse gezeigt hat, die Träume. – 3. Die Figuren sind in ihrer Identität aufgelöst, sie werden zu Projektionen des Protagonisten, zu Auffächerungen von dessen innerer Wirklichkeit, in der Reflexion von Erinnerungen, Lebensentwürfen, von Wünschen und Träumen. Wieder auch stehen unter Aufgabe jeder abstrakten Zeitfolge Vergangenes, Gegenwärtiges und Zukünftiges simultan nebeneinander, erscheinen gleichzeitig im Erleben des Protagonisten. Thematisierte der Futurismus Simultaneität als Erfahrungsstruktur «modernen Lebens» noch als abstraktes Modell, so deckt Strindberg den Zusammenhang dieser Struktur mit den Gesetzmäßigkeiten des psychischen Lebens des Menschen (Traum und Phantasie) auf und gewinnt gegenüber den Experimenten der Theateravantgarde («mechanisches Theater», «Theaterkonstruktivismus») dem Theater die humane Dimension in ihrer radikal subjektivistischen Fassung zurück, ohne in Naturalismus oder Stilisierung zu verfallen.

Die Rezeption der Strindbergschen Traumspieldramaturgie durch die deutschen Expressionisten setzt eben an diesem Punkt an. Den Deutschen diente das Stationendrama aber nicht mehr in erster Linie zur analytischen Verarbeitung der eigenen lebensgeschichtlichen Probleme. Das Stationendrama bot den Expressionisten vielmehr den szenisch-rhetorischen Rahmen für die Verkündigung ihrer utopistischen Programmatik, es diente der Propagierung einer emphatisch vorgetragenen Neuerungs- und Aufbruchsstimmung: der Revolte des «neuen Menschen», als dem kritischen Gegenentwurf zur Gesellschaft ihrer Zeit. Die Suche des sich selbst entfremdeten Ichs, bei Strindberg noch ganz in den eigenen Lebensproblemen befangen, wird bei den deutschen Dramatikern im Anspruch absolut gesetzt, wird zur Suche nach dem «neuen Menschen» schlechthin. Aus diesem Verkündigungspathos heraus entwickelt sich die spezifisch expressionistische Theatralik: das «ekstatische Theater» (Felix Emmel), die «geistige Bühne» als das «Theater von morgen» (Walter Hasenclever).

In der für den deutschen Expressionismus wohl wichtigsten theoretischen Schrift, in Wilhelm Worringers Dissertation *Abstraktion und Einfühlung* von 1908, werden die philosophischen Grundlagen für dieses ästhetische Programm formuliert.

Worringer bezeichnet mit den Begriffen «Einfühlung» und «Abstraktion» die beiden von ihm als fundamental (und antithetisch) angesehenen Möglichkeiten künstlerischer Haltung der Wirklichkeit gegenüber. Voraussetzung für die Einfühlung des Subjekts in die Wirklichkeit ist für Worringer deren Überschaubarkeit und Vertrautheit; Einfühlung sei nicht möglich in einer Wirklichkeit, die als «fremd» und «bedrohlich» erfahren wird, zu der das Individuum, wie Worringer schreibt, sein «Vertraulichkeitsverhältnis» verloren habe.

Dieser als enfremdet erfahrenen Wirklichkeit gegenüber begegnet der Expressionist (analog dem Künstler der «Naturvölker») mit der ästhetischen Abstraktion als einem Ordnung schaffenden Akt. Durch diesen Gestaltungsakt soll das «Chaos» bewältigt werden, soll vor allem die Grunderfahrung der Angst, die das Individuum angesichts dieser entfremdeten Wirklichkeit erfährt, aufgehoben werden. Abstraktion aber heißt: «Das einzelne Ding der Außenwelt aus seiner Willkürlichkeit und scheinbaren Zufälligkeit herausnehmen, es durch Annäherung an abstrakte Formen zu verewigen und auf diese Weise einen Ruhepunkt in der Erscheinungen Flucht zu finden (...) stärkster Drang war, das Objekt der Außenwelt gleichsam aus dem Naturzusammenhang, aus dem unendlichen Wechselspiel des Seins herauszureißen, es von allem was Lebensabhängigkeit, das Willkür an ihm war, zu reinigen, es notwendig und unverrückbar zu machen, es seinem absoluten Werte zu nähern. Wo (...) das gelang, da empfanden sie (die Naturvölker – M.B.) jene Beglückung und Befriedigung, die uns die Schönheit der organisch-lebensvollen Form gewährt» (ebd. S.50 f).

Die bestehende Ordnung der realen Welt wird in einem Akt der ästhetischen Abstraktion aufgehoben, das heißt in der Programmsprache der Expressionisten: «zerschlagen», «überwunden», durch «Lebensausschließung» negiert. «Lebensausschließung» aber bedeutet, die Objekte aus ihren realen, den gesellschaftlichen und historischen Zusammenhängen zu lösen, den Gegenständen ihre «Lebendigkeit» zu nehmen und sie in der dann erreichten Isolation als «Ding an sich» anzuschauen.

So wird die konkrete Entfremdungserfahrung, die in den realgeschichtlichen Verhältnissen des späten Wilhelminismus ihre tatsächlichen Ursachen hat, zum archetypischen Konflikt umgedeutet: als Kampf des Vaters gegen den Sohn oder des Mannes gegen das Weib. Worringer liefert auch die Rechtfertigung für dieses eskapistische Transformationsverfahren; er schreibt: «Das Leben als solches wird als Störung des ästhetischen Genusses empfunden.» Abstraktion ist in diesem Verständnis zwar ein geistiger, aber keineswegs ein rationaler Akt. Das Individuum folgt dabei vielmehr einem, wie Worringer es nennt, «instinktiven Drang», der sich darauf richtet, den Dingen einen rein subjektivistisch verstandenen «Notwendigkeitswert und Gesetzmäßigkeitswert» zu geben.

Die Ästhetik des expressionistischen Theaters ist weiterhin bestimmt durch die Adaption formaler Elemente der Stilbühne und avantgardistischer Theaterexperimente; es ist eine neue Form von Literaturtheater, das seinen Protest gegen die Zeit radikal artikulierte. Darin lag seine zeitgeschichtliche Brisanz, aber auch seine Befangenheit im Geiste des «expressionistischen Jahrzehnts».

«Sturm-Bühne» und «Kampf-Bühne»: das Experimentaltheater von Herwarth Walden und Lothar Schreyer

> «Kunst greift über Menschheit hinaus,
> ballt Menschheit zusammen.
> Kunst kreis die Menschheit in ihrem All.»
> (Herwarth Walden: *Expressionismus, die Kunstwende*, 1918)

Für den Zeitraum von etwa drei Jahren waren Herwarth Waldens «Sturm-Bühne» (im September 1917 in Berlin gegründet) und Lothar Schreyers «Kampf-Bühne» (Anfang 1919 in Hamburg gegründet) die wichtigsten Einrichtungen des expressionistischen Experimentaltheaters, unmittelbar im Vorfeld der Theaterexperimente des Bauhauses. Lothar Schreyer, 1921 ans Bauhaus berufen, stellte die Verbindung beider Entwicklungen her.

Für die Durchsetzung der modernen bildenden Kunst und Literatur in Deutschland war Herwarth Walden (eigentlich Georg Levin, 1878 bis 1941), vornehmlich in den Jahren zwischen 1910 bis 1920, einer der engagiertesten Publizisten; er studierte Musik und absolvierte eine Ausbildung als Pianist. Bis 1911 war er mit Else Lasker-Schüler verheiratet, ab 1912 mit Nell Walden.

Im März 1910 gründete Walden, der zuvor in mehreren Zeitschriften-Redaktionen gearbeitet hatte, eine eigene Zeitschrift, der er den programmatischen Namen «Der Sturm» gab und die zum wichtigsten publizistischen Forum des Frühexpressionismus und der europäischen Avantgarde (Kubismus, Futurismus) in Deutschland wurde. «Der Sturm» erschien bis 1932; Walden organisierte seine Arbeit über eine Reihe weiterer Einrichtungen, es gab die «Sturm»-Abende, den «Sturm»-Verlag, die «Sturm»-Bühne, seit 1916 die Kunstschule «Der Sturm» und seit 1917 die «Sturm»-Galerie.

Zentrale Idee von Waldens «Wortkunsttheorie» – in diesem Begriff wurde die Ästhetik des «Sturm» zusammengefaßt – war die Behauptung der Autonomie der Dichtung in ihrer lebendigen Verwirklichung, dem gesprochenen Wort, ihre Loslösung aus allen logisch-begrifflichen Bindungen («Die Kunst begreift das Unbegreifliche, nicht aber das Begriffliche») und jeder Abbildfunktion («Die Bilder der Wortkunst ... dienen nicht zur Aussage über die optische Erfahrungswelt, sie sind vielmehr Ausdruck eines Gefühls, als Gleichnis des Künstlers für dieses Gefühl»).
In einer *Kritik der vorexpressionistischen Dichtung* schrieb Walden:

«Die Zusammenstellung der Wörter, ihre Komposition, ist das dichterische Kunstwerk. Wörter sind Klanggebärden. Die organische, das heißt optisch gegliederte Gestaltung der Gebärden ergibt das Kunstwerk Tanz. Die organische, das heißt phonetisch gegliederte Gestaltung der Klanggebärden ergibt das Kunstwerk Dichtung. Die seelische Auslösung des Kunstwerks hängt von dem Aufnehmenden ab. Sie ist also nicht eindeutig und vor allem nicht die Aufgabe eines Kunstwerks, deutbar zu sein oder bestimmte Gefühle auszulösen. Es ist die undeutbare Wirkung eines Kunstwerks, körperlich und seelisch zu bewegen. Bewegung wird nur durch Bewegung ausgelöst. Deshalb ist das Wesen jedes Kunstwerks sein Rhythmus. Die Auslösung dieser Bewegung in der Musik ist so sinnfällig, daß sie niemand bezweifelt und ihr niemand widersteht. Die Auslösung dieser Bewegung in den anderen Künsten ist ebenso sinnfällig. Sie wird weniger leicht aufgenommen, weil man sich gewöhnt hat, mit dem Verstand statt mit den Augen zu sehen, und weil man die Dichtung durch den Verstand und nicht durch das Ohr aufnimmt. Man sucht in der Dichtung etwas Kunstfremdes. Nämlich Übermittlung von Gedanken. Aber selbst die Übermittlung bestimmter Empfindungen ist kunstfremd, denn jede Empfindung wird von jedem Empfindenden anders aufgenommen. Und vor allem von dem Gebildeten, das heißt dem Menschen, der sich auf eine willkürliche Aufnahmefähigkeit bewußt einstellt» («Der Sturm» 12, 1920/21, Nr. 1).

Die Theateraktivitäten im Umkreis des «Sturm» wurden im wesentlichen von Lothar Schreyer (1886–1966) getragen. Schreyer, der zuvor am Deutschen Schauspielhaus in Hamburg (1912–1918) gearbeitet hatte, schloß sich 1916 dem «Sturm»-Kreis an und arbeitete dort bis 1918 mit. 1921 wurde Schreyer ans Bauhaus nach Weimar berufen, wo er die Bühnenwerkstatt übernahm. Er geriet dort aber mit der programmatischen Ausrichtung des Bauhauses bald in Konflikt, so daß er 1923 seine Arbeit am Bauhaus wieder aufgab.
Im Rahmen der Entwicklung des Experimentaltheaters ist Schreyers Arbeit an der «Sturm-Bühne» und an der Anfang 1919 in Hamburg gegründeten «Kampf-Bühne» von beträchtlicher Bedeutung. Es ging Schreyer bei seinen Theaterexperimenten um die Entwicklung einer autonomen Bühnenkunst, die er als eine Art Gesamtkunstwerk aus dem Geiste der expressionistischen Dichtung konzipierte. Das Wort als Klanggestalt war für Schreyer das geistige Zentrum des «neuen Bühnenkunstwerks»; der Einfluß der futuristischen Sprachtheorie, insbesondere der Manifeste Marinettis, ist dabei unübersehbar.
Schreyer schrieb auch einige Dramen, in denen er seine theoretischen Vorstellungen zu verwirklichen versuchte; das interessanteste Stück davon ist sein Spielgang *Kreuzigung* (1920), der neben dem Text aus einer in allen Darstellungsebenen ausgeschriebenen Choreographie besteht, wie sie es auch zu Stücken bzw. Inszenierungen von Kandinsky und Oskar Schlemmer gibt. Schreyers gesamte Theaterarbeit war getragen von der Idee, das Theater aus der Erneuerung seiner kultischen Dimension zu reformieren. Seine Vorstellungswelt war deutlich von der Tradition der

deutschen Mystik (Jakob Böhme) bestimmt. Theater zum meditativen Gemeinschaftserlebnis, zum visionär-ekstatischen Erfahrungsraum werden zu lassen, darum ging es bei allen seinen Experimenten.

Neben Schreyer arbeiteten vor allem der Schauspieler und Vortragsartist Rudolf Blümner (1873–1945), der sich besonders durch Lesungen der Dichtungen von August Stramm hervortat, und der Maler, Publizist und Regisseur William Wauer (1866–1962) an Waldens «Sturm-Bühne». Blümner schrieb in der Zeitschrift «Der Sturm» eine Reihe von theoretisch-programmatischen Beiträgen zu «einer absoluten, von der Dichtung unabhängigen Schauspielkunst».

Auswahl der Schriften von Lothar Schreyer
Die jüngste Dichtkunst und die Bühne. In: Die Scene (1915), 171 f; (1916), 37 f und 101 f.
Das Bühnenkunstwerk. In: Der Sturm 7 (1916/17), H. 5, 50 f.
Das Bühnenkunstwerk. In: Der Sturm 8 (1917/18), H. 2, 18 ff; Hf. 3, 36 ff.
Nacht (Bühnenstück). Berlin 1919.
Kreuzigung (Bühnenstück). Berlin 1920.
Expressionistisches Theater. Aus meinen Erinnerungen. Hamburg 1948. (= Hamburger Theaterbücherei 4)

Auswahl der Schriften von Herwarth Walden
(Hrsg.) Der Sturm. Berlin 1910–1932.
Theater. In: Der Sturm 5 (1914/15), 143.
Expressionismus, die Kunstwende. Berlin 1916.
Gesammelte Schriften. Bd. 1: Kunstkritiker und Kunstmaler. Berlin 1916.
(Hrsg.) Sturm-Bühne. Berlin 1918–1919.
Theater. In: Der Sturm 13 (1922), 1–3.
Theater. In: Der Sturm 17 (1926/27), 34–44.

Wassily Kandinsky

> «Also streng genommen ist die reine abstrakte Form des Theaters die Summe der abstrakten Klänge:
> 1. der Malerei – Farbe,
> 2. der Musik – Klang,
> 3. des Tanzes – Bewegung,
> im gemeinsamen Klange der architektonischen Gestaltung.
> (Wassily Kandinsky:
> *Über die abstrakte Bühnensynthese*, 1927)

Kandinsky wurde am 5. Dezember 1866 in Moskau geboren. Nach der Schulzeit am Gymnasium in Odessa begann er 1886 in Moskau mit dem juristischen Studium, das er 1892 abschloß. 1889 und 1892 unternahm er Reisen nach Paris. Einen Ruf an die Universität (1896) lehnte der junge Jurist ab und begann statt dessen in München mit dem Kunststudium; 1897/98 war er Schüler von Anton Ažbè, 1900 von Franz von Stuck. 1901 gründete er die Malschule und Galerie «Phalanx», die er 1904 wieder auflöste. 1902 lernte Kandinsky Gabriele Münter kennen, die von 1904 bis 1914 seine Lebensgefährtin wurde.

Nach Reisen nach Venedig, Moskau und Holland, nach Odessa, Paris, in die Schweiz und nach Berlin in den Jahren von 1903 bis 1908 kehrte Kandinsky nach München zurück. 1909 bezog er ein Haus in Murnau und wurde Präsident der «Neuen Künstlervereinigung München». 1910 malte er das erste abstrakte Bild. Im gleichen Jahr fand sich jener Malerkreis zusammen, der die Gruppe «Blauer Reiter» bildete, die Kandinsky zusammen mit Franz Marc aus Protest gegen die Jury-Entscheidungen bei der dritten Ausstellung der «Neuen Künstlervereinigung» im Jahre 1911 gründete. Neben Marc und Kandinsky gehörten dem Kreis an bzw. standen ihm nahe: Gabriele Münter, August Macke, Alfred Kubin, Alexey von Jawlensky, Paul Klee, Marianne von Werefkin, Heinrich Campendonk und der Komponist Arnold Schönberg. Die erste Ausstellung des «Blauen Reiter» wurde am 18. Dezember 1911 in der Galerie Thannhauser in München eröffnet; im Herbst 1913 stellte die Gruppe in Berlin in der «Sturm-Galerie» (Erster Deutscher Herbstsalon) aus; eine Wanderausstellung «Blauer Reiter» wurde 1914 von Herwarth Walden organisiert und ging in zahlreiche Städte Deutschlands und des Auslands. 1912 erschien im Piper Verlag die Programmschrift der Gruppe, der Almanach *Der Blaue Reiter*, herausgegeben von Kandinsky und Franz Marc.

1914 reiste Kandinsky nach Moskau; 1917 verheiratete er sich mit Nina von Andrewsky. 1918 wurde er Mitglied der Abteilung Kunst im Kommissariat für Volksaufklärung, 1920 Professor an der Universität Moskau. Als sich gravierende Richtungsänderungen in der sowjetrussischen Kunstpolitik abzeichneten und die Kommissariate aufgelöst wurden, ging Kandinsky nach Deutschland (Dezember 1921) zurück. Er folgte dabei einer Aufforderung von Walter Gropius, als Lehrer ans Bauhaus zu kommen, wo Kandinsky bis 1933 tätig blieb. Als das Institut geschlossen wurde, übersiedelten die Kandinskys nach Paris; in Deutschland fielen seine Arbeiten der nationalsozialistischen Kunstpolitik zum Opfer. Am 13. Dezember 1944 starb Wassily Kandinsky in Neuilly-sur-Seine bei Paris.

Mit Theaterexperimenten beschäftigte sich Kandinsky seit etwa 1908. Die zentrale Idee, auf die alle Bühnenarbeiten ausgerichtet waren, war das «synthetische Gesamtkunstwerk», dessen Theorie er in kritischer Auseinandersetzung mit dem Konzept des additiv strukturierten Gesamtkunstwerks Richard Wagners in der Schrift *Über die abstrakte Bühnensynthese* (1927) formulierte. Nicht eine Verstärkung der Wirkung durch «Wiederholung einer und derselben äußeren Bewegung in zwei Substanzformen» (wie eben bei Wagner ein bestimmter Stimmungs- oder Symbolwert in Musik, Sprache, Bild und Gestus gleichermaßen zum Ausdruck gebracht wird) ist das Prinzip von Kandinskys synthetischem Kunstwerk, sondern die Konstruktion einer autonomen Kunstrealität aus den semiotischen Grundelementen, der «eigenen Sprache» einer jeden Kunst mit dem Ziel, einen «bestimmten Komplex der Vibrationen» aufzubau-

Wassily Kandinsky: Szenenentwurf zu Mussorgskys *Bilder einer Ausstellung*, Dessau 1928

en, der die Emotionen und die Phantasie der Rezipienten affiziert und an dem der Rezipient «weiter schafft».

Grundlegend für diese Ästhetik der «Synthese» war Kandinskys Vorstellung der «Übersetzbarkeit» der verschiedenen Künste, wie sie ihm aus seiner eigenen synästhetischen Begabung nahegelegt war: nämlich daß Farbempfindungen in ihm Klänge auslösten und umgekehrt, Musik-Hören sich ihm in malerische Eindrücke transformierte. Kandinsky versuchte in zahlreichen Experimenten, für solche Transformationen möglichst exakte Entsprechungen zu entdecken. Er arbeitete dabei mit dem russischen Komponisten Thomas von Hartmann (1885–1956) zusammen, der die Musik für Kandinskys wichtigste Bühnenkomposition *Der gelbe Klang* schrieb, ebenso mit dem Ausdruckstänzer Alexander Sacharoff (1886–1963). Kandinsky setzte sich mit diesem Problem in seinen theoretischen Arbeiten immer wieder auseinander. In der Schrift *Über das Geistige in der Kunst* heißt es:

«In der Unmöglichkeit, das Wesentliche der Farbe durch das Wort und auch durch andere Mittel zu ersetzen, liegt die Möglichkeit der monumentalen Kunst. Hier unter sehr reichen und verschiedenen Kombinationen ist eine zu finden, die gerade auf der eben festgestellten Tatsache ruht. Und nämlich: derselbe innere Klang kann hier in demselben Augenblicke durch verschiedene Künste gebracht werden, wobei jede Kunst außer diesem allgemeinen Klang noch das ihr geeignete wesentliche Plus zeigen wird und dadurch einen Reichtum und eine Gewalt dem allgemeinen inneren Klang hinzufügen wird, die durch e i n e Kunst nicht zu erreichen sind.»

Der Begriff der «monumentalen Kunst» tritt hier an die Stelle des Begriffs «Gesamtkunstwerk».

Über die praktischen synästhetischen Experimente, die Kandinsky mit von Hartmann und Sacharoff betrieb, berichtete Kandinsky im Jahre 1921: «Ich selbst habe im Ausland zusammen mit einem jungen Musiker und einem Tanzkünstler experimentiert. Der Musiker suchte aus einer Reihe meiner Aquarelle dasjenige aus, das ihm in musikalischer Hinsicht am klarsten erschien. In Abwesenheit des Tänzers spielte er dieses Aquarell. Dann kam der Tänzer dazu, ihm wurde das Musikwerk vorgespielt, er setzte es in Tanz um und erriet danach das Aquarell, das er getanzt hatte» (nach P. Weiss: *Kandinsky in Munich*, S. 191).

Eine wesentliche Rolle bei der Beschäftigung mit diesem Problem spielte für Kandinsky die Freundschaft (seit 1911) mit Arnold Schönberg, der in seinen eigenen Arbeiten ähnlichen Fragen nachging. Schönbergs *Harmonielehre* (1911) entsprach in ihren wesentlichen Voraussetzungen den theoretischen Ausgangspunkten, die Kandinsky in seinem Hauptwerk *Über das Geistige in der Kunst* (1912) entwickelte. Kandinskys ausgeführteste Bühnenkomposition *Der gelbe Klang* ist Schönbergs Drama mit Musik *Die glückliche Hand* (1913) an die Seite zu stellen (Text in J.

Hahl-Koch, S. 104–125). In einem Brief an Schönberg (vom 22. August 1912) erläuterte Kandinsky die Konstruktionsprinzipien seines *Gelben Klangs*, in dem er die Analogie der Bühnenkomposition zur Komposition seiner Bilder herausstellt. Mit Schönberg teilte Kandinsky auch die Neigung zu einem religiösen Mystizismus, der sich in der Symbolik seiner Arbeiten immer wieder niederschlug.

Vor allem im Umkreis des Münchner Künstlertheaters fand Kandinsky zahlreiche Gleichgesinnte, die an der Entwicklung eines vom Tanz und von der Musik her bestimmten Bühnengesamtkunstwerks arbeiteten; 1908 beschäftigte sich Kandinsky mit Jaques-Dalcroze und der Eurhythmie-Bewegung. Peg Weiss (S. 92ff) versucht nachzuweisen, daß Kandinsky den *Gelben Klang* im Hinblick auf die ästhetischen Prinzipien und auch auf die Möglichkeiten der praktischen Verwirklichung am Münchner Künstlertheater hin geschrieben hat. Hinzu kamen weitere Anregungen aus der Münchner Theaterszene dieser Jahre: das Schwabinger Schattenspiel- und Marionettentheater, das in derselben Straße, in der Kandinsky seine Wohnung hatte, seine Aufführungen zeigte; Kandinskys Freund Karl Wolfskehl beteiligte sich aktiv an diesem Theater. Die Theaterpläne von Erich Mendelsohn und Hugo Ball (eines großen Verehrers von Kandinsky) wiesen in die gleiche Richtung wie Kandinskys «Bühnensynthesen». 1914 war (von Hugo Ball geplant) im Piper Verlag, der schon den *Blauen Reiter* herausgebracht hatte, ein Buch über «Das neue Theater» in Vorbereitung, das programmatisch diese Bühnenentwürfe hätte zusammenfassen und der Öffentlichkeit präsentieren sollen. Der Ausbruch des Krieges verhinderte dieses Unternehmen wie auch die Herausgabe eines zweiten Almanachs des «Blauen Reiters», den Kandinsky vorgesehen hatte. Ball erläuterte den Hintergrund dieses Theaterbuches in Einträgen seines Tagebuches: «Das expressionistische Theater, so lautete meine These, ist die Festspielidee und enthält eine neue Auffassung des Gesamtkunstwerks. (...) Kandinsky stellte mir Thomas von Hartmann vor.

Der kam aus Moskau und erzählte so viel Neues von Stanislawsky: wie man dort unter dem Einfluß indischer Studien Andrejew und Tschechow spielte» (nach Zelinsky, S. 261). Auch zu Peter Behrens hatte Kandinsky enge Beziehungen; hinsichtlich der Theaterästhetik gab es zwischen beiden vornehmlich bei der Einschätzung des Lichts (bei Kandinsky eines der wesentlichsten Bühnenelemente) eine Reihe von Berührungspunkten.

Berücksichtigt man alle diese Umstände, so wird deutlich, daß Kandinsky eine Art Mittlerrolle einnahm zwischen Positionen, die den Gedanken des Bühnengesamtkunstwerks noch stark aus der von Wagner bestimmten Konzeption des 19. Jahrhunderts vertraten, und neuen Ansätzen, die auf die «abstrakte Bühnensynthese» hinarbeiteten. Für Kandinsky waren diese Vorstellungen noch bestimmend, als er 1928 am Friedrich-Theater in Dessau Mussorgskys *Bilder einer Ausstellung* inszenierte.

Auswahl der Schriften von Wassily Kandinsky
Der Blaue Reiter. (Hrsg. zs. mit Franz Marc) München 1912 (Dokumentarische Neuausgabe. Hrsg. von K. Lankheit: München 1965).
Über das Geistige in der Kunst. Insbesondere in der Malerei. München 1912.
Punkt und Linie zur Fläche. Beitrag zur Analyse der malerischen Elemente. München 1926 (= Bauhausbücher 6).
Essays über Kunst und Künstler. Hrsg. und kommentiert von M. Bill. Stuttgart 1955.
Arnold Schönberg. Wassily Kandinsky. Briefe, Bilder und Dokumente einer außergewöhnlichen Begegnung. Hrsg. von J. Hahl-Koch mit einem Essay von H. Zelinsky. Salzburg und Wien 1980.
Écrits complets III. La synthèse des arts. Hrsg. von Ph. Sers. Paris 1975.
Die Gesammelten Schriften. Bd. 1. Hrsg. von H. K. Roethel und J. Hahl-Koch. Bern 1980.

Fernand Léger

«Die Music-Hall ist dennoch die einzige Bühne, auf der fast täglich etwas erfunden wird, eine wahre Fundgrube unverbrauchter Einfälle.»
(Fernand Léger: *Schauspielballett und Gegenstandsschauspiel*, 1925)

«Psychischer Ausdruck war für mich immer eine zu sentimentale Angelegenheit. Ich empfand die menschliche Gestalt nicht als reinen Gegenstand, sondern weil ich die Maschine so gestalthaft sah, wollte ich der menschlichen Figur den gleichen Gestaltcharakter geben.» Léger (1881 bis 1955) gilt als der Künstler des 20. Jahrhunderts, der in seinem Werk am konsequentesten das Mechanische zum neuen ästhetischen Paradigma werden ließ. Die Auseinandersetzung mit der Welt der technischen Gegenstände war das bestimmende Thema seiner Arbeiten: «Ich erfinde Maschinenbilder, wie andere Phantasielandschaften machen. Das technische Element ist für mich kein Dogma, dem ich mich unterworfen hätte, keine Attitüde, sondern ein Mittel, Kraft und Macht sichbar zu machen.»
Die Idee einer «Maschinenästhetik» war es, die Léger für die Futuristen

und die Züricher Dada-Gruppe bald zur Leitfigur werden ließ; sie bestimmte auch Légers Film- und Theaterarbeiten der Jahre 1921 bis 1924. Léger entwarf Bühnenausstattungen und Kostüme für das schwedische Ballett *Skating Rink* von Rolf de Maré, zu dem Arthur Honegger die Musik schrieb, und für *La création du monde* (1923), ebenfalls ein Ballett von de Maré (Musik von Milhaud, Libretto von Blaise Cendrars). Iwan Golls Kinodichtung *Die Chaplinade* illustrierte Léger mit Figurinen, die in der Figur Charlie Chaplins den Roboter als den Menschen der modernen Welt erkennbar werden ließ. 1924 entstand sein Film *Le ballet mécanique* (fotografiert von Man Ray und Dudley Murphy), der ein Klassiker des Avantgardefilms wurde.

Die Konstitution des Schönen, unabhängig von den «Werten des Gefühls, der Beschreibung und der Nachahmung», als ein absolut eigenständiger Wert der aus ihren gewöhnlichen Kontexten oder «Atmosphären» herausgelösten Objekte, das ist das ästhetische Programm Légers in diesen Jahren. Er stand damit im engen Zusammenhang jener Entwicklungen, die seit 1905/10 das Ästhetische als autonome Realität betrachteten und von daher das Verhältnis Kunst und Leben neu definierten.

Für die Theaterästhetik wurden insbesondere jene Überlegungen Légers bedeutsam, die auf die Theatralik der Alltagssituation verwiesen: das «Objekt im Schauspiel der Straße» als der neue ästhetische Gegenstand, der Gang durch die Stadt als filmisches Erlebnis, die Volksbälle (*Les bals populaires*, 1925) als Ort einer «zeitgemäßen französischen Choreographie», «Gegenstandsschauspiel» statt eines Theaters der Schauspieler und Tänzer, statt der psychologischen Handlung die «mechanische Choreographie, welche die tote Bühnenausstattung belebt und bewegt und das Geschehen auf die ganze Szene ausdehnt». Ein Theater der Überraschung, der «unerhörten Attraktionen»; Charlie Chaplin oder der Varieté-Artist als die Figurinen eines zeitgemäßen Theaters der Gegenstände. Léger schreibt in dem Essay *Schauspielballett und Gegenstandsschauspiel* (1925):

«Die Jagd nach Akrobaten, nach dem ‹immer Gefährlicheren› ist in sich falsch, denn nicht die Gefahr als solche, sondern das Neue, Unerhörte wirkt attraktiv.
Wer das Unerwartete seines Schauspiels schön zu gestalten versteht, meistert Bühne und Saal. Charlie Chaplin ist in dieser Hinsicht genial. Douglas durchschaut man zu leicht. Bei Chaplin läßt sich die Absicht nur selten erraten. Er weiß diesen wichtigen ‹Interessenkoeffizienten› richtig in Rechnung zu stellen. Mit der soliden Verknüpfung von Menschenmaterial und beweglichem Dekor nehmen die Möglichkeiten, das Publikum zu verblüffen, beträchtlich zu. Die Spielfläche verzehnfacht sich, und selbst der Bühnenhintergrund wird lebendig. Alles gerät in Bewegung. Der bisher im Vollsinn des Wortes ‹maßgebende› Mensch wird wie alles übrige Teil des szenischen Mechanismus. War er früher Endzweck, ist er jetzt nur noch Mittel. Die Überraschungsmöglichkeiten werden vervielfacht. Durch die Auflösung der vom Menschen bestimmten Proportionen und die beweglich gewordene Bühnenausstat-

tung (Dekor) wird eine maximale Wirkung erreicht, ein einheitliches Schaubild, das in jeder Hinsicht ganz anders ist als der Saal. Wo man ein solches ‹Schauspiel› inszeniert, hat man vom Grundsatz auszugehen, daß die größtmögliche Spannung nur dort erreicht wird, wo die Welt der Bühne in einem umgekehrten Verhältnis zum optischen Eindruck des Zuschauerraumes steht.
All sein Genie bewahrt den (traditionellen) Tänzer nicht davor, daß er dadurch, daß das Publikum sich mit ihm vergleichen kann, irgendwie konkurrenziert wird, was die Wirkung seiner Überraschungseffekte zur Hälfte vermindert. Wo sich die Leute im Saal und die Akteure vorn auf der Bühne gleichen, wird kein vollwertiges *Schau*spiel erreicht. Ist jedoch die irrige Vorstellung, der Mensch sei auch hier das Maß und der Mittelpunkt aller Dinge, endgültig ausgerottet, bevölkert sich die Bühne mit unzähligen Dingen, die das Publikum fesseln, und mit den Lichteffekten gerät auch der Film ins szenische Spiel. Jetzt erst kann von einer Mechanisierung des Theaters, das heißt von einer präzisen Synchronisierung von Gebärde, Bewegung und Licht, wirklich die Rede sein, wird die Macht paralleler Kräfte (zwanzig Personen als Träger *einer* Bewegung) spürbar, geben die sich kontrastierenden Farben und Formen ihr Letztes her.
Zehn gelbkostümierte Akrobaten schlagen in ruhigem Rhythmus das Rad über die beleuchtete Bühnenfläche und wiederholen die gleiche Bewegung, nun aber wesentlich schneller, in der Gegenrichtung als phosphoreszierende Figuren vor dunklem Grund. Im ruhigen Rhythmus des Anfangs wird auf der oberen Hälfte des Dekors eine Filmsequenz eingeblendet. Der letzte Vorhang hebt sich und gibt vor dem Fond ein sich bewegendes oder statisch aufgebautes Objekt frei, das für eine genau bemessene Zeit die Bühne beherrscht. Die Stiege, das Rad, die hier unerwartete Einrichtung zu irgendeiner Erfindung glänzt auf und verschwindet.
Es gilt nun, die Gegenstände, die bisher verkannten, den allmächtigen Bühnenstars geopferten prächtigen Dinge, deren Schauwert kaum überschätzt werden kann, ins Blickfeld zu bringen. Varietéartisten kommt das Verdienst zu, als erste die Bühnenwirkung der Objekte erahnt zu haben. Ihre dämmernde Einsicht setzt sich aber selbst in ihren eigenen Inszenierungen nur zaghaft durch. Sie stellen die Dinge rund um sich auf, ohne sie voll zur Geltung zu bringen. Doch bei ihnen habe ich sie erstmals auf einer Bühne gesehen: Der Jongleur des Pariser Olympia muß irgendwie gemerkt haben, daß seinen Geräten ein gewisser Schauwert zukommt – dessen Bedeutung er freilich noch nicht ganz erfaßt, denn noch hat er all diese schönen Dinge hinter sich angeordnet, als Fond zu *seiner* Schaustellung, in der er nur *sich* zur Geltung zu bringen versucht.
Die Music-Hall ist dennoch die einzige Bühne, auf der fast täglich etwas erfunden wird, eine wahre Fundgrube unverbrauchter Einfälle. Die Möglichkeiten, die sich dort abzuzeichnen beginnen, werden freilich nie voll ausgenützt. Aber schon wirken sie aus dem Hintergrund. Ihre Stunde wird kommen» (F. Léger: Ausstellungskatalog. Berlin 1980, S. 530f)

Wesentliche Elemente von Marinettis Varieté-Theater finden sich in diesem Programm wieder, freilich in die strenge Form «mechanischer Choreographie» und zur Schönheit der «geometrischen Ordnung» (*Maschinenästhetik*, 1924) gebracht.

Auswahl der Schriften von Fernand Léger
L'esthétique de la machine: l'objet fabriqué, l'artisan et l'artiste. In: Bulletin de l'Effort Moderne. Paris 1924, Nr. 1, 5–7; Nr. 2, 8–12 (dt.: Der Querschnitt 3. Berlin 1923, 122–129).
Le Spectacle: Lumière, Couleur, Image mobile, Objet-Spectacle. In: Bulletin de l'Effort Moderne. Paris 1924, Nr. 7, 4–7; Nr. 8, 5–9; Nr. 9, 7–9 (dt.: Europa Almanach. Potsdam 1925, 119–132).
Mensch, Maschine, Malerei. Übers. und eingel. von R. Füglister. Bern 1971.

Frederick J. Kiesler

«Form folgt nicht der Funktion.
Form folgt der Vision.
Vision folgt der Wirklichkeit.»
(Frederick J. Kiesler)

«Es war das erste Mal in der Theatergeschichte, daß Filmprojektionen anstelle gemalter Kulissen verwendet wurden und selbst Television – in dem Sinne, daß Kiesler in der Bühnenrückwand eine quadratische Öffnung anbrachte, die automatisch geöffnet werden konnte. Durch die Anordnung einer Reihe von Spiegeln hinter der Öffnung konnten die Zuschauer in der Öffnung Schauspieler wie auf einem Bildschirm sehen. Die Schauspieler erschienen in der Öffnung ungefähr 50 cm hoch, miteinander sprechend und sich bewegend. Es war eine ungeheure Illusion, besonders da eine Minute später dieselben Personen auf der Bühne erschienen» (F. St. Florian, in: *Frederick Kiesler. Architekt, S. 3*). Mit dieser Bühnenausstattung (1923) für Karl Čapiks Stück *R. U. R.* am Theater am Kurfürstendamm hatte sich der Architekt Frederick Kiesler (1890–1965) schlagartig bei der Berliner Avantgarde, dem Kreis um Theo van Doesburg und Mies van der Rohe, Schwitters, Richter, Moholy-Nagy und El Lissitzki bekannt gemacht.

Im gleichen Jahr noch entwickelte Kiesler in Wien eine seiner architektonischen Grundideen, die ihn über alle Werkphasen hin beschäftigte, das «Endlose Haus». 1923 auch entstand der erste Entwurf für ein «Endloses Theater». Kiesler bekam von der Stadt Wien den Auftrag, die Theater- und Musikfestspiele 1924 als verantwortlicher Architekt zu betreuen. Im Rahmen dieser Festspiele wurde auch die «Internationale Ausstellung neuer Theatertechnik» veranstaltet, dessen Katalog Kiesler herausgab und gestaltete.

Kiesler arbeitete zu dieser Zeit an dem Projekt eines Theaters mit einem Fassungsvermögen von 10000 Zuschauern. Dabei legte er das Prinzip der (endlosen) Raumkontinuität als bestimmende architektonische Struktur erstmals einem Bauentwurf zugrunde. Das «Endlose Theater» war als Arenatheater konzipiert; zwei Proszeniumsbühnen waren durch ein durch den gesamten Raum laufendes Rampensystem verbunden, eine riesige Doppelschale aus gegossenem Glas schuf einen praktisch unbegrenzten Spielraum. In seinen theoretischen Beiträgen im Katalog der Wiener Ausstellung von 1924 erläuterte Kiesler dieses Konzept als die dem technischen Zeitalter angemessene Theaterform: «Der Dichter unserer Zeit ist Ingenieur, der mit höchster mathematischer Präzision berechneten optophonetischen Spielsymphonie.» Die Idee eines totalen Theaters ist in diesem architektonischen Entwurf konsequent realisiert. Kiesler entwickelte in den USA dieses Konzept weiter in seinem Entwurf des «Universal (Theater)» von 1961, für das er von der Ford Foundation den Auftrag erhalten hatte. Er beschreibt diesen Entwurf folgendermaßen:

«Seit einiger Zeit ist mir sehr klar geworden, daß der neue Prototyp eines Theaters unserer Tage weder künstlerisch noch ökonomisch für sich allein existieren kann, gleichgültig, wie gut sein architektonischer Entwurf oder seine Ausstattung sein mögen. (...)
Ich habe das Haupttheater entworfen (mit einem Fassungsraum von 1600 Personen) und neben seiner Bühne das Foyer eines kleineren Theaters (Fassungsraum von 600 Personen), welches gleichzeitig zum Haupt-Wandelgang eines Wolkenkratzers wird (30 Stockwerke hoch), der wiederum eine Auswahl von kleineren Theatern umfaßt, mit je einem Fassungsraum von 120 bis 300 Personen. Außerdem wird der Wolkenkratzer große Fernseh-Studios erhalten, kleine Fernseh-Studios und Radio-Stationen, Mieträume für die Büros verschiedener Verleger, Platten- und Filmproduzenten und ebenso sieben Stockwerke für Industrie- oder Kunstausstellungsräume. Sie alle haben den Vorteil, gemeinsame Speise- und Lagereinrichtungen sowie gemeinsame Werkstätten zu besitzen. Es ist ein Geschäfts-, Unterhaltungs- und Kunstzentrum, wo jeder Teil, direkt oder indirekt, den anderen unterstützt.
Das ‹Universal› ist für viele Zwecke geplant. Es versucht nicht, den Dramatiker, den Schauspieler oder den Techniker in eine ferne Zukunft, in ein Traum-Haus zu projizieren. Es versucht auch nicht, den Stil und die Ausstattung des gegenwärtigen Theaters nur zu modernisieren, sondern es versucht, eine Brücke aus den vergangenen Jahrhunderten in das kommende zu schlagen. Das Universal Theater stellt den griechischen Arena-Typ dar; es hat aber auch einen heutigen Proszenium-Raum. Zusätzlich bietet es zwei fortlaufende Stege, die man Randbühnen nennen könnte.
Die Decke fließt wie eine Muschel an die rechte und linke Seite vom Proszenium. Diese stark geneigte Haube dient dazu, uns an einen verbergenden Himmel zu erinnern, mit all den Möglichkeiten von durch Licht und Projektion erzeugten Unendlichkeiten. Tatsächlich ist das Universal, was Erscheinung und Ton betrifft, ein endloses Theater. Um alles zu koordinieren, hat es drei Kommunikations-Tür-

me, einen links, einen rechts und einen im Hintergrund. Diese drei monumentalen Aufbauten werden auch als vertikale Kommunikationseinheit der Besucher zwischen den verschiedenen Balkon-Ebenen benutzt.

Alle drei Türme sind unter dem Auditorium in einem Kontroll-Pult verbunden, das beinahe in der Mitte des Auditoriums gelegen ist, und zwar niedrig genug, um das Publikum nicht zu behindern, aber doch in einer Weise untergebracht, daß es möglich ist, alle Projektionen im Auditorium ebenso wie auf der Bühne zu kontrollieren. Außerdem sind noch zwei Projektionspulte höher oben und in der Mitte des Zuschauerraums angebracht, um aus einer genauen Höhe Projektionen direkt auf die Bühnenöffnung und in die Runde zu werfen. Das ‹Universal› ist in der Tat geschaffen, um dem Publikum ebenso wie dem Schauspieler ein Instrument zu geben, das vom Bühnen-Direktor als ein Transformationszentrum von magischer Illusion und Tuchfühlungs-Realität manipuliert werden kann.

Wir dürfen nicht vergessen, daß wir in einer Zeit leben, in der Technik und Wissenschaften die menschliche Arbeit zu übernehmen versuchen, teils, um den alten Kampf fortzusetzen, die geheimen Feuer des Kosmos zu stehlen, und teils, um dem Menschen Arbeitsenergie zu ersparen und ihm mehr Freizeit und bessere Gesundheit zu geben.

In Wahrheit muß jeder Architekt, der heutige Strukturen entwirft, in seinem Entwurf seine Lebensphilosophie, nach der er lebt, offenbaren. Heute ist es der Architekt, der aus den weiten Gebieten der geschichtlichen Dokumentation und der gegenwärtigen technischen Entwicklung die gültigen Fakten auswählen muß, die sich erfolgreich mit einem Beitrag für eine schöpferische Art zu leben koordinieren lassen.

Nachdem ich 40 Jahre in der Welt des Theaters gearbeitet habe, habe ich einiges drastisch abgeschafft und einige neue Konzepte hinzugefügt. Ich habe den Schnürlboden, zu dem die gemalte Szenerie hinauffliegt, abgeschafft, da ich weiß, daß die nächsten Jahrzehnte eher eine plastische als eine gemalte Szenerie verwenden werden. Die gemalte Kulisse wird hauptsächlich durch Projektionen ersetzt werden. Dies ist viel wirtschaftlicher und phantasievoller. Wie auch immer, falls bemalte Vorhänge gewünscht werden, kann man sie provisorisch auf die Bühne und wieder weg rollen.

Ein wichtiger Faktor des ‹Universal› ist die automatische Umformung des unteren Teils des stadionartigen Zuschauerraumes, der ihn in eine Arena umwandelt, ohne die 300 Zuschauer dieses Abschnittes zu stören. Er kann in wenigen Sekunden, während die Handlung auf der Proszenium-Bühne weitergeht, in seine ursprüngliche Lage zurückgebracht werden. Dieser und andere solche Aspekte des ‹Universal›-Entwurfs bieten verschiedene Arten von Bühnenflächen für folgende Funktionen:

a. Das Universal erlaubt eine brennpunktartige Konzentration auf das gesprochene Drama.
b. Durch die Randbühnen (zusätzlich zur Prosezniumsfläche) bietet es verschiedene Möglichkeiten, Schauspiele wie Opern, Revuen und große Dramen aufzuführen.
c. Es bietet einen riesigen Ausdehnungsraum für Symphoniekonzerte und Chorwerke und im Gegensatz dazu eine Intimität in der Arenaabteilung für Kammermusik und Solo-Konzerte.

d. Indem es für die Schauspieler oder andere Personengruppen möglich ist, durch die Mitte des Zuschauerraumes auf verschiedene Ebenen des Saales zu promenieren, bietet das ‹Universal› alle Einrichtungen für große öffentliche Treffen, etwa Empfänge.
e. Es erlaubt Filmvorführungen mit perfekter Sicht von allen Plätzen und mit der Möglichkeit, die Projektionsfläche, falls gewünscht, beinahe endlos zu erweitern.
f. Es hat die technischen und optischen Einrichtungen, um aktuelle Ereignisse über einen Satelliten dem wartenden Publikum sofort zu übertragen und mitzuteilen, während sie noch geschehen.

Es ist logisch, daß ein Gebäude für einen neuen Inhalt auch eine neue Form und ein neues Konstruktionsprinzip haben soll» (Frederick J. Kiesler. Ausstellungskatalog. Wien o. J., S. 11 f)

1925 gestaltete Kiesler den österreichischen Pavillon auf der «Exposition Internationale des Arts Décoratifs et Industriels Modernes» in Paris; er stellte dabei sein wohl bedeutendstes Projekt aus, den futuristischen Entwurf einer «Stadt im Raum»; es war eine vom Boden gelöste Superarchitektur, bei der die einzelnen Teile der Stadt auf unterschiedlichen Raumebenen plaziert waren.

1926 übersiedelte Kiesler in die USA und wurde amerikanischer Staatsbürger; er folgte einer Einladung des Provincetown Playhouse und der Theater Guild nach New York und hatte den Auftrag, dort eine Theaterausstellung zu organisieren. In der 8. Straße von New York City baute er ein Kino; es war ein riesiger Raum mit vier Projektionsflächen, die sich über die Wände und die Decke ausbreiten ließen und ein totales Filmerlebnis vermittelten.

1931 entwarf Kiesler das «Space-Theater for Woodstock N. Y.», einen Bau für alle nur denkbaren Formen des Experimentaltheaters. 1933 bis 1934 war er Direktor für Bühnengestaltung an der Juilliard-Musikakademie, von 1936 bis 1942 Leiter des Designlaboratoriums an der Columbia Universität in New York. Der Bau der Guggenheim-Galerie «Kunst aus diesem Jahrhundert» 1942 und die Einrichtung der Surrealisten-Ausstellung 1947 sind jene Arbeiten Kieslers, die am stärksten in die Öffentlichkeit wirkten.

Auswahl der Schriften von Frederick J. Kiesler
(Hrsg.) Internationale Ausstellung neuer Theatertechnik. Katalog. Programm. Almanach. Wien 1924.
– Abrüstung der Kunst, 5.
– De la nature morte vivante, 20 f.
– Debacle des Theaters. Die Gesetze der G.-K.-Bühne, 43–58.
– Mechanische Raumszenerie, 24 f.
– Das Railway-Theater.

Erneuerung der Theaters. In: De Stijl VII
(1926/27) 75/76, S. 51–52.
Das Universal (Theater). In: Frederick Kiesler (Ausstellungskatalog). Wien o. J.,
11–13.
A Festival Shelter. The Space Theatre for Woodstock, N. Y. Progress of an Idea.
In: Frederick Kiesler (Ausstellungskatalog). Wien o. J., 21–24.

Theaterarbeit am Bauhaus

> «Der heutige Theaterarchitekt sollte sich das Ziel setzen, eine große Klaviatur für Licht und Raum zu schaffen, so sachlich und anpassungsfähig, daß sie für jede nur vorstellbare Vision eines Regisseurs empfänglich wäre; ein flexibles Bauwerk, das schon vom Raum her den Geist umbildet und erfrischt.»
> (Walter Gropius, 1934)

Die Politisierung der seit der Jahrhundertwende immer stärker sich Geltung verschaffenden Reformmentalität durch die November-Revolution von 1918 bestimmte den Geist, aus dem heraus das Bauhaus im März 1919 in Weimar gegründet wurde. Das erste Bauhaus-Manifest bezeugt diesen Zusammenhang eindeutig.

Das Bauhaus war eine staatliche Lehrinstitution für alle Zweige des bildnerischen Gestaltens von der Architektur bis zu Theater und Film. Die Institution entstand aus der organisatorischen Zusammenlegung der Hochschule für Bildende Kunst mit der Kunstgewerbeschule in Weimar. Entscheidend geprägt wurde das Bauhaus durch Walter Gropius (1883 bis 1969), der am 12. April 1919 zum Direktor berufen wurde. Träger war der Freistaat Sachsen, ein republikanisches Staatsgebilde, das in der Folge der November-Revolution aus dem Großherzogtum Sachsen-Weimar hervorgegangen war. Die Regierung bildeten Sozialdemokraten, USPD, KPD und Vertreter der Arbeiter- und Soldatenräte. Die Gründung des Bauhauses wurde von den Fraktionen der SPD, USPD und der KPD getragen. In den folgenden Jahren gab es im Thüringischen Landtag immer wieder heftige Auseinandersetzungen um das Bauhaus, zumeist Angriffe auf die politische Ausrichtung der Kurse. 1924 erreichte die politische Kampagne ihren Höhepunkt. Das Bauhaus sei «eindeutig kommunistisch-expressionistisch ausgestaltet», so lautete der pauschale Vorwurf der Deutsch-Nationalen Volkspartei, die die Stillegung des Instituts verlangte.

Oskar Schlemmer: Szenenbild der Pantomime *Treppenwitz*, Dessau 1926/27

Im Dezember 1924 löste sich das Bauhaus in Weimar selbst auf. Im März 1925 beschloß der Gemeinderat von Dessau, das Bauhaus zu übernehmen. Sofort bildete sich auch in Dessau ein «Bürgerverein zur Bekämpfung des Bauhauses». 1926 wurde das inzwischen in Dessau etablierte Institut als Hochschule für Gestaltung anerkannt, die Lehrer («Meister») erhielten Professoren-Status. 1928 trat Gropius als Direktor des Bauhauses zurück, sein Nachfolger wurde Hannes Meyer; dieser wieder wurde 1930 von Mies van der Rohe abgelöst. In Dessau arbeitete das Bauhaus bis 1932, dann erfolgte erneut seine Auflösung aus politischen Gründen. Mies van der Rohe versuchte noch eine Zeitlang, das Bauhaus in Berlin als private Einrichtung zu erhalten. Am 11. April 1933 besetzten SA und Polizei das Gebäude; den Nationalsozialisten galt das Institut als Exponent «entarteter Kunst» und «Brutstätte des Kulturbolschewismus». Obwohl die Möglichkeit der Wiederaufnahme des Lehrbetriebs in Aussicht gestellt wurde, beschloß das Professorenkollegium am 19. Juli 1933 die Auflösung des Bauhauses.

In der Emigration, in den USA, sammelten sich einige ehemalige Bauhauslehrer und gründeten 1937 in Chicago «The New Bauhaus», dessen erster Direktor Moholy-Nagy wurde, der ungarische Konstruktivist und Experimentalfilmer, der bereits in Dessau am Bauhaus gelehrt hatte. Ab 1938 wurde dieses Institut als «School of Design» weitergeführt.

Die Bauhausidee trug von Anfang an utopistische Züge und stand in der Tradition der Lebenreformideen, die seit der Jahrhundertwende in Deutschland wirksam waren. Mit der Bezeichnung «Bauhaus» sollte programmatisch auf eine vorkapitalistische Produktionsform hingewiesen werden, auf die Bauhütten des mittelalterlichen Dombaus. Im Bild der Kathedrale wurde in diesen Jahren vielfach die Idee einer neuen Gemeinschaft symbolisiert; 1905 schrieb Rilke sein Gedicht *Werkleute sind wir alle*.

Mit der neuen Form der Arbeitsorganisation war die Hoffnung auf ein neues Gemeinschaftsleben verbunden; Gropius schrieb dazu: «Mir träumt von dem Versuch, aus der zersprengten Isoliertheit der Einzelnen hier, eine kleine Gemeinschaft zu sammeln (...)»; Ziel der Mitgliedschaft am Bauhaus sei es, «nicht nur werkgerechte Lampen zu entwerfen, sondern Teil einer Gemeinschaft zu sein, die den neuen Menschen in neuer Umgebung aufbaut.» In solchen Programmsätzen verband sich der expressionistische Traum vom neuen Menschen mit den Hoffnungen vom November 1918. Der Architekt galt als Gesamtkünstler, «Ordner des ungetrennten Gesamtlebens» (Gropius), Architektur als Zusammenfassung aller Einzelkünste und Fertigkeiten zur Gestaltung einer neuen Lebenswelt, in der Programmatik der Bauhaustheoretiker: einer «sozialen Utopie».

Die Arbeit der Bühnenwerkstatt war Teil des Lehr- und Forschungsprogramms des Bauhauses ab 1921, als Lothar Schreyer ans Bauhaus kam. Schreyer, der Mitbegründer der «Sturm-Bühne», versuchte am Bauhaus die expressionistische Theatertradition des «Sturm»-Kreises fortzusetzen. Damit geriet er aber bald in Konflikt mit den Zielen der Institution; dies führte 1923 zu seiner Ablösung.

Seine Nachfolge trat Oskar Schlemmer an, der in seiner Stuttgarter Zeit bereits Theaterexperimente betrieben hatte und die «Bühne im Bauhaus» zu einer Art Theaterlaboratorium ausbaute, in dessen Mittelpunkt die Erforschung (in Theorie und Praxis) des Verhältnisses von Mensch und Raum als zentrales Moment theatralischer Inszenierung stand. Eine Art Mathematik des Theaters war es, die Schlemmer zu entwickeln versuchte, ausgehend von den fundamentalen Form- und Bewegungsstrukturen des menschlichen Körpers und dessen choreographischen Möglichkeiten im Raum. Theater als Raumproblem zu betrachten – und zu erforschen –, dies war der neue Ansatz, der durch die Bauhausbühne in die theaterästhetische Diskussion eingebracht wurde. Damit war die Theaterarbeit in das Bauhaus-Konzept integriert: «im Rahmen des Raumes und seiner Gestaltung am Aufbau des neuen Weltbildes, das sich zu unserer Zeit zu formen beginnt, schaffend mitzuwirken» (Walter Gropius). Es war der Raumbegriff des Architekten, der der Bühnenarbeit zugrunde gelegt wurde: Raum als Lebensraum aufgefaßt, nach spezifischen Gesetzen konstruiert und gestaltet, nicht als «Natur»-Raum vorgefunden; die Konstitutionsmomente des Raumes wurden aus der Dialektik von Mensch und Raum abgeleitet. Diese im Bauhaus praktizierte Betrachtungsweise der Bühne und der Theaterinszenierung als Raumproblem ging weit über den Problemhorizont hinaus, den Georg Fuchs mit der Diskussion um die Reliefbühne, die ähnliche Fragen unter dem Aspekt der Wahrnehmung thematisierte, vorgegeben hatte.

1925 erschien in der Reihe «Bauhausbücher» der Band 4 *Die Bühne im Bauhaus*, in dem das Spektrum der Theaterarbeit dokumentiert wurde; neben den Essays von Schlemmer (*Mensch und Kunstfigur*) und Moholy-Nagy (*Theater, Zirkus, Varieté*) erschien darin der Beitrag des Ungarn Farkas Molnár *U-Theater*, der sich mit Problemen der Bühnenarchitektur befaßte.

Walter Gropius formulierte die Zielsetzung der Bauhausbühne folgendermaßen:

«Das Bühnenwerk ist als orchestrale Einheit dem Werk der Baukunst innerlich verwandt; beide empfangen und geben einander wechselseitig. Wie im Bauwerk alle Glieder ihr eigenes Ich verlassen zugunsten einer höheren gemeinsamen Lebendigkeit des Gesamtwerks, so sammelt sich auch im Bühnenwerk eine Vielheit künstlerischer Probleme, nach einem dieser übergeordneten eigenen Gesetze, zu einer neuen größeren Einheit.

In ihrem Urgrund entstammt die Bühne einer metaphysischen Sehnsucht, sie dient also dem Sinnfälligmachen einer übersinnlichen Idee. Die Kraft ihrer Wirkung auf die Seele des Zuschauers und Zuhörers ist also abhängig von dem Gelingen einer Umsetzung der Idee in sinnfällig-optisch und akustisch wahrnehmbaren Raum (...).»

Erneuerung des Theaters im Sinne seines Ursprungs, der in der religiösen Handlung, in Kult und Ritual gesehen wurde, war das Ziel der theaterästhetischen Reflexion am Bauhaus, Restitution auch des Anspruches auf metaphysische Sinngebung durch die Theater-Kunst. Diese Dimension des Bauhausprogramms scheint im Widerspruch zu den Prinzipien konstruktivistischen und funktionalistischen Denkens zu stehen, das gemeinhin als typisch für das Bauhaus gilt. Reduziert man die Bauhausästhetik (insbesondere die der Anfangsphase) jedoch auf solche Positionen, wird der historische Ort dieser Institution, der gerade durch den emphatischen Reformwillen der Gründungszeit bestimmt ist und die Bauhausästhetik als eine Art konstruktivistischen Expressionismus erscheinen läßt, nicht hinreichend erfaßt.

Zur institutionellen Entwicklung der Bauhausbühne schreibt Hans Wingler:

«Die Bühnen-Werkstatt, in Weimar noch ziemlich provisorisch, war im Dessauer Bauhaus-Gebäude mit allen Notwendigkeiten eingerichtet; technisch wie künstlerisch voll funktionsfähig war sie von der Vollendung des Baues im Spätjahr 1926 bis zu Schlemmers Weggang im Herbst 1929. Stetig wuchs in dieser Zeitspanne der Wirkungsradius der vom Bauhaus geleisteten Bühnenarbeit; den Höhepunkt an äußerer Anerkennung und kritischer Resonanz brachte ihr zu guter Letzt eine Tournee durch eine Reihe von Großstädten in ganz Deutschland und der Schweiz ein. Das Programm ist während der Dessauer Entwicklungsperiode Zug um Zug nüanciert, bereichert und erweitert worden. Trotzdem blieb die in Weimar 1923–1924 erarbeitete Konzeption stets fundamental» (*Die Bühne im Bauhaus*. Neue Bauhausbücher, S. 6).

Im Juni 1928 zeigte die Bauhausbühne ihr Programm auf dem 2. Deutschen Tänzer-Kongreß in Essen (zum Programm im einzelnen vgl. Wingler, *Das Bauhaus*, S. 489f). In enger Verbindung mit der Bühnen-Werkstatt wurden die beliebten Feste (Kostümfeste, Laternenfeste) des Bauhauses arrangiert, bei der die Bauhauskapelle (Wingler: «im Deutschland der zwanziger Jahre in der Tat eine der phantasievollsten Jazzbands») aufspielte.

Neben Schlemmers vorrangig vom Tanz her entwickelten Figurinentheater, das zweifellos den Schwerpunkt der Bühnenarbeit des Bauhauses bildete, gab es weitere Ansätze zu Theaterexperimenten. 1923 war mit Schlemmer der Ungar Laszlo Moholy-Nagy ans Bauhaus gekommen, der sich neben seinen experimentellen Arbeiten mit Film und Fotografie auch mit dem Theater beschäftigte. Für Moholy-Nagy stand die Erforschung neuer Sehgewohnheiten in den ästhetischen Medien (Film, Fotografie und Theater) im Mittelpunkt seiner Experimente. 1922 vertrat er die These: «Der Konstruktivismus ist der Sozialismus des Sehens». Die Ästhetik des Konstruktivismus gründe sich demnach auf Gesetzmäßigkeiten und Erfahrungsdispositionen, die jedem Menschen ohne spezifische Vorbildung zugänglich seien. Moholy entwarf eine Reihe von Bühnenausstattungen, die alle im Experimentalfilm und in der experimentellen Fotografie erprobten Licht-Bewegungs-Effekte für die Theaterinszenierung einsetzten; damit entsprach er dem auch von Gropius vertretenen Programm eines «Theaters der Totalität», «daß dem universalen Regisseur eine große Licht- und Raummaschinerie zur Verfügung stehen müßte, die so unpersönlich und beweglich sein müßte, daß sie ihn nirgendwo festlegte und allen seinen Visionen seiner Vorstellungskraft Ausdruck geben könnte. (...) Das Theater der Totalität muß eine Mobilisierung aller räumlichen Mittel sein, um den Zuschauer aus seiner intellektuellen Apathie zu reißen, ihn anzugreifen und zu überwältigen und ihn zur Teilnahme am Spielgeschehen zu zwingen» (*Theaterbau*, 1934).

Experimente, bei denen es um die Erprobung abstrakter kinetischer und luministischer Erscheinungen ging und die auch für szenographische Arbeiten genutzt wurden, unternahmen von 1922 bis 1925 Joseph Hartwig und Kurt Schwerdtfeger mit ihren «Reflektorischen Lichtspielen». Ausgangspunkt dieser Arbeiten war (ähnlich wie bei Wassily Kandinskys «Farbklängen») das Bedürfnis, «Farbformflächen, die im gemalten Bild in ihren Verhältnissen und Beziehungen zueinander Bewegungen und Spannungen illusionistisch vortäuschen, zu tatsächlichen Bewegungen zu steigern» (nach Wingler, ebd. S. 97). Angeregt wurden diese Experimente von einfachen Schattenspielen, die man bei einem vom Bauhaus veranstalteten Laternenfest beobachtet hatte und die zunächst spielerisch variiert wurden. Schließlich wurden diese Farblichtspiele strengen kompositorischen Regeln unterworfen, «fugenartig» gegliedert und auf bestimmte Farbformthemen hin gestaltet. Erfahrungen der Filmwahrnehmung wurden verarbeitet (Film als «bewegtes Licht, gefügt in einem zeitlich geordneten Rhythmus»). Ludwig Hirschfeld-Mack schrieb 1925:

«Wir glauben, mit den Farbenlichtspielen einer neuen Kunstgattung näher zu kommen, die in ihrer starken physisch-psychischen Wirkung farbsinnliches und musikalisches Erleben in tiefen und reinen Spannungen auszulösen vermag. Weil die Farbenlichtspiele in gleicher Weise an die Untergründe des Gefühls wie an Farb- und Form-Instinkte rühren, glauben wir an ihre Bestimmung, zunächst Brücke des Verständnisses zu sein für die Vielen, die ratlos vor den abstrakten Bildern und den neuen Bestrebungen auf allen anderen Gebieten stehen – und damit auch der neuen Schaffensgesinnung, aus der sie entstanden sind. Darüber hinaus sehen wir Möglichkeiten einer fruchtbaren Einwirkung auf den Film in seiner heutigen Form. Für die Bühne können Farbenlichtspiele, als Handlungs- und Regieelement eingesetzt und in Einklang gebracht, von starker, neuartiger Wirkung sein, die dem Theater eine gleichzeitig bis zum Äußersten vereinfachte, im Wesen aber reichlich differenzierte Ausgestaltung der Bühnenwerke bedeuten würde» (nach Wingler, ebd. S. 98).

In eine andere Richtung gingen die Experimente von Schlemmers Mitarbeiter, dem Maler Alexander (Xanti) Schawinsky (geb. 1904 in Basel), der zwischen 1924 und 1926 als Student, 1927 bis 1929 als Assistent der Bühnenwerkstatt am Bauhaus arbeitete. Angeregt von Schwerdtfegers «Reflektorischen Lichtspielen», entwickelte er das sogenannte «Spektodrama», abstrakte choreographisch aufgebaute Szenographien, bei denen die Spieler/Tänzer zusammen mit einfachen Formelementen (farbigen Dreiecken, Kuben, Rundscheiben, Bändern etc. aus den verschiedensten Materialien) agierten. Daneben inszenierte er eine Reihe von Sketches (*Der Zirkus*, *Olga-Olga* u. a.). Schawinsky setzte seine Arbeit in der amerikanischen Emigration fort; am Black Mountain College

(North Carolina) entwickelte er mit einer Theaterklasse das Spektodrama weiter und inszenierte zwischen 1936 und 1938 eine Reihe von Stükken.
Den Bauten von Science-fiction-Inszenierungen ähnelt das «U-Theater» von Farkas Molnár:

«Molnár sah drei hintereinander angeordnete Bühnen mit Flächen von 12 × 12, 6 × 12 und 12 × 8 Meter vor, außerdem eine vierte Bühne, die hängend über der mittleren angebracht werden sollte. Die erste war proszeniumsartig in den Zuschauerraum hineingeschoben, so daß die Bühnenvorgänge (etwa Tanz und Akrobatik) von drei Seiten sichtbar waren. Die zweite Bühne war ähnlich wie die erste nach Höhe, Tiefe und Seiten variierbar geplant; sie war für reliefartige Darstellungen und Aufbauten (die jeweils, verborgen hinter einem Vorhang, auf der dritten Bühne vorbereitet werden konnten) bestimmt. Die dritte Bühne entsprach in etwa dem herkömmlichen Guckkastenprinzip. Molnárs technischer Perfektionismus gipfelte in allerlei komplizierten Vorrichtungen – einem zylinderartigen Hohlkörper über den vorderen Bühnen und dem Zuschauerraum, konstruiert zum Herunterlassen von Menschen und Gegenständen, Zugbrücken zwischen den Bühnen und Rängen, Hängeboden und Apparaturen zur Erzeugung von Spezialeffekten; ja es war sogar an Wasserapparate und einen Duftverbreiter gedacht» (Wingler, ebd. S. 359).

Kurt Schmidt arbeitete vornehmlich an der Mechanisierung des Theaters und entwarf zusammen mit F. W. Bogler und Georg Teltscher eine Reihe von Szenographien und Figurinen für ein *Mechanisches Ballett* (uraufgeführt im Staatstheater Jena 1923 während der Bauhauswoche) und für Marionettenspiele.
Heinz Loew entwarf ein «mechanisches Bühnenmodell», das die technische Apparatur des Theaters gleichsam als Selbstzweck ausstellt. Loew schrieb dazu:

«von einem falschen gefühl geleitet, versucht man heute jeden technischen vorgang auf der bühne ängstlich zu verbergen. deshalb ist für den modernen menschen die bühne von hinten oft das interessanteste schauspiel, zumal im zeitalter der technik und der maschine. – die meisten bühnen verfügen über einen technischen riesenapparat, der ungeheure energien darstellt, von denen der zuschauer aber keine ahnung hat. das gebot der zukunft wäre also, ein den akteuren ebenbürtiges technisches personal heranzubilden, das diesen apparat unverhüllt, ‹an sich›, als selbstzweck, in einer eigentümlichen neuartigen schönheit zur darstellung bringt» («bauhaus» 3, 1927).

Das Bühnenmodell Loews sieht ein System von drei Schienen und zwei Drehscheiben zur Bewegung von «gradlinig statischen, exzentrisch dynamischen, transparenten flächigen und konstanten plastischen Elementen» vor.
Ein geradezu utopistisch anmutender Entwurf ist das «Kugeltheater» von Andreas Weininger. Es ist konzipiert als geschlossene Raumbühne:

«die raumbühne, das raumtheater als der ort des mechanischen schauspiels. die bewegung ausgangspunkt aller primären mittel, wie raum, körper, fläche, linie, punkt; farbe, licht; ton, geräusch; zu einer mechanischen synthese gestaltet (im gegensatz zur statischen synthese in der architektur). eine kugel als architektonisches gebilde an stelle des üblichen theaters. die zuschauer befinden sich auf dem inneren kugelrand in einem neuen raumverhältnis; sie befinden sich infolge übersicht des ganzen, infolge der zentripetalkraft in einem neuen, psychischen, optischen, akustischen verhältnis: sie befinden sich gegenüber neuen möglichkeiten konzentrischer, exzentrischer, richtungsbeliebiger, mechanischer raum-bühnen-vorgänge. – das mechanische theater, um seine aufgaben ganz zu realisieren, beansprucht für sich die im dienste der zweckmäßigkeit befindliche, hochentwickelte technik. – zweck: die menschen durch gestaltung von neuen bewegungsrhythmen zu neuen betrachtungsweisen zu erziehen; elementare antworten auf elementare notwendigkeiten zu geben» («bauhaus» 3, 1927).

Das von Walter Gropius für das Piscator-Theater entworfene «Totaltheater» von 1927, eine variationsfähige Baukonstruktion für 2000 Zuschauer, bei der eine Arena-, Proszeniums- oder eine dreiteilige Tiefenbühne je nach Bedarf eingerichtet werden konnte, war die Zusammenfassung und der Höhepunkt aller am Bauhaus entwickelten Ideen zur Theaterarchitektur.

Oskar Schlemmer

> «Ich für meinen Teil propagiere den körpermechanischen, den mathematischen Tanz.»
> (Oskar Schlemmer, 1926)

Oskar Schlemmer wurde am 4. September 1888 in Stuttgart geboren. Nach einer Lehre als Entwurfzeichner und dem Besuch der Kunstgewerbeschule und der Akademie der bildenden Künste in Stuttgart ging Schlemmer im Herbst 1911 als freier Maler für ein Jahr nach Berlin, wo er Kontakt zu Herwarth Walden und dessen «Sturm»-Kreis aufnahm. Als Schlemmer im Herbst 1912 nach Stuttgart zurückkehrte, wurde er Meisterschüler bei Adolf Hölzel und erhielt an der Stuttgarter Akademie ein eigenes Atelier. Im Jahr darauf eröffnete er zusammen mit seinem Bruder den «Neuen Kunstsalon am Neckartor», in dem Arbeiten der neuesten Kunstrichtungen gezeigt wurden. Nur ein Jahr dauerte Schlemmers aktiver Militärdienst, zu dem er sich 1914 freiwillig gemeldet hatte; nach einer Verwundung kehrte er nach Stuttgart zurück.

Das Kriegsende und die Revolution erlebte Schlemmer wieder in Berlin. 1919 wurde er an der Stuttgarter Akademie als Studentenvertreter in den «Rat geistiger Arbeiter» gewählt. Von Walter Gropius erhielt er 1920 eine Einladung, als Lehrer an das Bauhaus nach Weimar zu kommen. Schlemmer schloß für drei Jahre einen Vertrag ab; er übernahm die Leitung der Steinbildhauerei und der Wandmalerei sowie eine Klasse im Aktzeichnen. Die Bühnenwerkstatt am Bauhaus leitete bis 1923 noch Lothar Schreyer.

Als das Bauhaus nach Dessau übersiedelte, konnte Schlemmer die neue Bühnenwerkstatt nach seinen Ideen einrichten; von den Mitarbeitern aus der Weimarer Zeit begleiteten ihn Xanti Schawinsky und Andreas Weininger. Neuer Mitarbeiter wurde der Schauspieler und Tänzer Werner Siedhoff. 1926 inszenierte Schlemmer eines der beliebten Bauhausfeste, *Das weiße Fest*. Die Theaterarbeit stand in diesen Jahren im Mittelpunkt von Schlemmers Aktivitäten.

Divergenzen hinsichtlich der künstlerischen Ausrichtung der Bauhausbühne waren der Anlaß, daß Schlemmer 1929 eine Berufung an die Akademie nach Breslau annahm. Im Sommer 1930 inszenierte er an der Kroll-Oper zu Berlin das Stück *Die glückliche Hand* von Arnold Schönberg. Bei der Internationalen Theaterausstellung 1931 in Zürich hielt Schlemmer den Eröffnungsvortrag und stellte seine Bühnenentwürfe aus. Im Jahr darauf, am 4. Juli 1932, nachdem die Breslauer Akademie aufgrund der Notverordnungsgesetze vom 1. April 1932 geschlossen wurde, beteiligte er sich mit dem *Triadischen Ballett* bei einem internationalen Tanzwettbewerb in Paris. Dort lernte Léger Schlemmers Arbeiten kennen. Nach Hitlers Machtübernahme fiel Schlemmer unter das Verdikt der nationalsozialistischen Kulturpolitik. Er lebte zunächst in der Schweiz. In Zürich war eine Aufführung seiner Ballette geplant, die jedoch nicht zustande kam. Ab 1938 verdiente Schlemmer seinen Lebensunterhalt als Mitarbeiter eines Malergeschäfts in Stuttgart und bemalte Kasernen, Gaswerke etc. mit Tarnanstrichen. 1940 erhielt er eine Anstellung bei einer Wuppertaler Lackfabrik, in der er sich mit lacktechnischen Experimenten beschäftigte. 1941 inszenierte er dort zum fünfundsiebzigjährigen Bestehen der Firma einen *Reigen in Lack*. Am 4. April 1943 starb Schlemmer in Baden-Baden.

Bühne und Theater beschäftigten Oskar Schlemmer sein ganzes Leben, und er war sich selbst lange nicht sicher, ob er seinem Talent nach eher Maler oder Bühnengestalter werden sollte. Hinzu kam eine große Begabung zum Theaterspielen (als Pantomime, Tänzer und Clown), die ihn immer wieder motivierte, in seinen Stücken selbst aufzutreten.

1912 begann Schlemmer mit ersten praktischen Bühnenarbeiten. In einer dreiteiligen Tanzfolge wollte er die Idee eines «synästhetischen Totalkunstwerks» zur Anschauung bringen. Er suchte die Zusammenarbeit mit Arnold Schönberg, der die Musik zu dem Ballett schreiben sollte; mit dem Tänzer Albert Burger besprach er die Möglichkeiten einer Realisation auf der Bühne (Kostüme, Choreographie). Anregungen zu dieser Bühnenkomposition gab die Arbeit des russischen Komponisten Skrjabin, der mit seiner Komposition *Prometheus* (1911) mit Hilfe einer Beleuchtungsapparatur ähnliche synästhetische Bühneneffekte produziert hatte, wie sie Schlemmer offenbar vorschwebten. In dem Almanach *Der Blaue Reiter* wurde über die Arbeiten Skrjabins berichtet; sie hatten bereits Kandinsky zu seiner Komposition *Der gelbe Klang* angeregt.

Ein erster Versuch, seine Tanztheaterideen zu verwirklichen, gelang Schlemmer im Dezember 1916, wo bei einer Wohltätigkeitsveranstaltung in Stuttgart eine Ballettstudie mit zwei Figurinen aufgeführt wurde (Tänzer waren Albert Burger und Elsa Hötzel); das Stück war eine Art Vorstufe zum *Triadischen Ballett*. Mit den eigentlichen Arbeiten zu diesem seinem wichtigsten Bühnenwerk begann Schlemmer Ende 1919. Im Mai 1920 übersiedelte er von Stuttgart nach Bad Cannstadt, wo er zusammen mit seinem Bruder Carl und dem Tänzerpaar Burger/Hötzel die Figurinen für das *Triadische Ballett* entwickelte. Am 30. September 1922 kam es zur ersten Aufführung am Württembergischen Landestheater in Stuttgart.

Schlemmer realisierte in diesem Ballettstück seine Vorstellungen eines synthetischen Gesamtkunstwerks. Es war eine Art tänzerischer Konstruktivismus, bei dem sich die Choreographie aus den mechanischen Bewegungsgesetzen der Figurinen ableitete, denen auch der Körper der Tänzer restlos unterworfen wurde. Schlemmers Figurinen sind raumplastische Kostüme, Ganzmasken, die durch ihre Struktur die natürlichen Bewegungsmöglichkeiten der Tänzer wesentlich verändern, aber auch durch ihre Mechanik und ihre Materialien (Gummi, Aluminium, Draht, Zelluloid, Glas und Leder) in besonderer Weise leiten. Der Körper des Tänzers wurde zur scheinbar mechanisch funktionierenden Kunstfigur.

Noch bevor Schlemmer seine Arbeit am Bauhaus in Weimar aufnahm, erhielt er den Auftrag, für die Tagung des «Deutschen Werkbundes» in Stuttgart, die beiden Einakter *Mörder, Hoffnung der Frauen* von Kokoschka und *Nusch-Nuschi* von Franz Blei (vertont von Paul Hindemith) zu inszenieren. Am 4. Juni 1921 fanden die Aufführungen am Württembergischen Landestheater statt. «Zu Kokoschkas expressionistisch-ekstatischer Dichtung aus dem Jahre 1907 hatte Schlemmer aus großen abstrakten Formen eine utopische Architektur aus wandelbaren Teilstücken aufgebaut, deren Rhythmus in der monumentalen Gesamtform wie in den teils kubischen, teils kurvigen Einzelformen sinnbildhaft als Thema des Kampfes zwischen Mann und Weib, Vereinigung und Trennung, Leben und Tod andeutete» (K. v. Maur: *Oskar Schlemmer*, S. 115).

Am Bauhaus nahm Schlemmer erstmals im Zusammenhang mit der Bauhaus-Ausstellung 1923 seine Bühnenarbeiten wieder auf. Am 16. August 1923 wurde das *Triadische Ballett* am Nationaltheater in Weimar aufgeführt. Neben dem Tänzerpaar Burger/Hötzel übernahm Schlemmer den dritten Tanzpart. Die Aufführung war ein sensationeller Erfolg; man identifizierte sie weitgehend mit der ästhetischen Konzeption des Bauhauses, obwohl das Stück bereits lange vor Schlemmers Bauhauszeit entwickelt und auch außerhalb der Bauhausinstitution fertiggestellt worden war.

Schlemmer übernahm bald auch Inszenierungsaufträge von andern Bühnen: 1923/24 für die Berliner Volksbühne (Zusammenarbeit mit Erwin Piscator) das Stück *Der abtrünnige Zar* von Carl Hauptmann, *König Hunger* von Leonid Andrejew und *Der arme Vetter* von Friedrich Wolf (jeweils unter der Regie von Fritz Holl); am Weimarer Nationaltheater inszenierte er im März 1925 Grabbes *Don Juan und Faust*. 1925 schrieb er den programmatischen Essay *Mensch und Kunstfigur*, den zentralen Beitrag in dem Bauhausbuch *Die Bühne im Bauhaus*, der eine Theorie des Tänzermenschen als «mobile Raumplastik» skizzierte.

Nach der Übersiedlung des Bauhauses nach Dessau übernahm Schlemmer im Herbst 1925 den Aufbau einer Versuchsbühne, die sich die Aufgabe machte – wie Schlemmer schreibt –:

«(...) die Gesetze der Architektur und des Raums, der Form und der Formen, der Farbe und des Lichts, der Bewegung und des Tons zu erforschen und anzuwenden. Der ungeheuren Stilverwirrung heutigen Theaters, dem durch Augenblicksmode und Sensation bestimmten Betrieb der Geschäftstheater gegenüber sucht die Versuchsbühne eine Grammatik der Bühnenelemente aufzustellen und, sozusagen vom ABC aller dazugehörigen Gebiete ausgehend, zu sowohl Ordnung als auch Erneuerung zu gelangen.»

Das Ergebnis dieser Arbeiten waren die Bauhaustänze (*Raumtanz, Formentanz, Gestentanz, Stäbetanz, Kulissentanz, Metalltanz, Baukastenspiel, Maskengesellschaft*). Es handelt sich um Choreographien, die aus den fundamentalen Körperbewegungen im Wechselspiel mit elementaren Spielelementen (Würfel, Stäbe, Bälle, Reifen, metallene Formelemente etc.) entwickelt wurden. Aus dem Zusammenspiel des Tänzers mit den mechanischen Eigenbewegungen der Spielrequisiten ergaben sich faszinierende Bewegungsarrangements. Schlemmer zeigte diese Tänze auf einer Tournee durch zahlreiche Städte. 1926 stellte er den deutschen Beitrag für die Internationale Theaterausstellung im Steinway Building in New York, die Friedrich Kiesler eingerichtet hatte, zusammen; 1927 gastierte die Bauhausbühne bei dem Internationalen Tänzerkongreß in Magdeburg. Im gleichen Jahr widmete sich die Nr. 3 der Zeitschrift «bauhaus» der Bühnenarbeit; Schlemmer hatte sie bearbeitet.

1926 wurde Schlemmer eingeladen, das *Triadische Ballett* bei den Donaueschinger Musiktagen erneut aufzuführen, diesmal mit einer von Hindemith für mechanische Orgel komponierten Musik. Schlemmer schreibt über seine Arbeit im Programmheft dieser Aufführung und in dem Beitrag *Tänzerische Mathematik* in der Zeitschrift «Vivos voco»:

«Nicht Jammer über Mechanisierung, sondern Freude über Mathematik! (...)
Ich für mein Teil propagiere den körpermechanischen, den mathematischen Tanz. Und ich propagiere weiter, mit dem Einmaleins und ABC zu beginnen, weil ich in der Einfachheit eine Kraft sehe, in der jede wesenhafte Neuerung verwurzelt ist. Einfachheit, verstanden als das Elementare und Typische, daraus sich organisch das Vielfältige und Besondere entwickelt: Einfachheit, verstanden als die tabula rasa und Generalreinigung von allem eklektizistischen Beiwerk aller Stile und Zeiten, müßte einen Weg verbürgen, der Zukunft heißt. Sie verbürgt ihn, wenn der Träger der tänzerischen Idee ein Temperament, wenn er ein Mensch ist.
Der Mensch ist sowohl ein Organismus aus Fleisch und Blut, als auch ein Mechanismus aus Zahl und Maß. Er ist ein Wesen von Gefühl und Verstand und von soundsoviel weiteren Dualismen. Er trägt sie alle in sich und vermag viel besser als in abstrakten Kunstgebilden außer ihm, diese polare Zweiheit fortwährend in sich selber zu versöhnen. (...)
Ich meine die im Bühnentanz aus der Räumlichkeit, aus dem Raumgefühl erwachsenden Schöpfungen. Der Raum, wie alle Architektur vornehmlich ein Gebilde aus Maß und Zahl, eine Abstraktion im Sinne des Gegensatzes, wo nicht Protestes gegen die Natur: der Raum, wird er als gesetzgebend angesehen für alles, was sich innerhalb seiner Grenzen ereignet, bestimmt auch das Gehaben des Tänzers in ihm. Aus der Bodengeometrie, aus der Verfolgung der Geraden, der Diagonalen, des Kreises, der Kurve erwächst beinahe selbsttätig eine Stereometrie des Raumes durch die Vertikale der bewegten tänzerischen Figur. Stellt man sich den Raum mit einer weichen plastischen Masse gefüllt vor, in der die Stadien des tänzerischen Bewegungsablaufs sich als negative Formen verhärten, so erweist sich an diesem Exempel die unmittelbare Beziehung der Planimetrie der Bodenfläche zu der Stereometrie des Raums. Der Körper selbst kann seine Mathematik demonstrieren durch Entfesselung seiner körperlichen Mechanik, die dann in die Bezirke der Gymnastik und Akrobatik weist. Hilfsmittel wie Stangen (die horizontale Balancierstange) oder Stelzen (vertikales Element) vermögen als die ‹Verlängerungsstangen der Bewegungswerkzeuge› den Raum in gerüstmäßig-linearer Beziehung, Kugel-Kegel-Röhrenformen vermögen ihn in plastischer Beziehung zu verlebendigen. Es ist der Weg zum raumplastischen ‹Kostüm›, das so, von allen Stilreminiszenzen befreit, Sachlichkeit oder Gestaltung oder Stil in neuem absolutem Sinn zu nennen ist.
Bedenkt man dabei die durch die heutigen außerordentlichen technischen Fortschritte geschaffenen Möglichkeiten, wie sie in den Präzisionsmaschinen, den wissenschaftlichen Apparaten aus Glas und Metall, den künstlichen Gliedern der Chirurgie, den phantastischen Taucheranzügen und militärischen Uniformen zu Tage treten, und denkt man sich diese so vernünftigen Zwecken einer phantastisch-materialistischen Zeit dienenden Produkte auf das ach so unvernünftige, zwecklose Gebiet künstlerischer Gestaltung angewandt und übertragen: es entstünden Ge-

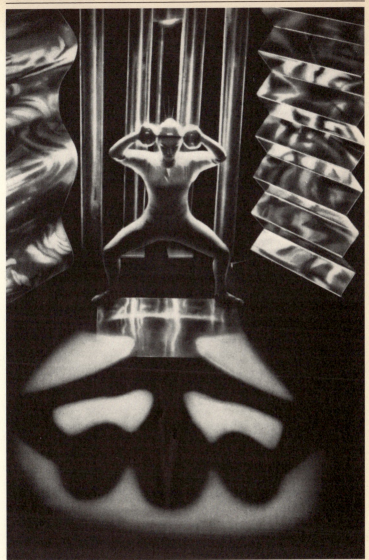

Oskar Schlemmer: *Metall-Tanz*,
Dessau 1928/29

bilde, neben denen die von dem Phantasten E. T. A. Hoffmann gedachten oder die des Mittelalters Kinderspiel blieben. Unsere so nüchtern praktischen Tage lassen keine Zeit zum Spielen oder haben den Sinn dafür verloren. Den Restbedarf hierin deckt man mit immer oberflächlicheren, immer schaleren Vergnügungen. In dieser Zeit zerfallender Religionen und zerfallender Volksgemeinschaft, die das Erhabene tötet, die das Spiel nur drastisch-erotisch oder artistisch-übertrieben zu genießen vermag, erscheinen alle tieferen künstlerischen Tendenzen mit dem Odium des Sektenhaften, Ausschließlichen behaftet. Sinnvoll und notwendig also, daß sich die Kunst einer neuen Zeit bediene, um sie als Form und Gefäß einem Inhalt dienstbar zu machen, der das Geistige, das Abstrakte, das Metaphysische, letzthin das Religiöse heißt.

Als ein Anfang und in jene Richtung weisend, entstand das Triadische Ballett. (...) ‹Triadisch› (von Trias) genannt wegen der Dreizahl der Tänzer und dem dreiteiligen symphonisch-architektonischen Aufbau des Ganzen und der Einheit von Tanz, Kostüm und Musik. Das Besondere des Balletts ist das farbig-formale raumplastische Kostüm, der mit elementar-mathematischen Formgebilden umkleidete menschliche Körper und dessen entsprechende Bewegung im Raum. Das Triadische Ballett, das das eigentlich Mechanische, das eigentlich Groteske und Pathetisch-Heroische vermeidet, indem es eine gewisse harmonische Mitte hält, ist Teil einer größer gedachten Einheit – einer ‹Metaphysischen Revue› – auf welche auch die theoretische und praktische Arbeit der Bühnenabteilung des Bauhauses in Dessau bezogen ist: einer Einheit, für die ein komisch-groteskes Ballett zu schaffen nächster Wunsch und Absicht ist» (nach «Das Bauhaus» 1919–1923, S. 128–130).

Schlemmers Position, wie sie sich in diesem Beitrag und in seiner praktischen Arbeit darstellte, blieb am Bauhaus nicht unangefochten. Im April 1927 hatte sich Erwin Piscator in Dessau die Bauhaustänze angesehen; er konnte offenbar mit Schlemmers metaphysisch ausgedeutetem Tanzkonstruktivismus wenig anfangen. Sein Konzept eines «politischen Theaters» stand dieser Bühnenarbeit diametral entgegen. Piscators Auffassung aber schlossen sich manche Mitglieder des Bauhauses an und forderten in der Bühnenwerkstatt eine stärkere Politisierung der künstlerischen Arbeit. Solchen Forderungen gegenüber aber verweigerte sich Schlemmer konsequent; er setzte sich in zwei Zeitschriftenbeiträgen (*Piscator und das moderne Theater* und *Das Totaltheater der Zukunft*) mit der Position Piscators kritisch auseinander. Er sah, ähnlich wie Gropius in seinem «Totaltheater» von 1928, in der äußersten technischen Weiterentwicklung des Theaterbaus und der Theaterapparatur die fundamentalen Voraussetzungen für die Weiterentwicklung des Theaters. Dennoch unterschied sich Schlemmer von der Konzeption Gropius/Piscator deutlich. Für ihn konnte das «Totaltheater» nicht mit dem politischen Theater identifiziert werden; vielmehr mußte es sich prinzipiell für das rein künstlerische Experiment offenhalten. Schlemmer gab auch dem Druck des neuen Bauhausdirektors Hannes Meyer nicht nach, der sich, wie auch eine Gruppe sozialistischer Studenten, ebenfalls für eine Kursänderung der Bühnenarbeit im Sinne einer stärkeren politischen Ausrichtung der Bauhausbühne einsetzte.

So fiel Schlemmer im Herbst 1929 der Entschluß, das Bauhaus zu verlassen, nicht allzu schwer. Im Februar noch, zu Fastnacht, arrangierte er das *Metallische Fest*, eine der gelungensten und schönsten Inszenierungen in der Reihe der Bauhausfeste; Carla Grosch trug seinen *Metalltanz* vor.

Die Beschäftigung mit den unterhaltenden Theatergenres, Varieté und Revue, war Mitte der zwanziger Jahre für viele Künstler von besonderer Attraktivität, da sie hier die Atmosphäre der Zeit, ihre Tendenz zu Sachlichkeit, die Vorliebe für Kino und Körperkultur und das Bekenntnis zur absoluten Gegenwärtigkeit am unmittelbarsten wiedergegeben fanden. Das «Revue-Fieber» hatte nicht nur das großstädtische Theaterpublikum erfaßt; auch das politische Agitationstheater nahm diese Form auf. Kritiker wie Walter Benjamin (1882–1940) entschieden sich in der Frage «Revue oder Theater?» eindeutig zugunsten der Revue, und bereits 1913 hatten die Futuristen im Varieté und der Revue das Vorbild eines neuen Theaters jenseits der überkommenen Kulturkonventionen gesehen.

Von März bis Mai 1929 ging Schlemmer mit der Bauhausbühne auf Tournee nach Berlin, Breslau, Frankfurt, Stuttgart und Basel; neben den Aufführungen der Werkstatt hielt Schlemmer jeweils noch einen Vortrag (*Bühnenelemente*), der seine theoretische Konzeption und die Erfahrungen der praktischen Bühnenarbeit am Bauhaus zusammenfaßte.

Auswahl der Schriften von Oskar Schlemmer
Mensch und Kunstfigur. In: O. Schlemmer/L. Moholy-Nagy/F. Molnár; Die Bühne im Bauhaus. München 1925, 7–43 (= Bauhausbuch 4).
Der theatralische Kostümtanz. In: Europa, Almanach. Hrsg. von C. Einstein und P. Westheim, Potsdam 1925, 189–191.
Tänzerische Mathematik, Mensch und Kunstfigur, Bühne und Bauhaus. Drei Aufsätze. In: Vivos voco. Hrsg. von R. Woltereck und J. Urban. 5 (1926), Heft 8/9, 279–281, 282–292 und 292–293 (Sonderheft: Bauhaus).
Mechanisches Ballett. In: Tanz und Reigen. Hrsg. von I. Gentges. Bühnenvolksbund. Berlin 1927, 80–83.
Piscator und das moderne Theater. In: Das Neue Frankfurt II. Heft 2. Frankfurt 1928
Über das kommende Theater. In: Leipziger Zeitung vom 3. Januar 1929.
Bühnenbild und Bühnenelemente. In: Theaterkunst-Ausstellung des Kunstgewerbemuseums der Stadt Zürich 102. Zürich 1931, 5–40.
Bühnenelemente. In: Das Neue Forum. Hrsg. von E. Vietta und G. R. Sellner. Darmstadt und Berlin o. J.
Das figurale Kabinett. Mensch und Kunstfigur. Die Versuchsbühne am Bauhaus Dessau. In: Baukunst und Werkform 8 (1955), Heft 4, 212–221.
Briefe und Tagebücher. Hrsg. von T. Schlemmer. München 1958.

Laszlo Moholy-Nagy

> «Konstruktivismus ist der
> Sozialismus des Sehens.»
> (Laszlo Moholy-Nagy, 1922)

Geboren wurde Laszlo Moholy-Nagy am 20. Juli 1895 in Bacsbaro/Ungarn. Am Ersten Weltkrieg nahm er als Artillerieoffizier teil. Erste Zeichnungen und zahlreiche Gedichte wurden in den Zeitschriften der ungarischen Avantgarde veröffentlicht. Moholy gehörte 1917 zum Kreis um Lajos Kassák (1887–1967) und dessen Zeitschrift «Ma», einer Gruppe dem Anarchismus nahestehender Künstler. Nach dem Krieg studierte er Rechtswissenschaft und begann zu malen. Anregungen erhielt er von der ungarischen Volkskunst; dann wurden Malewitsch und El Lissitzki die großen Vorbilder.
Im März 1920 emigrierte Moholy nach Wien; im Januar 1921 übersiedelte er nach Berlin. Der Besuch der ersten Internationalen Dada-Messe am 20. September 1920 brachte ihn der Dada-Gruppe nahe. Moholy vertrat zu dieser Zeit einen radikalen Konstruktivismus wie vor ihm schon El Lissitzki. In Herwarth Waldens Zeitschrift «Der Sturm» veröffentlichte er 1922 im Heft 12 zusammen mit dem ungarischen Designer und Architekten Zoltáu Kemény (1907–1965) ein Manifest mit dem Titel *Das dynamisch-konstruktive Kraftsystem*; dort heißt es:

«die konstruktivität als organisationsprinzip der menschlichen bestrebungen führte in der kunst der letzten zeit von der technik aus zu einer solchen statischen gestaltungsform, welche entweder zu einem technischen naturalismus ausartete oder zu solchen formvereinfachungen, die in der beschränkung auf die horizontale, vertikale und diagonale steckengeblieben sind. der beste fall war eine offene, exzentrische konstruktion, die wohl auf die spannungsverhältnisse der formen und des raumes hingewiesen hat, ohne aber die lösung zu finden. deshalb müssen wir an die stelle des statischen prinzips der klassischen kunst das dynamische des universellen lebens setzen. praktisch: statt der statischen materialkonstruktion (material- und form-verhältnisse) muß die dynamische konstruktion (vitale konstruktivität, kräfteverhältnisse) organisiert werden, wo das material nur als kraftträger verwendet wird. (...)
die dynamische einzelkonstruktion weitergeführt, ergibt das dynamisch-konstruktive kraftsystem, wobei der in der betrachtung bisheriger kunstwerke rezeptive mensch, in allen seinen potenzen mehr als je gesteigert, selbst zum aktiven faktor der sich entfaltenden kräfte wird. (...)
die ersten entwürfe zu dem dynamisch-konstruktiven kraftsystem können nur experimentelle und demonstrationsapparat sein zur prüfung des zusammenhangs zwischen mensch, material, kraft, raum. danach folgt die benutzung der experi-

Laszlo Moholy-Nagy

Laszlo Moholy-Nagy: Szenenbild aus *Hoffmanns Erzählungen*, Berlin 1929

mentellen resultate zur gestaltung freier – von maschinen-technischer bewegung freier – sich bewegender kunstwerke.»

Moholy experimentierte in diesen Jahren mit unterschiedlichsten Materialien und Medien, erforschte die Eigendynamik von Farben und Formen und setzte sich auseinander mit den Konstruktionsprinzipien der Montage und der Simultandarstellung. Ein Resultat dieser Arbeiten war das Filmmanuskript von 1921/22 *Dynamik der Großstadt*. Im Oktober 1921 unterzeichnete er zusammen mit Raoul Hausmann, Hans Arp und Iwan Puni den *Aufruf zur elementaren Kunst*, ein Manifest, das eine Synthese von Dadaismus und Konstruktivismus proklamierte:

«An die Künstler der Welt!
Wir lieben die kühne Erfindung, die Erneuerung in der Kunst. Die Kunst, das ist die Konsequenz all der Kräfte einer Zeit. Wir leben in der Gegenwart. Und so fordern wir die Konsequenz unserer Zeit, eine Kunst, die nur von uns ausgehen kann, die es nicht vor uns gab und nicht nach uns geben wird – nicht wie eine wechselnde Mode, sondern aus der Erkenntnis, daß die Kunst ewig neu ist und nicht bei den Konsequenzen der Vergangenheit halt macht. Wir treten für die elementare Kunst ein. Elementar ist die Kunst, weil sie nicht philosophiert, weil sie sich aufbaut aus den ihr allein eigenen Elementen. Den Elementen der Gestaltung nachgeben, heißt Künstler sein. Die Elemente der Kunst können nur vom Künstler gefunden werden. Sie entstehen nicht aus seiner individuellen Willkür;

das Individuum ist keine Absonderung, und der Künstler ist nur ein Exponent der Kräfte, die die Elemente der Welt zur Gestalt bringen. Künstler, erklärt Euch solidarisch mit der Kunst! – Wendet Euch ab von den Stilen. Wir fordern die Stillosigkeit, um zum *Stil* zu gelangen! Der Stil ist niemals das Plagiat!
Dieses Manifest gilt uns als Tat: erfaßt von der Bewegung unserer Zeit verkünden wir mit der elementaren Kunst die Erneuerung unserer Anschauung, unseres Bewußtseins von den sich unermüdlich kreuzenden Kraftquellen, die den Geist und die Form einer Epoche bilden und in ihr die Kunst als etwas Reines, von der Nützlichkeit und der Schönheit Befreites, als etwas Elementares im Individuum entstehen lassen. Wir fordern die elementare Kunst! Gegen die Reaktion in der Kunst!»

Moholy mußte sich in Berlin zunächst als Schrift- und Plakatmaler durchschlagen, zeitweilig lebte er von Quäkerspenden. 1921 entstanden die ersten Photogramme und Transparenz-Bilder. Ziel dieser Versuche war die Analyse der reinen Farbbeziehungen. Immer aber zentrierten sich seine kunsttheoretischen Reflexionen auf das Problem der Maschine, die für den radikalen Sozialisten Moholy die fundamentale Voraussetzung für eine Umgestaltung der Gesellschaft darstellte. In der Zeitschrift «Ma» schrieb Moholy 1922:

«Das ist unser Jahrhundert: die Technologie, die Maschine, der Sozialismus. Verweigere dich nicht, übernimm deine Aufgabe!
Denn es ist deine Aufgabe, die Revolution bis zur totalen Umgestaltung der Verhältnisse voranzutreiben, einen neuen Geist zu erschaffen, der die inhaltlosen Formen, die von der Maschine geliefert werden, füllen wird. Mechanisierung allein schafft noch kein besseres Leben. Sieh dich um: Trotz der Maschine sind die Menschen nicht glücklich. Glück entsteht durch den Geist, der die Technologie beseelt, es ist ein Sozialismus des Bewußtseins, Hingabe an das Kollektiv. Nur ein erwachtes Proletariat, das diese gemeinsamen Grundlagen erkannt hat, kann glücklich sein.
Wer wird den neuen Weg lehren? Worte sind starr und zweideutig. Ihre Bedeutung bleibt dem ungeübten Geist unklar. Die Traditionen der Vergangenheit klammern sich an ihre Inhalte. Aber es gibt die Kunst, die Sprache der Sinne. Kunst kristallisiert die Emotionen eines Jahrhunderts, Kunst ist Spiegel und Stimme. Die Kunst unserer Zeit muß elementar, präzise und allumfassend sein. Es ist die Kunst des Konstruktivismus.
Konstruktivismus ist weder proletarisch noch kapitalistisch. Konstruktivismus steht ganz am Anfang, ohne Klasse, ohne Vorläufer. In ihm findet die reine Form der Natur ihren Ausdruck – die ungebrochene Farbe, der Rhythmus des Raumes, das Gleichgewicht der Form.
Das neue Massenzeitalter braucht den Konstruktivismus, weil es Fundamente braucht, die nicht auf Täuschungen beruhen. Nur das ursprüngliche, natürliche, allen Sinnen zugängliche Element ist wahrhaft revolutionär. Die zivilisierten Menschen haben es noch nie besessen.
Im Konstruktivismus sind Form und Inhalt eins. Nicht Inhalt und Tendenz, die immer gleichgesetzt werden. Inhalt ist grundlegend, Tendenz jedoch ist Absicht.

Konstruktivismus ist reiner Inhalt. Er ist unabhängig von Bilderrahmen und Sokkel. Er erstreckt sich auf Industrie und Architektur, auf Gegenstände und Beziehungen. Konstruktivismus ist der Sozialismus des Sehens.»

Neben dem Kreis der Dadaisten und der «Sturm»-Mitarbeiter, die Moholy in Berlin kennenlernte, war Kurt Schwitters, mit dessen Collagen er sich eingehend befaßte, für ihn von größter Bedeutung. Im Winter 1922 veranstaltete Herwarth Walden in seiner Galerie die erste Ausstellung der Arbeiten von Moholy. Im Frühjahr 1923 folgte dieser einem Ruf an das Bauhaus nach Weimar, wo er bis 1928 als Lehrer tätig war. Ab 1925 gab Moholy zusammen mit Walter Gropius die Bauhausbücher heraus.

Seine ersten praktischen Theaterarbeiten (Bühnengestaltung) realisierte Moholy (ab 1928) an der Kroll-Oper und an der Piscator-Bühne in Berlin. In dieser Zeit entstanden auch eine Reihe experimenteller Filme. Für ein «Total-Theater» entwarf er eine «Licht-Spiel-Maschine», die 1930 in Paris ausgestellt wurde.

Moholy-Nagy emigrierte 1934 nach Amsterdam, 1935 zog er nach London, 1937 in die USA, wo er in Chicago Leiter des neuen Bauhauses wurde. Ab 1938 leitete er die «School of Design» in Chicago. Sein Buch *Vision in Motion* entstand in diesen Jahren. Am 24. November 1946 starb Moholy in Chicago.

Auswahl der Schriften von Laszlo Moholy-Nagy
(Zs. mit Zoltán Kemény) Dynamisch-konstruktives Kraftsystem. In: Der Sturm 13. Jg. 1922, 186.
Theater, Zirkus, Varieté. In: Oskar Schlemmer/Laszlo Moholy-Nagy/Farkas Molnár: Die Bühne im Bauhaus. München 1925 (= Bauhausbücher 4).
Malerei, Fotografie, Film. München 1925 (= Bauhaus Bücher 8).
Wie soll das Theater der Totalität verwirklicht werden? (1924) In: Bauhaus (1927), H. 3, 6.
Von Material zu Architektur. München 1929 (= Bauhausbücher 14).
Lichtrequisit einer elektrischen Bühne (Lichtmodulator). In: Die Form 4 (1930), Nr. 11/12, 298 f.
The New Vision and Abstract of an Artist. New York o. J. (1946).
Vision in Motion. Chicago 1947.

III
Politisches Theater – Episches Theater – Dokumentartheater

Wsewolod E. Meyerhold
Das bedingte Theater (1906)

Der Kampf mit den naturalistischen Methoden, den das Theater der Suche und einige Regisseure führten, ist nicht zufällig, er ist folgerichtig in der historischen Entwicklung. Die Suche nach neuen szenischen Formen ist keine Modeangelegenheit, die Einführung einer neuen Inszenierungsmethode kein gefälliges Eingehen auf die eifrig nach stärkeren Eindrücken verlangende Masse.

Das Theater der Suche und seine Regisseure arbeiten an der Entstehung des bedingten Theaters aus dem Grunde, um eine Abspaltung des intimen Theaters aufzuhalten und das Theater der Einheit wiedererstehen zu lassen.

Das bedingte Theater schlägt eine so vereinfachte Technik vor, die die Möglichkeit gibt, Maeterlinck neben Wedekind, Andrejew neben Sologub, Blok neben Przybyszewski, Ibsen neben Remisow zu inszenieren.

Das bedingte Theater befreit den Schauspieler von der Dekoration, indem es ihm den dreidimensionalen Raum schafft und ihm die natürliche statuare Plastik zur Verfügung stellt.

Dank der bedingten Technik wird die komplizierte Theatermaschinerie unnötig, die Inszenierungen werden zu einer solchen Einfachheit geführt, daß der Schauspieler auf die Szene gehen kann, sein Werk unabhängig von Dekoration und Dingen, die speziell für eine Theaterrampe eingerichtet wurden, von allem Äußerlich-Zufälligen vorführen kann.

In Griechenland erzeugte während der Sophokles-Euripides-Zeit der Wettbewerb der tragischen Schauspieler die *selbständige schöpferische Tätigkeit des Schauspielers*. Später werden durch die Entwicklung der szenischen Technik die schöpferischen Kräfte des Schauspielers geringer. Durch die Verkomplizierung der Technik sank natürlich bei uns die Eigeninitiative der Schauspieler. Daher hat Tschechow recht – «große Begabungen gibt es jetzt wenig, das ist wahr, aber der mittlere Schauspieler wurde besser». Indem der Schauspieler vom zufälligen, überflüssigen Beiwerk befreit, die Technik auf ein mögliches Minimum beschränkt wird, stellt das bedingte Theater die schöpferische Eigeninitiative in den Vordergrund. Sein ganzes Bemühen auf die Wiedergeburt von Tragödie und Komödie (bei der ersteren das Schicksal, der zweiten die Satire hervorhebend) richtend, entgeht das bedingte Theater der «Atmosphäre» des Tschechowschen Theaters, die den Schauspieler zum passiven Erleben verleitet und ihm beibringt, weniger intensiv zu sein.

Die Rampe aufhebend, senkt das bedingte Theater die Bühne auf die Höhe des Parterre, Diktion und Bewegung auf Rhythmus aufbauend, kommt es der Möglichkeit der Wiedergeburt des *Tanzes* näher, und das Wort wird in einem solchen Theater leicht übergehen in melodischen Aufschrei, melodisches Schweigen.

Der Regisseur des bedingten Theaters macht es sich zur Aufgabe, den Schauspieler zu führen, nicht aber zu regieren (im Gegensatz zum Meininger Regisseur). Er ist die Brücke, die Autor und Schauspieler verbindet. Nachdem der Schauspieler die schöpferische Arbeit des Regisseurs umgesetzt hat, ist er *allein* – steht Auge in Auge mit dem Zuschauer, und an der Reibung zweier offener Anfänge – Schöpfung des Schauspielers und schöpferischer Phantasie des Zuschauers – entzündet sich die echte Flamme.

Wie der Schauspieler frei vom Regisseur ist, ist es der Regisseur vom Autor. Regiebemerkungen des letzteren sind für den Regisseur nur eine Notwendigkeit, die durch den Stand der Technik jener Zeit, in der das Stück geschrieben wurde, entstanden ist. Den inneren Dialog hörend, überträgt ihn der Regisseur frei in den Rhythmus von Diktion und Plastik des Schauspielers, dabei berücksichtigt er nur die Anweisungen des Autors, die nicht aus einer technischen Notwendigkeit entstanden sind.

Die bedingte Methode verlangt schließlich noch nach einem vierten *Schöpfer*; das ist der *Zuschauer*. Das bedingte Theater schafft Inszenierungen, in denen der Zuschauer mit seiner Vorstellungskraft «schöpferisch beendet», was in einer Szene angedeutet wurde.

Es will, daß der Zuschauer nicht einen Augenblick vergißt, daß vor ihm

ein Schauspieler steht, der spielt – und der Schauspieler, daß vor ihm der Zuschauerraum, unter seinen Füßen die Bühne und an den beiden Seiten die Dekorationen sind. Wenn man ein Bild betrachtet, vergißt man auch nicht eine Sekunde, daß dazu Farben, Leinwand und Pinsel nötig sind, und gleichzeitig erhält man höchstes und erleuchtendes Lebensgefühl. Und oft ist es so: je mehr es *Bild* ist, um so stärker das *Lebensgefühl*.
Das bedingte Theater bekämpfte die illusionistische Verfahrensweise. Es braucht die Illusion nicht wie apollinische Träumerei. Die statuare Plastizität fixierend, festigt das bedingte Theater im Gedächtnis des Zuschauers einzelne Gruppierungen, daß neben den Worten die schicksalhaften Töne der Tragödie entstehen können.
Das bedingte Theater sucht nicht nach Verschiedenartigkeit der Einstudierung, wie es das naturalistische Theater immer tut, indem eine Vielzahl an Gruppierungen ein Kaleidoskop sich schnell verändernder Posen schafft. Es erstrebt eine geschickte Beherrschung von Linien, Gruppenaufbau und kostümlichem Kolorit und gibt in seiner Starrheit viel mehr Bewegung als das naturalistische Theater. Bewegung auf der Bühne entsteht nicht durch Bewegung im buchstäblichen Sinne des Wortes, sondern durch Verteilung von Linie und Farbe und dadurch, inwieweit sich diese Farben und Linien leicht und kunstvoll kreuzen und vibrieren.
Wenn das Theater die Abschaffung der Dekoration, die in einer Reihe mit dem Schauspieler steht, verlangt, wenn es die Rampe ablehnt, das Spiel des Schauspielers dem Rhythmus der Diktion und der plastischen Bewegung unterordnet, wenn es die Wiedergeburt des Tanzes will und den Zuschauer zur aktiven Teilnahme an der Handlung heranzieht – führt nicht ein solches bedingtes Theater zur Wiedergeburt der Antike? Ja.
Das antike Theater ist in seiner Architektur genau das Theater, das alles hat, was unser heutiger Zuschauer braucht: Hier ist keine Dekoration, der Raum dreidimensional, da wird die statuare Plastizität verlangt.
In die Architektur eines solchen Theaters werden natürlich unbedeutende Korrekturen, die mit den Forderungen unserer Zeit übereinstimmen, eingeführt. Doch das antike Theater mit seiner Einfachheit, seiner hufeisenförmigen Anordnung der Zuschauerplätze, seiner Orchestra – ist das einzige Theater, das fähig ist, das gewünschte vielseitige Repertoire in seinen Schoß aufzunehmen: Bloks «Balagantschik», Andrejews «Ein Menschenleben», Maeterlincks Tragödien, Kusmins Stücke, Remisows Mysterien, Sologubs «Geschenk der weisen Bienen» und noch viele Stücke der neuen Dramatik, die ihr Theater noch nicht gefunden haben.

Aus: Wsewolod E. Meyerhold: Zur Geschichte und Technik des Theaters (1906). In: Wsewolod E. Meyerhold / Alexander J. Tairow / Jewgeni B. Wachtangow: Theateroktober. Beiträge zur Entwicklung des sowjetischen Theaters (Hrsg. Ludwig Hoffmann und Dieter Wardetzky). 2., veränderte Auflage; Leipzig, 1972; © Verlag Philipp Reclam jun. Leipzig 1972. (Übers. v. Horst Hawemann).

Der Schauspieler der Zukunft und die Biomechanik (1922)

In der Vergangenheit hat sich der Schauspieler in seinem Schaffen immer der Gesellschaft angepaßt, für die sein Schaffen bestimmt war. In Zukunft wird der Schauspieler sein Spielen noch mehr mit den Bedingungen der Produktion in Übereinstimmung bringen müssen. Er wird ja unter Bedingungen arbeiten, wo die Arbeit nicht mehr als Fluch empfunden wird, sondern als freudige Lebensnotwendigkeit.

Unter diesen idealen Arbeitsbedingungen muß die Kunst natürlich ein neues Fundament erhalten.

Wir haben uns daran gewöhnt, daß die Zeit jedes Menschen streng geteilt ist in *Arbeit und Freizeit*. Jeder arbeitende Mensch war bestrebt, möglichst wenige Stunden für Arbeit aufzuwenden und möglichst viel Freizeit und Erholung zu haben. War ein solches Bestreben unter den Bedingungen der kapitalistischen Gesellschaft als normal anzusehen, so ist es für eine richtige Entwicklung der sozialistischen Gesellschaft absolut fehl am Platze.

Die Kardinalfrage ist die *Frage nach der Ermüdbarkeit* und von ihrer richtigen Lösung hängt die Kunst der Zukunft ab.

In Amerika sucht man heute angestrengt nach Verfahren, wie man die Erholung, ohne sie als selbständige Einheit herauszulösen, in den Prozeß der Arbeit eingliedern kann.

Die ganze Frage läuft auf eine Normierung der Pausen zur Erholung hinaus. Unter idealen hygienischen, physiologischen und komfortablen Bedingungen kann sogar eine Erholungspause von zehn Minuten die Kräfte des Menschen völlig wiederherstellen.

Die Arbeit muß leicht, angenehm und kontinuierlich vor sich gehen, und die Kunst muß von der neuen Klasse genützt werden als etwas *wesentlich Unentbehrliches*, das die Arbeitsprozesse der Arbeiter unterstützt, und zwar nicht nur im Sinne von Zerstreuung. *Nicht nur die Formen* unseres Schaffens müssen verändert werden, *sondern auch die Methode*.

Der für die neue Klasse arbeitende Schauspieler wird alle Kanons des alten Theaters neu überprüfen. Der ganze Stand der Schauspieler wird unter anderen Voraussetzungen antreten. Die Arbeit des Schauspielers wird in der Arbeitsgesellschaft als Produktion betrachtet werden, die für die richtige Organisation der Arbeit aller Bürger notwendig ist.

Aber in den Arbeitsprozessen kann man nicht nur die Zeit zur Erholung richtig aufteilen, sondern man muß auch *unbedingt die Bewegungen in der Arbeit ausfindig machen*, bei denen die gesamte Arbeitszeit maximal genützt werden kann. Wenn man einen erfahrenen Arbeiter bei seiner Arbeit beobachtet, merkt man in seinen Bewegungen folgendes: 1. das Fehlen überflüssiger, unproduktiver Bewegungen, 2. Rhythmik, 3. das richtige Finden des Schwerpunkts seines Körpers, 4. Ausdauer. Die auf diesen Grundlagen aufgebauten Bewegungen zeichnen sich durch «tänzerische Leichtigkeit» aus, der Arbeitsprozeß eines erfahrenen Arbeiters erinnert immer an Tanz, hier erreicht die Arbeit die Grenze zur Kunst. Der Anblick eines richtig arbeitenden Menschen bereitet ein gewisses Vergnügen.

Das betrifft in vollem Umfang auch die Arbeit des Schauspielers im Theater der Zukunft.

In der Kunst geht es immer um die Organisation von Material.

Der Konstruktivismus hat vom Künstler gefordert, daß er auch zum Ingenieur wird. Die Kunst muß auf wissenschaftlicher Grundlage basieren, das gesamte Schaffen des Künstlers muß ein bewußter Prozeß sein. Die Kunst des Schauspielers besteht in der Organisation seines Materials, d. h. in der Fähigkeit, die Ausdrucksmittel seines Körpers richtig auszunützen.

In der Person des Schauspielers kongruieren der Organisator und das, was organisiert werden soll (d. h. der Künstler und sein Material). In einer Formel ausgedrückt sieht das so aus: $N = A^1 + A^2$, wobei N der Schauspieler ist, A^1 der Konstrukteur, der eine bestimmte Absicht hat und Anweisungen zur Realisierung dieser Absicht gibt, A^2 ist der Körper

Wsewolod E. Meyerhold: Szenenbild von Crommelyncks Stück *Der großmütige Hahnrei*, Moskau 1922

des Schauspielers, der die Aufgaben des Konstrukteurs (des ersten A) ausführt und realisiert.

Der Schauspieler muß sein Material – den Körper – so trainieren, daß er die von außen (vom Schauspieler bzw. vom Regisseur) aufgetragenen Aufgaben augenblicklich ausführen kann.

Da das Spiel des Schauspielers die Realisierung eines bestimmten Auftrages zur Aufgabe hat, wird von ihm ein ökonomischer Einsatz seiner Ausdrucksmittel gefordert, was die *Genauigkeit der Bewegungen garantiert, die zur schnellstmöglichen Realisierung der Aufgabe* beiträgt.

Die Methode der Taylorisierung ist auf die Arbeit des Schauspielers genauso anwendbar wie auch auf jede andere Arbeit, bei der man maximale Produktivität zu erreichen trachtet.

Unsere Thesen – 1. Die Erholung wird in Form von Pausen in den Arbeitsprozeß einbezogen, und 2. die Kunst erfüllt eine bestimmte lebensnotwendige Funktion, und dient nicht nur zur Zerstreuung – verpflichten den Schauspieler zur größtmöglichen *Ökonomie der Zeit*, denn einer Kunst, die in die allgemeine Zeiteinteilung des Arbeiters einbezogen ist, sind eine bestimmte Anzahl von Zeiteinheiten zugewiesen, die maximal genutzt werden müssen. Das bedeutet, daß man nicht 1½–2 Stunden unproduktiv mit Schminken und Kostümieren vergeuden kann. Der Schauspieler der Zukunft wird ohne Maske und in einer Produktionskleidung arbeiten, d. h. in einer Kleidung, die so konstruiert ist, daß sie dem Schauspieler als Alltagsanzug dient und gleichzeitig ideal jenen Bewegungen und Absichten angepaßt ist, die der Schauspieler auf der Bühne im Prozeß seines Spiels realisiert.

Die Taylorisierung des Theaters wird es möglich machen, in einer Stunde soviel zu spielen, wie wir heute in vier Stunden bieten können.

Dafür muß der Schauspieler: 1. die natürliche *Fähigkeit zur reflektorischen Erregbarkeit* besitzen. Ein Mensch, der diese Fähigkeit beherrscht, kann sich entsprechend seinen physischen Gegebenheiten um ganz verschiedene Rollenfächer bewerben; 2. der Schauspieler muß «physisch in Ordnung» sein, d. h. er muß gutes Augenmaß haben, Ausdauer besitzen, in jedem Moment den Schwerpunkt seines Körpers kennen.

Weil das Schaffen des Schauspielers im Schaffen plastischer Formen im Raum besteht, muß er die Mechanik seines Körpers studieren. Das ist deshalb für ihn wichtig, weil jedes Auftreten von Kraft (auch im lebendigen Organismus) den gleichen Gesetzen der Mechanik unterworfen ist (und das Schaffen von plastischen Formen im Raum der Bühne durch den Schauspieler ist natürlich eine Erscheinungsform der Kraft des menschlichen Organismus).

Der Hauptmangel des heutigen Schauspielers ist seine absolute Unkenntnis der Gesetze der *Biomechanik*.

Es ist ganz natürlich, daß innerhalb der bis zum heutigen Tag bestehenden

Systeme des Schauspielens («Spontanspiel», «Erlebnisspiel», welche ihrem Wesen nach gleich sind und sich nur in den Methoden, mit denen sie erreicht werden, unterscheiden: das erste mittels Narkose, das zweite durch Hypnose) der Schauspieler immer so von Emotionen überflutet wurde, daß er auf keine Weise mehr für seine Bewegungen und seine Stimme einstehen konnte; es fehlte die Kontrolle, und für Erfolg oder Mißerfolg seines Spiels konnte der Schauspieler natürlich nicht bürgen. Nur einige ganz große Schauspieler errieten intuitiv die richtige Spielmethode, d. h. das Prinzip des Herangehens an die Rolle nicht vom Inneren zum Äußeren, sondern umgekehrt, vom Äußeren zum Inneren, was natürlich die Entfaltung ihrer enormen technischen Meisterschaft unterstützte; das waren die Duse, Sarah Bernhardt, Grasso, Šaljapin, Coquelin und andere.

Die Psychologie kann bei einer ganzen Reihe von Fragen nicht zu einer sicheren Lösung kommen. Das Gebäude des Theaters auf den Grundsätzen der Psychologie aufbauen ist genauso, als ob man ein Haus auf Sand baut: Es wird unausweichlich einstürzen. Jeder psychische Zustand wird durch bestimmte physiologische Prozesse hervorgerufen. Indem der Schauspieler die richtige Lösung seines physischen Zustands herausfindet, erreicht er die Ausgangsstellung, wo bei ihm die *«Erregbarkeit»* aufkommt, die die Zuschauer ansteckt, sie ins Spiel des Schauspielers einbezieht (das, was wir früher «Erobern des Zuschauers» nannten) und was das Wesen seines Spiels ausmacht. Aus einer ganzen Reihe von physischen Ausgangsstellungen und Zuständen entstehen jene *«Punkte der Erregbarkeit»*, aus denen dieses oder jenes Gefühl erwächst.

Bei einem solchen System des *«Aufkommens von Gefühl»* hat der Schauspieler immer ein gesichertes Fundament – die physische Voraussetzung. Gymnastik, Akrobatik, Tanz, Rhythmik, Boxen und Fechten sind nützliche Fächer, aber sie können nur dann Nutzen bringen, wenn sie als unterstützende Hilfsfächer in den Kurs der *«Biomechanik»* einbezogen werden, das unentbehrliche Hauptfach für jeden Schauspieler.

Aus: Wsewolod Meyerhold: Theaterarbeit 1917–1930. Hrsg. von Rosemarie Tietze. Reihe Hanser Band 158. © Carl Hanser Verlag, München 1974, S. 72–76.

Rekonstruktion des Theaters (1930)

Genossen! Wenn man von der Wirkung des Theaters auf das Publikum in der Periode spricht, in der sich die organisierten Kräfte an der Theaterfront über etliche Fragen nach der Beschaffenheit des modernen Revolutionstheaters noch nicht völlig einig sind, darf man dabei in Anbetracht der Tatsache, daß eine moderne Aufführung entsprechend den Forderungen unserer Partei und der neuen Zuschauer gestaltet wird, eine Seite der auf das Publikum wirkenden Kräfte nicht vergessen. Soll das Theater zum Werkzeug der Agitation werden, dann verlangen die theaterinteressierten Menschen natürlich, daß von der Bühne herab vor allem ein bestimmter Gedanke mitgeteilt wird; der Zuschauer will genau wissen, weshalb dieses Schauspiel inszeniert worden ist und was Regisseur und Schauspieler mit der Inszenierung und der Aufführung des betreffenden Stückes sagen wollen.

Wir veranlassen den Theaterbesucher, sowohl durch die Bühnensituation als durch die handelnden Personen, gemeinsam mit uns über eine ganze Reihe von Fragen nachzudenken, die zur Diskussion stehen. Wir veranlassen den Zuschauer zu urteilen und zu streiten. Das ist die eine Natur des Theaters: Sie regt die Gehirntätigkeit an. Es gibt aber auch noch die andere, die die emotionale Seite einbezieht. Der Zuschauer durchwandert ein kompliziertes Labyrinth von Emotionen, wenn er die auf ihn wirkenden Kräfte aufnimmt. Der Umstand, daß das Theater auch noch auf das «Gefühl» wirkt, zwingt uns zu beachten, daß eine als künstlerisches Werk gestaltete Aufführung schlecht ist, wenn sie sich mit Rhetorik befaßt, Räsoneure einführt und Dialoge baut, die dem sogenannten Konversationstheater entliehen sind: Ein solches Theater würden wir nicht akzeptieren, es würde einem Diskussionssaal ähneln. Ich könnte ja auch diesen meinen Vortrag von einem Flügel oder einem Orchester begleiten lassen, ich könnte kleine Pausen einlegen, in denen das Publikum Musik hört und unter ihren Klängen die vom Vortragenden hingeworfenen Gedanken verdaut. Dennoch würde aus meinem Vortrag und Ihrer Anwesenheit keine Theateraufführung.

Da die Aufführung nach Gesetzen aufgebaut wird, die dem Theater eigen sind, kann man mit der Einwirkung auf den Verstand allein nichts erreichen.

Das Theater muß auch die Emotionen beeinflussen, damit die Aufführung nicht nur Anregung zur Entwicklung dieses oder jenes Gedankens gibt oder die Handlung sich so entwickeln läßt, daß der Zuschauer sofort bestimmte Schlußfolgerungen ziehen kann. Die Personen, die auf der Bühne handeln, sind keineswegs dazu berufen, nur diesen oder jenen Gedanken des Autors, des Regisseurs und des Schauspielers zu beweisen. Alle Konflikte und der ganze Kampf bezwecken keineswegs nur, irgend-

Wsewolod E. Meyerhold: Szenenbild aus *Der Revisor* nach Gogol, Moskau 1926

welche Thesen aufzustellen und ihnen irgendwelche Antithesen entgegenzusetzen. Nicht zu diesem Zweck und nicht aus diesem Grund kommt das Publikum ins Theater.
[...]
Die Pläne, die einmal Wagner hatte, um ein eigenständiges Gesamttheater zu schaffen, ein Theater, das nicht nur das Wort, sondern auch die Musik, das Licht, den «Zauber» der bildenden Künste und die rhythmischen Bewegungen auf die Bühne holen sollte, erschienen damals höchst utopisch. Heute sehen wir, daß man die Aufführungen gerade so machen muß: Alle Mittel, über die die anderen Künste verfügen, müssen genutzt werden, um in organischer Verschmelzung auf das Publikum zu wirken.
Das Theater, das sich auf die Rhetorik von Räsoneuren stützt, das ausgesprochen agitatorische, aber antikünstlerische Theater, ist bereits als schädliche Erscheinung entlarvt worden. Ein anderes Theater, das Agitationstheater sein will, läßt die Schauspieler im Augenblick höchster Spannung schweigen, und dann erklingt Musik, die die Spannung des Augenblicks unterstreicht und verstärkt (erinnern Sie sich der Experimente «Bubus» im Theater meines Namens und «Die Tage schmelzen» im TRAM. Wenn wir vom Schauspielertheater sprechen, dann sprechen wir von ihm wie von einem Musiktheater. Das Theater, das alle technischen Errungenschaften der Bühne auszunutzen sucht, führt auch noch den Film ein, so daß das Spiel des Schauspielers auf der Bühne mit seinem

Spiel auf der Leinwand abwechselt. Oder die Aufführung des Schauspieltheaters wird als eine Art Revue gestaltet, in der der Schauspieler bald in der Art eines dramatischen Schauspielers, bald eines Opernschauspielers, Tänzers, Equilibristen, Turners oder Clowns auftritt. So werden Elemente anderer Künste herangezogen, damit die Aufführung reizvoller und vom Publikum besser aufgenommen wird. In der Dramatik genügt eben die langweilige Einteilung in Akte, die Unbeweglichkeit einer solchen Struktur nicht mehr. Die Stücke müssen nach dem Beispiel Shakespeares oder der Dramatiker des alten spanischen Theaters in Episoden und Bilder unterteilt werden.

Die Episoden boten die Möglichkeit, die Stagnation der pseudoklassischen Einheit der Handlung und der Zeit zu überwinden. Wir gehen zu einer neuen Phase der Dramatik über. Wir schaffen eine neue Art der Aufführung. Inmitten dieser Umbildung entsteht ein Kampf zwischen Film und Theater.

[...]

[...] Wir verlassen die Theater, die uns als Erbschaft aus der Zaren-, Adels- und Gutsbesitzerzeit zugefallen sind. Damals wurde die Guckkastenbühne gebaut, die auf die Illusion eingestellt war; damals hatte man eine Bühne mit so angelegten Inszenierungen, daß sich der Zuschauer ausruhen und der Muße hingeben, schlafen, flirten oder andere durchhecheln konnte.

Ein Theater aufbauend, das mit dem Film konkurrieren muß, erklären wir: Laßt uns unsere Aufgabe, dem Theater den Film zu erschließen, restlos erfüllen, laßt uns auf der Bühne Techniken des Films verwirklichen (aber nicht in dem Sinn, daß wir die Leinwand im Theater aufhängen), gebt uns die Möglichkeit, zu einer Bühne überzugehen, die einer neuen Technik angemessen ist und den Anforderungen entspricht, die wir an das Theaterschauspiel stellen; dann werden wir solche Aufführungen schaffen, die keine geringere Anzahl Zuschauer anziehen als die Filmtheater.

Die Revolution auf dem Gebiet der Umgestaltung von Form und Inhalt des zeitgenössischen Theaters kam in ihrem Fortschreiten nur deshalb zum Stillstand, weil die Mittel für den Umbau der Bühne und des Zuschauerraumes fehlten.

Und noch etwas: Man muß dem Bedürfnis des heutigen Zuschauers Rechnung tragen, eine Aufführung nicht nur gemeinsam mit dreihundert bis fünfhundert Personen anzusehen (in die sogenannten «intimen» Theater und «Kammerspiele» will das Proletariat nicht gehen), sondern gemeinsam mit Zehntausenden (sehen Sie nur, wie voll die Stadien sind; in ihnen zeigen heute Fußball-, Volleyball- und Hockeymannschaften ihre Kunst, und morgen werden dort theatralisierte sportliche Spiele vorgeführt werden). Die Energie, die der heutige Theaterbesucher von einer

Aufführung erwartet, will er in einer so gewaltigen Spannung entgegennehmen, die zu ertragen nur Tausende imstande sind und nicht Hunderte. Jede Aufführung wird heute in der Absicht geschaffen, das Publikum zur Teilnahme an der Vollendung der Aufführung aufzufordern. Sowohl die Dramatik als auch die Technik der heutigen Regie setzen ihre Maschinen zu dem Zweck in Gang, die Aufführung nicht nur durch die Anstrengungen der Schauspieler und der Bühnenmaschinerie zustande kommen zu lassen, sondern auch durch die Bemühungen des Publikums. Wir bereiten heute eine beliebige Aufführung so vor, daß sie nicht bis zum Schluß durchgearbeitet auf die Bühne kommt. Wir wissen das und stellen uns darauf ein, weil die bedeutendste Korrektur an der Aufführung der Zuschauer vornimmt.

Die ganze Vorarbeit, die sowohl der Dramatiker als auch der Regisseur bei der Aufführung leisten, ist nur eine notwendige Vorbereitung des Bodens, auf dem dann die beiden aktivsten Kräfte des Theaters – der Schauspieler und der Zuschauer – im Verlauf der Aufführungen von Tag zu Tag gemeinsam weiterarbeiten können. Schauspieler und Zuschauer bekommen vom Dramatiker und Regisseur gewissermaßen nur das Grundgerüst geliefert. Dieses muß so beschaffen sein, daß es nicht drückt, nicht beengt, sondern Freiheit für ein Übereinkommen zwischen Zuschauer und Schauspieler gewährt. Wir, die Dramatiker und Regisseure, wissen, daß alles, was wir im Probenprozeß umrissen haben, nur ungefähr richtig ist. Die endgültige Vollendung und Fixierung aller Details der Aufführung vollzieht erst das Publikum gemeinsam mit dem Schauspieler. Dazu ist aber notwendig, daß die Zahl der Korrigierenden besonders groß ist, daß die Korrektur durch die Massen erfolgt.

Im Film geschieht dasselbe.

Wenn in Hollywood Sensationsfilme gedreht werden, wird, ehe der Film auf den Markt kommt, folgende Vorarbeit geleistet: Nachdem er gedreht ist, wird er ex tempore dem Publikum irgendeines sehr großen Kinos zur Beurteilung vorgeführt. Hat das Publikum den Zuschauerraum betreten, wird der angekündigte Film aus dem Programm genommen und anstelle des abgesetzten Filmes der Probefilm angekündigt. In dieses Kino kommt eine große Zahl von Agenten der betreffenden Filmgesellschaft mit Notizbüchern. Sie prüfen die Qualität des Films an diesem unvoreingenommenen Publikum, das nicht «ausgesucht» ist, wie das bei den Theaterpremieren der Fall ist. Und dieses Massenpublikum in seiner zufälligen Zusammensetzung ist der Richter, der über den Probefilm das Urteil fällt. Die Agenten belauschen die Besucher und notieren, welche Stellen das Publikum mit Langeweile und welche es mit Begeisterung aufnimmt. Danach wird der Film anders arrangiert und schließlich für die Vorführung freigegeben.

Und welcher Theaterraum schwebt uns für die Schaffung der neuen Aufführung vor? Vor allem muß man die Logen beseitigen und auf die Anordnung der Sitzplätze nach Rängen ganz verzichten. Nur der Aufbau des Zuschauerraumes nach Weise des Amphitheaters eignet sich für eine Aufführung, die durch gemeinsame Bemühungen von Schauspieler und Zuschauer zustande kommt; denn bei einer solchen Anordnung der Sitzplätze wird das Publikum nicht in derartige Kategorien eingeteilt: hier das Publikum ersten, höheren Ranges, dort das Publikum zweiten Ranges (die Armen, die für die Plätze weniger gezahlt haben).
Außerdem muß die Guckkastenbühne endgültig abgeschafft werden. Nur unter dieser Bedingung kann man die Aufführung tatsächlich dynamisch machen. Die neue Bühne macht es möglich, das langweilige System der Einheit des Ortes und die Einzwängung der Bühnenhandlung in vier bis fünf umfangreiche Akte zu überwinden, und zwar deshalb zu überwinden, damit die Bühnenmaschinerie bei der Vorführung schnell wechselnder Episoden Geschmeidigkeit erlangt. Mit der neuen Bühne, die kein Bühnenpersonal hat und deren Spielflächen sich horizontal und vertikal bewegen lassen, können andere Verwandlungsformen für die schauspielerische Darstellung und Wirkungen kinetischer Konstruktionen genutzt werden. Die Schauspieler werden je in einer ganzen Reihe von Rollen auftreten. Es ist nicht normal, daß die eine Rolle zu sehr mit Stoff beladen wird, während man andere so weit reduziert, daß sie von Statisten niederer Qualifikation gespielt werden können. In dem neuen Theater wird es keine Statisten geben. Es gibt keine schlechten Rollen, es gibt nur schlechte Schauspieler. Jede Rolle kann stark sein, wenn sie von einem guten Schauspieler gespielt wird. Für große Schauspieler ist es interessant, im Verlauf einer Aufführung in sieben oder gar zehn Rollen aufzutreten; dabei zeigen sie die Kunst, die Masken und die Charaktere mit einfachen Mitteln zu wechseln.
Der Kampf zwischen Film und Theater zeichnet sich gerade erst ab. Wohin wird der eine Konkurrent gehen, wohin der andere? Es liegt auf der Hand, daß das Schauspiel-Theater seine Positionen nicht aufgeben wird; es wird nicht mehr lange dauern, bis es über eine Bühne verfügt, die technisch so ausgerüstet ist, daß der offene Kampf auf Leben und Tod mit dem Film aufgenommen werden kann. Das Theater macht sich schon die Errungenschaften des Films zunutze, und es wird dies weiterhin tun; für den Film aber fürchte ich, daß er über das stolpern wird, wovon ich schon sprach: Der Schauspieler, der beim Tonfilm mitwirkt, wird eines schönen Tages merken, daß er das internationale Publikum verliert, und in ihm wird der Wunsch erwachen, zum Stummfilm zurückzukehren.
Wenn wir anfangen, auf unseren Schauspiel- und Opernbühnen vorbildliche Konstruktionen zu schaffen, die den neuen, revolutionären Gehalt von für das Proletariat wichtigen Stücken allein auszudrücken in der Lage

sind, stoßen wir auf riesige Schwierigkeiten, weil das Theater immer noch nicht industrialisiert ist. Noch kann nicht die für die Vervollkommnung der Bühne notwendige Quantität an Mitteln ausgeworfen werden. Die Bühne ist technisch äußerst unvollkommen, und dennoch haben wir bei der Nutzung des Films fürs Theater, durch die Einführung kinetischer Konstruktionen, auf der Bühne schon eine Reihe Siege im Kampf gegen den Film errungen. Leningrad hat bereits in den Arbeiterbezirken drei Theater, in denen sich das Publikum wohl fühlt. Die dortigen Theater sind nach dem System der Amphitheater gebaut. Sie werden von einer großen Zuschauermenge gefüllt; leider sind die Bühnen noch nach dem alten System eingerichtet.

Als ich vor zwei, drei Jahren durch Italien reiste, stellte ich zu meiner Überraschung folgendes fest: In diesem Land, in dem einst das vortreffliche Theater der Improvisation blühte, in dem die berühmten Dramatiker des 18. Jahrhunderts – Goldoni und Gozzi – einen wütenden Kampf gegeneinander führten, in dem sich das Marionettentheater (das sich hier und da bis heute erhalten hat) so glänzend entwickelte, in dem sich einst eine hohe Theaterkultur behauptete – in diesem Lande gibt es heute kein Theater. [...]

Weder im 19. noch in unserem Jahrhundert hat danach jemand den Wunsch oder die Möglichkeit gehabt, ein Theater zu schaffen, wie es das italienische Volk ersehnt.

Wer aber hat diesen eigentümlichen Hang des italienischen Volkes zum Theater, zum Straßentheater und zu effektvollen Theaterfeierlichkeiten ausgenützt?

Wer? frage ich.

Die Vertreter der Kirche.

Der Vatikan wurde zum Laboratorium der Regiekunst.

Der Papst ist der erfindungsreichste, geschickteste Regisseur.

An dem Tag, an dem ich die hier zusammengestellten Stenogramme korrigiere, berichtet die Zeitung von schweren antisemitischen Ausschreitungen in Form eines organisierten Judenpogroms. Und sehen Sie: «Am Vorabend der Ausschreitungen fanden in Lwow katholische Prozessionen statt.»

[...] Der im Vatikan sitzende «Entrepreneur» und «Chefregisseur», der Papst, veranstaltet von Zeit zu Zeit solch ein grandioses Schauspiel, daß selbst erklärte Atheisten gelaufen kommen, denn dieses Schauspiel ist mit geschulter Regiekunst organisiert, und riesige Mittel werden dafür ausgegeben. Ich spreche von den feierlichen Auftritten des Papstes, den religiösen Prozessionen, den prunkvollen Illuminationen und Feuerwerken, ich spreche von den verschiedenen Einzäunungen und Abzäunungen, hier für diejenigen errichtet, die dem Papst ehrerbietig die Hand küssen dürfen, dort für jene, welche in möglichst großer Distanz von der

Hand des Papstes gehalten werden sollen. Kurz, an bestimmten Tagen werden alle von diesem sensationellen Schauspiel fasziniert, ähnlich wie bei uns an dem Tag, an dem man – sehr selten, bestenfalls alle zwei, drei Jahre und aus einem gewissen Grund besonders in Leningrad – eine Massenvorstellung veranstaltet, bei der nicht nur Schauspieler mitwirken, sondern die Masse selbst unmittelbar mitwirkt. In Rom kommt die Menge, von besonderer Neugier getrieben, zu dem vom Papst veranstalteten Schauspiel; denn dort wird das Werk von Meistern der Theaterkunst in Gang gesetzt, die verstehen, was die Macht der Aufführung bedeutet.

Können aber nun die Direktoren der gewöhnlichen italienischen Theater mit einem Schauspiel solcher Art in Wettbewerb treten? Ein Theater, an das Ende einer kleinen Gasse gequetscht, ein Theater, das nicht mehr als ein paar hundert Menschen aufnehmen kann – wem nützt schon ein solches Theater? Es ist an der Zeit, Vorstellungen zu geben, die nicht weniger als – sagen wir – zehntausend Menschen besuchen. Der heutige Theaterbesucher will sich nicht nur an der Aufführung ergötzen, er sehnt sich nach grandiosen Maßstäben. Der heutige Theaterbesucher verhält sich zum Getöse der vieltausendköpfigen Masse in unseren Stadien wie die Kinder mit dem Noworossisker Nordost: Sie stemmen sich mit dem Rücken gegen den Sturmwind, so daß der Körper in einem Winkel von dreißig Grad zur Erde steht.

[...] Verlangt wird ein anderes Schauspiel, die Inangriffnahme der neuen Theateraufgaben, die Bewältigung der Probleme der Massenhandlung und neuen Architektur des Theaters. Die Masse meldet ihr Hauptbedürfnis an, in gewaltigen Wellen hineinzuströmen in die riesigen Stadien, die Zehntausende fassen können. Der Papst hat diesem Bedürfnis Rechnung getragen, und Mussolini erscheint es natürlich zwecklos, Theater oder Stadien zu bauen, nachdem sein Staat der Kirche die Hand gereicht hat. Der Führer der Faschisten ist bereit, die Paraden seiner Truppen mit katholischen Prozessionen abwechseln zu lassen. Theater braucht er nicht. Es genügt ihm ein so hervorragender «Regisseur» wie der Papst.

In Frankreich gibt es keinen Papst und keine religiösen Umzüge, in Frankreich ist die Religon außer Brauch gekommen; niemand nimmt auf sie Rücksicht. Mucker und Heiligenbildkleckser sind nicht Mode; selbst als Tourist braucht man nur einen Blick in den französischen Alltag zu werfen, um das zu erkennen. Dafür aber hat das Theater in Frankreich einen anderen Konkurrenten: die Straße. [...]
[...]
Interessant ist folgender Brauch: Ein Arbeiter verfaßt ein kleines Liedchen, in einer billigen Druckerei druckt er es selbst, ein guter Ziehharmonikaspieler, ebenfalls Arbeiter, stellt die Begleitung zusammen, ein dritter Arbeiter rührt dazu die Trommel. In einer Abendstunde geht unser Autor und zugleich Interpret auf einen der geräuschvollen Plätze und

singt hier sein Liedchen, begleitet von Harmonika und Trommel. Dann läßt er alle, die im Kreis um ihn herumstehen, das Liedchen auswendig lernen, und wenn nach einiger Zeit alle das Liedchen im Chor nach den Noten singen, die ihm das Publikum an Ort und Stelle für ein paar Sous abgekauft hat, ist er begeistert.

Ist das etwa kein Element des Straßentheaters?

Wozu soll er ins Theater gehen, wo man ihm keine eindrucksvollen Dekorationen bietet, wo ihm nicht das Licht der elektrischen Lampions und die Farbe der Glasperlen in die Augen springen, wo er keinen solchen Text hört, der ihn an sein tägliches Geplauder mit der Nichte, der Frau und dem Nachbarn erinnert? Daraus ergibt sich eine gewisse Diskrepanz, ein Unterschied zwischen dem, was der Snob, und dem, was der Arbeiter braucht, zwischen dem, was das Theater, und dem, was die Straße bietet.

Mir fällt da ein Regisseur ein, der einst bei uns mit seinen paradoxen Büchern und Aufsätzen über das Theater Aufsehen erregte, ich meine N. N. Jewreïnow. Es fallen mir seine Absonderlichkeiten ein, seine Sehnsucht nach der Theatralisierung des Lebens. Mir scheint, er könnte seinen Traum in einer Stadt wie Paris durchaus verwirklichen; denn dort ist diese Theatralisierung des Lebens leicht. Er braucht nur mit den Arbeitern auf den Boulevard d'Italie zu gehen, dort mit ihnen ihre selbstverfaßten Liedchen zu singen und diese für die Bühne herzurichten suchen. [...]

[...]

In Frankreich und auch in Deutschland und Amerika ist die Straße ein bestimmendes Element. Hinsichtlich ihrer Theaterbedürfnisse ist die Masse ohne Steuer und Segel. Der Theaterbesucher schwankt, er weiß zwischen den einfachsten Dingen – ob Lustbarkeit, Kino oder Boulevardtheater – nicht zu unterscheiden. Die Straße selbst ist das Theater, der Zuschauer ist selber Schauspieler. Ohne wirksame Direktiven einer autoritativen Organisation schafft man aber kein Theater. Daher kommt es, daß in Frankreich der Arbeiter unter dem Einfluß bürgerlicher Moden von einer unpolitischen Kunst leicht verwirrt zu werden droht: auf der Straße der Foxtrott, auf den Jahrmärkten das Karussell (die traditionelle Schaubude ist bereits gestorben), im Café der Cocktail, im Varieté der Schacher mit nackten Körpern.

Nicht darin besteht unser Glück (das heißt das Glück der in der UdSSR Lebenden), daß mit der Zunahme der dramatischen Zirkel unser Land eine riesige Zahl von Laienspielern für unsere Klubtheater und einen organisierten Zuschauer-Schauspieler für unsere Massenfeste gewinnt – unser Glück besteht vielmehr darin, daß mit der Schaffung eines quantitativ und qualitativ hervorragenden Materials, das neu in der Form und unwiderstehlich durch seine Ideologie ist, auf dem Gebiet unserer Kulturarbeit in der Masse jenes revolutionäre Schöpfertum entsteht, von dem Lenin mit solcher Leidenschaft gesprochen hat, und daß sich alle die Potenzen entwickeln, die keimhaft in der Masse vorhanden sind, eine Entwicklung also, die Marx zu einem der wichtigsten Gebote des Kommunismus gemacht hat.

Die Masse, der Hauptmotor im Streben unseres Landes, die führenden kapitalistischen Länder einzuholen und zu überholen, braucht das Selbstbewußtsein, das man nicht nur in gut organisierter Arbeit (sozialistischer Rationalisierung), sondern auch in gut organisierter Erholung erwirbt. Die Erholung aber erwirbt man nicht nur im Schlaf, sondern auch im «Durchlüften» des Gehirns, von dem so beharrlich die Neuropathologen sprechen, wenn sie dem Nervenkranken Lachen als Medizin verordnen.

Wir verstehen unter Teilnahme der Massen bei der Schaffung von Aufführungen durchaus nicht, daß man eines Tages sagt: «Wir sind so zahlreich, daß das ganze Land sich in eine einheitliche Armee von Schauspielern verwandelt hat.» Das Theater wird vielmehr zum Aufmarschraum für die Formung des neuen Menschen; es hilft, das neue Training der Menschen in Gang zu setzen. Für die endgültige Eroberung der Naturkräfte braucht der neue Mensch jene Geschmeidigkeit, die bei der Erholung im Theater, in den Klubhäusern und ihren Laboratorien, bei den Spielen in den Stadien und den Paraden unserer Revolutionsfeiern am leichtesten erreicht wird. Hier, in den Kämpfen an der Front der Kulturrevolution, blüht wunderbar die Masseninitiative.

Aus: Wsewolod E. Meyerhold: Rekonstruktion des Theaters (1930). In: Wsewolod E. Meyerhold/Alexander I. Tairow/Jewgeni B. Wachtangow: Theateroktober. (Hrsg. Ludwig Hoffmann und Dieter Wardetzky). Beiträge zur Entwicklung des sowjetischen Theaters. (Auszüge) 2. veränderte Auflage; Leipzig, 1972; © Verlag Philipp Reclam jun. Leipzig 1972. (Übers. v. Karl Fend)

Sergej M. Eisenstein
Montage der Attraktionen (1923)

(Zur Inszenierung von A. N. Ostrovskijs ‹Eine Dummheit macht auch der Gescheiteste› im Moskauer Proletkult)

I. Die Linie der Theaterarbeit des Proletkult
In wenigen Worten. Das Theaterprogramm des Proletkult besteht nicht in der «Verwertung der Werte der Vergangenheit» oder im «Erfinden neuer Formen», sondern in der Abschaffung der Institution des Theaters als solchem. Es wird zu einem Ort werden, wo die Hebung des Niveaus der

Qualifizierung und Ausstattung der Massen für ihr Alltagsleben demonstriert wird. Die Organisation der Werkstätten und die Ausarbeitung eines wissenschaftlichen Systems zur Hebung dieser Qualifikation ist die unmittelbare Aufgabe der wissenschaftlichen Abteilung des Proletkult für den Theaterbereich.

Alles übrige, was gemacht wird, steht im Zeichen der Vorläufigkeit; stellt die Erfüllung nebensächlicher, zusätzlicher, nicht der Hauptaufgaben des Proletkult dar. Dieses «Vorläufig» bewegt sich auf zwei Linien unter dem gemeinsamen Kennzeichen des revolutionären Inhalts.

1. *Das abbildend-erzählende Theater* (statisch, milieuschildernd – der rechte Flügel) ‹Morgenröte des Proletkult›, ‹Lena› und eine Reihe von nichtrealisierten Aufführungen des gleichen Typs – die Linie des ehemaligen Arbeitertheaters beim ZK des Proletkult.

2. *Das Agitationstheater der Attraktionen* (dynamisch und exzentrisch – der linke Flügel) – die Linie, die ich gemeinsam mit Boris Arvatov als Grundprinzip für die Arbeit der Wandertruppe des Moskauer Proletkult vorgeschlagen habe.

In Ansätzen, jedoch mit genügender Deutlichkeit zeichnete sich dieser Weg schon im ‹Mexikaner› ab – einer Inszenierung des Autors des vorliegenden Artikels zusammen mit V. S. Smyšljaev (im Ersten Studio des MChT). Danach gerieten wir in völligen prinzipiellen Widerspruch miteinander bei der folgenden gemeinsamen Arbeit (‹Über die Schlucht› von V. Pletnëv). Das führte zum Bruch und zur getrennten Weiterarbeit, die gekennzeichnet ist durch den ‹Gescheitesten› und ...‹Der Widerspenstigen Zähmung›, ganz zu schweigen von der ‹Theorie des Aufbaus des Bühnenschauspiels› von Smyšljaev, dem alles Wertvolle an dem im ‹Mexikaner› Geleisteten entgangen ist.

Ich halte diese Abschweifung für notwendig, weil alle Rezensionen des ‹Gescheitesten›, die versuchen, eine Gemeinsamkeit mit irgendwelchen Inszenierungen festzustellen, absolut den ‹Mexikaner› (*vom Januar–März des Jahres 1921*) zu erwähnen vergessen. Dabei stellt der ‹Gescheiteste› und die ganze Theorie der Attraktion eine Ausarbeitung und logische Weiterentwicklung dessen dar, was ich in jene Inszenierung eingebracht habe.

3. Der ‹Gescheiteste› wurde in der Wandertruppe (Peretru) begonnen und (nach dem Zusammenschluß beider Truppen abgeschlossen) als die erste Agitationsarbeit auf der Grundlage einer neuen Methode des Aufbaus einer Theateraufführung.

II. Die Montage der Attraktionen

wird hier zum ersten Mal benutzt und bedarf einer Erläuterung. Als Hauptmaterial des Theaters wird der Zuschauer herausgestellt; die Formung des Zuschauers in einer gewünschten Richtung (Gestimmtheit) –

die Aufgabe jedes utilitären Theaters (Agitation, Reklame, Gesundheitsaufklärung usw.).

Werkzeug zur Bearbeitung sind alle Bestandteile des Theaterapparats (das «Gemurmel» Ostuževs nicht mehr als die Farbe des Trikots der Primadonna, ein Schlag auf die Pauke ganz genauso wie der Monolog Romeos, die Grille hinter dem Ofen nicht weniger als die Salve unter den Sitzen der Zuschauer), die in all ihrer Verschiedenartigkeit auf eine Einheit zurückführbar sind, die ihr Vorhandensein legitimiert, auf ihren Attraktionscharakter.

Eine Attraktion (im Theater) ist jedes aggressive Moment des Theaters, d. h. jedes seiner Elemente, das den Zuschauer einer Einwirkung auf die Sinne oder Psyche aussetzt, die experimentell überprüft und mathematisch berechnet ist auf bestimmte emotionelle Erschütterungen des Aufnehmenden. Diese stellen in ihrer Gesamtheit ihrerseits einzig und allein die Bedingung dafür dar, daß die ideelle Seite des Gezeigten, die eigentliche ideologische Schlußfolgerung aufgenommen wird. (Der Weg der Erkenntnis «über das lebendige Spiel der Leidenschaften» ist der spezifische Weg des Theaters.)

Einwirkung auf die Sinne und die Psyche natürlich in jenem Verständnis von unmittelbarer Realität, in dem zum Beispiel das Guignol-Theater damit arbeitet: das Ausstechen von Augen oder Abhauen von Händen und Füßen auf der Bühne, oder die Beteiligung eines auf der Bühne Agierenden per Telefon an einem schrecklichen Geschehen dutzende Kilometer entfernt, oder die Situation eines Betrunkenen, der seinen Tod nahen fühlt, dessen Bitte um Hilfe aber als Rauschphantasie abgetan wird. Jedoch nicht im Sinne der Entfaltung psychologischer Probleme, wo schon das Thema als solches eine Attraktivität darstellt, das – wenn es genügend Aktualität besitzt – auch *außerhalb* der vorliegenden Theaterhandlung besteht und wirkt (ein Fehler, in den die meisten Agit-Theater verfallen, sich mit Attraktionen nur solcher Art zufriedenzugeben).

Eine Attraktion im formalen Sinne bestimme ich als selbständiges und primäres Konstruktionselement einer Aufführung – als die molekulare (d. h. konstitutive) Einheit der *Wirksamkeit* des Theaters und des *Theaters überhaupt*. Ganz analog zu den Montageteilen der Bilder von George Grosz oder den Elementen der Foto-Illustrationen von Rodčenko.

«Konstitutiv» insofern, als es schwierig ist abzugrenzen, wo das Gefesseltsein durch die edle Gesinnung des Helden aufhört (das psychologische Moment) und das Moment seiner Anmut als Person beginnt (d. h. seine erotische Wirkung). Der lyrische Effekt einer Reihe von Szenen bei Chaplin ist nicht zu trennen von der Attraktivität der spezifischen Mechanik seiner Bewegungen; ebenso ist schwer die Grenze zu ziehen, wo in den Martyriumsszenen des Mysterientheaters das religiöse Pathos in sadistische Befriedigung übergeht usw.

Die Attraktion hat nichts mit einem Kunststück oder Trick zu tun. Ein Trick (es wird Zeit, diesem falsch verwendeten Terminus seinen ihm zukommenden Platz zuzuweisen) ist eine vollendete Leistung innerhalb einer bestimmten Meisterschaft (hauptsächlich der Akrobatik), ist nur eine von vielen Formen der Attraktionen in ihrer entsprechenden Darbietungsweise (oder im Zirkusjargon – der bestimmten Art «sie zu verkaufen»). In seiner terminologischen Bedeutung steht der Begriff – da er etwas Absolutes und *in sich* Vollendetes bezeichnet – in direktem Gegensatz zur Attraktion, die ausschließlich auf etwas Relativem basiert, nämlich der Reaktion des Zuschauers.

Dieser Zugang verändert in radikaler Weise die Möglichkeiten in den Konstruktionsprinzipien einer «wirkenden Konstruktion» (das Schauspiel als Ganzes). An die Stelle der statischen «Widerspiegelung» eines aufgrund des Themas notwendig vorgegebenen Ereignisses und der Möglichkeit seiner Lösung einzig und allein durch Wirkungen, die logisch mit einem solchen Ereignis verknüpft sind, tritt ein neues künstlerisches Verfahren – die freie Montage bewußt ausgewählter, selbständiger (auch außerhalb der vorliegenden Komposition und Sujet-Szene wirksamen) Einwirkungen (Attraktionen), jedoch mit einer exakten Intention auf einen bestimmten thematischen Endeffekt – die Montage der Attraktionen.

Ein Weg, der das Theater vollständig aus dem Joch der bis heute ausschlaggebenden, unumgänglichen und einzig möglichen «illusionistischen Abbildhaftigkeit» und «Anschaulichkeit» befreit, gleichzeitig aber – durch das Übergehen zur Montage von «real gemachten Dingen» – die Einbeziehung von ganzen «abbildenden Stücken» in die Montage sowie eine zusammenhängende Sujetintrige erlaubt, jedoch nicht mehr als etwas Selbstwertiges und Allbestimmendes, sondern als bewußt ausgewählte, stark wirkende Attraktion mit einer bestimmten Zielintention, insofern nicht die «Aufdeckung der Absicht des Dramatikers», die «richtige Deutung des Autors», die «getreue Darstellung der Epoche» usw., sondern nur die Attraktion und das System der Attraktionen die einzige Grundlage der Wirkung einer Inszenierung darstellen.

Von jedem routinierten Regisseur wurde die Attraktion nach Gespür so oder so verwendet, aber natürlich nicht im Sinn der Montage oder der Konstruktion, sondern einzig und allein zur «harmonischen Komposition» (von daher sogar ein besonderer Jargon – «Schlußeffekt», «ein Auftritt, der viel hergibt», ein «guter Gag» usw.). Wesentlich aber ist, daß das nur im Rahmen der logischen Wahrscheinlichkeit des Sujets (vom Stück her «gerechtfertigt») gemacht wurde, und, was das Wichtigste ist, unbewußt und in Verfolgung von etwas ganz anderem (irgend etwas von dem anfangs Aufgezählten). Man muß nur bei der Ausarbeitung des Konstruktionssystems einer Aufführung das Zentrum der Aufmerksamkeit auf das Gebührende, das, was früher als etwas Akzessorisches, Schmük-

kendes angesehen wurde, was aber faktisch den Hauptvermittler der von
der Norm abweichenden inszenatorischen Absichten darstellt, verlegen,
und, ohne sich logisch – durch Pietät gegenüber der Umweltschilderung
und der literarischen Tradition zu binden, *diese Art des Herangehens als
Inszenierungsmethode einführen*. (Seit Herbst 1922 wird so in den Werkstätten des Proletkult gearbeitet.)
Die Schule der Montage ist der Film und vor allem das Varieté und der
Zirkus, denn eine (vom formalen Standpunkt) gute Aufführung zu machen heißt eigentlich, ein gutes Varieté bzw. Zirkusprogramm aufzubauen, ausgehend von den Situationen, die man dem Stück zugrunde legt.
Als Beispiel das Verzeichnis eines Teils der Nummern aus dem Epilog des
‹Gescheitesten›.
1. Einleitungsmonolog des Helden. 2. Ein Stück Kriminalfilm (Erklärung
zu P. 1 – Diebstahl des Tagebuchs). 3. Musikalisch-exzentrisches Entree:
Die Braut und die drei abgewiesenen Bräutigame (im Stück eine Person)
in der Rolle von Brautführern; eine Szene der Wehmut durch die Couplets ‹Eure Finger duften nach Weihrauch› und ‹Mag das Grab ...› (mit
der Idee, daß die Braut wie auf einem Xylophon auf sechs Schellenbändern, den Knöpfen der Offiziere, spielt).
4, 5, 6. Drei parallele Clowns-Entrees mit jeweils zwei Sätzen (das Motiv
der Bezahlung für die Organisation der Hochzeit). 7. Entree des Stars
(des Tantchens) und drei Offiziere (das Motiv des Hinhaltens des abgewiesenen Bräutigams) mit einem Wortspiel (durch die Erwähnung des
Pferdes) zu einer Nummer einer dreifachen Volte auf ein ungesatteltes
Pferd (wegen der Unmöglichkeit, es in den Saal zu führen – ein traditionelles Pferd «aus drei Mann»). 8. Im Chor gesungene Agit-Couplets: ‹Der
Pope hat einen Hund›, währenddessen bildet der Pope als «Kautschuknummer» die Form eines Hundes (das Motiv des Beginns der kirchlichen
Trauung). 9. Unterbrechung der Handlung (die Stimme eines Zeitungsverkäufers bewirkt den Abgang des Helden). 10. Das Erscheinen des Bösewichts in der Maske – ein Stück eines komischen Kinofilms (ein Resumee der 5 Akte des Stücks in verschiedenen Verwandlungen – das Motiv
der Veröffentlichung des Tagebuchs). 11. Fortsetzung der (unterbrochenen) Handlung in anderer Gruppierung (gleichzeitige kirchliche Trauung
mit den drei Abgewiesenen). 12. Antireligiöse Couplets ‹Allah verdy›
(Ein Wortspielmotiv, die Notwendigkeit der Heranziehung eines Mullas
angesichts der großen Zahl von Bräutigams bei nur einer Braut) – ein
Chor und eine neue, nur in dieser Nummer besetzte Figur – ein Solist im
Kostüm eines Mullas. 13. Gemeinsamer Tanz. Spiel mit dem Plakat ‹Religion ist Opium für das Volk›. 14. Eine Farcen-Szene: die Frau und die drei
Männer werden in einen Kasten gesteckt und auf dem Deckel Tontöpfe
zerschlagen. 15. Sitten und Bräuche parodierendes Trio mit dem Hochzeitslied ‹Wer aber bei uns jung ist›. 16. Jähe Unterbrechung, Rückkehr

des Helden. 17. Flug des Helden an einer Longe bis unter die Kuppel (Motiv des Selbstmords aus Verzweiflung). 18. Unterbrechung – Rückkehr des Bösewichts – der Selbstmord wird aufgehalten. 19. Degenkampf (Motiv der Feindschaft). 20. Agit-Entree des Helden und des Bösewichts zum Thema NEP. 21. Akt an einem abschüssigen Drahtseil: Passage von der Manege über die Köpfe der Zuschauer weg auf einen Balkon (Motiv der «Abreise nach Rußland»). 22. Clowneske Parodierung dieser Nummer (durch den Helden) und Absprung vom Seil. 23. Fahrt eines Clowns vom Balkon aus an dem Drahtseil entlang, wobei er sich nur mit den Zähnen festhält. 24. Finales Entree der zwei Clowns, die sich gegenseitig mit Wasser begießen (traditionell), abschließend mit der Erklärung «Ende». 25. Eine Salve unter den Sitzen der Zuschauer als Schlußakkord.

Aus: Sergej M. Eisenstein: Schriften 1. Streik. Hrsg. von Hans-Joachim Schlegel. Reihe Hanser Band 158. © 1974 Carl Hanser Verlag, München, S. 216–221.

Erwin Piscator
Das dokumentarische Theater (1929)

Die Aufführung, in der zum erstenmal das politische Dokument textlich und szenisch die alleinige Grundlage bildet, ist *Trotz alledem!* (Großes Schauspielhaus, 12. Juli 1925).
Das Stück entstand aus einer historischen Mammutrevue, die ich im Frühjahr dieses Jahres für das Arbeiter-Kultur-Kartell in den Gosener Bergen zur Sonnenwendfeier inszenieren sollte. Diese Revue, zu der ich Gasbarra mit der Herstellung des Manuskripts beauftragte, sollte in verkürzter Form die revolutionären Höhepunkte der menschlichen Geschichte vom Spartakusaufstand bis zur russischen Revolution umfassen, und zugleich in Lehrbildern einen Abriß des gesamten historischen Materialismus geben. Wir planten diese Aufführung in riesigen Ausmaßen. 2000 Mitwirkende waren vorgesehen, zwanzig große Scheinwerfer sollten den arenaartigen Talkessel erhellen, und zur Charakterisierung bestimmter Komplexe waren große, symbolisch übersteigerte Attribute (so zur Charakterisierung des englischen Imperialismus ein zwanzig Meter langer Panzerkreuzer) in Aussicht genommen. Ich war nach Schmöckwitz gezogen, um die Arbeit ständig am Schauplatz kontrollieren zu können. Das Szenarium war ausgearbeitet, die Musik, wieder von Edmund Meisel, in den Grundzügen fertig, als dem Kultur-Kartell, unter Führung von Ernst Niekisch (heute nach

vielen Wandlungen Vorkämpfer des völkischen «Sozialismus»), plötzlich politische Bedenken kamen. Während die Verhandlungen noch andauerten, forderte uns die KPD auf, zum Berliner Parteitag eine Aufführung im Großen Schauspielhaus zu arrangieren. Über Inhalt und Form war man sich noch völlig unklar, eine Besprechung in der Zentrale in den nächsten Tagen sollte alles ergeben. Der Gedanke zu dieser ganzen Veranstaltung ging von dem kommunistischen Abgeordneten Ernst Torgler, unserem alten Freund und Mitarbeiter aus den Tagen der «Roten Revue», aus.

Ich beriet mit Gasbarra, was zu tun sei. Unsere Veranstaltung in den Gosener Bergen auf das Große Schauspielhaus zu übertragen, war undurchführbar. Andererseits waren wir durch die wochenlange Arbeit an unserer Revue so daran gewöhnt, in großen historischen Ausmaßen zu denken, daß uns jedes fertige Stück unzulänglich erschien. Gasbarra schlug vor, aus unserem Entwurf ein Stück herauszunehmen, und zwar die Epoche vom Ausbruch des Krieges bis zur Ermordung von Liebknecht und Luxemburg und daraus eine selbständige Revue zu machen. Als Ausdruck dafür, daß selbst nach jener fürchterlichen Niederlage von 1919 die soziale Revolution ihren Fortgang nehme, trug die Revue als Titel das Liebknecht-Wort: «*Trotz alledem!*». In der entscheidenden Sitzung der Zentrale erregte der Plan bei den Parteiinstanzen einiges Kopfschütteln, weil Personen wie Liebknecht und Rosa Luxemburg schauspielerisch dargestellt werden sollten. Vielen erschien auch die Absicht, Mitglieder der Regierung, Ebert, Noske, Scheidemann, Landsberg usw., auftreten zu lassen, als gefährlich. Man stimmte schließlich zu, weil man nichts Besseres vorzuschlagen wußte, blieb aber skeptisch, besonders deshalb, weil uns für die gesamte Arbeit bis zum Tage der Aufführung kaum noch drei Wochen zur Verfügung standen.

Die Aufführung entstand kollektiv: Die einzelnen Arbeitsprozesse von Verfasser, Regisseur, Musiker, Bühnenmaler und Schauspieler griffen unaufhörlich ineinander. Mit dem Manuskript zugleich entstanden die szenischen Aufbauten und die Musik, mit der Regie gemeinsam entstand wiederum das Manuskript. Szenen wurden arrangiert, an vielen Stellen des Theaters gleichzeitig, noch ehe der Text dazu feststand. Zum erstenmal sollte der Film organisch mit den Bühnenvorgängen verbunden werden. (In «Fahnen» beabsichtigt, aber nicht ausgeführt.)

Die Verbindung zweier scheinbar entgegengesetzter Kunstformen hat in den Diskussionen meiner Kritiker und in der Beurteilung durch die Öffentlichkeit einen übermäßig breiten Raum eingenommen. Ich selbst halte dieses Moment gar nicht für so wichtig. Zum Teil schroff abgelehnt, zum Teil überschwenglich gefeiert, ist dieser Punkt nur selten richtig gewertet worden. Die Verwendung des Films lag auf derselben Linie wie die Verwendung der Projektion bei «Fahnen». (Abgesehen davon, daß ich ja schon in Königsberg die szenische Umformung durch den Film in großen

Umrissen konzipiert hatte, wenn auch noch unter starker Beschränkung auf das Dekorative.) Es war nur eine Erweiterung und Verfeinerung des Mittels, aber der Zweck blieb derselbe.

Später ist oft behauptet worden, ich hätte diese Idee von den Russen übernommen. In Wirklichkeit waren mir damals die Verhältnisse des sowjetrussischen Theaters fast unbekannt – die Nachrichten über Aufführungen usw. drangen immer noch sehr spärlich zu uns. Mir ist aber auch nachträglich nicht bekannt geworden, daß die Russen jemals den Film funktionell so verwendet hätten wie ich. Im übrigen ist die Frage der Priorität völlig belanglos. Damit wäre nur bewiesen, daß es sich nicht um eine technische Spielerei handelte, sondern um eine Form des Theaters, die im Entstehen begriffen war, und die auf der uns gemeinsamen historisch-materialistischen Weltanschauung basiert. Worauf kommt es mir denn bei meiner ganzen Arbeit an? Nicht auf die bloße Propagierung einer Weltanschauung durch Klischeeformen und Plakatthesen, sondern auf die Führung des Beweises, daß diese Weltanschauung und alles, was sich aus ihr ableitet, für unsere Zeit die alleingültige ist. Behaupten kann man vieles;

Erwin Piscator: Szenenbild mit Filmprojektion von Alfred Paquets Stück *Sturmflut*, Berlin 1926

nicht einmal durch Wiederholung wird eine Behauptung wahrer oder wirksamer. Der überzeugende Beweis kann sich nur auf eine wissenschaftliche Durchdringung des Stoffes aufbauen. Das kann ich nur, wenn ich, in die Sprache der Bühne übersetzt, den privaten Szenenausschnitt, das Nur-Individuelle der Personen, den zufälligen Charakter des Schicksals überwinde. Und zwar durch die Schaffung einer Verbindung zwischen der Bühnenhandlung und den großen historisch wirksamen Kräften. Nicht zufällig wird bei jedem Stück der Stoff zur Hauptsache. Aus ihm ergibt sich die Zwangsläufigkeit, die Gesetzmäßigkeit des Lebens, aus der das private Schicksal erst seinen höheren Sinn erhält. Dazu brauche ich Mittel, die die Wechselwirkung zwischen den großen menschlich-übermenschlichen Faktoren und dem Individuum oder der Klasse zeigen. Eins dieser Mittel war der Film. Aber nichts anderes als ein Mittel, das morgen schon abgelöst sein kann durch ein besseres.

Der Film war bei *«Trotz alledem!»* Dokument. Aus dem Material des Reichsarchivs, das uns von befreundeter Seite zur Verfügung gestellt wurde, benutzten wir vor allem authentische Aufnahmen aus dem Krieg, aus der Demobilmachung und eine Parade sämtlicher Herrscherhäuser Europas usw. Die Aufnahmen zeigten brutal das Grauen des Krieges: Angriffe mit Flammenwerfern, zerfetzte Menschenhaufen, brennende Städte; die «Mode» der Kriegsfilme hatte noch nicht eingesetzt. Auf die proletarischen Massen mußten diese Bilder aufrüttelnder wirken als hundert Referate. Ich verteilte den Film über das ganze Stück, wo er nicht ausreichte, nahm ich Projektionen zu Hilfe.

Als Grundform des Bühnenbildes ließ ich ein sogenanntes Praktikabel bauen, einen terrassenförmigen, unregelmäßig gegliederten Aufbau, der an einer Seite eine flache Schräge, auf der anderen Seite Treppen und Podeste besaß. Dieses Spielgerüst stand auf einer Drehscheibe. In Terrassen, Nischen und Korridore baute ich die einzelnen Spielflächen ein. Dadurch wurde eine Einheit des szenischen Aufbaues erreicht, eine pausenlose Abwicklung des Stückes, gleich einem einzigen fortreißenden Strom.

Hier war die Abkehr vom Dekorativen des Bühnenbildes noch größer als in «Fahnen». Das Prinzip des reinen zweckhaften Spielgerüstes dominierte, um das Spiel selbst zu unterstützen, zu verdeutlichen und auszudrücken. Die Selbständigkeit des Gerüstes, das auf einer Drehscheibe eine eigene Welt in sich ist, hebt den Guckkasten der bürgerlichen Bühne auf. Es könnte auch im freien Raum stehen. Der viereckige Bühnenausschnitt ist nur noch eine störende Beschränkung.

Die ganze Aufführung war eine einzige Montage von authentischen Reden, Aufsätzen, Zeitungsausschnitten, Aufrufen, Flugblättern, Fotografien und Filmen des Krieges und der Revolution, von historischen Personen und Szenen. Und das im Großen Schauspielhaus, das einst Max Reinhardt gebaut hatte, um das bürgerliche (klassische) Drama zu inszenieren. Er spürte wohl auch, daß man zu den Massen kommen müsse – aber er kam zu ihnen vom anderen Ufer mit fremder Ware. *«Lysistrata»*, *«Hamlet»*, aber auch *«Florian Geyer»* und *«Dantons Tod»* blieben Manegestücke, die ins Große und Grobe verzeichnet waren. Erreicht wurde nichts als eine Inflation der Form. Das Mitspielen der Masse aus dem Zuschauerraum war nicht in der programmatischen Haltung begründet und fand infolgedessen kein Echo, das über den «guten Regieeinfall» hinausging.

Auch Karlheinz Martins Bewegungsexpressionismus gelang dies nicht: weder im klassischen Drama noch in *«Die Maschinenstürmer»* – nur in den *«Webern»*. Hier wurden Arena und Zuschauerraum identisch. Allerdings war dabei noch entscheidend: in diesem Sommer wurden von Beye die Gewerkschaften zum Besuch organisiert. Nun saßen klassenbewußte Arbeiter da; der Sturm brach los. Stets hatte auch ich das Unausgefüllte des Hauses empfunden, mir Gedanken gemacht, mit welchen Mitteln dieses wirkliche Massentheater zu beherrschen wäre. Nun hatte ich sie – und noch heute sehe ich dort die in Berlin einzige Möglichkeit für das Massentheater.

Zum erstenmal waren wir konfrontiert mit der absoluten, von uns selbst erlebten Wirklichkeit. Und sie hatte genau solche Spannungsmomente und dramatischen Höhepunkte wie das gedichtete Drama, und von ihr gingen genauso starke Erschütterungen aus. Allerdings unter der einen Voraussetzung, daß es eine politische (im Grundsinne von «alle angehende») Wirklichkeit ist.

Ich muß gestehen, daß auch ich diesem Abend mit Spannung entgegensah. Diese Spannung war eine doppelte: erstens, wie die sich gegenseitig bedingende Wechselwirkung der auf der Bühne verwendeten Elemente ausfallen würde, und zweitens, ob wirklich etwas von dem zustande kommen würde, was beabsichtigt war.

Auf der Generalprobe noch herrschte ein vollkommenes Chaos. 200 Menschen liefen und schrien durcheinander. Meisel, damals gerade von uns zur Negermusik bekehrt, vollführte mit 20 Mann ein unbegreifliches Höllenkonzert, Gasbarra kam alle Augenblicke mit neuen Szenen, bis ich ihn bei den Projektionsapparaten festsetzte, Heartfield strich mit vorgeschobenem Unterkiefer allein sämtliche Versatzstücke von oben bis unten mit brauner Farbe an, kein Filmeinsatz kam richtig, die Schauspieler wußten zum Teil überhaupt nicht, wo sie hingehörten, mir selbst begann die Masse an Material, das noch zu ordnen war, über dem Kopf zusammenzuschlagen. Leute, die an dem Abend im Zuschauerraum saßen, verließen das Haus 3 Uhr morgens, ohne eine Ahnung zu haben, was auf der Bühne vor sich gegangen war. Aber auch die Szenen, die standen, befriedigten uns nicht mehr. Es fehlte etwas: das Publikum.

Tausende füllten am Abend der Aufführung das Große Schauspielhaus. Jeder verfügbare Platz war besetzt, alle Treppen, Korridore, Zugänge zum Bersten voll. Eine Begeisterung des Zuschauenkönnens beherrschte von vornherein diese lebendige Masse, eine unerhörte Bereitschaft dem Theater gegenüber war spürbar, wie sie nur im Proletariat zu finden ist. Aber schon sehr bald steigerte sich diese innere Bereitschaft zu wirklicher Aktivität: die Masse übernahm die Regie. Sie, die das Haus füllten, hatten alle zum großen Teil diese Epoche aktiv miterlebt, es war wahrhaft ihr Schicksal, ihre eigene Tragödie, die sich vor ihren Augen abspielte. Das Theater war für sie zur Wirklichkeit geworden und sehr bald war es nicht mehr: Bühne gegen Zuschauerraum, sondern ein einziger großer Versammlungssaal, ein einziges großes Schlachtfeld, eine einzige große Demonstration. Diese Einheit war es, die an dem Abend endgültig den Beweis erbrachte für die Agitationskraft des politischen Theaters.

Die durchschlagende Wirkung, die die Verwendung des Films hatte, zeigte, daß sie jenseits aller theoretischen Erörterungen nicht nur richtig war, wenn es sich um die Sichtbarmachung politischer und gesellschaftlicher Zusammenhänge handelte, also in bezug auf den Inhalt, sondern richtig, in höherem Sinne, auch in bezug auf die Form. Hier wiederholte sich die Erfahrung von «Fahnen». Das Überraschungsmoment, das sich aus dem Wechsel von Film und Spielszene ergab, war sehr wirkungsvoll. Aber noch stärker war die dramatische Spannung, die Film und Spielszene voneinander bezogen. Wechselwirkend steigerten sie sich, und so wurde in gewissen Abständen ein Furioso der Aktion erreicht, wie ich es im Theater nur selten erlebt hatte. Wenn beispielsweise auf die Abstimmung der Sozialdemokraten über die Kriegskredite (Spielszene) der Film folgte, der einen Sturmangriff und die ersten Toten zeigte, so war damit nicht nur der politische Charakter des Vorgangs gekennzeichnet, sondern es wurde zugleich eine menschliche Erschütterung bewirkt, also Kunst geschaffen. Es ergab sich, daß die stärkste politisch-propagandistische Wirkung auf der Linie der stärksten künstlerischen Gestaltung lag.

Grundlinien der soziologischen Dramaturgie (1929)

1. Die Funktion des Menschen

Fundamental für das, was ich den «neuen Gesichtspunkt» genannt habe, ist die Stellung des Menschen, seine Erscheinung und seine Funktion innerhalb des revolutionären Theaters; der Mensch und seine Emotionen, seine Verbindungen, privater Art oder gesellschaftlich bedingt, oder seine Stellung zu den übernatürlichen Mächten (Gott, Schicksal, Fatum oder in welchen Erscheinungsformen diese Macht im Laufe der Entwicklung immer aufgetreten sein mag) – teure Begriffe den Dramatikern und Dramaturgen aller Jahrhunderte! Aber erst der Volksbühne, d. h. ihren geistigen Exponenten, war es vorbehalten, das Menschliche sozusagen chemisch-rein darzustellen und als «Ding an sich» zum eigentlichen Wesenskern der Dramatik und des Theaters überhaupt zu machen. Die These von der «Kunst dem Volke» wurde verwandelt auf dem Umweg über das «Menschlich-Große» in ihr direktes Gegenteil: «Souveränität der Kunst». Ein langer Weg, der über die Stationen des bürgerlichen Individualismus mit seiner Ausbreitung privater Seelenschmerzen geht – aber welche Ironie, daß gerade die Dramaturgie der Volksbühne es war, die diesen Weg bis in die Sackgasse hinein verfolgte, aus der es keinen Ausweg zum Gesellschaftlichen mehr gab.

Dieser Fragenkomplex, der aufs engste mit dem Schauspielerischen zusammenhängt, mußte von einer Dramaturgie, die von der veränderten Funktion des Theaters ausging, vollkommen neu aufgerollt werden. Immer wieder müssen wir dabei zu den Ursprungspunkten der ganzen Bewegung zurückgehen. Denn nicht eine willkürliche Veränderung liegt hier vor, sondern eine Veränderung, die zunächst von den Verhältnissen selbst vorgenommen wurde. Und diese Verhältnisse hießen Krieg und Revolution. Sie waren es, die den Menschen, seine geistige Struktur und seine Stellung zur Allgemeinheit veränderten. Sie vollendeten das Werk, das 50 Jahre zuvor der Industriekapitalismus begonnen hatte.

Endgültig begrub der Krieg unter Stahlgewittern und Feuerlawinen den bürgerlichen Individualismus. Der Mensch, als Einzelwesen unabhängig oder scheinbar unabhängig von gesellschaftlichen Bindungen, egozentrisch um den Begriff seines Selbst kreisend, ruht in Wirklichkeit unter der Marmorplatte des «Unbekannten Soldaten». Oder wie Remarque es formuliert hat: «Die Generation von 1914 ist gestorben im Krieg, auch wenn sie seinen Granaten entkam.» Was zurückkehrte, hatte nichts mehr gemeinsam mit jenen Begriffen von Mensch, Menschtum oder Menschlichkeit, die in der guten Stube der Vorkriegswelt als Prunkstücke die Ewigkeit einer gottgewollten Ordnung symbolisiert hatten.

Weit entfernt davon, jenen Typus darzustellen, den der Sozialismus, wenn auch nicht zur Voraussetzung, wie immer noch fälschlich geglaubt, sondern zum Ziel hat, den kameradschaftlichen, den kollektiv-fühlenden, -denkenden und -handelnden Menschen, waren dennoch die Heerkolonnen, die sich 1918 über den Rhein wälzten – unter eigner Führung den Rückmarsch durchführten in Selbstdisziplin und ohne Schnarrkommando, die mit dem festen Willen den Boden Deutschlands betraten, eine neue bessere und gerechtere Ordnung durchzusetzen, wenn es sein mußte, mit dem Gewehr in der Hand –, bereits die Vorform eben dieses Typs. Gegossen in den Schmelztiegeln der Großindustrie, gehärtet und geschweißt in der Esse des Krieges, standen die Massen 1918 und 1919 drohend und fordernd vor den Toren des Staates, nicht mehr ein Haufe, eine wahllos zusammengewürfelte Rotte, sondern neue lebendige Wesen mit neuem Eigenleben, das nicht mehr die Summe von Individuen war, sondern ein neues, gewaltiges Ich, angetrieben und bestimmt von den ungeschriebenen Gesetzen seiner Klasse.

Will jemand angesichts dieser ungeheuren Umwälzung, von der niemand sich auszuschließen imstande ist, im Ernst behaupten, das Bild des Menschen, seiner Emotionen, seiner Bindungen, sei ein ewiges, von der Zeit unberührtes und absolutes? Oder wird man endlich zugeben, daß die Klage Tassos ohne Widerhall gegen die Betonräume und Stahlwände unseres Jahrhunderts prallt und auch die Neurasthenie Hamlets bei einer Generation von Handgranatenwerfern und Rekordsiegern auf kein Mitleid rechnen kann? Wird man endlich einsehen, daß der «interessante Held» nur der Epoche interessant ist, die ihr Schicksal in ihm verkörpert sieht, daß die Leiden und Freuden, die gestern noch erhaben schienen, den überwachen Blicken einer kämpfenden Gegenwart als lächerliche Belanglosigkeiten erscheinen?

Diese Epoche, die vielleicht durch ihre sozialen und ökonomischen Bedingtheiten den einzelnen um sein «Menschsein» gebracht haben, ohne ihm noch die höhere Menschlichkeit einer neuen Gesellschaft zu schenken, hat sich selbst als neuen Helden aufs Postament erhoben. Nicht mehr das Individuum mit seinem privaten, persönlichen Schicksal, sondern die Zeit und das Schicksal der Massen sind die heroischen Faktoren der neuen Dramatik.

Verliert dadurch der einzelne die Attribute seiner Persönlichkeit? Haßt, liebt, leidet er weniger als der Held der vorigen Generation? Gewiß nicht, aber alle Empfindungskomplexe sind unter einen anderen Gesichtswinkel gerückt worden. Nicht mehr er allein, losgelöst, eine Welt für sich, erlebt sein Schicksal. Er ist untrennbar verbunden mit den großen politischen und ökonomischen Faktoren seiner Zeit, wie Brecht einmal pointierte: «Jeder chinesische Kuli ist, um sein Mittagbrot zu verdienen, gezwungen, Weltpolitik zu treiben.» Er ist durch alle seine Äußerungen dem Schicksal seiner Epoche verhaftet, gleichgültig wie seine Stellung auch sein mag.

Der Mensch auf der Bühne hat für uns die Bedeutung einer gesellschaftlichen Funktion. Nicht sein Verhältnis zu sich, nicht sein Verhältnis zu Gott, sondern sein Verhältnis zur Gesellschaft steht im Mittelpunkt. Wenn er auftritt, dann tritt mit ihm zugleich seine Klasse oder seine Schicht auf. Seine Konflikte, moralisch, seelisch oder triebhaft, sind Konflikte mit der Gesellschaft. Mochte das Altertum im Mittelpunkt seine Stellung zum Schicksal sehen, das Mittelalter seine Stellung zu Gott, der Rationalismus seine Stellung zur Natur, die Romantik seine Stellung zu den Mächten des Gefühls – – eine Zeit, in der die Beziehungen der Allgemeinheit untereinander, die Revision aller menschlichen Werte, die Umschichtung aller gesellschaftlichen Verhältnisse auf die Tagesordnung gesetzt sind, kann den Menschen nicht anders sehen, als in seiner Stellung zur Gesellschaft und zu den gesellschaftlichen Problemen seiner Zeit, d. h. als politisches Wesen.

Mag diese Überbetonung des Politischen, an der nicht wir schuldig sind, sondern die Disharmonie der heutigen gesellschaftlichen Zustände, die jede Lebensäußerung zu einer politischen machen, in gewissem Sinne zu einer Verzerrung des menschlichen Idealbildes führen, so wird dieses Bild jedenfalls den einen Vorzug haben, der Wirklichkeit zu entsprechen.

Für uns, als revolutionäre Marxisten, kann sich die Aufgabe aber nicht darin erschöpfen, die Wirklichkeit kritiklos nachzuzeichnen, das Theater nur als «Spiegel seiner Zeit» aufzufassen. Das ist so wenig seine Aufgabe, wie diesen Zustand allein mit theatralischen Mitteln zu überwinden, die Disharmonie durch eine Verschleierung aufzuheben, den Menschen als Erscheinung in erhabener Größe darzustellen in einer Epoche, die ihn in Wirklichkeit gesellschaftlich verzerrt, mit einem Worte, idealistisch zu wirken. Die Aufgabe des revolutionären Theaters besteht darin, die Wirklichkeit zum Ausgangspunkt zu nehmen, die gesellschaftliche Diskrepanz zu einem Element der Anklage, des Umsturzes und der Neuordnung zu steigern.

2. Die Bedeutung der Technik

Aus dem bisher Aufgeführten hat sich wohl mit Deutlichkeit ergeben, daß mir die Technik niemals Selbstzweck gewesen ist. Alle Mittel, die ich angewandt hatte und noch anzuwenden im Begriff stand, sollten nicht der technischen Bereicherung der Bühnenapparatur dienen, sondern der Steigerung des Szenischen ins Historische.

Diese Steigerung, die untrennbar verbunden ist mit der Anwendung der Marxschen Dialektik auf das Theater, war von der Dramatik nicht geleistet worden. Meine technischen Mittel hatten sich entwickelt, um Mängel der dramatischen Produktion auszugleichen.

Nun hat man sehr oft versucht, gerade diesen Punkt mit dem Einwand zu widerlegen, jede wahre Kunst hebe das Private auf und steigere es ins Typische, ins Historische. Immer wieder übersehen dabei unsere Opponenten, daß eben der Typus keinen ewigen Wert darstellt, sondern daß jede Kunst die Vorgänge bestenfalls in das Historische ihrer eigenen Epoche einbezieht. Die Epoche des Klassizismus sah ihre «ewige Ebene» in der großen Persönlichkeit, eine Epoche des Ästhetizismus wird sie in der Steigerung zum Schönen sehen, eine moralische Zeit im Ethischen, eine Epoche des Idealismus im Erhabenen. Alle diese Wertungen galten für ihre Zeiten als ewig, Kunst war das, was diese Werte allgemeingültig formulierte. Diese Wertungen sind für unsere Generation verbraucht, überholt, tot.

Was sind die Schicksalsmächte unserer Epoche? Was hat diese Generation als ihr Schicksal erkannt, dem sie sich beugt, um unterzugehen, das sie überwinden muß, wenn sie leben will? Wirtschaft und Politik sind unser Schicksal, und als Resultate beider die Gesellschaft, das Soziale. Und nur dadurch, daß wir diese drei Faktoren anerkennen, sei es durch Bejahung, sei es durch Kampf gegen sie, bringen wir unser Leben in Verbindung mit dem «Historischen» des zwanzigsten Jahrhunderts.

Wenn ich also die Steigerung der privaten Szenen ins Historische als die Grundgedanken jeder Bühnenhandlung bezeichne, so kann damit nichts anderes gemeint sein als die Steigerung ins Politische, Ökonomische und Soziale. Durch sie setzen wir die Bühne in Verbindung mit unserem Leben.

Wer andere Forderungen an die Kunst unserer Zeit stellt, betreibt damit bewußt oder unbewußt die Ablenkung und Einschläferung unserer Energien. Wir können weder ideale noch ethische noch moralische Impulse in die Szene einbrechen lassen, wenn ihre wirklichen Triebfedern politisch, ökonomisch und sozial sind. Wer das nicht anerkennen will oder kann, der sieht die Wirklichkeit nicht. Und ebensowenig kann das Theater andere Impulse nach außen abgeben, wenn es wirklich das aktuelle, repräsentative Theater unserer Generation sein will.

Es ist kein Zufall, daß in einem Zeitalter, dessen technische Schöpfungen alle anderen Leistungen turmhoch überragen, eine Technisierung der Bühne eintritt. Und es ist ferner nicht zufällig, wenn diese Technisierung gerade von einer Seite her einen Anstoß erfahren hat, die sich im Widerspruch mit der gesellschaftlichen Ordnung befindet. Geistige und soziale Revolutionen sind immer mit technischen Umwälzungen eng verknüpft gewesen. Und auch die Funktionsänderung der Bühne war nicht denkbar ohne eine technische Neugestaltung des Bühnenapparates. Dabei erscheint es mir, als ob in Wirklichkeit hier nur etwas nachgeholt wird, was schon längst überfällig war. Bis auf Drehscheibe und elektrisches Licht befand sich die Bühne zu Beginn des 20. Jahrhunderts noch in demselben Zustand, in dem sie Shakespeare zurückgelassen hatte: ein viereckiger Ausschnitt, ein Guckkasten, durch den der Zuschauer den bekannten «verbotenen Blick» in eine fremde Welt tun durfte. Dieser unüberwindbare Abstand zwischen Bühne und Zuschauerraum hat drei Jahrhunderten internationaler Dramatik das Gepräge gegeben. Es war eine «Als-ob-Dramatik». Das Theater hat drei Jahrhunderte lang von der Fiktion gelebt, daß sich kein Zuschauer im Theater befände. Selbst diejenigen Werke, die für ihre Zeit revolutionär gewesen sind, haben sich dieser Unterstellung gebeugt, beugen müssen! Warum? Weil das Theater, als Institution, als Apparat, als Haus sich noch niemals bis zum Jahre 1917 im Besitze der unterdrückten Klasse befunden hat und weil diese noch nie in die Lage gekommen war, das Theater nicht nur geistig, sondern auch strukturell zu befreien. Dieses Werk ist sofort und mit größter Energie von den revolutionären Regisseuren Rußlands in Angriff genommen worden. Mit Notwendigkeit mußte ich bei meiner Eroberung des Theaters ähnliche Wege gehen, die unter unseren Verhältnissen zwar weder zur Aufhebung des Theaters noch – wenigstens bis heute – zur Veränderung der Theaterarchitektonik führten, aber zu einer radikalen Umgestaltung des Bühnenapparates, die insgesamt fast einer Sprengung der alten Kastenform gleichkam.

Vom Proletarischen Theater bis zu «Gewitter über Gottland» erstrebte ich, aus verschiedenen Quellen gespeist, diese bürgerlichen Bühnenformen aufzuheben und an ihre Stelle eine Form zu setzen, die den Zuschauer nicht mehr als fiktiven Begriff, sondern als lebendige Kraft in das Theater einbezieht. Dieser Tendenz, in ihrem Ursprung natürlich politisch, ordnen sich alle technischen Mittel unter.

Und wenn heute noch diese Mittel unvollkommen, gezwungen, überbetont wirken, so ist die Ursache dafür in ihrem Widerspruch zu einem Bühnenhaus zu suchen, das sie nicht vorgesehen hat.

Aus: Erwin Piscator: Das Politische Theater. Neubearbeitet von Felix Gasbarra. Reinbek (Rowohlt) 1963, S. 70–75, 130–134.

Bertolt Brecht
Zur Theorie des Lehrstücks

Das Lehrstück lehrt dadurch, daß es gespielt, nicht dadurch, daß es gesehen wird. Prinzipiell ist für das Lehrstück kein Zuschauer nötig, jedoch kann er natürlich verwertet werden. Es liegt dem Lehrstück die Erwartung zugrunde, daß der Spielende durch die Durchführung bestimmter Handlungsweisen, Einnahme bestimmter Haltungen, Wiedergabe bestimmter Reden und so weiter gesellschaftlich beeinflußt werden kann.

Die Nachahmung hochqualifizierter Muster spielt dabei eine große Rolle, ebenso die Kritik, die an solchen Mustern durch ein überlegtes Andersspielen ausgeübt wird.

Es braucht sich keineswegs nur um die Wiedergabe gesellschaftlich positiv zu bewertender Handlungen und Haltungen zu handeln; auch von der (möglichst großartigen) Wiedergabe asozialer Handlungen und Haltungen kann erzieherische Wirkung erwartet werden.

Ästhetische Maßstäbe für die Gestaltung von Personen, die für die Schaustücke gelten, sind beim Lehrstück außer Funktion gesetzt. Besonders eigennützige, einmalige Charaktere fallen aus, es sei denn, die Eigenzügigkeit und Einmaligkeit wäre das Lehrproblem.

Die Form der Lehrstücke ist streng, jedoch nur, damit Teile eigener Erfindung und aktueller Art desto leichter eingefügt werden können. (In «Die Horatier und die Kuriatier» etwa kann vor jeder Schlacht ein freies Rededuell der «Feldherrn» stattfinden, in der «Maßnahme» können ganze Szenen frei eingefügt werden und so weiter.)

Für die Spielweise gelten Anweisungen des *epischen Theaters*. Das Studium des V-Effekts ist unerläßlich.

Die geistige Beherrschung des ganzen Stücks ist unbedingt nötig. Jedoch ist es nicht ratsam, die Belehrung darüber vor dem eigentlichen Spielen abzuschließen.

Prinzipiell kann der Lehreffekt auch erreicht werden, wenn der Spielende als Partner im Film Auftretende hat.

Die Begleitmusik kann auf mechanische Weise erstattet werden. Andrerseits ist es für Musiker lehrreich, zu mechanischen Vorstellungen (im Film) die Musik zu erstellen; sie haben dann die Möglichkeit, innerhalb des Rahmens des für das Spiel Benötigten Variationen eigener Erfindung zu erproben.

Auch für das Spielen muß, innerhalb des Rahmens gewisser Bestimmungen, ein freies, natürliches und eigenes Auftreten des Spielers angestrebt werden. Es handelt sich natürlich nicht um eine mechanische Abrichtung und nicht um die Herstellung von Durchschnittstypen, wenn auch die Herstellung eines hohen durchschnittlichen Niveaus angestrebt wird.

Im *Lehrstück* ist eine ungeheure Mannigfaltigkeit möglich. Bei der Aufführung des «Badener Lehrstücks» hielten sich der Stückschreiber und der Musikschreiber auf der Bühne auf und griffen dauernd ein. Der Stückschreiber wies den Clowns öffentlich den Platz für ihre Darbietung an, und als die Menge den Film, der tote Menschen zeigte, mit großer Unruhe und Unlust ansah, gab der Stückschreiber dem Sprecher den Auftrag, am Schluß auszurufen: «Nochmalige Betrachtung der mit Unlust aufgenommenen Darstellung des Todes», und der Film wurde wiederholt.

Aus: Bertolt Brecht: Schriften zum Theater 3 (Redaktion: Werner Hecht). Frankfurt (Suhrkamp) 1967, S. 1022–1025 (Gesammelte Werke 17).

Die Straßenszene. Grundmodell einer Szene des epischen Theaters (1940)

Während der ersten anderthalb Jahrzehnte nach dem Weltkrieg wurde auf einigen deutschen Theatern eine verhältnismäßig neue Spielweise ausprobiert, die sich wegen ihres deutlich referierenden, beschreibenden Charakters und weil sie sich kommentierender Chöre und Projektionen bediente, *episch* nannte. Vermittels einer nicht ganz einfachen Technik distanzierte sich der Schauspieler von der Figur, die er spielte, und stellte die Stücksituationen in einen solchen Sehwinkel, daß sie Gegenstand der Kritik der Zuschauer werden mußten. Die Verfechter dieses epischen Theaters führten ins Feld, daß die neuen Stoffe, die sehr komplizierten Vorgänge der Klassenkämpfe im Augenblick ihrer entsetzlichsten Zuspitzung, auf solche Art leichter zu bewältigen seien, weil die gesellschaftlichen Prozesse in ihren kausalen Zusammenhängen damit dargestellt werden könnten. Jedoch ergaben sich für die Ästhetik angesichts dieser Versuche eine ganze Reihe beträchtlicher Schwierigkeiten.

Es ist verhältnismäßig einfach, ein Grundmodell für episches Theater aufzustellen. Bei praktischen Versuchen wählte ich für gewöhnlich als Beispiel allereinfachsten, sozusagen «natürlichen» epischen Theaters einen Vorgang, der sich an irgendeiner Straßenecke abspielen kann: Der Augenzeuge eines Verkehrsunfalls demonstriert einer Menschenansammlung, wie das Unglück passierte. Die Umstehenden können den Vorgang nicht gesehen haben oder nur nicht seiner Meinung sein, ihn «anders sehen» – die Hauptsache ist, daß der Demonstrierende das Verhalten des Fahrers oder des Überfahrenen oder beider in einer solchen Weise vormacht, daß die Umstehenden sich über den Unfall ein Urteil bilden können.

Dieses Beispiel epischen Theaters primitivster Art scheint leicht verstehbar. Jedoch bereitet es erfahrungsgemäß dem Hörer oder Leser erstaunliche Schwierigkeiten, sobald von ihm verlangt wird, die Tragweite des Entschlusses zu fassen, eine solche Demonstration an der Straßenecke als Grundform großen Theaters, Theater eines wissenschaftlichen Zeitalters, anzunehmen. Gemeint ist damit nämlich, daß dieses epische Theater sich in allen seinen Einzelheiten als reicher, komplizierter, entwickelter geben kann, daß es aber grundsätzlich keine anderen Elemente als diese Demonstration an der Straßenecke zu enthalten braucht, um großes Theater sein zu können, daß es andrerseits kein episches Theater mehr genannt werden könnte, wenn eines der Hauptelemente der Demonstration an der Straßenecke fehlte. Bevor dies begriffen ist, kann das Folgende nicht wirklich begriffen werden. Bevor das Neuartige, Ungewohnte, zur Kritik unbedingt Herausfordernde der Behauptung, eine solche De-

Berliner Ensemble: Szenenbild von *Mutter Courage und ihre Kinder*, Berlin 1949

monstration an der Straßenecke reiche als Grundmodell großen Theaters aus, begriffen ist, kann das Folgende nicht wirklich begriffen werden.
Man bedenke: der Vorgang ist offenbar keineswegs das, was wir unter einem Kunstvorgang verstehen. Der Demonstrierende braucht kein Künstler zu sein. Was er können muß, um seinen Zweck zu erreichen, kann praktisch jeder. Angenommen, er ist nicht imstande, eine so schnelle Bewegung auszuführen, wie der Verunglückte, den er nachahmt, so

braucht er nur erläuternd zu sagen: er bewegte sich dreimal so schnell, und seine Demonstration ist nicht wesentlich geschädigt oder entwertet. Eher ist seiner Perfektion eine Grenze gesetzt. Seine Demonstration würde gestört, wenn den Umstehenden seine Verwandlungsfähigkeit auffiele. Er hat es zu vermeiden, sich so aufzuführen, daß jemand ausruft: Wie lebenswahr stellt er doch einen Chauffeur dar! Er hat niemanden «in seinen Bann zu ziehen». Er soll niemanden aus dem Alltag in «eine höhere Sphäre» locken. Er braucht nicht über besondere suggestive Fähigkeiten zu verfügen.

Völlig entscheidend ist es, daß ein Hauptmerkmal des gewöhnlichen Theaters in unserer *Straßenszene* ausfällt: die Bereitung der *Illusion*. Die Vorführung des Straßendemonstranten hat den Charakter der Wiederholung. Das Ereignis hat stattgefunden, hier findet die Wiederholung statt. Folgt die *Theaterszene* hierin der *Straßenszene*, dann verbirgt das Theater nicht mehr, daß es Theater ist, so wie die Demonstration an der Straßenecke nicht verbirgt, daß sie Demonstration (und nicht vorgibt, daß sie Ereignis) ist. Das Geprobte am Spiel tritt voll in Erscheinung, das auswendig Gelernte am Text, der ganze Apparat und die ganze Vorbereitung. Wo bleibt dann das *Erlebnis*, wird die dargestellte Wirklichkeit dann überhaupt noch erlebt?

Die *Straßenszene* bestimmt, welcher Art das *Erlebnis* zu sein hat, das dem Zuschauer bereitet wird. Der Straßendemonstrant hat ohne Zweifel ein «Erlebnis» hinter sich, aber er ist doch nicht darauf aus, seine Demonstration zu einem «Erlebnis» der Zuschauer zu machen; selbst das Erlebnis des Fahrers und des Überfahrenen vermittelt er nur zum Teil, keinesfalls versucht er, es zu einem genußvollen Erlebnis des Zuschauers zu machen, wie lebendig er immer seine Demonstration gestalten mag. Seine Demonstration verliert zum Beispiel nicht an Wert, wenn er den Schrecken, den der Unfall erregte, nicht reproduziert; *ja, sie verlöre eher an Wert*. Er ist nicht auf Erzeugung purer *Emotionen* aus. Ein Theater, das ihm hierin folgt, vollzieht geradezu einen Funktionswechsel, wie man verstehen muß.

Ein wesentliches Element der *Straßenszene*, das sich auch in der *Theaterszene* vorfinden muß, soll sie episch genannt werden, ist der Umstand, daß die Demonstration gesellschaftlich praktische Bedeutung hat. Ob unser Straßendemonstrant nun zeigen will, daß bei dem und dem Verhalten eines Passanten oder des Fahrers ein Unfall unvermeidlich, bei einem andern vermeidlich ist, oder ob er zur Klärung der Schuldfrage demonstriert – seine Demonstration verfolgt praktische Zwecke, greift gesellschaftlich ein.

Der Zweck seiner Demonstration bestimmt, welchen Vollständigkeitsgrad er seiner Nachahmung verleiht. Unser Demonstrant braucht nicht alles, nur einiges von dem Verhalten seiner Personen zu imitieren, ebensoviel, daß man ein Bild bekommen kann. Die *Theaterszene* gibt im allgemeinen weit vollständigere Bilder, gemäß ihres weiter gesteckten Interessenkreises. Wie wird die Verbindung zwischen *Straßenszene* und *Theaterszene* hierin hergestellt? Die Stimme des Überfahrenen, um ein Detail herauszugreifen, mag zunächst keine Rolle gespielt haben beim Unfall. Eine Meinungsverschiedenheit unter den Augenzeugen darüber, ob ein Ausruf, den man hörte («Obacht»), vom Verunglückten oder von einem andern Passanten herrührte, kann unsern Demonstranten dazu veranlassen, die Stimme zu imitieren. Die Frage kann dadurch entschieden werden, daß demonstriert wird, ob die Stimme die eines Greises oder einer Frau war oder ob sie nur hoch oder niedrig war. Ihre Beantwortung kann aber auch davon abhängen, ob die Stimme die eines gebildeten Mannes oder die eines ungebildeten war. Laut oder leise mag eine große Rolle spielen, da je nachdem den Fahrer eine größere oder kleinere Schuld treffen kann. Eine Reihe von Eigenschaften des Überfahrenen bedürfen der Darstellung. War er zerstreut? Wurde er abgelenkt? Durch was vermutlich? Was in seinem Benehmen deutete darauf hin, daß er gerade durch jenen Umstand und nicht durch einen andern abgelenkt werden konnte? Und so weiter und so weiter. Wie man sieht, gibt unsere Demonstrationsaufgabe an der Straßenecke Gelegenheit für ziemlich reiche und vielseitige Abbildung von Menschen. Trotzdem wird ein Theater, das in den wesentlichen Elementen nicht über die Darbietungen unserer *Straßenszene* hinausgehen will, in der Imitation gewisse Schranken anerkennen müssen. Es muß seinen Aufwand rechtfertigen können aus dem Zweck heraus.*

---

* Wir begegnen häufig Demonstrationen alltäglicher Art, die vollkommenere Imitationen sind, als unser Unfall an der Straßenecke sie nötig macht. Sie sind meist komischer Natur. Unser Nachbar (oder unsere Nachbarin) mag uns das habgierige Verhalten unseres Hauswirts «zum besten geben». Die Imitation ist dann oft ausgiebig und variantenreich. Bei näherer Untersuchung wird man aber doch feststellen, daß auch die anscheinend sehr komplexe Imitation nur ganz Bestimmtes im Verhalten unseres Hauswirts «aufs Korn nimmt». Die Imitation ist eine Zusammenfassung oder ein Ausschnitt, wobei sorgsam solche Momente ausgelassen sind, in denen der Hauswirt unserem Nachbarn als «ganz vernünftig» erscheint, welche Momente es doch natürlich gibt. Er ist weit entfernt, ein Gesamtbild zu geben; das würde gar keine komische Wirkung haben. Die *Theaterszene*, die größere Ausschnitte geben muß, kommt hier in Schwierigkeiten, die nicht unterschätzt werden dürfen. Sie hat ebenso tüchtig Kritik zu ermöglichen, aber sie muß das besorgen für viel komplexere Vorgänge. Sie muß positive und negative Kritik ermöglichen. Und zwar in ein- und demselben Verlauf. Man muß verstehen, was es heißt, wenn die Zustimmung des Publikums auf Grund von *Kritik* zu erlangen ist. Für das letztere haben wir natürlich ebenfalls Vorbilder in unserer *Straßenszene*, das heißt jeder beliebigen Demonstration alltäglicher Art. Unser Nachbar und

Die Demonstration wird zum Beispiel beherrscht von der Frage des *Schadenersatzes* und so weiter. Der Chauffeur hat seine Entlassung, den Entzug des Führerscheins, Gefängnis zu befürchten, der Überfahrene hohe Klinikkosten, Verlust seiner Stelle, dauernde Verunstaltung, womöglich Arbeitsuntauglichkeit. Das ist das Feld, auf dem der Demonstrant seine Charaktere aufbaut. Der Überfahrene kann einen Begleiter gehabt haben, neben dem Chauffeur kann sein Mädchen gesessen haben. In diesem Falle tritt das *soziale Feld* besser in Erscheinung. Die Charaktere werden reicher gezeichnet werden können.

Ein weiteres wesentliches Element der *Straßenszene* ist, daß unser Demonstrant seine Charaktere ganz und gar aus ihren Handlungen ableitet. Er imitiert ihre Handlungen und gestattet dadurch Schlüsse auf sie. Ein Theater, das ihm hierin folgt, bricht weitgehend mit der Gewohnheit des üblichen Theaters, aus den Charakteren die Handlungen zu begründen, die Handlungen dadurch der Kritik zu entziehen, daß sie als aus den Charakteren, die sie vollziehen, unhinderbar, mit Naturgesetzlichkeit hervorgehend dargestellt werden. Für unseren Straßendemonstranten bleibt der *Charakter* des zu Demonstrierenden eine Größe, die er nicht völlig auszubestimmen hat. Innerhalb gewisser Grenzen kann er so und so sein, das macht nichts aus. Den Demonstranten interessieren seine unfallerzeugenden und unfallverhindernden Eigenschaften*. Die *Theaterszene* mag fixiertere Individuen zeigen. Sie muß dann aber imstande sein, ihr Individuum als Spezialfall zu bezeichnen und den Umkreis anzudeuten, in dem die gesellschaftlich hauptsächlich relevanten Wirkungen ebenfalls zustande kommen. Die Demonstrationsmöglichkeiten unseres Straßendemonstranten sind eng begrenzt (wir haben das Modell gewählt, um zu möglichst engen Grenzen zu gelangen). Soll die *Theaterszene* in ihren wesentlichen Elementen nicht über die *Straßenszene* hinausgehen, so wird ihr größerer Reichtum nur eine Anreicherung sein dürfen. Die Frage der *Grenzfälle* wird akut.

Wir greifen ein Detail heraus. Kann unser Straßendemonstrant in die Lage kommen, etwa die Behauptung des Chauffeurs, er sei durch zu langen

---

unser Straßendemonstrant können das «vernünftige» Verhalten eines zu Demonstrierenden ebenso wiedergeben wie das «unvernünftige», indem sie es der Begutachtung empfehlen. Sie benötigen jedoch, wenn es im Verlauf auftaucht (wenn der eben vernünftig war, unvernünftig wird oder umgekehrt), meist Kommentare, durch die sie den Standpunkt ihrer Darstellung ändern. Hier liegen, wie erwähnt, Schwierigkeiten für die *Theaterszene*. Sie können hier nicht behandelt werden. Vergleiche dazu *Kurze Beschreibung einer neuen Technik der Schauspielkunst, die einen Verfremdungseffekt hervorbringt* («Schriften zum Theater», Band 3).
* Alle Personen, die charakterlich die von ihm angegebenen Bedingungen erfüllen, die von ihm imitierten Züge zeigen, werden dieselbe Situation erzeugen.

Dienst erschöpft gewesen, in *aufgeregtem Ton* wiederzugeben? (An sich kann er es so wenig, wie etwa ein zurückgekehrter Sendbote seinen Landsleuten die Schilderung seines Gesprächs mit dem König so einleiten könnte: «Ich habe den bärtigen König gesehen.») Zweifellos müßte, damit er es kann, vielmehr, damit er es muß, eine Situation an der Straßenecke gedacht werden können, in der diese Aufgeregtheit (gerade über diese Seite der Angelegenheit) eine besondere Rolle spielt. (In unserem Beispiel oben wäre diese Situation geschaffen, wenn der König zum Beispiel geschworen hätte, sich den Bart so lange stehen zu lassen, bis er ... und so weiter.) Wir haben einen Standpunkt zu suchen, von dem aus unser Demonstrant diese Aufgeregtheit der Kritik ausliefern kann. Nur wenn unser Demonstrant einen ganz bestimmten Standpunkt einnimmt, kommt er in die Lage, den aufgeregten Ton des Fahrers zu imitieren, nämlich wenn er zum Beispiel die Fahrer angreift, weil sie zu wenig tun, ihre Arbeitszeit zu verkürzen («Er ist nicht einmal in einer Gewerkschaft, aber wenn dann das Unglück passiert, große Aufgeregtheit! ‹Ich sitze zehn Stunden am Volant.»).

Um hierhin zu gelangen, das heißt um dem Schauspieler einen Standpunkt anweisen zu können, muß das Theater eine Reihe von Maßnahmen ergreifen. Wenn das Theater den Ausschnitt der Schaustellung vergrößert, indem es den Fahrer in noch mehr Situationen zeigt als der Unfallsituation, geht es über sein Modell keineswegs hinaus. Es schafft nur eine weitere Situation mit Modellcharakter. Es ist eine Szene vom Charakter der *Straßenszene* denkbar, in der eine hinreichend begründete Demonstration des Entstehens von Emotionen wie der des Fahrers stattfindet, oder eine solche, in der Vergleiche zwischen Tonfällen gegeben werden. Um über die Modellszene nicht hinauszugehen, muß das Theater nur jeweils jene Technik entwickeln, durch welche die Emotionen der Kritik des Zuschauers unterworfen werden. Damit ist natürlich nicht gesagt, daß der Zuschauer prinzipiell verhindert werden muß, gewisse Emotionen, die vorgeführt werden, zu teilen; jedoch ist die Übernahme von Emotionen nur eine bestimmte Form (Phase, Folge) der Kritik. Der Demonstrant des Theaters, der Schauspieler, muß eine Technik aufwenden, vermittels der er den Ton des von ihm Demonstrierten mit einer gewissen Reserve, mit Abstand wiedergeben kann (so, daß der Zuschauer sagen kann: «Er regt sich auf – vergebens, zu spät, endlich» und so weiter). Kurz gesagt: der Schauspieler muß Demonstrant bleiben; er muß den Demonstrierten als eine fremde Person wiedergeben, er darf bei seiner Darstellung nicht das «*er* tat das, *er* sagte das» auslöschen. Er darf es nicht zur *restlosen Verwandlung* in die demonstrierte Person kommen lassen.

Ein wesentliches Element der *Straßenszene* besteht in der natürlichen Haltung, die der Straßendemonstrant in doppelter Hinsicht einnimmt;

er trägt ständig zwei Situationen Rechnung. Er benimmt sich natürlich als Demonstrant und er läßt den Demonstrierten sich natürlich benehmen. Er vergißt nie und gestattet nie, zu vergessen, daß er nicht der Demonstrierte, sondern der Demonstrant ist. Das heißt: was das Publikum sieht, ist nicht eine Fusion zwischen Demonstrant und Demonstriertem, nicht ein selbständiges, widerspruchsloses Drittes mit aufgelösten Konturen von 1 (Demonstrant) und 2 (Demonstriertem), wie das uns gewohnte Theater es uns in seinen Produktionen darbietet*. Die Meinungen und Gefühle von Demonstrant und Demonstriertem sind nicht gleichgeschaltet.

Wir kommen zu einem der eigentümlichen Elemente des epischen Theaters, dem sogenannten V-Effekt *(Verfremdungseffekt)*. Es handelt sich hierbei, kurz gesagt, um eine Technik, mit der darzustellenden Vorgängen zwischen Menschen der Stempel des Auffallenden, des der Erklärung Bedürftigen, nicht Selbstverständlichen, nicht einfach Natürlichen verliehen werden kann. Der Zweck des Effekts ist, dem Zuschauer eine fruchtbare Kritik vom gesellschaftlichen Standpunkt zu ermöglichen. Können wir diesen V-Effekt als sinnvoll für unsern Straßendemonstranten nachweisen?

Wir können uns vorstellen, was geschieht, wenn er ihn hervorzubringen unterlassen hat. Folgende Situation könnte entstehen. Ein Zuschauer könnte sagen: «Wenn der Verunglückte, wie Sie es zeigen, den rechten Fuß zuerst auf die Straße setzte, dann ...» Unser Demonstrant könnte ihn unterbrechen und sagen: «Ich habe gezeigt, daß er mit dem linken zuerst auf die Straße kam.» Bei dem Streit, ob er wirklich den linken oder rechten Fuß bei seiner Demonstration zuerst auf die Straße setzte und vor allem, was der Überfahrene machte, kann die Demonstration so abgeändert werden, daß der V-Effekt entsteht. Indem der Demonstrant nunmehr auf seine Bewegung genau achtet, sie vorsichtig, wahrscheinlich verlangsamt, vollzieht, erzielt er den V-Effekt; das heißt, er verfremdet den kleinen Teilvorgang, hebt ihn in seiner Wichtigkeit hervor, macht ihn merkwürdig. Tatsächlich erweist sich der V-Effekt des epischen Theaters als nützlich auch für unsern Straßendemonstranten, anders ausgedrückt: kommt auch in dieser alltäglichen, mit Kunst wenig zu schaffen habenden, kleinen Szene natürlichen Theaters an der Straßenecke vor. Leichter erkennbar als Element jeder beliebigen Demonstration auf der Straße ist der unvermittelte Übergang von der Darstellung zum Kommentar, der das epische Theater charakterisiert. Der Straßendemonstrant unterbricht, so oft es ihm möglich erscheint, seine Imitation mit Erklärungen. Die Chöre und projizierten Dokumente des epischen

---

* Am klarsten entwickelt durch Stanislawski.

Theaters, das Sich-direkt-an-die-Zuschauer-Wenden seiner Schauspieler sind grundsätzlich nichts anderes.

Wie man feststellen wird, ich hoffe nicht ohne Erstaunen, habe ich unter den Elementen, welche unsere *Straßenszene* und damit auch die *epische Theaterszene* bestimmen, eigentlich *kunst*mäßige nicht genannt. Unser Straßendemonstrant konnte seine Demonstration erfolgreich durchführen mit Fähigkeiten, die «praktisch jeder Mensch hat». Wie steht es mit dem *Kunstwert des epischen Theaters*?

Es liegt dem epischen Theater daran, sein Grundmodell an eine Straßenecke zu legen, das heißt zurückzugehen auf allereinfachstes «natürliches» Theater, auf ein gesellschaftliches Unternehmen, dessen Beweggründe, Mittel und Zwecke praktische, irdische sind. Das Modell kommt aus, ohne solche Erklärungen des Theaterspielens zu benötigen wie «Trieb, sich auszudrücken», «Aneignung fremder Schicksale», «seelisches Erlebnis», «Spieltrieb», «Lust am Fabulieren» und so weiter. Ist das *epische Theater* also nicht an Kunst interessiert?

Man tut gut, die Frage zunächst anders zu stellen; nämlich so: können wir künstlerische Fähigkeiten für die Zwecke unserer *Straßenszene* brauchen? Diese Frage zu bejahen, fällt leicht. Auch in der Demonstration an der Straßenecke stecken künstlerische Elemente. Geringe Grade künstlerischer Fähigkeiten finden sich in jedem Menschen. Es schadet nicht, sich bei großer Kunst daran zu erinnern. Ohne Zweifel können jene Fähigkeiten, die wir künstlerische nennen, jederzeit etabliert werden innerhalb der Grenzen, die durch unser *Straßenszenen*-Modell gesetzt sind. Sie werden als künstlerische Fähigkeiten wirken, auch wenn sie diese Grenzen nicht überschreiten (zum Beispiel wenn keine *restlose Verwandlung* des Demonstranten in die demonstrierte Person stattfinden soll). Tatsächlich ist das *epische Theater* eine sehr künstlerische Angelegenheit, kaum zu denken ohne Künstler und Artistik, Phantasie, Humor, Mitgefühl, ohne das und viel mehr kann es nicht praktiziert werden. Es hat unterhaltend zu sein, es hat belehrend zu sein. Wie nun kann aus den Elementen der *Straßenszene*, ohne Weglassung oder Hinzufügung eines Elementes, *Kunst* entwickelt werden? Wie wird daraus die *Theaterszene* mit ihrer erfundenen Fabel, ihren gelernten Schauspielern, ihrer gehobenen Sprechweise, ihrer Schminke, ihrem Zusammenspiel mehrerer Spieler? Benötigen wir eine Vervollständigung unserer Elemente, wenn wir von der «natürlichen» Demonstration zur «künstlichen» fortschreiten?

Sind die Erweiterungen, die wir an unserm Modell vornehmen, um zu *epischem Theater* zu kommen, nicht tatsächlich elementarer? Schon eine kurze Betrachtung kann zeigen, daß sie es nicht sind. Nehmen wir die *Fabel*. Unser Straßenunfall war nichts Erfundenes. Nun hat es das gewöhnliche Theater auch nicht nur mit Erfundenem zu tun, man denke an das historische Stück. Aber auch an der Straßenecke kann eine Fabel vorgeführt werden. Unser Demonstrant kann jederzeit in die Lage kommen, zu sagen: der Fahrer war schuld, denn der Vorgang war, wie ich gezeigt habe. Er wäre nicht schuldig, wenn er so gewesen wäre, wie ich jetzt zeigen werde. Und er kann einen Vorgang erfinden und diesen demonstrieren. Nehmen wir den *einstudierten Text*, so kann unser Straßendemonstrant vor einer Gerichtsverhandlung, in der er Zeuge sein wird, den genauen Wortlaut der zu demonstrierenden Personen, den er aufgeschrieben haben kann, auswendig lernen und einstudieren. Er bringt dann ebenfalls einstudierten Text. Nehmen wir das einstudierte Spiel *mehrerer Personen*: eine solche kombinierte Demonstration an und für sich findet nicht immer nur zu künstlerischen Zwecken statt; denken wir an die Praxis der französischen Polizei, die die Hauptteilnehmer eines Kriminalfalles veranlaßt, bestimmte, ausschlaggebende Situationen vor der Polizei zu repitieren. Nehmen wir die *Maske*. Kleine Veränderungen des Aussehens, ein Zerzausen des Haares zum Beispiel, das kann innerhalb des Bezirkes einer Demonstration nichtkünstlerischen Charakters immer vorgenommen werden. Auch Schminke wird nicht nur für Theaterzwecke verwendet. Der Schnurrbart des Chauffeurs in der *Straßenszene* mag eine bestimmte Bedeutung haben. Er kann die Zeugenaussage der als möglich angenommenen Begleiterin beeinflußt haben. Unser Demonstrant kann das zur Darstellung bringen, indem er den Fahrer einen imaginären Bart streichen läßt, wenn er seine Begleiterin zu einer Aussage veranlaßt. Dadurch kann der Demonstrant der Zeugenaussage der Begleiterin viel von ihrem Wert nehmen. Jedoch verursacht der Übergang zur Verwendung eines tatsächlichen Bartes in der *Theaterszene* noch einige Schwierigkeit, die auch bei der *Verkleidung* auftaucht. Unser Demonstrant kann unter bestimmten Umständen die Mütze des Fahrers aufsetzen, zum Beispiel wenn er zeigen will, daß dieser vielleicht betrunken war (er hatte sie schief auf), er kann es allerdings nur unter bestimmten Umständen nicht ohne weiteres (siehe oben die Ausführungen über den *Grenzfall*!). Jedoch können wir bei einer Demonstration durch mehrere Demonstranten von der Art, wie wir sie oben angaben, zu Verkleidungen gelangen, damit die demonstrierten Personen zu unterscheiden sind. Wir gelangen auch hierbei nur zu begrenzten Verkleidungen. Die Illusion, die Demonstranten seien wirklich die Demonstrierten, darf nicht erzeugt werden. (Das *epische Theater* kann diese Illusion vereiteln durch besonders übertriebene Verkleidung oder irgendwie als Schauobjekte gekennzeichnete Kleider.) Außerdem können wir ein Grundmodell aufstellen, das in diesem Punkt das unsrige ersetzen kann: die Straßendemonstration der sogenannten fliegenden Straßenverkäufer. Diese Leute stellen, um ihre Krawatten zu verkaufen, sowohl den schlecht als auch den flott gekleideten Mann dar; mit ein paar Requisiten und wenigen Handgriffen führen sie andeutende kleine Szenen auf, wobei sie sich im Grund die gleichen Beschränkungen auferlegen, die unsere Unfallszene dem Demonstranten auferlegt (sich Krawatte, Hut, Stock, Handschuhe zueignend und gewisse andeutende Kopien eines Lebemannes ausführend, sprechen sie von diesem weiter als *er*!). Bei Straßenverkäufern finden wir auch die Verwendung des *Verses* innerhalb des gleichen Rahmens, den unser Grundmodell aufweist. Sie benutzen feste unregelmäßige Rhythmen, ob es sich um den Verkauf von Zeitungen oder Hosenträgern handelt.

Solche Überlegungen zeigen, daß wir mit unserm Grundmodell auskommen können. Es besteht kein elementarer Unterschied zwischen dem natürlichen epischen Theater und dem künstlichen *epischen Theater*. Unser Theater an der Straßenecke ist primitiv; mit Anlaß, Zweck und Mitteln der Vorführung ist es «nicht weit her». Aber es ist unbestreitbar ein sinnvoller Vorgang, dessen gesellschaftliche Funktion deutlich ist und alle seine Elemente beherrscht. Die Vorführung hat einen Vorfall zum Anlaß, der verschieden beurteilt werden kann, der sich in der einen oder andern Form wiederholen kann und der noch nicht abgeschlossen ist, sondern Folgen haben wird, so daß die Beurteilung von Bedeutung ist. Zweck der Vorführung ist es, die Begutachtung des Vorfalls zu erleichtern. Die Mittel der Vorführung entsprechen dem. Das *epische Theater* ist hochartistisches Theater mit komplizierten Inhalten und weiter sozialer Zielsetzung. Die *Straßenszene* als Grundmodell *epischen Theaters* aufstellend, teilen wir ihm die deutliche gesellschaftliche Funktion zu und stellen für *episches Theater* Kriterien auf, nach denen bemessen werden kann, ob es sich bei ihm um einen sinnvollen Vorgang handelt oder nicht. Das Grundmodell hat praktische Bedeutung. Es setzt Probenleiter und Schauspieler instand, beim Aufbau einer Vorstellung mit oft schwierigen Teilfragen, artistischen Problemen, sozialen Problemen, eine Kontrolle auszuüben, ob die gesellschaftliche Funktion des Gesamtapparates noch deutlich intakt ist.

Aus: Bertolt Brecht: Schriften zum Theater 5. 1937–1951. (Redaktion Werner Hecht). Frankfurt (Suhrkamp) 1963, S. 69–86.

Über den Bühnenbau der nichtaristotelischen Dramatik

1 Gesellschaftliche Aufgabe des Bühnenbauers und Tiefenkonstruktion

Einige nichtaristotelische (nicht auf Einfühlung beruhende) Dramatiken, welche versuchen, in ihren Darstellungen des menschlichen Zusammenlebens die dieses Zusammenleben beherrschenden Gesetze zu gestalten,

Caspar Neher: Szenenentwurf für Brechts Stück *Im Dickicht der Städte*, München 1923

haben, obgleich in manchem verschiedene Typen (Historientypus, Biographietypus, Parabeltypus), gewisse gemeinsame Praktiken für ihren Bühnenbau ausgearbeitet. Die Gemeinsamkeit der Praktiken gründet sich auf die ablehnende Stellung dieser Dramatiken zur restlosen Einfühlung und damit ihres Bühnenbaus zur vollkommenen Illusion. Die Umgebung der Menschen, für eine andere Dramatik nur «die äußere Welt», spielt für die nichtaristotelischen Dramatiken eine größere und auch andersgeartete Rolle. Sie ist nicht mehr nur ein Rahmen. Unsere Kenntnis vom «Stoffwechsel zwischen Natur und Mensch» als einem gesellschaftlichen, geschichtlich wandelbaren, in der Arbeit vorgehenden Prozeß prägt unsere Abbilder der menschlichen Umgebung. Die Eingriffe, denen der Mensch die Natur unterwirft, vertiefen sich ständig. Dies muß im Bühnenbau seinen Ausdruck finden. Ferner stellt jede einzelne Aufführung jedem der verschiedenen Dramatiktypen eine völlig neue, ganz konkrete gesellschaftliche Aufgabe, an deren Lösung sich der Bühnenbauer zu beteiligen hat, indem er den gesamten Bühnen- und Theaterbau auf seine Geeignetheit und Potenz durchmustert und überholt. Die Darstellung des Aufbaus der Kollektivwirtschaften in «Razbeg» (Ochlopkow) für die Kopf- und Handarbeiter Moskaus bedeutete eine andere gesellschaftliche Aufgabe und benötigte einen anderen Bühnenbau als die Darstellung des demagogischen Apparats der Nationalsozialisten in «Die Rundköpfe und die Spitzköpfe» (Brecht, Knutzon) in Kopenhagen 1936 oder die Darstellung der Kriegssabotage des Kleinbürgers in «Die Abenteuer des braven Soldaten Schwejk» (Piscator, Brecht, Grosz) in Berlin 1929 vor klassenmäßig ganz anders zusammengesetztem Publikum. Da die Bühne für jedes Stück völlig umzubauen ist, also in jedem Fall eine Tiefenkonstruktion verlangt wird, ist es gerechtfertigt, den Begriff des Bühnenbauers einzuführen, den man sonst nur für jemand verwendet, der die Bühne selber, also das für gewöhnlich beibehaltene Gerüst baut, auf dem die Dekoration aufgestellt wird. Der Bühnenbauer hat, je nachdem, den Boden zu ersetzen durch laufende Bänder, den Hintergrund durch eine Filmleinwand, die Seitenkulissen durch eine Orchestra. Er hat die Decke in ein Traggerüst für Aufzüge umzuwandeln, und selbst den Transport des Spielfeldes in die Mitte des Zuschauerraums hat er in Erwägung zu ziehen. Seine Aufgabe ist es, die Welt zu zeigen.

Soll ihm aber nichts festliegen ohne Grund, so soll er auch nichts bewegen ohne Grund, denn er gibt Abbilder der Welt, und diese bewegt sich nach Gesetzen, die nicht alle bekannt sind, jedoch sieht ihre Bewegung nicht nur er, sondern auch jene, die seine Abbilder sehen, und es kommt nicht lediglich darauf an, wie er die Welt sieht, sondern darauf, daß jene, die seine Abbilder sehen, sich daraufhin in ihr zurechtfinden. Er hat seine Abbilder also für kritische Augen aufzubauen, und sind die Augen nicht kritisch, so hat er sie kritisch zu machen. Denn er muß immer bedenken, was für eine große Sache es ist, andern die Welt zu zeigen, in der sie leben müssen.

2 Trennung der Elemente. Die Schauspieler als Stücke des Bühnenbaus

Wenn der Bühnenbauer einig geht mit dem Spielleiter, dem Stückeschreiber, dem Musiker und dem Schauspieler, was die gesellschaftliche Aufgabe der Aufführung anlangt, jeden von ihnen unterstützt und jede Unterstützung benutzt, so muß er deshalb seine Arbeit keineswegs aufgehen lassen in einem «Gesamtkunstwerk», einer restlosen Verschmelzung aller Kunstelemente. In gewisser Weise hält er, in seiner Assoziation mit den anderen Künsten, durch eine *Trennung der Elemente* die Individualität seiner Kunst ebenso aufrecht, wie dies die andern Künste tun. Das Zusammenspiel der Künste wird so ein lebendiges; der Widerspruch der Elemente ist nicht ausgelöscht. Der Bühnenbauer nimmt seinerseits, mit seinen Mitteln, in einer gewissen Freiheit Stellung zum Thema. Die Vorführung von Graphiken oder Filmen kann die Darstellung unterbrechen.* Er

* Siehe die durchaus selbständigen in den «Abenteuern des braven Soldaten

geht einig mit den übrigen Künsten, wenn für ihn zum Beispiel auch die Musikinstrumente* und die Schauspieler zu Stücken seines Bühnenbaus werden. In gewissem Sinn sind für ihn die Schauspieler die wichtigsten Dekorationsstücke von allen. Es genügt nicht, daß für die Schauspieler nur eben Raum ausgespart ist. Wenn der Bühnenbau aus einem Baum und drei Männern besteht oder aus einem Mann und einem Baum und noch zwei Männern, so muß der Baum allein noch kein Bühnenbau sein, genauer gesagt, er darf es gar nicht. Die Entfaltung der Gruppierung ist eine Entfaltung des Bühnenbaus und eine Hauptaufgabe des Bühnenbauers. Wird dem Bühnenbauer die Zusammenarbeit mit den Schauspielern erschwert, gerät er in die Lage eines Historienmalers, der lediglich Möbel und Requisiten auf eine Leinwand malt, worauf ein anderer auf die Stühle seine Figuren und an die in der Luft hängenden Schwerter ihre Hände malen wird.

3 Aufbau des Spielfelds (induktive Methode)

Für gewöhnlich werden die Bauten festgelegt, bevor die Proben der Schauspieler begonnen haben, «damit sie beginnen können», und die Hauptsache ist, daß sie stimmungsvoll sind, irgendeine Impression geben, Lokalkolorit, und der Vorgang, der hier zu spielen hat, wird so wenig beachtet wie bei der Auswahl einer Ansichtspostkarte auf einer Reise. Höchstens gilt es, Räume mit hübschen Spielmöglichkeiten zu schaffen, aber dies ganz allgemein, für irgendwelche Gruppierungsmöglichkeiten, wenn für bestimmte, dann solche der ersten Szene, die in dem Raum spielt. Selbst wenn der Spielleiter schon, bevor die Proben begonnen haben, alle Stellungen und Bewegungen seiner Schauspieler festgelegt hat, eine höchst unglückliche Art des Vorgehens, verfällt er gemeinhin der Verführung, den einmal für die erste Szene gewählten Raum für alle weiteren festzuhalten, da mit ihm eine bestimmte szenische Lösung verknüpft ist oder verknüpft scheint und da er unbewußt auch die Vorstellung benutzt, daß ein Mensch ja in ein und demselben Raum mehrere Erlebnisse haben kann: Er baut seine Wohnung nicht um für eine Eifersuchtsszene. Geht man so vor, so bringt man sich um alle Vorteile der wochenlangen Zusammenarbeit von einander verschiedenen Menschen und hat von allem Anfang an einen starren, unelastischen Raum, den keinerlei Bewegung der darin Spielenden mehr verändert. Das Wort *Bühnenbild*, das für Dekorationen der beschriebenen Art im Deutschen

---

Schwejk» projizierten Zeichnungen von George Grosz und die von Caspar Neher für «Aufstieg und Fall der Stadt Mahagonny».

* Für die «Dreigroschenoper» stellte Neher eine Jahrmarktsorgel in die Mitte der Bühne. Max Gorelik verwendete in der Aufführung der «Mutter» in New York die Hälfte seiner Bühne für zwei Flügel.

gebraucht wird, ist gut gewählt, da es alle Nachteile solcher Bühnenbauten enthüllt. Ganz abgesehen davon, daß es für ein Bild nur ein paar wenige Sitze im Zuschauerraum gibt, von denen aus es seine volle Wirkung ausübt und es von allen andern Sitzen aus mehr oder weniger deformiert erscheint, hat das als Bild komponierte Spielfeld weder die Eigenschaften einer Plastik noch eines Terrains, obgleich es beides zu sein vorgibt. Das gute Spielfeld darf erst fertig werden durch das Spiel der sich bewegenden Figuren. Es wird also am besten auf den Proben fertiggebaut. Das ist sehr ungewohnt für unsere Bühnenbildner, die sich als Maler fühlen und behaupten, eine «Vision» zu haben, die es zu realisieren gälte, wobei sie selten mit den Schauspielern rechnen, da ihre «Bühnenbilder» ohne die Schauspieler angeblich ebenso gut oder sogar besser wirken. Freilich verlangt eine so komponierte Bühne ein entsprechend kostbares Spiel. Erhebt sich das Bühnenbild zu einer bestimmten Erlesenheit oder Geschlossenheit und bleibt das Spiel dahinter zurück, dann wird die Aufführung geschädigt. Ebenso, wenn der Bühnenbau deutliches Denken verrät, das Spiel aber nicht. Ein an sich schlechterer Bühnenbau wäre dann besser.
Der gute Bühnenbauer geht langsam, experimentierend vor. Eine Arbeitshypothese auf Grund genauer Lektüre des Stückes und ausgiebiger Besprechung mit den andern Mitgliedern des Theaters, besonders die besondere gesellschaftliche Aufgabe des Stückes und der betreffenden Aufführung angebend, ist für ihn nützlich. Jedoch muß seine Grundvorstellung möglichst allgemein und elastisch sein. Er wird sie ständig an den Probenresultaten der Schauspieler prüfen. Die Wünsche und Absichten der Schauspieler sind für ihn Quellen der Erfindung. Er studiert, wieweit ihre Kräfte reichen und springt ein. Das Hinken eines Mannes kann Platz brauchen, um zur Geltung zu kommen, mancher Vorfall wirkt aus der Ferne gesehen komisch, aber tragisch aus der Nähe und so weiter. Und auch ihm helfen die Schauspieler aus. Soll er einen kostbaren Stuhl liefern, so wird er kostbar wirken, wenn ihn die Schauspieler umständlich hereintragen und mit großer Vorsicht niedersetzen. Soll es ein Richterstuhl sein, so wird es eine besondere Wirkung sein, wenn es zum Beispiel ein großer Stuhl für einen kleinen Richter ist, der ihn nicht ausfüllt. Vieles kann vom Bühnenbau wegbleiben, wenn es in das Spiel der Schauspieler hineinkommt, und vieles kann der Bühnenbauer den Schauspielern ersparen.
Der Bühnenbauer vermag den Sinn von Sätzen der Schauspieler grundlegend zu verändern und neue Gesten zu ermöglichen.
Baut er zum Beispiel im «Macbeth», wo in der sechsten Szene des ersten Aktes der König und sein Gefolge die Macbeth'sche Burg loben, ein armseliges und häßliches Gebäude auf, so wird das Lob aus einem reinen Ausdruck der Vertrauensseligkeit zu einem Ausdruck der Güte und Höf-

lichkeit, und doch bleibt die Unfähigkeit des Königs, sich gegen den Macbeth zu versehen, dessen elende Lage er nicht erkennt.

Es ist für die Schauspieler oft angenehm, nach Skizzen zu arbeiten, die einen wichtigen Vorgang darstellen; es ist sowohl deshalb nützlich, weil sie die Haltungen kopieren können, als auch, weil der Vorgang, indem er eine künstlerische Darstellung erhielt, in seiner Besonderheit und Bedeutung gefaßt, sozusagen berühmt gemacht ist. Er hat eine bestimmte Form angenommen, und die Kritik kann sich daran entwickeln. Ebenso nützlich können Skizzen sein, welche die Schauspieler selber abbilden.

So arbeitet der gute Bühnenbauer. Einmal dem Schauspieler voraus, einmal ihm folgend, immer zusammen mit ihm. Nach und nach baut er sein Spielfeld auf, ebenso experimentierend wie der Schauspieler und mehr als eines versuchend. Eine Wand und ein Stuhl sind schon sehr viel. Es ist auch schon sehr schwer, eine Wand gut zu ziehen und einen Stuhl gut aufzustellen. Wand und Stuhl müssen nicht nur praktisch stehen für den Schauspieler, sondern auch zueinander in guten Verhältnissen und für sich selber wirksam.

Die meisten Bühnenbauer haben das, was man bei Malern eine unsaubere Palette nennt. Das heißt, schon auf dem Brett, von dem sie die Farben nehmen, sind sie ineinander verschmiert. Solche Leute wissen nicht mehr, was ein normales Licht ist und was die Grundfarben sind. So decken sie alle Kontraste der Farben zu, statt sie zu verwerten, und färben die Luft. Die Meister wissen, wieviel es schon ist, wenn neben einer Gruppe von Menschen an einer Wäscheleine eine blaue Tischdecke hängt, das heißt wie wenig noch hinzukommen darf.

Die Auswahl der Merkmale ist mitunter sehr schwierig. Sie müssen den Funktionen genügen.

Wie wenig wir auf die Funktion eines Dinges bedacht sind, möge ein Beispiel zeigen. In «Die Rundköpfe und die Spitzköpfe» waren zwei bäuerliche Familien bei der Arbeit zu zeigen. Wir wählten als Arbeitsinstrument einen Ziehbrunnen. Obgleich einer der Arbeitenden im Stück sagt: «Da der Pachtherr uns keine Pferde gibt, ist jeder von uns sein eigenes Pferd» und obgleich gerade der Mangel an Pferden eine große Rolle im Stück spielt, kam weder der Stückeschreiber noch der Spielleiter noch der Bühnenbauer noch ein Schauspieler noch ein Zuschauer darauf, daß diesen Ziehbrunnen kein Pferd bedienen könnte. Richtig wäre gewesen: eine primitive Maschine, welche anstelle von Pferden von Menschen bedient wurde. Die Folgen eines solchen Mißgriffs sind beträchtlich. Die Arbeit erscheint so sofort als eine ganz «natürliche», unänderbare, schicksalhafte. Sie muß eben gemacht werden, es fragt sich höchstens noch, von wem, und dabei wird nicht an Pferde, sondern an Menschen gedacht. Das als drückend Empfundene wird nicht als überflüssig gezeigt, der Blick nicht auf Maßnahmen gelenkt, welche das Übel beseitigen könnten.

Eine wichtige Frage ist dabei die Materialfrage.* Es empfiehlt sich eine einfache Auswahl von nicht zu vielen Grundstoffen. Es ist nicht Sache der Kunst, mit allen Mitteln eine bestimmte Imitation anzufertigen. Die Materialien müssen auch für sich wirken.
Sie dürfen nicht vergewaltigt werden. Man darf ihnen nicht zumuten, sich «zu verwandeln», so daß Pappe die Illusion erwecken soll, Leinwand zu sein, Holz, Eisen und so weiter. Gut bearbeitetes Holz, Stricke, Eisenrahmen, Leinwand und so weiter entfalten, gut ausgestellt, eine eigenartige Schönheit.
Dem Bühnenbauer dürften übrigens auch die Reize nicht aus den Augen kommen, die sein Spielfeld auf die Schauspieler selber ausüben soll. Die Gegenstände können zwei Seiten haben, eine dem Zuschauer und eine dem Spieler zugewandte, aber die dem Spieler zugewandte Seite muß ebenfalls noch eine künstlerisch befriedigende Ansicht gewähren. Der Spieler braucht nicht in Illusion versetzt zu werden, daß er sich in der richtigen Welt befinde, aber es muß ihm bestätigt werden, daß er sich in einem richtigen Theater befindet. Gute Proportionen, schönes Material, sinnvolle Einrichtungen und gute Arbeit der Requisiten verpflichten den Schauspieler. Es ist nicht gleichgültig, wie eine Maske von innen aussieht, ob sie ein Kunstprodukt ist oder nicht.
Nichts darf ihm festliegen, weder der Ort, noch die gewohnte Verwendung der Bühne. Insofern ist er ein wahrhafter Bühnenbauer.
Nur, wenn er dem mählichen Aufbau des Stückes folgt, kann der Bühnenbauer feststellen, ob sein Bau noch nichts beweist oder schon zuviel. Aber nicht nur des Nutzens wegen, den die Schauspieler daraus ziehen und nicht nur des Nutzens wegen, den er aus den Schauspielern zieht, auch um rein technisch seinen Bau experimentell verbessern zu können, tut der Bühnenbauer gut, die *Montage des Bühnenbaus in mobilen Elementen* vorzunehmen. Er baut den Bühnenbau in einzelnen, selbständigen Stücken auf, die beweglich sind. Ein Türstock muß ebenso probieren können

---

* Durch die Verwendung bestimmter Materialien können bestimmte Assoziationen des Zuschauers benutzt werden. Für die Parabel von «Die Rundköpfe und die Spitzköpfe» zum Beispiel erweckten Schirme im Hintergrund, die pergamenten wirkten, die Assoziation von alten Büchern. Da der Sinn der Parabel bei bürgerlichem Publikum auf Widerstand stoßen mußte, war es vorteilhaft, ihr etwas von dem Kredit alter und berühmter Parabeln zu verleihen. Das Moskauer Jiddische Theater verwendete für seine «Lear»-Aufführung einen hölzernen, aufklappbaren Tabernakelbau, der die Assoziation mittelalterlicher Bibel erweckte. Für ein chinesisches Stück verwendete John Heartfield im Piscatortheater große, aufrollbare Papierfahnen mit mehr Glück, als im selben Theater für ein Inflationsstück Moholy-Nagy eine Nickel- und Glaskonstruktion verwendete, was die unerwünschte Assoziation eines chirurgischen Bestecks erweckte.

wie der Schauspieler, der ihn benützt, damit er sich von allen Seiten zeigen kann, und damit er mit den andern Elementen des Baus in möglichst vielen Gruppierungen wirken kann, muß er einigen Selbstwert besitzen, für sich selber Leben haben. Er spielt eine Rolle oder auch mehrere Rollen, ebenso wie ein anderer Schauspieler. Er hat dasselbe Recht und die gleiche Pflicht, aufzufallen. Er kann ein Statist und ein Protagonist sein. Die Extremitäten eines mobilen Fensterstocks, seien es Seile oder ein Stativ, sollten übrigens nicht etwa verborgen werden; sie sollen zur Verschönerung des Anblicks beitragen. Dasselbe gilt für die Lampen und die Musikinstrumente. Der Bühnenraum, in den die verschiedenen Requisiten und Mobilien gestellt werden, wird ebenfalls am besten deutlich gezeigt, so daß jene als Mobilien sich gut abheben.

Aus: Bertolt Brecht: Schriften zum Theater 1 (Redaktion Werner Hecht). Frankfurt (Suhrkamp) 1967, S. 439–447 (Gesammelte Werke 15).

Peter Weiss
Notizen zum dokumentarischen Theater (1968)

Das realistische Zeitalter, das seit der Proletkultbewegung, dem Agitprop, den Experimenten Piscators und den Lehrstücken von Brecht zahlreiche Formen durchlaufen hat, wird heute mit verschiedenen Bezeichnungen versehen, wie Politisches Theater, Dokumentarisches Theater, Theater des Protests, Anti-Theater, um es unter einen gemeinsamen Nenner zu bringen. Ausgehend von der Schwierigkeit, eine Klassifizierung zu finden für die unterschiedlichen Ausdrucksweisen dieser Dramatik, wird hier der Versuch unternommen, eine ihrer Spielarten zu behandeln, diejenige, die sich ausschließlich mit der Dokumentation eines Stoffes befaßt, und deshalb Dokumentarisches Theater genannt werden kann.

1.
Das dokumentarische Theater ist ein Theater der Berichterstattung. Protokolle, Akten, Briefe, statistische Tabellen, Börsenmeldungen, Abschlußberichte von Bankunternehmen und Industriegesellschaften, Regierungserklärungen, Ansprachen, Interviews, Äußerungen bekannter Persönlichkeiten, Zeitungs- und Rundfunkreportagen, Fotos, Journalfilme und andere Zeugnisse der Gegenwart bilden die Grundlage der Aufführung. Das dokumentarische Theater enthält sich jeder Erfindung, es

übernimmt authentisches Material und gibt dies, im Inhalt unverändert, in der Form bearbeitet, von der Bühne aus wieder. Im Unterschied zum ungeordneten Charakter des Nachrichtenmaterials, das täglich von allen Seiten auf uns eindringt, wird auf der Bühne eine Auswahl gezeigt, die sich auf ein bestimmtes, zumeist soziales oder politisches Thema konzentriert. Diese kritische Auswahl, und das Prinzip, nach dem die Ausschnitte der Realität montiert werden, ergeben die Qualität der dokumentarischen Dramatik.

2.

Das dokumentarische Theater ist Bestandteil des öffentlichen Lebens, wie es uns durch die Massenmedien nahegebracht wird. Die Arbeit des dokumentarischen Theaters wird hierbei durch eine Kritik verschiedener Grade bestimmt.

a. Kritik an der Verschleierung. Werden die Meldungen in Presse, Rundfunk und Fernsehen nach Gesichtspunkten dominierender Interessengruppen gelenkt? Was wird uns vorenthalten? Wem dienen die Ausschließungen? Welchen Kreisen gelangt es zum Vorteil, wenn bestimmte soziale Erscheinungen vertuscht, modifiziert, idealisiert werden?

b. Kritik an Wirklichkeitsfälschungen. Warum wird eine historische Person, eine Periode oder Epoche aus dem Bewußtsein gestrichen? Wer stärkt seine eigene Position durch die Eliminierung historischer Fakten? Wer zieht Gewinn aus einer bewußten Verunstaltung einschneidender und bedeutungsvoller Vorgänge? Welchen Schichten in der Gesellschaft ist am Verbergen der Vergangenheit gelegen? Wie äußern sich die Fälschungen, die betrieben werden? Wie werden sie aufgenommen?

c. Kritik an Lügen. Welches sind die Auswirkungen eines geschichtlichen Betrugs? Wie zeigt sich eine gegenwärtige Situation, die auf Lügen aufgebaut ist? Mit welchen Schwierigkeiten muß bei der Wahrheitsfindung gerechnet werden? Welche einflußreichen Organe, welche Machtgruppen werden alles tun, um die Kenntnis der Wahrheit zu verhindern?

3.

Obgleich die Kommunikationsmittel ein Höchstmaß von Ausbreitung erreicht haben und uns Neuigkeiten aus allen Teilen der Welt zukommen lassen, bleiben uns doch die wichtigsten Ereignisse, die unsre Gegenwart und Zukunft prägen, in ihren Anlässen und Zusammenhängen verborgen. Die Materialien der Verantwortlichen, die uns Aufschluß geben können über Tätigkeiten, von denen wir nur die Ergebnisse sehen, werden uns unzugänglich gemacht. Das dokumentarische Theater, das sich z. B. befassen will mit der Ermordung Lumumbas, Kennedys, Che Guevaras, mit dem Massaker in Indonesien, den internen Absprachen während der Genfer Indochina-Verhandlungen, mit dem letzten Konflikt im Mittleren

Osten und den Vorbereitungen der Regierung der Vereinigten Staaten zur Kriegführung in Vietnam, sieht sich zunächst dem künstlichen Dunkel gegenüber, unter dem die Machthabenden ihre Manipulationen verheimlichen.

4.

Das dokumentarische Theater, das sich gegen jene Gruppen richtet, denen an einer Politik der Verdunkelung und Verblindung gelegen ist, das sich gegen die Tendenz von Massenmedien richtet, die Bevölkerung in einem Vakuum von Betäubung und Verdummung niederzuhalten, befindet sich in der gleichen Ausgangssituation wie jeder Bürger des Staates, der seine eigenen Erkundigungen einziehen will, dem dabei die Hände gebunden sind, und der schließlich zum einzigen Mittel greift, das ihm noch bleibt: zum Mittel des öffentlichen Protests. Wie die spontane Versammlung im Freien, mit Plakaten, Spruchbändern und Sprechchören, so stellt das dokumentarische Theater eine Reaktion dar auf gegenwärtige Zustände, mit der Forderung, diese zu klären.

5.

Die Kundgebung auf offener Straße, das Verteilen von Flugblättern, das Vorgehen in Reihen, das Eindringen in ein breites Publikum, dies sind

Szenenbild aus der Rostocker Aufführung der *Ermittlung* von Peter Weiss, 1965

konkrete Aktionen von direkter Wirksamkeit. In ihrer Improvisation sind sie von starker Dramatik, ihr Verlauf ist nicht abzusehen, in jedem Augenblick können sie sich verschärfen im Zusammenstoß mit den Ordnungsmächten, und somit den gewaltsamen Widerspruch in den gesellschaftlichen Verhältnissen kennzeichnen. Das dokumentarische Theater, das eine Zusammenfassung des latenten Zündstoffes wiedergibt, versucht, die Aktualität in seiner Ausdrucksform beizubehalten. Doch schon beim Komponieren des Materials zu einer geschlossenen Aufführung, festgesetzt auf einen bestimmten Zeitpunkt und auf einen begrenzten Raum mit Agierenden und Zuschauern, werden dem dokumentarischen Theater andere Bedingungen gestellt als die, die für das unmittelbare politische Eingreifen gelten. Die Bühne des dokumentarischen Theaters zeigt nicht mehr augenblickliche Wirklichkeit, sondern das Abbild von einem Stück Wirklichkeit, herausgerissen aus der lebendigen Kontinuität.

6.

Das dokumentarische Theater, soweit es nicht selbst die Form des Schauspiels auf offener Straße wählt, kann sich nicht messen mit dem Wirklichkeitsgehalt einer authentischen politischen Manifestation. Es reicht nie an die dynamischen Meinungsäußerungen heran, die sich auf der Bühne der Öffentlichkeit abspielen. Es kann vom Theaterraum her die Autoritäten in Staat und Verwaltung nicht in der gleichen Weise herausfordern, wie es der Fall ist beim Marsch auf Regierungsgebäude und wirtschaftliche und militärische Zentren. Selbst wenn es versucht, sich von dem Rahmen zu befreien, der es als künstlerisches Medium festlegt, selbst wenn es sich lossagt von ästhetischen Kategorien, wenn es nichts Fertiges sein will, sondern nur Stellungnahme und Kampfhandlung, wenn es sich den Anschein gibt, im Augenblick zu entstehen und unvorbereitet zu handeln, so wird es doch zu einem Kunstprodukt, und es muß zum Kunstprodukt werden, wenn es Berechtigung haben will.

7.

Denn ein dokumentarisches Theater, das in erster Hand ein politisches Forum sein will und auf künstlerische Leistung verzichtet, stellt sich selbst in Frage. In einem solchen Fall wäre die praktische politische Handlung in der Außenwelt effektiver. Erst wenn es durch seine sondierende, kontrollierende, kritisierende Tätigkeit erfahrenen Wirklichkeitsstoff zum künstlerischen Mittel umfunktioniert hat, kann es volle Gültigkeit in der Auseinandersetzung mit der Realität gewinnen. Auf einer solchen Bühne kann das dramatische Werk zu einem Instrument politischer Meinungsbildung werden. Was jedoch unter den besonderen, sich von herkömmlichen Kunstbegriffen unterscheidenden Ausdrucksformen des dokumentarischen Theaters zu verstehen ist, muß erörtert werden.

8.

Die Stärke des dokumentarischen Theaters liegt darin, daß es aus den Fragmenten der Wirklichkeit ein verwendbares Muster, ein Modell der aktuellen Vorgänge, zusammenzustellen vermag. Es befindet sich nicht im Zentrum des Ereignisses, sondern nimmt die Stellung des Beobachtenden und Analysierenden ein. Mit seiner Schnittechnik hebt es deutliche Einzelheiten aus dem chaotischen Material der äußeren Realität hervor. Durch die Konfrontierung gegensätzlicher Details macht es aufmerksam auf einen bestehenden Konflikt, den es dann, anhand seiner gesammelten Unterlagen, zu einem Lösungsvorschlag, einem Appell oder einer grundsätzlichen Frage bringt. Was bei der offenen Improvisation, beim politisch gefärbten Happening, zur diffusen Spannung, zur emotionalen Anteilnahme und zur Illusion eines Engagements am Zeitgeschehen führt, wird im dokumentarischen Theater aufmerksam, bewußt und reflektierend behandelt.

9.

Das dokumentarische Theater legt Fakten zur Begutachtung vor. Es zeigt die verschiedenartige Aufnahme von Vorgängen, Äußerungen. Es zeigt die Beweggründe der Aufnahme. Einer Seite gereicht das Ereignis zum Vorteil. Eine andere Seite wird davon geschädigt. Die Parteien stehen einander gegenüber. Das Abhängigkeitsverhältnis zwischen ihnen wird beleuchtet. Die Bestechungen und Erpressungen werden geschildert, mit denen das Abhängigkeitsverhältnis aufrechterhalten werden soll. Die Verluste erscheinen neben den Gewinnposten. Die Gewinnenden verteidigen sich. Sie stellen sich vor als Erhalter der Ordnung. Sie zeigen, wie sie ihren Besitz verwalten. Im Kontrast zu ihnen die Verlierenden. Die Verräter in den Reihen der Verlierenden, die eigene Aufstiegsmöglichkeiten erhoffen. Die andern, die sich bemühen, nicht noch mehr zu verlieren. Ein ständiges Aneinanderstoßen von Ungleichheiten. Einblicke in Ungleichheiten so konkretisiert, daß sie unerträglich werden. Ungerechtigkeiten so überzeugend, daß sie nach sofortigem Eingreifen verlangen. Situationen so betrogen, daß sie nur mit Gewalt verändert werden können. Kontroverselle Ansichten über denselben Gegenstand kommen zur Sprache. Behauptungen werden mit tatsächlichen Zuständen verglichen. Auf Beteuerungen, Versprechungen folgen Handlungen, die im Widerspruch dazu stehen. Resultate von Handlungen, in versteckten Planungszentren in die Wege geleitet, werden untersucht. Wessen Stellung wurde damit befestigt, wer wurde davon betroffen? Das Stillschweigen, die Ausflüchte der Beteiligten werden dokumentiert. Indizien werden vorgelegt. Schlußfolgerungen werden gezogen aus einem kenntlichen Muster. Authentische Personen werden als Repräsentanten bestimmter gesellschaftlicher Interessen gekennzeichnet. Nicht individuelle Konflikte werden dargestellt, sondern sozial-ökonomisch bedingte Verhaltensweisen. Das dokumentarische Theater, dem es, im Gegensatz zur schnell verbrauchten äußeren Konstellation, um das Beispielhafte geht, arbeitet nicht mit Bühnencharakteren und Milieuzeichnungen, sondern mit Gruppen, Kraftfeldern, Tendenzen.

10.
Das dokumentarische Theater ist parteilich. Viele seiner Themen können zu nichts anderem als zu einer Verurteilung geführt werden. Für ein solches Theater ist Objektivität unter Umständen ein Begriff, der einer Machtgruppe zur Entschuldigung ihrer Taten dient. Der Ruf nach Mäßigkeit und Verständnis wird als ein Ruf derer gezeigt, die ihre Vorteile nicht verlieren möchten. Die Angriffshandlungen der portugiesischen Kolonisatoren gegen Angola und Moçambique, das Vorgehen der Südafrikanischen Republik gegen die afrikanische Bevölkerung, die Aggressionen der Vereinigten Staaten von Amerika gegen Kuba, die Dominikanische Republik und Vietnam können nur als einseitige Verbrechen aufgezeigt werden. Bei der Schilderung von Raubzug und Völkermord ist die Technik einer Schwarz/Weiß-Zeichnung berechtigt, ohne jegliche versöhnliche Züge auf seiten der Gewalttäter, mit jeder nur möglichen Solidarität für die Seite der Ausgeplünderten.

11.
Das dokumentarische Theater kann die Form eines Tribunals annehmen. Auch hier hat es nicht Anspruch darauf, der Authentizität eines Gerichtshofs von Nürnberg, eines Auschwitzprozesses in Frankfurt, eines Verhörs im amerikanischen Senat, einer Sitzung des Russell-Tribunals nahezukommen, doch kann es die im wirklichen Verhandlungsraum zur Sprache gekommenen Fragen und Angriffspunkte zu einer neuartigen Aussage bringen. Es kann, durch den Abstand, den es gewonnen hat, die Auseinandersetzung von Gesichtspunkten her nachvollziehen, die sich im ursprünglichen Fall nicht stellten. Die auftretenden Figuren werden in einen geschichtlichen Zusammenhang versetzt. Gleichzeitig mit der Darlegung ihrer Handlungen wird die Entwicklung gezeigt, deren Ausschlag sie sind, und es wird aufmerksam gemacht auf noch bestehende Folgeerscheinungen. Anhand ihrer Tätigkeit wird der Mechanismus demonstriert, der weiterhin in die Wirklichkeit eingreift. Alles Unwesentliche, alle Abschweifungen können weggeschnitten werden zugunsten der eigentlichen Problemstellung. Verlorengehen die Überraschungsmomente, das Lokalkolorit, das Sensationelle, gewonnen wird das Allgemeingültige. Auch kann das dokumentarische Theater das Publikum in die Verhandlungen einbeziehen, wie es im wirklichen Prozeßsaal nicht möglich ist, es kann das Publikum gleichsetzen mit den Angeklagten oder den

Anklägern, es kann es zu Teilnehmern einer Untersuchungskommission machen, es kann zur Erkenntnis eines Komplexes beitragen oder eine widerstrebende Haltung aufs äußerste provozieren.

12.

Einige andere Beispiele zur formalen Verarbeitung des dokumentarischen Materials:

a. Meldungen, und Teile von Meldungen, in zeitlich genau bemessenen Abschnitten rhythmisch geordnet. Kurze Momente, nur aus einer Tatsache, einem Ausruf bestehend, werden abgelöst durch längere kompliziertere Einheiten. Auf ein Zitat folgt die Darstellung einer Situation. In schnellem Bruch verändert sich die Situation zu einer anderen, gegensätzlichen. Einzelsprecher stehen einer Mehrzahl von Sprechern gegenüber. Die Komposition besteht aus antithetischen Stücken, aus Reihen gleichartiger Beispiele, aus kontrastierenden Formen, aus wechselnden Größenverhältnissen. Variationen eines Themas. Steigerung eines Verlaufes. Einfügung von Störungen, Dissonanzen.

b. Das Faktenmaterial sprachlich bearbeitet. In den Zitaten wird das Typische hervorgehoben. Figuren werden karikiert, Situationen drastisch vereinfacht. Referate, Kommentare, Zusammenfassungen werden von Songs übernommen. Einführung von Chor und Pantomime. Gestisches Ausspielen der Handlung, Parodien, Benutzung von Masken und dekorativen Attributen. Instrumentalbegleitung. Geräuscheffekte.

c. Unterbrechungen in der Berichterstattung. Einblendung einer Reflexion, eines Monologs, eines Traums, eines Rückblicks, eines widersprüchlichen Verhaltens. Diese Brüche im Handlungsverlauf, die Unsicherheit erzeugen, die von der Wirkung eines Schocks sein können, zeigen, wie ein einzelner oder eine Gruppe von den Ereignissen getroffen wird. Schilderung innerer Realität als Antwort auf äußere Vorgänge. Doch sollen solche heftigen Verschiebungen nicht Verwirrung herbeiführen, sondern aufmerksam machen auf die Vielschichtigkeit des Ereignisses, die verwendeten Mittel nie Selbstzweck, sondern belegbare Erfahrung sein.

d. Auflösung der Struktur. Kein berechneter Rhythmus, sondern Rohmaterial, kompakt oder in ungebundenem Strom, bei der Darstellung von sozialen Kämpfen, bei der Schilderung einer revolutionären Situation, der Berichterstattung von einem Kriegsschauplatz. Vermittlung der Gewaltsamkeit im Zusammenstoß der Kräfte. Doch auch hier darf der Aufruhr auf der Bühne, der Ausdruck von Schrecken und Empörung, nicht unerklärt und ungelöst bleiben. Je bedrängender das Material ist, desto notwendiger ist das Erreichen eines Überblicks, einer Synthese.

13.

Mit den Versuchen des dokumentarischen Theaters, eine überzeugende Ausdrucksform zu erhalten, ist die Suche nach einem geeigneten Aufführungsort verbunden. Läßt es die Vorstellung in einem kommerziellen Bühnenraum stattfinden, mit damit verbundenen hohen Eintrittspreisen, so ist es gefangen in dem System, das es angreifen will. Schlägt es sich außerhalb des Establishment nieder, ist es auf Lokale angewiesen, die zumeist von einer kleinen Schar Gleichgesinnter besucht werden. Anstatt effektiv auf die Zustände einzuwirken, zeigt es oft nur, wie wenig es gegenüber den Bewahrern der Zustände vermag. Das dokumentarische Theater muß Eingang gewinnen in Fabriken, Schulen, Sportarenen, Versammlungsräume. So wie es sich loslöst von den ästhetischen Maßstäben des traditionellen Theaters, muß es seine eigenen Mittel immer wieder infrage stellen und neue Techniken entwickeln, die neuen Situationen angepaßt sind.

14.

Das dokumentarische Theater ist nur möglich, wenn es als feste, politisch und soziologisch geschulte Arbeitsgruppe besteht und, unterstützt von einem reichhaltigen Archiv, zur wissenschaftlichen Untersuchung fähig ist. Eine dokumentarische Dramatik, die vor einer Definition zögert, die nur einen Zustand zeigt, ohne die Gründe seines Entstehens und die Notwendigkeit und Möglichkeit zu dessen Behebung deutlich zu machen, eine dokumentarische Dramatik, die in der Geste eines desperativen Angriffs verharrt, ohne den Gegner getroffen zu haben, entwertet sich selbst. Deshalb wendet sich das dokumentarische Theater gegen die Dramatik, die ihre eigene Verzweiflung und Wut zum Hauptthema hat und festhält an der Konzeption einer ausweglosen und absurden Welt. Das dokumentarische Theater tritt ein für die Alternative, daß die Wirklichkeit, so undurchschaubar sie sich auch macht, in jeder Einzelheit erklärt werden kann.

Aus: Peter Weiss: Rapporte 2. Frankfurt (Suhrkamp) 1971, S. 91–104.

Augusto Boal
Für ein Theater der Befreiung (1979)

[...]

Das Theater der Unterdrückten und seine Formen – Unsichtbares Theater, Forumtheater, Statuentheater, Mythostheater, Fotoroman-Theater, Zeitungstheater – entstanden als Antwort auf die Repression in Lateinamerika, wo täglich Menschen auf offener Straße niedergeknüppelt werden, wo die Organisationen der Arbeiter, Bauern, Studenten und Künstler systematisch zerschlagen, ihre Leiter verhaftet, gefoltert, ermordet oder ins Exil gezwungen werden. Dort ist das Theater der Unterdrückten entstanden.

Ein Mann wurde auf dem Dorfplatz kastriert. Das geschah in Otusco, Peru. Einem Komponisten wurden im Nationalstadion von Chile beide Hände abgehackt. Einem Bauern wurden am ganzen Körper Messerstiche zugefügt, dann wurde er mit Honig beschmiert und auf einen Ameisenhaufen gelegt. Das geschah in Pernambuco, Brasilien.

Studenten der Universität La Paz, Bolivien, wurden auf einen großen Platz zusammengetrieben und von Tiefffliegern mit Maschinengewehren niedergemäht.

Auf der Plaza de las Tres Culturas, in Mexiko, wurden 300 Studenten von Panzern niedergewalzt. Die Soldaten hatte man unter Drogen gesetzt.

Dort ist das Theater der Unterdrückten entstanden.

Chile: 50000 Tote in 15 Tagen. Argentinien: 50000 Tote in 15 Monaten. Brasilien: 500000 Menschen, die, ohne Schlagzeilen zu machen, langsam verhungerten.

In einer Gefängniszelle in Paraguay verfaulte ein Mann bei lebendigem Leib. Er stand bis zu den Knien im Wasser und ertrank schließlich.

Lateinamerika ist ein blutgetränkter Kontinent. Dort ist das Theater der Unterdrückten entstanden.

[...]

Das Theater der Unterdrückten ist immer Dialog: Wir lehren und lernen.
Das Theater der Unterdrückten geht von zwei Grundsätzen aus:
Der Zuschauer, passives Wesen, Objekt, soll zum Protagonisten der Handlung, zum Subjekt werden.

Das Theater soll sich nicht nur mit der Vergangenheit beschäftigen, sondern ebenso mit der Zukunft. Schluß mit einem Theater, das die Realität nur interpretiert; es ist an der Zeit, sie zu verändern.

Der Zuschauer, der in einer Forumtheater-Sitzung fähig gewesen ist zu einem Akt der Befreiung, will diesen auch draußen, im Leben, vollbringen, nicht nur in der fiktiven Realität des Theaters. Die «Probe» bereitet ihn auf die Wirklichkeit vor.

Um wirksam zu sein, muß das Theater der Unterdrückten zu einer großangelegten politischen Aktionsmethode werden.
Wenn man z. B. in der Pariser Métro Unsichtbares Theater zum Thema «Unterdrückung der Frau» spielt, ist es nicht mit diesem einem Mal getan. Damit *diese* Realität sich ändert, müßte die Szene mehrere hundert Mal gespielt werden, auf sämtlichen Métrostrecken.
Jedermann hat künstlerische Fähigkeiten; die Erziehung hat unsere Ausdrucksmöglichkeiten eingeschränkt. Kinder tanzen, singen und malen. Mit zunehmender Unterdrückung, der sie durch Familie, Schule und Arbeit ausgesetzt sind, glauben sie schließlich selbst, daß sie weder Tänzer, Sänger noch Maler sein können. In Wirklichkeit aber kann jeder alles, auch wenn er es nicht in einem bestimmten Bereich zur Meisterschaft bringt.
Jeder kann Theater spielen – sogar die Schauspieler. Überall kann Theater stattfinden – sogar im Theater.
Brecht hat gesagt, das Theater müsse in den Dienst der Revolution gestellt werden. Ich glaube, das Theater muß Bestandteil der Revolution sein. Es steht nicht im Dienste, es ist Teil der Revolution, Vorbereitung auf sie, ihre Generalprobe.
Das Theater der Unterdrückten muß ein Handlungsmodell für die Zukunft entwerfen, daher muß es immer von einem konkreten Anlaß ausgehen. Ist für die nächste Woche ein Streik geplant, so kann mit Hilfe dieser Theatertechniken seine Ausführung geprobt werden. Weil sie wissen, daß es um ein konkretes, dringliches Problem geht, das sie unmittelbar betrifft, entfalten die Zuschauer Kreativität. Allgemeine, abstrakte Themen wie «der Klassenkampf» oder «die Befreiung der Frau» sind für dieses Theater untauglich. «Der Streik am kommenden Montag», «ein Kinderladen in unserem Stadtviertel» – das sind konkrete Themen. Das Theater der Unterdrückten präsentiert keine Bilder aus der Vergangenheit, sondern erstellt Handlungsmodelle für die Zukunft. Jeder Zuschauer muß sich bewußt sein, daß das Thema sich auf ein konkretes Ereignis bezieht, das auch tatsächlich stattfinden wird. Darauf muß er sich vorbereiten. Es genügt nicht zu wissen, daß die Welt verändert werden soll; wichtig ist, sie tatsächlich zu verändern. Dazu können auch die Techniken des Theaters der Unterdrückten beitragen.
[...]

Statuentheater
Die Technik ist einfach: Die mitwirkenden Zuschauer werden aufgefordert, eine Statuengruppe zu bilden, die ihre kollektive Vorstellung von Unterdrückung ins Bild übersetzt. In Frankreich war es die Arbeitslosigkeit, in Portugal die Familie, in Schweden die sexuelle Unterdrückung von Mann und Frau.

Jeder Zuschauer bekam Gelegenheit, seine Vorstellung bildlich auszudrücken. Gemeinsam wurden die Bilder so lange modifiziert, bis alle ein *Realbild* akzeptierten.

Dann wurde gemeinsam das *Idealbild* entwickelt, aus dem die Unterdrückung verschwunden ist: das Bild einer noch zu stiftenden Gesellschaftsordnung, in der die gegenwärtigen Probleme überwunden sind.

Dann kehrt man zurück zum *Realbild*. Jeder darf es so verändern, daß sichtbar wird, wie man, ausgehend von unserer konkreten Wirklichkeit, die *Wunsch-Realität* erschaffen kann. (Diese Phase szenischer Auseinandersetzung zeigt das *Übergangs*bild.)

Das alles soll in raschem Tempo vor sich gehen, damit die Mitwirkenden nicht erst in Worten denken und diese dann in Bilder übersetzen – sie sollen vielmehr spontan *in Bildern denken*. Nachdem die «Bildhauer» ihre Vorstellung sichtbar gemacht haben, werden die «Statuen» aufgefordert, die sie unterdrückende Realität selbst zu verändern, und zwar in Zeitlupe. Sie sollen sie ganz langsam oder stufenweise verändern. Jeder der «Darsteller» soll als die Person agieren, die er verkörpert, und nicht aus seiner individuellen Vorstellung heraus.

In Frankreich wurde das Thema *Arbeitslosigkeit* vorgeschlagen. Alle Teilnehmer stellten annähernd das gleiche Bild dar: Menschen, die vor einem Schalter Schlange stehen; sie hatten alle traurige Gesichter. In Dänemark war es ein sehr ähnliches Bild, nur hatten die Arbeitslosen einen fröhlichen Gesichtsausdruck und verteilten Flugblätter: Die Sozialversicherung in Dänemark ist besser als in Frankreich, Arbeitslose erhalten bis zu 90 % ihres Lohns. In Portugal war es die gleiche Schlange, das gleiche Fräulein vom Arbeitsamt, daneben noch ein Gruppenbild, eine Pyramide aus drei Männern, die drei Frauen auf ihren Armen tragen, die ihrerseits einen Brotlaib hochhalten. Dieser Brotlaib wird einem Polizisten überreicht, der ihn wiederum einem untätig im Sessel sitzenden Mann anbietet. Der Mann bedient sich und überläßt dem Polizisten die Krümel, der den größten Teil davon für sich behält; den Rest überläßt er den Menschen in der Pyramide, die das Brot gebacken hatten. In der Schlange warten Männer und Frauen, Teil der Pyramide zu werden.

In Schweden zeigt eine Achtzehnjährige ihre Vorstellung von *Unterdrückung*: eine auf dem Rücken liegende Frau mit gespreizten Beinen, auf ihr ein Mann, in der konventionellsten Stellung des Geschlechtsakts.

Die Teilnehmer sollten nun das *Idealbild* finden. Ein Mann kehrte ganz einfach die Positionen um: Die Frau lag oben, der Mann unten. Die Achtzehnjährige protestierte und zeigte ihre eigene Idealvorstellung: Mann und Frau halten sich im Sitzen umschlungen, Gesicht an Gesicht. Das war ihre Vorstellung von zwei gleichberechtigten Einzelnen, die einander lieben.

[...]

Augusto Boal: Szene aus einem Workshop, Forumtheater zum Thema *Unterdrükkung der Frau*, Santarcangelo/Italien 1978

Forumtheater

Im Unsichtbaren Theater wird der Zuschauer in eine Handlung einbezogen, deren fiktiver Ursprung ihm nicht bewußt ist. Deshalb müssen wir einen Schritt weitergehen: Der Zuschauer soll zum Mitwirkenden an der Handlung werden und sich dessen bewußt sein. Zu diesem Zweck müssen wir ihn mit einer Reihe von Übungen und Spielen und einigen Varianten des Statuentheaters «aufwärmen».

Ich habe in den Ländern Lateinamerikas sehr viel Forumtheater praktiziert, d. h. wir haben in kleineren Gruppen mit diesen Techniken gearbeitet. Hier in Europa haben wir bereits Forumtheater mit großem Publikum gespielt. In Lateinamerika war die Teilnehmerzahl gering, die Gruppen hatten eine einheitliche Zusammensetzung (Arbeiter einer Fabrik, Einwohner eines Viertels, Mitglieder einer Kirchengemeinde, Schüler und Studenten usw.). Man kannte sich untereinander. Hier in Europa fand Forumtheater oft vor und mit Hunderten von Teilnehmern statt, die sich zuvor nie gesehen hatten. Das war für mich eine völlig neue Variante, eine Erfahrung mit sehr positiven Ergebnissen.

Stilistisch gesehen, ließ sich das Forumtheater in Lateinamerika als «realistisch» bezeichnen, während sich in Europa viele Szenen auf einer eher metaphorischen Ebene bewegten, wie z. B. in Portugal die Szene ‹Die Agrarreform›.

In seinem Aufbau ähnelt das Forumtheater einem Wettkampf, einem Spiel, und läuft daher nach bestimmten Spielregeln ab. Diese Regeln sind variabel, doch unabdingbar, damit sowohl ein gemeinsames Ziel als auch eine gemeinsame Verfahrensweise die Arbeit bestimmt. Nur so kann es zu einer sinnvollen Auseinandersetzung kommen. Der Text muß jede einzelne Person genau charakterisieren, damit der Zuschauer jede deutlich erkennen kann. Bei der Lösung der Konfliktsituation oder eines schwierigen Problems operiert der Protagonist so, daß der Zuschauer sich veranlaßt fühlt, helfend einzuspringen oder Widerspruch anzumelden. Zum Schluß werden die Lösungsversuche des Protagonisten, sein Vorgehen, sein Verhalten im «Forum» thematisiert. Die Modellszene kann realistisch, symbolistisch, expressionistisch usw. sein, sie darf jedoch keinesfalls absurd oder zu abstrakt sein, denn es sollen konkrete Probleme entfaltet werden. Politische Anschauungen, Beruf, gesellschaftlicher Status sollen am Verhalten der Personen ablesbar sein. Es ist wichtig, diese Determiniertheit durch nonverbales Agieren und Reagieren zu verdeutlichen. Das ist auch für das Forum wichtig, um zu verhindern, daß die Zuschauer die Diskussion im Sitzen, ohne zu spielen und zu agieren, führen.

Jede Szene muß für ihre Mitteilung ihr adäquates «Bild» finden. Dieses «Bild» wird zusammen mit dem Publikum entwickelt, während der Vorführung oder in einer vorangegangenen Arbeitsphase.

Jede Person muß aufgrund ihrer äußeren Erscheinung, unabhängig von dem, was sie sagt, identifiziert werden können.

Forumtheater ist eine kreative Spielform, die Schauspieler und Zuschauer gleichermaßen einbezieht.

Im ersten Teil wird die Szene so gespielt, als handle es sich um konventionelles Theater. Dann werden die Zuschauer gefragt, ob sie mit den vom Protagonisten vorgeschlagenen Lösungen einverstanden sind. Vermutlich sind sie es nicht. Die ganze Szene wird also ein zweites Mal gespielt, wobei die Schauspieler versuchen, sie unverändert zu Ende zu bringen, und die Zuschauer sich bemühen, den Ablauf zu beeinflussen, indem sie neue, bessere Lösungen einbringen. Das heißt, die Schauspieler präsentieren die «Welt, so wie sie ist» und tun alles, damit sie so bleibt – bis ein Zuschauer aufspringt und sie verändert in eine «Welt, wie sie sein könnte». Dabei ist Spannung unerläßlich und unvermeidbar: Wenn niemand die Welt-Szene verändert, bleibt sie so, wie sie ist. Um schrittweise neue Lösungen zu erproben, sollte man zunächst nur den Protagonisten ersetzen, der im Begriff ist, eine falsche Lösung anzubieten. Es genügt, daß der Zuschauer «Stop!» ruft und auf die Spielfläche kommt. Augenblicklich müssen die Schauspieler in ihrer Bewegung innehalten. Der Zuschauer gibt die Stelle (den Satz, die Geste) an, wo er eingreifen möchte. Die Schauspieler nehmen genau an dieser Stelle die Szene wieder auf, diesmal mit dem Zuschauer als Protagonisten.

Der Schauspieler, der ersetzt wurde, zieht sich nicht zurück, sondern bleibt als eine Art Hilfs-Ich auf der Spielfläche, um den Zuschauer zu unterstützen oder ihn zu korrigieren. In Portugal ersetzte eine Landarbeiterin die Schauspielerin, die die Gutsbesitzerin spielte. Als sie in dieser Rolle ausrief: «Es lebe der Sozialismus!» wurde ihr von ihrem Hilfs-Ich erklärt, daß eine Großgrundbesitzerin aller Wahrscheinlichkeit nach den Sozialismus nicht hochleben läßt.

Von dem Augenblick an, da der Zuschauer den Protagonisten ersetzt hat und seine Lösung des Problems durchzusetzen sucht, trifft er als Protagonist auf Widerstand von allen Seiten. Damit soll klargemacht werden, wie schwierig es ist, die Wirklichkeit zu modeln. Es ist ein Spiel Zuschauer contra Schauspieler, Veränderungswille gegen Konformismus oder Konservativismus: die Welt, wie sie ist – die Welt, wie sie sein soll.

Wenn der Zuschauer aufgibt, die Szene verläßt, schlüpft der alte Protagonist in seine Rolle zurück, und das Stück läuft wieder in der alten, veränderungsfeindlichen Perspektive weiter, es sei denn, ein weiterer Zuschauer ruft «Stop» und ersetzt den Protagonisten, um nach seiner Vorstellung die Handlung zu modifizieren, eine neue Lösungsvariante zu erproben.

Schließlich wird es dem Zuschauer als Protagonisten, stellvertretend für alle, gelingen, den Druck zu brechen, der von den Schauspielern verkörpert wird. Die Zuschauer dürfen grundsätzlich jeden Schauspieler ersetzen; sie dürfen also auch die Rolle der Unterdrücker übernehmen, sehen, wie sie sich dabei erleben. Sie erfahren so vielleicht Formen von Unterdrückung, von denen sie bisher nichts ahnten, und indem sie neue Versionen der Repression praktizieren, wird der Protagonist gezwungen, neue Wege zu ihrer Überwindung zu finden.

Im Spiel stehen sich jetzt also Zuschauer-Protagonist und Zuschauer-Unterdrücker gegenüber. Es wird von den Zuschauern sowohl die Unterdrückung szenisch diskutiert als auch die Vielzahl von Möglichkeiten und Formen, sie abzuschaffen.

Alle Schauspieler, die am Rande und außerhalb der Spielfläche stehen, sind als Hilfs-Ich tätig. Ein Schauspieler übernimmt die Funktion des Spielleiters. Er erläutert die Spielregeln, achtet auf die logische Entwicklung der Szene und darauf, daß es nicht zum Leerlauf oder Stillstand kommt, macht auf Fehler aufmerksam. Er hat nicht die Wahrheit für sich gepachtet, sondern ermutigt die Beteiligten, ihren Standpunkt zu vertreten und ihn durchzusetzen. Ist das Forum beendet, so erarbeiten die Mitwirkenden ein Modell zukünftigen Handelns, das dann von den Zuschauern dargestellt ist.

Den Zuschauern-Mitwirkenden muß klar werden, daß es an ihnen liegt, die Wirklichkeit zu verändern. [...]

Unsichtbares Theater
Das Unsichtbare Theater ist eine Technik des Theaters der Unterdrückten und verfolgt die gleichen Ziele wie dieses:
1. den Zuschauer zum Protagonisten der dramatischen Handlung zu machen, vom Objekt zum Subjekt, vom Opfer zum Handelnden, vom Konsumenten zum Produzenten;
2. dem Zuschauer zu helfen, reale Handlungen vorzubereiten, die seine Befreiung einleiten. Denn nur der Unterdrückte selbst kann sich befreien. Nicht der Unterdrücker erschließt ihm die Freiheit.

Es geht also vor allem darum, eine der aristotelischen Katharsis entgegengesetzte Wirkung zu erzielen – die Aktivierung des Zuschauers. Es gilt, den aufrührerischen, revolutionären, verändernden Impetus, den jeder Unterdrückte in sich spürt, zu stärken, statt ihn auszuschalten.

Brecht hatte das gleiche im Sinn, er blieb jedoch, so glaube ich, auf halbem Wege stehen. Auch sein Theater ist kathartisches Theater. Es genügt nicht, daß der Zuschauer denkt – er muß zugleich handeln, sein Denken in die Tat umsetzen. Brecht trennt das Denken des Zuschauers von dem der Figur, er stellt sie sogar gegeneinander. Die Handlung verläuft weiterhin unabhängig vom Zuschauer, der ein Zuschauer bleibt. Wichtig aber ist, daß der Zuschauer handelt, daß er die Weltbilder, die ihm gezeigt werden, verändert, um dann die Welt selbst zu verändern: Das Theater ist ein Ort, wo Zukunft, Realität, Befreiung geprobt werden.

Wenn ein Schauspieler handelt, so tut er dies anstelle des Zuschauers, er hält den Zuschauer davon ab, es zu tun. Wenn ein Zuschauer agiert, so tut er dies stellvertretend für alle Zuschauer, die ihm gleich sind. Was ein Zuschauer kann, können alle. Der «begnadete Künstler» dagegen präsentiert Leistungen, die ich nur bewundern darf, zu denen ich selbst nicht fähig bin.

Das Unsichtbare Theater wird wie eine normale Theateraufführung vorbereitet und einstudiert. Die Szene wird jedoch dort aufgeführt, wo sie stattgefunden hat oder stattfinden könnte. Es gibt kein Bühnenbild, kein realer Ort wird ins Fiktive transponiert: Die Wirklichkeit ist ihr eigenes Bühnenbild. Es geht nicht darum, minutiös einen Schauplatz nachzubilden, bei dem jedes Detail stimmt. Wenn die Szene in einem Restaurant ablaufen könnte, dann wird sie in einem Restaurant gespielt, wenn in einer U-Bahn, dann in einer U-Bahn, auf der Straße, im Hotelfoyer, auf dem Bahnhof, wo immer. Das Bühnenbild ist real, nicht realistisch.

Das Unsichtbare Theater findet vor Zuschauern statt, die nicht wissen, daß sie Zuschauer sind, und die daher nicht in den starren Ritualen des konventionellen Theaters gefangen sind, die sie zur Handlungsunfähigkeit verurteilen. Der Zuschauer agiert gleichberechtigt neben den Schauspielern. Ob er die Szene zur Kenntnis nimmt, ob er weitergeht – stets ist er Herr seiner Entschlüsse, ist er Subjekt.

Spielregeln und Ziele:

a. Das Unsichtbare Theater will Unterdrückung sichtbar machen;

b. die Schauspieler dürfen sich niemals zu Gewalttätigkeiten gegen die Zuschauer hinreißen lassen oder sie bedrohen – sie müssen gewaltlos vorgehen, da es darum geht, die Gewalt innerhalb dieser Gesellschaft aufzudecken;

c. die Szene soll theatralisch, professionell im besten Sinne sein, das heißt, sie soll auch ohne Mitwirkung der Zuschauer sich entwickeln können;

d. die Schauspieler müssen den schriftlich fixierten Text des Stückes oder der Szene einstudieren, sie müssen aber gleichzeitig mögliche oder voraussehbare Stichworte der Zuschauer einbeziehen können;

e. eine Szene setzt stets die Mitwirkung mehrerer Schauspieler voraus, die sich nicht an der eigentlichen Handlung beteiligen. Ihre Aufgabe ist es, die Zuschauer «aufzuwärmen», indem sie Gespräche zum Thema der Szene in Gang bringen;

f. da jedes Land eigene Gesetze hat, müssen immer die entsprechenden Sicherheitsvorkehrungen getroffen werden;

g. niemals darf eine illegale Handlung stattfinden: Das Unsichtbare Theater setzt sich zum Ziel, Gesetze in Frage zu stellen, und nicht, Gesetze zu verletzen. [...]

Hier, an diesem Punkt, setzt das Unsichtbare Theater, wie alle anderen Techniken des Theaters der Unterdrückten, an: an der Diskrepanz zwischen Recht und Gerechtigkeit. Die Unterdrückung ist eine Tatsache, und sie ist fast immer im Gesetz verankert. In vielen Ländern haben die Frauen kein Stimmrecht, erhalten geringere Löhne für gleiche Arbeit, haben keinen Anspruch auf leitende Positionen, sind, fast überall, der offenen oder versteckten Psycho- und Sozialdiktatur der Männer unterworfen. All dies ist völlig legal. Ein Gesetz, das die Hälfte der Menschheit unterdrückt, kann aber kein gerechtes Gesetz sein und darf nicht mit der Zustimmung der Frauen rechnen.

Ebenso müssen alle anderen Gesetze in Frage gestellt werden, die Unterdrückung festschreiben: die Unterdrückung der Arbeiter, Bauern, Gastarbeiter, Farbigen. Die Techniken des Theaters der Unterdrückten dienen dem Unterdrückten als Waffe bei seiner Befreiung. [...]

Aus: Augusto Boal: Theater der Unterdrückten. Hrsg. und übersetzt von Marina Spinu und Henry Thorau. Frankfurt (Suhrkamp) 1979, S. 67–68, 68–69, 71–72, 82–85, 98–100, 117.

Theatergeschichtlicher Kommentar

Politisches Theater – Episches Theater – Dokumentartheater

Die Anfänge des politischen Theaters im 20. Jahrhundert standen in unmittelbarem Zusammenhang mit der russischen Oktoberrevolution im Jahre 1917 und der Novemberrevolution 1918 in Deutschland. Während jedoch die politische Theaterarbeit in der Sowjetunion erst nach der siegreichen Revolution in den Jahren 1917 bis 1921/22 einsetzte und gleich auch zu ihrem Höhepunkt kam, war das politische Theater in Deutschland nach 1918, insbesondere jene Richtung, die auch neue ästhetische Formen entwickelte, ein Forum des Kampfes der Linksparteien, vornehmlich der KPD. War das revolutionäre proletarische Theater in der Sowjetunion integriert in den komplexen Umgestaltungsprozeß der proletarischen Kulturrevolution, die sich die fundamentale Neugestaltung der Sowjetgesellschaft zum Ziel gesetzt hatte, so war das politische Theater in Deutschland permanenter Verfolgung ausgesetzt, hatte sich durchzusetzen gegen Zensur und die Konkurrenz des bürgerlichen Theaterbetriebs, scheiterte vielfach an der Unfähigkeit, seine ökonomischen Existenzgrundlagen sicherzustellen. Die Geschichte der Theaterarbeit Erwin Piscators, des wohl wichtigsten Regisseurs eines politischen Agitationstheaters im Deutschland der zwanziger Jahre, reflektiert diese Situation geradezu exemplarisch. Zudem war das Arbeiterpublikum in Deutschland, der eigentliche Adressat dieses Theaters, in seiner Einstellung zur Institution Theater stark geprägt durch die kulturpolitische Ausrichtung der Volksbühnen (1890 als Institution sozialdemokratischer Kulturarbeit gegründet), die sich bis 1918 längst zu einer Abonnentenorganisation ohne jeden politischen Anspruch entwickelt hatte. Hinzu kam, daß die KPD in den ersten Jahren der Weimarer Republik einen kulturpolitischen Kurs vertrat, der die Form des Agitproptheaters, wie sie vor allem Piscator in jenen Jahren praktizierte, strikt ablehnte und sich noch ganz an der Ästhetik der bürgerlichen Bühnen orientierte. Auch von dieser Seite also fehlte zunächst jede Unterstützung. So ergab sich zwangsläufig die paradox erscheinende Situation, daß sich das linke politische Theater in

Haus- und Hofagitation der Agitpropgruppe *Der Rote Wedding*, Berlin 1929

Deutschland, insbesondere in seinem experimentellen und für die Entwicklung der Theaterästhetik richtungweisenden Formen, in Institutionen des bürgerlichen Kulturbetriebs (Privattheatern) entfaltete, mithin das Arbeiterpublikum (von einigen Politrevuen Piscators abgesehen) im Grunde kaum erreichte. Das politische Theater der zwanziger Jahre, in der Sowjetunion wie in Deutschland, war in seiner Ästhetik im wesentlichen durch drei Momente bestimmt, die in völlig unterschiedliche, ja konträre Traditionsbereiche verweisen:
1. Es griff zurück auf die einfachsten Theatermittel volkstümlicher Spieltraditionen (Commedia dell'arte, Jahrmarkttheater, Zirkus, Revuetheater) und entwickelte daraus Formen der unmittelbaren Ansprache, des hautnahen Kontakts mit dem Publikum, aber auch eine Verbindung von didaktischen oder agitatorischen Elementen mit dem spontanen Theaterspaß, Situationskomik, Klamauk und Slapstik.
2. Scheinbar im Gegensatz dazu standen jene Richtungen des politischen Theaters, die die totale Technifizierung der Bühne propagierten. Dabei ging es vor allem um die Integration der technischen Medien (Radio, Bildprojektion, Film) in die Theaterarbeit und um die Übernahme bühnentechnischer Errungenschaften des futuristischen und konstruktivistischen Experimentaltheaters.
3. Schließlich wurde das politische Theater – vor allem in Deutschland – durch Entwicklungen innerhalb des konventionellen Literaturtheaters bestimmt. Einmal waren es strukturelle Veränderungen der Dramaturgie, die unter dem Begriff der Episierung seit dem Naturalismus die Form des Dramas verändert hatten (im Sinne der Darstellung von Zuständen, von Milieu und komplexen gesellschaftlichen Zusammenhängen – statt der Konzentration auf die Handlungen eines Protagonisten); und es waren jene Entwicklungen, die zur Thematisierung aktueller Probleme, oftmals brisanter Zeitfragen, im Drama geführt und das sogenannte Zeitstück oder Tendenzdrama hervorgebracht hatten.
Aus diesen vielfältigen, sich immer wieder überlagernden Entwicklungen ergeben sich vier Grundformen politischen Theaters, die sich sowohl in ihren Wirkungsstrategien wie in ihrer Ästhetik deutlich unterscheiden:
1. Die einfache Form der politischen Revue mit stark agitatorischem Charakter, oft in der Form des «Straßentheaters» und mit einem vielfältigen Spektrum an Spielarten, Varianten und Sonderentwicklungen.
2. Das «epische Theater» von Bertolt Brecht, das innerhalb des politischen Theaters wohl am stärksten auf der Sprache aufbaut (zentraler Wirkungsfaktor ist der sogenannte Verfremdungseffekt), seiner Wirkungsintention nach weniger agitatorisch als vielmehr argumentierendes Aufklärungstheater ist, das aber auch die engste Bindung an die Produktionsbedingungen und -möglichkeiten einer Theaterinstitution im konventionellen Sinne hat.

3. Das «Dokumentartheater», das mit unterschiedlichen Strukturmodellen arbeitet, dessen Gemeinsamkeit aber eben auf der (nicht objektiven, sondern parteilichen) Verwendung authentischer Dokumente beruht, die gleichsam als Beweisstücke in der Theateraktion ausgestellt werden, in den unterschiedlichsten Verarbeitungs- oder Präsentationsformen.
4. Das konventionelle realistische Theater, das politische Inhalte eindeutig parteilich behandelt. Diese Richtung erhielt von der Mitte der dreißiger Jahre an unter der Programmatik des «sozialistischen Realismus» besondere Bedeutung für die Theaterentwicklung der sozialistischen Länder.

Diese Grundformen politischen Theaters gehen durchweg auf Strukturmodelle oder Spielpraktiken zurück, die sich in den zwanziger und frühen dreißiger Jahren in der Sowjetunion oder in Deutschland ausgebildet haben. Besondere Formen, etwa Brechts Lehrstücke oder die Mammutrevuen Piscators oder Meyerholds, haben aus diesem historischen Raum heraus kaum weitergewirkt; sie waren eingebunden in die spezifischen Bedingungen proletarischer Öffentlichkeiten, wie sie nur in jenen Jahren zeitweilig existierten.
Neben solchen Formen ‹offenen› politischen Theaters stehen Positionen politisch verstandener Theaterarbeit, die sich weder auf eine einheitliche ästhetische Richtung noch auf eine parteipolitische Linie festlegen lassen. Ihnen liegt ein Verständnis ‹politischen Theaters› zugrunde, wie es Leopold Jessner (1878–1945), der der Sozialdemokratie nahestehende, neben Erwin Piscator (und als dessen Antipode) wohl wichtigste Regisseur politischen Theaters in den Jahren der Weimarer Republik, 1927 anläßlich der Jahrestagung der deutschen Volksbühnen in Magdeburg vortrug:

«Von jeher war das Theater ein Glied des Kulturganzen. Ein prägnanter Zug im Gesicht der Zeit. Es konnte für das schwelgende Wohlleben, für die sich übersteigernden Genüsse der Vorkriegsjahre keinen überzeugenderen Ausdruck geben, als das Theater der Illusion, das Nichts-als-Spiel-Theater. Nachdem aber Krieg und Revolution der Zeit ihr Siegel aufgedrückt hatten, das bis in jede Erscheinung hinein spürbar war, hatte das Theater des Genusses, die Bühne des Nichts-als-Spiel, den Boden verloren. Die Welt des Scheins wurde durch die Attacken der Wirklichkeit zerstört. Die schillerndste Farbe wurde durch die Vision vergossenen Blutes überboten, die klingendste Melodie durch den Schrei der Straße übertönt. Die Zeit hatte ein politisches Gesicht. Die Politik war zentral geworden: im Sinne einer Weltanschauung. Kaum gibt es einen Zweig heutigen Lebens oder heutigen Wissens, der sich dieser Atmosphäre entziehen könnte. Wo wir an praktische oder ideelich-orientierte Fragen rühren – die Zeit verleiht ihnen automatisch ein politisches Gepräge. So wird auch das Theater – sofern es nicht abseits der Zeit stehen will – in jenem großen weltanschaulichen Sinne politisch sein – so etwa, wie das Theater der Griechen in *weltanschaulichem* Sinne religiös war.

Politisches Theater – Episches Theater – Dokumentartheater 313

Es ist falsch, und dies kann nicht oft genug betont werden, Politik gleichbedeutend mit Parteigesinnung zu setzen. Das hieße, eine mögliche Konsequenz zur gewissen Voraussetzung zu machen. Und so darf auch der Begriff des politischen Theaters nicht mit dem des Parteitheaters verwechselt werden. Politisches Theater, d. i. das Theater des allgemeinen *Zeitausdrucks*. Parteitheater, d. i. das Theater des begrenzten *Fraktionswillens*. Das eine hat zum Endzweck die Kunst mit den Mitteln gewandelter Weltanschauung; das andere die Verwirklichung des Parteiprogramms mit den Mitteln der Kunst.

Wenn ich als ein mir naheliegendes Beispiel die ‹Hamlet›-Aufführung des Staatlichen Schauspielhauses anführe, so war hier der Versuch gemacht, ein ewig gültiges Dichtwerk vom Blickpunkt einer gewandelten Weltanschauung aus zu geben. Die Wandlung bestand in einer Abkehr von psychologischen Gesichtspunkten. Was konnte uns heute noch nach soviel ästhetisch-wissenschaftlichen Kommentaren und nach so erschöpfenden Spitzenleistungen der Schauspielkunst (Kainz!) die *Psychologie* der Hamlet-Figur interessieren?! Die Grammophonplatte von ‹Sein oder Nichtsein› ist ausgewalzt. Die Melancholie des Dänenprinzen ist sprichwörtlich und somit Klischee geworden.

Der Hamlet von heute bedurfte weniger des Smokings und der Bügelfalte als eines neuen Stichwortes. Und dieses Stichwort hieß: ‹Etwas ist faul im Staate Dänemark.› Hier liegt der Angelpunkt für das Leid Hamlets. Hier der Grund seiner Einsamkeit. Hier das Martyrium, an dem er zugrunde geht. Der Rachegedanke für seinen Vater ist nur der greifbare Antrieb seines Gebarens. Denn hier wurde unter unzähligen Untaten eine – und zwar die gravierendste – offenbar, die die Morschheit jenes Königshofes entlarvte – die Morschheit der Gesinnung und des Zeremoniells, hinter dem sich der Zerfall verbarg. Deshalb mußte dieses Zeremoniell und sein Exponent Polonius besonders penetrant gezeigt werden. Deshalb mußte die Panik dieses Zeremoniells im Moment der Entlarvung besonders sichtbar werden. (Und aus diesem, und nicht etwa rein dekorativem Grunde war das Hoftheater in all seinem Prunk und all seiner Gala-Atmosphäre aufgebaut.) Deshalb mußte die Falschheit, wo sie sich nicht zu verbergen vermag, in Gestalt der Höflinge Güldenstern und Rosenkranz besonders hervorgekehrt werden.

Niemand kann zu Recht behaupten, diese Anschauung hätte Shakespeare ‹vergewaltigt›. Denn es ist nichts darin, was nicht im ‹Hamlet› enthalten wäre. Nur die Beleuchtung sozusagen hat gewechselt. So etwa, als wenn man den Prinzen von Homburg nicht mehr als Hohenzollern-Dithyrambus im Sinne der Siegesallee sieht, sondern als Verherrlichung des Staatsgedankens – in Person des Großen Kurfürsten – der autoritativ bleiben muß über jede Handlung innerhalb des Staatsgefüges.

Dies seien Beispiele für das Theater als Zeitausdruck und in diesem Sinne als politisches Faktum, wobei das Politische ein *Mittel* des Künstlerischen ist und nicht seine *Aufhebung*, ähnlich wie im griechischen Theater das Religiöse Attribut des Künstlerischen war und nicht Selbstzweck, ähnlich, wie das klassische Theater Goethes und Schillers nicht dergestalt als eine moralische Anstalt sich darstellte, daß das Lehrhafte darin überwog.

Das Theater von heute – um es noch einmal zusammenzufassen – zeichnet sich nicht so sehr durch Spielfertigkeit aus wie durch die dahinterstehende Gesinnung –

eine Gesinnung, die als Weltanschauung sich künstlerisch auswirken, niemals aber als Parteizwang kunstzersprengend werden darf» (L. Jessner: *Schriften*, S. 92f).

Jessners Inszenierung von Schillers *Wilhelm Tell*, im Dezember 1919 am Staatlichen Schauspielhaus Berlin aufgeführt, war die konsequente Verwirklichung dieser Idee politischen Theaters.

Wsewolod E. Meyerhold

> «Die Taylorisierung des Theaters wird es möglich machen, in einer Stunde soviel zu spielen, wie wir heute in vier Stunden bieten können.»
> (Wsewolod Meyerhold, 1922)

Wsewolod Emiljewitsch Meyerhold wurde am 10. Februar 1874 in Pensa geboren; er stammte aus einer Familie deutscher Herkunft, sein Vater war ein vermögender Schnapsfabrikant. Nach Abschluß des Gymnasiums begann Meyerhold an der Universität in Moskau mit dem Studium der Rechtswissenschaft, wechselte jedoch bald an die Dramatische Schule der Moskauer Philharmonischen Gesellschaft und absolvierte dort sein Schauspielstudium (1898). Schon als Schüler hatte Meyerhold bei Laienaufführungen des Volkstheaters in Pensa mitgewirkt, als Schauspieler und als Helfer bei der Regie. 1898 ging er an Stanislawskis «Künstlertheater», arbeitete dort vor allem als Schauspieler bis 1902. Der Naturalismus der Stanislawski-Bühne wurde für ihn jedoch zum Anlaß, sich von seinem Lehrer zu trennen. Meyerhold unternahm eine Reise nach Italien; übersetzte Gerhart Hauptmanns Drama *Vor Sonnenaufgang* ins Russische und schrieb selbst einige Stücke. 1902 gründete er eine eigene Theatergruppe («Gesellschaft des Neuen Dramas»), mit der er in den Jahren von 1902/03 bis 1904/05 zahlreiche Inszenierungen erarbeitete.

1905 holte Stanislawski seinen ehemaligen Schüler nach Moskau zurück; eine Studiobühne sollte am «Künstlertheater» eingerichtet werden, auf der vornehmlich Meyerhold inszenieren sollte. Aus finanziellen Gründen aber kam das Projekt nicht zustande; Meyerhold ging deswegen (1906) nach Petersburg, arbeitete dort bis November 1907 als Chefregisseur am Theater der Komissarshewskaja. 1908 reiste er zeitweilig mit einer Wanderbühne durch den Süden und den Westen Rußlands; schließlich wurde er Regisseur an der Petersburger Oper. In diesen Jahren (1906/07) be-

Wsewolod E. Meyerhold: Szenenbild aus *D. E.*, Moskau 1924

gann Meyerhold mit seiner theaterpädagogischen Arbeit. 1913 wurde das Meyerhold-Studio gegründet, das bis 1918 existierte, er selbst unterrichtete dort «Technik der Bühnenbewegung». Diese erste, vorrevolutionäre Phase von Meyerholds Theaterarbeit war von heftiger Polemik gegen den Naturalismus auf dem Theater bestimmt, mehr oder weniger offen vorgetragen als Kritik am Inszenierungsstil Stanislawskis und dessen Schule. Meyerhold faßte diese Kritik in dem Buch *Naturalistisches Theater und atmosphärisches Theater*, das 1906 erschien, zusammen.

Sein eigenes Theater bezeichnete Meyerhold mit dem Begriff «bedingtes Theater». Vorbild dafür war ihm neben dem westeuropäischen Barock-, Volks- und Mysterientheater in erster Linie das traditionelle japanische Theater. Er wies bei seinen theoretischen Darstellungen vielfach auf die Rolle der sogenannten «Bühnendiener» im japanischen Theater hin. Das sind Personen, die während des Spiels auf der Bühne erscheinen und mit einer Kerze, die an einem Stock befestigt ist, das Gesicht der agierenden Schauspieler beleuchten, während diese wichtige Monologe vortragen; der Zuschauer konnte dann auch die feinsten Ausdrucksnuancen deutlich wahrnehmen. Oder sie reichen während des Spiels den Spielern ein Glas Wasser; der Spieler unterbricht seine Rede, trinkt und spielt weiter. Durch Praktiken wie diese verliert das Spiel nie seinen artifiziellen Charakter, wird verfremdet, indem es seine Produktionsbedingungen vorzeigt, und gerät nie zur illusionistischen Szenenimitation. Gleichzeitig signalisiert das Auftreten der Bühnendiener, zum Beispiel in der beschriebenen Funktion als Beleuchter der Akteure, dem Publikum eine besondere Situation, aktiviert dessen besondere Aufmerksamkeit.

Meyerhold stellte für das «bedingte Theater» folgende Merkmale auf:

1. Das «bedingte Theater» hat eine einfache gestisch-mimische Technik; es befreit den Schauspieler von der Fixierung auf eine zweidimensionale, gemalte Dekoration und schafft durch einfache Bauelemente einen wirklichen Bühnenraum. Meyerhold schrieb: Aufgrund der «bedingten Technik wird die komplizierte Theatermaschinerie unnötig, die Inszenierungen werden zu einer solchen Einfachheit geführt, daß der Schauspieler auf die Szene gehen kann, sein Werk unabhängig von Dekoration und Dingen, die speziell für die Theaterrampe eingerichtet wurden, unabhängig von allem Äußerlich-Zufälligen vorführen kann». Meyerhold schätzte selbst die technifizierte Bühne als weit einfacher und auch «natürlicher» ein als die aufwendig gemalten Kulissenarrangements oder die naturalistischen Nachbauten der Spielorte, wie sie für das Stanislawski-Theater charakteristisch waren.

2. Die Rampe aufhebend, senkt das «bedingte Theater» die Spielfläche auf die Höhe des Bodens des Zuschauerraums; es werden alle räumlichen Trennungen aufgehoben. Dazu dienten vor allem auch lange Lauf-

stege, die von der Bühne aus weit in den Zuschauerraum hinein reichten, die Meyerhold von der japanischen Bühne übernommen hatte. Dabei war auch beabsichtigt, die Fixierung des Publikums auf einen einzigen Blickwinkel aufzuheben.
3. Durch extreme Rhythmisierung der Sprache und der Bewegung rückte Meyerhold die Theateraktion in die Nähe des Tanzes. Das Theater wurde emotionalisiert und affizierte die Phantasietätigkeit des Publikums weit mehr als das deklamatorische Worttheater.
4. «Die bedingte Methode verlangt schließlich noch einen vierten Schöpfer; das ist der Zuschauer.» Das «bedingte Theater» schafft Inszenierungen, in denen der Zuschauer mit seiner Vorstellungskraft «schöpferisch beendet», was in der Szene nur angedeutet wird.
5. In der Wahl der aufzuführenden Stücke wie in den Spieltechniken selbst sucht das «bedingte Theater» Anschluß zu finden an die Tradition des Volkstheaters, die Mysterienspieltradition des späten Mittelalters und vor allem an die barocken Wanderbühnentruppen. In den Jahrmarktspektakeln des 17. Jahrhunderts sah Meyerhold das ideale Volkstheater verwirklicht, vor allem hinsichtlich der Einbeziehung vieler Menschen in das Spiel und der Nähe des Theaters zu den Themen und Interessen der einfachen Leute. Insofern war für Meyerhold das «bedingte Theater» auch das einzig realistische Theater.
In dieser Phase seiner Theaterarbeit lehnte Meyerhold den Film als selbständiges Kunstmedium strikt ab. Er schrieb: «Der Film hat zweifellos Bedeutung für die Wissenschaft: Er kann als Unterstützung bei anschaulichen Demonstrationen dienen. Er ist eine illustrierte Zeitung, und manchen dient er (o Schreck!) als Ersatz für Reisen. Nichts aber hat der Kinimatograph auf dem Gebiet der Kunst zu suchen, selbst da nicht, wo er nur eine dienende Rolle spielen will. (...) Der Kinematograph ist der erfüllte Traum jener Menschen, die nach dem Photographieren des Lebens strebten, und das drastische Beispiel für die Begeisterung an einer Quasinatürlichkeit.» Der Film galt ihm auf dieser Stufe seiner Entwicklung als ebenso unkünstlerisch wie die Reproduktionsmethoden des Naturalismus.
Erneuerung des Theaters wurde von Meyerhold im Rückgriff auf, wie er es nannte, «ursprüngliche Traditionen» gesucht. Diese wurden mit größter Virtuosität für das Theater der Gegenwart «erneuert». In diesem Ansatz lag eine für die Entwicklung des modernen Theaters äußerst positiv einzuschätzende Wiederbelebung von spontanen Spielformen, die durch die Theaterkonvention des 18. und 19. Jahrhunderts weitgehend verlorengegangen waren und das Theater in die Sackgasse des naturalistischen Illusionsperfektionismus geführt hatten.
Nach der Oktoberrevolution engagierte sich Meyerhold beim Volkskommissariat für Bildungswesen; er arbeitete dort in der Theaterabteilung und richtete Lehrgänge für Bühnentechnik und für Regie ein. 1919 geriet

er in Gefangenschaft der Weißgardisten. Nach seiner Befreiung wurde Meyerhold (im Herbst 1920) Leiter der Theaterabteilung im Volkskommissariat für Bildungswesen in Moskau (bis zum Frühjahr 1921) und schließlich Leiter des «Ersten Theaters der RSFSR».

Neben seiner pädagogischen und kulturpolitischen Arbeit inszenierte Meyerhold auch in diesen Jahren ständig, so zum ersten Jahrestag der Oktoberrevolution in Petrograd Majakowskis *Mysterium buffo* (2. Fassung 1921 in Moskau). 1921 gründete er die «Staatlichen Höheren Regiewerkstätten», in denen die Technik der Biomechanik erarbeitet wurde. Diese Institution wurde 1922, zusammen mit der von einigen Schauspielern ins Leben gerufenen «Freien Meyerhold-Werkstatt», der neuen «Staatlichen Theaterhochschule» (GITIS) angegliedert. Kontroversen über deren kulturpolitischen Kurs veranlaßten Meyerhold, diese Institution alsbald wieder zu verlassen. Er gründete 1922 ein eigenes Studio; 1923 entstand dort die Inszenierung von Tretjakows Stück *Die Erde bäumt sich*. Das Meyerhold-Studio wurde zur «Staatlichen Experimentierwerkstatt für Theater W. Meyerhold» umbenannt und ausgebaut; es existierte bis 1938. 1922 bis 1924 leitete Meyerhold neben seinem Theater auch das «Moskauer Theater der Revolution».

Mit der Oktoberrevolution erhielt die Theaterpraxis Meyerholds eine neue Zielsetzung. Von der ersten Stunde an hatte er sich der Bewegung vorbehaltlos angeschlossen. 1920 proklamierte Meyerhold den «Theateroktober», die bis dahin sensationellste Schau revolutionären Polittheaters: Die Revolutionierung der Theaterkunst sollte der politischen Umwälzung folgen. Bereits 1919 schrieb Meyerhold: «Wir wollen heraus aus dem Theatergebäude. Wir wollen im Leben selbst spielen, am liebsten in Fabriken oder größeren Maschinenhallen, und daher suchen wir in unseren Dekorationen eben das Innere einer Fabrik mit ihren Eisenkonstruktionen nachzuahmen. Die Sache ist die, daß die Schauspieler nicht professionell einseitig ausgebildete Akteure, sondern Arbeiter sein sollen, die nach beendeter Arbeitszeit Theater spielen.» Meyerhold inszenierte nun nicht mehr in konventionellen Theaterhäusern mit Bühnenbauten, die die Konstruktionsstrukturen von Werkhallen nur nachahmten, sondern in Fabriken, auf Straßen und in Bahnhöfen. Das Theater wurde zum Instrument der politischen Agitationsarbeit, zum massenwirksamen Vermittler der Idee vom Aufbau eines neuen Sowjetstaats.

Der Schauspieler hatte in diesem Konzept die Aufgabe, die neue Gesellschaft mit zu organisieren; das Produktionsmodell des Meyerhold-Theaters hatte darin seine revolutionäre Funktion. Was Meyerhold in der Phase seiner vorrevolutionären Theaterarbeit zu entwickeln versucht hatte, nämlich die Beteiligung des Publikums am Spiel zu aktivieren, das «Zuendeschaffen» des Spiels durch die Phantasietätigkeit der Zuschauer zu organisieren, dieses Konzept erhielt nun eine konkrete politisch-ideologische

Nikolai N. Jewreinow u. a.: Aufführung des Massenspektakels *Die Erstürmung des Winterpalais*, Petersburg 1920

Grundlage. Das Massenpublikum wurde zum Mitakteur seines Theaters, ihm sollte das Bewußtsein, selber Produzent zu sein, im Theater vermittelt werden. Dieses Produzentenbewußtsein in jedem einzelnen Individuum zu erwecken, war eine der zentralen Aufgaben der politischen Pädagogik der neuen Sowjetgesellschaft. Meyerhold schrieb: «Die Revolution hat ein besseres Publikum geschaffen. Das will jetzt mitarbeiten, interessiert sich, fragt, lebt. Es erörtert die neuen Ideen, nimmt Stellung zu den großen Problemen.» Meyerhold sprach in diesem Zusammenhang von der totalen «Theatralisierung des Lebens».

In der Folge dieses Programms entstanden in der UdSSR mehr als 3000 Theater und Experimentalbühnen, 250000 Menschen arbeiteten ständig aktiv am Theater und in den Theaterlaboratorien. In einem Monat des Jahres 1927 kam es in der UdSSR zu 33000 Theateraufführungen mit einem aktiven Publikum von nahezu sieben Millionen Menschen. Eine der größten Massentheateraktionen war das Spiel von der *Erstürmung des Winterpalais* am 7. November 1920, zum dritten Jahrestag der Oktoberrevolution in Leningrad. An der Veranstaltung waren 15000 Spieler mit festen Rollen beteiligt, Spielort war fast der ganze Stadtteil, der um das Palais gelegen war; aktives, das heißt voll in die Regiekonzeption durch Aufmärsche und Gesänge einbezogenes Publikum waren über 100000

Menschen, Einwohner der Stadt (Leningrad hatte zu jener Zeit 800 000 Einwohner). In einem authentischen Bericht über dieses Revolutionsspektakel heißt es:

«Nach dem von Jewreinow ausgearbeiteten Szenarium waren vor dem Schloß zwei große miteinander durch eine Brücke verbundene Estraden errichtet worden, auf denen sich die theatralische Handlung abspielte. Die eine, die Weiße Estrade, versinnbildlichte die Welt der Reaktion, die andere, die Rote Estrade, hingegen die der Revolution. Je nach dem Gang der Ereignisse wurde bald die eine, bald die andere beleuchtet oder verdunkelt, und auf ihnen spielten sich nun, teils in symbolistischer, teils in realistischer Darstellung die politischen Geschehnisse, vom Sturz des Zaren bis zum Siege des Bolschewismus, ab. Das Fest begann um zehn Uhr nachts mit einem Kanonenschuß und mit Fanfaren; dann flammten die Scheinwerfer auf und zeigten die auf der Weißen Bühne versammelten reaktionären Machthaber: die Provisorische Regierung mit Kerenski an der Spitze, Beamte des alten Regimes, Vertreter des Adels, Junker, Bankiers und ähnliche Gestalten aus der vorrevolutionären Welt, alle in sehr karikierter Darstellung. Zwischen diesen Leuten entwickelte sich nun ein ebenso geschäftiges wie sinnloses Treiben von gegenseitiger Liebdienerei, von Servilismus und Pathetik, bis dann auf der Roten Bühne das werktätige Proletariat sichtbar wurde, das sich bereits zum entscheidenden Kampf rüstete. Bald kam es zu einem Handgemenge auf der Verbindungsbrücke (...) Die weiße Regierung mußte flüchten und zog sich, entsprechend den wirklichen Vorgängen des Jahres 1917, in das Winterpalais zurück. Von jetzt an wurde die Handlung vollkommen realistisch: Militär drang in Schwarmlinien vor, Automobile mit Bewaffneten rasten heran, Kanonen fuhren auf, und es kam zu einer Schießerei, an welcher sich auch der auf der Newa liegende Panzerkreuzer Aurora eifrig beteiligte. Schließlich wurde auch das Winterpalais, der letzte Zufluchtsort der Reaktion, erstürmt. An der Front des Gebäudes flammte das mächtige Transparent eines roten Sowjetsterns auf, die Musik stimmte die Internationale an, und es entwickelte sich ein großer Paradenmarsch der siegreichen Roten Truppen mit allgemeinem Chorgesang. Ein mächtiges Feuerwerk am Abendhimmel schloß die Veranstaltung» (nach J. Rühle: *Theater der Revolution*, S. 64f).

Ebenfalls im Jahr 1920 fand eine Massentheaterinszenierung statt, die das *Gericht über Wrangel* zum Thema hatte und an der 10 000 Rotarmisten aktiv als Spieler teilnahmen. Meyerhold selbst plante 1921 eine Revolutionsfeier in der Nähe von Moskau, bei der 2300 Mann Infanterie, 200 Reiter, 16 Geschütze, 5 Flugzeuge, mehrere Panzerzüge, zahlreiche Motorräder, Tanks, Musikkapellen und Chöre mitspielen sollten. 1923 spielten in der Stadt Iwanowo-Wosnessensk sämtliche Einwohner bei einer Darstellung der großen Streiks von 1915 mit.
Aus solchen Massenveranstaltungen ergab sich die neue Dramaturgie des Sowjettheaters in den ersten Jahren nach der Oktoberrevolution. Der Regisseur wurde zum Dirigenten der Massen, er strukturierte das Gesamtarrangement vor und legte die Agitationsstrategie fest. Innerhalb dieses

Rahmens bestimmte dann die spontane Improvisation den Verlauf; Texte waren nur skizzenhaft festgelegt.

Massenspiele dieser Art waren angewiesen auf Spiel- und Ausdruckstechniken, die von Laienspielern bewältigt und von einem Massenpublikum spontan begriffen wurden. Deswegen wurden vor allem Elemente aus der Tradition des Volkstheaters, vornehmlich des Maskentheaters, der Pantomime und des Zirkus eingesetzt. Die Unterscheidung von Akteuren und Publikum war aufgehoben, jeder war beteiligt, freilich mit unterschiedlichen Aufgaben. Aufgehoben war weitgehend auch die Grenze zwischen einem speziellen Ort einer Kunstveranstaltung (Bühne) und dem alltäglichen Lebensraum. Wie in dem Spiel von der *Erstürmung des Winterpalais* wurden meist nur wenige künstliche Bauelemente verwendet, z. B. Podeste, Brücken, Laufstege, Gerüstanlagen, die bestimmte dramatische Akzente setzen ließen. Aufgehoben waren ferner alle Grenzen zwischen den Kunstgattungen. Der Film wurde im Gegensatz zu Meyerholds früherer Auffassung jetzt voll integriert in die theatralischen Veranstaltungen. Meyerhold sprach sogar von der Notwendigkeit, die Bühne zu «kinozifieren» und meinte damit die Einführung einer (filmischen) Episodenstruktur für das Theater, bei der kurze Szenen in raschem Tempo wechselten. Meyerhold sah in dieser Technik die Möglichkeit, komplexere aktuelle Prozesse einem Massenpublikum zu veranschaulichen, ohne dabei das Publikum physisch zu ermüden.

Das politische Massentheater wurde in diesen Jahren zum Forum öffentlich-politischer Aktionen, wurde Teil von Demonstrationen, stand im Mittelpunkt von Feiern von Ereignissen aus der Revolutionsgeschichte, bei denen immer auch ein ausführliches Programm außerhalb des Theaters ablief: Reden, Massengesänge, Versammlungen u. a. Theater war zum Element einer proletarisch-revolutionären Öffentlichkeit geworden, die die Produktions- und Rezeptionsstrukturen der neuen Sowjetgesellschaft in den ästhetischen Aktionen antizipierte.

Von besonderer Bedeutung für die Entwicklung des modernen Theaters wurden neben Meyerholds Regiepraxis vor allem seine theoretischen Vorarbeiten zu einem modernen Verfremdungstheater, wie er sie in der Theorie der *Biomechanik*, der Voraussetzung einer «physischen Theaterkultur», als Theorie des Schauspiels und der Schauspielpädagogik skizziert hat.

Bei dem biomechanischen System, bei dem mechanische Bewegungsgesetze auf die Bewegungen des lebendigen Körpers angewendet werden sollten, ging es Meyerhold in erster Linie um Trainingsanweisungen für Schauspieler, die diesen in optimaler Weise auf die Spielaktion und das Publikum einstellen sollten. Meyerhold ging aus von der Doppelaufgabe des Schauspielers als Organisator eines vorgegebenen Materials (seines Körpers, des Textes, der Rolle, der Spielsituation) und als organisiertes

Objekt selbst. Diese Doppelaufgabe werde besonders im Verhältnis des Spielers zu seiner Rolle deutlich; dieses Verhältnis interpretierte Meyerhold als Verfremdung.

Die Arbeit des Schauspielers sollte weitgehend «taylorisiert» werden, das heißt, sie sollte im Sinne exakt verplanter Produktions- und Pauseeinheiten ablaufen. Meyerhold übertrug hier Produktionsverfahren der industriellen Produktion, wie sie vor allem von Amerika übernommen wurden, auf die Kunstproduktion. Im Sinne utilitaristischer Vorstellungen wurden dabei auch Theaterkonzepte des Futurismus in die neue Produktionsideologie integriert.

In der Sowjetunion kam Meyerhold zunehmend mit dem veränderten kulturpolitischen Kurs in Konflikt. 1938 wurde sein Theater geschlossen; eine Zeitlang arbeitete er noch als Chefregisseur am Staatlichen Opernhaus. Meyerhold wurde am 20. Juni 1939 verhaftet und starb am 2. Februar 1940 im Gefängnis. Seine Theaterarbeit widersprach in grundsätzlicher Weise der Doktrin des «sozialistischen Realismus», wie er seit den frühen dreißiger Jahren in der Sowjetunion mit aller Konsequenz durchgesetzt wurde.

Auswahl der Schriften von Wsewolod E. Meyerhold
(Zs. mit A. J. Tairow und J. B. Wachtangow) Theateroktober, Hrsg. von L. Hoffmann und D. Wardetzky. Frankfurt 1972.
Theaterarbeit 1917–1930. Hrsg. von R. Tietze. München 1974.
Schriften. 2 Bde. Berlin 1979.

Sergej M. Eisenstein

> «Das Kino ist die heutige Etappe des Theaters.»
> (Sergej M. Eisenstein: *Zwei Schädel Alexanders des Großen*, 1926)

Sergej M. Eisenstein wurde am 23. Januar 1898 als Sohn eines Ingenieurs und Architekten in Riga geboren. Nach Abschluß des Realgymnasiums (1915) studierte er am Polytechnischen Institut in Petrograd Architektur. Während seines Militärdienstes beschäftigte sich Eisenstein mit Masken und Dekorationen der Commedia dell'arte; 1918 entstanden Entwürfe zur Bühnenausstattung von Majakowskis *Mysterium buffo*; im Jahr darauf beteiligte sich Eisenstein als Regisseur, Schauspieler und Bühnenbildner bei Theateraufführungen im «Klub der Kommunisten» in Woshega, 1919 auch beim Theater des Armeeklubs in Welikeje Luki. Immer wieder beschäftigte er sich in diesen Jahren mit theatergeschichtlichen Problemen; er entwarf Dekorationen und Kostüme für mittelalterliche Mysterienspiele und Stücke von Shakespeare.

1920 wurde Eisenstein aus der Armee entlassen und begann in Moskau mit dem Studium der Orientalistik, insbesondere aber der japanischen Sprache. Im Oktober 1920 wurde er Leiter der Bühnenbild- und der Ausstattungsabteilung des «Ersten Arbeitertheaters des Proletkults. Ab Dezember 1920 hielt Eisenstein Vorlesungen im Regiestudio beim Zentralkomitee des Proletkult und im August 1921 für die Soldaten der Kremlgarnison. Eine Reihe von Inszenierungen wurden in der Zeit vom April 1921 bis Ende 1922 erarbeitet: *Zar Hunger* von Leonid Andrejew, *Eine Dummheit macht auch der Gescheiteste* von Alexander Ostrowski, bearbeitet von Sergej Tretjakow, Shakespeares *Macbeth*, *Gute Behandlung der Pferde* von Wladimir Mass, *Hans Herzenstod* von Bernard Shaw und *Tarelkins Tod* von Suchowo-Kobylin, ein Stück, das er zusammen mit Meyerhold inszenierte. Im Juni 1922 wurde Eisenstein Leiter der Theaterabteilung des Proletkult; im Herbst verließ er das Staatliche Theaterstudio und wurde Regisseur der Wandertruppe des Moskauer Proletkult.

Mit der praktischen Filmarbeit begann Eisenstein im Jahre 1923. Er drehte *Glumows Tagebuch* (nach einer Komödie von Ostrowski), einen kurzen Film, der in die Inszenierung von *Eine Dummheit macht auch der Gescheiteste* übernommen wurde. Die Inszenierungen von Tretjakows *Hörst du, Moskau* und *Gasmasken* (September 1923 bis März 1924) waren Eisensteins letzte Theaterarbeiten. Zur gleichen Zeit trennte er sich vom Proletkult wegen Differenzen in der künstlerischen Auffassung. Ei-

H. Sergej M. Eisenstein: Einstellung aus dem Film *Glumows Tagebuch* der in der Inszenierung von *Eine Dummheit macht auch der Gescheiteste* eingebaut war, Moskau 1923

senstein sah in der offiziellen Kulturpolitik immer mehr eine «kleinbürgerlich-realistische Einstellung» sich durchsetzen, die weniger die ästhetische Qualität der Arbeit, sondern deren Linientreue bewertete («Von seiten des Proletkult war die Beschäftigung mit der Theaterarbeit eine reine Zensurangelegenheit», 1925).

1924 entstand sein erster großer Film *Streik*; es folgten *Panzerkreuzer Potemkin* (1925), *Oktober* (1927), *Das Alte und das Neue* (1929), *Alexander Newski* (1938), *Iwan der Schreckliche, Teil I* (1944) und *Iwan der Schreckliche, Teil II* (1945).

Eisenstein galt in jenen Jahren in aller Welt als einer der bedeutendsten Filmregisseure; er erhielt zahlreiche Auszeichnungen und reiste als wichtigster Repräsentant der neuen Sowjetkultur in die meisten westeuropäischen Länder, nach den USA (Mary Pickford und Douglas Fairbanks übermittelten ihm 1926 in Moskau eine Einladung der United Artists) und zu Filmarbeiten nach Mexiko. In Deutschland hielt Eisenstein Vorträge über die sowjetrussische Filmkunst in Berlin (1926, 1929, 1930) und in Hamburg (1929). 1930 schloß er einen Vertrag mit der Hollywood-Firma Paramount ab, der jedoch wenige Monate später wieder gelöst wurde.

Neben seiner praktischen Filmarbeit publizierte Eisenstein eine Reihe noch heute wichtiger filmtheoretischer Arbeiten, vornehmlich zum Problem der Montage; immer wieder auch arbeitete Eisenstein als Lehrer an verschiedenen Filmhochschulen (Fachrichtung Regie). 1939 wandte er sich noch einmal dem Theater zu. Am Bolschoi-Theater in Moskau inszenierte Eisenstein die *Walküre* von Richard Wagner. Die Kriegsjahre unterbrachen seine Filmarbeiten nur zeitweilig; die Lehrtätigkeit trat zunehmend jedoch in den Vordergrund. Am 11. Februar 1948 starb Eisenstein, nachdem er in den Jahren zuvor noch mit den höchsten Ehren, die der Sowjetstaat zu vergeben hatte, ausgezeichnet worden war.

Eisenstein stellte seine Theaterarbeit – und das galt selbstverständlich auch für seine Filme – konsequent in den Dienst der proletarischen Kulturrevolution, deren Leitidee die Organisation einer neuen Gesellschaft war. Das Theater hatte in diesem Prozeß die Funktion eines Laboratoriums der «Organisation menschlichen Handelns» mit dem Ziel der «Erziehung des qualifizierten Menschen». So war auch das Massenpublikum Eisensteins wichtigstes «Theatermaterial»; denn um dessen Formung ging es. Im Theater wurden Spieler wie Zuschauer auf das neue Produktionsethos der Sowjetgesellschaft konditioniert. Die «Attraktion» galt als die kleinste Wirkungseinheit innerhalb dieses Prozesses, die «den Zuschauer einer Einwirkung auf die Sinne und die Psyche aussetzt».

Eisenstein leitete aus diesem Konzept die Notwendigkeit ab, Theater möglichst unmittelbar an die Lebenssituationen heranzubringen, möglichst die Alltagssituation in die Theateraktion einzubeziehen. Am überzeugendsten mag ihm das gelungen sein bei seiner Inszenierung der *Gas-*

masken von Tretjakow. Eisenstein äußerte sich dazu in einem Gespräch:

«Das Ziel der Inszenierung ist eine produktions- und milieuorganisierende Agitation. Gespielt werden soll das Stück ausschließlich in Arbeiterbezirken, in Fabrikgebäuden. Zu diesem Ziel wurden eine Reihe von Betrieben und Werken im Rogozsko-Simonover Bezirk geprüft (Barri, Dynamo, Amo u. a.). Die Wahl fiel auf die Kesselwerkstatt des ehemaligen Barri-Werkes, wo während der Aufführung die im Werk vorhandenen Konstruktionen zum Aufstellen der Kessel die Funktion von Aufbauten übernehmen sollen.
Die Bühne wird aus nichtmontierten und mit Brettern bedeckten Teilen von Eisenbahnbrücken konstruiert. Der Zuschauerraum (für 10000 Arbeiter dieses Bezirks) wird auf horizontalen Kesseln eingerichtet.
Geräusche: Fabriksirene, Niethämmer, pneumatische Ratschen, Hämmer, riesige Eisenblätter.
Es werden die Möglichkeiten einer ‹Gasmasken›-Aufführung im Moskauer Gaswerk *während der Arbeitszeit*, die rund um die Uhr läuft, geprüft, wobei der Schluß des Stückes (die volle Ingangsetzung des Werkes nach Behebung des Katastrophenschadens) für die Zeit der Abendgymnastik vorgesehen ist, die an diesem Arbeitsplatz durchgeführt wird. Der Schluß enthält eine Attraktion, die in ihrer Art einmalig ist: Hervorströmen weißglühenden Kokses. Schminke wird nicht verwendet, und die Arbeiten werden von den Künstlern des Arbeitertheaters in gewöhnlichen Arbeitsmonturen ausgeführt werden» (*Schriften 1*, S. 203 f).

Mit diesen Ideen entsprach Eisenstein den Vorstellungen einer «Produktionskunst», wie sie vor allem Boris Arvatov (1896–1940) entwickelt hatte. Arvatov arbeitete beim Moskauer Proletkult und gehörte seit 1923 dem Redaktionskollektiv der Zeitschrift LEF («Linke Front der Künste») an, deren Herausgeber Majakowski war und die am konsequentesten die avantgardistische Position der sowjetrussischen Kulturrevolution vertrat. Arvatov organisierte zusammen mit Eisenstein die Theaterarbeit beim Moskauer Proletkult. In mehreren Aufsätzen und Reden entwickelte er sein Konzept einer proletarischen Produktionskunst am Beispiel des Theaters; in dem Essay *Widerspiegeln, nachahmen oder gestalten?* von 1922, schreibt er:

«Das proletarische Theater muß zu einem Werkzeug der Umgestaltung des Lebens werden. Damit werden aber die Formen des Handelns in diesem Theater notwendigerweise von den Forderungen der materiellen Konstruktivität ausgehen, denn das Nicht-Konstruktive ist nicht lebendig. Konstruieren aber kann man nur, wenn man das Material kennt und von ihm ausgeht.
Deshalb lautet die Grundformel für das proletarische Theater: *es ist die konstruktive Formung der realen Dynamik des Materials in Übereinstimmung mit der jeweils neu gestellten Aufgabe.*
Aus dieser Formel sind folgende Schlußfolgerungen zu ziehen:
1. Insofern das realistisch-darstellende Theater (Das Kleine Theater, das Moskauer Künstlertheater u. a.) das Bestehende wiederholt, ästhetisiert und somit sanktioniert, insofern die Form seiner Handlung von der Ähnlichkeit mit dem schon Geschaffenen (lies: mit dem ‹Leben›) bestimmt wird, wird dieses Theater letzten

Endes von der Arbeiterklasse auf den Abfallhaufen der Geschichte geworfen werden.
2. Insofern das stilisierende Theater (z. B. das Kammertheater) von fertigen ästhetischen Kanons ausgeht, wird es abgelehnt werden, auch wenn es sich inhaltlich an Gegenwartsprobleme heranwagt.
3. Die Vernichtung der literarischen Ketten, die das Theatermaterial fesseln und dessen Wirkkraft einschränken, ist für das konstruktive Theater unumgänglich. Deshalb unsere Forderung: nieder mit dem überkommenen Repertoire an ‹Stükken›.
4. Die Autonomie des Materials, die ‹Amnestie› für Menschen und Dinge, die Befreiung der Handlung erfordern den Tod des in sich abgeschlossenen Sujets, dieses Kerkermeisters der Freiheit des Theaters.
5. Erst von diesem Moment an kann man mit dem Aufbau beginnen. Ohne die Sklaverei szenischer Schablonen, ohne den Rahmen des anerkannt ‹Theatralischen›, auf dem festen Fundament des wissenschaftlichen Experiments am Material des Theaters: dem in der materiellen Umwelt handelnden Menschen.
6. Erst von diesem Moment an wird die Form bestimmt werden durch die Kenntnis des Materials und die Aufgaben der Gestaltung. Erst dann kann das proletarische Theater zum experimentellen Laboratorium werden, das mit der sozialen Praxis kooperiert.
7. Das neue Theater wird nicht ohne Analyse an das Material als ästhetisches Phänomen (‹Schönheit›) herangehen, das neue Theater nimmt das Material in seiner ganz realen, lebenspraktischen Rolle auf, und der Mensch wird für es nicht Schauspieler sein, sondern ein qualifizierter Mensch, eine Tafel nicht eine Dekoration, sondern bearbeitetes Holz, das Licht nicht ein szenischer Effekt, sondern Beleuchtung usw.
8. Was wird aber mit dem abbildenden Sujettheater werden? Kann man ohne es auskommen? Nein, natürlich nicht. Und die Frage danach muß gesondert gestellt werden – es ist die Frage nach der Revolution des Theatersujets» (B. Arvatov: *Kunst und Produktion*, S. 82f).

In Arvatovs Konzeption einer «Produktionskunst» drückte sich der Elan, ja das utopistische Moment der sowjetischen Proletkultbewegung am ungebrochensten aus: Theater als neue Körperkultur, «Theater als Fabrik des qualifizierten Menschen», als «Organisation von Leben», «Theaterregie als Montage des Lebens». Wie für Eisenstein galten auch für Arvatov (unter der These «Theatralisierung des Lebens») eine Reihe von Alltagssituationen durchaus als Theater, ihre Gestaltung gehörte zu den Aufgabenbereichen der Theaterregisseure und zu den Gegenständen im Unterrichtsplan der Theaterschulen, so zum Beispiel «Sitzung, Bankett, Tribunal, Versammlung, Meeting, Zuschauerraum, sportliche Veranstaltungen und Wettkämpfe, Klubabende, Foyers, öffentliche Kantinen, öffentliche Feste, Umzüge, Karneval, Beerdigungen, Paraden, Demonstrationen, fliegende Versammlungen, Wahlkampagnen, Betriebsarbeit usw.» (B. Arvatov, ebd. S. 92). Eine Reihe bedeutender Inszenierungen des sowjetrussischen Revolutionstheaters, insbesondere die großen Massentheaterinszenierungen, waren integriert in Veranstaltungen zu Gedenk- und Feiertagen des jungen Sowjetstaates; Eisenstein sprach von «Inszenierungen von Feiertagen, Gerichtsverhandlungen, Sitzungen».

Die Vorstellung von Theater, das mit dem Leben eins wird, war nicht nur abgeleitet aus den Forderungen nach einer totalen gesellschaftlichen Umwälzung, sondern erhielt für Eisenstein ihre Bestätigung auch unter dem Aspekt der «Evolutionsdynamik revolutionärer Darstellungskunst», die alle Formen der ästhetischen Produktion in der «entfesselten» Form gesellschaftlicher Arbeit aufgehen ließ. So sah Eisenstein auch das Verhältnis von Kino und Theater aus dem Blickwinkel der Evolutionsdialektik der proletarischen Kunst. «Das Kino ist die heutige Etappe des Theaters. Eine klare folgerichtige Phase», so lautete seine These. Eisenstein übertrug den im Konzept der «Produktionskunst» angelegten Gedanken, die ästhetische Produktion auf den Standard der Entwicklung der technischen Produktivkräfte zu bringen, in aller Konsequenz auf das Theater. Darin ist im Grunde die Liquidierung des Theaters als Darstellungskunst zugunsten des Films angelegt; mit der Forderung nach der «Kinofizierung» (Meyerhold) des Theaters war eine Zwischenstufe in diesem Prozeß bezeichnet.

Innerhalb der sowjetrussischen Theaterentwicklung konnte sich Eisenstein mit diesen Vorstellungen nicht durchsetzen; sie repräsentierten die radikalste Position innerhalb des «linken Flügels» des sowjetischen Proletkult, der durch die Einführung der Neuen Ökonomischen Politik in seinem Einfluß stark zurückgedrängt wurde. Diese Entwicklung war es auch, die Eisensteins Bruch mit dem Proletkult veranlaßt hatte und ihn sich vom Theater praktisch ganz zurückziehen ließ.

Auswahl der Schriften von Sergej M. Eisenstein
Schriften 1–3. Hrsg. von H.-J. Schlegel. 3 Bde. München 1973–1975.
Über mich und meine Filme. Hrsg. von L. Kaufmann. Berlin 1975.

Erwin Piscator

«Meine Zeitrechnung beginnt am 4. August 1914.»
(Erwin Piscator: *Das Politische Theater*, 1929)

Erwin Piscator wurde am 17. Dezember 1893 in Ulm bei Wetzlar geboren, sein Vater war Kaufmann; das Gymnasium besuchte er in Marburg. 1913 begann er seine Theaterlaufbahn als Volontär am Hof- und Nationaltheater in München, daneben studierte er Germanistik, Philosophie und Kunstgeschichte und nahm Schauspielunterricht. 1914 unterbrach der Krieg seine Laufbahn am Theater. Piscator wurde Soldat und nahm an den Kämpfen an der damaligen Westfront teil. Er reflektierte diese Erlebnisse in einer Reihe von Antikriegsgedichten, die in der Zeitschrift «Die Aktion» erschienen. Antimilitarismus und Pazifismus waren künftig die leitenden politisch-moralischen Grundwerte seiner künstlerischen Arbeit. Das zweite, Piscators Persönlichkeit maßgeblich prägende Ereignis war die Novemberrevolution 1918 in Deutschland. Er wurde Mitglied des Soldatenrats bei seiner Einheit. In Berlin beteiligte er sich im Januar 1919 zusammen mit George Grosz, John Heartfield, Wieland Herzfelde und Rudolf Schlechter an Dada-Aktionen.

Nach einer kurzen Zwischenstation 1919/20 in Königsberg – er gründete dort sein erstes eigenes Theater «Das Tribunal» (Strindberg, Wedekind, Heinrich Mann und Sternheim standen auf dem Spielplan) – ging Piscator wieder nach Berlin zurück und eröffnete das «Proletarische Theater» (1920/21), das sich ausschließlich an ein Arbeiterpublikum wandte.

Es gab in diesen Jahren bereits Bühnen, deren Hauptpublikum Arbeiter waren oder auf denen Arbeiter als Laienspieler auftraten. Es waren dies die proletarischen Laienspiel-Vereine, deren Tradition bis ins 19. Jahrhundert zurückreichte und die im Deutschen Arbeiter-Theaterbund organisiert waren, und die Volksbühnen. In keiner der beiden Organisationen konnte Piscator jedoch seine Idee eines revolutionären Theaters verwirklichen. Die proletarischen Laienspielvereine unterschieden sich 1919 kaum von bürgerlichen Theaterzirkeln; sie spielten Operetten, Schwänke und Heimatstücke. Ihr Repertoire war auf ein bewußt unpolitisches Kulturprogramm für Arbeiter festgelegt. Der Deutsche Arbeiter-Theaterbund wandelte sich in dieser Hinsicht erst in der zweiten Hälfte der zwanziger Jahre infolge des Beitritts kommunistischer Agitpropgruppen.

Ein ähnliches Bild zeigte die Volksbühne in den Jahren um 1920. Freie Volksbühne und Neue Freie Volksbühne entwickelten sich von 1896/97 an zu reinen Abonnentenvereinen ohne jede politische Ambition. Als sich die beiden Vereine organisatorisch wieder zusammenschlossen und

Erwin Piscator: Szenenbild von *Die Abenteuer des braven Soldaten Schwejk*, Berlin 1927

1914 gemeinsam ein eigenes Haus in Berlin eröffneten, übertrugen sie 1915 die künstlerische Leitung der Volksbühne an Max Reinhardt. Nach 1918 distanzierte sich die Volksbühnenleitung in einer Reihe von Erklärungen von jeder Form weltanschaulich oder politisch gebundenen Theaters und betonte ihre ideologisch und politisch neutrale Kunstpflege. Die Wiederaufnahme der revolutionären Theaterbestrebungen aus den neunziger Jahren konnte also um 1920 nur außerhalb der traditionellen Volksbühnen und der proletarischen Laienspielbewegung erfolgen, in direktem Kontakt mit den politischen Arbeiterorganisationen.

Bereits im Frühjahr 1919 hatten Arthur Holitscher, Ludwig Rubiner, Rudolf Leonhard, Karlheinz Martin u. a. ein «Proletarisches Theater» in Berlin gegründet, das jedoch nur eine Aufführung zustande brachte. «Es sollte in kollektivistischer Form das erste szenische Instrument des Proletkult in Deutschland sein» (E. Piscator: *Das Politische Theater*, S. 44).

«Das proletarische Theater», das Piscator zusammen mit Hermann Schüller im März 1919 gegründet hatte, war institutionell mit den proletarischen Organisationen und Parteien verbunden; es nannte sich «Bühne der revolutionären Arbeiter Groß-Berlins». Vertreter der USPD, KPD und KAPD übten entscheidenden Einfluß auf die Leitung, das Repertoire und die Organisation dieses Theaters aus. Werbung und Kartenvertrieb fanden in den Büros der proletarischen Parteien und über die Betriebsobleute statt. Gespielt wurde in Sälen, die den Arbeitern von politischen Veranstaltungen her vertraut waren. Die Theateraufführungen waren vielfach mit politischen Veranstaltungen und direkten Aktionen verbunden, etwa Liebknecht-Luxemburg-Gedenkfeiern, Demonstrationen für aktuelle politische Ereignisse, Wahlveranstaltungen, Geldsammlungen für politische Gefangene u. a. Die Konzeption eines «proletarischen Theaters» hatte Piscator in einem programmatischen Aufsatz niedergelegt; dort heißt es: «Die Leitung des proletarischen Theaters muß anstreben: Einfachheit im Ausdruck und Aufbau, klare eindeutige Wirkung auf das Empfinden des Arbeiterpublikums, Unterordnung jeder künstlerischen Absicht dem revolutionären Ziel, bewußte Betonung und Propagierung des Klassenkampfgedankens. Das proletarische Theater will der revolutionären Bewegung dienstbar sein und ist daher den revolutionären Arbeitern verpflichtet. Ein aus ihrer Mitte gewählter Ausschuß soll die Verwirklichung der kulturellen und propagandistischen Aufgaben verbürgen» (*Schriften 1*, S. 9).

Diese Theaterarbeit stellte den Lehrwert und die unmittelbare Agitation rigoros in den Mittelpunkt und verzichtete weitgehend auf jede unterhaltende oder vergnügliche Funktion des Theaters, vor allem auf jeden Kunstanspruch. In den Stücken des «Proletarischen Theaters» wurden Solidarität und Kollektivismus als zentrale Forderungen der Politik der Arbeiterklasse propagiert.

Die Chance des «Proletarischen Theaters», längerfristig und kontinuierlich zu arbeiten, war von vornherein gering. Das proletarische Publikum war materiell nicht in der Lage, ein Theater zu tragen, das sich seine Existenzmöglichkeit selbst erwirtschaften mußte. Ein weiteres Problem war, daß die Masse der Arbeiter in ihrer Einstellung zum Theater durch die neutralistische Kunstpflege der Volksbühnen geprägt war. Hinzu kam die Ablehnung des «Proletarischen Theaters» durch die offiziöse Kulturpolitik der KPD. In einer Theaterkritik der «Roten Fahne» heißt es 1920 über das Piscator-Theater: «Was der Arbeiter heute braucht, ist eine starke Kunst, die den Geist löst, freimacht. Solche Kunst kann auch bürgerlichen Ursprungs sein, nur sei es Kunst.» Nicht Piscators politisches Theater, sondern eine Aufführung von Strindbergs Traumspiel *Nach Damaskus* wurde von der «Roten Fahne» gelobt. Berücksichtigt man diese Tatsachen, so war dennoch die Resonanz auf das Piscator-Theater unter dem Arbeiterpublikum beträchtlich; in den Polizeiberichten werden Besucherzahlen zwischen 250 und 600 genannt. Beendet wurde diese erste Phase von Piscators Theaterarbeit dadurch, daß für das «Proletarische Theater» die Spielkonzession nicht verlängert wurde (November 1921).

Zusammen mit José Rehfisch übernahm Piscator 1921 das «Central-Theater» in Berlin (bis zum Herbst 1924): «Es sollte 3 Mill. kosten, von denen 1 Mill. sofort bezahlt werden mußte, der Rest nach drei Monaten. Diesen Rest bezahlten wir, indem wir nach zwei Monaten eine alte Heizungsröhre herausrissen und an der Ecke beim Alteisenhändler verkauf-

ten. Es war die Zeit der wildesten Inflation» (*Das Politische Theater*, S. 55). Auf dem Programm dieser Bühne standen Stücke von Gorki, Rolland, Tolstoi und Jung. Hatte sich das «Proletarische Theater» ausschließlich an das Berliner Proletariat gerichtet, so sollte mit diesem Theater auch kleinbürgerliches Publikum angesprochen und den politischen Interessen des revolutionären Proletariats nähergebracht werden. Das Central-Theater sollte eine Art «proletarische Volksbühne» werden.
1924 wurde Piscator an die Berliner Volksbühne eingeladen; er erhielt die Aufgabe, Alfons Paquets Stück *Fahnen* zu inszenieren. Auf Paquets Stück wurde von Piscator erstmals der Begriff «episches Theater» angewandt. Über die Zielsetzung seiner Regiearbeit in den *Fahnen* schreibt er.

«Ich hatte die Möglichkeit, eine Art der Regie zu entwickeln, die Jahre später von anderer Seite als ‹episches Theater› proklamiert wurde. Worum handelte es sich? Kurz gesagt um die Ausweitung der Handlung und die Aufhellung ihrer Hintergründe, also eine Fortführung des Stückes über den Rahmen des nur Dramatischen hinaus. Aus dem Schau-Spiel entstand das Lehrstück. Daraus ergab sich ganz selbstverständlich die Verwendung von szenischen Mitteln aus Gebieten, die bisher dem Theater fremd waren. Ansätze dazu hatte es (...) bereits im Proletarischen Theater gegeben (...). Ich ließ zu beiden Seiten der Bühne breite Projektionswände aufstellen. Schon während des Prologs, der das Stück mit einer Charakterisierung der handelnden Person einleitete, erschienen auf diesen Wänden die Fotografien der genannten Personen. Im Stück benutzte ich die Wände, um die einzelnen Szenen durch projizierte Zwischentexte zu verbinden. Es war m. W. das erste Mal, daß Lichtbildprojektionen in diesem Sinne im Theater verwendet wurden. Im übrigen beschränkte ich mich darauf, das Stück, das allerdings 56 Mitspieler erforderte, so klar und sachlich wie möglich herauszustellen» (*Das Politische Theater*, S. 62).

Mit dem Begriff «episches Theater» war ein Etikett gefunden, mit dem später eine äußerst variantenreiche Entwicklung der Theaterästhetik im 20. Jahrhundert bezeichnet werden sollte. Für Piscator war «episches Theater» in dieser Phase seiner Arbeit in erster Linie politisches Theater: Zeitstück, parteiliche Dokumentation des historischen und aktuellen Klassenkampfs, Lehrstück statt Schauspiel, Historisierung in der Darstellung gesellschaftlicher Situationen, Aufzeigen von Eingriffsmöglichkeiten, Verzicht auf die Einheit der konventionellen Kunstmittel, statt dessen Montage unterschiedlicher medialer Vermittlungsformen (vornehmlich des Films), Überführung der Theaterhandlung in die unmittelbare politische Aktion.
Ebenfalls im Jahre 1924 inszenierte Piscator anläßlich der Reichstagswahlen im Auftrag der KPD seine erste große Revue, die *Revue Roter Rummel* (22. November 1924). Es war eine nur lose verbundene Szenen- und

Bilderreihe in der Art der Nummern-Auftritte der Unterhaltungsrevuen. Piscator integrierte dabei alle von ihm bis dahin erprobten Theatermittel zu einer multimedialen Politshow, die mit ihrer perfekt entwickelten Suggestivdramaturgie den Zuschauer in ihren Bann zog, emotional aufputschte und ihm kaum Zeit zum Nachdenken ließ. Piscator schrieb:

«Wie mit Eisenhämmern sollte sie mit jeder ihrer Nummern niederschlagen, nicht nur an einem Beispiel, sondern an Dutzenden dieses Abends ihr Leitmotiv beweisen, ihr: Ceterum censeo, societatem civilem esse delendam! Das Beispiel sollte variiert werden, kein Ausweichen durfte es mehr geben. Darum brauchte man Buntheit. Das Beispiel mußte mit dem Zuschauer konfrontiert werden, es mußte überleiten zu Frage und Antwort, gehäuft werden – ein Trommelfeuer von Beispielen mußte herangebracht und in die Masse der Zahlen getrieben werden. Tausende erfahren es, du auch! Glaubst du, es gilt nur dem anderen? Nein, dir auch! Es ist typisch für diese Gesellschaft, in der du lebst, du entgehst ihm nicht – hier noch eins und noch eins! Und das unter skrupelloser Verwendung aller Möglichkeiten: Musik, Chanson, Akrobatik, Schnellzeichnung, Sport, Projektion, Film, Statistik, Schauspielerszene, Ansprache» (*Das Politische Theater*, S. 65).

Die agitatorische Aussage der Revue mußte von der Dramaturgie eindeutig festgelegt und klar formuliert werden. Daraus resultierte eine ausgesprochen plakative Ästhetik. Die Revue war eine Theaterform, die direkte und schnelle Reaktionen auf politische Tagesereignisse ermöglichte. Am 12. Juli 1925 inszenierte Piscator seine zweite große Agitationsrevue, die den Titel *Trotz alledem!* erhielt und im Großen Schauspielhaus Berlin aufgeführt wurde. Es war der Höhepunkt der Entwicklung des politischen Massentheaters in der Weimarer Republik. Piscator konzentrierte die Inszenierung auf die Wechselwirkung von gespielter Szene und dem authentischen (filmischen) Dokument, was dem Ganzen eine geschlossene Form gab. Die Revue hatte die «revolutionären Höhepunkte der menschlichen Geschichte vom Spartakusaufstand bis zur russischen Revolution» zum Inhalt. In seinem Bericht *Das Politische Theater* schrieb Piscator:

«Die durchschlagende Wirkung, die die Verwendung des Films hatte, zeigte, daß sie jenseits aller theoretischen Erörterungen nicht nur richtig war, wenn es sich um die Sichtbarmachung politischer und gesellschaftlicher Zusammenhänge handelte, also in bezug auf den Inhalt, sondern richtig, im höheren Sinne, auch in bezug auf die Form. Hier wiederholte sich die Erfahrung von ‹Fahnen›. Das Überraschungsmoment, das sich aus dem Wechsel von Film und Spielszene ergab, war sehr wirkungsvoll. Aber noch stärker war die dramatische Spannung, die Film und Spielszene voneinander bezogen. Wechselwirkend steigerten sie sich, und so wurde in gewissen Abständen ein Furioso der Aktion erreicht, wie ich es im Theater nur selten erlebt hatte. Wenn beispielsweise auf die Abstimmung der Sozialdemokraten über die Kriegskredite (Spielszene) der Film folgte, der einen Sturmangriff und die ersten Toten zeigte, so war damit nicht nur der politische Charakter des Vorgangs gekennzeichnet, sondern es wurde zugleich eine menschliche Erschütterung bewirkt, also Kunst geschaffen. Es ergab sich, daß die stärkste politischpropagandistische Wirkung auf der Linie der stärksten künstlerischen Gestaltung lag» (*Das politische Theater*, S. 74f).

Mit dieser Konzeption war der ästhetische Spontaneismus der Phase des «Proletarischen Theaters» überwunden. Piscator formulierte diese neue Position in den *Grundlinien der soziologischen Dramaturgie*; das Prinzip der künstlerischen Gestaltung wurde darin in das Konzept eines politischen Agitationstheaters integriert.

Auf dieser Grundlage erarbeitete Piscator in den Jahren von 1926 bis 1930/31 eine Reihe bedeutender Inszenierungen. 1927 eröffnete er ein eigenes Haus (bis 1928), die erste Piscator-Bühne am Nollendorfplatz, mit der Uraufführung von Ernst Tollers Stück *Hoppla, wir leben!*. 1929 kam es zur Gründung der zweiten Piscator-Bühne (Eröffnung mit Walter Mehrings *Der Kaufmann von Berlin*), die sich aus ökonomischen Gründen aber nur vier Wochen halten konnte. Während dieser Jahre übernahm Piscator ständig auch Regieaufträge an anderen Theatern, in Berlin, Hamburg und München.

Am 15. Januar 1931 wurde die dritte Piscator-Bühne am Wallnertheater in Berlin mit einer Inszenierung von Friedrich Wolfs Drama *Tai Yang erwacht* eröffnet. Piscator trat damit erneut in eine neue Entwicklungsstufe ein, die deutlich durch die Zusammenarbeit mit Bertolt Brecht bestimmt war, der bereits zum dramaturgischen Kollektiv der ersten Piscator-Bühne (1927/1928) gehört hatte.

Piscator emigrierte 1931 in die Sowjetunion und drehte dort den Film *Der Aufstand der Fischer von St. Barbara*; Vorlage war eine Novelle von Anna Seghers. Von 1934 bis 1936 war Piscator Präsident des Internationalen Revolutionären Theaterbundes. 1936 bis 1939 hielt er sich in Paris auf. Von 1939 bis 1951 lebte Piscator in den USA und gründete in New York den «Dramatic Workshop» an der School for Social Research, der zu einer der wichtigsten Ausbildungsstätten für Schauspieler und Regisseure in den USA wurde und eine Reihe wichtiger Inszenierungen (Shakespeare, Tolstoi, O'Neill, Brecht, Sartre, Warren, Borchert) erarbeitete. 1951 wurden aufgrund der Aktivitäten des antikommunistischen McCarthy-Ausschusses die Arbeitsmöglichkeiten für Piscator in den USA immer schwieriger, so daß er nach Deutschland zurückkehrte. Er arbeitete zunächst als Gastregisseur in der Bundesrepublik; 1962 wurde er Intendant der Freien Volksbühne Berlin (bis 1966), wo er vor allem die Uraufführungen der Dokumentarstücke von Hochhuth (*Der Stellvertreter* am 20. Februar 1963), Kipphardt (*In der Sache J. Robert Oppenheimer* am 11. Oktober 1964) und Peter Weiss (*Die Ermittlung*, Ring-Uraufführung am 19. Oktober 1965) herausbrachte. Piscator starb am 30. März 1966 in Starnberg.

Auswahl der Schriften von Erwin Piscator
Das Politische Theater. Berlin 1929.
Schriften. 2 Bde. Hrsg. von L. Hoffmann. Berlin 1968.
Theater der Auseinandersetzung. Ausgewählte Schriften und Reden. Frankfurt 1977.

Bertolt Brecht

«Die heutige Welt ist dem heutigen Menschen nur beschreibbar, wenn sie als eine veränderbare Welt beschrieben wird.»
(Bertolt Brecht, 1955)

Die Theaterentwicklung des 20. Jahrhunderts ist wesentlich geprägt durch das Werk Bertolt Brechts, das in den späten fünfziger, den sechziger und den frühen siebziger Jahren wirkungsgeschichtlich seine größte Ausstrahlung hatte. In dem von ihm in den Mittelpunkt seiner theoretischen Arbeiten gestellten Begriff des «epischen», später des «dialektischen Theaters» reflektiert sich eine vielschichtige Entwicklung der Theaterpraxis vom ausgehenden 19. Jahrhundert bis heute. Über die Theaterprobleme hinaus ist Brechts theoretisches Werk von größter Bedeutung für die Ästhetik-Diskussion in der zweiten Hälfte dieses Jahrhunderts. Die Komplexität seines Schaffens ist längst noch nicht eingeholt, weder in der inszenierungspraktischen Auseinandersetzung mit seinen Stücken noch im Hinblick auf das Theorie-Werk. Ansätze, die die zu einer Art linkem Klassizismus erstarrten Positionen der Brecht-Interpretation der sechziger Jahre aufzubrechen versuchen, zeichnen sich allenthalben ab.
Die Lebensgeschichte in Stichworten: Eugen Berthold Brecht wurde am 10. Februar 1898 in Augsburg geboren; sein Vater war Direktor einer Papierfabrik. In einer Schülerzeitung erschienen Brechts erste Gedichte; zunächst noch dem Expressionismus verpflichtet, Huldigungsgedichte auf den Kaiser, Patriotisches 1914, ganz dem Geiste der Zeit entsprechend. Bald aber kündigte sich ein eigener Ton an; die Antikriegshaltung wurde das beherrschende Thema. 1914 entstand auch ein erster dramatischer Versuch, *Die Bibel*. Im Kreise Gleichgesinnter, mit den Freunden Caspar Neher, Hanns Otto Münsterer, Otto Müller und Otto Bezold wurden ein paar wilde Sturm und Drang-Jahre verbracht. 1917 immatrikulierte sich Brecht an der Philosophischen Fakultät der Univer-

sität München. Zum Tod von Frank Wedekind (9. März 1918), dem großen verehrten Vorbild, organisierte er eine Gedenkfeier. An der Universität besuchte Brecht die Seminare des Theaterwissenschaftlers Arthur Kutscher. In einer Augsburger Zeitung schrieb er eine Zeitlang regelmäßig Theaterkritiken. Im Oktober 1918 wurde Brecht als Soldat einberufen; nachdem er sich zuvor als Student der Medizin hatte einschreiben lassen, kam er zu einer Sanitätseinheit nach Augsburg.

Das Chaos der ersten Nachkriegsjahre, Revolution, Räterepublik, den Bürgerkrieg in Bayern und den wirtschaftlichen Zusammenbruch der Inflationszeit erlebte Brecht vornehmlich in München und Augsburg; zwei Reisen nach Berlin lagen dazwischen. In diesen Jahren entstanden die bedeutenden Stücke des Frühwerks: *Baal* (1918/19), *Trommeln in der Nacht* (1919/22), *Im Dickicht der Städte* (1920/22). 1921 versuchte Brecht, in Berlin Kontakt zum Theater aufzunehmen; seine Bemühungen blieben jedoch ohne Erfolg. Die Gedichte aus dieser Zeit faßte er in der Sammlung *Die Hauspostille* zusammen.

Im Frühjahr 1922 lernte Brecht den Theaterkritiker Herbert Jhering kennen. Zur gleichen Zeit unternahm er seinen ersten Regieversuch mit Arnolt Bronnens *Vatermord* an der Jungen Bühne in Berlin. Brecht zerstritt sich jedoch so sehr mit den Schauspielern, daß die Proben abgebrochen werden mußten. Am 29. September 1922 wurde an den Münchner Kammerspielen sein Drama *Trommeln in der Nacht* uraufgeführt, womit

Bertolt Brecht: Szenenbild von *Mann ist Mann*, Berlin 1930

ihm der Durchbruch am Theater gelungen war. Im Oktober schloß Brecht einen Dramaturgenvertrag mit den Kammerspielen ab; im November erhielt er für *Trommeln* den Kleist-Preis. Bald folgten die Uraufführungen von *Dickicht* (am 9. Mai 1923 am Residenztheater in München) und *Baal* (am 8. Dezember 1923 am Alten Theater in Leipzig).

Im Spätsommer 1923 lernte Brecht die Schauspielerin Helene Weigel kennen, mit der er ab September 1924 in Berlin zusammenlebte. Von Januar bis März dieses Jahres arbeitete er zusammen mit Lion Feuchtwanger an einer Inszenierung von *Leben Eduards des Zweiten* an den Kammerspielen in München. In der Zwischenzeit begannen die Arbeiten zu *Mann ist Mann*; ständige Mitarbeiter Brechts waren in diesen Jahren Caspar Neher und Elisabeth Hauptmann. 1926, im Zusammenhang mit den Vorarbeiten zur *Heiligen Johanna der Schlachthöfe*, setzte Brechts Beschäftigung mit dem Marxismus ein. Damit erhielt auch seine theatertheoretische Reflexion eine neue Dimension.

1927 entstand in der Zusammenarbeit mit Kurt Weill das Songspiel *Mahagonny*. Zusammen mit Piscator, Gasbarra und Lania arbeitete Brecht im Dezember des Jahres an der Theaterfassung und Inszenierung des Romans *Die Abenteuer des braven Soldaten Schwejk*; am 31. August 1928 fand am Theater am Schiffbauerdamm in Berlin die Uraufführung der *Dreigroschenoper* statt, die ein sensationeller Erfolg wurde. In Berlin lernte Brecht 1929 Walter Benjamin kennen und inszenierte am Schiffbauerdamm-Theater Marieluise Fleißers Stück *Pioniere in Ingolstadt*. Am 10. April 1929 heiratete Brecht Helene Weigel.

In den Jahren 1929/30 entwickelte Brecht in den Lehrstücken eine neue Form politischen Experimentaltheaters; *Flug der Lindberghs*, *Das Badener Lehrstück vom Einverständnis*, *Die Maßnahme*, *Der Jasager* und *Der Neinsager*. Ende 1930 kam es zum Konflikt wegen der Verfilmung der *Dreigroschenoper*; der Film *Kuhle Wampe* (zusammen mit Ernst Ottwald und Slatan Dudow) wurde im August 1931 fertiggestellt. Im Herbst 1931 schrieb er zusammen mit Dudow, Hanns Eisler und Günter Weisenborn das Stück *Die Mutter* nach einem Roman von Maxim Gorki, das von Erwin Piscator inszeniert wurde. Vom November 1932 bis Februar 1933 besuchte Brecht Vorlesungen von Karl Korsch im Rahmen von dessen «Studienzirkel Kritischer Marxismus».

Am 28. Februar 1933, am Tage nach dem Reichtagsbrand, verließ Brecht Deutschland und ging über Prag, Wien, die Schweiz und Paris ins Exil nach Dänemark, wo er bis 1939 blieb. Im dänischen Exil entstanden der *Galilei*, *Die Gewehre der Frau Carrar* und *Der gute Mensch von Sezuan*. Neben der Arbeit an den Stücken schrieb Brecht eine Reihe größerer Lyrikzyklen, in denen er die persönlichen Erfahrungen des Exils und die Situation im Hitler-Deutschland reflektierte. In Paris wurde 1933 das Ballett *Die 7 Todsünden der Kleinbürger* uraufgeführt; 1935 führt die Truppe

«Revolutionäres Theater» in Kopenhagen *Die Mutter* auf. Im November desselben Jahres folgt eine Inszenierung dieses Stücks am Civic Repertory Theatre in New York.

Im Frühjahr 1935 reiste Brecht nach Moskau und traf dort Tretjakow, Piscator, Ottwald, Asja Lacis und Bernhard Reich; im Juni dieses Jahres nahm er am «Internationalen Schriftstellerkongress zur Verteidigung der Kultur» teil, der in Paris stattfand.

1939 und 1940 hielt sich Brecht in Schweden auf; die Arbeiten an der *Mutter Courage* wurden aufgenommen. Helene Weigel gab Unterricht an einer Schauspielschule in Stockholm. Im April reisten die Brechts weiter nach Finnland, wo *Der gute Mensch von Sezuan* fertiggestellt wurde. Für einen finnischen Theater-Wettbewerb schrieb er das Volksstück *Herr Puntila und sein Knecht Matti*. Als Brecht im Mai 1941 endlich die Visa für die Einreise in die USA erhielt, reiste er über Moskau mit Zwischenstation in Manila nach Los Angeles. Er lebte bis 1947 in Santa Monica, einem Stadtteil von Hollywood.

Mit Arbeiten für den Film sicherte sich Brecht zeitweilig seinen Lebensunterhalt; 1947 kam es in Beverly Hills zu einer Aufführung des *Galilei*. Charles Laughton spielte die Hauptrolle. Ende Oktober 1947 wurde Brecht vor das «Committee of Unamerican Activities» geladen; Anklage wurde zwar nicht erhoben; dennoch verließ Brecht am Tage darauf die USA und flog nach Paris, von dort weiter nach Zürich, wo er bis 1949 blieb.

In Zürich nahm Brecht den Kontakt zu Caspar Neher wieder auf; die beiden hatten Ende der zwanziger Jahre ihre gemeinsame Arbeit eingestellt. Zusammen inszenierten sie das *Antigone-Projekt* (1948). Im August 1948 waren auch die Arbeiten am *Kleinen Organon für das Theater* praktisch abgeschlossen. Es war Brechts erste systematische Zusammenfassung seiner Theatertheorie.

Im Oktober 1948 reiste Brecht über Prag nach Berlin und verhandelte dort über Aufführungen seiner Stücke, aber auch über die Möglichkeit längerfristiger Arbeit in Ost-Berlin. Im Januar 1949 fand am Deutschen Theater die Premiere der *Mutter Courage* statt; Helene Weigel spielte die Titelrolle. Pfingsten 1949 übersiedelte Brecht dann endgültig nach Ost-Berlin. Am 12. November fand die erste Vorstellung des Berliner Ensembles statt, das in den fünfziger und sechziger Jahren zahlreiche Tourneen in alle Welt unternahm. Brecht inszenierte in diesen Jahren immer wieder auch an anderen Theatern seine Stücke. Im März 1954 zog das Berliner Ensemble in das Theater am Schiffbauerdamm ein und erhielt damit ein eigenes Haus. Noch vor Abschluß der Arbeiten an der Inszenierung des *Galilei* starb Brecht am 14. August 1956.

Zur Theorieentwicklung: Erste Ansätze einer theaterästhetischen Reflexion Brechts zeichneten sich ab in einer Reihe von Aufführungsbesprechungen, die er vom Oktober 1919 bis zum Januar 1921 in der Augsburger Tageszeitung «Der Volkswille» veröffentlichte. Die in diesen Kritiken angewandten Bewertungskriterien lassen eine Vorliebe für den Schwank und das Volkstheater erkennen. Was Brecht das Volkstheater so interessant erscheinen ließ, waren einerseits dessen Distanz zum bürgerlichen Bildungs- und Literaturtheater, dessen Lebensfremdheit er immer wieder anprangerte, vor allem aber die besondere Verbindung von praktischer Nützlichkeit und dem Spaß, die ihm für den volkstümlichen Schwank charakteristisch erschien. Insbesondere die Spielorte dieses Theaters, die Kneipen und der Jahrmarkt, und das dazugehörige Publikum, «hemdsärmelig» und mit einem sicheren Instinkt für falsches Pathos ausgestattet, faszinierten den jungen Brecht. Er stellte bei diesen Kritiken stets das «Wie» der Darstellung über das «Was», also die Form über den Inhalt; es hieß in einer Besprechung: «Ich freute mich, daß dieser Künstler (...) auf das Was pfiff und vitales, unliterarisches Theater machte.»

Eine Weiterentwicklung der theaterästhetischen Vorstellungen Brechts zeichnet sich in einer Reihe von Anmerkungen ab, die aus den Jahren um 1921/22 stammen; zu dieser Zeit setzte seine eigene Regiepraxis ein. Erstmals gebrauchte Brecht den Verweis auf den Sport und das Sportpublikum, um die Intentionen seines neuen Theaters zu veranschaulichen. Zentrales Wirkungsmoment dieses neuen Theaters sollte der «Spaß» sein, nicht mehr die seelische Erschütterung. «Das Theater als sportliche Anstalt» soll den Zuschauer in jene expertenhafte sachliche Betrachterrolle versetzen, die nach Brechts Meinung das Sportpublikum auszeichnet. Er war in dieser Zeit noch weit entfernt von jedem inhaltlichen Engagement für eine bestimmte weltanschauliche oder gar politische Position. Alle Äußerungen resultierten aus einer Protesthaltung gegen das Bürgertum und dessen Kulturideologie. Stärksten Niederschlag fand diese Einstellung in dem Stück *Baal*. Brecht stand damit in einer Front mit anderen kulturkritischen Positionen dieser Jahre, die im Innerlichkeitskult der bürgerlichen Kunstrezeption den deutlichsten Ausdruck des Verfalls bürgerlicher Kunst sahen. Dieser Innerlichkeit wurde provokativ die Verherrlichung der rein physischen Aktion, der Sensation im Varieté oder beim Boxkampf entgegengesetzt.

Statt der Kontemplation forderte Brecht als neue Rezeptionshaltung das «Interesse am Verwunderlichen». Im Dezember 1925 schrieb er den Artikel *An den Herrn im Parkett*, in dem er mit dem Hinweis auf das Rauchen jene entspannte, beruhigte Betrachterrolle charakterisierte, in die er das Publikum versetzen wollte. Indem Brecht die Rezeptionsbedingungen (den rauchenden Betrachter im Parkett) festlegte, waren für ihn auch die Inhalte neu bestimmt. Brecht erklärte dazu: «Ich würde gern sehen, wenn das Publikum bei unseren Aufführungen rauchen dürfte. Und ich möchte es hauptsächlich der Schauspieler wegen. Es ist dem Schauspieler nach meiner Meinung gänzlich unmöglich, dem rauchenden Mann im Parkett ein unnatürliches, krampfhaftes und veraltetes Theater vorzumachen.» Diese Äußerungen stehen im Zusammenhang mit dem Aufkommen des Begriffs «episches Theater»; Brecht bezeichnete damit das Theater der «heutigen Zeit», ein Theater der «neuen Stoffe». Im Sommer 1926 beschaffte er sich Schriften über den Marxismus und begann mit deren mehr oder weniger systematischem Studium. Damit war in der Theorieentwicklung ein entscheidender Schritt auf eine inhaltlich klarere Bestimmung des Theaters hin getan, so diffus diese erste Marxismus-Rezeption auch noch sein mochte.

Brecht bezog in den folgenden Jahrzehnten seine theaterästhetische Reflexion konsequent auf die historische Situation, die er pauschal mit der Formel vom «wissenschaftlichen Zeitalter» umschrieb. Dieses sei geprägt durch die Entwicklungen der Technologie und eine immense Zunahme der Naturbeherrschung, zugleich durch die Fesselung der Produktivkräfte in den kapitalistischen Produktionsverhältnissen. Die Freisetzung aller Produktivkräfte zur Gestaltung eines freieren Lebens der Menschen erschien ihm als das Ziel jeder künstlerischen Betätigung (als Einübung in praktisches und theoretisches Verändern) wie auch der Wissenschaft, mithin auch seines «dialektischen Theaters».

Dialektisches Theater ist zu verstehen aus den beiden aufeinander bezogenen Begriffen, dem Begriff der Historisierung und dem der Dialektik. Brecht verstand unter Historisierung eine erkenntniskritische und zugleich eine ästhetische Methode, die gesellschaftliche Wirklichkeit in ihrer prozeßhaften Struktur zu analysieren und darzustellen. In diesem Sinne meint Historisierung ein aus der materialistischen Dialektik abgeleitetes Erkenntnisverfahren und steht dem Prinzip der Ideologisierung diametral entgegen. Während eine ideologische Betrachtungsweise die dargestellte (gesellschaftliche) Wirklichkeit nicht mit der Perspektive ihrer Veränderbarkeit ausstattet, sondern sie als ‹naturgegeben› erscheinen läßt, entlarvt die Historisierung Ideologien in ihrem Geltungsanspruch dadurch, daß sie das Zustandekommen von Ideologie, ihre historische Bedingtheit aufdeckt. Das Verfahren der ästhetischen Produktion ist hier zugleich ein analytisches, erkenntniskritisches Verfahren. So bilden zum Beispiel die Konstruktionsprinzipien der Bühnenrealität zugleich die Konstitutionsprinzipien der abgebildeten Wirklichkeit ab (vgl. Brechts Anmerkungen zum *Bühnenbau der nichtaristotelischen Dramatik*). Die Begründung dieser Argumentation wurde aus der dialektischen Theorie des Marxismus hergeleitet, die von Brecht streng abgegrenzt wurde von dem, was gemeinhin als Weltanschauung verstanden wird.

Die Gegenwart, die Zeitgeschichte, war für Brecht «das Anwendungsfeld für das Verfahren der dialektischen Historisierung». In der *Neuen Technik der Schauspielkunst* entwickelte er diesen Begriff im Zusammenhang mit der Aufgabe des Schauspielers, die Vorgänge auf der Bühne als «historische», das heißt historisch bedingte und damit veränderbare, darzustellen. Ein Verhalten darf nicht als «schlechthin menschliches», als «unwandelbares» oder, wie Brecht auch sagte, als «immriges» erscheinen: «Es hat durch den Gang der Geschichte Überholtes und Überholbares und ist der Kritik vom Standpunkt der jeweilig darauffolgenden Epoche aus unterworfen.» Als Technik einer produktiven Irritation erhält in diesem Zusammenhang die Verfremdung die Funktion, Situationen, Handlungen oder Figuren als «auffällig» erscheinen zu lassen, scheinbar «Natürliches» in Frage zu stellen. Solcher Destruktion des naturwüchsigen Denkens galten vor allem Brechts Verfremdungen auf der Ebene der Sprachgestaltung. Dieses In-Frage-Stellen erfolgte stets vom Standpunkt des Gesellschaftlichen aus. Dabei ist zu berücksichtigen, daß die damit verbundene Perspektive der Kritik bei Brecht nicht als inhaltlich fixiertes Programm formuliert erschien, sondern infolge des dialektischen Grundansatzes eben nur als Perspektive gegeben war, die die Veränderbarkeit des Bestehenden aus dessen dialektisch-materialistischer Analyse heraus aufzeigte.

An die Stelle der zentralen Kategorien Furcht und Erschütterung innerhalb des Aristotelischen Katharsismodells setzte Brecht beim «dialektischen Theater» Wissensbegierde und Neugier, das heißt verfremdende Darstellung; an die Stelle des Schicksals trat ein praktikables Weltbild, das die Wirklichkeit der menschlichen Praxis zugänglich erscheinen ließ. In dieser Argumentation ist letztlich die moralische Dimension des «dialektischen Theaters» begründet, sein aufklärerischer, vor allem ideologiekritischer Anspruch und der emanzipatorische Sinn der Verfremdung.

Die Brechtsche Theaterarbeit war wesentlich beeinflußt worden durch die Bühnenentwürfe von Caspar Neher (1897–1962), dem Jugendfreund aus der Augsburger Zeit, mit dem Brecht bis zum Ende der zwanziger Jahre, und, nach 1947 erneut aufgenommen, eine enge Arbeitsgemeinschaft verband. Brecht nannte Caspar Neher den «größten Bühnenbauer unserer Zeit».

Neher hatte sich selbst immer wieder zu den theoretischen und praktischen Problemen des Bühnenbaus geäußert; seine Notizen lesen sich wie Kommentare und Weiterführungen der Brechtschen Anmerkungen zur Bühne des «nichtaristotelischen Theaters». Am deutlichsten ist das Nehersche Bühnen-Raum-Konzept entwickelt in dem Beitrag *Der Mensch auf der Scene*; dort heißt es:

«Wenn wir unsere Vorstellung von Raum und unser Verhältnis zu ihm festlegen wollen, so dürften zwei Hinweise genügen. In einen kleinen Raum werden wir gelegt, wenn wir geboren werden, die Wiege, und in einen ebenso schmalen, wenn wir sterben, den Sarg. So zwischen den kleinen Räumen des Lebensanfangs und des Endes hin- und herpendelnd beginnt unser Raumerlebnis sich mit der Erkenntnis in frühen Jahren zu weiten. Der Raum der elterlichen Stube erscheint riesengroß, und diesen Raum meist liegend in mich aufnehmend, d. h. nach oben der Decke zu sich bildend, bedarf es einiger Zeit, sich diesen Raum aus der Waagerechten oder Horizontalen wieder herzustellen. Die Maße verändern sich. Das Gefühl des sich im Raume selbst Befindens wird zur Erkenntnis und allmählich zu festem Wissen.

Von hier ausgehend bilden wir unsere Räume selbst, und unsere Phantasie unterstützt uns, im Schlafe von Räumen zu träumen, deren Unendlichkeit sich verzerrt, um oft zu Schreckbildern langer, nimmer aufhören wollender Gänge zu werden, die wir voll Angst, mit eilenden Schritten durchrasen. So bilden wir durch Phantasie, durch Träume, später mit Hilfe des Wissens und der Erkenntnis unsere Räume. Räume, die bis an die Unendlichkeit reichen. Aber sie scheinen nur bis an die Unendlichkeit zu grenzen. Wir vermögen sie mit Hilfe unserer Organe nicht mehr zu überblicken. Nur eines ahnen wir, daß uns Grenzen gesetzt sind.

Und diese Grenzen versuchen wir mit Hilfe des Wortes, des die Phantasie beflügelnden Wortes zu erreichen. (...) Immer aber bewegen wir uns, so lange wir leben, im Raum. Vielleicht – dies sei als Abschweifung erlaubt – ist darauf unsere Sucht zurückzuführen, den uns von der Schöpfung angeordneten Raum zu verlassen, indem wir andere Räume aufsuchen wollen. Aber wo immer wir sein werden, wir nehmen unseren Raum mit uns» (*C. Neher.* Ausstellungskatalog, S. 3–5).

Die Grundtendenz der Neherschen Bühne ist die Raumintegration. Der aktuelle Spielraum erscheint zwar als klar umrissener, nie aber als geschlossener, versperrter Raum. Er ist als offener Handlungsraum konstruiert, der Durchsichten bietet, Auswege läßt, Zusammenhänge sinnlich erfahrbar macht, der den Akteur nicht vereinzelt. Die Bühne Caspar Nehers ist ein Raum für den Erfahrungen machenden Menschen, zeugt von dessen Geschichte. Der «Mensch in der Szene» wird bei Neher nie überwältigt durch die Monumentalität oder die abweisende Materialität der Bühnenelemente; vielmehr sind diese stets leicht und mobil, als Theaterelemente deutlich kenntlich gemacht, ganz im Brechtschen Sinne: die «handhabbare», veränderbare Bühne als Modell für eine veränderbare, «handhabbare» Welt. Die Bühne wurde als Raum des Schicksals demontiert; solcher Sichtweise kam der Bühnenbauer durch das ironische Spiel mit den Theaterelementen bei: Vorhang und Spielgerüst auf der Bühne verdoppeln die Theatersituation, werden zum ironisch-rhetorischen Gestus, orientiert an der Tradition des großen, volkstümlichen Barocktheaters.

Auswahl der Schriften von Bertolt Brecht
Versuche 1–15, Berlin und Frankfurt 1959 ff.
Schriften zum Theater. Redaktion W. Hecht, 7 Bde. Frankfurt 1969
Gesammelte Werke in 20 Bänden. Frankfurt 1967.

Peter Weiss und das Dokumentartheater der sechziger Jahre

> «Vielleicht käme man weiter, wenn man nicht länger realistisches Theater und absurdes als Gegensätze ausspielte.»
> (Rolf Hochhuth, 1965)

Peter Weiss wurde am 8. November 1916 in Nowawes bei Berlin geboren; sein Vater war Textilfabrikant. 1934 emigrierte die jüdische Familie zunächst nach England, dann nach Prag, wo Weiss von 1936 bis 1938 die Kunstakademie besuchte. 1939 übersiedelte er, nach kurzem Aufenthalt in der Schweiz, nach Schweden; 1945 nahm er die schwedische Staatsbürgerschaft an. Weiss ist verheiratet mit der Bühnenbildnerin Gumilla Palmstierna.

Neben seinen Arbeiten als Maler drehte Weiss einige Experimental- und Dokumentarfilme. Seit 1960 arbeitete er als freier Schriftsteller. Weiss war Mitglied der schwedischen kommunistischen Partei; in der zweiten Hälfte der sechziger Jahre war er einer der profiliertesten Repräsentanten der Protestbewegungen gegen den Vietnam-Krieg und den westlichen Imperialismus. Seine *10 Arbeitspunkte eines Autors in der geteilten Welt* (am 1.9.1965 in «Dagens Nyheter», Stockholm, und am 2.9.1965 in «Neues Deutschland», Ost-Berlin, veröffentlicht) bezeichneten geradezu bekenderisch («Die Richtlinien des Sozialismus enthalten für mich die gültige Wahrheit») und programmatisch für viele linke Intellektuelle das Engagement des politischen Autors und formulierten die Ziele und Methoden seines Kampfes: «Die Aufgabe eines Autors ist hier: immer wieder die Wahrheit, für die er eintritt, darzustellen, immer wieder die Wahrheit unter den Entstellungen aufzusuchen» (*Rapporte 2*, S. 22). Diese Aufgabe machte Weiss zur zentralen Idee seines dokumentarischen Dramas.

Der Durchbruch auf der Bühne gelang ihm 1964 mit dem politischen Schauspiel *Die Verfolgung und Ermordung des Jean Paul Marats ...*; es folgte 1965 *Die Ermittlung. Ein Oratorium in 11 Gesängen*. Dieses Stück basiert auf den Protokollen des Auschwitz-Prozesses, der im Dezember 1963 in Frankfurt eröffnet wurde. Die Befreiungskämpfe in der portugiesischen Kolonie Angola behandelte Weiss in dem Stück *Gesang vom Lusitanischen Popanz* (1966); die Geschichte Vietnams steht im Mittelpunkt *des Diskurses über die Vorgeschichte und den Verlauf des langandauernden Befreiungskrieges in Viet Nam als Beispiel für die Notwendigkeit des bewaffneten Kampfes der Unterdrückten gegen die Unterdrücker sowie über die Versuche der Vereinigten Staaten von Amerika, die Grundlagen der Revolution zu vernichten* (1967). Die Stücke *Trotzki im Exil* (1969) und *Hölderlin* (1972) verarbeiten authentische Dokumente aus der Biographie ihrer historischen Vorbilder. Peter Weiss starb am 10. Mai 1982.

Das Dokumentartheater der sechziger Jahre entwickelte keine neue ästhetische Form, sondern übernahm Strukturmodelle und Bühnenmittel unterschiedlichster Traditionen, insbesondere aus der Praxis des politischen Theaters der zwanziger Jahre. Dennoch erhält das dokumentarische Theater durch die Authentizität seines Inhalts eine besondere Qualität, die den Spielcharakter der ästhetischen Fiktion zwar nicht aufhebt, die Fiktionalität des Stoffes aber doch bricht und den Zuschauer in eine Verbindlichkeit der inhaltlichen Auseinandersetzung zwingt, wie sie die Theatersituation in der Regel nicht fordert. Für den Zuschauer ist ein Ausweichen in die abwiegelnde Vorstellung der Fiktion verstellt; obwohl eindeutig noch Kunsthandlung, also Theater-Spiel, hält sich der Zuschauer, mehr als sonst im Theater, an die Faktizität der Fabel und der Rollen, sieht Theater, wie er sonst wohl eher Zeitung liest oder Nachrichten hört. Der parteiliche Dokumentarismus auf der Bühne – so rasch er sich abnützen mag – erzwingt ein parteiliches Rezeptionsverhalten. Nur weil dies so ist, konnten Stücke wie Hochhuths *Stellvertreter* in den Jahren 1963/64 oder *Die Ermittlung* 1965/66 in der bundesdeutschen Öffentlichkeit, aber auch im Ausland eine so leidenschaftlich und parteilich geführte Diskussion auslösen wie kaum andere Theaterstücke in den letzten Jahrzehnten. Im Dokumentartheater erscheint die Realismusproblematik in ihrer wohl pointiertesten Form. Alle inhaltlichen Momente, jede Rolle sind dem Vergleich mit dem authentischen Vorbild ausgesetzt, der Befragung auf ihre «richtige» Wiedergabe hin. Rolf Hochhuth (geb. 1931) setzt sich – in seiner Antwort (*Das Absurde ist die Geschichte*) auf eine Umfrage der Zeitschrift «Theater heute»: «Wie ist die heutige Welt auf dem Theater darzustellen» – mit diesem Problem auseinander:

«Es ist mir oft geraten worden, mein Stück, da es manche Elemente des Realismus enthält, durch Versetzung seiner Fabel in eine surrealistische Welt oder in eine absurde zu modernisieren. ‹Das Absurdeste, was es gibt› aber ist – nicht das absurde Theater, sondern, laut Goethe, die Geschichte. Er nannte sie voller Ekel einen ‹verworrenen Quark› und lehnte in höheren Jahren ab, sie überhaupt zu betrachten. Und wahrhaftig, ihre Wirklichkeit, die Bethlehemitische oder Nürnberger Kindermord-Gesetze immer wieder auf die Speisekarte des Tatmenschen setzt, läßt sich nicht steigern durch Verlagerung in eine absurde Welt. Ermächtigungsgesetz oder der Verkauf Alaskas, der 20. Juli oder der Verrat des Christentums an den Staat unter Konstantin, das war absurdes Welttheater. (...) Es ist kein Spaß, sich jahrelang damit zu plagen, aus Diplomaten-Rotwelsch und Tagesbefehlen, aus medizinischen Folterprotokollen und aus den Selbstgesprächen der Hoffnungslosen selber eine Sprache, einen Rhythmus herauszumendeln, Dialoge, die stellenweise

dem stumpfsinnigen Vokabular der Fakten bewußt verhaftet bleiben und es ökonomisch einsetzen, ebenso wie das anheimelnde Platt im Munde eines Genickschuß-Spezialisten oder wie alttestamentliches Pathos im Monolog eines Geschändeten. Auch wäre man dann dem Vorwurf entgangen, ‹nur eine Reportage› zu liefern, den der Verfasser eines historischen Dramas schon deshalb von jedem drittklassigen Feuilletonisten hinnehmen muß, weil er pedantisch Quellen studiert und Dokumente eingeblendet hat, ‹Wirklichkeiten› also, die er – um Goethe noch einmal zur Hilfe zu holen – wahrhaftig für ‹genialer› hält als jedes Genie. (Wenn Reportage heute noch Bericht heißt, wie ich dem Lexikon immer geglaubt habe, so werde ich nie begreifen, wieso Reportage nicht mehr sein soll, was sie seit Herodot und Sophokles stets gewesen ist: ein nicht nur legitimes, sondern unentbehrliches Grundelement aller nicht-lyrischen Dichtung.)
Solche ‹Wirklichkeiten› wie das Gutachten eines britischen Luftmarschalls über den Effekt von Flächenbränden in Wohnquartieren; wie Stalins Dialog mit Sikorski über das hokuspokushafte Verschwinden von achttausend polnischen Offizieren; wie der Orgasmus der Wiener beim Einzug ihres Hitler 1938 – und ihre Ernüchterung: sind das nicht Angstträume, Volksmärchen und Parabeln, schon als Rohmaterial so beklemmend wie alles, was wir bei Poe, Grimm und Kafka durchgeschwitzt haben? Picasso, in seinem Guernica-Bild, hat von dem Schrecken der historischen Vorlage nichts eskamotiert, so wenig er sie nur ‹abgemalt› hat: *dieser* Surrealismus ist deshalb legitim, weil er der Wirklichkeit noch in ihrer Demontage und in ihrer Abstraktion verpflichtet bleibt. (...)
Vielleicht käme man weiter, wenn man nicht länger realistisches Theater und absurdes als Gegensätze ausspielte. Unsere Welt, des Absurden so voll, daß man jeden Tag seine Stunde hat, wo man in Gefahr ist, sie überhaupt absurd zu finden, sollte wenigstens als unausschöpfliche Requisitenkammer und als niemals zu überhörende Kontrollinstanz auch dem künftigen Theater dienen, denn mit jeder Entfernung von ihr nimmt das Unverbindliche zu, das Nicht-Gezielte (...)» (*Theater 1963. Chronik und Bilanz eines Bühnenjahres*. Sonderheft von «Theater heute» 1963, 74).

Reportage der Zeitgeschichte, auf dem Theater realistisch ins Spiel gebracht, vermag für Hochhuth deswegen phantastischer, ja absurder als jede ästhetische Fiktion zu sein, weil die Phantasie der großen «Triebtäter der Geschichte» offenbar alles an Erfindungen überbietet, was Poeten sich auszudenken vermögen.
Anders akzentuiert, als es Hochhuth beschreibt, ist das Verhältnis von Dokument und Fiktion bei Heinar Kipphardt (geb. 1922), dessen Schauspiel *In der Sache J. Robert Oppenheimer* in der Spielzeit 1964/65 das erfolgreichste Stück auf den deutschen Bühnen war. Kipphardt wollte in seinem Stück die «Tatsachen unserer Zeit in die Geschichten» aufnehmen (*Spectaculum VII*, S. 363), die das Theater erzählt. Das in einem 3000 Seiten umfassenden Protokoll dokumentierte Untersuchungsverfahren gegen den amerikanischen Atomphysiker sollte in einem «abgekürzten Bild» szenisch dargestellt werden, ohne daß die Wahrheit beschädigt wurde. Kipphardt unterstellte dabei einen Wahrheitsbegriff, der nichts ge-

mein hat mit jener «höheren Wahrheit», auf die hin Geschichte im klassischen Drama stilisiert wurde. Kipphardts Wahrheitsbegriff steht nicht im Widerspruch mit einer Haltung der Parteilichkeit und ist der Forderung Brechts verpflichtet, die Wahrheit auf dem Theater «handhabbar» zu machen. Peter Weiss formuliert in den Notizen zum dokumentarischen Theater lapidar: «Das dokumentarische Theater ist parteilich.»

Auswahl der Schriften von Peter Weiss
Dramen. 2 Bde. Frankfurt 1968.
Rapporte. Bd. 1. Frankfurt 1968.
Rapporte. Bd. 2. Frankfurt 1971.

Augusto Boal

> «Das Theater der Unterdrückten ist immer Dialog: Wir lehren und lernen.»
> (Augusto Boal, 1977)

«Wir riefen von der Bühne hinunter, was draußen verändert werden müsse – draußen, auf der Straße, in den Fabriken, auf den Feldern, im Alltag.» Dies ist die kämpferische Parole, unter der die Theaterarbeit von Augusto Boal steht: politisches Volkstheater, den Kämpfen der Stadtguerillas nahestehend, unter den Bedingungen der Militärdiktaturen Lateinamerikas in einem Land (Brasilien) mit 40 Millionen Analphabeten, wo 40 Prozent aller Kinder sterben, bevor sie das erste Lebensjahr erreicht haben.

Augusto Boal wurde 1931 in Rio de Janeiro geboren. Er studierte zunächst Chemie, dann Theaterwissenschaft an der Columbia-Universität in New York. 1956 gründete er das Teatro de Arena in Sao Paulo, das vornehmlich sozialkritische brasilianische Stücke aufführte. Das Theater Bertolt Brechts galt als das große Vorbild. Boal suchte ständig den Kontakt zu Laienspielgruppen, zur Studentenbewegung und den Volkskulturzentren. Die eigentliche Zielgruppe des Teatro de Arena waren jedoch die Arbeiter in den Stadtrandgebieten von Sao Paulo.

Nach dem Regierungswechsel in Brasilien im April 1964 geriet die Gruppe zunehmend unter den Druck von Zensur und polizeilicher Verfolgung. Boal führte in dieser Zeit immer seltener konventionelle Stücke auf; agitatorisches Straßentheater trat in den Mittelpunkt seiner Arbeit, vornehmlich sein «Zeitungstheater», bei dem die Zuschauer unmittelbar in die Aktion verwickelt wurden, ein Prinzip, das Boal in seiner Arbeit immer mehr perfektionierte.

Im März 1971 wurde Boal «von der brasilianischen Geheimpolizei verschleppt und gefoltert, aufgrund von internationalen Protesten nach drei Monaten wieder auf freien Fuß gesetzt» (H. Thorau, *Augusto Boal*, S. 15). Er ging daraufhin ins Exil nach Argentinien, wo er bis 1976 blieb; dort entwickelte er die Techniken des «Forumtheaters». 1976 übersiedelte Boal nach Portugal. Seit Herbst 1978 arbeitet er als Dozent an der Universität Paris III (Sorbonne Nouvelle). Seine Arbeitsweise machte er in Westeuropa durch eine Anzahl von Workshops (1976 bis 1978) bekannt; seine «Techniken des Theaters der Unterdrückten» wurden von zahlreichen Freien Theatergruppen aufgenommen und weiterentwickelt. Boal schrieb auch einige Theaterstücke.

Auswahl der Schriften von Augusto Boal

Un nuovo teatro per una nuova societa. In: Sipario 25 (1970), Nr. 292/293, 48 ff.

Catégorie du théâtre populaire. In: Travail théâtral (1972), Nr. 6, 3–27.

Ténicas Latinoamericanas de Teatro Popular – und revolución Copernicana al revés. Buonos Aires 1975.

Theater der Unterdrückten. Hrsg. und übers. von M. Spinn und H. Thoran. Frankfurt 1979.

IV
Schauspieler-Theater

Max Reinhardt
Über das ideale Theater (1928)

Wenn ich vom Theater der Zukunft spreche, möchte ich vor allem einmal feststellen, daß ich den *Regisseur* für eine provisorische oder besser vorübergehende Erscheinung in der Weiterentwicklung des Theaters halte.

Den idealen Zustand hätten wir meiner Ansicht nach dann erreicht, *wenn der Bühnenautor auch Schauspieler wäre*, so wie es bei Shakespeare und Molière der Fall war, oder wenn er wenigstens so viel vom Theater verstünde, daß er seine Stücke selbst inszenieren könnte.

Die Tatsache, daß Shakespeare nur mittelmäßiges Bühnentalent nachgesagt wird und daß Molière unzweifelhaft ein hervorragender Schauspieler war, hat dabei nichts zu sagen. Beide kannten das Theater und seine Seele von Grund auf und waren nicht allein imstande, ihre Stücke in Szene zu setzen – nein, sie wußten sie auch auszugestalten und zu verändern, wie die Umstände es gerade verlangten. Sie ließen ihre Stücke erst im Verlauf der Proben richtig wachsen und gegenständlich werden, sie paßten sie den Bedingungen des Theaters, für das sie sie inszenierten, und vor allem den mitwirkenden Schauspielern mit großem Geschick an. Auch, daß Molière seine Stücke für sein eigenes Unternehmen und Shakespeare sie für Burbage schrieb, ist von keinerlei Bedeutung. Die Hauptsache ist, daß die Dichtungen dieser beiden großen Dramatiker für das Theater geschrieben wurden und oft erst auf der Bühne entstanden.

Wenn der Regisseur heutzutage nötig ist, um die Kluft, die zwischen den Autoren und den Interpreten ihrer Werke gähnt, zu überbrücken, so ist das ganz einfach eine Folgeerscheinung der traurigen Tatsache, daß die Bühnenschriftsteller ihr Handwerk nicht verstehen. Sie schreiben ihre Werke in der Einsamkeit ihrer Studierstuben und überlassen es dem Regisseur, ihre toten Stücke in *die lebendige Sprache der Bühne* zu übersetzen. Das geringste, was man von ihnen verlangen könnte, wäre, daß sie wenigstens *selbst* fähig sein müßten, den Schauspielern ihre Gedanken einzuflößen, wenn es schon überhaupt nötig ist, ein Bühnenstück zu übersetzen und lebendig machen zu müssen.

Vor allem sollten sich die Bühnenautoren einmal von dem festeingewurzelten Vorurteil befreien, daß es unter ihrer Würde ist, für das spezifische Talent eines gewissen Schauspielers eine allein für ihn bestimmte Rolle zu schreiben. Das wäre ja gerade der ideale Zustand, und so müßte ein Bühnenschriftsteller immer arbeiten! Er müßte die verschiedenen Rollen den mitwirkenden Schauspielern auf den Leib schreiben. Aber um dieser Aufgabe gewachsen zu sein, muß er eben selbst etwas vom schweren Handwerk der Schauspieler verstehen.

Und wie sieht nun eigentlich die neue Bühne aus, deren Entwicklung der moderne Autor mitmachen und für die er schreiben müßte? Er *müßte* schreiben ... ja, denn leider ist es heute noch nicht so weit, und das neue Theater wächst und entwickelt sich unabhängig vom Schriftsteller und läßt ihn weit hinter sich zurück. Und bevor er sich nicht aufrafft und Anstrengungen macht, die neue Richtung zu verstehen und sich in sie einzuleben, wird er die Bühne der Zukunft auch nicht erobern können.

Mit dieser Bühne ist nicht jener Raum hinter dem viereckigen Ausschnitt, die *Rahmenbühne*, gemeint, die sich zu Ende des achtzehnten und zu Beginn des neunzehnten Jahrhunderts entwickelte. Von der Enge und Abgeschlossenheit, die die Bühnen jener Zeit charakterisieren, hat sich das moderne Theater freigemacht, und wenn wir das Theater der alten Kulturvölker, der Griechen und Römer, betrachten, so sehen wir, daß auch sie keinesfalls hinter einem engbegrenzten viereckigen Ausschnitt spielten. Ihre Theater waren von Künstlern für Künstler gemacht, und das natürliche Verlangen des Schauspielers, gesehen und gehört zu werden, veranlaßt ihn, sein Publikum möglichst dicht um sich herum zu versammeln. So rückte die Bühne Shakespeares nach dem Beispiel der griechischen und römischen Theater immer mehr in die Mitte des Zuschauerraumes vor, bis schließlich der Schauspieler sein Auditorium zu beiden Seiten und vor dem Podium versammelt hatte. Die Erscheinung, daß sich im achtzehnten Jahrhundert die Szene hinter einen

Drehbühnenmodell von Ernst Stern für Max Reinhardts Inszenierung von *Ein Sommernachtstraum*, Berlin 1905 und 1913

Rahmen zurückzog, beruht wohl auf der Tatsache, daß es in jener Zeit keine großen Dramatiker und überhaupt wenig gute Schauspieler gab. Das Schauspiel war damals langsam von Oper und Ballett verdrängt worden, und für beide erwies sich die Rahmenbühne als geeignet und völlig ausreichend. Aber heute, da das Drama seine Wiedergeburt erlebt, beginnt das Szenenbild aus dem engen Rahmen herauszutreten und sich in den Zuschauerraum zu erstrecken.

Und mit der Bühne wird auch der *Schauspieler* wieder in die Mitte des Publikums gerückt, seine Gestalt wird plastisch und erhält drei Dimensionen, während sie auf der Rahmenbühne zweidimensional war und vor dem gemalten Hintergrund nur als Silhouette agierte, wenn sie nicht gar mit ihm in ein undeutliches Ganzes verschwamm. Aber auch das Szenenbild muß, wie der Schauspieler, plastisch werden und Gestalt annehmen. Die Kulissen dürfen nicht länger wie bisher ständig wechselnde Attrappen sein; sie müssen greifbar, gegenständlich und glaubhaft werden.

Der Balkon, von dem aus Shakespeares Julia mit ihrem Romeo spricht, muß ein wirklicher Balkon sein.

Die architektonisch aufgebaute Bühne, die als fest und kompakt errichtetes Ganzes mit wechselndem Szenenbild aufgeführt wird, muß die Flächenszenerie mit ihrer Aufeinanderfolge gemalter Kulissen verdrängen.

Aber es kommt nicht allein darauf an, die Bühne in den Zuschauerraum vorzurücken und die Kulissen gegenständlich zu machen, sondern auch die ganze überlebte Tradition, daß Bühne und Zuschauerraum zwei voneinander streng getrennte Reiche sind, muß ausgemerzt werden. Jede Möglichkeit, den Schauspieler in innige Berührung mit seinem Auditorium zu bringen, muß wahrgenommen werden. Der Zuschauer darf nicht den Eindruck haben, daß er bloß ein unbeteiligter Außenstehender sei, sondern man muß ihm die Suggestion aufoktroyieren, daß er in innigem Zusammenhang mit dem, was auf der Bühne vorgeht, steht, und daß auch er seinen Teil an der Entwicklung der Vorgänge hat. *Ebenso muß der Vorhang verschwinden.* Die Schauspieler sollten, wenn immer es nur möglich ist, durch den Zuschauerraum auftreten. Auch muß der Zuschauerraum oder wenigstens ein Teil von ihm in Übereinstimmung mit der Bühne dekoriert werden.

Sicherlich wird auch die Rahmenbühne fortbestehen. Denn man wird sie immer für einzelne Theaterstücke großer Schriftsteller, die ihre Werke nur für diese Bühne schrieben, brauchen. Aber die Rahmenbühne ist nicht die Bühne der Zukunft und der Dramatiker der Zukunft wird seine Schauspiele nicht für einen so beschränkten Raum schreiben.

Ich glaube nicht, daß den Schauspielen, die vor 30 Jahren aktuell waren und die man «soziale Dramen» nannte, ein langes Leben beschieden sein kann. Auch die sogenannten «Ideen-Dramen», die vor ungefähr 15 Jahren so sehr in Mode kamen, werden nicht mehr lange ihr Publikum finden. Sicher werden die Werke, die der Genius eines Ibsen einerseits und der überragende Geist eines Bernard Shaw andererseits schufen, noch lange über die Bühnen gehen. Aber das moderne Schauspiel wird weder das «soziale» noch das «Ideen-Drama» sein.

Ich wurde neulich gefragt, ob die Stilbühne im Theater der Zukunft eine große Rolle spielen wird. Meiner Ansicht nach hängt das ganz vom Autor ab. Wenn der Schriftsteller weiter auf seiner Meinung beharrt, daß die Gestalten seines Stückes eine Menge trivialer und – was noch ärger ist – dramatisch irrelevanter Dinge tun und sagen müssen, um eine realistische Atmosphäre zu schaffen, so wird es ganz unmöglich sein, sein Stück stilisiert zu inszenieren. Wenn der Regisseur ein Theaterstück mit «Stil» inszenieren soll, so muß vor allem erst einmal der Schriftsteller Stil haben und seine Stücke von all den überflüssigen Details einer falschen Realistik, die nichts mit der künstlerischen Wirklichkeit zu tun hat, reinigen.

Rede über den Schauspieler (1929)

Das Theater ringt heute um sein Leben. Nicht so sehr aus wirtschaftlicher Not, die allgemein ist. Es krankt vielmehr an der Armut des eigenen Blutes. Weder durch die literarische Nahrung, die ihm lange fast ausschließlich zugeführt wurde, noch durch rein theatralische Rohkost ist ihm aufzuhelfen.

Die Gegenwart hat eine verschwenderische Fülle starker Schauspieler auf den Sand geworfen. Noch stehen sie in wunderbarer Blüte. Aber das einzig belebende Element theatralischer Dichtung sickert dünn und unsere wahrhaft dramatische Zeit spiegelt sich nur schwach in ihr. Die menschliche Schöpferkraft strömt jetzt durch andere Betten. Im Augenblick. Aber wir leben in diesem Augenblick.

Das Heil kann nur vom Schauspieler kommen, denn ihm und keinem anderen gehört das Theater. Alle großen Dramatiker waren geborene Schauspieler, gleichviel, ob sie diesen Beruf auch tatsächlich ausübten. Shakespeare ist der größte und ganz unvergleichliche Glücksfall des Theaters. Er war Dichter, Schauspieler und Direktor zugleich. Er malte Landschaften und baute Architekturen mit seinen Worten. Er hat es dem Schöpfer am nächsten getan. Er hat eine zauberhafte, vollkommene Welt geschaffen: die Erde mit allen Blumen, das Meer mit allen Stürmen, das Licht der Sonne, des Mondes, der Sterne; das Feuer mit allen Schrecken und die Luft mit allen Geistern, und dazwischen Menschen. Menschen mit allen Leidenschaften, Menschen von elementarer Großartigkeit und zugleich von lebendigster Wahrheit. Shakespeares Allmacht ist unendlich, unfaßbar. Er war Hamlet und König Claudius, Ophelia und Polonius in einer Person. Othello und Jago, Falstaff und Prinz Heinz, Shylock und Antonio, Zettel und Titania und das ganze Gefolge von lustigen und traurigen Narren lebte in seinem Innern. Sie sind alle Teile seines unerforschlichen Wesens. Er selbst schwebt wie eine Gottheit darüber.

Das Theater kann, von allen guten Geistern verlassen, das traurigste Gewerbe, die armseligste Prostitution sein. Aber die Leidenschaft, Theater zu schauen, Theater zu spielen, ist ein Elementartrieb des Menschen. Und dieser Trieb wird Schauspieler und Zuschauer immer wieder zum Spiel zusammenführen und jenes höchste, alleinseligmachende Theater schaffen. Denn in jedem Menschen lebt, mehr oder weniger bewußt, die Sehnsucht nach Verwandlung.

Wir alle tragen die Möglichkeiten zu allen Leidenschaften, zu allen Schicksalen, zu allen Lebensformen in uns. «Nichts Menschliches ist uns fremd.» Wäre das nicht so, wir könnten andere Menschen nicht verstehen, weder im Leben noch in der Kunst. Aber Vererbung, Erziehung, individuelle Erlebnisse befruchten und entwickeln nur wenige von den tausend Keimen in uns. Die anderen verkümmern allmählich und sterben ab.

Das bürgerliche Leben ist engbegrenzt und arm an Gefühlsinhalten. Es hat aus seiner Armut lauter Tugenden gemacht, zwischen denen es sich recht und schlecht durchzwängt.

Der normale Mensch empfindet gewöhnlich einmal im Leben die ganze Seligkeit der Liebe, einmal den Jubel der Freiheit, er haßt einmal gründlich, er begräbt einmal mit tiefem Schmerz ein geliebtes Wesen und stirbt am Ende einmal selbst. Das ist zu wenig für die uns eingeborenen Fähigkeiten, zu lieben, zu hassen, zu jubeln, zu leiden.

Wir turnen täglich, um unsere Muskeln, unsere Glieder zu stärken, damit sie nicht einschrumpfen. Aber unsere seelischen Organe, die doch für eine lebenslängliche Arbeit geschaffen sind, bleiben ungebraucht und verlieren daher mit der Zeit ihre Leistungsfähigkeit. Und doch hängt unsere seelische, geistige, ja sogar unsere körperliche Gesundheit auch von der unverminderten Funktion dieser Organe ab. Wir spüren unverkennbar, wie ein herzliches Gelächter uns befreien, ein tiefes Schluchzen uns erleichtern, ein Zornesausbruch uns erlösen kann. Ja, wir suchen oft mit unbewußter Begierde solche Ausbrüche.

Unsere Erziehung freilich arbeitet dem entgegen. Ihr erstes Gebot heißt: Du sollst verbergen, was in dir vorgeht. So entstehen die sattsam bekannten Verdrängungen, die Zeitkrankheit der Hysterie und am Ende jene leere Schauspielerei, von der das Leben voll ist.

Wir haben uns auf eine Reihe allgemeingültiger Ausdrucksformen geeinigt, die zur gesellschaftlichen Ausrüstung gehören. Diese Rüstung ist so steif und eng, daß eine natürliche Regung kaum mehr Platz hat. Wir haben ein oder zwei Dutzend billiger Phrasen für alle Gelegenheiten. Wir haben gebrauchsfertige Mienen der Teilnahme, der Freude, der Würde und das stereotype Grinsen der Höflichkeit. Bei Hochzeiten, Kindestaufen, Begräbnissen wird aus Händeschütteln, Verbeugungen, Stirnrunzeln, Lächeln ein gespenstisches Theater gemacht, dessen Gefühlsleere erschreckend ist.

Der gesellschaftliche Kodex hat selbst den Schauspieler, also den berufsmäßigen Gefühlsmenschen, korrumpiert. Wenn man Generationen zur Unterdrückung der Gemütsbewegungen erzieht, bleibt schließlich nichts mehr, was zu unterdrücken oder gar zu erlösen wäre.

Die Natur verleiht jedem Menschen ein besonderes Gesicht. Es gibt ebensowenig zwei Menschen, die einander vollkommen gleichen, wie es an einem Baum zwei Blätter von absoluter Kongruenz gibt. Aber im schmalen Flußbett des bürgerlichen Lebens, vom Alltag hin und her gestoßen, werden die Menschen schließlich so abgeschliffen wie runde Kieselsteine. Einer sieht wie der andere aus. Sie bezahlen diesen Schliff mit ihrer persönlichen Physiognomie.

In den Kindern spiegelt sich das Wesen des Schauspielers am reinsten wider. Ihre Aufnahmefähigkeit ist beispiellos, und der Drang zu gestalten, der sich in ihren Spielen kundgibt, ist unbezähmbar und wahrhaft schöpferisch. Sie wollen die Welt noch einmal selbst entdecken, selbst erschaffen. Sie sträuben sich instinktiv dagegen, die Welt durch Belehrung in sich aufzunehmen. Sie wollen sich nicht mit den Erfahrungen anderer vollstopfen. Sie verwandeln sich blitzschnell in alles, was sie sehen, und verwandeln alles in das, was sie wünschen. Ihre Einbildungskraft ist zwingend. Das Sofa hier? Eisenbahn: schon knattert, zischt und pfeift die Lokomotive, schon sieht jemand beglückt durch das Coupéfenster die zauberhaftesten Landschaften vorbeifliegen, schon kontrolliert ein strenger Beamter die Fahrkarten, und schon ist man am Ziel; ein Gepäckträger schleppt keuchend ein Kissen ins Hotel, und da saust bereits der nächste Sessel als Automobil geräuschlos dahin, und die Fußbank schwebt als Flugzeug durch alle sieben Himmel.
Was ist das? Theater, idealstes Theater und vorbildliche Schauspielkunst. Und dabei das klare, immer gegenwärtige Bewußtsein, daß alles nur Spiel ist, ein Spiel, das mit heiligem Ernst geführt wird, das Zuschauer fordert, Zuschauer, die stumm ergeben und andächtig mitspielen. Dasselbe ist beim Schauspieler der Fall. Es ist ein Märchen, daß der Schauspieler jeden Zuschauer vergessen könnte. Gerade im Augenblick der höchsten Erregung stößt das Bewußtsein, daß Tausende ihm mit atemloser, zitternder Spannung folgen, die letzten Türen zu seinem Inneren auf.
In der frühesten Kindheit des Menschen ist die Schauspielkunst entstanden. Der Mensch, in ein kurzes Dasein gesetzt, in eine dicht gedrängte Fülle verschiedenartigster Menschen, die ihm so nahe und doch so unfaßbar fern sind, hat eine unwiderstehliche Lust, sich im Spiel seiner Phantasie von einer Gestalt in die andere, von einem Schicksal ins andere, von einem Affekt in den anderen zu stürzen. Die ihm eingeborenen, aber vom Leben nicht befruchteten Möglichkeiten entfalten dabei ihre dunklen Schwingen und tragen ihn weit über sein Wissen hinaus in den Mittelpunkt wildfremder Geschehnisse. Er erlebt alle Entzückungen der Verwandlung, alle Ekstasen der Leidenschaft, das ganze unbegreifliche Leben im Traum.
Wenn wir nach dem Ebenbilde Gottes erschaffen sind, dann haben wir auch etwas von dem göttlichen Schöpferdrang in uns. Deshalb erschaffen wir die ganze Welt noch einmal in der Kunst, mit allen Elementen, und am ersten Schöpfungstage, als Krone der Schöpfung, erschaffen wir den Menschen nach unserem Ebenbilde.
Ich glaube an die Unsterblichkeit des Theaters. Es ist der seligste Schlupfwinkel für diejenigen, die ihre Kindheit heimlich in die Tasche gesteckt und sich damit auf und davon gemacht haben, um bis an ihr Lebensende weiterzuspielen.

Die Schauspielkunst ist aber zugleich die Befreiung von der konventionellen Schauspielerei des Lebens, denn: nicht Verstellung ist die Aufgabe des Schauspielers, sondern Erfüllung.

Wir können heute über den Ozean fliegen, hören und sehen. Aber der Weg zu uns selbst und zu unseren Nächsten ist sternenweit. Der Schauspieler ist auf diesem Weg. Mit dem Licht des Dichters steigt er in die noch unerforschten Abgründe der menschlichen Seele, seiner eigenen Seele, um sich dort geheimnisvoll zu verwandeln und, Hände, Augen und Mund voll von Wundern, wieder aufzutauchen.

Er ist Bildner und Bildwerk zugleich; er ist Mensch an der äußersten Grenze zwischen Wirklichkeit und Traum, und er steht mit beiden Füßen in beiden Reichen.

Die autosuggestive Kraft des Schauspielers ist so groß, daß er nicht nur innere seelische, sondern ohne technische Hilfsmittel tatsächlich auch äußere körperliche Veränderungen hervorzubringen vermag. Und wenn man an jene vielbesprochenen Wunder denkt, die sich zu allen Zeiten und an vielen Orten ereignet haben, wo einfache Menschen die Passion mit so starker Einbildungskraft erlebten, daß ihre Hände und Füße Wunden aufwiesen und daß sie wirklich blutige Tränen weinten, so kann man ermessen, in welch rätselhafte Gebiete die Schauspielkunst führen kann. Es ist dies derselbe Prozeß, den Shakespeare beschreibt, wenn er sagt, daß der Schauspieler sichtlich Miene, Gestalt, Haltung, das ganze Wesen verändern und um ein fernes oder erdichtetes Schicksal weinen – und weinen machen kann.

Aus: Max Reinhardt: Schriften. Hrsg. von Hugo Felting. Berlin (Henschel) 1974, S. 341–344, 324–327.

Alexander I. Tairow
Das entfesselte Theater (1923)

[...]

Das szenische Gebilde ist eine aus der schöpferischen Phantasie des Schauspielers geborene Synthese von Emotion und Form.
Die gesättigte Form eines szenischen Gebildes kann nur durch ein neues, synthetisches Theater geschaffen werden, da das naturalistische Theater

nur eine ungeformte physiologische Emotion und die Stilbühne nur eine unerfüllte äußere Form geboten hat.

Das erste Elemente, das Element des Suchens nach dem szenischen Gebilde, unterliegt keinen bestimmten Regeln und läßt sich in kein System fassen. Es ist ein tief individualistisches Element, das sich bei jedem Schauspieler anders kund tut. Das Geheimnis des ersten Aufkeimens eines szenischen Gebildes ist ebenso wunderbar und unmitteilbar wie das Geheimnis des Lebens und des Todes.

Gelänge es, dieses Geheimnis aufzudecken, analytisch zu zergliedern und wieder zusammenzusetzen, so stürbe die Kunst: sie würde aus einem schöpferischen Akt zu einem analytischen. Doch wie es niemals gelingen kann, in den Retorten der Chemiker einen Menschen zu erzeugen, ebensowenig vermag ein chemischer mechanischer Prozeß jemals den schöpferischen Vorgang zu ersetzen.

Natürlich kann und soll der Spielleiter dem Schauspieler bei diesem Prozeß behilflich sein. Er muß aber mit der äußersten Vorsicht vorgehen und sich feinfühlig der Individualität des Schauspielers anpassen. Denn nicht nur, daß verschiedene Schauspieler diesen Prozeß auf verschiedene Weise durchmachen – auch ein und derselbe Schauspieler schlägt auf der Suche nach verschiedenen szenischen Gebilden oft diametral entgegengesetzte Wege ein. Und wenn ihm in einem Falle eine pantomimische Inangriffnahme behilflich sein kann, das Gesuchte zu finden, so entzündet er sich

Alexander Tairow: Szenenbild aus *Prinzessin Brambilla* nach E. T. A. Hoffmann, Moskau 1920

ein anderes Mal an klanglichen Vorstellungen, ein drittes Mal an einer plötzlichen inneren Erregung usw. usw.

Nur wenn der Schauspieler das Gebilde in seinem Innern erfaßt hat, kann die sogenannte Arbeit an den Rollen beginnen, die sich als das zweite Grundelement des schauspielerischen Schaffens erweist und schon bedeutend leichter ist. Denn diese Arbeit läßt sich in bestimmter Weise regeln und unterliegt einer planvollen Gesetzmäßigkeit, die in der Einfügung des szenischen Gebildes in das Gesamtgebilde des aufzuführenden Werkes zutage tritt. In diesem Prozeß des Zusammenstoßes mit dem gesamten Szenarium und mit den anderen handelnden Personen gießt sich das vom Schauspieler erfühlte szenische Gebilde in die ihm entsprechende sichtbare und präzise Form und vollendet so den schöpferischen schauspielerischen Vorgang.

Von diesem Augenblick kann das szenische Gebilde als vollendet angesehen werden, und der Schauspieler, der es beherrscht, vermag jetzt *mühelos eine beliebige ihm angebotene Rolle im gegebenen Gebilde zu übernehmen*.

Mit anderen Worten: Der Schauspieler erobert sich von neuem jene selbstherrliche Theaterkunst, die so intensiv in den Darstellern der *Commedia dell'arte* lebendig war.

Bei einer solchen Folgerichtigkeit der Arbeit wird es dem Schauspieler leichtfallen, die zum Spiel notwendigen Emotionen zu finden, ohne in Gefahr zu geraten, weil sie «lebenswahr» werden, d. h. daß sie ihre Kräfte aus einer eigenen erlebten Vergangenheit oder aus dem Erleben des ihm Nahestehenden saugen. Das sind dann die rechten Emotionen, die das gegebene szenische Gebilde schöpferisch umwandeln.

Derartige Emotionen werden nicht nach physiologischem Schweiß riechen, und ihre Wirkung auf den Zuschauer wird eine andersartige sein als die Wirkung des berühmten «Erlebens».

Es wird eine künstlerische Wirkung in der ästhetischen Sphäre sein, die den Zuschauer in Verzückung, in Tränen versetzen kann, aber im selben Sinne, wie ihn die Statuen des Praxiteles und das Requiem Mozarts entzücken und zu Tränen rühren.

[...]

Die innere Technik des Schauspielers besteht in der Entwicklung seines schöpferischen Willens und seiner schöpferischen Phantasie, in der Fähigkeit, mit ihrer Hilfe ein beliebiges szenisches Gebilde hervorzuzaubern und die notwendigen Emotionen zu beherrschen.

Der Weg zu dieser Technik führt in der Hauptsache über die *Improvisation*.

Die Improvisation schließt eine endlose Reihe von Übungen ein, die den schöpferischen Willen disziplinieren, die Phantasie entwickeln usw.

Zwei Gruppen von Übungen möchte ich unterschieden wissen, denn die Improvisation wird auch im naturalistischen Theater und auf der Stilbühne angewandt.

Ich spreche von den Übungen in Hinsicht auf das «Objekt» und in Hinsicht auf die «Emotion».

Das naturalistische Theater lehrt, das Objekt im Umkreis der Bühne (das innere Objekt, den Partner, die Gegenstände) zu beherrschen, und schließt den Zuschauerraum als Objekt absichtlich aus.

Die Stilbühne wiederum ignoriert den Partner als Objekt und wendet sich ausschließlich an den Zuschauerraum.

Unser neues Theater muß diese beiden Objekte synthetisch verschmelzen: mit seinem Partner verbunden, muß der Schauspieler gleichzeitig empfinden, daß er vor einem Zuschauerraum und nicht vor der vierten Wand des Naturalismus spielt.

Die Improvisation im synthetischen Theater soll zur Beherrschung dieses Doppelobjektes durch den Schauspieler führen.

Und was die Emotionsübungen betrifft, so wird durch sie zu erreichen versucht, daß die Emotion sich nicht aus sich selber gebiert, sondern im Zusammenhang mit diesem oder jenem szenischen Gebilde entsteht. Nur unter dieser Bedingung verwandelt sie sich aus einem naturalistischen Erleben in eine schöpferische, in der Kunstsphäre liegende Erscheinung.

[...]

Wir wissen, daß die Blütezeiten des Theaters dann eintraten, wenn das Theater auf geschriebene Stücke verzichtete und sich seine eigenen Szenarien schuf.

Zweifellos wird das von uns ersehnte Theater, an dessen Verwirklichung wir arbeiten, früher oder später ebenfalls dazu gelangen.

Schon jetzt läßt sich das durch einige von uns angestellte Versuche, von denen ich später erzählen werde, beweisen.

Doch damit das Theater seine eigenen Szenarien schaffen und verwirklichen kann, muß der neue Typus des Meisterschauspielers entstehen, der seine Kunst bis zur Vollendung beherrscht; denn dann geht das ganze Schwergewichtszentrum auf ihn und auf seine in sich selbst ruhende Kunst über; es ist notwendig, daß die ganze Schauspielergenossenschaft aus solchen Meisterschauspielern besteht, die durch eine gemeinsame Schule und eine einheitliche Theaterkultur schöpferisch miteinander verbunden sind.

[...]

Das Verhältnis des Theaters zur Literatur besteht also darin, daß es sie auf seiner gegenwärtigen Entwicklungsstufe als *Material* benutzt.

Nur ein derartiges Verhältnis ist ein echt theatralisches, denn sonst hört das Theater unweigerlich auf, als auf sich selbst gestellte Kunst zu existieren, und verwandelt sich in einen besseren oder schlechteren Diener der

Literatur, in eine Grammophonplatte, die die Ideen des Autors wiedergibt.

[...]

Wir müssen indessen daran festhalten, daß die Wege des Theaters als einer autonomen Kunst auf einer anderen Ebene liegen und anderen Zielen zustreben.

Es sind die Wege der *Theatralisierung des Theaters*.

Das sollten die Ideologen der kultischen Verbundenheit, die von einer falschen Anschauung des Theaters ausgehen, endlich begreifen.

Die Rolle des Zuschauers im Theater ist allerdings eine andere, als er sie in den anderen Künsten spielt: in jeder anderen Kunst empfängt der Zuschauer das schon vollendete Werk, nachdem der schöpferische Prozeß bereits abgeschlossen ist und das Werk sich von seinem Schöpfer losgelöst hat, um als selbständiger künstlerischer Organismus weiterzuleben.

In der Malerei steht der Zuschauer einem fertigen Bilde gegenüber, und der Maler und sein schöpferischer Prozeß gehen ihn im Grunde genommen nichts an. In der Bildhauerei hat er es mit dem fertigen Bildwerk zu tun, in der Architektur mit dem vollendeten Dom oder Schloß usw. Nur im Theater wohnt der Zuschauer dem unmittelbaren Schöpfungsprozeß des Schauspielers gleichsam als Zeuge bei.

Und gerade dieser Umstand, daß die Werke des Theaters mit dem Aufgehen des Vorhanges gleichsam erst zu entstehen und mit seinem Fallen wieder zu vergehen scheinen, daß der Zuschauer dem Schöpfungsprozeß beiwohnen muß und nicht erst seine Vollendung abwarten kann – gerade dieser Umstand ist es, der dem Zuschauer im Theater eine andere Rolle zuweist als in den anderen Künsten.

Hier verbirgt sich aber auch zweifellos ein Mißverständnis, das erst dann zutage tritt, wenn man tiefer unter die trügerische Oberfläche des äußeren Anscheins dieser Tatsache eindringt.

Denn trotz alledem muß, wenn die Aufführung vor den Zuschauer gelangt, die ganze schöpferische Arbeit des Theaters ihrem Wesen nach längst abgeschlossen sein.

Der schöpferische Prozeß des Theaters besteht ja bekanntlich in allen jenen vorbereitenden Arbeiten – dem Entwurf des Szenariums, dem Schaffen der szenischen Gebilde und Gestalten, dem Auffinden des besonderen Rhythmus der jeweiligen Aufführung, der Gestaltung ihrer szenischen Atmosphäre, den zahllosen Schmink-, Kostüm-, Beleuchtungs-, Dekorations- und Bühnenproben, die so lange andauern, bis das ganze kollektive Werk vollendet ist.

Wenn also die Aufführung vor den Zuschauer gelangt, so ist sie ein fertiges, abgeschlossenes, selbständiges Theaterkunstwerk (was natürlich nicht heißen soll, daß der Schauspieler das von ihm geschaffene Gebilde nur mechanisch wiedergibt: nein, die Freude und der Fluch seiner Kunst liegt darin, daß er in jeder Vorstellung die allzu vergänglichen Formen neu zu bauen hat; das aber ist kein Produktionsprozeß mehr, sondern ein schöpferischer Reproduktionsprozeß).

Der Unterschied zu den übrigen Künsten besteht bloß darin, daß die Theaterkunst – ihrem Material und ihrer dynamischen Wesenheit zufolge – nicht statisch, sondern nur dynamisch aufgenommen werden kann, daß jede im Handlungsfeuer einer Aufführung verbrannte Form immer eine neue Form aus sich entstehen läßt, die ihrerseits ebenfalls unterzugehen bestimmt ist usw. *Um in Erscheinung treten zu können, erfordert sie die Anwesenheit des Zuschauers im Augenblick ihrer dynamischen Selbstoffenbarung – und nicht später.*

Es ist aber fehlerhaft, anzunehmen, daß die Theaterkunst ohne den Zuschauer undenkbar sei, daß nur der Zuschauer dem Schauspieler den notwendigen Impuls verleihe.

Wir alle wissen, daß es während des Arbeitsprozesses zu so begeisterten Proben kommt, daß keine spätere Aufführung sich mit ihnen messen kann.

Und auch die Aufführung selbst hört durchaus nicht auf, ein Kunstwerk zu sein, wenn der Zuschauer fehlt, ebenso wie auch eine schöne Statue ein Kunstwerk bleibt, auch wenn ihr Schöpfer sie verschlossen hält.

Nur die besonderen Eigenschaften des *Materials* der Theaterkunst, die Hinfälligkeit und rasche Vergänglichkeit des menschlichen Körpers, setzen ihr gewisse zeitliche Grenzen, so daß ein vollendetes Bühnenkunstwerk, wenn es nicht unbekannt bleiben will, sofort vor den Zuschauer treten muß und nicht erst nach Jahren. Des Zuschauers bedarf es aber durchaus nicht als eines aktiven, sondern nur als eines empfangenden Elementes.

Wenn dem aber so ist, so muß dem Zuschauer im Theater die gleiche Rolle zugewiesen werden wie auch in den anderen eigenwertigen Künsten.

Er muß Zuschauer bleiben und darf nicht mitwirken.

Deshalb gilt es, ein für allemal auf all jene Restaurierungsversuche zu verzichten, die die Herren Neuerer in der letzten Zeit mit dem heutigen Theater angestellt haben.

Wenn Brücken über das Orchester gebaut werden, geschminkte Schauspieler durch das Parkett stürmen oder von der Bühne sich ins Parkett begeben, so wird dadurch keine kultische Handlung, sondern nur Chaos und Unsinn geschaffen. Der Zuschauer bleibt dabei, zum Glück, taktisch immer noch Zuschauer; aber geschminkte und kostümierte Statisten, die inmitten des Publikums auftauchen, beleidigen das Theater und verwandeln es in eine widerkünstlerische Singspielhalle.

Und deshalb: Es lebe die Rampe!

Es lebe die Rampe, die die Bühne vom Zuschauerraum trennt, denn die

Bühne ist eine komplizierte und schwierige Klaviatur, die nur der Meisterschauspieler zu beherrschen versteht – und der Zuschauerraum ist *das für den aufnehmenden Zuschauer bestimmte Amphitheater*.

Dem Zuschauer einen anderen Platz zuzuweisen, die Bühne in ein «niederes, altarartiges Podest» zu verwandeln, «das man in der Ekstase leicht erstürmen kann, um am Kult teilzunehmen», wie Meyerhold schreibt – das heißt, sich dem Theater gegenüber reaktionär verhalten, das heißt, den Versuch machen, es vom Niveau einer autonomen Kunst, das es im Laufe seiner langen Entwicklung erreicht hat, wieder zurückzubringen.

Wenn ich «Es lebe die Rampe!» rufe, so will ich indessen damit nicht sagen, daß ich die heutige Rampe mit ihrem flachen Licht anerkenne und daß ich mit jenem Bühnenguckkasten einverstanden bin, in dem, dank der traditionellen Theaterarchitektur, so viele schöne und kühne Absichten zu scheitern verurteilt sind. In Verbindung mit der neuen Gestaltung des Bühnenbodens muß auch das ganze Theatergebäude umgebaut werden.

Wir haben schon die ersten Versuche in dieser Richtung angestellt.

Wie man aber auch das Theatergebäude umgestalte – jene unsichtbare Rampe, die ich meine, muß erhalten bleiben. Denn nicht darum haben wir die Losung der Theatralisierung des Theaters, die Losung der eigenwertigen schauspielerischen Meisterschaft ausgegeben und das Joch der Literatur und Malerei abgeschüttelt, um unter das Joch des Zuschauerraumes zu geraten.

Welche Rolle weise ich nun aber nach alledem dem Zuschauer im Theater zu?

Ich wünsche natürlich nicht, daß er sich zum Theater wie zum wirklichen Leben verhalte. Ich wünsche aber ebenfalls nicht, daß der Zuschauer, wie Meyerhold im Widerspruche zu sich selbst schreibt, «keinen Augenblick vergessen dürfe, daß es ein Schauspieler sei, der vor ihm spiele». (Wie könnte der Zuschauer dann «in der Ekstase zum Altar stürmen, um am Kult teilzunehmen»?)

Nein, ich verspüre nicht die geringste Neigung, jenem Hoffmannschen vervollkommneten Maschinisten zu gleichen, der den Zuschauer unweigerlich auf den Kopf schlägt, sobald er vergißt, daß er im Theater ist.

Der Zuschauer soll zwar keinen aktiven Anteil am Bühnenkunstwerk haben, er soll es aber *schöpferisch* aufnehmen. Und wenn er auf den Flügeln der durch die Theaterkunst erregten Phantasie die Wände durchbricht und in das Wunderland Urdar getragen wird, so wünsche ich ihm beseligt eine glückliche Reise.

Ich wünschte nur, daß der Zauberteppich, der ihm zu dieser Reise dient, die *schöne Kunst des Schauspielers* sei – und nicht der Illusionierung einer Ausstattungsfeerie oder einer *Laterna magica*, die dem Theater ebenso wesensfremd sind wie die Illusionen der Wirklichkeit. [...]

Theater ist Theater.
Diese einfache Wahrheit sollte endlich eingesehen werden.
Die Stärke des Theaters liegt im Dynamismus der szenischen Handlung.
Der Handelnde ist der Schauspieler.
Seine Stärke ist seine Meisterschaft.
Die Meisterschaft des Schauspielers ist der höchste, echte Inhalt des Theaters.
Die emotionelle Erfülltheit der Meisterschaft ist der Schlüssel zu ihrem Dynamismus.
Das szenische Gebilde ist Form und Wesenheit ihres Ausdrucks.
Der Rhythmus ist ihr organisches Prinzip.
Und noch einmal: Theater ist Theater.
Der einzige Weg, der dahin führt, daß diese scheinbare Selbstverständlichkeit einst eine frohe Erfüllung finde, ist – die *Theatralisierung des Theaters*.

Aus: Alexander I. Tairow: Das entfesselte Theater (Neudruck der Ausgabe von 1923). Köln/Berlin (Kiepenheuer & Witsch) 1964, S. 98–100, 102–103, 123, 124, 173–177, 178.

Konstantin S. Stanislawski
Die Arbeit des Schauspielers an der Rolle

1. Der Weg zum «körperlichen Leben der Rolle»
[...]
Meine Methode beruht darauf, die *inneren* und *äußeren* Vorgänge miteinander zu verbinden und das Gefühl für die Rolle durch das *physische Leben des menschlichen Körpers* hervorzurufen. [...]
[...]
«Ich komme auf das zurück, womit wir begonnen und um dessentwillen wir den letzten Versuch unternommen haben, das *körperliche Leben* Ihrer Rollenfigur zu schaffen; nämlich: welche neuen Wege und Verfahren sind für die höchstmöglich natürliche, unmittelbare, intuitive und innere Behandlung des Stückes und der Rolle zu suchen?
Bemühen Sie sich, aus dem, was wir uns soeben in der Praxis angeeignet haben, die theoretische Seite abzuleiten, zu erkennen. Das Grundprinzip ist verständlich und nicht neu: Wenn die Rolle sich nicht von selbst, aus dem Innern und aus der Seele heraus *einlebt*, so gehen Sie vom Äußeren, also vom Körper aus an sie heran.

Das Schema des *körperlichen Lebens* ist nur ein Anfang. Das Wichtigste haben wir noch vor uns, nämlich das Ausloten der großen Tiefen, wo schon *das geistige Leben* im Menschen der Rolle entsteht, das zu gestalten eine der wichtigsten Aufgaben unserer Kunst ist. Jetzt ist diese Aufgabe sehr viel besser vorbereitet und ihre Lösung sehr erleichtert. Wenn man ohne Vorbereitung und Stütze versucht, ein Gefühl zu empfinden, dann ist es schwer, es in seiner ganzen Zartheit einzufangen. Aber jetzt, so Sie eine Stütze, und zumal eine so feste haben, wie die physisch empfundene des *körperlichen Lebens*, hängen Sie nicht mehr in der Luft, sondern gehen auf einem festen *gewalzten* Weg, von dem Sie nicht abweichen können.

Das Wissen um das *Leben des Körpers* ist ein herrlicher fruchtbarer Boden, auf dem alles eine fühlbare materielle Begründung findet. Die auf diesem Boden begründeten Handlungen fixieren die Rolle am besten, denn es ist leicht, hier die kleine oder große Wahrheit zu finden, die auch den Glauben an alles, was wir auf der Bühne tun, hervorruft. Ich brauche nicht nochmals über die Bedeutung der *Wahrheit und des Glaubens* im Schaffensprozeß zu sprechen. Sie wissen, was für ein *Lockvogel* beides für das Gefühl ist.

Ich erinnere Sie lieber daran, daß das *körperliche Leben* der Rollengestalt auch noch deshalb wichtig ist, weil es mit der Linie des Gefühls unzertrennlich verbunden ist. Wenn der Künstler sich physisch richtig eingelebt hat, muß das Gefühl in geringerem oder stärkerem Grade darauf reagieren. Wie das Wasser die Niederungen und Gruben ausfüllt, so strömt auch Gefühl in die physische Handlung, da es ja darin die lebendige organische Wahrheit findet, an die man glauben kann.

Prüfen Sie selbst, ob Ihr Gefühl unbewegt bleibt, wenn Sie das Leben Ihres Körpers vermittels seiner physischen Handlungen wirklich echt leben. Wenn Sie in diesen Prozeß tiefer eindringen und beobachten, was gleichzeitig in Ihrer Seele vorgeht, dann werden Sie sehen, daß, wenn Sie sich selbst Ihr physisches Leben auf der Bühne glauben, Sie auch die Gefühle empfinden, die ihm entsprechen und einen logischen Zusammenhang damit haben. Und demnach ruft das *körperliche Leben*, das aus der Rolle entnommen ist, ein analoges *seelisches Leben* dieser Rolle hervor.

Die Folgerung ist, daß das *körperliche Leben* der Rolle wesentlich dazu beiträgt, ihr geistiges (seelisches) Leben herauszubilden. Wie Ihnen bekannt ist, spiegelt sich das Leben des Geistes im Leben des Körpers wider, umgekehrt: auch das Leben des Körpers kann sich im Leben des Geistes widerspiegeln. Würdigen Sie gebührend diese Voraussetzung, die für unsere Kunst außerordentlich wichtig ist! Die direkte Einwirkung auf den launenhaften inneren schöpferischen Apparat des Künstlers ist schwieriger, unfaßbarer und weniger fühlbar als die unmittelbare Einwirkung auf den physischen Apparat, der einem Befehl williger folgt. Es ist leichter, über den Körper zu gebieten als über das Gefühl. Wenn daher das *geistige Leben* der Rolle nicht von selbst entsteht, dann schaffen Sie ihr das *körperliche Leben*.

Das *körperliche Leben* der darzustellenden Person zu schaffen, ist die Hälfte der Arbeit an der Rolle, da die Rolle zwei Seiten hat, eine physische und eine geistige. Man kann einwenden, daß das Hauptziel unserer Kunst nicht im Äußerlichen besteht, sondern darin, das *geistige Leben* der Menschen aus dem Stück widerzuspiegeln, das auf der Bühne dargestellt werden soll. Einverstanden – und gerade deswegen beginne ich die Arbeit damit, das *körperliche Leben* zu schaffen.
Eine überraschende Schlußfolgerung? Nein, Sie wissen jetzt: wenn die Rolle sich nicht von selbst *einlebt*, bleibt dem Schauspieler nichts anderes übrig, als sie auf dem umgekehrten Wege in Angriff zu nehmen, das heißt, vom Äußeren zum Inneren fortzuschreiten.
Und diesmal mache ich es so. Sie haben Ihre Rolle nicht intuitiv erfühlt, und darum habe ich mit dem *körperlichen Leben* der Rolle begonnen. Der Körper ist materiell fühlbar, er läßt sich durch Befehle, Gewohnheiten, Disziplin und Übungen beeinflussen; mit ihm kann man eher fertig werden als mit dem nicht greifbaren, unbeständigen und kapriziösen Gefühl, das sich so leicht verflüchtigt.
Aber das genügt noch nicht, denn meiner Methode liegen noch weit wichtigere Erfahrungen zugrunde. Sie bestehen darin, daß das körperliche Leben nicht umhinkann, auf das geistige Leben zu reagieren: natürlich unter der Bedingung, daß der Schauspieler auf der Bühne wahr, zweckdienlich und produktiv handelt.
Und diese Voraussetzung ist deshalb so ganz besonders wichtig, weil in der Rolle, mehr wie im Leben selbst, beide Linien – die innere und die äußere – übereinstimmen und zusammen zum gemeinsamen schöpferischen Ziel hinstreben müssen. Nun wird ja beides, das körperliche und das geistige Leben der Rolle, aus der gleichen Quelle – dem Stück – gespeist. Dieser Umstand schafft günstige Voraussetzungen für das Gelingen unserer Arbeit, denn beide Erscheinungsformen des Lebens der Rolle sind natürlicherweise nahe miteinander verwandt.
Warum wird dann aber auf der Bühne ausgerechnet die Linie des inneren Lebens der Rolle gerade dann aufgegeben – und durch die Linie des Schauspielers ersetzt, der sich von eigenen, alltäglichen Kümmernissen vom Schaffen ablenken läßt –, wenn die Linie des körperlichen Lebens beginnt, sich in der Handlung bereits automatisch, gewohnheitsmäßig zu entwickeln?
Das kann nur dann geschehen, wenn eine formale, handwerksmäßige Einstellung zur Rolle und zur Arbeit vorhanden ist.

Die Bedeutung des *körperlichen Lebens* der Rolle beruht außerdem noch darauf, daß es für das schöpferische Gefühl zu einer Art Akkumulator werden kann. Das innere Erleben ist der Elektrizität vergleichbar. Wenn man es in den Raum hinausschleudert, fliegt es auseinander und verschwindet; aber wenn man das *körperliche Leben* der Rolle damit sättigt, wie einen Akkumulator mit Elektrizität, dann verstärken sich die durch die Rolle hervorgerufenen Emotionen in der gut empfundenen physischen Handlung. Sie zieht und saugt die Gefühle, die mit jedem Moment des körperlichen Lebens verbunden sind, in sich hinein und fixiert dadurch die unbeständigen, sich leicht verflüchtigenden Erlebnisse und schöpferischen Emotionen des Künstlers. Dank dieser Behandlung werden die fertigen, kalten Formen des *körperlichen Lebens* der Rolle mit innerem Gehalt erfüllt. Bei dieser Verschmelzung kommen die beiden Seiten der Rolle, die physische und die psychische, einander näher.

Die äußere Handlung und das *körperliche Leben* erhalten dabei vom inneren Erleben her Sinn und Wärme, und das innere Erleben findet im *körperlichen Leben* seine äußere Verkörperung. Diese natürliche Verbindung beider Seiten der Rolle müssen wir für die Fixierung der unfaßbaren und sich verändernden schöpferischen Erlebnisse klug benutzen lernen.

Sodann ist da noch ein praktisch nicht weniger wichtiger Grund vorhanden, warum ich die Arbeit an der Rolle mit dem Schaffen ihres *körperlichen Lebens* begonnen habe: Eine der unwiderstehlichsten *Lockungen* für unser Gefühl ist verborgen in *Wahrheit und Glauben*. Es lohnt sich für den Schauspieler, wenigstens an eine der allerkleinsten physischen Wahrheiten seiner Handlung oder seines allgemeinen Zustandes zu glauben, denn sofort wird sich sein Gefühl aus diesem Glauben an die Echtheit der physischen Handlung ergeben. Es lohnt sich für den Schauspieler, an sich selbst zu glauben, denn sofort öffnet sich seine Seele für die Aufnahme der inneren Aufgaben und Empfindungen der Rolle. Der Schauspieler soll alles tun, um sich selbst zu glauben, denn dann stellt sich auch das Gefühl ein. Wenn er aber gewaltsam fühlen will, wird er nie an sich selbst glauben, und ohne Glauben kann es kein Erleben geben. Diesen Umstand muß man unbedingt für die Sättigung der äußeren Handlung mit dem inneren Wesen der Rolle und mit dem Leben ihres Geistes nutzen.

Dazu ist entsprechendes Material nötig. Dieses finden wir im Stück und in der Rolle. [...]

2. Die Stück- und Rollenanalyse
[...]

Gewöhnlich versteht man unter *Analyse* nur verstandesmäßige Untersuchung: auf dem Gebiet des künstlerischen Schaffens jedoch ist solch eine einseitige Auffassung der Analyse schädlich, und zwar aus folgenden Gründen: Der Zweck der Analyse besteht darin, die Erreger der künstle-

Konstantin S. Stanislawski

rischen Begeisterung zu suchen, ohne die man sich der Rolle nicht schöpferisch nähern kann. Der Zweck der Analyse besteht außerdem darin, sich eindringlich *in die Seele der Rolle zu vertiefen*, um ihre einzelnen Elemente, ihre Natur, ihre ganze innere Welt und das ihr innewohnende *geistige Leben* zu studieren.

Der Zweck der Analyse besteht ferner darin, die äußeren Lebensverhältnisse und Ereignisse des Stückes zu studieren, soweit sie auf das innere Leben der Rolle einwirken. Endlich besteht der Zweck der Analyse darin, in der eigenen Seele die gemeinsamen und der Rolle verwandten Gefühle, Empfindungen, Erlebnisse und Elemente für die Annäherung zu suchen, kurz, das für unser Schaffen erforderliche Material auszuwählen.

[...]

Die verstandesgemäße Analyse ist bei unserer Arbeit sehr wichtig, aber wenn man sie gesondert als Selbstzweck und unabhängig von den grundlegenden Erkenntniszielen vornimmt, so ist sie für das Schaffen schädlich. Denn dann hemmt sie nicht selten den unmittelbaren Ausbruch der schöpferischen Empfindungen und verdrängt das Unterbewußte, das beim Schaffen so wichtig ist. Der Verstand durchsucht wie ein Aufklärer alle Gebiete, alle Richtungen und alle Bestandteile des Stückes und der Rolle; er bereitet wie ein Vortrupp die neuen Wege für das weitere Suchen nach der Empfindung vor. Das schöpferische Gefühl geht auf den vom Verstand vorbereiteten Wegen, und wenn es seine Forschungen beendet hat, tritt der Verstand wieder hervor, aber schon in einer neuen Rolle: er schließt wie eine Nachhut das siegreiche Vordringen des schöpferischen Gefühls und befestigt seine Eroberungen.

Bei unserer Art der Analyse muß man also dem schöpferischen Gefühl weiten Spielraum lassen, und nur dann, wenn es sich durch nichts erregen läßt, soll man den Verstand zur Aufklärung losschicken. Nur die Empfindung ist imstande, in alle Schlupfwinkel der Rolle und der Seele des Künstlers einzudringen, wo man das, was tief in den Seelen der Menschen verborgen ruht, finden, erforschen und erraten muß.

Die Analyse ist ein Mittel zur Erkenntnis, und in unserer Kunst heißt erkennen: empfinden.

[...]

Die allgemeine Analyse zerlegt Stück und Rolle in kleine und große Bestandteile, oder, mit anderen Worten, sie teilt das Stück in große und kleine Abschnitte ein und sucht die in ihnen steckenden Aufgaben. Auf diese Weise wird die allgemeine Struktur des Stückes und der Rolle erkannt, die der Künstler sehr gut kennen und empfinden muß. Die Hauptanalyse definiert letzten Endes die Hauptidee oder die Überaufgabe des dichterischen Werkes und die zu ihr führende durchgehende Handlung.

Die spezielle Analyse spielt eine helfende Rolle. Sie ist dann notwendig, wenn das ganze Stück oder ein größerer Komplex von einem Schauspieler

nicht gleich erfaßt wird. Wenn er aber jeden kleinen Bestandteil genau betrachtet und ausführlich studiert, erkennt er zu guter Letzt auch einen größeren Teil oder das ganze Stück. Aber man soll ein Stück nicht unnötig zergliedern, da dies die Arbeit erschwert und oft keine Hilfe ist, sondern nur hindert, das Ganze zu erfassen. Dies bezieht sich besonders auf die innere Seite der Rolle.
Die spezielle Analyse verhilft auch zum Verständnis beim sorgfältigeren Studium der Fabel des Stückes. Dies bezieht sich auf die Vorgänge, Episoden und Handlungen des Stückes, wie auch auf die Umstände, die vom Autor, vom Regisseur und von allen Schöpfern der Aufführung, besonders auch vom Schauspieler selbst, gegeben werden.
Die spezielle Analyse verhilft zu einem gründlicheren Studium der Logik und richtigen Aufeinanderfolge der Ereignisse, Handlungen, Empfindungen und der Gedankenentwicklung des Stückes und der Rolle.»
[...]

3. Die Bewertung und Rechtfertigung der Handlung
Die erste allgemeine Analyse aller dem Bewußtsein zugänglichen Schichten des Stückes und der Rolle ergibt ein reiches Material.
Das ist schon etwas, was man bei seiner weiteren schöpferischen Arbeit benutzen kann. Das Schlimme ist aber, daß das so gewonnene Material noch zu trocken und unfruchtbar ist, um das *geistige Leben der Rolle* wirklich lebensecht schaffen zu können. Vorläufig ist dieses Material nur eine Aufzählung von Tatsachen der Vergangenheit, Gegenwart und Zukunft, ein Protokoll der äußeren Umstände des Stückes und der Rolle. Bei solch einer rein verstandesmäßigen Erkenntnis des Stückes haben die Ereignisse und Tatsachen noch keine echte, lebendige, reale Bedeutung; sie bleiben «Theaterereignisse», und die Einstellung zu ihnen ist oberflächlich. Es fehlt der Glaube an ihre Wirklichkeit, es fehlt die ihnen gebührende Bewertung und der Widerhall in den Empfindungen.
[...]
Um ihr lebendiges, geistiges Wesen zu erkennen und das gewonnene Material für das Schaffen nutzbar zu machen, müssen wir die theatergebundenen Tatsachen und Umstände zu lebendigen, das heißt lebensspendenden, machen; wir müssen die theaterhafte Einstellung zu ihnen in eine menschliche verwandeln: wir müssen dem trockenen Protokoll der Tatsachen und Ereignisse Leben einhauchen, da nur das Leben das Lebendige schafft, nämlich das *geistige* Leben. Wir müssen die aus dem Stück gewonnenen Materialien beleben, um aus ihnen lebendige, glaubwürdige Umstände zu schaffen.
Damit kommt ein neues, schöpferisches Moment zu dem Prozeß der Rollenanalyse und der Rollenerkenntnis hinzu: der Prozeß der Bewertung der Tatsachen.

Es gibt Stücke (schlechte Komödien, Melodramen, billige Vaudevilles, Schwänke), bei denen die äußere Fabel die Hauptstärke der Aufführung ist. In solchen Stücken werden einfache Tatsachen – beispielsweise ein Mord, ein Todesfall, eine Hochzeit – oder Vorgänge (jemand wird mit Mehl bestreut, oder ihm wird Wasser auf den Kopf gegossen, oder er verliert ein Beinkleid, oder jemand gerät versehentlich in eine fremde Wohnung, wo Gäste den friedlichen Mann für einen Banditen halten) zu entscheidenden, führenden Handlungsmomenten. Solche Tatsachen zu bewerten, wäre überflüssig; sie werden von allen sofort verstanden und aufgenommen.

Aber in vielen anderen Werken hat die bloße Fabel mit ihren Fakten oft keine so große Bedeutung. Die Fakten allein können nicht die führende Linie einer Aufführung schaffen, die der Zuschauer mit angehaltenem Atem verfolgt. In diesen Stücken werden nicht die Tatsachen, sondern die Einstellung der handelnden Personen zu ihnen zum Mittelpunkt der Aufführung. – Hier aber sind die Tatsachen nur insoweit wichtig, als sie Anlaß und Raum dafür geben, sie mit innerem Gehalt zu füllen; die Tatsachen und die aus ihnen geschaffene Fabel sind nur die Form, in die der Inhalt hineinfließt. Solcher Art sind beispielsweise die Stücke von Tschechow.

Am besten ist es, wenn Form und Inhalt in einem unlösbaren Zusammenhang stehen. In solchen Werken ist das geistige Leben der Rolle von den Tatsachen und der Fabel untrennbar.

[...]

Die Aufgabe der Schauspieler besteht darin, sich zu besinnen, zu begreifen und sich zu entschließen, was sie in diesem Augenblick tun müssen, um das Gleichgewicht wiederzugewinnen und ihr Leben so weiterzuführen, als ob das in dem Stück Geschilderte ihnen selbst, also lebendigen Menschen, zugestoßen wäre und nicht einfach nur der Rolle, die vorläufig noch ein totes Schema und die abstrakte Idee eines Menschen ist. Mit anderen Worten:

Der Schauspieler soll nie vergessen, vor allem nicht in einer dramatischen Szene, daß man immer von seinem eigenen Wesen und nicht von der Rolle aus *leben* muß und von dieser nur die gegebenen Umstände nimmt. Auf diese Weise ergibt sich folgende Aufgabe: Der Schauspieler soll mit gutem Gewissen antworten, was er physisch tun wird, das heißt, wie er unter den gegebenen Umständen handeln wird, die vom Dichter, vom Regisseur, vom Bühnenbildner, vom Beleuchter, von vielen anderen und vom Schauspieler selbst in seiner Phantasie geschaffen worden sind. Er soll keineswegs «erleben» wollen und um Gottes willen in diesem Augenblick nicht an das Gefühl denken.

Wenn die physischen Handlungen klar definiert werden, braucht der Schauspieler sie nur physisch auszuführen.

Aus: Konstantin S. Stanislawski: Die Arbeit des Schauspielers an der Rolle. Fragment eines Buches, zusammengestellt von J. N. Semjanowskaja. Redigiert, kommentiert und eingeleitet von G. W. Kristi, Berlin (Henschel) 1955, S. 45, 67–71, 72–73, 73–74, 76–77, 121, 121–123, 144–145.

Jean-Louis Barrault
Betrachtungen über das Theater: der tragische Mime

[...]
Ein Mime sollte sich, a priori, mit einer größeren Einfachheit als irgend ein anderer bewegen können, weil er seinen eigenen Körper kennt. Mime sein, heißt ja vor allem seinen Körper genau kennen und beherrschen. Woher kommt es aber, daß alle jungen Leute, die einmal Pantomime betrieben haben, jeder kleinsten Bewegung unnötige Girlanden anhängen müssen, die sogar den Bau ihrer Bewegung verfälschen können. Es entsteht daraus eine Art ‹visueller Manierismus›, der, wenn er in die Sprache umgesetzt würde, absolut unerträglich wäre. Und die Pantomime ist doch ein ungeheuer reiches Ausdrucksmittel. Fast ebenso reich wie die Sprache. Aber während der Sprachunterricht so vor sich geht, daß jeder von uns in den individuellen Betonungen, die wir beim Gebrauch dieser Sprache frei hinzufügen, seinen eigenen Charakter dazugeben kann, scheint es, daß die Pantomime mit den ihr zum voraus anhaftenden ‹Betonungen› weitergegeben wird. Daher ist es anscheinend nicht mehr möglich, ‹sich selber› frei auszudrücken, diese ‹Sprache› ist erstarrt.
[...]
Solange die Pantomime ‹objektiv› bleibt, das heißt solange sie eine Übung ohne Hilfsmittel ist, dazu bestimmt, irgendeinen Gegenstand vorzutäuschen, ist sie geltungslos. Sie amüsiert fünf Minuten, dann langweilt sie. Man sagt sich: Als Kind nannten wir das Scharaden: Du bist beim Zahnarzt – Nein, ich trinke. Du zersägst einen Baum – Nein, ich plätte ein Hemd, usw.
Ein weiterer Nachteil der Pantomime: Will sie ihre Sprache nach dem gesprochenen Theater ausrichten oder es gar nachahmen, sieht sie wie

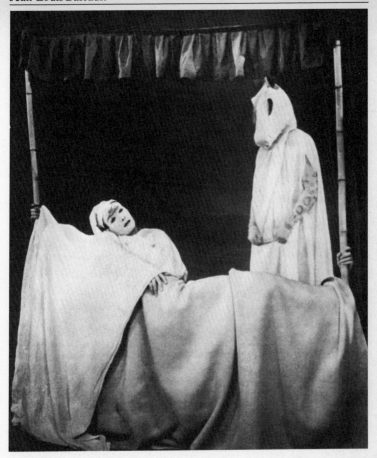

Jean-Louis Barrault: Szenenbild aus der Pantomime *Les suites d'une course* von Supervielle, Paris 1950

eine gebrechliche Kunst aus, eine stumme Sprache. ‹Dieser Darsteller ist begabt›, sagt man sich, ‹nur die Sprache fehlt ihm›. Der Mime macht Grimassen, zeichnet mit seinen Händen alle möglichen Figuren in die Luft, die nicht Zustände, sondern Worte übersetzen. Man lacht darüber, und die Pantomime bleibt in einer niedrigen Kunstgattung stecken, die durch ihre Ungewöhnlichkeit bezaubert.

Wenn aber der Pantomimenkünstler als echter Dichter das Scharadespiel überwinden und sich auf einem eigenen Weg vom falschen stummen Theater loslösen will, seine Bewegungen transponiert und zur körperlichen Dichtung oder zum bewegten Bild gelangt, begegnet er einem neuen Hindernis: Man versteht ihn meistens nicht mehr.

Von den drei Arten kommt er jedoch einer echten Kunst am nächsten. Aber seine Kunst ist verschlossen, und je verschlossener die Kunst, um so eingeengter der Publikumskreis. Das Publikum ist zwar nicht mehr angeekelt, dafür aber verwirrt, verloren.

Was sollen wir tun?

Gibt es im Begriff ‹Pantomime› eine wesensbedingte Kluft, die sie daran hindert, sich den anderen Künsten ebenbürtig zu zeigen? Wie könnten wir denn das Schweigen, die Einsamkeit, die beide jederzeit mitten im Lärm des gesellschaftlichen Lebens vorhanden sind, ausdrücken? Wie könnten wir vor aller Augen das innerste Leben, das in jedem von uns Sorgen und Geheimnisse bewahrt, offen erstehen lassen?

Weshalb ist die Pantomime von Natur aus eine Volkskunst? Weil das Volk zu allen Zeiten ‹keine Sprache› hat. Was kann man sich Besseres wünschen, um den ‹kleinen Mann von der Straße› darzustellen, als eine ‹ganz weiße› Figur, die sie ‹verschließt›? Schweigsam wie mit einem Maulkorb versehen, und weiß wie die Einsamkeit.

Die Geste verrät das Geheimnis, es kann den Menschen, der sich versteckt, bloßstellen. Die Psychoanalytiker erkennen im Gespräch die Verdrängungen aus der Mimik ihrer Patienten. Ob ein Mann nur an seiner Krawatte zerrt, während er dem Arzt ein falsches Geständnis ablegt, oder eine Frau in ihrer Tasche kramt, der Arzt weiß Bescheid.

Die Geste hat offenbarende Kraft.

[...] Der Endzweck der Pantomime darf nicht das Visuelle, sondern muß die Gegenwart, das heißt das Moment der theatralischen Gegenwärtigkeit sein. Das Visuelle ist nur Mittel und nicht Zweck. Wie auch die ‹objektive› Pantomime ein Mittel und kein Zweck ist.

Die Pantomime entsteht aus dem Schweigen, weil sie ihrem Wesen nach gegenwärtig ist.

Ich sage: nichts Visuelles, und meine damit: kein Rätselraten, keine schönen Stellungen. Man muß nicht einfach verständlich, sondern klar sein. Vor allem aber darf man nicht unter dem Vorwand der Poesie unverständlich sein. Genau wie sich Charlie Chaplin erst dann an die gesprochene Sprache heranwagte, als er sie einzusetzen wußte, darf man nicht die Pantomime als Ding anbieten, sondern muß sich ihrer als eines theatralischen Mittels bedienen.

Es ist eine ihrem Wesen nach ‹tierische› Kunst. Der Mensch, eingeschlossen in seinen Raum: ein Kampf mit tödlichem Ausgang. Der Mensch wird zu Tode gejagt. Ein fortwährender Belagerungszustand.

Die fünf Sinne erbeben, und die fünfundneunzig andern Sinne, die wir aus Unwissenheit in den einzigen, sehr unbestimmten, aber äußerst reichen und vielfältigen Tastsinn zusammenfassen, sie alle haben ihre Antennen aufgestellt.

Die Augen des Kopfes halten von ihrem Kontrollturm herab Wache; die Augen der Brust dringen in die Nacht des unterirdischen Lebens ein. Das ganze Wesen ist von einem magnetischen Ring überdeckt, der uns mit der äußern Welt in Berührung bringt, lange bevor unsere Haut die Gegenstände berührt.

Die Wirbelsäule rollt, der Unterleib bebt, die Atmung setzt mit der ängstlichen Empfindlichkeit von Schneckenfühlern ein. Die hundertzwanzig Rädchen dieser ‹Reaktions›-Maschine werden alle in einer einzigen Sekunde kontrolliert, dann gibt das Sonnengeflecht den Befehl, vorzurükken. Die Wirbelsäule verlegt das Körpergewicht auf die äußerste Fußspitze, und im Augenblick, wo die Schwerkraft die Basis des körperlichen Widerstandes überschreitet, das heißt in den Worten Sganarelles, sobald der Mensch Gefahr läuft, auf die Schnauze zu fallen, hat sich das andere Bein vorgestellt und bietet eine neue Oberfläche an, in deren Inneren sich die Schwerkraft, durch die Ferse eindringend, niederläßt. Nicht zu reden von den tausend wilden, entfesselten, leidenschaftlichen Abenteuern, die sich in dieser Sekunde der Fortbewegung abspielen. Genau am Ausgangspunkt zu diesem immerwährenden Kampf auf Leben und Tod muß derjenige, aus dem man einen Mimen machen will, gepackt werden. Alles in ihm wird dann Sparsamkeit sein, weil es in seinem eigenen Interesse liegt; Ballistik, das heißt Wissen um die Flugbahn, weil er sich frisch erhalten muß; Klarheit, Reinheit, weil es das einzige Mittel ist, vorwärtszukommen und den Kampf zu überstehen.

Die Pantomime, oder die Kunst zu leben,
und das Lebendige,
so lange wie möglich,
am Leben zu erhalten.

Die Kunst, die das ‹natürliche Radarsystem›, das uns zur Verfügung gestellt wurde, benützt.

Die Kunst der Bewegung oder die Kunst gegen den Tod.

Wir sind weit weg von den Rüschen, den Verschnörkelungen, dem Veralteten. Diese Kunst geht von einer tragischen Situation aus.

[...]

Der Tastsinn ist der durchschlagkräftigste der Sinne. Er läßt uns die ‹andere Seite der Dinge› sehen, er bringt uns mit dem Unbekannten in Berührung, er offenbart uns das Unsichtbare. Seine Reichweite geht über ‹unsere Grenzen› hinaus.

Der Mime muß sich in erster Linie dieser grenzenlosen Berührung mit den Dingen bewußt werden. Zwischen den Menschen und der Außenwelt

gibt es keine Isolierschicht, kein Niemandsland. Wenn der Mensch sich bewegt, kräuselt er die Außenwelt, wie sich das Wasser kräuselt, wenn sich ein Fisch bewegt.
Der Gang des Menschen ist ein Stoßen.
Die atmosphärische Drucksäule ist keine Erfindung der Gymnasiallehrer, es ist ein unablässiges Gewicht, das man bekämpfen, mit der Muskelkraft wegheben muß, um die eigene Atmung zu sichern.
Auch die Schwerkraft darf nicht übersehen werden: sie ist das ständige Symbol unseres Zusammenbruchs, der am Ende auf uns wartet. Wenn wir nicht auf sie achtgeben, kann sie uns hinterrücks zu Fall bringen. Wir müssen ihr die Kraft, uns emporzuschwingen, entgegenhalten.
  ‹Heureux celui qui peut d'une aile vigoureuse
  S'élancer vers les champs lumineux et sereins!›
  [Glücklich, wer sich in kraftvollem Flug
  in die leuchtenden und heiteren Gefilde emporschwingen kann.]
Die Außenwelt enthält also gleichzeitig, was wir brauchen und was wir nicht brauchen. Der Mensch muß unterscheiden. Dazu helfen ihm die Anweisungen seiner Sinne, seiner Instinkte und die reale Reichweite seiner Glieder.
Das ist des Mimen zweites Maß: die Anweisung oder der Mensch und das Nicht-Ich.
Zwischen dem Wissen um die Haltungen und dem Wissen um die Anweisungen wirft der Mensch die Brücke seiner Handlungen. Das wäre das dritte Maß.
[...]
Mit den Objekten begegnet der Mime der Wirklichkeit; mit dem subjektiven Leben drückt er das Gefühl aus. Mit Hilfe seiner Einbildungskraft transponiert er Wirklichkeit und Gefühle und erfindet eine poetische Wirklichkeit. Von diesem Punkt an entsteht eine poetische Kunst, die ihrerseits zur Musik wird, das heißt Sprache, Tanz und Gesang in einem.
Diese Transposition bedeutet nicht Entartung. Poesie ist keine Karikatur. Im geheimnisvollen Schweigen des Lebens erscheint jedes Objekt wie ein traumhaftes Wesen: eine betörende Gegenwart. Die subjektiven Reaktionen, die von dieser ‹Gegenwart› in uns entstehen, sind erschütternd. Schließlich beginnt unsere Einbildungskraft an diesem Kontakt zu arbeiten, sei es in der Freude, sei es in der Angst, aber immer im Wahren und immer als Funktion des fortschreitenden Lebens, das bis zum Tod von der Zeit eingeteilt ist. An diesem ‹Mann gegen Mann›, das zwischen dem Objekt und uns besteht, entscheidet sich Überleben, Fortbestehen oder Untergang. Das ist eine tragische Ausgangslage.
  Entweder man geht auf das Objekt zu;
  oder man verstößt das Objekt;
  oder man weicht dem Objekt aus.

Immer wieder das ‹Für sich›, ‹Von sich›.
Fügen wir das dritte Maß hinzu: den Halt.
Das sind die drei Grundhandlungen des mimischen Dreitakts. Hier scheint uns der Ausgangspunkt zur wahren Pantomime, zu tragischen Pantomime zu liegen, zu der wir heute den Zugang verloren haben und die wir so gerne wieder aufblühen sehen möchten.

Aus: Jean-Louis Barrault: Betrachtungen über das Theater. © 1962 by Verlags AG «Die Arche», Peter Schifferli, Zürich, S. 73, 75–76, 76–78, 81–82, 83–84.

Theatergeschichtlicher Kommentar

Schauspieler-Theater

Mit dem Begriff Schauspieler-Theater wird ein Theater bezeichnet, das den Schauspieler in besonderer Weise in den Mittelpunkt der Aufführung stellt, ein Theater des Mimen, des großen Pathetikers wie des Komödianten; es ist ein Theater, das seine Überzeugungskraft nicht in erster Linie aus einer aufklärerischen Argumentation herleitet, nicht aus der Spannung der erzählten Geschichte, sondern aus der Faszination der Schauspielerpersönlichkeit. Bei aller Offenheit für das Experiment bleibt es den klassischen Theatertraditionen verpflichtet. Die Forderung nach dem «totalen Schauspieler» steht hinter diesem Konzept, und es ist damit nicht die «Über-Marionette» (Gordon Craig) gemeint, sondern der lebendige Mensch mit all seinen Ausdrucksmitteln.
So leitet sich auch die Ästhetik dieses Theaters aus der Reflexion über das Wesen des Theaterspielens ab, aus den Grundregeln der Schauspielerei, der «physischen Handlung» (Stanislawski) und des Rollenspiels. Theaterästhetik wird aus den physischen und psychischen Basisprozessen des theatralischen Handelns entwickelt, stellt sich oftmals auch als Schauspieltheorie dar: Theaterkultur als eine Form (die höchste Form) von Körperkultur begriffen, wie unterschiedlich die Akzente auch gesetzt sein mögen. Es ist ein Theater, das sich auf die Rollenangebote der dramatischen Literatur einläßt; Interpretationstheater also in gewissem Sinne, das aber die Eigenständigkeit der Kunstform Theater unbedingt wahrt, ja gerade in dieser Auseinandersetzung erst voll zur Geltung bringt. Mehr als in anderen Bereichen der Theaterentwicklung steht die Schauspielpädagogik im Zentrum des Interesses; fast alle bedeutenden Regisseure dieser Richtung betätigten sich engagiert als Schauspielpädagogen. Es ist auch ein Theater, das sich vorwiegend im konventionellen Rahmen der Institutionen der bürgerlichen Theaterkultur, die es im 20. Jahrhundert zu ihrem Höhepunkt führt, entfaltet.

Max Reinhardt

> «Ich glaube an die Unsterblichkeit des Theaters. Es ist der seligste Schlupfwinkel für diejenigen, die ihre Kindheit heimlich in die Tasche gesteckt und sich damit auf und davon gemacht haben, um bis an ihr Lebensende weiterzuspielen.»
> (Max Reinhardt, 1929)

«Ich habe in meinem ganzen Leben nichts anderes getan, als meine Träume verwirklicht. Nicht restlos glücklich und mit dem wechselnden Glück, das sterblichen Menschen eben beschieden ist. Aber wenn Träume so stark und lebendig sind, daß sie andere Menschen in ihren Bann ziehen und zum Mitträumen verführen können, so entsteht jene zauberhafte Wirklichkeit, die für mich Theater heißt.» Dieses Bekenntnis, das Max Reinhardt 1929 in einer Rede zur Eröffnung seiner Schauspiel- und Regieschule in Schönbrunn bei Wien abgab, könnte als Programm seiner Theaterarbeit über alle Stationen seines Lebens hin angesehen werden. Für Reinhardt war Theater ein Fest des Lebens, ganz im Sinne barocker tiefgründiger Veräußerlichung; aber es war zugleich das Intimste, das völlige Bei-sich-Sein des Menschen, das Leben in seiner Traum- und Phantasiewelt jenseits des Alltags und aller Entfremdungsleiden. Dennoch war Reinhardts Theater nicht nur «Flucht in den schönen Schein». Eine Kritik dieser Art würde die Utopiedimension dieser Theateridee verschütten, die bei aller Verstrickung in die Kommerzialität die Theaterarbeit Max Reinhardts stets geleitet hat.

Theater und Lebensgeschichte bilden bei Reinhardt eine Einheit von bestechender Konsequenz (zur Biographie vgl. H. Braulich: *Max Reinhardt*, S. 297 ff). Er wurde am 9. September 1873 in Baden bei Wien geboren. Erste schauspielerische Erfahrungen machte er in den Jahren 1890 bis 1892 am Sulkowskyschen Eleventheater in Matzleinsdorf; dort erhielt er auch den ersten Schauspielunterricht. 1892 bis 1894 folgten Engagements in Rudolfsheim (Neues Volkstheater), in Preßburg und am Stadttheater in Salzburg. 1893 erfolgte die für Reinhardts Entwicklung entscheidende Begegnung mit Otto Brahm, der ihn 1894 ans Deutsche Theater nach Berlin holte, wo Reinhardt bis 1902 engagiert war. Am Deutschen Theater lernte Reinhardt die Arbeitsweise Otto Brahms kennen. Ausgangspunkt jeder Inszenierung von Brahm war die genaue Analyse und die Konzentration auf eine zentrale Idee des aufzuführenden Werks, die zum leitenden Prinzip aller Momente der Inszenierung (Bühnengestaltung, Dialog- und Bewegungsregie etc.) wurde. Äußerste Treue gegenüber der dichterischen Vorlage war einer der wesentlichsten Grundsätze seiner Inszenierungsarbeit. Sein Engagement für die Gegenwartsdramatik (den Naturalismus), insbesondere für das Werk Gerhart Hauptmanns, führten ihn zu einem Schauspielstil, der durch die Ästhetik des Naturalismus bestimmt war: Natürlichkeit und Wahrhaftigkeit waren die Prinzipien seiner Bühnenarbeit. Der einzelne Schauspieler hatte sich dem Ensemble unbedingt unterzuordnen; die Ensembleleistung galt als entscheidend für den in der Regiekonzeption festgelegten Grundklang des Stücks. Resultat dieser Arbeitsweise waren Aufführungen von unerhörter «Lebensechtheit» und größter künstlerischer Geschlossenheit. Brahm formulierte die Prinzipien dieser Arbeitsweise in seinem Essay *Von alter und neuer Schauspielkunst* (1892).

Neben seiner Arbeit als Schauspieler (er übernahm 94 Rollen unter Brahm) betätigte sich Max Reinhardt auch als Theaterorganisator und Regisseur. Mit einer Gruppe junger Schauspieler unternahm er in den Sommerferien einige Gastspielreisen, unter anderem nach Prag, Wien, Budapest und Salzburg. 1901 schließlich gründete die Gruppe ein eigenes Unternehmen, das Kabarett «Schall und Rauch» (vgl. dazu Braulich, ebd. S. 38ff), das ein Jahr später schon erweitert und umbenannt wurde in «Kleines Theater». Neben Reinhardt arbeitete Richard Vallentin als Regisseur an diesem Theater, der 1903 mit einer Inszenierung von Maxim Gorkis *Nachtasyl* der Bühne einen durchschlagenden Erfolg verschaffte.

Reinhardts eigene Theaterkonzeption zielte bald schon auf eine Lösung vom Naturalismus Brahmscher Prägung; 1903 wurde diese Lösung offiziell. Reinhardt übernahm als Direktor das Kleine Theater und dazu noch die Leitung des Neuen Theaters am Schiffbauerdamm und führte dort erstmals selbst Regie. Er inszenierte Maeterlincks *Pelleas und Melisande* und Hofmannsthals *Elektra*, beides waren exemplarische Stücke der Neuromantik. Inszenierungen deutscher Klassiker folgten (1904 Lessings *Minna von Barnhelm* und Schillers *Kabale und Liebe*); 1905 wurde Reinhardts Inszenierung von Shakespeares *Sommernachtstraum* zum Theaterereignis des Jahres.

Wie bereits seine ersten Unternehmungen erkennen ließen, verband Reinhardt die künstlerische Arbeit stets mit Theaterorganisation und -geschäft. Nachdem er für die Spielzeit 1905/06 zum Direktor des Deutschen Theaters berufen worden war, kaufte er schließlich im Dezember 1905 dieses Theater für rund 2,5 Millionen Mark. Die Finanzierung erfolgte zu zwei Fünftel über ein Konsortium, das, nach den künstlerischen und geschäftlichen Erfolgen am Kleinen Theater und am Neuen Theater, Reinhardt vollstes Vertrauen entgegenbrachte. Etwa zu dieser Zeit erläuterte Reinhardt seine Idee von Theater in einem Gespräch mit dem Dramaturgen Arthur Kahane folgendermaßen: «Was mir vorschwebt, ist ein Theater, das den Menschen wieder Freude gibt. Das sie aus der grauen Alltags-

misere über sich selbst hinausführt, in eine heitere und reine Luft der Schönheit. Ich fühle es, wie die Menschen es satt haben, im Theater immer wieder das eigene Elend wiederzufinden und wie sie sich nach helleren Farben und einem erhöhten Leben sehnen» (Braulich, ebd. S. 66).
Reinhardt hatte gleich nach der Übernahme des Deutschen Theaters eine kleine Bühne, nach Strindbergs Konzeption eines «intimen Theater», an das große Haus anbauen lassen, die Kammerspiele. Zur Eröffnung im November 1906 inszenierte er dort Ibsens *Gespenster*, wenige Tage später Wedekinds *Frühlings Erwachen*. Im April 1906 war Stanislawski mit dem Moskauer Künstlertheater zu einem Gastspiel am Deutschen Theater. Im Mittelpunkt von Reinhardts Arbeit im großen Haus stand in den fol-

Max Reinhardt: Szenenbild aus Hofmannsthals *Jedermann*, Salzburg 1920

genden Jahren Shakespeare: 1907 *Romeo und Julia*, *Was ihr wollt*; 1908 *König Lear*; 1909 *Hamlet*, *Der Widerspenstigen Zähmung*; 1910 *Othello*; 1911 *Viel Lärm um nichts*; 1912 *König Heinrich IV*.; von November 1913 bis Mai 1914 der Shakespeare-Zyklus, für den *Der Kaufmann von Venedig* hinzukam. Von Goethes *Faust* inszenierte er 1909 den ersten Teil, 1911 den zweiten Teil, eine spektakuläre Aufführung, die von zwei Uhr mittags bis ein Uhr nachts dauerte. Die Inszenierung von Schillers *Räuber* (1908) zeigte Reinhardts perfekte Beherrschung der modernen Massenregie. Als Gastregisseur arbeitete Reinhardt (1910 bis 1912) in München, Dresden und Stuttgart.

Das Münchner Künstlertheater pachtete Reinhardt für die Spielzeit 1909/1910. In einer Münchner Ausstellungshalle unternahm er seine ersten Versuche mit dem Arenatheater; im September 1910 wurde dort Hofmannsthals *König Ödipus* aufgeführt.

Diese Inszenierung wurde nur wenig später auch in Wien und im Zirkus Schumann in Berlin gezeigt und ging dann auf Tournee nach Rußland, Polen, Stockholm und London.

Reinhardts Beschäftigung mit dem Arenatheater leitete eine neue Entwicklungsstufe seiner Arbeit ein. Der bisherige Rahmen der an den Klassikern der Weltliteratur orientierten und an die architektonischen Möglichkeiten des konventionellen Theaterbaus gebundenen Inszenierungen wurde damit gesprengt. Das Arenatheater sollte eine neue, zeitgemäße Form von «Volksfestspielen» werden.

Einer der spektakulärsten Erfolge Reinhardts, der in den Zusammenhang der Versuche mit dem Arenatheater gehört, war die Großinszenierung des *Mirakels* (Vollmoeller), eines Mysterienspiels, das in der Londoner Olympia-Hall (23. Dezember 1912) aufgeführt wurde. Über die außergewöhnlichen Dimensionen dieser Produktion schreibt der Reinhardt-Biograph Braulich:

«Die Dramaturgie des Hallenspiels verlangt nach Übertreibungen; in letzter Instanz waren alle Maße und Gewichte der Inszenierung von der Dramaturgie des Schautheaters bestimmt: 1800 Mitwirkende, darunter allein 150 Nonnendarstellerinnen, dazu einige Dutzend Ritter zu Pferde, lebende Hunde als Jagdmeute, Auftritte im Zentrum des Kirchenschiffes aus einer 200 Fuß tiefen Versenkung heraus, Scheinwerfer verteilt und auch gebündelt hoch oben am Deckengewölbe, die ihre Lichtkegel in das Kirchenschiff warfen, die Darsteller punktartig erfaßten und verfolgten, Sensationen über Sensationen. Hier war Bewegung. Leben, Tanz, Musik, Zweikampf, Tod und Verderben; hier lebte fromme Andacht neben ausschweifender Orgie. Das war Zirkussensation und seelenschwangere Rührseligkeit zugleich» (ebd. S. 132f).

Im Mai 1913 inszenierte Reinhardt das *Festspiel in deutschen Reimen* von Gerhart Hauptmann in der Jahrhunderthalle in Breslau. Zuvor noch waren weitere Inszenierungen (Aischylos, Hofmannsthal) im Berliner Zirkus Schumann entstanden. Das theatralische Großspektakel trieb die Theatersuggestion so weit, daß für den Zuschauer eine Situation entstand, in der er sich emotional restlos gefangen sah, wo sich für ihn die Grenze von Realität und Theater aufhob. Reinhardts spätere Salzburger Inszenierungen, die das Theater unmittelbar in die Stadtlandschaft verlegten (Kollegienkirche, Domplatz, Felsenreitschule), gingen diesen Weg konsequent weiter.

Von 1915 bis 1918 übernahm Reinhardt neben seinen eigenen Häusern noch die Berliner Volksbühne am Bülowplatz in Pacht. Sein Arbeitsfeld war in diesen Jahren künstlerisch außerordentlich vielseitig. Neben den Versuchen mit dem Massentheater brachte er eine Reihe großer Shakespeare-Inszenierungen und die ersten Aufführungen der expressionistischen Dramatik (Sorge, Goering, Hasenclever, Lasker-Schüler, Kokoschka, Stramm, Kaiser) heraus. Dem zeitgenössischen Drama widmete sich vor allem das «Junge Deutschland» (1917–1920), eine Experimentierbühne, die am Deutschen Theater etabliert worden war. Zur gleichen Zeit betrieb Reinhardt den Umbau des Zirkus Schumann. Dieses neue Theater wurde als großes Schauspielhaus am 29. November 1919 mit einer Inszenierung der *Orestie* von Aischylos eröffnet. Als Architekt hatte Hans Poelzig den Umbau nach Reinhardts Plänen geleitet; zur Finanzierung der Unternehmung war die Deutsche Nationaltheater AG, der Reinhardts Bruder Edmund vorstand, gegründet worden. Zur baulichen Konzeption schreibt Heinrich Huesmann:

«Aus der Bausubstanz des Zirkus Schumann, vorher Zirkus Renz, vorher Markthalle in dem Geviert zwischen Karlstraße und Schiffbauerdamm, entstand der weitestreichende Reformtheaterbau, der jemals in Deutschland errichtet worden war. Das Prinzip Volkstheater hatte sich in einem ranglosen, von der Arena vorbestimmten Halbrund des Zuschauerraumes und mit der Guckkasten überwindenden vierteilig gestaffelten Bühne durchgesetzt. Eine 20 m tiefe, 13 m breite Orchestra fand ihre Spielflächenfortsetzung in zwei unabhängig voneinander versenkbaren Vorbühnen bis hin zur 22 m tiefen Hauptbühne zwischen Vorhang und Kuppelhorizont. Die technische Lösung des Kuppelhorizonts hatte man entgegen der Einrichtung des Deutschen Theaters aus der Volksbühne übernommen. Dessen Höhe betrug 18,75 m bei variabler Portalhöhe (eiserner Vorhang 11 m) und einer Portalbreite von maximal 30 m. Auf 18 m belief sich der Durchmesser der Drehbühne, auf 3200 Plätze war der Zuschauerraum begrenzt.

Die weitgezogene, dominante Kuppel, mit Stalaktiten optisch in die Bogenbewegungen der Deckenfortsetzungen einbezogen und funktional als Schallbrecher eingesetzt, war in ihrer klaren Kreisform Symbol der Vereinheitlichung von Darstellern und Volk. ‹Das neue Theater will eine Gemeinde um sich sammeln, die Gemeinde derer, die es erwartet haben, vielleicht ohne daß sie es wußten. Es will die Kunst der Volksgemeinschaft, aus der sie ihre besten Kräfte saugt, wieder näherbringen. Es will auf sich einwirken lassen und will wirken. Es will den Blutkreislauf der Kunst wieder an den großen Blutkreislauf des Lebens anschließen. Es will helfen, beide zu verschwistern. («Herald»)» (H. Huesmann: *Max Reinhardts Berliner Theaterbauten, S. 52).*

Die Idee der Volksgemeinschaft, die der gesamten Theaterreformbewegung zugrunde lag, wurde hier nun auch als ideologisch-programmatischer Überbau zum Theatergeschäft strapaziert. Die Theaterwelt wurde durch die Raumsuggestion zur Welt an sich stilisiert. Die durch 1200 kleine Lämpchen, die an den Enden der Stalaktiten der Deckendekoration montiert und nach der Form der Sternbilder angeordnet waren, erleuchtete Kuppel vermittelte die Illusion des Sternenhimmels. Insgesamt stellte dieser Theaterbau mit seiner perfekten apparativen Ausstellung den Höhepunkt der damaligen theatertechnischen Entwicklung dar. Bei Inszenierungen wie der von Romain Rollands *Danton* (1920) durch Reinhardt selbst oder Piscators politischer Großrevue *Trotz alledem!* (1925) wurden die Spielmöglichkeiten dieses außergewöhnlichen Baus optimal genutzt. Sehr bald aber zeigte sich, daß die Konzeption dieses Theaterbaus den Inszenierungen eine Ästhetik aufzwang, die über verblüffende Effekte hinaus eine substantielle Auseinandersetzung mit den Problemen der Zeit auf der Bühne eher verhinderte als förderte. So war der Weg vorgezeichnet, daß das Große Schauspielhaus bald zum beliebtesten (und lukrativsten) Theater des Berliner Revue- und Operettenbetriebs wurde.

Max Reinhardt, den diese Entwicklung zweifellos enttäuscht haben mochte, legte im Oktober 1920 die Leitung seiner Berliner Theater nieder und ging nach Salzburg, wo er inzwischen das Schloß Leopoldskron erworben hatte. Bereits 1916 war dort die Salzburger Festspielhausgemeinde gegründet worden; das Präsidium bildeten Reinhardt zusammen mit Hugo von Hofmannsthal, Richard Strauss, Franz Schalk, Alfred Roller und den Repräsentanten der österreichischen Regierung. Am 22. August 1920 wurden die Salzburger Festspiele eröffnet; Reinhardt inszenierte dafür Hofmannsthals *Jedermann*.

Reinhardts Auseinandersetzung mit der christlich-barocken Theatertradition fand ihren Höhepunkt in der Inszenierung von Calderóns *Großem Welttheater* (nach Hofmannsthal) in der Salzburger Kollegienkirche im Oktober 1922. Ein besonderes Ereignis unter seinen Festspielhausinszenierungen in Salzburg war 1933 die Aufführung von Goethes *Faust* (erster Teil), für die er in der Felsenreitschule eine 33 m breite und circa 30 m hohe mittelalterliche Stadt als Bühne aufbauen ließ. Durch raffinierte perspektivische Staffelungen des Bühnenbildes wurde die Illusion erzeugt, als wären Theaterstadt (die Fauststadt) und das reale Stadtbild Salzburgs im Hintergrund der Freilichtbühne ein zusammenhängender Raum.

Wien hatte Reinhardts Theaterarbeit lange Zeit nur von Gastspielen her kennengelernt. 1923 erwarb Reinhardt das Theater in der Josefstadt, das am 1. April 1924 mit Goldonis *Diener zweier Herrn* eröffnet wurde. Zuvor hatte Reinhardt in New York Vollmoellers *Mirakel* neu inszeniert. An dem Wiener Theater kam Reinhardts ganz auf den Schauspieler orientierte Theaterästhetik nicht nur in der praktischen Inszenierungsarbeit zum Ausdruck, die besonders mit dem Eröffnungsstück an die Tradition der Commedia dell'arte anknüpfte; dieses Theater nannte sich geradezu programmatisch: «Die Schauspieler im Theater in der Josefstadt unter der Führung von Max Reinhardt». 1928 übernahm Reinhardt auch das Schönbrunner Schloßtheater, wo er ein Schauspiel- und Regieseminar eröffnete (April 1929), in dem vornehmlich der Nachwuchs für die Reinhardt-Bühnen in Berlin und Wien ausgebildet wurde.

Nach Berlin war Reinhardt erst wieder im Oktober 1924 gegangen; er hatte dort ein weiteres Theater erworben, die Komödie am Kurfürstendamm, und gliederte dieses den Reinhardt-Betrieben ein. 1929 übernahm er wieder die Leitung seiner Berliner Bühnen. Reinhardt stand in diesen Jahren auf dem Höhepunkt seiner Laufbahn als Theaterunternehmer. Zu seinem fünfundzwanzigjährigen Jubiläum im Deutschen Theater (1930) wurde er von den Universitäten Kiel und Frankfurt zum Ehrendoktor ernannt und in aller Welt gefeiert. Zugleich aber war mit dem Aufkommen des Faschismus dieser Karriere in Deutschland ein Ende bereitet. Reinhardt übersiedelte Anfang 1933 nach Österreich. In einem Brief vom 16. Juni 1933 an die Reichsregierung übereignete er sein geistiges und materielles Lebenswerk «dem deutschen Volke».

Nach Jahren der Arbeit als Gastregisseur (London, Paris, Florenz, Venedig, Hollywood, San Francisco, Chicago, New York u. a.) emigrierte Reinhardt 1937 in die USA. Zwei Jahre zuvor hatte sein *Sommernachtstraum*-Film in New York Premiere gehabt. In den USA gelang es Reinhardt jedoch nicht mehr, im Theaterbetrieb wirklich Fuß zu fassen. 1938 gründete er in Hollywood eine Schauspielschule («Workshop for Stage, Screen and Radio»). Im gleichen Jahre kam es zu einer *Faust*-Inszenierung, die er bei einem Theaterfestspielunternehmen in Kalifornien herausbrachte. In den folgenden Jahren inszenierte Reinhardt in New York; allein eine *Fledermaus*-Inszenierung (1942) brachte noch einmal einen großen Publikumserfolg. Versuche, ein Ensembletheater mit einem eigenen Haus aufzubauen, scheiterten, da sich keine Geldgeber fanden. Reinhardt kam vor allem auch mit den Praktiken der amerikanischen «Entertainment-Industry» nicht zurecht.

Nach kurzer Erkrankung starb Max Reinhardt am 31. Oktober 1943 in New York, zurückgezogen vom Theaterbetrieb, in großen finanziellen Schwierigkeiten, resigniert und verbittert. Seine Lebensgeschichte reflektiert in geradezu exemplarischer Weise Glanz und Elend einer spätbürgerlichen Theaterkultur, die sich bedingungslos dem großen Geschäft mit der Kunst verschrieben hatte. Und so wurde auch die Ästhetik des Reinhardt-Theaters auf der Höhe seines Weltruhms aufs nachhaltigste geprägt von den finanziellen und organisatorischen Möglichkeiten des Reinhardt-Konzerns.

Auswahl der Schriften von Max Reinhardt
Ausgewählte Briefe, Reden, Schriften und Szenen aus Regiebüchern. Hrsg. von F. Hadamowsky. Wien 1963.
Schriften. Hrsg. von H. Fetting. Berlin 1974.

Konstantin S. Stanislawski

> «Meine Methode beruht darauf, die inneren und äußeren Vorgänge miteinander zu verbinden und das Gefühl für die Rolle durch das physische Leben des menschlichen Körpers hervorzurufen.»
> (Konstantin S. Stanislawski)

Konstantin Sergejewitsch Alexejew, so lautet der bürgerliche Name Stanislawskis, wurde 1863 in Moskau geboren; sein Vater war Fabrikant. Im Jahre 1888 gründete Stanislawski zusammen mit Fedotow die «Moskauer Gesellschaft für Kunst und Literatur», einen fortschrittlichen bürgerlichen Künstlerclub, der auch eine Theatergruppe einrichtete, in der Stanislawski selbst spielte und Regie führte. 1898 kam es zur Gründung des Moskauer Künstlertheaters, das bald eines der bedeutendsten europäischen Theater wurde; neben Stanislawski war an dieser Gründung der Regisseur Nemirowitsch-Dantschenko (1858–1943) beteiligt. Das Moskauer Künstlertheater wurde von der Moskauer Kaufmannschaft finanziert; sein besonderer Mäzen war der Großindustrielle Morosow, der sich im Theater als Beleuchter betätigte. Morosow hatte das Eisenbahnnetz in Rußland aufgebaut und war dadurch in der Öffentlichkeit bekanntgeworden.

Stanislawski stand, das mag aus den Daten des Gründungszusammenhangs des Künstlertheaters schon erkennbar sein, zu dieser Zeit ganz im Banne der Ideologie der russischen Gründerjahre, die ähnlich wie im Westen Europas den technischen Fortschritt und die wissenschaftliche

Durchdringung aller Lebensbereiche zu ihren Leitwerten erhoben hatte. Das Theater, das sich im Umkreis dieser Ideologie und unter der Trägerschaft des russischen Großbürgertums ausbildete, trat dementsprechend mit dem Programm auf, die Theaterkunst auf die Höhe der Ansprüche der als «wissenschaftliches Zeitalter» empfundenen Gegenwart zu bringen. In diesem Kontext entwickelte sich das theoretische Konzept von Stanislawskis Theaterarbeit dieser Anfangsphase. Es hatte größte Ähnlichkeit mit dem deutschen und französischen Naturalismus und entstammte demselben Geist der Wissenschafts- und Fortschrittsgläubigkeit. Das Pariser Théâtre libre und die Freie Bühne Berlin waren für Stanislawski und seinen Kreis die unmittelbaren Vorbilder; an deren naturalistischer Inszenierungstechnik (Otto Brahm) schulten sich Stanislawski selbst und die Regisseure seines Theaters. Die detailgetreue, konsequent illusionistische Reproduktion der Lebenswirklichkeit auf der Bühne war das Prinzip der Inszenierungen am Künstlertheater. Stanislawski schickte zum Beispiel die Regisseure für eine Aufführung von Shakespeares *Julius Caesar* nach Rom und den Bühnenbildner einer *Othello*-Inszenierung nach Zypern, um dort Lokalstudien zu betreiben, die die Lebensechtheit oder – wie es hieß – die «Wahrheit» des Theaters garantieren sollten. Für Ibsen-Inszenierungen wurden Möbelstücke und anderes Interieur für die Bühnenausstattung aus Norwegen importiert. Jedes Zimmer wurde auf der Bühne originalgetreu nachgebaut. Stanislawski ließ gelegentlich sogar jene Räume, die an den Bühnenraum angrenzten und hinter der Bühne lagen, die der Zuschauer nie zu sehen bekam, ebenso originalgetreu aufbauen wie die Bühne selbst, damit sich die Schauspieler unmittelbar vor ihrem Auftritt auf der Bühne bereits in der richtigen Atmosphäre bewegen und sich psychisch einstimmen konnten. Er selbst ließ sich einmal während der Einstudierung einer Ritterrolle im Keller eines Schlosses einsperren, um in die rechte Stimmung zu kommen. Stanislawskis Künstlertheater erreichte mit seinen naturalistischen Inszenierungen einen Grad an illusionistischer Perfektion, wie er bis dahin an keinem anderen Theater je erreicht worden war. Zu diesem Eindruck trug vor allem die Geschlossenheit der Ensembleleistung bei, die für Stanislawski zum wichtigsten Prinzip seiner Theaterarbeit wurde.

Von Anfang an hatte Stanislawski sein Theater als eine Art Programmtheater verstanden. 1898 legte er ein gesellschaftspolitisches Konzept vor, das den Ideen der deutschen Volksbühnenbewegung nahekam. Stanislawski erklärte dort: «Wir haben eine Aufgabe übernommen, die keinen einfachen, privaten, sondern einen gesellschaftlichen Charakter hat. Vergessen Sie nicht, daß wir bestrebt sind, daß dunkle Leben einer armen Klasse zu erleuchten, ihr glückliche ästhetische Minuten inmitten jenes Dunkels zu geben, das sie umgibt. Wir streben danach, das erste vernunftvolle, sittliche, allen zugängliche Theater zu schaffen.»

Konstantin S. Stanislawski: Szenenbild aus *Nachtasyl* von M. Gorki, Moskau 1902

Stanislawski versuchte in dieser ersten Periode seiner Entwicklung, die theatralische Illusionskunst mit den Mitteln der wissenschaftlichen Psychologie systematisch auszubauen und zu perfektionieren; der Schauspieler sollte so «schaffen, wie es die Naturgesetze fordern». An den Inszenierungen der Stücke von Tschechow und Gorki entwickelte er seine Theorie der «produktiven Einfühlung». Diesen Prozeß beschrieb Stanislawski folgendermaßen: «Der Schauspieler gestaltet seine Rolle nicht nur durch zufällige Inspiration, wie das fälschlicherweise Theoretiker glauben, sondern durch eine ganze Reihe von Inspirationen, die auf den Proben hervorgerufen und fixiert und im Moment des Schaffens dank der affektiven Erinnerung wiederholt werden.» Er berief sich bei dieser Theorie des «affektiven Gedächtnisses», die zum Kernstück seiner Schauspielpädagogik wurde, auf den französischen Psychologen Ribot. Ziel der Methode war, daß der Schauspieler die Bühnengestalt einerseits im Reproduzieren von Empfindungen und Emotionen gestaltete, die er selbst einmal durchlebt hatte, aus dem Gedächtnis der eigenen Lebenserfahrung also, andererseits kraft seiner schöpferischen Phantasie und aus einer genauen Kenntnis der Umwelt der Rollenfigur. Diesen hohen Grad der unmittelbaren Einfühlung in die Rolle sollte die exakte Reproduktion der Handlungsorte auf der Bühne, sollten Bühnenbau und originalgetreue Kostüme erleichtern. Weiterhin entwickelte Stanislawski ein System von Konzentrationsübungen zum Zwecke der schöpferischen Imagination; er schrieb:

«Die Wahrheit außerhalb von mir ist nicht wichtig, wichtig ist die Wahrheit in meinem Inneren, die Echtheit meines Verhaltens zu dieser oder jener Erscheinung auf der Bühne, zum Gegenstand, zur Dekoration, zu den Partnern, zu ihren Gedanken und Gefühlen. (...) Der Darsteller sagt sich: Alle diese Dekorationen, Gegenstände, Masken, Kostüme, das öffentliche Schaffen und anderes sind durch und durch Lüge. Ich weiß das und kehre mich nicht daran. Mir sind die Dinge nicht wichtig, sondern das, was ich tun, wie ich mich in dieser oder jener Erscheinung verhalten würde – wenn alles, was mich auf der Bühne umgibt, Wahrheit wäre. Ich begriff, daß die schöpferische Arbeit in dem Augenblick beginnt, wenn in der Seele und Phantasie des Schauspielers das magische schöpferische ‹wenn-wäre› auftaucht.»

Diese Theorie des «Wenn-Wäre» bezieht sich jedoch nicht nur auf den schöpferischen Akt des Schauspielers und auf dessen Rollenbewußtsein, sondern gleichermaßen auf die Haltung des Rezipienten. Stanislawski:

«Der gute Zuschauer möchte vor allem an alles im Theater glauben, möchte, daß die szenische Dichtung ihn überzeugt (...) es erfüllt ihn mit Vergnügen, der Bühnenwahrheit Glauben zu schenken, zu vergessen, daß im Theater nur Spiel und kein echtes Leben gezeigt wird.»

Bei Stanislawski erhielt das Ensemble als Produktionskollektiv eine neue Bedeutung: «Ausnahmslos alle Mitarbeiter des Theaters sind Mitgestalter der Aufführung». Eben dafür galt es, einen neuen Typus von Schauspieler und Bühnenkünstler heranzuziehen, einen Schauspieler, von dem Stanislawski verlangte, daß er die «unerläßliche Ausdauer, Ethik und Disziplin eines gesellschaftlich tätigen Menschen» habe. Zur Verwirklichung seiner theaterpädagogischen Ideen wurden 1904 bis 1912 die sogenannten Studios des Künstlertheaters eingerichtet, die dem Training dieser neuen Schauspielkunst dienen sollten.

Diese erste Phase von Stanislawskis Theaterarbeit geriet um 1905/06 in eine Krise. Die Konzeption des psychologischen, illusionistischen Einfühlungstheaters erwies sich als Sackgasse, nachdem seine äußerste Perfektion erreicht war. Vor allem wirkte sich die Entwicklung der allgemeinen historischen Situation in Rußland auf die kulturelle Atmosphäre aus: die Niederlage im Krieg gegen Japan, die Niederschlagung der Revolution im Inneren und das Einsetzen einer höchst repressiven Politik des zaristischen Systems. Hinzu kam, daß Tschechow starb und Maxim Gorki ins Exil ging; beide Literaten aber hatten wesentlichen Einfluß auf Stanislawski genommen.

Stanislawski beschäftigte sich in diesen Jahren mit den unterschiedlichsten Richtungen der westeuropäischen Theaterentwicklung. Er lud Gordon Craig nach Moskau ein und inszenierte mit ihm zusammen den *Hamlet*. Auch nahm Stanislawski wieder Verbindung mit Meyerhold, seinem bedeutendsten Schüler, auf, der sich von ihm getrennt hatte. Als es 1917 zur Oktoberrevolution kam, erklärte Stanislawski dem neuen Sowjetsystem gegenüber zwar seine Loyalität, stand der Revolution aber im Grunde verständnislos gegenüber. Zu Recht galt er als der exponierteste Repräsentant einer «bürgerlich-subjektivistischen» Kunstauffassung. Die Schließung seines Künstlertheaters konnte nur durch unmittelbares Eingreifen Lenins verhindert werden. Lenin trat für Stanislawski ein, da dessen Theater in aller Welt als die bedeutendste russische Kultureinrichtung galt. Der für das Theater zuständige Kommissar für Volksbildung Lunatscharski schickte Stanislawski mit seinem Ensemble für zwei Jahre auf Tournee nach Westeuropa und in die USA. Diese Maßnahme diente einmal dem persönlichen Schutz der Gruppe vor kulturrevolutionären Aktionen; sicher aber war sie auch von der politischen Absicht geleitet, dem Ausland die Kulturfreundlichkeit des neuen Sowjetstaats zu demonstrieren, ebenso dessen Bereitschaft, die bürgerlichen Traditionen zu erhalten, wo sie erhaltenswert schienen.

Nach seiner Rückkehr in die Sowjetunion waren Stanislawskis theoretische Bemühungen darauf gerichtet, seinem System der «schöpferischen Phantasie» eine materialistische Grundlage zu geben. Er entwickelte gegen Ende der zwanziger Jahre ein neues Theoriekonzept, in dem zwei Begriffe eine entscheidende Rolle spielten, die «physische Handlung» und die sogenannte «Überaufgabe». Mit diesen Ideen, die Stanislawski zu einer Art System ausbaute, entsprach er weitgehend den Richtlinien der neuen sowjetischen Kulturpolitik, wie sie sich nach der Auflösung der Proletkultbewegung und der Unterdrückung der avantgardistischen Revolutionskunst durchsetzte. Es war nun vor allem Stalin, der Stanislawskis Theaterarbeit nachdrücklich protegierte. In Stanislawskis Inszenierungen wurde der vollendete Ausdruck des seit 1933/34 in der sowjetischen Kulturpolitik zur Doktrin erklärten sozialistischen Realismus auf dem Theater gesehen. Als Stanislawski 1938 starb, war er mit den höchsten Orden des neuen Sowjetstaats ausgezeichnet.

Stanislawskis System, das wesentlich die wirkungsgeschichtliche Bedeutung seines Urhebers bestimmt, entwickelte sich aus den beiden Schlüsselbegriffen «physische Handlung» und «Überaufgabe». Während Stanislawski in den Anfängen seiner Theaterarbeit die psychologische Einfühlung in die Bühnenfiguren, eine «Logik der Gefühle» forderte und auf diesem Wege zu einer Theaterkunst kam, in der vor allem Stimmungsmomente im Mittelpunkt standen (eben dies wurde vornehmlich durch die Stücke Tschechows gefördert), ging es ihm nun um die «Logik der Handlung». Stanislawski verlangte vom Schauspieler die Erarbeitung einer konkreten Vorstellung der darzustellenden Rollengestalt, genaueste Kenntnisse von deren Lebensumständen und den vollständigen Ausdruck von deren Biographie in allen seinen Gesten. Aus der Einfühlung in die Psyche der Bühnenfigur und deren Lebensumstände resultiere, so

Jewgeni B. Wachtangow: Szenenbild aus Anskis Stück *Der Dybuk*, Moskau 1922

lautete Stanislawskis Hypothese, von selbst die richtige «physische Handlung». Stellte sich der Schauspieler die Situation seiner Rollenfigur also nur genau genug vor, könnte er unter den gegebenen Umständen der jeweiligen Bühnensituation physisch gar nicht anders als «richtig» handeln. Der Gegensatz von Psychischem und Physischem schien ihm in diesem Konzept aufgehoben. Stanislawski schrieb: «Wie der Reisende das Eisenbahngleis, so brauchen wir eine sich wie ein Schienenweg ununterbrochen hinziehende Linie der physischen Handlungen.» Vermittels dieser «Linie» bewege sich der Schauspieler dann durch das Stück. Und auch der Zuschauer könne die «Wahrheit der Bühnenhandlung» am ehesten glaubhaft erfahren, wenn sie ihm aus der «physischen Handlung» vermittelt würde. Darum gelte es, die Rolle über die «physische Handlung» aufzubauen: «Sobald der Schauspieler die Wahrheit der äußeren Linie der Handlung zu fühlen beginnt, stellt sich bei ihm auch todsicher die innere Linie ein (...) so beginnen wir bewußt mit der Schaffung des äußeren Lebens und gehen allmählich intuitiv auf das Innere über.» Das Innere der Figuren herauszuarbeiten, ist letztlich das Ziel der schauspielerischen Rollenarbeit. Die «physische Handlung» aber war eingebunden in die «Überaufgabe» als der leitenden Idee der Inszenierung, die alle einzelnen Spielvorgänge organisierte und vor allem die künstlerische Geschlossenheit sicherstellte.

Einer der bedeutendsten Schüler Stanislawskis war Jewgeni B. Wachtangow (1883–1922), der als Lehrer an der Moskauer Schauspielschule dessen «System» lehrte. Wachtangow übernahm 1914 die Leitung einer Studentenbühne, die 1917 die Bezeichnung «Moskauer Dramatisches Studio unter Leitung J. B. Wachtangows» erhielt. Mit der Oktoberrevolution sympathisierte Wachtangow von der ersten Stunde an. In seinen Inszenierungen spielte das politische Moment jedoch keine Rolle. Sein Stil wird als «phantasievoller Realismus» charakterisiert; er entwickelte ihn in der Auseinandersetzung mit Meyerhold und seinem Lehrer Stanislawski: «Vom Theater Stanislawskis befürchtet er eine Verarmung der theatralischen Mittel, von Meyerhold trennte ihn dessen Neigung zu mechanisch-konstruktivistischen Verfahren. Wachtangow verzichtete, wie Meyerhold, auf die imaginäre ‹vierte Wand›, hinter der der Zuschauer einem scheinbar wirklich ablaufenden Vorgang beiwohne. Er verzichtete auf die völlige Identifikation von Schauspieler und Rolle und betonte das artistische Moment in der Darstellung, dabei viele traditionelle Formen (Commedia dell'arte) übernehmend. Von Meyerhold unterschied ihn jedoch u. a. die feinere Individualisierung der Gestalten, der Verzicht auf soziologische Schemata und mechanische Spielelemente, worin Wachtangow seinem Lehrer Stanislawski verbunden blieb. Seine Inszenierungen waren von großer Sensibilität und Musikalität, voller Lyrismus und Phantastik» (Meyerhold/Tairow/Wachtangow: *Theateroktober*, S. 349). Es ging Wachtangow letztlich um die Vereinbarkeit von Lebenswahrheit (Stanislawski) und Theaterarbeit (Meyerhold) auf der Bühne, um die Synthese von realistischer Analyse und utopischem Entwurf. Wachtangow schrieb 1922: «Meyerhold fühlte niemals das Heute; aber er fühlte das Morgen. Stanislawski fühlte niemals das Morgen, er fühlte nur das Heute. Man muß aber das Heute im morgigen Tag und das Morgen im heutigen Tag fühlen können» (*Theateroktober 3,*, S. 357). Brecht bringt die «Fortschrittlichkeit der Wachtangow-Methode» lapidar auf die Formel: «1. Theater ist Theater. 2. Das ‹Wie› statt des ‹Was›. 3. Mehr Komposition. 4. Mehr Erfindung und Phantasie» (*Schriften zum Theater 3*, S. 213).

Auswahl der Schriften von Konstantin S. Stanislawski
Das Geheimnis des schauspielerischen Erfolges. Übers. von A. von Meyenburg. Zürich 1938.
Ethik. Berlin (DDR) 1950.
Mein Leben in der Kunst. Berlin (DDR) 1951.
Die Arbeit des Schauspielers an der Rolle. Hrsg. von G. W. Kristi. Berlin (DDR) 1955.
Theater. Regie und Schauspieler. Hamburg 1958.
Die Arbeit des Schauspielers an sich selbst. 2 Bde. Berlin (DDR) 1961 und 1963.
Briefe 1886–1938. Berlin (DDR) 1975.

Alexander J. Tairow

«Es lebe die Rampe!»
(Alexander Tairow: *Das entfesselte Theater*, 1923)

Die Befreiung des Theaters von der «Fessel an die Literatur» hat keiner der großen Theaterreformer der ersten Hälfte des 20. Jahrhunderts so apodiktisch gefordert wie Alexander Tairow. Der Titel seines Buchs *Das entfesselte Theater* (1922/23) weist programmatisch auf diesen Autonomieanspruch des Theaters hin. Tairow wurde am 24. Juni 1885 als Sohn eines Lehrers geboren. 1904 begann er in Kiew mit einem juristischen Studium, zur gleichen Zeit arbeitete er an Laienbühnen als Schauspieler und Regisseur; 1905/06 erhielt er ein Engagement am Theater der Kommissarshewskaja in Petersburg. Dort lernte er die Regiearbeit Meyerholds kennen.

Tairow beendete sein juristisches Studium und ließ sich in Moskau als Anwalt nieder; zuvor noch hatte er eine Zeitlang bei einer Wanderbühne (1907/08) gearbeitet. In Moskau schloß er sich dem Freien Theater von K. A. Mardshanow (1872–1933) an. Mardshanow arbeitete auf ein «synthetisches Theater» hin, bei dem alle Theatergenres (Oper, Operette, Ballett, Sprechtheater, Pantomime etc.) zusammengefaßt werden sollten. Tairows erste Inszenierung an diesem Theater war eine Pantomime (*Das Halstuch der Kolombine*). Als dieses Theater am Ende der Spielzeit (April 1914) geschlossen werden mußte, gründete Tairow (1914) mit einer kleinen Gruppe von Anhängern sein eigenes Theater, das Moskauer Kammertheater:

«Wir wollten in unserer Arbeit vom durchschnittlichen Zuschauer unabhängig sein, von diesem Kleinbürger, der sich in den Theatersälen eingenistet hatte, wir wollten ein kleines Kammerauditorium eigener Zuschauer, die ebenso unbefriedigt und unruhig waren und ebenso suchten wie wir, wir wollten den immer zahlreicher werdenden Theaterspießern von vornherein klarmachen, daß wir nach ihrer Freundschaft und ihren Nachmittagsbesuchen nicht verlangten. Darum nannten wir unser Theater Kammertheater. Natürlich dachten wir keinen Augenblick daran, uns und unsere Arbeit durch diesen Namen in irgendeiner Weise festzulegen» (*Theateroktober*, S. 276).

Das «Kammertheater» wurde mit dem altindischen Mysterienspiel *Sakuntala* von dem Sanskritdichter Kalidassa eröffnet. Tairow realisierte hier einen Inszenierungsstil, der sich programmatisch gegen den psychologisierenden Naturalismus Stanislawskis wandte. «Synthetisches Theater», wie es schon Mardshanow gefordert hatte, war auch sein Ziel, allein auf den Schauspieler, «der Tänzer, Artist, Clown, Sänger, Mime und Darsteller in einem sein sollte» (*Theateroktober*, S. 229), vertrauend: «Denn das Wesen des Theaters ist immer die Handlung, die einzig und allein vom aktiv handelnden Menschen, d. h. vom Schauspieler getragen wird.» Tairow lehnte deswegen das Marionetten-Vorbild Gordon Craigs ebenso ab wie die technischen Experimente Meyerholds. Seine Vorbilder lagen vielmehr im Bereich des Volkstheaters, der Commedia dell'arte und der Mysterienspiele. Gleich die erste Inszenierung des Kammertheaters, *Sakuntala*, machte deutlich, in welche Richtung Tairow seine Theaterideen entwickeln würde. Er arbeitete dabei mit der Malerin Alexandra A. Exter (1882–1949) zusammen, die äußerst phantastische Kostüme entwarf. Hatte Tairow zuvor in einigen Experimenten statt der herkömmlichen Komstüme den nackten Körper der Schauspieler bemalt, entwickelte er nun das ‹Kostüm als Maske der Rolle›; er schrieb:

«Das wahre Theaterkostüm ist kein Gewand, bestimmt, den Schauspieler zu schmücken, ist kein Modellkostüm für den Stil dieser oder jener Epoche, ist kein Modenbild aus einer alten Zeitschrift. Und der Schauspieler ist keine Puppe und kein Mannequin, dessen Hauptzweck es ist, das Kostüm so vorteilhaft wie nur möglich vorzuführen. Nein, das Kostüm ist die zweite Haut des Schauspielers, etwas untrennbar mit ihm Verbundenes; es ist die sichtbare Maske seines szenischen Gebildes, die so vollkommen mit ihm verwachsen sein muß, daß man, gleichwie man aus einem Gedicht kein Wort entfernen kann, ebenfalls nicht imstande sein dürfte, auch nur das geringste an ihr zu ändern, ohne das ganze Gebilde zu entstellen. Das Kostüm ist ein neues Mittel zur Bereicherung der Ausdruckskraft der schauspielerischen Gebärde, die mit Hilfe eines richtigen Kostüms eine ganz besondere Prägnanz und Schärfe oder auch Weichheit und Geschmeidigkeit erhalten muß, je nachdem der schöpferische Grundplan es erfordert. Das Kostüm ist das Mittel, den ganzen Körper, die ganze Gestalt des Schauspielers noch beredter und klingender zu machen, ihr Schlankheit und Leichtigkeit oder Starrheit und Schwere zu verleihen» (*Das entfesselte Theater*, S. 158f).

Diese Ideen nahm Alexandra Exter in ihren Kostümarbeiten auf.

«Sie versuchte mit rein malerischen Mitteln die Überschreitung der Fläche zur dritten Dimension und die Dynamisierung der simultanen Farbgebung durch rhythmische Figuration. Sie verwendete die verschiedensten Materialien für ihre Kostüme, die in erster Linie der Intensivierung der Geste zu dienen hatten. Sie schuf ‹bewegte Bühnenbilder›, in denen die Kostüme wie lebendige farbige Plastiken wirkten. Sie malte Musik» (P. Pörtner, in A. Tairow: *Das entfesselte Theater*, S. 31f).

Galt für die Programmatiker der sowjetischen Kulturrevolution das Kammertheater zwar als Inbegriff bourgeoiser Theaterkultur, so wurde das Ensemble doch – ähnlich wie Stanislawski – aus propagandistischen Gründen mehrfach auf Tourneen durch Westeuropa geschickt (1923, 1925 und 1930). Während der zwanziger Jahre entwickelte Tairow seinen Inszenierungsstil zur Perfektion, freilich nicht mit Stücken der neuen So-

wjetdramatik. Er mußte sich deswegen 1930 vor den politischen Institutionen rechtfertigen.
Tairow leitete das Kammertheater bis zum Jahre 1949. Er starb am 25. September 1950.

Auswahl der Schriften von Alexander J. Tairow
W. E. Meyerhold/A. J. Tairow/J. B. Wachtangow: Theateroktober. Hrsg. von L. Hoffmann und D. Wardetzky. Frankfurt 1972.
Das entfesselte Theater. Potsdam 1923; Neuausgabe Köln 1964 (mit einem Vorwort von P. Pörtner).

Jean-Louis Barrault

> «... das Theaterspielen gehört zu jedem Lebewesen».
> (Jean-Louis Barrault)

Jean-Louis Barrault (geb. 1910) hat die Idee eines «totalen Theaters als des wahrhaftigen Theaters» zur Maxime seiner Arbeit gemacht. In seinen Lebenserinnerungen schreibt er, dieses Programm erläuternd:

«(...) das Theater ist eine Kunst, die das Leben in all ihrer Vielfalt, Gleichzeitigkeit und Gegenwärtigkeit, das heißt in etwas ungeheuer Zartem neu erstehen läßt, und zwar mit dem menschlichen Wesen, das im Raum dem Kampf ausgesetzt wird, als seinem Hauptmittel. Der Raum ist die Leinwand des Malers; das menschliche Wesen ist der Pinsel, die Farben; der Autor ist der Künstler. Das menschliche Wesen ist also das notwendige und ausreichende Mittel, über das der Künstler, der Autor verfügt. Es entsteht dann Gesamttheater, wenn der Autor die Quellen dieses menschlichen Wesens voll und ganz ausschöpft. Man könnte also sagen, das totale Theater verwende die ganze Palette des menschlichen Wesens. Es ist, im Vergleich mit dem spezialisierten (psychologischen) Theater, das an eine Grau-in-Grau-Malerei erinnert, ein farbiges Theater. Es versucht, wärmer, lebendiger (...) menschlicher zu sein. (...)
Und wenn es auf dem Brettergestell nichts anderes gibt als diesen Menschen, der alle seine Ausdrucksmittel spielen läßt, ist es bereits totales Theater. Das ist, wie gesagt, die Forderung des antiken Theaters, des elisabethanischen Theaters, des klassischen Theaters, des echten Theaters aller Zeiten. Aber auch des echten Theaters aller Herren Länder, vor allem des fernöstlichen Theaters, das in bezug auf die Verwendung aller Ausdrucksmittel des menschlichen Wesens viel weiter ist als unser westliches» (*Betrachtungen über das Theater*, S. 89 f).

Barrault ging im Winter 1931 als Schauspielschüler zu Charles Dullin (1885–1950) an das Théâtre de l'Atelier. Dort lernte er den Pantomimen Étienne Decroux (geb. 1898) kennen, der seit 1926 zur Truppe Dullins gehörte. Barrault wurde von ihm in Pantomime ausgebildet; die Zusammenarbeit der beiden setzte sich noch später (1947–1951) an der Comédie-Française fort.

Orientiert an der klassischen Pantomimentradition wurde die totale Entfaltung aller körpersprachlichen Ausdrucksmittel das bestimmende Stilelement des Theaters von Barrault; seit seiner Rolle als Baptiste in Carnés Film «Kinder des Olymp» gilt er geradezu als ‹Klassiker› pantomimischer Schauspielpoesie.

1935 führte Barrault erstmals Regie und gründete ein eigenes Theater, das Studio «Grenier des Augustines», wo er mit Breton, Artaud und Prévert zusammenarbeitete. 1937 übernahm der die Leitung des Théâtre Antoine. 1940 verpflichtete ihn Jacques Copeau «lebenslänglich» an die Comédie-Française. Dort lernte Barrault die Schauspielerin Madeleine Renaud kennen; die beiden heirateten und blieben bis 1946 an Frankreichs traditionsreichster Bühne. Im September 1946 lösten Barrault und Renaud ihre Verträge mit der Comédie; sie gründeten nur wenige Wochen später ihre eigene Gruppe, die «Compagnie Madeleine Renaud-Jean-Louis-Barrault» und eröffneten die Spielzeit am Théâtre Marigny.

Barrault erprobte an diesem Theater ein für Frankreich neues Arbeitsprinzip, nämlich das Repertoire-Spielen. Nur Copeau hatte am Vieux Colombier 1913 bereits ähnliche Versuche unternommen. Im französischen Theaterbetrieb war es bis dahin die Regel, daß ein Stück so lange gespielt wurde, wie es Erfolg hatte. Barrault glaubte, mit einem regelmäßig alternierenden Programm die Theaterarbeit für die Schauspieler wie für das Publikum lebendiger gestalten zu können, vor allem ein Stammpublikum an sein Haus bzw. an die Truppe zu binden.

Der Spielplan an Barraults Theater war demzufolge von Anfang an breit gefächert. Barrault inszenierte neben den klassischen und modernen Dramatikern der Weltliteratur von Molière bis Cocteau oftmals Bearbeitungen (zusammen mit André Gide) von Romanen von Faulkner, Cervantes, Hamsun, Kafka u. a.; immer wieder wurden Pantomimen und experimentelle Inszenierungen ins Programm aufgenommen. In dreizehn Spielzeiten wurden 54 Stücke gespielt. Der Schwerpunkt lag dabei deutlich auf den französischen Autoren.

Eine der wesentlichsten geistigen Prägungen erfuhr Barrault neben seiner Freundschaft mit Artaud durch die Zusammenarbeit mit dem 42 Jahre älteren Paul Claudel (seit 1937 bis zu Claudels Tod 1955), dessen schwer zu inszenierende Stücke er immer wieder in bedeutenden Aufführungen auf die Bühne brachte.

Jean-Louis Barrault

1959 wurde Barrault Direktor des Odéon, das er als zweites Staatstheater (Théâtre de France) übernahm. Aus dieser Stelle wurde er 1968 wegen seiner zu konzilianten Haltung gegenüber den studentischen Besetzern des Odéon während der Mai-Revolten entlassen. Die Truppe spielte daraufhin in einigen kleineren Theatern, zeitweilig auch in einem Saal, der vornehmlich für Box- und Ringkämpfe genutzt wurde, und in dem stillgelegten Gare d'Orsay (bis 1980). Nach einigen Jahren, in denen Gastspielreisen und Gastinszenierungen im Mittelpunkt seiner Arbeit standen, erhielt die Compagnie Renaud-Barrault wieder ein neues Haus.

Auswahl der Schriften von Jean-Louis Barrault
À propos de Shakespeare et du théâtre. Paris 1949.
Réflexions sur le théâtre. Paris 1949.
Je suis homme de théâtre. Paris 1955.
Nouvelles réflexions sur le théâtre. Paris 1962.
Betrachtungen über das Theater. Zürich 1962.
Bühnenarbeit mit Paul Claudel. Zürich 1962.
Mein Leben mit dem Theater. Köln 1967.
Erinnerungen für morgen. Frankfurt 1973.
Three Early Essays (on Stanislavsky and Brecht, Total Theatre and the Ideal Spectator). In: Theatre Quarterly 3 (1973), H. 10, 2 ff.

V
Theater der Erfahrung – Freies Theater

Antonin Artaud
Das Theater der Grausamkeit. Erstes Manifest (1932)

Die Idee des Theaters, die nur in einer magischen, furchtbaren Verbindung mit der Wirklichkeit und mit der Gefahr Gültigkeit besitzt, kann nicht fortwährend prostituiert werden.

Wird die Frage nach dem Theater auf diese Weise gestellt, so muß sie allgemeine Aufmerksamkeit erregen, wobei stillschweigend angenommen wird, daß das Theater infolge seines körperlichen Charakters und weil es nach *Ausdruck im Raum*, dem einzig realen nämlich, verlangt, den magischen Mitteln der Kunst und des Wortes in ihrer Gesamtheit eine organische Entfaltung, gleichsam als erneuerte Exorzismen, erlaubt. Aus alledem geht hervor, daß man dem Theater erst dann sein spezifisches Wirkungsvermögen zurückgeben wird, wenn man ihm seine eigene Sprache zurückgibt.
Das heißt: Anstatt auf Texte zurückzugreifen, die als endgültig, als geheiligt angesehen werden, kommt es vor allem darauf an, die Unterwerfung des Theaters unter den Text zu durchbrechen und den Begriff einer Art von Sprache zwischen Gebärde und Denken wiederzufinden.

Diese Sprache ist nur durch die Möglichkeiten des dynamischen Ausdrucks im Raum zu definieren, die den Ausdrucksmöglichkeiten mittels des dialogischen Wortes entgegengesetzt sind. Und was das Theater überhaupt noch dem Wort zu entreißen vermag, sind seine Möglichkeiten der Expansion außerhalb der Wörter, seine Möglichkeiten der Entwicklung im Raum, der dissoziierenden, vibratorischen Wirkungen auf die Sensibilität. Hier nun greift die Intonation, die besondere Aussprache eines Wortes, ein. Hier nun, außerhalb der hörbaren Sprache der Laute, greift die sichtbare Sprache der Gegenstände, der Bewegungen, der Haltungen, der Gebärden ein, unter der Bedingung jedoch, daß ihr Sinn, ihre Physiognomie, ihr Zusammentreten bis ins Zeichenhafte erweitert werden, indem man diese Zeichen zu einer Art Alphabet ordnet. Nachdem das Theater sich dieser Sprache im Raum, dieser Sprache aus Klängen, aus Schreien, aus Lichtern und onomatopoetischen Lauten bewußt geworden ist, hat es sie zu organisieren, indem es aus Figuren und Gegenständen richtige Hieroglyphen bildet und sich ihrer Symbolik und ihrer Korrespondenzen in bezug auf alle Organe und auf allen Ebenen bedient.

Es geht also für das Theater im Hinblick auf seinen psychologischen und humanistischen Leerlauf darum, eine Metaphysik des Wortes, der Gebärde, des Ausdrucks zu schaffen. Aber all dies nützt nichts, wenn hinter einem derartigen Bemühen nicht so etwas wie eine echte metaphysische Versuchung steht, eine Anrufung gewisser Ideen, die ungewohnt sind und deren Bestimmung eben darin liegt, daß sie weder begrenzt noch ausdrücklich dargestellt werden können. Diese Ideen, die mit der Schöpfung, dem Werden, dem Chaos zu tun haben und alle kosmischer Natur sind, liefern eine erste Ahnung von einem Bereich, dem sich das Theater völlig entwöhnt hat. Sie vermögen eine Art spannender Gleichung zwischen Mensch, Gesellschaft, Natur und Ding aufzustellen.

Im übrigen geht es nicht darum, metaphysische Ideen in direkter Form auf die Bühne zu bringen, sondern um die Erzeugung einer Art von Versuchungen, von Luftzuführungen rings um sie. Und der Humor mit seiner Anarchie, die Poesie mit ihrer Symbolik und ihren Bildern geben gleichsam eine erste Ahnung von Mitteln zur Kanalisierung der Versuchung dieser Ideen. Nun muß von der rein stofflichen Seite dieser Sprache gesprochen werden. Das heißt von allen Arten und Mitteln, über die sie zwecks Einwirkung auf die Sensibilität verfügt.

Es wäre unnütz zu sagen, sie appelliere an die Musik, den Tanz, die Pantomime oder die Mimik. Ganz offensichtlich verwendet sie Bewegungen, Harmonien, Rhythmen, doch nur insofern sie zu gemeinsamem Ausdruck verschmelzen und ohne Nutzen für eine einzelne Kunst. Was nicht heißen soll, sie bediene sich nicht gewöhnlicher Fakten und gewöhnlicher Leidenschaften, doch benutzt sie sie gleichsam als Sprungbrett, so wie der ZERSTÖRUNGS-HUMOR, durch das Lachen, dazu dienen kann, sich die Gepflogenheiten der Vernunft anzueignen.

Doch mit einem ganz orientalischen Sinn für Ausdruck dient diese objektive und konkrete Sprache des Theaters dazu, Organe einzuklemmen, einzuengen. Sie verläuft in der Sensibilität. Indem sie den abendländischen Gebrauch des Wortes aufgibt, macht sie die Wörter zu Zauberformeln. Sie weitet die Stimme. Sie gebraucht stimmliche Schwingungen und Eigenschaften. Sie läßt Rhythmen rasend auf der Stelle treten. Sie stampft Laute ein. Sie zielt darauf ab, die Sensibilität zu steigern, zu betäuben, zu bestricken, abzuschalten. Sie entwickelt den Sinn für einen neuen Lyrismus der Gebärde, der infolge seiner Überstürzung oder seiner Schwingungsweite in der Luft den Lyrismus der Wörter noch übertreffen wird. Zuletzt durchbricht sie die geistige Unterwerfung unter die Sprache und weckt das Empfinden für eine neue und tiefgründigere Geistigkeit, die sich unter den zur Bedeutung jeweiliger Exorzismen gesteigerten Gebärden und Zeichen verbirgt.

Denn dieser ganze Magnetismus, diese ganze Poesie, diese direkten Zaubermittel wären nichts, wenn sie den Geist nicht körperlich auf die Bahn von irgend etwas bringen sollten, wenn das echte Theater nicht unser Empfinden für eine Schöpfung wecken könnte, von der wir nur eine Seite kennen, deren Vollendung jedoch auf andren Ebenen liegt.

Und wenig bedeutet es, ob diese andren Ebenen wirklich vom Geist, das heißt vom Verstand erobert werden; das heißt sie nur vermindern und hat weder Vorteil noch Sinn. Hingegen kommt es darauf an, daß die Sensibilität durch zuverlässige Mittel in den Stand vertiefter und verfeinerter Wahrnehmungsfähigkeit versetzt wird; dies nämlich ist der Inhalt der Magie und der Riten, deren bloßer Abglanz das Theater ist.

Technik

Es geht demnach darum, dem Theater im eigentlichen Wortsinn eine Funktion zu erteilen, aus ihm etwas so Begrenztes, so Genaues zu machen wie den Blutkreislauf in den Adern oder die dem Anschein nach chaotische Entfaltung der Traumbilder im Hirn, und dies durch eine wirksame Verkettung, eine wirkliche Knechtung der Aufmerksamkeit.

Das Theater wird erst dann wieder es selbst werden, das heißt ein echtes Illusionsmittel darstellen können, wenn es dem Zuschauer der Wahrheit entsprechende Traumniederschläge liefert, in denen sich sein Hang zum Verbrechen, seine erotischen Besessenheiten, seine Wildheit, seine Chimären, sein utopischer Sinn für das Leben und die Dinge, ja sogar sein Kannibalismus auf einer nicht bloß angenommenen und trügerischen, sondern inneren Ebene Luft machen.

Das Theater muß, mit anderen Worten, durch alle Mittel ein Infragestellen nicht nur aller Aspekte der objektiven und deskriptiven Außenwelt erstreben, sondern der inneren Welt, das heißt des Menschen in metaphysischer Hinsicht. Nur auf diese Weise, so glauben wir, wird man auf dem Theater wieder von den Rechten der Imagination sprechen können. Weder Humor, noch Poesie, noch Imagination besagen das geringste, es sei denn durch eine anarchische Zerstörung, die einen gewaltigen Schwarm von Formen erzeugt, welche das ganze Schauspiel ausmachen werden; auf organische Weise wird es ihnen nicht gelingen, den Menschen und seine Vorstellungen über die Realität und seinen poetischen Platz in der Realität in Frage zu stellen.

Das Theater aber als eine psychologische oder moralische Funktion aus zweiter Hand anzusehen und zu meinen, die Träume selbst hätten nur eine Ersatzfunktion, heißt die tiefe poetische Tragweite der Träume wie des Theaters verringern. Wenn das Theater wie die Träume blutrünstig und unmenschlich ist, so nur deshalb, um, sehr viel mehr noch als dies, in uns die Vorstellung eines ewigen Konfliktes und eines Krampfes zum Ausdruck zu bringen und zu verankern, in denen das Leben in jedem Augenblick durchgehauen wird, in dem sich alles Geschaffene gegen unsern Stand als erschaffene Wesen erhebt und auflehnt, so deshalb, um auf konkrete und aktuelle Weise die metaphysischen Ideen einiger Sagen zu verewigen, deren Entsetzlichkeit und Wucht ihren Ursprung und Inhalt in wesentlichen Grundzügen zur Genüge veranschaulichen.

Da dem so ist, sieht man, daß diese nackte Sprache des Theaters, diese nicht virtuelle, sondern reale Sprache infolge ihrer Nähe zu Grundprinzipien, die ihr auf poetische Weise ihre Energie übertragen, durch die Nutzung des nervlichen Magnetismus im Menschen die Überschreitung der üblichen Grenzen von Kunst und Wort erlaubt, um auf aktive, das heißt magische Weise und *in echten Begriffen* eine Art allumfassende Schöpfung zu verwirklichen, in der der Mensch bloß noch seinen Platz zwischen dem Traum und den Ereignissen wieder einzunehmen braucht.

Die Themen
Es geht nicht darum, das Publikum mit transzendenter kosmischer Unruhe zu langweilen. Ob es die tiefsinnigen Zugänge zum Denken und Handeln gibt, denen entsprechend das ganze Schauspiel verständlich wird, geht im allgemeinen den Zuschauer nichts an, der sich dafür nicht interessiert. Immerhin muß es sie geben; und das geht uns etwas an.

DAS SCHAUSPIEL:
Jedes Schauspiel wird ein körperliches, objektives Element enthalten, das für alle wahrnehmbar ist. Schreie, Klagen, Erscheinungen, Überraschungen, allerlei Knalleffekte, nach bestimmten rituellen Modellen zugeschnittene magische Schönheit der Stimmen, Charme der Harmonie, seltene Musiknoten, Farben der Gegenstände, körperlicher Rhythmus der Bewegun-

gen, dessen Crescendo und Decrescendo das Pulsieren von Bewegungen annehmen wird, die allen vertraut sind, konkrete Erscheinungen neuer, überraschender Gegenstände, mehrere Meter hohe Puppen, unvorhergesehene Lichtwechsel, körperliche Wirkung des Lichtes, das einen heiß und kalt überläuft usw.

DIE INSZENIERUNG:
Um die Inszenierung, betrachtet nicht als simpler Berechnungsgrad eines Textes auf der Bühne, sondern als Ausgangspunkt für jede Bühnenschöpfung, wird sich die typische Theatersprache bilden. Und durch den Einsatz und die Handhabung dieser Sprache wird die alte Dualität von Autor und Regisseur verschwinden; sie wird durch eine Art von alleinigem Schöpfer ersetzt werden, dem die doppelte Verantwortung für Schauspiel und Handlung zufallen wird.

DIE SPRACHE DER BÜHNE:
Es geht nicht um die Unterdrückung des artikulierten Wortes, sondern darum, den Wörtern etwa die Bedeutung zu geben, die sie im Traum haben.
Im übrigen gilt es, neue Mittel zur Notation dieser Sprache zu finden, sei es, daß diese Mittel sich denen der musikalischen Transkription annähern, sei es, daß man eine Art von Chiffresprache verwendet.
Was nun die zur Bedeutung von Zeichen erhöhten gewöhnlichen Gegenstände bzw. den menschlichen Körper betrifft, so kann man sich da natürlich an hieroglyphischen Schriftzeichen inspirieren, nicht nur um diese Zeichen auf lesbare Weise zu notieren – was auch ermöglichen soll, sie nach Belieben reproduzieren zu können –, sondern um auf der Bühne präzise Symbole zu schaffen, die auf direkte Weise ablesbar sind.
Andrerseits werden diese Chiffresprache und diese musikalische Transkription als Mittel zum Transkribieren der Stimmen von Bedeutung sein.
Da diese Sprache von sich aus zu einem besonderen Gebrauch der Intonationen drängt, müssen diese eine Art von harmonischem Gleichgewicht, von anderer Deformation des Wortes, bilden, das nach Belieben reproduzierbar sein muß.
Im Hinblick auf ihre direkte symbolische Teilhabe an dieser konkreten Bühnensprache werden auch die Tausende und aber Tausende von Gesichtsausdrücken im Maskenzustand etikettierbar und katalogisierbar sein, und zwar außerhalb ihrer besonderen psychologischen Verwendbarkeit.
Außerdem werden diese symbolischen Gebärden, diese Masken, diese einzelnen der Gesamtbewegungen, deren zahllose Bedeutungen einen wichtigen Teil der konkreten Sprache des Theaters darstellen – beschwörende Gesten, emotionale oder willkürliche Haltungen, rasendes Stampfen von Rhythmen und Lauten –, sich verdoppeln, werden vervielfacht werden durch so etwas wie gespiegelte Gebärden und Haltungen, die vom Schatz

aller impulsiven Gebärden, aller Fehlhaltungen, aller geistigen und sprachlichen Fehlleistungen gebildet werden, durch die sich äußert, was man die Ohnmachten des Wortes nennen könnte. Darin besteht ein verschwenderischer Reichtum an Ausdrucksformen, den wir bei Gelegenheit in Anspruch nehmen werden.

Überdies gibt es eine konkrete Auffassung der Musik, bei der die Töne eingreifen wie Figuren, bei der die Harmonien entzweigeschnitten werden und im präzisen Eingreifen der Wörter aufgehen.

Von einem zum andern Ausdrucksmittel bilden sich Entsprechungen und Schichtungen; und selbst das Licht kann einen bestimmten geistigen Sinn annehmen.

DIE MUSIKINSTRUMENTE:

Sie werden im Dingzustand zur Anwendung gelangen, als ob sie zur Dekoration gehörten.

Außerdem regt die Notwendigkeit, durch die Organe direkt und nachhaltig auf die Sensibilität einzuwirken, vom klanglichen Gesichtspunkt aus zur Suche nach völlig ungewohnten Klangeigenschaften und -schwingungen an, nach Eigenschaften, die den jetzigen Musikinstrumenten abgehen und die zum Rückgriff auf alte, vergessene oder zur Erschaffung neuer Instrumente zwingen. Sie zwingen auch dazu, außerhalb der Musik nach Instrumenten und Geräten zu suchen, die auf speziellen Metallverschmelzungen oder erneuerten Metallegierungen beruhen und einen neuen Umfang der Oktave erzielen sowie unerträgliche Klänge oder Geräusche hervorbringen könnten, die einen verrückt machen.

DAS LICHT – DIE BELEUCHTUNG:

Die gegenwärtig bei den Theatern benutzten Lichtprojektoren können nicht länger genügen. Da jetzt die besondere Wirkung des Lichtes auf den Geist ins Spiel kommt, muß nach Schwingungseffekten des Lichtes gesucht werden, nach neuen Arten und Weisen, wie die Beleuchtung wellenförmig oder flächig oder wie ein Gewehrfeuer von Lichtpfeilen zur Anwendung gelangen kann. Die gegenwärtig in Gebrauch befindliche Farbskala der Projektoren muß von Grund auf revidiert werden. Um besondere Farbtonqualitäten zu erzeugen, muß in das Licht wieder ein Element von ätherischer Zartheit, von Dichte, von Undurchdringlichkeit eingeführt werden, damit man Hitze, Kälte, Zorn, Furcht usw. hervorrufen kann.

DAS KOSTÜM:

Hinsichtlich des Kostüms und ohne dabei der Annahme zu verfallen, daß es ein einheitliches, für alle Stücke gleichbleibendes Theaterkostüm geben könne, wird man nach Möglichkeit dem modernen aus dem Wege gehen, nicht aus einem fetischistischen, abergläubischen Geschmack für das Alte, sondern weil es klar auf der Hand liegt, daß bestimmte jahrtausendealte Kostüme zu rituellem Gebrauch, mögen sie auch ihre Zeit gehabt haben, infolge ihrer Nähe zu den Traditionen, die sie hervorgebracht haben, eine offenbarende Schönheit, ein offenbarendes Aussehen bewahren.

DIE BÜHNE – DER ZUSCHAUERRAUM:
Wir schaffen Bühne wie Zuschauerraum ab. Sie werden ersetzt durch eine Art von einzigem Ort ohne Abzäunung oder Barriere irgendwelcher Art, und dieser wird zum Theater der Aktion schlechthin. Zwischen Zuschauer und Schauspiel, zwischen Schauspieler und Zuschauer wird wieder eine direkte Verbindung geschaffen werden, denn der im Zentrum der Handlung befindliche Zuschauer wird von ihr umhüllt und durchzogen. Diese Umhüllung rührt von der Gestalt des Zuschauerraums her.
So geben wir die jetzigen Theatersäle auf und werden einen Schuppen oder irgendeine beliebige Scheune nehmen, die wir gemäß den Prozeduren umbauen lassen werden, die zur Architektur bestimmter Kirchen oder heiliger Stätten und bestimmter zentraltibetanischer Tempel geführt haben.
Im Innern dieses Gebäudes werden besondere Höhen- und Tiefenproportionen herrschen. Der völlig schmucklose Zuschauerraum wird von vier Wänden umschlossen sein, und das Publikum wird unten, in der Mitte des Raumes, auf drehbaren Stühlen sitzen, so daß es dem Schauspiel folgen kann, das sich rundherum abspielt. Und wirklich wird das Fehlen einer Bühne im üblichen Sinne des Wortes zur Entfaltung der Handlung in allen vier Ecken des Zuschauerraums führen. In allen vier Himmelsrichtungen des Saals werden für Schauspieler und Handlung besondere Stellen vorbehalten bleiben. Die Szenen werden sich vor kalkgetünchten Mauerhintergründen abspielen, die zur Absorption des Lichtes dienen sollen. Außerdem werden oben um den ganzen Zuschauerraum herum Galerien laufen, wie auf bestimmten mittelalterlichen Bildtafeln. Auf diesen Galerien werden die Schauspieler, soweit es die Handlung erfordert, sich von einem Ende des Saals bis zum andern verfolgen können; sie werden eine Entfaltung der Handlung auf allen Raumebenen und in allen Richtungen der Perspektive oben wie unten ermöglichen. Ein Schrei, der an einem Ende ausgestoßen wird, kann sich dergestalt verstärkt und in Modulationen von Mund zu Mund bis zum anderen Ende fortpflanzen. Die Handlung wird sich kreisförmig auflösen, wird ihre Kurve von Raumebene zu Raumebene, von einem Punkt zu einem anderen ausweiten, Höhepunkte werden plötzlich entstehen, werden wie Feuersbrünste an verschiedenen Stellen aufflammen; und der wahre Illusionscharakter des Schauspiels wird, ebensowenig wie das direkte, unmittelbare Einwirken der Handlung auf den Zuschauer, kein leeres Wort mehr sein. Denn die Verteilung der Handlung auf einen riesigen Raum wird die Ausleuchtung einer Szene und die verschiedenen Ausleuchtungen einer ganzen Aufführung dazu zwingen,

das Publikum ebenso zu erfassen wie die handelnden Personen; – und zwar bei mehreren gleichzeitigen Handlungen, bei mehreren Phasen ein und derselben Handlung, in denen die handelnden Personen, wie in Schwärmen aneinandergedrängt, alle Anstürme von Situationen aushalten werden und die äußeren Anstürme der Elemente und des Unwetters den physischen Mitteln der Beleuchtung, des Donners oder des Windes entsprechen, deren Rückwirkung der Zuschauer über sich ergehen lassen wird.

Immerhin wird in der Mitte eine Stelle reserviert bleiben, die zwar nicht als eigentliche Bühnen dienen, aber es dem Hauptteil der Handlung ermöglichen soll, sich im Bedarfsfall zu sammeln und zu schürzen.

DIE GEGENSTÄNDE – DIE MASKEN – DIE REQUISITEN:
Puppen, riesige Masken, Gegenstände von merkwürdigen Maßen werden in der gleichen Eigenschaft auftauchen wie verbale Bilder, werden nachdrücklich die konkrete Seite eines jeden Bildes, eines jeden Ausdrucks hervorkehren – und als Gegensatz zur Folge haben, daß Dinge, die gemeinhin nach objektiver bildlicher Darstellung verlangen, geschickt versteckt oder verschleiert werden.

DIE DEKORATION:
Es wird keine Dekoration geben. Für diesen Zweck werden ausreichen: Hieroglyphen-Figuren, rituelle Kostüme, Puppen von zehn Meter Höhe, die den Bart König Lears im Sturmwind darstellen, mannshohe Musikinstrumente, Gegenstände unbekannter Form und Bestimmung.

DIE AKTUALITÄT:
Aber, wird man sagen, ein Theater, das sich so weit vom Leben, von den Tatsachen, von den aktuellen Besorgnissen entfernt ... Von der Aktualität und den Ereignissen, ja! Von den Besorgnissen, insofern sie Tiefgang haben und das Schicksal einiger weniger ausmachen, nein! Im Zohar ist die Geschichte vom Rabbi Simeon, der wie Feuer brennt, aktuell wie Feuer.

DIE WERKE:
Wir werden keine geschriebnen Stücke spielen, sondern im Umkreis von bekannten Themen, Tatsachen und Werken Versuche einer direkten Inszenierung unternehmen. Beschaffenheit und Anordnung des Zuschauerraumes verlangen ein Schauspiel, und kein noch so umfangreiches Thema könnte sich uns entziehen.

SCHAUSPIEL:
Es gilt eine Vorstellung vom allumfassenden Schauspiel wiederzuerwekken. Das Problem besteht darin, den Raum sprechen zu lassen, ihn zu

erhalten, zu erfüllen; wie ein in die ebene Felswand vorgetriebener Stollen, der plötzlich Geysire und Büschelfeuerwerke entstehen lassen würde.

DER SCHAUSPIELER:
Der Schauspieler ist sowohl ein Element von überragender Bedeutung, denn der Erfolg des Schauspiels hängt ja davon ab, wie sein Spiel wirkt, als auch eine Art passives, neutrales Element, weil ihm jede persönliche Initiative aufs strengste versagt bleibt. Aber auf diesem Gebiet gibt es keine präzisen Regeln; und zwischen dem Schauspieler, von dem bloß verlangt wird, daß er gut seufzen kann, und dem, der eine Rede mit all seiner persönlichen Überzeugungskraft bestreiten muß, liegt die ganze Spanne zwischen Mensch und Instrument.

DIE INTERPRETATION:
Wie eine Sprache, so wird auch das Schauspiel durchweg chiffriert sein. Auf diese Weise wird es keine überflüssige Bewegung geben, werden alle Bewegungen einem Rhythmus gehorchen; werden Gebärdensprache, Physiognomie und Kostüm einer jeden, bis zum äußersten typisierten Figur den Eindruck von ebenso vielen Lichtstrahlen machen.

DAS KINO:
Der grobsinnlichen Sichtbarmachung dessen, was ist, setzt das Theater durch die Poesie die Bilder dessen, was nicht ist, entgegen. Im übrigen ist vom Gesichtspunkt der Handlung aus ein Kinobild, das trotz aller Poesie innerhalb der Grenzen des Zelluloidstreifens bleibt, nicht mit einem Theaterbild zu vergleichen, das allen Erfordernissen des Lebens gehorcht.

DIE GRAUSAMKEIT:
Ohne ein Element von Grausamkeit, das jedem Schauspiel zugrunde liegt, ist Theater nicht möglich. Bei dem Degenerationszustand, in dem wir uns befinden, wird man die Metaphysik via Haut wieder in die Gemüter einziehen lassen müssen.

DAS PUBLIKUM:
Zunächst einmal geht es um die Existenz dieses Theaters.

DAS PROGRAMM:
Ohne Rücksicht auf den Text werden wir inszenieren:
1. Eine Bearbeitung eines Stückes aus der Shakespearezeit, das ganz und gar dem unruhigen Geisteszustand von heute entspricht; vielleicht handelt es sich dabei um ein Shakespeare zugeschriebenes Stück wie Arden of Feversham, vielleicht um irgendein andres Stück aus der Zeit.
2. Ein Stück von sehr großer poetischer Freiheit von Léon-Paul Fargue.

3. Einen Auszug aus dem Zohar: die Geschichte vom Rabbi Simeon, welche die Heftigkeit und die stets gegenwärtige Stärke einer Feuersbrunst besitzt.
4. Die Geschichte vom Blaubart, nach den Quellen rekonstruiert und mit einer neuen Auffassung der Erotik und der Grausamkeit.
5. Die Eroberung Jerusalems nach der Bibel und der Geschichtsschreibung; mit der blutroten Farbe, die von ihr ausgeht und dem Gefühl von Verlassenheit und Panik, das in den Gemütern sogar noch im Licht zu erkennen ist; und andrerseits die metaphysischen Dispute der Propheten mit der erschreckenden geistigen Unruhe, die sie hervorrufen und deren Nachwirkung körperlich auf König, Tempel, Volk und Begebenheiten zurückfällt.
6. Eine Erzählung des Marquis de Sade, in der die Erotik auf allegorische Weise transponiert, versinnbildlicht und, im Sinne einer gewaltsamen Äußerung der Grausamkeit und einer Verschleierung alles anderen, eingekleidet wird.
7. Ein oder mehrere Melodramen der Romantik, in denen die Unwahrscheinlichkeit zu einem aktiven und konkreten poetischen Element werden wird.
8. Den Woyzeck von Büchner, als Gegenprobe auf unsre eignen Prinzipien und um an einem Beispiel zu zeigen, was man szenisch aus einem präzisen Text machen kann.
9. Werke des elisabethanischen Theaters, losgelöst von ihrem Text und von denen nichts beibehalten wird außer ihrer damaligen Ausstaffierung, ihren Situationen, ihren Figuren und der Handlung.

Schluß mit den Meisterwerken (1933)

Einer der Gründe für die erstickende Atmosphäre, in der wir leben ohne mögliche Ausflucht und Zuflucht – und an der wir alle unser Teil Schuld haben, selbst die revolutionärsten unter uns –, liegt im Respekt vor dem Geschriebnen, Formulierten oder Gemalten, vor dem, was Gestalt angenommen hat, als wenn schließlich nicht aller Ausdruck am Ende wäre, nicht an dem Punkt angelangt wäre, an dem die Dinge bersten müssen, wenn es einen neuen Aufbruch und einen neuen Anfang geben soll.
Man muß Schluß machen mit der Vorstellung von Meisterwerken, die einer sogenannten Elite vorbehalten sind und die die Menge nicht versteht; und sich sagen, daß der Geist keine besonderen Stadtviertel kennt, wie sie heimlichen sexuellen Begegnungen vorbehalten bleiben.
Die Meisterwerke der Vergangenheit sind für die Vergangenheit gut: für uns sind sie es nicht. Wir haben das Recht, zu sagen, was gesagt worden ist, und sogar das, was noch nicht gesagt worden ist, und zwar auf eine

Art, die uns entsprechen soll, die unmittelbar und direkt sei, die dem gegenwärtigen Empfinden gerecht wird und die ein jeder verstehen wird.

Es ist idiotisch, der Menge vorzuwerfen, daß sie keinen Sinn fürs Erhabene hat, wenn man das Erhabene mit einer seiner Erscheinungsformen verwechselt, die zudem stets schon verblichen sind. Und wenn zum Beispiel die Menge von heute den *Ödipus* nicht mehr versteht, so ist das nicht die Schuld der Menge, würde ich zu sagen wagen, sondern die des *Ödipus*.

Im *Ödipus* gibt es das Thema des Inzests und die Vorstellung, daß die Natur auf Moral pfeift; daß es irgendwo umherirrende Kräfte gibt, vor denen wir uns besser in acht nehmen; daß man diese Kräfte *Verhängnis* nennt oder sonstwie.

Überdies herrscht gerade eine Pestepidemie, welche die Inkarnation dieser Kräfte darstellt. Aber all dies in einer Einkleidung und in einer Sprache, die jeden Kontakt mit dem epileptischen, plumpen Rhythmus unsrer Zeit verloren haben. Vielleicht spricht Sophokles eine erhabene Sprache, aber seine Art zu sprechen ist passé. Er spricht zu gewählt für unsre Zeit, und man könnte glauben, er spräche a parte.

Eine Menge jedoch, die die Eisenbahnkatastrophen erzittern lassen, die Erdbeben, Pest, Revolution und Krieg kennt, die empfänglich ist für die wirren Schrecken der Liebe, vermag diese hohen Begriffe alle zu erreichen und verlangt danach, sich ihrer bewußt zu werden, aber nur unter der Bedingung, daß man in ihrer eignen Sprache zu ihr zu sprechen weiß und daß der Begriff von diesen Dingen nicht etwa eingekleidet und durch ein Wort verfälscht zu ihr gelangt, das längst vergangnen Zeiten angehört und das keine Zukunft haben wird.

Die Menge ist wie eh und je begierig nach dem Geheimnis: sie wartet nur darauf, sich Gesetze bewußt zu machen, durch die sich das Verhängnis kundtut, und vielleicht das Geheimnis seiner Erscheinungsformen zu erraten.

Überlassen wir den Paukern die Textkritik und den Ästheten die Formkritik, sehen wir ein, daß das Gesagte nicht noch einmal gesagt zu werden braucht; daß ein und derselbe Ausdruck nicht zweimal taugt, nicht zweimal lebt; daß jedes Wort tot ist, sobald es ausgesprochen ist, und nur in dem Augenblick wirkt, in dem es ausgesprochen wird. daß eine einmal verwendete Form zu nichts mehr nütze ist und nur dazu einlädt, nach einer anderen zu suchen, und daß das Theater der einzige Ort auf der Welt ist, wo eine Gebärde unwiederholbar ist.

Wenn die Menge nicht zu den literarischen Meisterwerken kommt, so deshalb, weil diese Meisterwerke literarisch, das heißt festgelegt sind; in Formen festgelegt, die nicht mehr den Bedürfnissen der Zeit entsprechen.

Wir sollten nicht die Menge und das Publikum anklagen, sondern den formalen Schutzschild, den wir zwischen uns und die Menge schieben, und jene neue Form des Götzendienstes, den Götzendienst der festgelegten Meisterwerke, der zu den Kennzeichen des bourgeoisen Konformismus gehört.

Dieses Konformismus, der uns das Erhabene, die Ideen, die Dinge mit den Formen verwechseln läßt, die sie im Lauf der Zeiten und in uns selbst angenommen haben – in unsrer Mentalität von Snobs, von Preziösen und Ästheten, die das Publikum nicht mehr versteht.

Solange man dem Publikum kein gültiges Schauspiel vorgesetzt hat, wird es vergeblich sein, in alledem den schlechten Geschmack des Publikums anzuklagen, das sich in Albernheiten wälzt; und ich wette darum, daß mir keiner *hier* ein gültiges Schauspiel zeigen kann, gültig im höchsten Sinne des Theaters, seit den letzten großen Melodramen der Romantik, das heißt seit hundert Jahren.

Das Publikum, das das Falsche für das Echte nimmt, hat einen Sinn für das Echte und reagiert darauf, wann immer es sich zeigt. Aber nicht auf der Bühne darf man es heute suchen, sondern auf der Straße; und wenn man der Straßenmenge eine Gelegenheit bietet, ihre Menschenwürde zu zeigen, so wird sie es immer tun.

Wenn sich die Menge abgewöhnt hat, ins Theater zu gehen, wenn wir alle schließlich dahin gelangt sind, das Theater als eine niedere Kunst anzusehen, als ein Mittel zu vulgärer Zerstreuung, und es als Ablenkung für unsre bösen Instinkte zu benutzen, so liegt das daran, daß man uns zu oft gesagt hat: das ist Theater, das heißt Lüge und Illusion. Daß man uns seit vierhundert Jahren, das heißt seit der Renaissance, an ein rein beschreibendes Theater gewöhnt hat, das immer nur erzählt, Psychologie erzählt.

Daß man sich den Kopf darüber zerbrochen hat, wie man auf der Bühne plausible, doch vom Leben abgelöste Geschöpfe zum Leben erwecken kann, mit dem Schauspiel auf der einen und dem Publikum auf der anderen Seite – daß man der Menge immer nur den Spiegel ihrer selbst vorgehalten hat.

Shakespeare selbst ist verantwortlich für diese Verirrung und diesen Niedergang, für diese unbeteiligte Vorstellung vom Theater, derzufolge eine Theatervorführung das Publikum unbehelligt lassen soll, ohne daß ein zur Anwendung gekommenes Bild seine Erregung auf den Organismus überträgt, einen unauslöschlichen Eindruck bei ihm hinterläßt.

Wenn bei Shakespeare der Mensch bisweilen Unruhe empfindet über das, was ihn übersteigt, so handelt es sich letztlich doch immer um Konsequenzen dieser Unruhe im Menschen, das heißt um Psychologie.

Die Psychologie, die eifrig darauf bedacht ist, das Unbekannte auf das Bekannte, das heißt auf das Alltägliche und Gewöhnliche zurückzuführen, ist die Ursache für jenen Verfall und jene erschreckende Einbuße an Energie, die mir an ihrem Endpunkt angelangt zu sein scheint. Und mir will scheinen, das Theater und wir selbst sollten mit der Psychologie Schluß machen.

Übrigens glaube ich, daß wir über diesen Punkt alle einer Meinung sind und daß man nicht bis zum abstoßenden modernen und französischen Theater herabsteigen muß, um das psychologische Theater zu verurteilen.

Geldgeschichten, Geschichten von Ängsten um das liebe Geld, von gesellschaftlicher Karrieremacherei, von den Schrecken der Liebe, denen nichts von Selbstlosigkeit anzumerken ist, von sexuellen Dingen, die mit einer Erotik ohne Geheimnis gewürzt sind, haben zwar etwas mit Psychologie zu tun, nichts aber mit Theater. Diese Ängste, diese Schamlosigkeit, diese Geilheiten, von denen wir lediglich Voyeurs sind, die sich delektieren, schlagen in Revolutionen um und werden sauer: darüber muß man sich im klaren sein.

Aber das ist nicht das Schwerwiegendste.

Wenn Shakespeare und seine Nachahmer uns auf die Dauer die Vorstellung von einer Kunst um der Kunst willen eingeredet haben, mit der Kunst auf der einen und dem Leben auf der anderen Seite, so könnte man sich getrost auf dieser wirkungslosen und faulen Vorstellung ausruhen, solange nur das Leben draußen noch standhielte. Zu viele Anzeichen lassen jedoch erkennen, daß all das, was uns leben ließ, nicht länger standhält, daß wir allesamt verrückt, verzweifelt und krank sind. Und ich fordre *uns* auf, dagegen anzugehen.

Diese Vorstellung von einer losgelösten Kunst, von einer Poesie der Annehmlichkeit, die nur dazu da ist, um den Müßiggang angenehm zu gestalten, ist eine Dekadenz-Vorstellung, die recht eigentlich unsre Fähigkeit zur Selbstentmannung beweist.

Unsre literarische Bewunderung für Rimbaud, Jarry, Lautréamont und ein paar andre, die zwei Männer in den Selbstmord getrieben hat, für die übrigen aber auf Kaffeehausgeschwätz hinausläuft, gehört zu dieser Vorstellung von einer literarischen Poesie, von einer losgelösten Kunst, von einer neutralen geistigen Aktivität, die nichts tut und nichts hervorbringt; und ich stelle fest, daß genau in dem Augenblick, wo die individuelle Poesie, die nur den verpflichtet, der sie macht, und auch das nur, während er sie macht, aufs ungeheuerlichste wütete, daß genau in dem Augenblick das Theater am verächtlichsten gemacht wurde von Dichtern, die weder für die direkte, die Aktion der Masse noch für die Wirksamkeit noch für die Gefahr jemals ein Gespür hatten.

Man muß Schluß machen mit dem Aberglauben der Texte und der *geschriebenen* Poesie. Die geschriebene Poesie taugt nur einmal, und dann verdient sie zerstört zu werden. Die toten Dichter sollen ihren Platz andern überlassen. Wir werden schon sehen, daß gerade unsre Verehrung dessen, was bereits getan ist, so schön und gültig es auch sein mag, uns

versteinert, uns festlegt und uns daran hindert, mit der darunter befindlichen Kraft Kontakt aufzunehmen, die man denkende Energie, Lebenskraft, Determinismus des Austauschs, Menstruationen des Mondes oder sonstwie nennt. Unter der Poesie der Texte gibt es die ganz einfache Poesie, ohne Form und ohne Text.
Und wie sich die Wirksamkeit der Masken, deren sich gewisse Volksstämme bei ihren magischen Verrichtungen bedienen, erschöpft – solche Masken sind bloß noch fürs Museum gut –, so erschöpft sich auch die poetische Wirksamkeit eines Textes, und die Poesie und Wirksamkeit des Theaters erschöpft sich deshalb am wenigsten schnell, weil sie die Aktion dessen erlaubt, was sich durch Gebärden ausdrückt und sich niemals ein zweites Mal wiederholt.
Es geht darum, zu wissen, was wir wollen. Wenn wir uns alle auf Krieg, Pest, Hungersnot und Massenabschlachtungen einrichten, brauchen wir es nicht einmal zu sagen, brauchen wir nur so weiterzumachen. Weiterzumachen, uns wie Snobs zu benehmen, uns massenweise hinreißen zu lassen von dem oder jenem Zauberer, dem oder jenem herrlichen Schauspiel, das nicht die Domäne der Kunst überschreitet (und nicht einmal die russischen Balletts haben in ihrer Glanzzeit die Domäne der Kunst überschritten), der oder jener Ausstellung von Tafelmalerei, wo einem mal hier, mal dort zwar eindrucksvolle, doch zufällige Formen in die Augen springen, die nicht vom echten Bewußtsein der Kräfte getragen sind, die sie in Bewegung setzen könnten.
Diese Empirie, diese Zufälligkeit, dieser Individualismus und diese Anarchie müssen aufhören.
Genug der individuellen Gedichte, die denen, die sie machen, sehr viel mehr einbringen als denen, die sie lesen.
Ein für allemal genug der Äußerungen einer in sich abgeschlossenen, egoistischen und personalistischen Kunst.
Unsre Anarchie und unsre geistige Unordnung hängt von der Anarchie alles übrigen ab – oder vielmehr, alles übrige hängt von dieser Anarchie ab.
Ich gehöre nicht zu jenen, die da glauben, erst müsse sich die Zivilisation ändern, damit sich das Theater ändern könne; ich glaube vielmehr, daß das in einem höheren und schwerstmöglichen Sinne angewandte Theater die Kraft der Einflußnahme auf den Zustand und die Bildung der Dinge besitzt: die Gegenüberstellung zweier leidenschaftlicher Erscheinungen, zweier lebendiger Flammenherde, zweier nervlicher Magnetismen auf der Bühne ist etwas ebenso Vollständiges, ebenso Echtes, sogar etwas ebenso Bestimmendes wie im Leben die Gegenüberstellung zweier Epidermen in einer Schamlosigkeit, die keine Zukunft hat.
Und deshalb schlage ich ein Theater der Grausamkeit vor. – Bei der Manie, alles herabzusetzen, die wir heutzutage allesamt haben, hat das Wort

«Grausamkeit», als ich es in den Mund genommen habe, für jedermann sofort soviel wie «Blut» bedeutet. Doch *Theater der Grausamkeit* bedeutet zunächst einmal Theater, das für mich selbst schwierig und grausam ist. Und auf der Ebene der Vorführung handelt es sich nicht um jene Grausamkeit, die wir uns gegenseitig antun können, indem wir einander zerstückeln, indem wir unsre persönlichen Anatomien mit der Säge bearbeiten oder, wie die assyrischen Herrscher, indem wir uns mit der Post Säcke voll Menschenohren, voll säuberlich abgetrennter Nasen und Nasenflügel zuschicken, sondern um die sehr viel schrecklichere und notwendigere Grausamkeit, welche die Dinge uns gegenüber üben können. Wir sind nicht frei.
Und noch kann uns der Himmel auf den Kopf fallen. Und das Theater ist dazu da, uns zunächst einmal dies beizubringen.
Entweder sind wir dazu fähig, mit modernen und aktuellen Mitteln auf jene höhere Vorstellung von Poesie und von Poesie durch das Theater zurückzukommen, die hinter den von den großen alten Tragikern erzählten Mythen steht, noch einmal dazu fähig, eine religiöse Vorstellung vom Theater, das heißt eine ohne Meditation, ohne nutzlose Betrachtung, ohne unzusammenhängenden Traum auszuhalten und zu einer Bewußtwerdung und auch zu einer Inbesitznahme gewisser dominierender Kräfte, gewisser Begriffe zu gelangen, die alles lenken und leiten – und, da die Begriffe, wenn sie wirksam sind, ihre Energie in sich tragen, in uns selbst jene Energien wiederzufinden, die letzten Endes die Ordnung hervorbringen und die Lebensrate ansteigen lassen –, oder wir brauchen uns nur unverzüglich und ohne Gegenmaßnahmen preiszugeben, brauchen nur zuzugeben, daß wir zu nichts weiter gut sind als zu Unordnung, Hunger, Blut, Krieg und Epidemien.
Entweder wir führen alle Künste auf eine zentrale Haltung, eine zentrale Notwendigkeit zurück und finden eine Analogie zwischen einem Gestus in der Malerei oder auf dem Theater und dem Gestus der Lava in der Katastrophe eines Vulkans, oder wir müssen aufhören zu malen, zu kläffen, zu schreiben und sonstwas zu tun.
Ich schlage vor, beim Theater auf jene elementare, magische Vorstellung zurückzukommen, die von der modernen Psychoanalyse wiederaufgenommen worden ist und die darin besteht, daß der Kranke zum Zweck der Heilung die äußere Haltung desjenigen Zustandes einnehmen muß, in den man ihn zurückführen möchte.
Ich schlage vor, auf jene Empirie der Bilder zu verzichten, die das Unbewußte rein zufällig beibringt und die rein zufällig lanciert werden, indem man sie poetische, also hermetische Bilder nennt, als wenn jene Art Trance, welche die Poesie verursacht, nicht in der gesamten Sensibilität, in allen Nerven ihren Widerhall fände und die Poesie eine unbestimmte Kraft wäre, die ihre Bewegungen nicht abwandelt.

Ich schlage vor, mittels des Theaters auf eine Vorstellung von der körperlichen Erkenntnis der Bilder und der zur Erzeugung von Trancezuständen erforderlichen Mittel zurückzukommen, so wie die chinesische Medizin überall in der menschlichen Anatomie die Punkte kennt, die man durch Nadelstiche reizen muß und die sogar die subtilsten Funktionen beherrschen.

Wer die kommunikative Kraft und die magische Mimikry einer Gebärde vergessen hat, kann sie durch das Theater wieder lernen; denn eine Gebärde trägt ihre Kraft in sich, und es sind ja gerade deshalb menschliche Wesen auf dem Theater, um die der gemachten Gebärde innewohnende Kraft zum Vorschein zu bringen.

Kunst machen heißt, eine Gebärde ihres Widerhalls im Organismus berauben. Wenn die Gebärde unter entsprechenden Bedingungen und mit der erforderlichen Kraft gemacht wird, veranlaßt dieser Widerhall den Organismus und durch ihn die ganze Individualität, der gemachten Gebärde entsprechende Haltungen einzunehmen.

Das Theater ist der einzige Ort auf der Welt und das letzte umfassende Mittel, das uns noch verbleibt, den Organismus direkt zu erreichen und in Zeiten der Neurose und der niederen Sinnlichkeit wie derjenigen, in der wir gründeln, diese niedere Sinnlichkeit durch körperliche Mittel zu attackieren, denen sie nicht widerstehen wird.

Wenn Musik auf Schlangen wirkt, so nicht etwa deshalb, weil sie ihnen geistige Vorstellungen vermittelt, sondern weil Schlangen lang sind, weil sie sich lang auf der Erde zusammenrollen, weil ihr Körper fast ganz die Erde berührt; die musikalischen Schwingungen, die sich der Erde mitteilen, wirken auf sie wie eine sehr durchdringende, sehr lang anhaltende Massage; nun, ich schlage vor, mit den Zuschauern wie mit Schlangen zu verfahren, die man beschwört, und sie mit Hilfe ihres Organismus bis zu den flüchtigsten, feinsten Vorstellungen zurückzuführen.

Zunächst einmal durch grobe Mittel, die sich mit der Zeit verfeinern. Diese unmittelbaren, groben Mittel fesseln anfangs ihre Aufmerksamkeit.

Deshalb befindet sich im «Theater der Grausamkeit» der Zuschauer in der Mitte und das Schauspiel umgibt ihn.

In diesem Schauspiel herrscht beständige Tonuntermalung: die Töne, die Geräusche, die Schreie werden zunächst um ihrer Schwingungsqualität willen ausgewählt, dann nach dem, was sie darstellen.

In diese sich verfeinernden Mittel greift das Licht seinerseits ein. Das Licht, das nicht nur zum Kolorieren oder zum Beleuchten da ist und seine Kraft, seinen Einfluß und seine Suggestionen in sich trägt. Und das Licht einer grünen Höhle versetzt den Körper nicht in dieselbe sinnliche Verfassung wie das Licht eines stark windigen Tages.

Nach Ton und Licht kommt die Handlung und die Dynamik der Hand-

lung: hier setzt sich das Theater, weit davon entfernt, das Leben zu kopieren, mit reinen Kräften in Verbindung, sofern es dies vermag. Und ob man nun akzeptiert oder ableugnet, es gibt dennoch eine Art und Weise zu sprechen, die Kräfte anruft, was im Unbewußten energiegeladene Bilder und außen das unmotivierte Verbrechen entstehen läßt.
Eine gewaltsame, geraffte Handlung hat Ähnlichkeit mit der lyrischen Sprache: sie ruft übernatürliche Bilder an, ein Blut von Bildern, eine blutige Bilderfontäne im Kopf des Dichters wie in dem des Zuschauers.
Wie auch die Konflikte aussehen mögen, die einer Zeit durch den Kopf spuken, ich fordere einen Zuschauer heraus, dem gewaltsame Szenen ihr Blut übertragen haben werden, der gefühlt haben wird, wie eine höhere Aktion durch ihn hindurchgegangen ist, der in außergewöhnlichen Taten blitzartig die außergewöhnlichen, wesentlichen Bewegungen seines Denkens gesehen haben wird – Gewalt und Blut in den Dienst der Gewalt des Denkens gestellt –, ich fordere ihn heraus, sich draußen Vorstellungen von Krieg, Aufruhr und zufälligen Morden zu überlassen.
So ausgedrückt, mag diese Vorstellung sehr fortschrittlich und kindisch wirken. Und man wird behaupten, das Beispiel ziehe das Beispiel nach sich, die Haltung der Heilung fordere zur Heilung auf und die des Mordes zum Mord. Alles hängt davon ab, wie und mit welcher Reinheit die Dinge getan werden.
Ein Risiko besteht. Aber man darf nicht vergessen, daß eine Theatergebärde zwar gewaltsam, doch unbeteiligt ist und daß das Theater gerade die Nutzlosigkeit der Handlung lehrt, die, einmal ausgeführt, nicht mehr ausgeführt werden kann, daß es den höheren Nutzen des von der Handlung ungenutzten Zustands lehrt, der jedoch, *umgekehrt*, die Sublimierung hervorruft.
Ich schlage daher ein Theater vor, in dem körperliche, gewaltsame Bilder die Sensibilität des Zuschauers, der im Theater wie in einem Wirbelsturm höherer Kräfte gefangen ist, zermalmen und hypnotisieren.
Ein Theater, das sich der Psychologie begibt und das Außergewöhnliche berichtet, das natürliche Konflikte, natürliche und subtile Kräfte auf die Bühne bringt und in erster Linie eine außerordentliche Ableitungskraft darstellt.
Ein Theater, das Trancezustände hervorruft wie die Tänze der Derwische und Aissauas Trancezustände hervorrufen und das sich mit präzisen Mitteln an den Organismus richtet, mit denselben Mitteln wie die therapeutische Musik gewisser Volksstämme, die wir zwar auf Platten bewundern, aber nicht für uns selber hervorzubringen vermögen.
Ein Risiko besteht, aber ich glaube, man sollte es unter den gegenwärtigen Umständen eingehen. Ich glaube nicht, daß es uns gelingen könnte, den allgemeinen Stand der Dinge, wie wir ihn erleben, wieder zum Leben zu erwecken, auch glaube ich nicht, daß es der Mühe wert ist, an ihm

festzuhalten; immerhin schlage ich etwas vor, um aus der Flaute herauszukommen, anstatt nur immerfort zu stöhnen über diese Flaute und über die Verdrossenheit, die Trägheit und Dummheit all dessen.

Aus: Antonin Artaud: Das Theater und sein Double (Das Théâtre de Séraphin). Frankfurt (S. Fischer) 1969, S. 95–107, 79–88.

Jerzy Grotowski
Für ein armes Theater (1965)

Wenn man mich fragt, «wo liegt der Ursprung Ihres experimentellen Theaters?», werde ich immer ein wenig ungeduldig. Anscheinend wird angenommen, «experimentelle» Arbeit sei peripher (spiele jedes Mal mit einer «neuen» Technik herum), sei zusätzlich gemeint. Vom Ergebnis erwartet man einen Beitrag zum modernen Theater – wo auf der Szene moderne Plastik und elektronische Effekte verwendet werden, zeitgenössische Musik, Schauspieler, die zusammenhanglos stereotype Clowns- und Kabarettnummern abziehen. Ich kenne dieses Theater: ich gehörte dazu. Unsere Arbeit im Theaterlaboratorium geht in eine andere Richtung. Zum ersten wollen wir Eklektizismus vermeiden, wir wollen uns gegen die Auffassung, daß Theater eine Kombination verschiedener Kunstgattungen sei, wehren. Wir wollen den Versuch einer Definition unternehmen, wodurch Theater gekennzeichnet ist, was diese Tätigkeit von anderen Darstellungsformen und öffentlichen Schaustellungen unterscheidet. Zum zweiten sind unsere Produktionen detaillierte Erforschungen der Beziehung zwischen Schauspieler und Publikum. Das heißt, *wir halten die personale und szenische Technik des Schauspielers für den Kern des Theaters*.

Es ist schwierig, die Einflüsse auf diese Konzeption genau anzugeben, aber ich kann ihre Tradition aufzeigen. Ich habe bei Stanislawski gelernt. Durch seine beharrlichen Studien, seine systematische Erneuerung der Methoden der Beobachtungsweise, seine dialektische Beziehung zu seiner früheren Arbeit wurde er zu meinem persönlichen Vorbild. Stanislawski stellte die maßgeblichen methodischen Fragen. Unsere Lösungen unterscheiden sich allerdings bei weitem von den seinen – manchmal kommen wir zu entgegengesetzten Schlüssen.

Jerzy Grotowski: Szenenbild aus *Der standhafte Prinz*, Wrocław 1965

Ich habe alle wesentlichen Ausbildungsmethoden für Schauspieler in Europa und über Europa hinaus studiert. Besonders wichtig für meine Zwecke wurden Dullins rhythmische Übungen, Delsartes Untersuchungen der extravertierten und introvertierten Reaktionen, Stanislawskis Arbeit über die «physischen Handlungen», Meyerholds bio-mechanisches Training, Wachtangows Synthese von beiden. Besonders inspiriert haben mich auch die Arbeitsmethoden des östlichen Theaters – speziell der Peking Oper, des indischen Kathakali-Theaters und des japanischen No-Theaters. Ich könnte andere Theaterformen zitieren, aber die Methode, die wir entwickeln, ist keine Kombination von aus diesen Quellen erborgten Techniken (obwohl wir manchmal, wenn es uns von Nutzen ist, Details übernehmen). Dem Schauspieler soll kein festgelegtes Arsenal von Fertigkeiten beigebracht werden, ihm soll kein «Zaubersack voller Kunststücke» übergeben werden. Unsere Methode ist nicht deduktiv, besteht nicht in der Aneignung von Fertigkeiten. Alles in ihr ist auf das «Reifen» des Schauspielers konzentriert, das aus der Spannung zu seinen extremsten Möglichkeiten hervorgeht, durch vollkommene Selbstenthüllung, durch Bloßlegung seines Innersten – all dies ohne die geringste Spur von Egoismus und Selbstgefälligkeit. Der Schauspieler verwirklicht sich in einer totalen Hingabe. Es handelt sich um eine Technik der «Trance», um die Integration aller psychischen und physischen Kräfte des Schauspielers, die sich aus den tiefsten Schichten seines Seins und seiner Triebe herleiten und in einer Art «Durchleuchtung» aufscheinen.

Einen Schauspieler in unserem Theater zu erziehen heißt nicht, ihm etwas einzupauken; wir versuchen den Widerstand, den sein Organismus dem physischen Prozeß entgegensetzt, zu eliminieren. Im Endergebnis fällt die Zeitspanne zwischen innerem Impuls und äußerer Reaktion weg, der innere Impuls ist gleichzeitig die äußere Reaktion. Impuls und Aktion fallen zusammen: die Physis löst sich auf, verzehrt sich, und der Zuschauer sieht lediglich eine Reihe sichtbar gewordener Impulse.

Also die *via negativa*, die negative Methode, ist keine Ansammlung von Fertigkeiten, sondern Abbau der Widerstände.

Nach jahrelanger Arbeit und durch speziell kombinierte Übungen – die auf dem Wege über körperliches Training, über Ausdrucks- und Stimmübungen versuchen, den Schauspieler zur richtigen Konzentration zu führen – wird manchmal der Anfang dieses Weges sichtbar. Dann ist es möglich, das, was da bewußt wurde, sorgfältig zu kultivieren. Der Prozeß selbst, obwohl er bis zu einem gewissen Grad von Konzentration, Vertrauen, von Entblößung und fast von Verzweiflung über die eigenen Fähigkeiten abhängt, ist nicht dem Willen unterworfen. Der erforderliche Bewußtseinszustand wäre eine passive Bereitschaft, einen aktiven Part zu verwirklichen, ein Zustand, in dem man nicht *«etwas tun möchte»*, sondern eher *«es mit sich geschehen läßt»*. Die meisten Schauspieler im Theaterlaboratorium fangen gerade an, auf die Möglichkeit hinzuarbeiten, solch einen Prozeß sichtbar zu machen. In ihrer täglichen Arbeit konzentrieren sie sich nicht mehr auf die spirituelle Technik, sondern auf die Gestaltung der Rolle, auf ihren formalen Aufbau, auf die Ausdrucksfähigkeit der Zeichen, das heißt, auf Kunstvorgänge. Zwischen inneren

Vorgängen und Kunstvorgängen (Artikulation einer Rolle durch Zeichen) besteht kein Widerspruch. Wir sind überzeugt, daß ein personaler Prozeß, der sich nicht auf eine formale Artikulation und eine disziplinierte Strukturierung der Rolle stützt und sich darin ausdrückt, keine Befreiung ist und an seiner Formlosigkeit scheitern muß.

Unserer Meinung nach wird die Phantasie durch die artifizielle Komposition einer Rolle nicht eingedämmt, sondern geleitet. (Die aufreizende Spannung zwischen dem inneren Prozeß und der Form steigert beide. Die Form ist der Köder in einer Falle, der geistige Prozeß reagiert spontan auf ihn, muß aber gegen die Falle ankämpfen.) Die Formen des allgemeinen «natürlichen» Verhaltens verschleiern die Wahrheit; wir komponieren eine Rolle als Zeichensystem, das aufzeigt, was hinter der allgemein sichtbaren Maske vor sich geht: die Dialektik des menschlichen Verhaltens. Im Augenblick eines psychischen Schocks, des Schreckens, der Todesangst oder der ungeheuren Freude verhält sich der Mensch nicht «natürlich». Ein Mensch in einem gesteigerten geistigen Zustand drückt sich in rhythmisch artikulierten Zeichen aus, beginnt zu tanzen, zu singen. Die elementare Gesamtheit des Ausdrucks vermittelt sich uns als Zeichen, nicht als gewöhnliche Geste.

In der formalen Technik arbeiten wir weder mit vorgefertigten Zeichen noch mit einer Anhäufung von Zeichen (wie es in den Formexerzitien des orientalischen Theaters üblich ist). Wir subtrahieren, versuchen die Zeichen aus den Elementen des sogenannten «natürlichen» Verhaltens, die den reinen Impuls verunklären, *herauszudestillieren*. Eine andere Technik, um die verborgene Struktur der Zeichen zu erhellen, ist es, die Dinge zueinander in *Widerspruch* zu setzen (Geste und Stimme, Stimme und Wort, Wort und Gedanken, Wollen und Tun usw.) – auch hier beschreiben wir die *via negativa*.

Es ist schwierig, präzis zu beantworten, welche Elemente in unseren Produktionen Ergebnisse eines bewußt formulierten Programms sind und welche sich aus der Struktur unserer Vorstellungskraft ableiten. Ich werde häufig gefragt, ob bestimmte «mittelalterliche Effekte» die Absicht vermuten lassen, ich wolle auf die «rituellen Ursprünge» zurückgreifen. Darauf gibt es nicht nur eine Antwort. Beim gegenwärtigen Stand unseres künstlerischen Bewußtseins hat die Frage nach den mythischen «Ursprüngen», nach der elementaren menschlichen Ausgangsposition, sicher Bedeutung. Doch resultiert sie nicht aus einer «philosophischen Kunstbetrachtung», sondern aus den praktischen Erfahrungen im Umgang mit den Gesetzen des Theaters. Ich meine damit, daß unsere Produktionen nicht *a priori* ästhetischen Postulaten unterworfen werden; eher gilt, was Sartre einmal gesagt hat: «Jede technische Praxis führt ins Metaphysische».

Mehrere Jahre schwankte ich zwischen Impulsen, die aus der Praxis kamen, und der Anwendung von Prinzipien *a priori*, ohne den Widerspruch zu erkennen. Mein Freund und Kollege Ludvik Flaszen war der erste, der diese Verwirrung in meiner Arbeit herausfand: die Materialien und Arbeitsmethoden, die sich spontan während der Vorbereitungszeit einer Aufführung aus der Natur der Sache entwickelten, vermittelten Einblicke, wiesen weiter; doch was ich für die Anwendung theoretischer Überlegungen gehalten hatte, leitete sich eher aus der Struktur meiner Person als aus meinem Intellekt ab. Ich erkannte, daß die Arbeit eher zur Bewußtwerdung führte, als daß sie ein Produkt des Bewußtseins war. Deshalb bemühte ich mich ab 1960 mit aller Kraft um eine Methode. Ich versuchte, durch Experimentieren mit der Praxis Antworten auf die Fragen zu finden, die sich mir von Anfang an gestellt hatten: was ist Theater überhaupt? Was ist das Einzigartige daran? Was kann Theater, was Film und Fernsehen nicht können? Zwei konkrete Konzeptionen kristallisierten sich heraus: das Arme Theater und die Aufführung als ein Akt der Überschreitung.

Wir sonderten nach und nach alles aus, was uns überflüssig erschien, und stellten fest, daß Theater ohne Schminke, ohne Bühnenbild und Kostüm in verselbständigter Form, ohne abgeteilte Bühne, ohne Beleuchtung und Geräuschkulisse usw. stattfinden kann. Auf die spürbare, unmittelbare, «lebendige» Kommunikation zwischen Schauspieler und Publikum ist es jedoch angewiesen. Das ist eine altbekannte theoretische Wahrheit, sicherlich, aber wenn man die Praxis streng nach ihr beurteilt, werden die meisten unserer üblichen Theaterauffassungen fragwürdig. Sie erschüttern den Glauben, Theater sei die Synthese völlig verschiedener Kunstgattungen – Literatur, Bildhauerei, Malerei, Architektur, Beleuchtung, Darstellung (unter Anleitung eines *Regisseurs*). – Dieses «synthetische Theater» ist das zeitgenössische Theater, wir nennen es einfach das «Reiche Theater» – reich an Trugschlüssen.

Das Reiche Theater nährt sich von künstlerischem Diebesgut, das es anderen Kunstgattungen entwendet; es verfertigt Konglomerate ohne Sinn und Form, präsentiert sie jedoch als organisches Kunstwerk. Indem das Reiche Theater einander angeglichene Elemente multipliziert, versucht es, aus der durch Film und Fernsehen entstandenen Sackgasse herauszukommen. Seit sich Film und Fernsehen im Bereich der technischen Möglichkeiten übertreffen (Montage, Bildschnitt usw.), kontert das Reiche Theater mit dem blökenden, kompensierenden Schrei nach einem «Totaltheater». Die Integration erborgter Mechanismen (Filmleinwände auf der Bühne zum Beispiel) veranstaltet einen raffinierten, technischen Schwindel, der große Beweglichkeit und Dynamik erlaubt. Und wenn die Bühne und/oder der Zuschauerraum drehbar sind, sei ein dauernder Wechsel der Perspektive möglich. Das alles ist Unsinn.

Wie sehr auch immer das Theater seine technischen Mittel erweitert und ausnützt, es bleibt doch, verglichen mit Film und Fernsehen, technisch minderwertig. Deshalb schlage ich als Konsequenz die Armut im Theater vor. Wir haben die Einteilung Bühne-Zuschauerraum aufgegeben: der Raum für Schauspieler und Publikum wird für jede Aufführung neu entworfen. So kann die Beziehung zwischen Publikum und Schauspieler unendlich variiert werden. Der Schauspieler kann mitten unter den Zuschauern spielen, kann zum Publikum gehören und diesem dadurch eine passive Rolle in dem Drama zuweisen (in unseren Produktionen von Byrons «Kain» und Kalidasas «*Shakuntala*»). Oder die Schauspieler können unter den Zuschauern Strukturen bilden, um sie auf diese Weise in die Architektur der Handlung einzubauen, sie dem Gefühl der Bedrängnis, des Eingepferchtseins, der Platzangst auszuliefern (bei Wyspianskis «*Akropolis*»). – Die Schauspieler können auch mitten unter den Zuschauern agieren und sie nicht beachten, durch sie hindurchsehen. Die Zuschauer können von den Schauspielern separiert werden – durch einen hohen Zaun zum Beispiel, über welchen sie gerade ihre Köpfe recken können (beim «*Standhaften Prinzen*» vom Calderón); sie schauen aus dieser völlig schrägen Perspektive auf die Schauspieler wie auf Tiere in einem Käfig herunter oder sie verfolgen die Handlung, wie Medizinstudenten eine Operation beobachten (dieses unbeteiligte Herunterschauen gibt der Handlung außerdem das Gewicht einer moralischen Überschreitung). – Es kann auch der ganze Raum als konkreter Schauplatz verwendet werden: bei *Fausts* «Abendmahl» im Refektorium des Klosters, wo er den Zuschauern, die Gäste auf einem barocken Fest sind und an langen Tafeln bedient werden, die Ereignisse seines Lebens darlegt. Die Zweiteilung von Bühne und Zuschauerraum abzuschaffen, ist aber nicht die Hauptsache – dadurch entsteht lediglich die unverstellte Laboratoriumssituation, die eine angemessene Atmosphäre für Forschungsarbeit ist. Die Hauptsorge sollte sein, die jeder Aufführung angemessene Beziehung von Schauspieler und Publikum herauszufinden und die Entscheidung in Arrangements umzusetzen, die die Physis aller Beteiligten einbeziehen.

Wir verzichten auf die von Scheinwerfern ausgeleuchtete Bühne, was uns eine weite Skala von Möglichkeiten eröffnete, indem wir dem Schauspieler selbst stationierte Lichtquellen an die Hand geben, für einen überlegten Umgang mit Schatten und Lichtspots usw. Es hat seine besondere Bedeutung, wenn sich ein Schauspieler plötzlich in einer beleuchteten Zone befindet; es heißt mit anderen Worten: er wird sichtbar, er beginnt seine Rolle in der Aufführung zu spielen. Es zeigte sich außerdem, daß die Schauspieler, wie Figuren auf den Gemälden El Grecos, aus sich selbst heraus «leuchten» können, daß sie aufgrund einer inneren Technik eine Quelle «geistigen Lichts» werden können.

Wir verzichteten auf Schminke, falsche Nasen, ausgestopfte Bäuche – auf alles, womit sich der Schauspieler vor der Vorstellung in der Garderobe zurechtmacht.

Wir entdeckten dabei, daß der Schauspieler eine theatergemäße Verwandlung von einem Typ in einen anderen, von einem Charakter in einen anderen, von einer Gestalt in eine andere vollziehen kann – vor den Augen des Publikums – auf eine *arme* Weise, nur durch seinen Körper und die Kunst, mit ihm umzugehen. Die Komposition eines gestalteten Gesichtsausdrucks, für den der Schauspieler seine eigenen Muskeln und inneren Impulse verwendet, befähigt zu einer erstaunlichen theatralischen Verwandlung, während die von einem Maskenbildner präparierte Maske nur Vortäuschung bietet.

Desgleichen kann ein Kostüm ohne eigenen Wert, das nur durch die Verbindung mit der jeweiligen Rolle und ihren Handlungen Leben gewinnt, vor dem Publikum verwandelt werden, kann konstrastieren mit der Funktion des Schauspielers usw. Die Eliminierung der bildnerischen Elemente, die ein Eigenleben führen (das heißt, noch etwas außerhalb dessen repräsentieren, als wofür der Schauspieler sie gebraucht) führt zur Erschaffung der elementarsten und sinnfälligsten Objekte durch den Schauspieler selbst. Er verwandelt durch genaue Gestenführung den Fußboden in ein Meer, den Tisch in einen Beichtstuhl, ein Stück Eisen in einen Partner aus Fleisch und Blut usw. Die Eliminierung der Musik (sei sie «live» oder vom Tonband), die nicht von den Schauspielern erzeugt wird, ermöglicht erst, daß die Aufführung selbst zu Musik wird, durch die Orchestrierung der Stimmen und die klappernde Objekte. Wir wissen, daß der Text *als solcher* noch nichts mit Theater zu tun hat, erst der Schauspieler, der sich dieses Textes bedient, macht ihn zu Theater – das heißt, durch seinen Tonfall, seine Lautverbindungen, dank der Musikalität der Sprache.

Der Entschluß zur Armut, zu einem von allem Unwesentlichen befreiten Theater, ließ uns nicht nur das Skelett des Mediums erkennen, sondern auch die Reichtümer, die im eigentlichen Wesen dieser Kunstform liegen. Warum beschäftigen wir uns mit Kunst? Um unsere Grenzen zu überschreiten, um über uns selbst hinauszuwachsen, um unsere innere Leere auszufüllen – um uns selbst zu verwirklichen. Das ist kein Zustand, sondern ein Prozeß, in dessen Verlauf das Dunkel in uns sich langsam erhellt. In diesem Kampf um die eigene Wahrheit, in dieser Bemühung, sich die Lebensmaske abzureißen, war mir das Theater durch seine sinnlich-körperliche Präsenz immer ein Ort der Herausforderung. Indem es allgemein akzeptierte und stereotype Ansichten, Gefühle und Urteile verletzt, ist es imstande, sich und sein Publikum herauszufordern – um so aufrüttelnder, als es im menschlichen Körper, im Atem und den Impulsen seines Organismus Gestalt annimmt. Diese Mißachtung der Tabus, diese Überschreitung lösen den Schock aus, der die Masken wegreißt, der uns dazu bringt, uns entblößt an etwas hinzugeben, das unmöglich zu definieren ist, das aber sowohl Eros wie Caritas beinhaltet.

Deshalb konnte ich in meiner Arbeit als Regisseur der Versuchung nicht widerstehen, Gebrauch zu machen von archaischen, durch Tradition geheiligten Themen und Situationen (innerhalb der Bereiche von Religion und Tradition), die eigentlich tabu sind. Ich hatte das Bedürfnis, mich mit diesen feststehenden Werten zu konfrontieren. Sie faszinierten mich, erfüllten mich mit einer inneren Ruhelosigkeit, während mich gleichzeitig der Wunsch nach Blasphemie überkam: ich wollte sie attackieren, sehen, was hinter ihnen steckt, oder aber sie mit meiner eigenen Erfahrung, die ihrerseits durch die kollektive Erfahrung unserer Zeit determiniert ist, konfrontieren. Dieser Aspekt unserer Arbeit wurde verschiedentlich «die Kollision mit den Ursprüngen», die «Dialektik der Verhöhnung und Anbetung» genannt, oder sogar «die Gläubigkeit, die sich in der Blasphemie ausdrückt; Liebe, die durch Haß spricht».

Sobald mir meine praktischen Erkenntnisse bewußt wurden, sobald das Experiment zur Methode führte, fühlte ich mich gezwungen, die Theatergeschichte noch einmal unter neuen Vorzeichen und in Relation zu anderen Wissenschaften durchzuarbeiten, im besonderen zur Psychologie und zur Anthropologie. Es kam darauf an, die Mythen rational zu betrachten. Mir wurde klar, daß der Mythos beides ist, eine primäre Botschaft und ein komplexes Modell, das in der Psychologie der sozialen Gruppen eine gesonderte Existenz führt und sowohl das Gruppenverhalten als auch die in der Gruppe lebendigen Tendenzen beeinflußt.

Als das Theater noch Bestandteil des religiösen Rituals war, war es bereits Theater: Durch die Verkörperung und Profanierung beziehungsweise Überschreitung des Mythos wurden die geistigen Energien der Gemeinde oder des Stammes freigesetzt. Der Zuschauer kam auf diese Weise zu einer neuen Erkenntnis seiner eigenen, im Mythos enthaltenen Wahrheit, und Furcht und ein Gefühl der Weihe bewirkten in ihm die Katharsis. Es ist kein Zufall, daß das Mittelalter auf die Idee der «sakralen Parodie» verfiel.

Heute liegen die Dinge allerdings ganz anders. Soziale Gruppierungen lassen sich immer weniger nach dem Einfluß einer Religion definieren, die Formen der mythischen Überlieferung sind fließend, sie verschwinden und erleben eine Reinkarnation. Das Verhältnis der Theaterzuschauer zum Mythos als kollektiver Wahrheit und einem Gruppenmodell hat sich mehr und mehr individualisiert, und Glaube wird meistens zu einer Frage der intellektuellen Überzeugung. Das bedeutet, daß es viel schwieriger geworden ist, den Schock, der in die psychischen Schichten unter der Verhaltensmaske dringt, zu vermitteln. Gruppenidentifikationen mit Mythen – die Entsprechung von persönlicher, individueller Wahrheit und universaler Wahrheit – sind heute eigentlich unmöglich.

Was ist möglich? Erstens, *Konfrontation* mit dem Mythos eher als Identifikation. Mit anderen Worten, wir können versuchen, indem wir uns auf unsere privaten Erfahrungen berufen, den Mythos wieder Fleisch werden zu lassen, indem wir in seine uns schlecht passende Haut schlüpfen, um die Relativität unserer Probleme zu begreifen, ihren Zusammenhang mit den «Ursprüngen» und die Realtivierung dieser «Ursprünge» im Licht der Gegenwartserfahrung. Wenn die Situation unerbittlich genug ist, so daß wir uns selbst offenbaren und an einen besonders tiefen seelischen Bereich rühren, ihn hervorkehren, dann zerbricht die Umweltsmaske und fällt ab. Zweitens, trotz des Verlustes eines «gemeinsamen Reichs» des Glaubens, des Verlusts unumstößlicher Gebote, bleibt uns das Sensorium des menschlichen Organismus. Nur der Mythos – der durch die Person des Schauspielers Fleisch wird, durch seinen lebendigen Organismus – kann als Tabu fungieren. Das Aufbrechen des lebendigen Organismus, die Entblößung bis zum äußersten Exzeß führt uns auf eine konkrete mythische Situation zurück, läßt uns eine gemeinsame menschliche Wahrheit erfahren. Wieder können die rationalen Quellen unserer Terminologie nicht genau angegeben werden. Ich werde oft nach Artaud gefragt, wenn ich «Grausamkeit» erwähne, obwohl seine Formulierungen auf anderen Voraussetzungen basieren und in andere Richtung gehen. Artaud war ein Visionär von außerordentlichen Fähigkeiten, aber seine Schriften haben geringen methodischen Wert, weil sie nicht das Ergebnis langfristiger praktischer Untersuchungen sind. Sie sind eine fast Schrecken einflößende Prophezeiung, aber kein Programm. Spreche ich von «Ursprüngen» oder «Weltseele», fragt man mich nach Nietzsche; spreche ich von «Gruppenimagination», fällt der Name Durkheim; nenne ich es «Archetypen», fällt der Name C. G. Jung. Aber meine Formulierungen sind nicht aus den humanistischen Wissenschaften abgeleitet, obwohl ich mich ihrer für meine Analysen bediene. Spreche ich vom Ausdruck des Schauspielers als «Zeichen», werde ich auf das orientalische Theater angesprochen, im besonderen auf das klassische chinesische Theater (vor allem, wenn man weiß, daß ich es an Ort und Stelle studiert habe). Aber die hieroglyphischen Zeichen des orientalischen Theaters sind unflexibel, stehen fest wie das Alphabet, während die Zeichen, die wir benützen, die skelettierten Formen menschlicher Aktionen sind, eine Kristallisation der Rolle, eine Artikulation des psycho-physiologischen Zustands des Schauspielers.

Ich behaupte nicht, daß alles, was wir machen, neu ist. Wir unterliegen, bewußt oder unbewußt, den Einflüssen unserer Tradition von Wissenschaft und Kunst; wir unterliegen dem Aberglauben und den seltsamen Ängsten der Zivilisation, die uns geformt hat, genauso wie wir die spezifische Luft des Kontinents atmen, auf dem wir geboren sind. All das beeinflußt unsere Unternehmungen, auch wenn wir es manchmal leugnen. Gerade wenn wir neugewonnene Theorien mit den Ideen unserer Vorgänger vergleichen, die ich schon erwähnt habe, sind wir nachträglich zu mancherlei Korrekturen gezwungen, die uns klarer erkennen lassen, welche Möglichkeiten sich schon vor uns eröffnet hatten.

Betrachten wir die allgemeine Entwicklung der Großen Theaterreform von Stanislawski bis Dullin, von Meyerhold bis Artaud, so wird klar, daß wir nicht bei Null angefangen haben, sondern daß wir in einem bereits definierten und spezialisierten Umkreis arbeiten. Würde unsere Forschungen die Gedanken eines anderen entzünden und bekräftigen, würde uns das mit Demut erfüllen. Wir haben eingesehen, daß das Theater manchen objektiven Gesetzen untersteht und daß künstlerische Erfüllung nur durch Einhalten dieser Gesetze möglich ist oder, wie Thomas Mann sagt, durch eine Art «höheren Gehorsam», dem wir unsere «ganze Aufmerksamkeit widmen».

Ich habe im Polnischen Theaterlaboratorium eine besondere Führungsposition inne. Ich bin nicht einfach Intendant, Regisseur oder «geistiger Mentor». Meine Beziehung zu meiner Arbeit ist zunächst sicherlich weder eingleisig noch didaktisch. Wenn Gurawski, unser Bühnenarchitekt, in der räumlichen Gestaltung meine Vorschläge reflektiert, so ist dabei zu bedenken, daß wiederum meine Ideen, durch Jahre der Zusammenarbeit mit ihm, sich in einer bestimmten Weise geformt haben.

Der Arbeit mit einem mir anvertrauten Schauspieler wohnt eine nicht mehr meßbare Intimität und Fruchtbarkeit inne. Er muß sich mit Aufmerksamkeit, Vertrauen und innerer Freiheit der Arbeit überlassen, denn unser Laboratorium ist dazu da, seine Fähigkeiten aufs äußerste zu steigern. Sein innerer Wachstumsprozeß wird begleitet von Beobachtung, Verwunderung und dem Wunsch, sich helfen zu lassen; ich projiziere meinen Wachstumsprozeß auf ihn, besser begründe ihn auf ihm – so wird unser gemeinsames Wachsen zu einer Offenbarung. Das hat nichts mehr mit der Instruktion eines Schülers zu tun, sondern das ist die äußerste Öffnung einem anderen Menschen gegenüber, so daß der Vorgang: «Wer gibt, empfängt doppelt» möglich wird. Der Schauspieler erlebt eine Wiedergeburt – nicht nur in seinem Beruf, sondern als Mensch – und mit ihm werde ich wiedergeboren. Ich drücke mich sehr ungeschickt aus, gemeint ist das Ziel der vollkommenen gegenseitigen Anerkennung zweier menschlicher Wesen.

Aus: Jerzy Grotowski: Das arme Theater. Mit einem Vorwort von Peter Brook. Velber (Friedrich) 1970, S. 13–23.

Julian Beck
Theater in diesen harten Zeiten:
The Living Theatre (1968)

[...]

du bist was du ißt
und was du nie wieder essen wirst

Ich aß ein ganzes Taschentuch nach und nach im Alter von sechs Jahren, in der Metropolitan Opera, während einer Aufführung von *Hänsel und Gretel*. Das ist eine Oper, die sich eingehend mit dem Essen beschäftigt, Zuckerhäuschen, hungrige Kinder, Brotkrümel, Füttern von Hänsel und Gretel, einer Hexe, die Kinder frißt, mein Vater glaubte, ich würde essen, weil ich nervös sei, was auch stimmte, aber ich aß mit Hänsel zusammen, damit ich irgendwas mit Hänsel zusammen tun konnte, das geschmacklose, schreckliche Taschentuch, und dann brauchte ich es auf einmal nicht mehr zu kauen, alle Kinder waren erlöst, aus dem Ofen raus, nicht aufgefressen, und konnten wachsen. Alles was ich je auf dem Theater gemacht habe, ist ein Versuch gewesen, die Sehnsucht nach Freiheit freizusetzen, und den Effekt dieser Freiheit, dieser world to be, jenseits von dem Gefängnis einer Hexe, das das *Hänsel und Gretel*-Erlebnis mir eingab. Das Erlebnis überzeugte mich von drei Grundbedingungen eines Theaters der totalen Erfahrung: körperliche Teilnahme des anteilnehmenden Zuschauers, die Erzählung, und die Transzendenz.

Die Erzählung ist im Theater wichtig, denn wenn das Theater die Welt sein soll, dann kann es nicht außer acht lassen, was passiert, das Übergehen von einem Moment in den anderen. Spezialisierte Erfahrungen, wie ein paar sichtbare Weinflaschen, Schwämme voll blauer Tinte, ein grünes Glas gesprenkelt, aber der Mann, der den Schwamm wirft, ist immer interessanter als die zerspritzende Tinte. Das Problem ist: ein Theater zu machen, wo das wahr wird. Wenige von uns haben den Tinten-Schwamm an der Arbeit gesehen, deshalb sieht das interessanter aus, als die meisten Vorgänge auf der Bühne, die meisten von uns wissen sowieso schon alles, was in den ausverkauften Theatern heute abend vor sich gehen wird. Wir wissen es und sind müde, weil wir es wissen. Deine Hand, die die vertraute Tasse Kaffee zu den Lippen führt, ist mehr als ein zinnoberroter Streifen am Abendhimmel, was ich damit sagen will: was immer du tust, übertrifft alles, was inszeniert ist.

Als wir 1947 zu Robert Edmond Jones gingen, um ihm über unser neues Theater zu berichten, war er äußerst gespannt und bat uns, wiederzukommen. Das taten wir auch, ich brachte ihm Bühnenentwürfe und wir erzählten von Stücken, die wir herausbringen wollten. Wir redeten ziemlich

The Living Theatre: Paradise Now

lange miteinander, er sah ziemlich traurig drein und ich fragte warum. Zuerst, sagte er, dachte ich, ihr hättet wirklich die Lösung: daß ihr wirklich im Begriff wärt, ein neues Theater zu schaffen, aber ich sehe, daß ihr nur Fragen fragt. Wieviel Geld habt ihr denn? 6000 Dollar, sagte ich. Das ist verdammt schlecht, sagte er. Ich wünschte, ihr hättet überhaupt kein Geld, vielleicht könntet ihr dann das neue Theater schaffen, ein Theater ohne Bänder- und Sofa-Kissen, das in Studios und Wohnzimmern stattfindet, würde die großen Theater vergessen und die bezahlten Eintrittskarten, da passiert nichts, da kann nichts anderes als etwas furchtbar Lächerliches passieren, da kann nichts bei herauskommen. Hier, wenn ihr wollt, nehmt diesen Raum, sagte er und bot uns sein Studio an, wenn ihr wirklich anfangen wollt, hier habt ihr es. Aber wir waren jung, das ist unsere Entschuldigung; vier Jahre später – wir hatten kein Theater gefunden, an dem es sich arbeiten ließ – entschlossen wir uns, ein paar Stücke in unserem eigenen Wohnzimmer aufzuführen und dabei weder einen Cent einzunehmen noch einen Cent auszugeben. Das lief, er hatte recht. Aber uns wurde noch nicht gründlich genug die Lektion erteilt. Deshalb haben wir Theater gehabt, die öffentlich inserierten, Eintrittspreise erhoben und Steuern bezahlten, als ob das zu was führte, zur la gloire vielleicht. In der Falle. Erkennend, daß wir darin sitzen, beginnen wir schließlich Strategien zu entwickeln, da wieder raus zu kommen.

unmöglich rauszukommen

bis man weiß
nicht wie sondern wo man rauskommt
ich weiß nur daß es dahin geht
wo man ein Gefühl verspürt
weil das da ist wo ich nicht bin
bei *Hänsel und Gretel* habe ich was verspürt
was ich seit mehr als dreißig Jahren nicht in einem Theater verspürt habe
das bedeutet nicht: zu Kindheitserfahrungen zurückkehren
aber dorthin gehen wo die Empfindungen verspürt werden können
Leben geht Jahr für Jahr mehr den Prozeß der Isolation
das ist in dem Moment nur natürlich wo jedes wirkliche Gefühl zuerst eine Gefühlsverwirrung stiftet dann verursacht die Gefühlsverwirrung Verzweiflung
dann schlägt die Verzweiflung in die Dunkelheit der Seele ein
wird eine rituelle Wunde
eine geheiligte Reinigung
woraus Neues hervorgeht
meine Unzufriedenheit
so offenkundig in meinen täglichen Äußerungen über irgend etwas
die Jeremias-Haltung
ist nicht das Ergebnis einer selbstauferlegten Reinigung
oder überlegter Blindheit
ich sehe
und was positiv an allem ist ist da solange es da ist
aber noch ist vieles dringend zu tun

die Kunst Picassos und Schönbergs
und all die Schönheit die die Natur-Lyriker und Shelley feierten
wird überdauern wenn der Wind und die Ginsterzweige in den Händen
der Menschen vergangen sind
aber es ist irrwitzig wenn die Gemälde von Picasso oder die Musik
von Schönberg zu Emblemen im Wappen der Machthaber werden
rockefeller sammelt de kooning
in der wall street liest man allen ginsberg
jacqueline verhimmelt monet

sie nehmen Alles an sich

Daß Malraux und Frost ihre Geburtsrechte verschacherten, als sie in den Dienst des Staats traten und sich damit entschuldigten, sie versuchten ja die nationale Kunst populär zu machen und versuchten, der Kunst ein Prestige zu gewinnen, das Prestige der staatlichen Billigung, das war ein Irrtum, der unvereinbar ist mit den Gesetzen der Kunst. Der Staat will die Kunst nicht unters Volk bringen, er will die Kunst nicht zugänglicher machen, er sucht nach Diamanten für seine Krone. Was wirklich passiert, wenn das Weiße Haus die Künstler zum Dinner lädt und der Elysée-Palast einen Hummer nach Claudel benennt, ist: Kunst wird bestohlen, entmannt, ins Schlepptau genommen, ausgestopft, bemäntelt und als Schokolade serviert. Spanien ködert jetzt seine Touristen mit Bildern seiner großen Künstler, Picasso, aber nicht Guernica, nicht die Träume und Lügen Frankreichs, Lorca, aber nicht der Leib seines Werks, nicht mal sein eigner Körper. Cocteau hat gesagt, daß der revolutionäre Dichter zuerst ignoriert, dann verachtet wird, und wenn das alles nichts hilft, dann versucht man ihn dadurch unterzukriegen, daß man ihn mit Ehrungen überlädt
denn

Kunst steht für Veränderung und drückt sie aus

denn alle bedeutende Kunst
steht etwas über der Natur der Dinge
und deshalb erkennt und fordert die Harmonie der Dinge
die Veränderung
wohingegen der Staat den status quo fordert
der sozialistische Staat billigt die Veränderung die ihn billigt
wenn der Staat die Kunst umarmt wer bleibt dann Sieger
man kann nicht de kooning sammeln und Atombunker baun
man kann nicht jewtuschenko akzeptieren und Bomben stapeln
und die notwendige folgerung aus de kooning, monet, jewtuschenko ist
die unantastbarkeit des lebens der frieden des einzelnen und der masse ist

die ausdehnung der dimension die welt heißt die da ist aber wir sind eingesperrt denn wir stehn kurz vorm ende
wenn der staat dich mit ehren überhäuft ist das ein mittel dich zum Ja-Sagen zu bringen und was du sagen mußt das unterstützt form, linie, farbe, mot juste, die eklektischen ansichten, welche im innersten die wahre empfindung und die ungebändigten gedanken ausschließen hüte dich vor zustimmung in zeiten wie diesen dorothy day hat dreißig jahre bei den catholic worker in freiwilliger armut verbracht und die armen beköstigt und bekleidet
und als der republikanische fonds eine abzweigung der ford foundation ihr 10000 dollar anbot ich kann mich irren die summe war eher höher als niedriger
lehnten die catholic worker ab
weil sie kein blutiges geld annehmen wollten
das heißt sie wollten kein geld das dem volk abgepreßt war
sie wollten nicht leben von interessenverbänden geldanlagen rüstungskapital und grausamer fabrikarbeit
und das geld benutzen um die armen zu beköstigen dann wäre das geld angenommen gewesen sie hätten die schuld des systems gemildert das uns abschlachtet und das elend hervorbringt das sie gerade erleichtern wollen

in unserer harten gesellschaft
in diesen harten zeiten

ist es
für manchen hart das zu verstehen
ich hab sogar leute gekannt die erzürnt waren als ob dorothy day die armen und nicht die lasterhafte natur des geldes ums brot betrogen habe als sie sich weigerte dies geld anzunehmen
denn die leute denken immer an den ausweg
und wissen nicht daß ein guter zweck nicht mit schlechten mitteln erreicht werden kann
und genauso denken die leute daß ein theater das sie zum nachdenken über das intellektuelle theater das heute populär ist bewegt
sei eine gute sache
aber ein theater
das die unterstützung jener gesellschaft akzeptiert die felsenfest der veränderung widersteht ist das theater der spitzel
das ist so der mechanismus wie man schlechte sachen wieder klüger und stärker machen kann der patient liegt im sterben und wir legen einen verband auf sein furunkel
die leute werden so lange viel hinnehmen bis sie zu-viel nicht mehr hinnehmen können.

im theater beginnen wir uns dem zustand zu nähern
ein zustand, wo zu-viel nicht mehr hingenommen wird
und irgend etwas passieren muß.

Aus: Julian Beck: Theater in diesen harten Zeiten. In: Theater heute. 9. Jg. Mai 1968, Nr. 5, 13–15.

Peter Brook
Das «heilige Theater» (1968)

[...] Heute scheint das Theater des Zweifels, der Unruhe, der Sorge, der Angst wahrer als das Theater mit edlem Ziel. Selbst wenn das Theater an seinem Anfang Riten hatte, die das Unsichtbare Fleisch werden ließen, dürfen wir nicht vergessen, daß mit Ausnahme einiger orientalischer Theater die Riten entweder verlorengegangen sind oder jämmlich verrottet. [...]
[...]
All die Formen der sakralen Kunst sind unzweifelhaft durch die bürgerlichen Werte zerstört worden, aber diese Art der Feststellung hilft bei unserem Problem nicht weiter. Es ist töricht, die Abneigung gegen bürgerliche Formen in eine Abneigung gegen Bedürfnisse zu kehren, die allen Menschen gemeinsam sind: Wenn das Bedürfnis nach echter Berührung mit einer sakralen Unsichtbarkeit durch das Theater noch vorhanden ist, dann müssen alle verfügbaren Mittel neu geprüft werden.
Man hat mir zuweilen vorgeworfen, daß ich das gesprochene Wort zerstören wolle, und in diesem absurden Vorwurf steckt tatsächlich ein Gran Wahrheit. Durch die Verschweißung mit dem amerikanischen Idiom ist unsere sich ständig wandelnde Sprache zu einem noch nicht dagewesenen Reichtum gelangt, und doch scheint es nicht so, als sei das Wort für die Dramatiker das gleiche Werkzeug wie einst. Liegt es daran, daß wir in einem Zeitalter der Bilder leben? Oder daß wir durch eine Periode der Bildersättigung gehen müssen, damit sich der Bedarf nach Sprache wieder einstellt? Das ist gut möglich, denn heute scheinen die Schriftsteller unfähig zu sein, durch das Mittel der Worte Ideen und Bilder mit elisabethanischer Kraft aufeinanderprallen zu lassen. Der einflußreichste moderne Dramatiker, Brecht, schrieb volle und reiche Texte, aber die eigentliche Überzeugungskraft seiner Stücke läßt sich von der Bilderspra-

Peter Brook: Szenenbild aus *Timon von Athen*, Paris 1974

che seiner eigenen Inszenierungen nicht trennen. Und doch hat in dieser Wüste ein Prophet die Stimme erhoben. Ein erleuchteter Geist, Antonine Artaud, der gegen die Sterilität des französischen Theaters vor dem Krieg Sturm lief, hat Essays geschrieben, in denen er aus seiner Phantasie und Intuition ein anderes Theater beschrieb – ein heiliges Theater, in dem die brennende Mitte durch die ihm zunächst stehenden Formen spricht. Ein Theater, das funktioniert wie die Pest, durch Ansteckung, durch den Rausch, durch Analogie, durch Magie; ein Theater, in dem das Stück, das Ereignis als solches an Stelle eines Textes steht.

Gibt es eine andere Sprache, die für den Autor so anspruchsvoll ist wie die Sprache der Worte? Gibt es eine Sprache der *actions*, eine Sprache der Töne – eine Sprache der Worte-als-Teil-der-Bewegung, Worte-als-Lüge, Worte-als-Parodie, Worte-als-Abfall, Worte-als-Widerspruch, Wort-Schock oder Wort-Schrei? Wenn wir vom Mehr-als-Literarischen reden, wenn Dichtung das bedeutet, was mehr verdichtet und tiefer dringt – liegt es da? Charles Marowitz und ich haben am Royal Shakespeare Theatre eine Gruppe gegründet, die sich ‹Theater der Grausamkeit› nennt, um diese Fragen zu untersuchen und für uns zu lernen, was ein heiliges Theater sein könnte.

Der Titel war als Huldigung für Artaud gedacht, bedeutete aber nicht, daß wir versuchten, Artauds eigenes Theater zu rekonstruieren. Alle, die wissen wollen, was ‹Theater der Grausamkeit› bedeutet, sollten sich an Artauds eigene Schriften halten. Wir haben dieses auffällige Etikett benutzt, um unsere eigenen Experimente zu decken, die weitgehend von Artauds Gedanken unmittelbar beeinflußt waren – obwohl viele Übungen sich von seinen Vorschlägen weit entfernten. Wir begannen nicht in der brennenden Mitte, sondern sehr einfach an den Rändern.

Wir setzten einen Schauspieler vor uns hin, forderten ihn auf, sich eine dramatische Situation vorzustellen, die keine körperliche Bewegung benötigte, und dann versuchten wir alle zu begreifen, in welchem Zustand er sich befand. Das war selbstverständlich unmöglich, worauf es bei dieser Übung auch ankam. Die nächste Stufe war die Entdeckung dessen, was er als das Mindeste brauchte, bis eine Verständigung zustande kam: war es ein Klang, eine Bewegung, ein Rhythmus – und waren diese austauschbar –, oder hatte jedes Mittel seine besonderen Stärken und Schranken? So arbeiteten wir also, indem wir drastische Bedingungen aufzwangen. Ein Schauspieler muß eine Idee mitteilen – der Anfang muß immer ein Gedanke oder ein Wunsch sein, den er ausstrahlen muß –, aber er hat zum Beispiel nur einen Finger, einen Ton in der Stimme, einen Schrei oder die Fähigkeit zu pfeifen zu seiner Verfügung.

Ein Schauspieler sitzt an einem Ende des Zimmers, das Gesicht zur Wand. Am anderen Ende ist ein anderer Schauspieler, er betrachtet den Rücken des ersten, der sich nicht bewegen darf. Nun muß der zweite den ersten zum Gehorsam zwingen. Da ihm der erste den Rücken zukehrt, kann der zweite seine Wünsche nur durch Geräusche kundtun, denn Worte sind ihm nicht erlaubt. Das scheint unmöglich, kann aber erreicht werden. Es ist, als überquere man auf einem Seil einen Abgrund: die Notwendigkeit erzeugt plötzlich seltsame Kräfte. Ich habe von einer Frau gehört, die ein großes Auto von ihrem verletzten Kind gehoben hat – eine Leistung, die für ihre Muskeln in jeder voraussehbaren Lage unmöglich war. Ludmilla Pitoëff ging mit einem solchen Herzklopfen auf die Bühne, daß sie theoretisch jeden Abend hätte töten müssen. Bei dieser Übung

haben wir auch viele Male ein gleichermaßen phänomenales Resultat beobachtet: ein langes Schweigen, große Konzentration, ein Schauspieler, der versuchsweise eine Skala von Zisch- oder Gurgellauten durchlief, bis plötzlich der andere Schauspieler aufstand und durchaus zuversichtlich die Bewegung ausführte, die der andere sich vorstellte.
Ähnlich experimentierten diese Schauspieler, um sich mitzuteilen, indem sie mit dem Fingernagel klopften: Sie gingen von einem starken Bedürfnis aus, etwas auszudrücken, und benutzten wieder nur ein einziges Werkzeug. Hier war es Rhythmus – bei anderer Gelegenheit waren es die Augen oder der Hinterkopf. Eine wertvolle Übung war ein Kampf zwischen Partnern, bei dem man jeden Schlag hinnahm und zurückgab, aber nie den anderen berühren durfte, niemals den Kopf bewegen oder die Arme oder Füße. Mit anderen Worten, nur die Bewegung des Rumpfes ist erlaubt: kein realistischer Kontakt kann eintreten, und doch muß der Kampf körperlich und emotionell stattfinden und zu Ende geführt werden. Man sollte derartige Übungen nicht für Gymnastik halten – die Lokkerung des muskulösen Widerstands ist nur ein Seitenprodukt –, der Zweck ist die ganze Zeit, den Widerstand zu steigern – durch die Einschränkung der Alternativen –, und dann mit diesem Widerstand zu ringen, bis ein Ausdruck erreicht ist. Es ist dasselbe Prinzip, wie wenn man zwei Stöcke aneinanderreibt. Die Hebung nicht nachgebender Gegenstände erzeugt Feuer – und andere Formen der Verbrennung lassen sich auf dieselbe Weise erzielen. Der Schauspieler entdeckte dabei, daß er zur Mitteilung seiner unsichtbaren Sinngehalte Konzentration und Willenskraft brauchte, er mußte alle emotionellen Reserven aufbringen, er brauchte Mut, er brauchte klare Gedanken. Aber das wichtigste Ergebnis war, daß er unerbittlich zu dem Schluß gedrängt wurde, daß er die Form brauchte. Es genügte nicht, leidenschaftlich zu fühlen – ein schöpferischer Sprung war vonnöten, um die neue Form zu prägen, die ein Behälter und Reflektor seiner Impulse sein könnte. Das ist dann wahrhaft eine ‹Aktion›. Einer der interessantesten Momente trat während einer Übung ein, bei der jedes Mitglied der Gruppe ein Kind zu spielen hatte. Natürlich brachte einer nach dem anderen die ‹Imitation› eines Kindes, indem er sich duckte, zappelte oder quäkte – und das Ergebnis war ausgesprochen peinlich. Dann trat der größte der Gruppe vor und spielte zu jedermanns Befriedigung ohne irgendeine körperliche Veränderung, ohne den Versuch, Babysprache zu sprechen, vollkommen die Idee, zu deren Verwirklichung er aufgerufen war.
Wie? Ich kann's nicht beschreiben; es geschah als unmittelbare Kommunikation, nur für die Anwesenden. Das nennen manche Theater Magie, andere Wissenschaft, aber es ist ein und dasselbe. Eine unsichtbare Idee wurde richtig schaubar.
Ich sage ‹schaubar›, weil ein Schauspieler, der eine Geste macht, für sich

selbst aus seinem tiefsten Bedürfnis heraus schafft, und doch auch für den anderen. Es ist schwierig, die richtige Bedeutung des Zuschauers, der da und nicht da, ignoriert und doch benötigt ist, zu verstehen. Die Arbeit des Schauspielers geschieht niemals für ein Publikum, und doch immer dafür. Der Zuschauer ist ein Partner, der vergessen und doch immer bedacht werden muß: Eine Geste ist Aussage, Ausdruck, Mitteilung und eine private Manifestation der Einsamkeit – sie ist immer das, was Artaud ein Signal durch die Flammen nennt –, aber das schließt eine Beteiligung am Erlebnis ein, sobald der Kontakt hergestellt ist.

Langsam tasteten wir uns an verschiedene wortlose Sprachen heran: Wir nahmen ein Ereignis, ein Erlebnisfragment und verwandelten sie durch Übungen in Formen, die mitteilbar waren. Wir ermutigten die Schauspieler, sich nicht nur als Stegreifspieler zu sehen, die sich blindlings ihren inneren Impulsen auslieferten, sondern als Künstler, die verantwortungsbewußt zwischen Formen suchten und wählten, so daß eine Geste oder ein Schrei wie ein Objekt wird, das er entdeckt und selbst neu gestaltet. Wir experimentierten mit der traditionellen Sprache der Masken und der Schminke und lehnten sie ab, weil sie uns nicht mehr passend schien. Wir experimentierten mit Schweigen. Wir bemühten uns, die Proportion zwischen Schweigen und Dauer zu erforschen. Wir brauchten ein Publikum, damit wir ihm einen schweigenden Schauspieler vorsetzen und dann erforschen konnten, unter welchen Umständen und wie lange seine Aufmerksamkeit standhielt. Dann experimentierten wir mit Ritualen im Sinne wiederkehrender Schemata, um die Möglichkeit zu erkunden, auf welche Weise mehr Gehalt schneller als durch eine logische Entwicklung von Ereignissen zu präsentieren war. Bei jedem guten oder schlechten, erfolgreichen oder katastrophalen Experiment war das Ziel das gleiche: kann das Unsichtbare durch die Präsenz des Darstellers sichtbar gemacht werden?

Wir wissen, daß die Erscheinungswelt eine Kruste ist – unter der Kruste ist der Glutstoff, den wir sehen, wenn wir in einen Vulkan blicken. Wie können wir diese Energie anzapfen? Wir studierten Meyerholds bio-mechanische Experimente, bei denen er Liebesszenen auf Schaukeln spielte, und in einer unserer Inszenierungen warf Hamlet Ophelia auf die Knie der Zuschauer, während er über ihren Häuptern an einem Seil schwang. Wir verneinten die Psychologie, wir versuchten, die scheinbar wasserdichten Abtrennungen zwischen dem privaten und öffentlichen Menschen zu zerschlagen: dem äußeren Menschen, dessen Verhalten durch die fotografischen Regeln des täglichen Lebens bestimmt ist, der um des Sitzens willen sitzen und um des Stehens willen stehen muß – und dem inneren Menschen, dessen Anarchie und Poetik sich fast nur in seinen Worten ausdrückt. Jahrhundertelang ist unrealistische Sprache allgemein gutgeheißen worden, alle möglichen Zuschauer haben die Konvention geschluckt, daß Worte die seltsamsten Resultate zeitigen können – bei einem Monolog steht der Mensch zum Beispiel still, aber seine Ideen können tanzen, wo sie wollen. Springende Rede ist eine gute Konvention, aber gibt es eine andere? Wenn ein Mann an einem Seil über die Köpfe der Zuschauer fliegt, dann wird jeder Aspekt des Unmittelbaren in Zweifel gestellt – der Zuschauerkreis, der entspannt ist, wenn der Mensch spricht, wird in ein Chaos gestürzt: Kann in diesem Augenblick der Schwebe sich ein neuer Sinn offenbaren?

In naturalistischen Stücken gestaltet der Dramatiker den Dialog so, daß er zwar natürlich erscheint, aber sichtbar macht, was er zeigen will. Durch den alogischen Gebrauch der Sprache, durch die Einstreuung des Lächerlichen in die Rede und des Phantastischen ins Betragen eröffnet der Autor des absurden Theaters für sich ein neues Vokabular. Es kommt zum Beispiel ein Tiger ins Zimmer, aber das Paar schenkt ihm keine Beachtung. Die Frau spricht, der Mann antwortet, indem er sich die Hosen auszieht, und ein neues Paar fliegt durchs Fenster herein. Das absurde Theater hat das Unreale nicht nur um seiner selbst willen gesucht. Es hat es dazu benutzt, um gewisse Forschungen anzustellen, weil es in unseren Alltagsunterhaltungen etwas Unwahres spürte und im scheinbar Weithergeholten etwas Wahres. Obwohl es einige bemerkenswerte individuelle Werke aus dieser Weltanschauung gegeben hat, hat das Absurde als erkennbare Schule eine Sackgasse erreicht. Wie so vieles, was an der Oberfläche neu ist, wie ein großer Teil der konkreten Musik zum Beispiel, wird das Überraschungselement fadenscheinig, und wir sehen uns der Tatsache gegenüber, daß das Wirkungsfeld manchmal recht klein ist. Eine zerebral erfundene Phantasie hat leicht nur geringes Gewicht, die Verschrobenheit und der Surrealismus, die dem Absurden weitgehend anhaften, hätten Artaud nicht mehr befriedigt als die Enge des psychologischen Stückes. Was er in seinem Suchen nach dem Heiligen gewollt hat, war absolut: er wollte ein Theater, das ein heiliger Ort wäre, er wollte, daß das Theater von einer Schar geweihter Schauspieler und Regisseure bedient würde, die aus ihrer eigenen Persönlichkeit eine endlose Folge leidenschaftlicher Szenenbilder schufen und dadurch eine so mächtige und unmittelbare Explosion des menschlichen Stoffes hervorbrächten, daß nie wieder jemand zum Theater der Anekdote und des Dialogs zurückkehren würde.

Er wollte, daß das Theater alles enthielte, was sonst dem Verbrechen und dem Krieg aufgespart bleibt. Er wollte ein Publikum, das alle Abwehr fahrenließe, das sich durchlöchern, schockieren, verblüffen und vergewaltigen ließe, so daß es zu gleicher Zeit mit einer mächtigen neuen Ladung gefüllt werden könnte.

Das klingt ungeheuer und weckt doch einen nagenden Zweifel. Wie passiv wird dadurch der Zuschauer? Artaud behauptete, daß wir uns nur im

Theater von den erkennbaren Formen befreien könnten, in denen wir unser tägliches Leben hinbringen. Dies machte das Theater zu einem heiligen Ort, in dem eine größere Realität gefunden werden könnte.

Aus: Peter Brook. Der leere Raum. Hamburg (Hoffmann & Campe) 1969, S. 81, 86–95.

Richard Schechner
Ritualtheater (1969)

Der Unterschied zwischen Kunst, wie wir sie im Westen kennen, und Theater, wie es sich traditionell, weltweit gezeigt hat, liegt darin, daß westliche Kunst individualisiert ist, während traditionelles Theater gemeinschaftsbezogen ist. In seinen gesellschaftsbezogenen Formen ist Theater sowohl sozial konstruktiv als auch persönlich ‹transzendent› oder ekstatisch. Aber unsere Kunst hat schon längst diese doppelte und widersprüchliche Funktion verloren und wurde statt dessen eine Funktion des Individualismus: die protestantisch-kapitalistische Ethik.

Wir sind nicht dazu erzogen, an Gruppen zu glauben. Wir sind zu einer individualistischen Moral erzogen, die uns veranlaßt, Ziele allein, nur auf uns selbst gestellt, zu erreichen. Diese Haltung ist dem Theater schädlich. Das Theater im Athen des fünften Jahrhunderts v. Chr. und das des mittelalterlichen Europa waren gemeinschaftliche Ausdrucksformen. Sie bestätigten bestimmte Werte, stellten andere in Frage und waren gegen bestimmte Individuen gnadenlos.

Würden wir heute solche gemeinschaftlichen Ereignisse unterstützen, würden wir wahrscheinlich Formen und Gegenstände entdecken, die zu unbequem wären, um öffentliche Sanktionierung zu erhalten. Es war in erster Linie die Freude der Aufrührer in Newark und Detroit, die die Polizei empörte und sie zu ihrer Art von Aufführung veranlaßte: zertrümmerte Schädel folgten der Zertrümmerung der Fensterscheiben. Man stelle sich vor, was es bedeuten würde, in Harlem einen Zyklus von Stücken aufzuführen, die wahrhaftig die Hoffnungen und Ängste der Menschen darstellen und genau unsere Mythologien konkretisieren, Stücke, die diese Hoffnungen, Ängste und Mythen in zeitgemäße Formen und Aktivitäten prägen. Wenn man sich solche Aufführungen vorstellt, erkennt man, in welchem Maße repressive Mechanismen tief in unser Leben einwirken.

Die Arbeit in Richtung auf solche Aufführungen würde in unserer Kultur weniger ‹Stücke› und mehr ‹Ereignisse› bedeuten, weniger Geschichten und mehr Rituale. Es würde die Entwicklung moderner Zyklen und einen Rückgang der Bedeutung des ‹beruflichen› Theaters bedeuten, nicht jedoch einen verminderten Bedarf an erfahrenen und engagierten Spielern. Ebenso würde es eine sorgfältige Überprüfung unseres großen Theaterrepertoires bedeuten. Unsere Tradition ist uns zu einer Last geworden, weil sie eine geschriebene ist. Eine mündliche Tradition folgt ganz natürlich in ihrer Form der sich verändernden Kultur, die sie vermittelt. Eine geschriebene Tradition jedoch neigt dazu, sich zu verfestigen und reaktionär zu werden. Unsere Entwicklung muß jetzt auf eine ältere Tradition zurückführen – auf die Aufführung (performance).

Diese ältere Tradition ist politisch im weitesten Sinne. Sie kann nicht außerhalb einer Gruppe oder einer Gemeinschaft entstehen, und sie kann nicht funktionieren ohne den direkten Bezug auf die Gesellschaft, in die sie eingebettet ist.

Es gibt viele junge Leute, die glauben, daß eine unrepressive Gesellschaft, d. h. eine sexualisierte Gesellschaft, Utopie ist. Nacktheit, freier sexueller Ausdruck, kommuneartige statt familiärer Einheiten, ‹Innerer Raum› und überladene Sinne werden zu politischen Themen. Die Diskotheken – Palm Gardens, Fillmore, Electric Circus – sind Orte der öffentlichen Versammlung und der direkten politischen Aktion. Eine neue Art zu leben wird demonstriert. Aber diese gleiche Begeisterung kann, wie wir wissen, auf erschreckende Weise zu den Nürnberger Parteitagen und

The Performance Group: Szenenbild von *Dionysus in 69*, New York 1968.

zu Auschwitz führen. Bei den großen Vernichtungslagern wurde ebenfalls eine Begeisterung, eine Ekstase, ausgespielt. Die versteckte Angst, die ich vor dem neuen Ausdruck habe, ist, daß seine Formen dem ekstatischen Faschismus gefährlich nahe kommen.

Die Freiheit kann sich schnell in ihr Gegenteil verwandeln, und nicht nur durch die, die ein Interesse an einer reaktionären Regierung haben. Ritualisierte Erfahrung ohne die eingebaute Kontrolle eines starken Gesellschaftssystems kann sich zu einer zerstörerischen Furie steigern.

Aus: Jens Heilmeyer/Pea Fröhlich: NOW. Theater der Erfahrung. Material zur neuen amerikanischen Theaterbewegung. Köln (DuMont Schauberg) 1971, S. 192–193.

Gilbert Moses
Ich frage mich manchmal ... (1970)

Das heutige Theater findet nicht im Theater statt. Die Ereignisse, die das heutige Theater genau beschreiben könnten oder dem am nächsten kommen, sind Demonstrationen, politische Versammlungen und Rhythm-and-Blues-Shows. Hier handelt das Theater als Informant, dem die Gemeinde aus einer funktionalen Notwendigkeit zuhört. Versammlungen, in denen das Publikum notwendig ist, damit das Ereignis überhaupt erst stattfindet. Happenings, die ihre Wirkung an der Wirkung auf ihr Publikum messen.

Amerikanisches Theater, wie wir es kennen, ist nur ein Monument des Todes. Die revolutionärsten und kritischsten Einblicke in die amerikanische Gesellschaft hat die schwarze Revolution gegeben. Die Dichtung der Revolution hat das Muster der amerikanischen Demonstration geprägt; schwarze Musik hat Amerikas Art zu hören verändert; die schwarze Ästhetik hat Amerikas Bild verändert.

Junge Weiße in Amerika, unfähig in ihrer fossilen Kultur Auswege zu finden, haben die schwarze Energie und Macht des Theaters auf den Straßen imitiert.

Wenn eine Kultur sich entscheidet, Kunst von Politik zu trennen, entscheidet sie sich, ihre Kunst und ihre Künstler der Impotenz zu überlassen. Es ist eine Entscheidung, die verhindert, daß Kunst oder Künstler den Intellekt dieser Kultur in irgendeiner Weise bereichern.

Die amerikanische Kunst und das Erziehungssystem sind auf diese Weise unwirksam gemacht worden und können entsprechend bezeichnet werden als das nicht-agitatorische Propaganda-Theater; denn was im Moment amerikanische Theater-Unterhaltung genannt wird, ist eine fürchterliche Propagandamaschine.

Darüber gibt es keine Diskussion. Das amerikanische Theater weigert sich, die Gesellschaft in Frage zu stellen, aus der es wächst. Es ist nicht gewillt, sich mit der eigenen Geschichte zu befassen. Jedes Theater, das seine Maßstäbe in einer nichtverwandten, oder besser, geborgten Vergangenheit findet; jedes Theater, das seine eigene Vorstellung von Qualität durch eine nichtverwandte Vergangenheit verewigt; jedes Theater, das die gegenwärtige Erregung der gegenwärtigen Gesellschaft ignoriert; jedes Theater, das sich von Wirtschaftlichkeit anstelle von Fragen und Zelebrationen leiten läßt; jedes Theater, das darauf besteht, daß Kultur gekauft und erworben wird anstatt geschaffen; jedes Theater, das tote Dinge für wichtig hält; jedes Theater, das die tägliche Realität vermeidet; JEDES THEATER, DAS BILDER DER HEUTIGEN GESELLSCHAFT DARSTELLT, OHNE SIE KRITISCH ZU BEFRAGEN, IST EIN PROPAGANDA-THEATER.

Theater sollte so nützlich sein wie Haushaltsfolie, Omo, Religion oder eine Melodie, die einem beständig durch den Kopf geht, einen umfängt mit Ideen und Vorstellungen, die einem helfen zu leben, mit sich selbst zurechtzukommen und mit der Umwelt.

Amerikanisches Theater schwankt am Abgrund gewaltsamen Verhungerns. Da ist eine Verwirrung von Form und Inhalt. Unfähig, sich mit den eigenen Rassisten, der gewaltsamen und chauvinistischen Geschichte zu befassen, hat es sich auf die Form gestürzt, abgetrennt von der Bedeutung und Form als Wert an sich darstellend. Die strukturierte *Form* des Theaters existiert; innerhalb dieser Form existieren neue und alte Formen von Stücken, aber der Inhalt bleibt harmlos, gemütlich.

Die Leute dieser amerikanischen Kultur haben sich selbst von jeder Einsicht in sich selbst getrennt. Die Tatsache, daß dieses Land die Scheiße, die sich Theater nennt, akzeptiert, ist das Ergebnis der stumpfsinnigen Wirkung, die Amerikas Propaganda-Theater auf sein Publikum hat. Amerikas Filme und sein Fernsehen waren und sind die Verbrecher, die den Code des Establishments von geistiger Impotenz, Blindheit und Rassismus befolgen, helfen das moralische, ethische, ästhetische und intellektuelle Defizit, das man in Amerika findet, zu erhalten.

Theater beeinflußt die Leute. Sogar seine Nicht-Existenz (in bezug auf die Relevanz) setzt der Denkfähigkeit eines Landes eine Grenze.

Dies ist eine Gesellschaft ohne Spiegel. Absichtlich. Ein verdrehtes Lachkabinett. Anstelle der fetten lachenden Frau siehst du ein Schwein, das dich einlädt, aber nicht bevor du deine Kreditkarte gezeigt hast.

Gilbert Moses

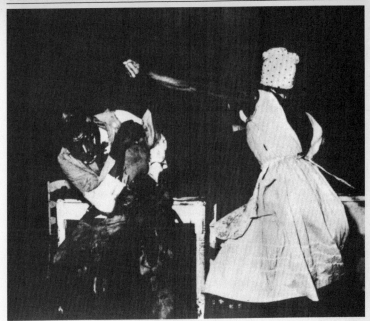

Gilbert Moses: Szenenbild aus *Roots*, New York 1965

Viele amerikanische Theaterkritiker werden argumentieren, daß große Kunst durch Indirektheit wirkt, das heißt, Politik ist für Politiker, Kunst dient zur Unterhaltung. Das heißt, Theater soll aus der realen Welt entführen und Entspannung erlauben, ein bißchen Phantasieren. Träges intellektuelles Geschwätz. Das heißt, wir wollen nicht sehen, was tatsächlich los ist. Dürre emotionale Möglichkeiten. Das heißt, Theater ist der Clown, vom Hof bezahlt, um zu erheitern, aber harmlos.
Dies Konzept ist von der völligen amerikanischen Unfähigkeit, selbstkritisch zu sein, abgeleitet und ist eine Manifestation der Notwendigkeit, universales weißes/Kunst/Theater zu machen. *Wenn Kunst um der Kunst willen und als unpolitische Unterhaltung existiert, dann braucht Amerika sich als Gesellschaft nicht ins Gesicht zu sehen.*
Die Theaterkritiker sind schnell bei der Hand, schwarzes Theater als *schwarzes* Theater zu etikettieren, aber sie sind unfähig zu erkennen, daß dieses besondere Etikett bedeutet, daß sie selbst über *weißes* Theater sprechen und gesprochen haben.
Die Universitäten, unfähig ihr *universelles* Konzept vom Theater aufzu-

geben, etikettieren ihre neuen Abteilungen *schwarzes* Theater, ohne zu realisieren, welche Implikationen diese Einteilung für ihre eigenen Konzepte hat.

Die Theater als Museen zu verstehen, in denen verschiedene Stücke wie Bilder aufgehängt sind, zeigt ein synthetisches Verständnis. Irgendwie soll die passive Existenz dieser Stücke etwas bewirken. Kultur ist wichtig. Das Publikum wird eingeladen, Kultur (wie Fernsehen) zu betrachten.

Theater werden aus einer bestimmten Zeit und Energie geschaffen und aus der Bewegung ihres Publikums. Sie können nicht von einer Gemeinde angeordnet werden, die ein Museum und Stiftungsgelder braucht.

Auf diese Weise endet man bei großen Theatern, die künstlerisch durch den zum Unterhalt benötigten Geldbetrag geleitet werden; bei Theatern, die überleben, aber tot sind; bei Stücken ohne Bedeutung; bei Schauspielern, die wie Chamäleone von einer Methode zur anderen überwechseln, alles akzeptierend, ohne bestimmte Ansichten, deklamierend in ein Vakuum und endend mit dem Verkauf ihrer Persönlichkeiten; bei Regisseuren, die in Klischees eingeschlossen sind; bei einem Publikum, das entweder schläft oder höflich klatscht; bei Theaterkritikern, die ihre matten Beschreibungen mit kaum vorstellbaren Adjektiven belasten; bei Langeweile; bei einem Publikum, das schließlich den Verlust von Kritikfähigkeiten nicht mehr wahrnimmt; bei, wenn auch nur durch die verräterische Abwesenheit von Relevanz, weißer Propaganda.

Hubert Humphrey ist für die Politik, was das amerikanische Theater für die Kunst ist.

Theater entwickelt sich aus dem Bedürfnis eines Autors und/oder eines Regisseurs und repräsentiert eine Erforschung dieser besonderen und persönlichen Bedürfnisse. Oder Theater wird aus der Bewegung eines Volkes geboren.

Tatsächlich sind Theater landesgebunden und waren immer Ausdruck bestimmter Kulturen: Indisches Theater, Westliches Theater, Afrikanisches Theater und brachen auch innerhalb dieser Kulturen zusammen, entsprechend der bestimmten Gruppe oder Gemeinschaft, der das Theater diente. [...]

Die Kunst des Theaters ist eine Kunst, die stark an Motivationen gebunden ist. Außer wenn sie sich mit wesentlichen gesellschaftlichen Problemen befaßt, können ihre Wirkungen nicht eingeschätzt werden. Der Sinn ist natürlich, die Leute zu veranlassen, sich mit ihren Gedanken und Gefühlen zu beschäftigen.

Viele Kritiker fordern ein stärker *gesellschaftliches* und *politisches* Theater, im Vergleich zu der Art von Theater, die besteht. Ich fordere die Existenz eines *Theaters*. Das weiße Theater beleuchtet für sein Publikum kein Problem, gibt keinen Einblick in die Gesellschaft, ist nicht dazu bestimmt, künstlerisch Greifbares und Konkretes zu behandeln.

Gilbert Moses

Das schwarze Theater im Zentrum des gesellschaftlichen Aufruhrs ist in dieser Zeit das einzige Theater in Amerika, das versucht, die essentielle Funktion des Theaters und seine Beziehung zum Publikum zu verstehen. Ein Theaterstück ist eine der ältesten Formen der Unterhaltung. Theater war für Jahrhunderte eine festliche Angelegenheit, Teil einer religiösen Zeremonie, an der große Menschenmassen teilnahmen und die lebendigen Konflikte zwischen Mensch und Gott, Mensch und Mensch oder die inneren Konflikte des Menschen beschauten.

Obgleich es viele Formen von Theater gibt, z. B. Fernsehen und Filme, hat sich nur im Theater selbst die einzigartige Kraft der Kommunikation zwischen Schauspielern und Publikum erhalten.

Die Definition des Publikums, d. h. zu wem das Theater spricht, ist ein einfacher, aber dennoch revolutionärer Aspekt des schwarzen Theaters. Es gibt nicht vor, *universal* zu sein. Der Gebrauch einer kodifizierten Sprache, die Aufführung relevanter Produktionen geben dem schwarzen Theater und allen daran Beteiligten eine Bedeutung, die über die eines bestimmten Stückes oder Schauspielers hinausgeht.

Im ländlichen Süden überträgt das Publikum ins Theater die Erregung eines Massentreffens, einer Demonstration, einer Kirche und einer Rhythm-and-Blues-Show. Es ist ein Publikum, das gewöhnt ist, sich auf Versammlungen auszudrücken und auf das, was gesagt wird, zu antworten. Die Schauspieler des Free Southern Theaters lernten, daß dieser Erregung zu begegnen weit mehr Energie erforderte, als bei der Arbeit in normalen Theatern notwendig war. Der Schauspieler mußte ein Teil des Publikums werden.

Im schwarzen Theater ist die sogenannte vierte Wand niedergerissen, nicht künstlich, indem man einfach Schauspieler ins Publikum setzte, sondern durch ein Einheitsgefühl der Schauspieler mit dem Publikum, durch Lenkung der Aufmerksamkeit auf die Ereignisse im Stück und nicht auf die Schauspieler. Während der Schauspieler seine Rolle im Stück spielt, steht er außerhalb der Rolle und kommentiert sie.

Die schwarzen Autoren, die die verschiedenen Aspekte unserer Kultur, Kirche, Zeremonie und Muscular Musik (der konkreten Poesie vergleichbar) mit dem historischen schwarzen öffentlichen Theater der Revolte verbinden, schaffen für unser Volk neue und schöne Visionen.

Einige schwarze Autoren beschäftigen sich auf vielen Ebenen mit der Gesellschaft und haben den Schwarzen mit seiner Umwelt konfrontiert. Dieses Vorgehen erfordert oft viele, schnell wechselnde Szenen, um die Verbindung zwischen der Bewegung der Gesellschaft und dem Schwarzen herzustellen. Auf diese Weise verliert Multi-Media seine Bedeutung.

A play should be like a clay bowl
used over and over
filled with water when you are thirsty

>   with food when hungry
>   mended when cracked with use
>   when it is unable to hold time
>   and you are still empty
>   make another clay bowl

Das schwarze Theater wird zu einem lebendigen Einblick in Theater und seine mögliche Funktion in einer Gemeinschaft. Seine Ziele sind nicht diffus, ehrgeizig, sondern einfach: durch Kontakt mit seinem Publikum zu wachsen; seinem Publikum gesellschaftliche Realitäten bewußt zu machen; Möglichkeiten für schwarze Künstler zu schaffen, zu Schwarzen zu sprechen, die Denkgewohnheiten seines Publikums positiv zu beeinflussen; Die innerliche schwarze Revolution zu veräußerlichen; für ein Ziel geboren zu sein.

Aus: Jens Heilmeyer/Pea Fröhlich: NOW. Theater der Erfahrung. Material zur neuen amerikanischen Theaterbewegung. Köln (DuMont Schauberg) 1971, S. 164–168.

Shuji Terayama
Die theatralische Imagination
oder
Die Befürwortung des Duells

[...]
Heute ist die Bühne des Theaters die einzige Zone, in der Gesetzlosigkeit geduldet wird. Hier ist Unzucht möglich, Gewalt, Mord. Hier treffen wir Männer, die den Vater töten und mit ihrer Mutter schlafen, oder Untertanen, die ohne Skrupel ihren König umbringen, weil sie vorwärts kommen wollen. Kein Richter steigt auf die Bühne. Manchmal erleben wir ein Duell. Der Sieger wird verherrlicht. Der Verlierer kann selbst mit seinem Tod die Verachtung nicht abwaschen.
[...]
Die Bühne ist nicht Kompensation der Wirlichkeit. Sie versucht als ‹noch eine Wirklichkeit› die Skala der Wirklichkeit zu erweitern. Der Schauspieler auf der Bühne (und auf der Leinwand) ist nicht irgendein Ersatzmann. Er lebt.

Stanislawski, Lehrer in der Auslage der Buchantiquariate, wollte «möglichst diese Person werden» trainieren lassen. Aber wieso ist es notwendig, daß einer, der er selbst ist, versucht, sich selbst zu nähern?
Nicht die von den Grundregeln der Wirklichkeit beherrschte Geschichte, sondern eine andere, erotische Wirklichkeit sollen wir suchen und das Theater sehen als begrenzte, innere ‹befreite Zone›. Das Erreichen dieser Zone bedeutet Renaissance des Menschen durch Theater und Film. Auf die Frage, wie man innerhalb der Gesellschaft die Bühne genannte ‹befreite Zone› errichten kann, folgt die Antwort: als Stützpunkt der erotischen Revolution, der am Schnittpunkt zur politischen Revolution liegt. [...] Nicht in der Wirklichkeit Theater suchen, sondern im Theater Wirklichkeit suchen, heißt: diese Wirklichkeit in den Gedanken einer neuen Bühne suchen, die die Geschichte in die Hand nimmt. Bühnen gibt es überall. Sie stehen wie Gespenster dicht nebeneinander, in der Ruine, im Autobus, in der Universität, in der Wildnis einer Tischplatte. Bühne, das ist der Gipfelpunkt, wo die Zwei Nicht-Ordnungen politische Gesellschaft und erotische Gesellschaft zusammenstoßen, der die theatralische Imagination zur Barrikade macht.

Wer die Entstehung der Bühne nur theatergeschichtlich untersuchen will, muß bis in die Mythologie zurückgehen. Der umgestürzte Trog, auf dem, wie das «Kojiki» und das «Nihongi» berichten, die Göttin Ame-no-Uzume-no-Mikoto ihre inspirierte Schau bot, war die erste ‹Bühne›. Auf ihr begegneten sich zum ersten Mal Politik und Theater. Erst mit dem Beginn der Neuzeit, in der Keichô-Ära (1596–1614), als das O-kuni-Kabuki einen festen Sitz suchte, war die Entwicklung der Bühne im großen und ganzen abgeschlossen. Zu diesem Zeitpunkt war aber auch das, was die Bühne sein soll, bereits tot. Die erste Bühne der Keichô-Ära benutzte das Podest des Kanjin-Nô. Das Podest war 75 Zentimeter hoch. Die Zuschauer saßen auf ebener Erde. Wer höheres Eintrittsgeld bezahlen konnte, saß auf der von einem Giebeldach geschützten Galerie, die auf der linken und rechten Seite des Zuschauerraums aufgebaut war. In der Edo-Zeit, in der Zeit der ‹großen Bühnen› wurde die Architektur des Theaters zwar noch verändert. Als die ‹Bühne› ein vollkommenes Theaterhaus wurde, war das, was ihr Wesen ausmacht, bereits wie Schmutz abgewaschen und als fertige Erfindung in den Bühnenraum eingesperrt. Die ‹Bühne› als Gebäude ist das Gefängnis des Theaters. Die Dramaturgie beherrscht nur den geschlossenen Raum und macht die Bühne zu einem ‹Gefäß›.
Die Universität, dieses Betongebäude, vom Leben der Gesellschaft durch einen Zaun getrennt, hat, weil sie isoliert ist, weil sie Gefängnis ist, was ihr Wesen ausmacht, verloren. Ebenso hat das Theater durch die

Aufteilung in Bühne, Zuschauerraum und Garderobe, durch die traditionelle Theaterarchitektur verloren, was sein Wesen ausmacht. Die Generation, die nach Pirandello anfing, Theater zu machen, lehnt die Teilung von vollendeter Erfindung und nicht vollendeter Wirklichkeit ab, hat sich aber zu sehr daran gewöhnt, Theater als Salon für eine Nacht abzutun. Das Leben ist ein großes Theater. Wir sprechen Text und legen uns eine Spieltheorie (genannt Theorie vom Glück) zu. Um zu erfahren, welche Rolle wir in diesem unaufhaltsamen Strom haben, fragen wir immer wieder: «Woher komme ich? Wohin soll ich gehen?»

Das moderne Theater kam nicht weiter, weil es nur an den Mitteln des Theaters zu zweifeln begann, statt die Bühne in Frage zu stellen. Jean Genets Bordell schneidet von der Wirklichkeit eine Seite ab und mumifiziert sie, mit dem Ehrgeiz, Sitten und Bräuche, die unkonventionell sind, die das herkömmliche Theater mit Absicht übersieht, zu Theater zu machen. Eugene Ionescos Vermehrungslehre der Dinge, Arthur Adamovs zur inneren Handlung werdende sinnbildliche Marionettenhaftigkeit, Samuel Becketts von den Dingen überwachsene Menschen, Jarrys «Roi Ubu», der bei jeder Gelegenheit «Schreiße» schreit, das alles ist Verrat im Theater. Man kann das Theater ablehnen, versuchen, mit neuer Sprache und neuer Dramaturgie über die Reform des Theaters zu reden, solange die Ideen des herkömmlichen Theaters nicht zerstört werden, solange es beim Protest in einem Raum bleibt, der von der Alltäglichkeit isoliert ist (solange da nur irgend etwas ‹aufgeführt› wird), ist das Resultat ein Sturm im Wasserglas, aber nicht eine radikale Frage an das Theater.

Vorbedingung für eine neue Aktivität ist, daß das Theater sich von der Bühne löst, daß das Bühne genannte Gebäude aufgegeben wird. Der Sinn der Bühne ist in der Hypothese des erotischen Raums zu suchen. Wir brauchen eine ‹innere Bühne›, die die Verschmelzung von Erfindung und Wirklichkeit, beide nicht mehr aufteilbar in geduldete Erfindung und verbotene Wirklichkeit, möglich macht. Für diese Gelegenheit sprechen die Schauspieler, schwingen die Axt und töten.
[...]
[...] ‹Wirklich – wirklich scheinend›, diese Unterscheidung ist in einer Zeit, die die Grenzen zwischen Theater und Wirklichkeit verwischt hat, überflüssig. Nicht einmal die Beteiligten können diese Unterscheidung machen, da die Dramaturgie als Gedanke in der physikalischen Kraftanwendung der Konfrontation liegt, die die Grenzen des Vernunfturteils des einzelnen übersteigen läßt. Im Film beginnt und endet alles auf der Leinwand. Beim Straßentheater aber hat es keinen Sinn, die Unterscheidung des Zustands ‹Tatsache› und ‹Wahrheit› zu versuchen.

[...]
Die Bühne darf nicht mehr das Gefängnis des Theaters sein. Man muß ihr das Bürgerrecht auf freiem Feld übertragen. Neues Theater muß mit der Konfrontation der Sinnwidrigkeit des Ortes, der Bühne heißt, beginnen. Bühne muß als etwas Mobiles in die Alltäglichkeit eindringen. Wenn in einem Livingroom oder in einer öffentlichen Badeanstalt, in einem Autobus oder in einem Massenrestaurant ein unerwartetes Drama (dessen Text vorbereitet ist) beginnt, wird der Stufenunterschied zwischen Bühne und Zuschauer aufgehoben und als neue Möglichkeit die *spiritual rallye* geboren.
Brecht sagt mir bereits nichts mehr. Arnold Wesker kommt nicht über den «Reformismus auf der Bühne» hinaus. Nicht das Theater, das einer Ideologie dient, sondern das Theater, das sich selbst zur Ideologie macht, treibt mit seinen Visionen zu einem neuen Theater.
[...]

Aus: Shuji Terayama: Theater contra Ideologie, Hrsg. und übersetzt von M. Hubricht. Frankfurt (S. Fischer) 1971, S. 24, 25, 25–28, 28–29, 29.

Eugenio Barba
Theateranthropologie:
über orientalische und abendländische
Schauspielkunst (1980)

[...]
Meine Nachforschungen begannen auf Grund meines Interesses für das orientalische Theater. Ich konnte nicht begreifen, warum orientalische Schauspieler selbst dann, wenn sie nur eine kühle, technische Demonstration gaben, trotzdem diese sehr eindrucksvolle Qualität der Präsenz bewahren, die unumgänglich unsere Aufmerksamkeit auf sich zieht. In solch einer Situation interpretiert der Schauspieler nichts, noch drückt er irgend etwas aus. Dennoch scheint er sich von einem Energiekern strahlenförmig auszudehnen, beschwörend, kenntnisreich jedoch nicht reflektiert und fesselt somit unsere Aufmerksamkeit und magnetisiert unsere Sinne. Jahrelang glaubte ich, daß es eine Frage der Technik sei im Sinne von Kunstfertigkeit. Doch indem ich versuchte diese her-

kömmliche Definition zu erweitern, wurde mir bewußt, daß das, was wir Technik nennen, im Grunde nichts anderes ist als eine spezifische Nutzung des Körpers.

Wir benutzen unseren Körper im täglichen Leben auf eine grundsätzlich andere Weise als in Situationen der «Darstellung». Im täglichen Leben benutzen wir eine Körpertechnik, die bedingt ist durch unsere Kultur, unseren sozialen Status und unseren Beruf. Aber im Zustand der «Darstellung» ist der Gebrauch unseres Körpers völlig anders. Daher können wir eine alltägliche von einer nicht-alltäglichen Technik unterscheiden.

Diese Unterscheidung erscheint deutlich in allen kodifizierten Formen des Theaters, besonders in denen des Orients. Im abendländischen Theater ist diese Unterscheidung weniger offenkundig, weil hier, wie Brecht versichert, eine Schauspielkunst nicht existiert: es gibt Moden und Konventionen, doch ist jede Willkür unter der Herrschaft der Subjektivität, des Individualismus möglich durch das Fehlen einer technischen Nomenklatur und präziser Beurteilungskriterien. Die einzige Ausnahme ist das klassische Ballett, dessen Regeln, Nomenklatur und Kodifizierung der erzielten Ergebnisse es einem Kind von acht Jahren erlauben, die ganze «Wissenschaft» des Balletts als auch die Erfahrung von Dutzenden Generationen vor ihm, zu lernen und mit seinem Körper zu memorieren. Die wissenschaftliche Methode der Untersuchung besteht darin, sich ein Gebiet zu wählen, wo die Wiederholung bestimmter Phänomene die Erschließung bestimmter Konstanten oder «Gesetze» zuläßt. Wenn wir das orientalische Theater als unser Untersuchungsgebiet wählen und analysieren, wie der orientalische Schauspieler seinen Körper nutzt, so entdecken wir augenblicklich drei «Gesetze».

Das erste ist das Gesetz der Veränderung des Gleichgewichts.

Im japanischen No-Theater geht der Schauspieler, indem er seine Füße über den Boden gleiten läßt, ohne sie anzuheben. Wenn man das versucht, entdeckt man, daß sich der eigene Schwerpunkt und somit das Gleichgewicht verändert. Wenn man gehen will wie ein No-Schauspieler, so müssen die Knie leicht gebeugt sein. Dies impliziert einen geringen, nach unten gerichteten Druck von der Wirbelsäule und damit vom ganzen Körper. Genau diese Position nimmt man ein, wenn man zum Sprung in jede beliebige Richtung bereit sein will.

Im ebenfalls japanischen Kabuki-Theater unterscheidet man zwei Stile, *Aragoto* und *Wagoto*. Im Aragoto, dem übertriebenen Stil, gibt es das Gesetz der Diagonalen: der Kopf des Schauspielers muß immer das eine Ende einer exakten Diagnonalen markieren, an deren anderem Ende einer der Füße ist. Der ganze Körper befindet sich in einem wechselnden und dynamischen Gleichgewicht und wird von einem Bein gestützt. Diese Position ist genau gegensätzlich zu der des abendländischen Schauspielers, der versucht seine Energien zu sparen, indem er ein statisches

Gleichgewicht einnimmt, was möglichst geringe Anstrengung erfordert. Der *Wagoto*-Stil ist der sogenannte realistische Stil im Kabuki. Hier bewegt sich der Schauspieler in einer Art, die dem *Tribangi* des klassischen indischen Tanzes ähnelt. *Tribangi* heißt «drei Bogen».

Im indischen Orissi ist der Körper des Tänzers so geformt, als ob der Buchstabe «S» durch seine Hüften, die Schultern und den Kopf läuft. In allen klassischen indischen Statuen erscheint die Windung des *Tribangi* deutlich. Im *Wagoto*-Stil des Kabuki bewegt der Schauspieler sich in einer seitlichen Wellenbewegung. Diese Bewegung impliziert den dauernden Einsatz der Wirbelsäule, die unaufhörlich das Gleichgewicht und damit die Beziehung zwischen dem Körpergewicht und seiner Grundlage, den Füßen, verändert.

Im balinesischen Theater stützt sich der Tänzer-Schauspieler auf die Fußsohlen, indem er gleichzeitig die Zehen anhebt, was seinen Bodenkontakt um fast die Hälfte verringert. Um nicht hinzufallen, muß er seine Beine spreizen und die Knie beugen. Der indische Kathakali-Schauspieler stützt sich auf die Seite seiner Füße, aber die Konsequenzen sind die gleichen. Diese neue Basis hat ebenfalls eine tiefgreifende Veränderung des Gleichgewichts zur Folge, bei der der Schauspieler mit gespreizten Beinen und gebeugten Knien steht.

Die Regeln für die einzige europäische Form kodifizierten Theaters, dem

Eugenio Barba: Szenarium für *Kaspariana*, Holstebro 1967

klassischen Ballett, scheinen den Tänzer absichtlich zu zwingen, sich im Rahmen eines prekären Gleichgewichts zu bewegen. Das fängt schon mit den grundlegenden Positionen an und dem gesamten Schema von Bewegungen, wie *Arabesken* und *Attituden*, wo das ganze Körpergewicht von einem Bein, ja sogar von den Zehenspitzen eines Fußes gestützt wird. Eine der wichtigsten Bewegungen, das Plié, besteht darin, mit gebeugten Knien zu tanzen, und ist der beste Ausgangspunkt für eine Pirouette oder einen Sprung.

Warum enthalten nun alle kodifizierten Formen der Darstellung im Osten und im Westen diese Konstante, dieses «Gesetz»: die Deformation der alltäglichen Technik des Gehens, des Sich-Bewegens im Raum und der Ruhestellung des Körpers. Diese Deformation der alltäglichen Körpertechnik, diese außerordentliche, tägliche Technik beruht im wesentlichen auf einer Veränderung des Gleichgewichts. Indem der orientalische Schauspieler das «natürliche Gleichgewicht» ablehnt, beeindruckt er seine Umgebung mittels eines «De Luxe-Gleichgewichts», unnütz komplex, scheinbar überflüssig und übermäßige Energie kostend.

Man könnte sagen, daß dieses «De Luxe-Gleichgewicht» auf Stilisierung und ästhetische Wirkung abzielt. Diese Phrase wird in der Regel akzeptiert, ohne daß man sich über die Motive Gedanken macht, die zur Wahl einer körperlichen Position geführt haben; Positionen, die unser «natürliches Sein» zerstören, die Art und Weise, in der wir unseren Körper im alltäglichen Leben benutzen.

Was geschieht hier?

Wir können sagen, daß das Gleichgewicht – die menschliche Fähigkeit, sich aufrecht zu halten und im Raum zu bewegen – das Ergebnis einer Reihe von muskulären Beziehungen und Spannungen innerhalb unseres Organismus ist. Je komplexer unsere Bewegungen werden – indem wir größere Schritte als gewöhnlich machen oder den Kopf mehr nach vorne oder hinten halten – desto mehr wird unser Gleichgewicht bedroht. Eine ganze Serie von Spannungen muß in Aktion gebracht werden, nur um einen Sturz zu verhindern. Eine Tradition in der europäischen Pantomime nutzt gerade dieses «Ungleichgewicht», nicht als Mittel des Ausdrucks, sondern als Mittel der Intensivierung bestimmter organischer Prozesse und Aspekte im Leben des Körpers. Eine Veränderung des Gleichgewichts hat eine Reihe von organischen Spannungen zur Folge, die die körperliche Gegenwärtigkeit akzentuieren und unterstreichen, aber in einem Stadium, das einem absichtlichen, individualisierten Ausdruck vorausgeht.

Im No- und Kabuki-Theater sagt man von einem Schauspieler, er habe *Ko-shi*, um auszudrücken, daß er Präsenz habe, eine besondere Art von Energie. Das japanische Wort *Ko-shi* heißt «Hüften». Wenn wir normal gehen, folgen die Hüften der Bewegung der Beine. Doch wenn wir die

Bewegung unserer Hüften reduzieren wollen – das bedeutet, daß wir eine feststehende Achse in unserem Körper bilden –, dann müssen wir unsere Knie beugen und unseren Rumpf als ein einziges Stück bewegen. Indem wir unsere Hüften blockieren und sie daran hindern, den Beinen zu folgen, bilden sich zwei verschiedene Spannungsebenen in unserem Körper: im unteren Teil (in den Beinen, die sich bewegen müssen) und im oberen Teil (dem Rumpf und der Wirbelsäule, die damit beschäftigt ist, auf die Hüften zu drücken). Diese Herstellung von zwei entgegengesetzten Spannungsebenen im Körper zwingt uns, eine besondere Haltung des Gleichgewichts einzunehmen, an der der Kopf und die Muskeln des Nakkens, des Rumpfes, des Beckens und der Beine beteiligt sind. Der gesamte Muskeltonus des Schauspielers ist verändert. Er gebraucht viel mehr Energie und muß sich einer größeren Anstrengung unterziehen, als wenn er sich gemäß seiner alltäglichen Technik fortbewegen würde.

Das Wort Energie ist eine Falle. Gemeinhin assoziiert man den Begriff mit einem Übermaß an Vitalität, die sich als Bewegung, als muskuläre Aktivität durch den Raum, zeigt. Aber [...] gerade eben habe ich zum Beispiel darüber nachgedacht, wie ich am besten dem Problem begegne, was ich erklären möchte. Das war eine Form von Energie: mentaler Energie. Mein ganzer Körper war sichtlich engagiert, obwohl ich mich nicht bewegt habe. Es ist wichtig zu verstehen, daß das Wort Energie nicht einzig und allein einer Aktion und Bewegung durch den Raum entspricht. Energie ist eine Potentialdifferenz, die alle verschiedenen Ebenen unseres Organismus erreichen kann, von der einzelnen Zelle bis zum Organismus in seiner Gesamtheit.

Diese spezifische Qualität der Energie der verschiedenen Ebenen unseres Organismus ist im japanischen Theater vollkommen verstanden worden. Im No-Theater spricht man von «Energie im Raum» und von «Energie in der Zeit».

Ich kann meine Energie im Raum folgendermaßen ausrichten: Ich bewege meinen Arm, und meine Hand ergreift die Flasche, die vor mir auf dem Tisch steht. Doch ich kann dies auch tun, indem ich meine Energie in der Zeit anstatt im Raum benutze: mein ganzer Körper ist beteiligt, ich bin bereit, bin vorbereitet auf eine ganz präzise Art zu handeln: die Flasche zu ergreifen. Meine Haltungsmuskeln sind aktiviert, mein Körper ist leicht versetzt, obgleich kaum wahrnehmbar, und er mobilisiert die gleichen Energien, die für die wirkliche Handlung nötig wären. Ich führe die Handlung aus, doch nicht im Raum, sondern in der Zeit. Das heißt, daß ich nur meine Haltungsmuskeln einsetze, nicht aber die Bewegungsmuskeln, die meinen Arm beugen würden, noch die Greifmuskeln, die es meinen Fingern erlauben die Flasche zu ergreifen.

Im No-Theater gibt es eine Regel, die besagt, daß drei Zehntel jeder Aktion im Raum und sieben Zehntel in der Zeit stattfinden sollten. Normalerweise, wenn ich diese Flasche nehmen will, setze ich gerade soviel Energie ein, wie zur Ausführung dieser Handlung nötig ist. Aber im No setzt man sieben Teile zusätzlich ein, nicht um die Handlung im Raum auszuführen, sondern um sie im Schauspieler zu halten und zu bewahren (Energie in der Zeit). Das bedeutet, daß der No-Schauspieler doppelt soviel Energie benutzt, als es für die Handlung im Raum allein nötig ist. Einerseits projiziert der Schauspieler eine bestimmte Menge Energie in den Raum, andererseits hält er die doppelte Menge in sich.

Dies führt uns zu dem zweiten «Gesetz», dem Gesetz des Gegensatzes. Wenn wir verstehen wollen, was Dialektik auf der materiellen Ebene des Theaters ist, müssen wir die orientalischen Schauspieler studieren. Das Prinzip des Gegensatzes ist der Grundstein, auf dem der Schauspieler seine Handlungen aufbaut und entwickelt.

Noch einmal will ich die Flasche vom Tisch nehmen. Ich setze meine Energie im Raum ein, indem ich meinen Arm bewege und meine Finger gebrauche, um die Flasche zu ergreifen. Aber indem ich das Prinzip der Energie in der Zeit anwende und Energie in mir zurückhalte, schaffe ich einen Gegensatz: Auf der einen Seite schiebe ich meinen Arm vorwärts, auf der anderen Seite halte ich meinen Arm zurück.

Normalerweise, wenn ich meine Streckmuskeln bewege, bleiben die Beugemuskeln passiv und umgekehrt. Jedwede Art der Muskelbewegung führt eine bio-elektrische Entladung mit sich. Bei einer Handlung im Raum – beispielsweise bei der Bewegung meines Armes und meiner Hand auf die Flasche zu – entspricht die bio-elektrische Entladung der, die einzig von den Streckmuskeln ausgeht. Doch wenn ich gleichzeitig auch meine Beugemuskeln einsetze, um diese Bewegung zurückzuhalten und somit die Energie in der Zeit nutze, dann verdopple ich die bio-elektrische Entladung.

Grotowski ist Anfang der sechziger Jahre nach China gefahren. Als er zurückkam, erzählte er mir, daß der chinesische Schauspieler, ehe er eine Handlung ausführt, immer mit dem Gegenteil beginnt. Um zum Beispiel eine Person anzuschaun, die rechts neben einem sitzt, würde ein abendländischer Schauspieler eine direkte, lineare Bewegung seines Nackens ausführen. Aber der chinesische Schauspieler, wie die meisten anderen orientalischen Schauspieler auch, würde beginnen, als wolle er in die entgegengesetzte Richtung schauen, um dann plötzlich die Richtung zu ändern und auf die gewählte Person zu schauen. Der orientalische Schauspieler beginnt seine Handlung immer in entgegengesetzter Richtung zu dem eigentlichen Ziel. Wenn man diesem Prinzip entsprechend nach links gehen will, geht man erst nach rechts, um nach einer plötzlichen Wendung nach links zu gehen. Wenn man sich hocken will, erhebt man sich erst auf die Zehenspitzen, um sich dann zu hocken.

Als Grotowski mir das erzählte, glaubte ich zunächst, daß es sich um eine

Frage szenischer Konvention handele, die es dem chinesischen Schauspieler ermöglicht, seine Handlung auszuweiten und zu verbreitern, sie wahrnehmbarer vorzutragen, indem er gleichzeitig einen Überraschungseffekt schafft. Das ist zweifellos richtig. Doch heute weiß ich, daß es sich nicht nur um eine chinesische Theater-Konvention handelt, sondern um eine Regel, die man überall im Orient finden kann. Im orientalischen Theater existiert keine gerade Linie, oder sie wird, wie zum Beispiel im No, auf eine sehr eigentümliche Weise benutzt. Wenn wir einen balinesischen Tänzer, einen No-Schauspieler (selbst bei jener simplen Bewegung, wenn er den Fächer vor sein Gesicht hält), einen Kabuki-Schauspieler im *Aragoto*- oder *Wagoto*-Stil, einen klassischen indischen oder Thai Khon-Tänzer beobachten, so bemerken wir, daß die Bewegungen niemals in geraden Linien, sondern immer in runden oder wellenförmigen Linien ablaufen. Der Rumpf, die Arme und die Hände unterstreichen diese Rundheit. Im Westen tanzt man mit den Beinen und im Orient mit den Armen. Man könnte wieder von szenischen Konventionen und ästhetischen Regeln sprechen. Aber was verbirgt sich hinter solchen Begriffen?

Kommen wir noch einmal auf die biologische Struktur des Menschen zurück. Jede muskuläre Aktivität mit ihren begleitenden bio-elektrischen Entladungen wird durch die Gelenke bewirkt. Wenn ich also auf eine Person zu meiner Linken zeigen will, strecke ich meinen Arm aus und richte meinen Zeigefinger auf ihn. Ich führe eine Bewegung aus, bei der der Ellbogen das einzige sich bewegende Gelenk ist. Ein orientalischer Schauspieler würde sich niemals in dieser Art bewegen. Seine Hand beginnt mit dem Beschreiben einer runden Linie in die entgegengesetzte Richtung, wobei er drei Gelenke gebraucht: das Handgelenk, den Ellbogen und die Schulter. Mit einer plötzlichen Umkehrung, die ein präzises und unterschiedliches Arbeiten aller drei Gelenke verlangt, beendet er seine Bewegung, indem er auf die Person zu seiner Linken zeigt.

Der Gegensatz ist also das zweite «Gesetz», deren erstes die Veränderung des Gleichgewichts ist.

Das dritte «Gesetz» könnte als das Gesetz der «zusammenhängenden Zusammenhanglosigkeit» definiert werden.

Für den orientalischen Schauspieler oder den europäischen, klassischen Ballettänzer ist es vom Standpunkt der Handlung, seinen Zielen und seiner Haushaltung her völlig ohne Zusammenhang, eine Position einzunehmen, die sowohl seine Bewegungsfreiheit einschränkt als ihn auch von seiner täglichen Körpertechnik entfernt, um an ihrer Stelle eine Technik zu benutzen, die sich durch eine mühevolle Künstlichkeit und Energieverschwendung auszeichnet. Aber es ist gerade diese außerordentliche tägliche Technik, die es ihm ermöglicht, ein anderes Potential seiner Energien zu erhalten. Zusätzlich kann der Schauspieler diese Zusammenhanglosigkeit in eine neue Körperkultur verwandeln, durch Praxis und Training und durch den Prozeß der Innervation und Entwicklung der neuen nerven-muskulären Reflexe. Die so erschaffene außerordentliche tägliche Technik wird höchst zusammenhängend.

Einer der überraschendsten Effekte eines No-Schauspielers passiert, wenn er in seiner charakteristischen Gleitbewegung geht und plötzlich zu rennen beginnt, immer noch mit gleitenden Füßen. Es ist wie ein eindrucksvoller Blitz, wie eine Schlange, wie ein Pfeil, der in einer Kurve durch die Luft schießt. Selbst wenn der Schauspieler einen Ausgangspunkt wählt, der in keinem Zusammenhang mit seiner täglichen Körpertechnik zu stehen scheint, so kann er doch durch langes Training eine solche Vortrefflichkeit in dieser außerordentlichen, täglichen Technik erreichen, daß wir es als spontan ansehen.

Diese drei Gesetze erklären, wie der Schauspieler mit Hilfe biologischer Mechanismen ein anderes Energiepotential erreichen kann. Ihre Anwendung führt zu einer Verstärkung der physischen Präsenz auf einer präexpressiven Ebene, also bevor die Absicht des Schauspielers einsetzt, eine persönliche Reaktion auszudrücken.

Die Rolle biologischer Prozesse in der Freisetzung verschiedener Qualitäten der Energie zeigt sich auch unter anderen Aspekten, wie zum Beispiel der Art des Schauens. Normalerweise schauen wir gerade aus nach vorn und etwa 30 Grad nach unten. Wenn wir unseren Blick um 30 Grad anheben, bleibt der Kopf zwar in der gleichen Position, doch ergibt sich dabei eine Spannung der Nackenmuskeln und des Rumpfes, die sich auf das Gleichgewicht auswirkt und es verlagert.

Der Kathakali-Schauspieler folgt den Mudras seiner Hände mit den Augen, leicht oberhalb seines normalen Blickfelds. Der balinesische Schauspieler richtet seinen Blick nach oben. In allen *Shan-Toeng*, den Positionen der Akteure der Peking-Oper, sind die Augen nach oben gerichtet. Die No-Schauspieler berichten, wie sie jegliches Raumgefühl verlieren und Schwierigkeiten haben, ihren Körper im Gleichgewicht zu halten, weil die Augenschlitze ihrer Masken dermaßen klein sind. Daher stammt ihre Erklärung für ihren besonderen gleitenden Gang, bei dem sie die Füße nicht vom Boden abheben, etwa so, wie ein blinder Mann gleitet, um sich zu orientieren, aber jeder Zeit bereit, im Falle eines unvorgesehenen Hindernisses anzuhalten.

Alle diese Schauspieler verändern ihr Blickfeld gegenüber der Sehweise im täglichen Leben. Ihre gesamte Körperhaltung ist verändert: der Muskeltonus des Rumpfes, das Körpergleichgewicht und der Druck auf die Füße. Ein Wechsel in der normalen Sehensweise bringt einen qualitativen Wechsel der Energie mit sich. Durch eine simple Veränderung in der täglichen Technik des Schauens, sind die Schauspieler in der Lage, einer völlig neuen Ebene der Energie Anstoß zu geben, zu der wir im biologi-

schen Sinne alle Zugang haben. Aber unsere abendländische Zivilisation scheint jede Abweichung vom «Normalen» zu vernachlässigen, sie oft vorsätzlich zu verhindern und abwehrend zu reagieren, als ob diese neuen Energien eine Bedrohung für unsere behaglich etablierten Beziehungen werden könnte. Andere Kulturen haben die verschiedenen biologischen Möglichkeiten, die jedem Individuum angeboren sind, verstanden und sie sozialisiert.
[...]

(Unveröffentlichtes Manuskript eines im Mai 1980 in Warschau gehaltenen Vortrags; Übersetzung: Odin Teatret)

Jango Edwards
Clown-Theorie: «Der Clown ist der totale Schauspieler» (1980)

Was der Narr und der Clown betreibt, ist als Kunstform oder Lebensstil so alt wie das Lächeln. Jeder von uns hat schon einmal ein paar Augenblicke auf dem Kopf gestanden, alberne Tänze aufgeführt oder versucht, den Mitmenschen mit komischen Grimassen zum Lachen zu bringen. Ich habe einen Freund, der Pflanzen Witze erzählt und davon überzeugt ist, daß sie oft genug vor Lachen über die Menschheit eingehen. Aber der Beruf des Narren ist nicht zum Lachen. Es gibt wenige, die ihn ausüben, Tausende, die ihn ausüben möchten, und einige, für die er ein Beruf unter anderen ist; aber der Beruf des Narren hat nichts mit Arbeit zu tun, sondern nur mit dem Leben.
Clown sein heißt, sich auf eine Kunst verstehen, die auf dem Geben beruht. Die Künste des Narren sind so universal, daß sie – auf der Ebene der Liebe – international wirksam sind. Seine Auftritte gleichen einem sinnlichen Akt, der empfindsam, zart und erregend ist und am Ende einen Höhepunkt erreicht oder eine Art Feier. Er wirkt mit dem Herzen, mit dem Körper, mit den Mitteln des Subtilen oder auch des Obszönen. Narr sein heißt, zu versuchen, die Spannung der sozialen Situation, die uns täglich umgibt, abzubauen; über diese Situation nachzudenken in der Hoffnung, damit eine Art Verstehen und Bewußtheit hervorzurufen. Der Narr hilft, diese soziale Situation zu durchschauen; er fordert dazu heraus, an ihr zu ändern, was geändert werden muß. Narr sein heißt, zu den

größten Nachrichtenvermittlern zu gehören, die es gibt – Kommentator zu sein, der in komischer Form Neuigkeiten verbreitet und dabei hofft, daß die Leute am Ende ihre Irrtümer und Erfolge verstehen. Er sucht die universale Norm, indem er die respektierte Norm bloßstellt. Der Narr befaßt sich mit dem Normalen, indem er die verschiedenen Ebenen des Abnormen aufzeigt – die darüber und die darunter; er wendet dieses Aufzeigen ins Komische und hofft dabei, daß die Verkleidung der Vernunft auf den Weg hilft und ein progressiver Schritt zur Harmonie möglich wird. Verkleidung ist das Schlüsselwort des Komischen: denn der Narr muß mit etwas unterhalten, das heute vielleicht noch ein soziales Tabu ist und morgen schon allgemeiner Trend sein kann.

Doch bevor wir weitergehen, sollten wir uns von der falschen Vorstellung vieler Leute lösen, daß ein Clown traurig sei. Ein Clown sein heißt Freiheit finden, dem Einerlei entkommen, mit Seele und Kern des eigenen Wesens zu tanzen. Aber Freiheit bedeutet auch, daß man lernen muß und zu verstehen beginnt. Man muß die innere und die äußere Betrachtung entdecken. Das äußere Ich muß ein Modell des Absurden werden und das innere Ich ein Tempel der Vernunft. Oft heißt es, der Clown sei traurig, eine Art verlorener Seele. Doch in Wirklichkeit ist er unser Spiegelbild, ein Erzähler gegenwärtiger Dinge, und der Anschein der Traurigkeit ergibt sich aus der Spiegelung. Neuigkeiten sind nicht fröhlich; doch der Clown muß erreichen, daß man darüber lacht. Warum? Um Veränderung auszulösen. Wenn du also glaubst, der Clown sei ein trauriges oder rührendes Wesen, und gleichzeitig begreifst, daß sich die Gegenwart in ihm spiegelt – wo steckt denn dann in Wirklichkeit das Rührende? Das ist die Kernfrage.

Wenn ich vom Narren und vom Clown rede, so meine ich es im eigentlichen Sinn und nicht im Sinn seiner Prostitution. In den letzten Jahren hat der Clown, veranlaßt durch Showgeschäft und Zirkus-Massenproduktion, den größten Teil seiner Empfindsamkeit, seines sinnlichen Wesens verloren. Der Clown wurde zum Lückenbüßer, zum Pausenfüller, zur Slapstick-Einlage komplizierter Programme nach der Formel von Hollywood. Ein treffendes Beispiel dafür ist der Zirkus Ringling Brothers Barnum and Bailey, bei dem die Kunst des Clowns gänzlich auf kommerziellen Gewinn abgestellt ist – bis zum Alleinanspruch auf die Entwicklung der einzigen Schule für Clowns in der Welt. Es gibt bedeutende Clowns bei Ringling Brothers, aber nur wenige von ihnen wissen, wie das Wesen ihrer Kunst vor dem Ausverkauf im Zirkus aussah.

Die meisten jungen Anfänger bemühen sich verzweifelt um das Wissen und die Feinfühligkeit des Clowns, aber niemand sagt ihnen, wohin sie gehen und was sie unter ihrer Kunst verstehen sollen. Ich behaupte nicht, daß ein Clown in dieser Atmosphäre nicht wirken kann, wenn er die Chance dazu bekommt, aber den Soloauftritt muß man ihm lassen. Größen wie Popow, Jacobs, Grock, Coco und Kelly haben das immer wieder bewiesen. Überläßt man ihnen die Manege, dann entfaltet sich aus ihrer Konzentration und Energie, ihrer Beherrschung des Rührenden und des Lächerlichen eine Komödie, beredter als jedes Musical von Metro Goldwyn Mayer und sozialkritischer als jede Organisation oder Partei. Beim Clown kann sich die schlichte Wiedergabe eines Themas in einer Geste verdichten, die mehr besagt als eine einstündige Nachrichtensendung. Das Tun des Clowns, sein Lächeln, sein Stirnrunzeln wird überall verstanden und kennt keine Grenzen; dennoch gibt es keine Universität, keine Schule, kein Institut, das seine Erfahrung festhalten oder seine Geheimnisse mitteilen könnte. Der Job des Clowns ist krisenfest: er handelt mit dem Lachen, und dessen Wichtigkeit kommt gleich nach dem der Liebe. Der Clown muß das Lachen mit liebendem Herzen auslösen, das ist der Schlüssel dessen, was er zu geben hat. Sein erster Lehrmeister ist die Erfahrung; um ein Berufsnarr zu werden, braucht es Jahre des Suchens, der inneren Entwicklung, der mehr oder minder kalkulierten Verrücktheit. Es ist kein leichter Beruf, und nur wenige erreichen das Ziel. Manche, ja Hunderte haben die Höhe komischen Verstehens erreicht und begrenzen ihren Erfolg dennoch durch Anpassung an die Vorstellungen der westlichen Welt, statt ihrer inneren, globalen Entwicklung zu folgen.

Der Narr muß geben, immer und überall. Indem er gibt, gewinnt er, und seine Gabe ist ein unbezahlbares Meisterstück: das Lächeln! Die Wärme des Clowns, seine Attacken sind ein Opfer für alle, und nur wenige entgehen seinem komischen Angriff. Man muß sich darüber im klaren sein: der Weg zur Rolle des Narren beginnt mit der Selbstbeobachtung; und um anderen zu helfen, muß man zuerst sich selber helfen können. Keiner hat das Recht, die Stärken und Schwächen anderer widerzuspiegeln, bevor er seine eigenen kennt. Der Blick nach innen läßt diese Probleme erkennen; und erst wenn du sie erkannt hast, kannst du sie ändern.

Jeder von uns ist als Clown geboren, im reinsten Sinne, wenn auch ohne die erlernbare Weisheit. Das Wesen des Clowns ist unschuldig, wissensdurstig, naiv; es hat das Eigentliche der Jugend. Als Kinder sind wir voll Einbildungskraft und Phantasie – Eigenschaften, auf die oft unsere Familie einwirkt und unser soziales Umfeld. Sie unterliegen gewissen Einschränkungen von seiten unserer Eltern und dem gewohnten Einfluß verschiedener natürlicher und unnatürlicher Regeln, denen wir zu folgen haben. Diese Einschränkungen werden oft zur Norm, die wir akzeptieren, zum Gesetz, nach dem wir leben und das uns beherrscht. Doch unsere Einbildungskraft bedarf der Anleitung. In der Jugend waren wir oft im Besitz einer Freiheit, die uns das Alter mehr und mehr beschneidet; und doch sollten wir gerade im Alter zur Freiheit gelangen und sie mit anderen teilen.

Wer die Kunst des Clowns studiert, muß vor allem begreifen, daß es nicht

Neues zu lernen, sondern nur Altes zu erneuern gibt. Jugend, Phantasie, Einbildungskraft, Unschuld – wo all dies erfaßt, verstanden und beherrscht wird, da beginnt die Entwicklung zum Clown. Wenn der Student das begreift, kann er es mit dem vorhandenen Wissen und den bisher gelernten Kunstfertigkeiten des Metiers verbinden; erst dann ist er reif, Neues zu lernen. Der reale Erfolg der inneren Betrachtung liegt darin, daß wir den Wert des bereits erworbenen Wissens einzuschätzen und es dem Beruf, von dem hier die Rede ist, anzupassen vermögen.

Während dieser Zeit der Selbstbeobachtung gilt es zu experimentieren und die eigenen Möglichkeiten auszuloten.

Der Student muß die eigene Entwicklung durch Übungen fördern, die eigenen geistigen und körperlichen Fähigkeiten kennenlernen, die eigene soziale Umwelt beobachten und erfahren, das Maß der eigenen Energie richtig einschätzen.

Der Clown ist auf eine sehr entschiedene Art der totale Schauspieler. Künste wie Tanz, Pantomime, Akrobatik und so weiter sind zu erlernen und einzusetzen. Es ist ein ständiger Formungsvorgang, bei dem sich der Lernende oft als Versager ertappt. Vergangene und gegenwärtige Erlebnisse sind wichtig als Bestätigung und greifbares Material für die Zukunft. Da die meisten technischen Fähigkeiten des Clowns und des Narren in Büchern erklärt sind, kann der Student seine Entwicklung mit einiger Selbstdisziplin beschleunigen.

Ohne diese Selbstdisziplin findet er sich bald bar jeder Motivation und jeden Anreizes und kann sich ebensogut mechanischeren Beschäftigungen zuwenden. Für das Lernen technischer Tricks gibt es nur ein Wort: Üben. Ganz einfach: Üben ist die Lösung; und wer nicht genug Selbstdisziplin aufbringt, wird sich bald in einer der zahlreichen Nebengassen des Theaters wiederfinden, in denen man zwar Schauspieler sein kann, aber ohne viel Hoffnung, totaler Schauspieler zu werden. Total sein, ist nicht leicht, aber Clown sein heißt, total sein. Wer zu lernen aufhört, den verläßt der Humor.

Der Clown teilt mit, und um Neues mitzuteilen, muß er Neues wissen. Das heißt: Beobachtung des Augenblicks. Der Komiker muß die Ereignisse spiegeln, die uns umgeben. Unser Leben ist Komödie, und der Student, der wirklich beobachten kann, sieht alle Pointen dieser Komödie. In der geordneten Natur sind wir von Narren umgeben, einschließlich unserer selbst und der Komödie, die wir täglich agieren. Der Erfolg des Narren hängt von seiner Fähigkeit ab, gerade soviel davon wiederzugeben, daß der Zuschauer den Komiker in uns wahrnimmt. Oft, ja fast immer lachen wir über Eigenschaften anderer, die wir selber auch haben, aber nur unterbewußt erkennen. Ist die komische Imitation kräftig genug, so kann es zu einem Austausch von Wissen kommen; und das Wissen ist der Schlüssel zur Veränderung. Das ist die wahre Tugend des

Clowns. Ein Beispiel: ich spiele eine komische Szene, in der es um Selbstmord geht. Und obwohl das Thema ein ernstes soziales Problem darstellt, lachen die Leute. Sie lachen, weil sich ein Abbau der Spannung dieses sozialen Problems ergibt und eine mögliche Einsicht. Wir alle denken an Selbstmord und Tod; das ist nur ein Beispiel aus der Fülle der Begriffe, die der Clown verwandelt wiedergeben kann. Das ist die Macht des Clowns: die Fähigkeit, einen Moment des Nachdenkens zu erzeugen, einen Anstoß zur Veränderung, ja vielleicht sogar zum Verstehen zu geben, und zwar in einem Augenblick der Entspannung, in dem der Zuschauer über das komische äußere Begebnis lacht. Der Clown kann sein Publikum zum Denken und Begreifen führen; doch jenseits des Gelächters bleibt der Entschluß, über das Thema, von dem die Rede ist, nachzudenken, ganz dem Zuschauer anheimgestellt. Selbst die größten Clowns, die wir kennen, identifizieren sich mit dem Gedanken sozialer Veränderung und tun es heute noch.

Die vornehmste Aufgabe des Clowns ist, die Leute zum Lachen und zur Entspannung zu bringen und sie zu unterhalten. Das ist wichtig, und es setzt die Kenntnis komischer Formeln und Tricks voraus, die schon der angehende Clown beherrschen muß. Die zweite Aufgabe, die er gleichzeitig zu erfüllen hat, besteht darin, Aufklärung und Einsicht zu vermitteln – im Spiegel zu zeigen, was um uns herum passiert. Das ist das Wissen des Clowns, und seine Ausdrucksmöglichkeiten sind universal. Er nutzt das Lächeln und das Stirnrunzeln, er beherrscht Aktion und Reaktion. Man muß beim Narren auf alle Situationen und Überraschungen gefaßt sein. Sein Auftritt muß eine ständig kontrollierte Konfrontation sein: denn der Clown ist eine magische Figur. Das Publikum sieht sein Wesen oft über oder noch häufiger unter der Ebene des Allgemeinmenschlichen. Für manche Leute kann der Narr sogar eine Drohung sein: sie wollen nicht sehen, was sie umgibt, sie schliefen lieber weiter. Einerlei, wie komisch du agierst – es wird immer wieder Leute geben, die nicht mitmachen, nicht mitmachen wollen; das ist eine Situation bei deinem Auftritt, in der du nur weitermachen kannst, weil noch so viele andere da sind, die lachen möchten.

Wir müssen über uns selber lachen, um uns zu verstehen; wenn wir das nicht können, bleibt uns keine Hoffnung; und für manche gibt es schon jetzt keine Hoffnung mehr. Kritik erzeugt Veränderung, sie ist eines der wichtigsten Prinzipien einer freien Welt.

Das Lachen löst die natürliche Fähigkeit des menschlichen Körpers zur Entspannung aus. Lachen ist Entspannung; eine natürliche Beruhigung des Nervensystems, eine Befreiung von den Ängsten, die sich täglich in uns aufstauen. Es ist nicht nur physische Entspannung, sondern auch geistige Befreiung; und das ist die Macht des Clowns. Wenn der Narr dich zum Lachen bringt, Entspannung bewirkt, dann schärfen sich die Sinne, klärt sich das Denken, und der Sinn dessen, was er bei seinem komischen Auftritt sagt, hat eine Chance, verstanden zu werden. Was der Narr sagt, muß nicht immer bedeutend sein; doch zumindest sollte es die Leute aufrütteln, auf Fakten hinweisen, das Verständnis und die Bewertung der Probleme erleichtern, die uns umgeben. Wie weit dieses Verständnis reicht, hängt vom Publikum ab, von den Fähigkeiten und Interessen des Einzelnen.

Die Späße des Clowns, des Narren, und die Entspannung, die sie bewirken, tragen dazu bei, Interessen freizulegen; sie befreien die Fähigkeit zu verstehen.

Lachen auszulösen, ist die Basis des Berufs; Denkprozesse in Gang zu bringen, ist sein Ehrgeiz und Ziel. Der Clown hat die Kraft, zur Einsicht zu verführen – eine unschätzbare Kraft. Wer über diese Fähigkeit verfügt und diese besondere Art des Anstachelns beherrscht, ist bereits der «totale Schauspieler»: der Clown. Wir alle haben etwas vom Clown in uns und müssen ihm zur Freiheit verhelfen. Wir alle hatten unsere komischen Momente und machten in schwierigen Zeiten Gebrauch von ihrer entspannenden Wirkung. Es ist nicht nur eine Sache des Kostüms, der Schminke und der Kunstfertigkeit, obwohl der Berufsclown ohne sie nicht auskommt. Die Notwendigkeit des Narren liegt in seiner Fähigkeit, durch Reflexion zu geben. Der Narr ist ein Kreuzfahrer des Wissens und der Liebe, der ständig seine Ware vorzeigt und in der Hoffnung wächst, Fortschritt, Veränderung und positive Reaktion zu vermitteln. Wir hungern nach dem Lachen einer wie der andere. Wir suchen es Tag für Tag, in Büchern, Filmen, im Fernsehen, in Konzerten, im Theater, auf Schallplatten, im häuslichen Leben. Wir brauchen das Lachen, und wer Talent zu Späßen hat, findet immer ein Publikum. Das habe ich aus meinen eigenen Momenten komischen Erfolgs gelernt. Vom Rockfestival bis zur Theaterbühne, auf der Straße und in der Kirche, in der Wüste und im Dschungel bin ich in allen möglichen Situationen aufgetreten, und in den Augenblicken erfolgreicher Anwendung der Theorie des Clowns sah ich, wie Leute jeden Alters, aller Rassen, Religionen und Hautfarben Entspannung fanden, Freiheit und eine Ahnung von Gemeinsamkeit. Im Lachen sind alle gleich. Wir alle sind von Zeit zu Zeit komisch, zum Vergnügen unserer Umgebung.

Diese Momente der Gemeinsamkeit sind Momente des Narren, der seine Freiheit sucht; und in jedem Lachen, das wir auslösen, liegt die Hoffnung auf Verstehen.

Das Lächeln ist universal, jeder begreift es, überall wird es verstanden – und deshalb ist auch der Clown ein universeller Typ. Man unterschätze nie die Macht des Lächelns. Lachen kann das Leben der Leute ändern. Ich habe gesehen, wie es aus ihnen hervorbrach, unverstellt und in aller Öffentlichkeit. Ihr Glaube ist echt; der Narr kann auch in dein Leben einen

Sinn bringen und dir helfen, es zu verstehen. Das alles klingt so einfach, aber wir begreifen es nicht, solange wir es uns selber schwer machen. Es entzieht sich uns, bis wir zu verstehen beginnen, daß auch Liebe, Gerechtigkeit und Gleichheit ganz einfache Dinge sind, wenn wir sie nur ohne jeden Vorbehalt akzeptieren. Denkt an diese religiösen Worte, ha, ha, ha – ah!
(Ins Deutsche übertragen von Helmut Wiemken)

Aus: Jango Edwards, Hrsg. von Barbara Held, Flensburg (N. H. Matz) 1980.

Theatergeschichtlicher Kommentar

Theater der Erfahrung – Freies Theater

Es gibt keine einheitliche Stilrichtung, die unter dem Begriff «Theater der Erfahrung» zusammengefaßt wird; vielmehr wird damit ein programmatischer Anspruch an das Theater bezeichnet, der sich nicht in erster Linie auf dessen Kunstform bezieht, sondern die Erfahrungsmomente der Theaterarbeit in den Mittelpunkt stellt. «Theater der Erfahrung» ist zumeist Gruppentheater und organisiert sich außerhalb der konventionellen Theatersysteme als «Freies Theater» in bewußter Negation der dort herrschenden Arbeitsformen und Geschäftsprinzipien.

In seiner Ästhetik ist dieses Theater stark bestimmt durch das Darstellen und Ausleben von Emotionalität und Körperlichkeit, spontan aus der Dynamik der psychischen und physischen Bewegung der Gruppe heraus entwickelt und kaum noch oder gar nicht mehr über literarische Rollen vermittelt. Hier liegt auch ein entscheidender Unterschied zu jenem Theater, das (in Kapitel IV) mit dem Begriff «Schauspieler-Theater» bezeichnet wird, für das die Auseinandersetzung mit den Rollen der Dramenliteratur und den Formen der klassischen Theaterkunst noch eine zentrale Bedeutung hat. Das «Freie Theater» ist demgegenüber durch seinen Bruch mit der Theaterkonvention charakterisiert. Soweit es sich an Vorbildern orientiert, liegen diese in außereuropäischen Theatertraditionen, zumeist bei Formen kultischer oder ritueller Theatralik. Artauds Schrift über das *Balinesische Theater* hat in diesem Zusammenhang programmatischen Charakter. Peter Brook erhoffte sich von Experimenten in Persien und Afrika neue Impulse für seine Theaterarbeit, Grotowski studierte eingehend indisches Ritualtheater und dessen Meditationstechniken; Eugenio Barba entwickelte in praktischer und theoretischer Arbeit mit ethnischen Theaterformen eine neue Theorie der Schauspielpädagogik.

Diese Theaterentwicklung hatte Mitte und Ende der sechziger Jahre ihren Höhepunkt und stand in engstem Zusammenhang mit den Protestbewegungen dieser Zeit; sie kann als Manifestation von deren kulturrevolutionärer Attitüde angesehen werden und ist von den Ideen dieser Bewegungen getragen. Durch «workshops», eigene Festivals und einen sich rasch entwickelnden Tourneebetrieb entwickelte diese Theaterszene schon sehr bald einen hohen Grad internationaler Verflechtung. Die Gruppen arbeiteten in Landkommunen gleichermaßen wie in den großstädtischen Zentren und verstanden sich als «drittes Theater» (Barba). Geistiger Ahnherr dieser Bewegung ist der Surrealist Antonin Artaud, der große Antipode zu Brechts dialektischem Aufklärungstheater.

Ein zweiter Entwicklungsstrang kennzeichnet diesen Theaterbereich, er führt in Grenzgebiete zwischen Theater und bildender Kunst; gemeint sind Formen des Happenings, der Aktionskunst und der Performance.

Seit jeher standen Theater und die bildenden Künste in einer höchst produktiven Wechselbeziehung. Um 1900 war es die Idee des Gesamtkunstwerks, von Richard Wagner vorbereitet, die diesen Zusammenhang intensiv diskutieren ließ; im frühen 20. Jahrhundert wurden wesentliche Theaterentwicklungen über die bildende Kunst, von Malern und Architekten, in Gang gebracht; als Beispiele sei auf Léger, die Futuristen, Kandinsky oder Oskar Schlemmer verwiesen.

The Bread and Puppet Theatre: Szenenbild von *Schrei des Volkes nach Brot,* 1969

Eine neue Qualität erhielt diese Beziehung durch Entwicklungen, die sich seit Anfang der sechziger Jahre abzeichneten. Kunstformen, neue Genres kamen auf, die sich weder als Theater verstanden noch sich so ohne weiteres der bildenden Kunst zuordnen ließen. Auf der Suche nach neuen Ausdrucksformen, aber auch aus einem Mißbehagen an der in Kunstwissenschaft und im Kulturbetrieb praktizierten Hochschätzung der «Kunst der Meisterwerke» wurde – in Anlehnung an die Kunstrevolten des ersten Drittels des 20. Jahrhunderts – eine «Kunst der Kunstlosigkeit» proklamiert. Kunst wurde nicht mehr als geschlossenes ästhetisches System verstanden, sondern manifestierte sich in der Pseudo-Identität von Kunst und Leben, als Kunst-Handlung. Im Happening oder bei manchen Formen der Performance wurde die geschlossene Werkstruktur zugunsten einer offenen Raum-Zeit-Situation aufgegeben, die Künstler und Betrachter einschloß. Intendiert war damit eine Erweiterung des Kunstbegriffs auf den Ebenen der Produktion und Rezeption; es entstand eine neue Art von Gesamtkunstwerk als multi-mediale Veranstaltung.

Die Aktionen der bildenden Künstler erhielten dabei selbst Aufführungscharakter (etwa Joseph Beuys' «Coyote», 1974 in New York); der Begriff «Performance» (d. i. Aufführung) wurde als Genrebegriff eingeführt. Dabei wurden Formen der Raum- und Szenengestaltung entwickelt, die auf die Raum- und Szenengestaltung des Theaters einwirkten. Die von den Bühnenbildnern Karl-Ernst Herrmann und Erich Wonder im Rahmen des Festivals «Theater der Nationen» 1979 im Hamburger Kunstverein arrangierte Ausstellung «Inszenierte Räume» dokumentierte diese Entwicklung (vgl. Katalog *Inszenierte Räume*).

Eine weitere Annäherung von Theater und neuen Formen der bildenden Kunst stellt die sogenannte Aktionskunst dar, die Mitte und Ende der sechziger Jahre in Wien ihren Höhepunkt hatte. Die Aktionskunst (z. B. die «Abreaktionsspiele» und das «Orgien Mysterien Theater» von Hermann (Nitsch, geb. 1938), machte den menschlichen Körper zu ihrem zentralen Untersuchungsfeld, erforschte im künstlerischen Experiment seine Wahrnehmungen und Affektionen. Hermann Nitsch schrieb (1969) über seine Theaterexperimente:

«Auf dem alten, konventionellen theater ‹spielt› der schauspieler seinen part. Das ist nicht wirklichkeit. In meinem theater dagegen ist alles real. Die objekte, die ich verwende, sind real, z. b. tiere, blut, zucker. Sie sind keine symbole für etwas anderes, wie es beim alten theater der fall war. Dort ‹spielt› der schauspieler, er sei ‹tot›. Bei mir ist das lamm wirklich tot, ich schütte blut darüber, und ich werfe es fort – all dies ist wirklich. Ich möchte ein theater entwickeln, wo sich alles wirklich ereignet. (...) Wir müssen die dinge intensiv erleben, um uns abzureagieren.

Grausamkeit auf dem theater kann uns befreien. Die idee der abreaktion ist für das theater sehr bedeutsam. Es gibt verborgenes und unterdrücktes in uns. Die kultur erlaubt den menschen nicht so zu leben, wie sie möchten. Darum unterdrücken wir

Hermann Nitsch: *Orgien Mysterien Theater*

wünsche, träume und sogar ideale. Wenn auf der straße ein unfall passiert, läuft jeder herbei, um zu schauen. Wenn wir keine andere gelegenheit haben, inszenieren wir kriege, um uns abzureagieren. Unsere kultur wird sich des abreaktionsdranges nicht bewußt. Durch das theater können wir abreaktion bewußt machen und katharsis bewirken. Ich zeige fleisch und blut, dinge, auf die menschen intensiv reagieren, sie gehen dem aus dem Weg; aber diejenigen, die hinsehen und intensiv erleben, gelangen zu bewußt gemachter abreaktion und katharsis durch ästhetik. (...)

Schmerz und ästhetik schließen sich nicht aus. Schmerz gehört dazu, aber auch schönheit. Die geburt trägt elemente der kreuzigung wie auch der auferstehung. Viele meiner aktionen sind wie geburten. Ich arbeite nur mit bildern von großer intensität. Ich möchte damit die existenz feiern. Die meisten menschen wissen nicht einmal, daß sie leben. Sie leben wie tiere, sie leben wie im traum, sie sind nicht vorhanden. Mit hilfe der kunst, der ästhetischen erfahrung, kann ich eine tiefe wirkung erzielen, und so versuche ich, das leben zu feiern, nicht an der oberfläche. Wissen sie, mein eigentliches werk – wenn ich wirklich das tun könnte, was ich möchte – würde sechs tage lang dauern, ein großes fest mit tod und auferstehung. Sie haben nur ein kleines bruchstück meines werkes gesehen. Vielleicht muß ich auch noch viele jahre warten, bis ich die gelegenheit bekomme, mein großes theaterprojekt zu verwirklichen. Die leute werden ein- und ausgehen – es wird nicht in einem theatersaal stattfinden. Ich brauche dazu ein kleines dorf mitsamt der landschaft. Es soll eine große rituelle feier des lebens werden» (H. Nitsch: *Orgien Mysterien Theater*, S. 13–19).

Die engen Beziehungen solcher Aktionen zu den Happenings der frühen sechziger Jahre liegen auf der Hand. Es haben sich gemeinsame Grenzzonen von Theater und bildender Kunst entwickelt, in denen die eindeutige Zuordnung einzelner Veranstaltungen zu dem einen oder anderen Bereich nicht mehr möglich ist; das diesen Arbeiten zugrunde liegende Kunstverständnis hat solche Kategorisierungen hinter sich gelassen.

Für die hier herausgestellten Aspekte der Annäherungen von Theater und bildender Kunst läßt sich für die sechziger und siebziger Jahre eine deutliche Entwicklung bzw. Akzentverschiebung feststellen. Die «documenta 1977» in Kassel unternahm aus der Retrospektive den Versuch, exemplarische Positionen vorzustellen. Joachim Diederichs skizziert diese Entwicklung folgendermaßen:

«Das Happening der 60er Jahre, das sich gegen den Objektcharakter der Kunst und letztlich den Kunstcharakter wendete, war aus dem Anspruch entstanden, in die Kunst einen ‹live›-Charakter einzubringen. In schrittweiser Erweiterung war Allan Kaprow von der Assemblage zum Environment und zum Happening gelangt; der Mensch, gleich ob Künstler oder Betrachter, war in raumzeitliche Wahrnehmung hineingestellt, das Werk war zur Situation geworden. Aus dieser Werkgenese heraus wird deutlich, daß den Kern des Happenings nicht eine dramatische Idee bildet, sondern die objektivierte Erfahrung von Situationen und Umwelt. (...) Die Situationen, die die Happenisten thematisierten, sollten die Kunst näher an das Leben heranführen, die Erlebbarkeit seiner elementaren, banalen oder komplexen Momente intensivieren und sie vom ausschließlich oder doch primär funktional-rationalen Gesichtspunkt der Praxis des Lebens lösen. Tendenziell und in seinen radikalsten Formulierungen bewegte sich das Happening an der Grenze von Kunst und Leben, zwischen beiden Bereichen fluktuierend. Es integrierte den Zuschauer als Teilnehmer und war somit nicht mehr durchführbar oder erlebbar als aufführbar. Als Kunst der Bewußtseinsintensivierung entzog es sich vielfach einem festgelegten Aufführungsmechanismus und zudem seiner Wiederholbarkeit (...).

Das intensivierte Sensorium für die Medienspezifik in den 70er Jahren ließ dem

Theater der Erfahrung – Freies Theater

Begriff Performance zunehmende Bedeutung zukommen. Die Künstler setzten dazu an, ihre Arbeiten in verstärkter Weise zu strukturieren, sie analytisch in den Griff zu bekommen und an ihre Vermittelbarkeit einem Publikum gegenüber zu denken. Die Kunst-Leben-Ideologie des gemeinsamen Erlebens oder Machens, der offenen Situation, war nicht mehr die allein dominierende. Im Gegenzug zur tendenziellen Unbegrenztheit – zeitlich wie räumlich – kann nun Performance als Gestaltung von Zeitabläufen begriffen werden. (...)
Waren Happening und, das diesem ideologisch verwandte Fluxus oft von ihrem Ansatz her Aktionen einer Gruppe – so war auch der Wiener Aktionismus ein Gruppenereignis mit Proklamation-, Demonstrations- oder Therapiecharakter. In der Performance der 70er Jahre dagegen tritt mit der Orientierung auf den Vermittlungsaspekt auch die Person desjenigen, der vermittelt, stärker in den Vordergrund: die Individualität des Künstlers spielt in zahlreichen Performances der jüngsten Zeit eine qualitativ neue Rolle.
Überblickt man die Begriffe, die bisher die Kunst bezeichneten, die ihren Objektcharakter im realen Geschehen aufhebt: Happening, Fluxus, Aktion, body-art, Körpersprache, Behaviours, Performance, so wird deutlich, daß Performance nicht nur heute vielleicht eine allgemeinste Verständigungschiffre abgibt. Darüber hinaus ist mit dem Bezug auf diesen Begriff auch eine Neuorientierung des Werkes auf den Vermittlungscharakter, die eingesetzten Mittel selbst und die Künstlerpersönlichkeit signalisiert» (J. Diederichs: *Zum Begriff «Performance»*, S. 281f).

Es steht außer Zweifel, daß die ästhetischen Erfahrungen, die sich in dieser experimentellen Grenzzone von bildender Kunst und Theater ausgebildet haben, Sprengkraft für beide Bereiche bergen. Das Theater übernahm vom Happening, der Aktionskunst oder der Performance entwickelte Elemente der Raum- und Szenengestaltung, mediale Techniken und Zeichensysteme in das geschlossene ästhetische System seiner Inszenierung; es bewahrte sich dadurch, daß es der «ganzheitlichen Ideologie des Happenings» (Werner Hofmann) nicht verfiel und seinen Spielcharakter nie in Frage stellte, eine kritische, reflexive Qualität, die dem Happening und der Aktionskunst vielfach verlorenging.

Antonin Artaud

> «Wenn das Theater das Leben doubelt, doubelt das Leben das wirkliche Theater.»
> (Antonin Artaud, 1936)

«das wahre theater ist mir immer wie die übung einer gefährlichen und schrecklichen handlung erschienen.
wo übrigens die idee des theaters und des schauspielers ebenso verschwindet wie die jeder wissenschaft, jeder religion und jeder kunst.
die handlung, von der ich spreche, zielt ab auf die wahre organische und physische transformierung des menschlichen körpers.
warum?
weil das theater nicht dieser szenische aufmarsch ist, wo man virtuell und symbolisch einen mythos entwickelt.
sondern dieser schmelztiegel aus feuer und wirklichem fleisch, wo sich anatomisch, durch das stampfen von knochen, gliedern und silben, die körper erneuern,
und sich physisch und unverfälscht die mythische handlung darstellt, einen körper zu machen» (nach E. Kapralik: *Antonin Artaud*, S. 320).

Artauds emphatisches Verständnis von Theater, wie es in dieser Passage zum Ausdruck kommt, war es, das ihn zu einer der faszinierendsten und auch vieldeutigsten Figuren des Theaters im 20. Jahrhundert gemacht hat. Sein historischer Ort ist die Avantgarde-Bewegung im ersten Drittel des 20. Jahrhunderts, insbesondere der Surrealismus; wirkungsgeschichtlich aber ist Artaud unmittelbar in den Zusammenhang jener Theaterentwicklungen der sechziger Jahre zu stellen, die unter dem Titel «Theater der Erfahrung» zusammengefaßt sind. Artauds Formel vom «Theater der Grausamkeit» ist, wie viele andere seiner Äußerungen über das Theater, gerade in der Dunkelheit ihrer Metaphorik zu einem Programm geworden, auf das sich die unterschiedlichsten Positionen beziehen lassen. Es manifestiert sich darin der Widerstand gegen jede Form von Aufklärungsdenken, zugleich eine Umwertung der Normen des abendländischen Kultursystems, von vergleichbarer Radikalität wie die Kulturkritik Friedrich Nietzsches. Artauds Gegenentwurf ist eine Art Theaterreligion. Theater ist für ihn ein Moment des Lebens, Ausdruck seiner chaotischen, zerstörerischen Ursprünglichkeit, existentielle Grenzerfahrung, die den Kunstbereich bei weitem transzendiert, vergleichbar dem Mythos.

Es gehört zweifellos zur Besonderheit des Phänomens Artaud, daß er selbst – im Vergleich zu anderen bedeutenden Persönlichkeiten der neueren Theatergeschichte – als Regisseur oder Schauspieler seine eigenen Theaterideen kaum wirklich realisieren konnte, von den Versuchen im

Antonin Artaud in
Les Cenci, Paris
1935

Théâtre Alfred Jarry und einigen öffentlichen Demonstrationen abgesehen. Artauds außerordentliche Wirkung geht in erster Linie auf seine Manifeste zurück, wohl aber auch auf den Mythos seines Lebens: Artaud erscheint als die Inkarnation eines Theaterlebens mit wahrhaft tödlicher Konsequenz.

Antonin Artaud wurde am 4. September 1896 als Sohn eines Reeders in Marseille geboren (zur Biographie vgl. die grundlegende Arbeit von E. Kapralik). Mit fünf Jahren erkrankte er an einer schweren Meningitis, deren Folgen sein weiteres Leben bestimmten. Die Schule besuchte er in Marseille; sein Vater erzog ihn mit unerbittlicher Strenge. «folgt man artauds aufzeichnungen über seine kindheit, wird ein fortschreitender prozeß sozialer desintegration bzw. einer niemals restlos erfolgten integration sichtbar» (Kapralik, ebd. S. 15).

Schon zur Schulzeit (1910) veröffentlichte Artaud Gedichte in einer Zeitschrift, die er zusammen mit einigen Klassenkameraden herausgab. Im Alter von neunzehn Jahren wurde er zum erstenmal kurzfristig in eine Nervenheilanstalt eingewiesen; seit 1915 war er darauf angewiesen, Drogen (Opium) zu nehmen, um seine Kopfschmerzen zu ertragen. 1916 wurde Artaud zum Militär eingezogen, jedoch bald wieder entlassen. Bis 1920 hielt er sich zumeist in der psychiatrischen Klinik von Chanet auf. Im März dieses Jahres zog Artaud in die Nähe von Paris; auch dort wurde er ständig in einer psychiatrischen Klinik stationär betreut.

In Paris lernte Artaud das Theater von Jacques Copeau kennen, das großen Eindruck auf ihn hinterließ. Außerdem hatte er zahlreiche Kontakte zur Pariser Künstlerszene. Es entstanden in dieser Zeit neben Gedichten eine Reihe kunsttheoretischer Essays. Seine Eltern sicherten ihm den Lebensunterhalt.

Im Februar 1921 erhielt Artaud erstmals eine kleine Rolle am Théâtre de l'Œuvre. Er blieb dort nur drei Monate, da er aus gesundheitlichen Gründen dieses Engagement aufgeben mußte. Gedichte und Aufsätze erschienen in verschiedenen Zeitschriften; Artaud beschäftigte sich mit dem Abenteuerroman und versuchte, eine Theorie dieses Genres zu entwickeln. Im September 1921 übernahm er erneut ein Engagement am Theater, und zwar in der Truppe von Charles Dullin, der ihn in rhythmischer Gymnastik unterrichtete. Artaud lernte dort die rumänische Schauspielerin Génica Athanasiou kennen; zwischen beiden entwickelte sich eine intensive Liebesbeziehung. Seine erste Rolle an Dullins Théâtre de l'Atelier erhielt er im Februar 1922. Neben der Arbeit am Theater schrieb Artaud Rezensionen, gab Rezitationsabende mit eigenen Gedichten und entwarf für Dullins Inszenierungen Kostüme. Am Théâtre de l'Atelier arbeitete Artaud bis zum April 1923; anschließend erhielt er ein Engagement am Théâtre Champs-Élysées.

Im Mai 1923 erschien eine Sammlung seiner Gedichte unter dem Titel

Kommentar

Tric trac du ciel. Der Regisseur Lugné-Poë wollte Artaud erneut engagieren und eines seiner Stücke aufführen. Im gleichen Jahr gab Artaud eine Zeitschrift heraus. Immer wieder übernahm er (zumeist kleine) Rollen am Theater, mehrfach unter dem Regisseur Georges Pitoëff. Der Dadaist Tristan Tzard bot Artaud an, bei einem Stück Regie zu führen, was dieser jedoch ablehnte.

Obwohl er von seinem Vater noch unterstützt wurde, geriet Artaud in eine finanzielle Notlage und wegen seines exzentrischen Auftretens in Schwierigkeiten mit seinen Wohnungsvermietern. Seinen Verpflichtungen am Theater kam er nur noch sehr unregelmäßig nach. Schließlich erhielt er ein Engagement für einen Film (1924).

Nachdem im September 1924 sein Vater gestorben war, schloß sich Artaud der Gruppe der Surrealisten um André Breton (1896–1966) an und gab seine Arbeit als Schauspieler auf. Die Haltung, die ihn dabei bestimmte, beschrieb Artaud folgendermaßen:

«die surrealistische bewegung ist eine tiefe, eine innere auflehnung gegen alle vaterfiguren gewesen, gegen die immer stärkere vormachtstellung des vaters in den gebräuchen und im denken. eine schreckliche, brodelnde revolte gegen jede art materieller oder geistiger unterdrückung schüttelte uns alle, als der surrealismus begann: vater, vaterland, religion, familie – es gab nichts, gegen das wir uns nicht in schmähungen ergingen. weigerung. verzweifelte weigerung zu leben, die trotzdem das leben akzeptieren muß. verzweiflung ist beim surrealismus an der tagesordnung gewesen, und mit der verzweiflung der selbstmord» (nach Kapralik, ebd. S. 50).

Mit der Gruppe der Surrealisten (Breton, Aragon, Boiffard, Disnos, Éluard, Ernst, Leiris, Soupault, Masson u. a.) nahm Artaud an verschiedenen Aktionen teil, schrieb Manifeste und beteiligte sich an Versammlungen und Flugblattaufrufen zur «surrealistischen Revolution». Mit den kunsttheoretischen Vorstellungen der Surrealisten verband Artaud die zentrale Bedeutung, die er dem Traum und überhaupt dem Unbewußten der menschlichen Psyche (neben magischen und okkulten Kräften) für den schöpferischen Akt beimaß.

Immer wieder reiste Artaud von Paris nach Marseille, wo er sich in psychiatrische Behandlung begab. Im September 1926 plante er zusammen mit Roger Vitrac und Robert Aron die Gründung eines eigenen Theaters, das nach Alfred Jarry (1873–1907) benannt werden sollte. Artaud verfaßte dafür das *Manifest Théâtre Alfred Jarry*; im November kam es zur Gründung dieses Theaters.

Im Dezember 1926 wurde Artaud aus der Gruppe der Surrealisten ausgeschlossen. Die Ursachen lagen in der Unvereinbarkeit seiner Ideen («die revolution ist rein geistiger natur») und Aktivitäten mit dem auf die kommunistische Parteipolitik und deren ideologische Doktrin festgelegten Selbstverständnis der Gruppe um Breton. Artaud geriet dadurch in eine

Isolation, die ihn hart traf; in der Folge dieser Krise näherte er sich vorübergehend wieder der katholischen Kirche an. Im Juni 1927 wurde das Théâtre Alfred Jarry mit Inszenierungen von Stücken von Artaud (zusammen mit Maxime Jacob) und Vitrac eröffnet. Zur gleichen Zeit beschäftigte sich Artaud wieder mit dem Film; er schrieb das Szenarium *La coquille et le clergyman*; in einem Film über das Leben der Jeanne d'Arc, den Carl Theodor Dreyer drehte, übernahm er die Rolle eines Mönchs. Im Sommer 1927 trennte sich Artaud von seiner Freundin Génica. Mit Breton kam es 1929 zu einer öffentlichen Auseinandersetzung wegen der Inszenierung von Strindbergs *Traumspiel*. Breton warf Artaud den Verrat aller seiner Ideale vor. Das Théâtre Alfred Jarry wurde 1929 geschlossen, es hatte insgesamt vier Inszenierungen herausgebracht. Artaud arbeitete in den folgenden Jahren an mehreren Filmen mit; ständig versuchte er, neue Theaterpläne zu realisieren. Zur Sicherung seines Lebensunterhalts gab er zeitweilig Schauspielunterricht, hielt Vorträge und publizierte in Zeitschriften.

Anfang der dreißiger Jahre entstanden Artauds wichtigste theaterprogrammatische Essays. Im Oktober 1931 erschien seine Schrift über das *Balinesische Theater*, angeregt von einem Gastspiel einer Theatertruppe aus Bali, die Artaud durch die strenge Gestik und die rituale Feierlichkeit ihrer Vorführungen tief beeindruckte. Im September 1932 publizierte er das erste Manifest *Theater der Grausamkeit*; im Oktober den Essay über das *Alchimistische Theater*; im April 1933 hielt er den Vortrag *Das Theater und die Pest*. Wie Revolution, Krieg oder die Pest erscheint hier das Theater als Purgatorium, als existentielle Krise, die «mit dem Tod oder der Heilung endet»:

«Wie die Pest ist also auch das Theater ein mächtiger Anruf von Kräften, die den Geist durch das Exempel wieder an den Ursprung seiner eigenen Konflikte zurückführen. (...)
Die Schrecken verbreitende Erscheinung des Bösen, die in den eleusinischen Mysterien in reiner Form gegeben war, die wirklich offenbart wurde, entspricht der schwarzen Zeit bestimmter antiker Tragödien, die jedes echte Theater wiederfinden muß.
Wenn das wesentliche Theater wie die Pest ist, so nicht deshalb, weil es ansteckend wirkt, sondern weil es wie die Pest die Offenbarung, die Herausstellung, das Hervorbrechen einer latenten Tiefenschicht an Grausamkeit bedeutet, durch die sich in einem Einzelwesen oder in einem ganzen Volk alle perversen Möglichkeiten des Geistes lokalisieren.
Wie die Pest ist es die Zeit des Bösen, der Triumph der schwarzen Mächte, die eine noch unergründlichere Macht speist bis zur völligen Auslöschung.
Wie in der Pest herrscht in ihm eine Art von seltsamer Sonne, ein Licht von anormaler Stärke, in dem das Schwierige und sogar das Unmögliche mit einem Male zu unserm normalen Lebenselement zu werden scheinen.(...) Sie gleicht der Freiheit

der Pest, in der der Sterbende mehr und mehr seine Persönlichkeit aufbläht, in der der Lebende in gleichem Maße zu einem grandiosen und überspannten Wesen wird.

Man kann jetzt sagen, daß alle wahre Freiheit schwarz ist und unausbleiblich mit der Freiheit des Geschlechts verschmilzt, die ebenfalls schwarz ist, ohne daß man eigentlich wüßte warum. Denn seit langem schon ist der platonische Eros, der Zeugungsgeist, die Lebensfreiheit, unter der düstren Robe der Libido verschwunden, die mit allem gleichgesetzt wird, was es an Schmutzigem, an Gemeinem, an Niederträchtigem in der Lebenswirklichkeit gibt und sich mit natürlicher, unreiner Energie, mit stets erneuter Kraft ins Leben stürzt.

Und deshalb sind alle großen Mythen schwarz, deshalb sind alle die großartigen Fabeln, die den Menschen berichten von der ersten Trennung der Geschlechter und dem ersten Gemetzel von Wesenheiten, die in der Schöpfung auftauchen, nur in einer Atmosphäre von Gemetzel, Folterung und vergossenem Blut vorstellbar.

Wie die Pest ist das Theater ein Abbild dieses Gemetzels, dieser unerläßlichen Trennung. Es löst Konflikte, es macht Kräfte frei, es bringt Möglichkeiten zur Auslösung, und wenn diese Möglichkeiten und diese Kräfte, diese Mächte schwarz sind, so ist das nicht die Schuld der Pest oder des Theaters, sondern des Lebens.

Wir sehen nicht, daß das Leben, so wie es ist und wie man es uns zurechtgemacht hat, viel Anlaß zur Überschwenglichkeit bietet. Es hat den Anschein, als leere sich durch die Pest und auf kollektiver Basis ein gigantischer Abszeß, der sowohl geistig wie gesellschaftlich ist; und wie die Pest ist auch das Theater zur kollektiven Entleerung von Abszessen da» (*Das Theater und sein Double*, S. 32f).

Mit der Arbeit an seinem Stück *Les Cenci* begann Artaud im Herbst 1934; im Mai 1935 kam die Aufführung am Théâtre des Folies-Wagram zustande. Artaud spielte den Vater mit so heftiger Ekstase und Raserei, daß er beim Publikum wie bei der Kritik nur auf Unverständnis stieß.

Im Januar 1936 reiste Artaud zu Vorträgen nach Mexiko und blieb fast das ganze Jahr über. Er beschäftigte sich dort vornehmlich mit der altmexikanischen Kultur und ihrer Magie. Jean-Lous Barrault unterstützte diese Reise finanziell. Im Sommer 1938 unternahm Artaud eine Reise nach Irland; auch dort betrieb er ethnische Studien und beschäftigte sich intensiv mit Astrologie.

1938 erschien sein Buch *Das Theater und sein Double* mit den wichtigsten Theaterschriften. Im April dieses Jahres kam Artaud in die geschlossene Abteilung einer Pariser Nervenheilanstalt; in den Jahren 1939 bis 1946 wurde er in verschiedene Anstalten verlegt. Artaud starb am 4. März 1948 in der Klinik von Ivry. Immer wieder war er für kurze Zeit entlassen worden und hatte versucht, seine literarischen Arbeiten aufzunehmen. 1947 demonstrierte Artaud im Théâtre du Vieux-Colombier und später noch einmal in einer Sendung des Französischen Rundfunks sein Theater der Grausamkeit. Es waren Veranstaltungen mit ekstatisch vorgetragenen Deklamationen und einer eindringlich bizarren Geräuschkulisse. G. Charbonnier schrieb darüber zutreffend: «der Körper Antonin Artauds ist das théâtre de la cruauté. (...) Das théâtre de la cruauté ist die soziale Manifestation der Nichteinfügung Artauds in die Gesellschaft» (nach Kapralik, ebd. S. 309).

Die außerordentliche Wirkung Artauds auf das neuere Theater, insbesondere auf jene Richtungen, die sich nicht an Brechts Verfremdungstheater und dessen politisch-aufklärerischem Anspruch orientieren, resultiert offenbar aus der Konsequenz, mit der Artaud das Theater auf eine «eigene Sprache» zurückzuführen versuchte («Die Sprache durchbrechen, um das Leben zu ergreifen, das heißt Theater machen oder neu machen»), um einen Aktionsraum zu konstituieren, in dem die Subjekte auf die Erfahrung ihres elementaren Lebens zurückgeworfen werden: «Dies führt dazu, die gewohnten Begrenztheiten des Menschen und seiner Fähigkeiten zu verwerfen und die Grenzen dessen, was man Realität nennt, bis ins Unendliche zu erweitern. Man muß an einen durch das Theater erneuerten Sinn des Lebens glauben, wo sich der Mensch unerschrocken dessen bemächtigt, was noch nicht ist, und es entstehen läßt» (*Das Theater und sein Double*, S. 15).

Auswahl der Schriften von Antonin Artaud
Le théâtre de la cruauté. Second manifeste du théâtre de la cruauté, Paris 1933.
Héliogabale ou l'anarchiste couronné. Paris 1934 (dt. München 1980).
Le théâtre et son double. Paris 1938.
Le théâtre de séraphin. Paris 1948.
Œuvres complètes d'Antonin Artaud. 14 Bde. Paris 1956 ff.
Die Nervenwaage und andere Texte. Frankfurt 1964.
Antonin Artaud: Anthology. Hrsg. von J. Hirschman. San Francisco 1965.
Das Theater und sein Double. Frankfurt 1969.
Die Tarahumaras. Revolutionäre Botschaften. München 1975.
Van Gogh, der Selbstmörder durch die Gesellschaft und andere Texte über Baudelaire, Coleridge, Lautréamont und Gérard de Nerval. Ausgew. und übers. von F. Loechler. Nachwort von E. Kapralik. München 1977.
Schluß mit dem Gottesgericht. Das Theater der Grausamkeit, letzte Schriften zum Theater. München 1980.

Jerzy Grotowski

> «wir halten die personale und szenische Technik des Schauspielers für den Kern des Theaters.»
> (Jerzy Grotowski: *Für ein armes Theater*, 1965)

«Grotowski ist einzigartig» – so leitet Peter Brook das Vorwort zu dem Buch *Das arme Theater* ein, Grotowskis wichtigster programmatischer Schrift. Dieses Statement weist geradezu exemplarisch auf die Bedeutung hin, die Grotowski heute für viele Regisseure und Schauspieler des Freien Theaters einnimmt, nämlich die einer charismatischen Leitfigur. Begründet ist dies offenbar darin, daß Grotowski in seiner Theaterpädagogik die Grundidee eines «Theaters der Erfahrung» wohl am reinsten – und in seinen Inszenierungen auch in der ästhetisch überzeugendsten Form – verwirklicht hat. Sein Theaterlaboratorium in Wrocław (zuvor in Opole) machte er zu einer Lehr- und Forschungsstätte des Freien Theaters, die Schauspielschüler aus aller Welt anzog. In zahlreichen Seminaren und Workshops lehrten Grotowski und seine Mitarbeiter die Methode des Wrocławer Laboratoriums auch im Ausland.

Für Grotowski ist Theater eine Lebensform, die nur mit unerhörtem Ernst, letzter Ehrlichkeit und totaler Hingabe praktiziert werden kann. Die Theaterhandlung wird unter Grotowskis Führung für die beteiligten Akteure zu einem Ritual der Selbstfindung, zu einer «neuen Form des Gottesdienstes», wie Peter Brook schreibt. Der Zuschauer ist bei diesem Vorgang an sich überflüssig; die emotionale Spannung wird hergestellt zwischen dem Schauspieler und seinem Regisseur, letztlich fixiert auf die Person Grotowskis. Beispielhaft wurde dieses Theaterverständnis verwirklicht von Ryszard Cieślak, dem engsten Mitarbeiter Grotowskis, in der Rolle des *Standhaften Prinzen*, einer Inszenierung, die Grotowski 1965 erarbeitet hat.

Grotowski wurde am 11. November 1933 in Rzeszów geboren; von 1951 bis 1955 studierte er an der staatlichen Schauspielschule in Krakau, 1955/ 1956 am Institut für Theaterkunst in Moskau Regie; 1956 ging er als Assistent an die Staatliche Theaterhochschule nach Krakau (Abschluß mit dem Regie-Diplom 1960), wo er bald auch eigene Regieaufgaben am Theater und beim Rundfunk übernahm. 1959 übernahm er, zusammen mit dem Literaturkritiker Ludwik Flaszen (geb. 1930), das Theater der 13 Reihen in Opole.

Dieses Theater baute Grotowski zu einem Theaterlaboratorium aus, an dem er mit einer kleinen Gruppe von Schauspielern experimentieren konnte. Grotowski erarbeitete in den Jahren bis 1961 eine Reihe von Inszenierungen, zu denen er selbst die Szenarien nach literarischen Vorlagen schrieb. In dieser ersten Arbeitsphase spielte das Publikum für ihn durchaus noch eine wesentliche, die Theaterhandlung mitkonstituierende Rolle. Er sprach von den Zuschauern und den Spielern als von den «zwei Ensembles». Diese Vorstellung bestimmte auch die Kommunikationsform dieser Inszenierungen: «(...) die Schauspieler wandten sich nicht nur direkt an die Zuschauer, bewegten sich unter ihnen und setzten sich zu ihnen, es wurde überhaupt jegliche Barriere zwischen Bühne und Zuschauerraum aufgehoben» (T. Burzyński/Z. Osinski: *Das Theaterlaboratorium Grotowskis*, S. 14).

Ein weiteres Merkmal von Grotowskis Inszenierungen dieser Phase war das oftmals schockierende Nebeneinander von Erhabenem und Trivialem, von Tragischem und Groteske. Ludwig Flaszen beschreibt diesen «Ton der Lästerung» folgendermaßen:

«Das theatralische Zeremoniell ist hier eine Art Provokation, eine Provokation, deren Ziel es ist, die Massenvorstellung anzugreifen. Gegenstand dieses Vorgehens sind die geheimen, wichtigen, tief und direkt an den Wurzeln unserer Kultur liegenden Inhalte, also Mythen, Symbole und Motive – Agglomerate der Massenerfahrung und Zeichen ursprünglicher, elementarer menschlicher Situationen (Archetypen). Der Inszenator dringt ins Sanktuarium der seit Ewigkeiten aufgeschichteten Werte vor; er zieht sie aus der geheiligten Finsternis ans Tageslicht, um

Jerzy Grotowski: Szenarium für *Kordian*, Opole 1962

sie der schmerzlichen Probe des zeitgenössischen Sehens zu unterziehen» (nach Burzyński/Osinski, ebd. S. 14).

Solche Vorstellungen waren es, die Grotowskis Inszenierungen leiteten und deren Ästhetik bestimmten. Am Opoler Theaterlaboratorium wurden in den Jahren 1959 bis 1961 folgende Aufführungen erarbeitet: *Orpheus* (nach Cocteau), *Kain* (nach Byron), *Faust* (nach Goethe), *Mysterium buffo* (nach Majakowski), *Schakuntala* (nach Kalidosa) und *Die Totenfeier* (nach Mickiewiez).

Eine neue Arbeitsperiode setzte 1962 (bis 1968) ein, über die Grotowski schreibt: «Unsere ganze Aufmerksamkeit und alle Formen unserer Tätigkeit galten nun vor allem der Kunst des Schauspielers. Nachdem wir die Idee eines bewußten Manipulierens mit dem Zuschauer verworfen hatten, verzichtete ich fast sofort auf das Inszenieren, und in der Konsequenz begann ich – was logisch erscheint –, die Möglichkeiten des Schauspielers als eines Schöpfers zu erforschen (...). Es tauchte also das Problem des Schauspielers auf» (nach Burzyński/Osinski, ebd. S. 23). Grotowski entwickelte nun seine eigentliche Methode. Das Interesse der Arbeit verlagerte sich von der Inszenierung und auch vom Zuschauer weg auf die Arbeit mit dem Schauspieler. Forschungen zur Schauspielpädagogik traten in den Vordergrund. Das Theaterlaboratorium wurde von Opole nach Wrocław (Januar 1965) verlegt; die Bezeichnung des Theaters lautete nun «Theater Laboratorium der 13 Reihen, Forschungsinstitut für Schauspielerische Methode», seit 1975 nur noch «Institut Laboratorium».

Das Arbeitsprinzip blieb zunächst noch das gleiche wie in den ersten Opoler Jahren. Grotowski arbeitete literarische Vorlagen für seine Modellinszenierungen um: *Kordian* (1962 nach Slowacki), *Akropolis* (1962 nach Wyspiański), *Dr. Faustus* (1963, nach Marlowe), *Studie über Hamlet* (1964, nach Shakespeare und Wyspiański), *Akropolis*. 2. Fassung (1964), *Der standhafte Prinz*. 1. Fassung (1965, nach Calderón und Slowacki), *Akropolis*. 3. Fassung (1967), *Der standhafte Prinz*. 2. Fassung (1968), *Apocalypsis cum Figuris* (1968, nach Texten aus der Bibel, Dostojewski, Slowacki, T. S. Eliot und Simone Weil).

Ab 1966 unternahm Grotowski mit seinen Schauspielern zahlreiche Auslandstourneen, wodurch sein Arbeitsstil weltweit bekannt wurde. 1966 gastierte er in Stockholm, Kopenhagen und Oslo, in Paris, Amsterdam und London, 1967 in Amsterdam, Utrecht, Den Haag, Rotterdam und Brüssel, in Spoleto und Belgrad. Im November hielten Grotowski und Cieślak ein Seminar an der University of New York ab; 1968 folgte eine Tournee nach England, Mexiko und Frankreich, 1969 nach England und in die USA. 1970 ging Grotowski allein auf eine Exkursion nach Indien und Kurdistan, die ihn als Person völlig veränderte. 1970 wurde eine Tournee nach Schiras, Beirut und Teheran unternommen, im Dezember 1970 gastierte die Truppe in Berlin. Grotowski hielt in den folgenden Jahren in zahlreichen Ländern Vorträge und Seminare ab. In New York wurde 1973 das «American Institute for the Research and Study of the Work of Jerzy Grotowski» gegründet. Eine Reihe von Kulturpreisen (Kolumbien, Argentinien, USA, Polen) und akademischen Ehrungen (England, Frankreich) machen deutlich, welche überragende Bedeutung Grotowski auch von offiziellen Institutionen für die zeitgenössische Theaterentwicklung beigemessen wurde.

Eine erneute Verschiebung der Schwerpunkte seiner Arbeit erfolgte um 1970. Grotowski schreibt: «Wir leben in einer posttheatralischen Epoche. Es ist keine neue Welle, die im Theater aufkommt, sondern etwas, was dessen bisherigen Platz einnimmt. Zu viele Dinge gibt es einfach deshalb, weil wir uns daran gewöhnt haben, daß es sie geben muß» (nach Burzyński/Osinski, ebd. S. 105). Burzyński bezeichnet diese Phase in Grotowskis Entwicklung als «paratheatralische Suche». In den *Zehn Grundsätzen der schauspielerischen Praxis* formuliert Grotowski die neue, gegenüber den vorherigen Positionen noch radikalisierte Auffassung vom Theater als einer wahrhaft existentiellen Handlung:

«Das Theater bietet – vermöge der Technik des Schauspielers, mit Hilfe seiner Kunst, die den Organismus tranzendiert – die Möglichkeit für etwas, das man Integration nennen könnte, für das Abreißen der Masken, für das Offenbaren der wahren Substanz: die Totalität der physischen und geistigen Reaktionen. Diese Möglichkeit muß auf disziplinierte Weise, im vollen Bewußtsein der Verantwortung, die sie verlangt, genutzt werden. Hier zeigt sich die therapeutische Funktion des Theaters für die Menschen der heutigen Zivilisation. Tatsache ist, daß der Schauspieler diesen Akt ausführt, doch kann er dies nur in einer Begegnung mit dem Zuschauer – in einer persönlichen, gegenwärtigen Begegnung, die nicht vermittelt ist durch einen Kameramann, eine Kostümbildnerin, einen Bühnenbildner oder eine Maskenbildnerin, sondern die eine direkte Konfrontation mit ihm darstellt, in der der Schauspieler den Akt irgendwie ‹stellvertretend› für den Zuschauer vollführt. Der Akt des Schauspielers – der Halbherzigkeit ausschließt, der entblößend, offenbarend wirkt, der aus ihm herausströmt statt ihn zu verschließen – ist eine Einladung an den Zuschauer. Man könnte diesen Akt mit dem zutiefst empfundenen, wahren Liebesakt zwischen zwei Menschen vergleichen – das ist lediglich ein Vergleich, da wir über dieses ‹Sich-Verströmen› nur in Analogien sprechen können. Diesen Akt, Paradox und Grenzfall, nennen wir den totalen Akt (...).
Wir erkennen im Theater – vor allem in seinem greifbaren, sinnlichen Ausdruck – einen Ort der Provokation, der Herausforderung, die der Schauspieler an sich und, indirekt, auch an andere stellt. Nur wenn wir durch das Theater unsere stereotype Sehweise, unsere konventionellen Gefühle und Verhaltensweisen, unsere genormten Urteile überwinden können, erfüllt es seinen Sinn – doch soll das nicht zum Selbstzweck geschehen, sondern um die Wirklichkeit zu erfahren und um uns, sobald wir unsere täglichen Ausflüchte und Vorwände aufgegeben haben, in einem Zustand der vollkommenen Widerstandslosigkeit zu entblößen, hinzugeben, selbst zu entdecken. Auf diese Weise – durch Schock und durch Erschütterung, unter deren Einwirkung wir unsere alltäglichen Masken und unwahren Verhaltens-

weisen aufgeben – werden wir fähig, uns vorbehaltlos etwas anzuvertrauen, das wir zwar nicht benennen können, worin jedoch Eros und Caritas gleichermaßen lebendig sind» (*Das arme Theater*, S. 237f).

Diese totale Offenheit ist die Voraussetzung für das, was Grotowski mit dem Begriff des «armen Theaters» bezeichnet; es ist die Konzentration des Schauspielers auf seine Person, auf den «nackten Körper», als das ausschließliche theatralische Ausdrucksmittel und es bedeutet den Verzicht auf jede Staffage, auf Kostüm, Theatermaschinerie oder vorgegebene Rolle. Die Arbeit mit der Rolle hatte in seinen Inszenierungen ohnehin nie die Funktion der Rolleninterpretation; vielmehr war die Rolle in seinen Szenarien eine Art analytisches Vehikel, das den Schauspieler den Weg zu sich selber finden läßt, die Spontaneität des schöpferischen Prozesses diszipliniert.

Auf verschiedenen Auslandstourneen demonstrierte Grotowski seine neue Arbeitsweise, deren äußerliches Merkmal das Auftreten der Schauspieler in ihren Alltagskleidern war. Er gastierte 1973 in den USA und in Frankreich, 1974 in Australien und 1975 in Italien.

1975 schließlich vollzog Grotowski den einschneidendsten Schritt in seiner Entwicklung, er wandte sich vom Theater (im Sinne einer Aufführung) konsequent ab. Er schreibt:

«Beim Übergang zu dem, was ich Verlassen des Theaters nenne, wußte ich anfangs sehr wenig. Ich wußte nur, daß es dabei erstens keine Anekdoten, keine Handlung und keine Erzählung über irgend etwas oder irgendwen geben dürfte; und zweitens wußte ich, daß die Wahl derer, die dabei mitmachen, auf Gegenseitigkeit beruhen muß. Für die Presse könnte man sagen, daß es sich um ein Praktikum handelt, das entsprechender Prädispositionen, aber keines Könnens bedarf. Ferner wußte ich, daß das Einfachste, Elementarste, Vertraulichste geschehen soll, was es zwischen verschiedenen Wesen geben kann, und daß sich dieses Etwas in Etappen, in Phasen vollziehen muß, aber kein Ritus – im Sinne einer festgelegten Zeremonie – sein darf, denn es muß einfacher sein als ein Ritus. Es muß sich auf solche Dinge stützen wie das Erkennen eines anderen, wie das Teilen der Substanz, das Teilen der Elemente – selbst im ursprünglichsten Sinne – so wie man Raum, Wasser und Feuer, aber auch Lauf, Erde und Berührung mit anderen teilt. Es gibt eine Bresche, ein Überschreiten der Grenze der Eigennützigkeit und Furcht; es gibt Begegnungen, die mit Wind, Baum, Erde, Wasser, Feuer, Gras und Tier zusammenhängen. Und die Erfahrung des Fliegens. Der Mensch verzichtet auf alle Erzählungen über andere oder über sich selbst, er verzichtet auf jegliche Verhüllung. Er wird zum Umgang mit anderen Wesen wiedererweckt. Das, wovon ich spreche, erfordert besondere Bedingungen. Und doch glaube ich, daß es sich irgendwie verbreiten, daß es nicht nur eine Erfahrung so schrecklich weniger bleiben wird» (nach Burzyński/Osinski, ebd. S. 115f).

Die «Special Projects», die Grotowski nun durchführt, sind «paratheatralische Experimente», mehrtägige Gruppenveranstaltungen, Selbsterfahrungspraktika, in denen die Teilnehmer als einzelne oder in der Gruppe unterschiedlichsten Situationen ausgesetzt werden. Diese Arbeit erforderte eine Umorganisation von Grotowskis Institut; es bildeten sich eine Reihe von Sektionen: «Laboratorium für Theorie und Gruppenanalyse», «Laboratorium für Methodik des Ereignisses», «Laboratorium für Arbeitstreffen», «Internationales Studio», «Special Project», «Programm der Prospektivforschungen», «Laboratorium für Berufstherapie» u. a. Mit dieser neuen Arbeitsweise Grotowskis setzten sich anläßlich des Treffens «Theater der Nationen» im Sommer 1975 in Warschau Theaterleute (u. a. Peter Brook, Eugenio Barba, Jean-Louis Barrault, Luca Ranconi) aus aller Welt auseinander.

Auswahl der Schriften von Jerzy Grotowski
«Doktor Faustus» in Poland. In: Tulane Drama Review. Bd. 8 (1963/64). Nr. 4/24, 120–133.
Das arme Theater. Velber 1970.
Nacktheit auf dem Theater – sittlich oder obszön? In: Theater heute 12 (1971). Nr. 8, 1–3.
Der standhafte Prinz. Bearbeitung und Inszenierung von Jerzy Grotowski. Nach dem Schauspiel von Calderón in der Übersetzung von Julius Slowacki. Protokoll der Aufführung und Kommentar von Serge Ouaknine. In: Theater heute 12 (1971). Nr. 8, 33–51.
«Jour saint» et autres textes. Paris 1974.

Peter Brook

> «Ich kann jeden leeren Raum nehmen und ihn eine nackte Bühne nennen. Ein Mann geht durch den Raum, während ihm ein anderer zusieht; das ist alles, was zur Theaterhandlung notwendig ist.»
> (Peter Brook: *Der leere Raum*, 1968)

«Wie macht man den Menschen das Theater absolut und fundamental notwendig, so notwendig wie Essen und Sex? Ich meine ein Theater, das nicht ein blasses Anhängsel oder bloß kulturelle Ausschmückung des Lebens ist? Ich meine etwas, das einfach eine organische Notwendigkeit ist – wie das Theater einmal eine war und in gewissen Gesellschaften noch ist. Das So-als-ob ist eine Notwendigkeit. Diese spezifische Qualität, die den Industriegesellschaften des Westens verlorenging, suche ich» (nach J. Heilpern: *Peter Brooks Theater-Safari*, S. 25f).

Peter Brook

Peter Brook: Szenenbild aus *Der Sturm*, London 1957

Es geht Brook in seiner Theaterarbeit darum, der Verkümmerung der Phantasie der Menschen entgegenzuarbeiten. Er sieht in diesem Erfahrungsverlust die geistige Krankheit der hochindustrialisierten Gesellschaften des Westens, in denen die Individuen in ihrer Arbeit wie in ihrer Freizeit gleichermaßen von fremdbestimmten Planungsstrategien, von technischer und ökonomischer Rationalität beherrscht sind. Brook setzt dagegen das Theater als «Lebensmittel». Daß es diese Funktion übernehmen kann, setzt voraus, daß sich Theater selbst jeder Routine, jeder ästhetischen Konditionierung («tödliches Theater») entzieht und sich der totalen Offenheit des lebendigen Vollzugs überantwortet: «Theater ist stets eine sich selbst zerstörende Kunst und immer in den Wind geschrieben. (...) Im Theater ist jede Form, die einmal geboren ist, sterblich, jede Form muß so konzipiert werden, und ihre neue Konzeption wird die Zeichen aller Einflüsse tragen, die sie umgeben. In diesem Sinne ist das Theater ein Stück Relativität» (*Der leere Raum*, S. 37f).

Diese Offenheit gewinnt das Theater in erster Linie in der aktuellen Beziehung von Spielern und Zuschauern. «Gutes» Theater ist auf ein «gutes» Publikum angewiesen; Brook spricht von der «Verantwortung», die ein Publikum für eine (seine) Aufführung hat; «Stille und Konzentration» sind produktive Haltungen des Publikums wie «Jubel und Begeisterung» (ebd. S. 46): «Wir erkennen, daß ohne Publikum kein Ziel gegeben ist und kein Sinn (...), das Publikum leistet Assistance. Mit diesem Dabeisein, dem Dabeisein von Augen und Wünschen und Genuß und Konzentration wandelt sich Répétition zur Représentation. Dann trennt das Wort Représentation nicht mehr Schauspieler und Publikum, Schauspieler und Zuschauer: es umschließt sie, was für den einen präsent ist, ist es auch für den andern» (nach Heilpern, ebd. S. 223f). Diese Mitverantwortlichkeit des Publikums für die Theaterhandlung berücksichtigt Brook vor allem bei seinen experimentellen Arbeiten, sei es bei der Inszenierung von *U.S.* (1966), die ausschließlich auf das Publikum des Londoner Aldwhych-Theatre's abgestimmt war, oder bei Aufführungen vor taubstummen Kindern oder psychisch Kranken in Paris, vor afrikanischer oder australischer Urbevölkerung, die nie zuvor Theater im europäischen Sinne gesehen hatten.

Peter Brook wurde am 21. März 1925 in England geboren, studierte in Oxford und beschäftigte sich bereits als Schüler mit dem Theater. Ein erstes Engagement als Regisseur erhielt er 1945 am Repertory Theatre in Birmingham; 1946 und 1947 folgten Inszenierungen in Strafford-upon-Avon und London. Von 1947 bis 1950 arbeitete Brook am Covent Garden in London. Seit den frühen fünfziger Jahren steht die Auseinandersetzung mit dem Werk Shakespeares immer wieder im Mittelpunkt seiner Arbeit. 1961 trat er in die Royal Shakespeare Company ein und wurde 1962 deren Mitdirektor (Direktor: Peter Hall). In den sechziger Jahren inszenierte Brook aber auch Stücke von Gegenwartsautoren, von Sartre, Dürrenmatt, Genet, Weiss und Hochhuth und einige Opern. 1968 erschien seine programmatische Schrift *Der leere Raum*, in der er seine Arbeitserfahrungen zusammenfaßte.

Mit der Einrichtung des Pariser Studienzentrums (CIRT – Centre Internationale de Recherches Théâtrales) im Jahre 1971 gewann für Brook die experimentelle Arbeit immer mehr an Bedeutung. Dem Studienzentrum ist das Theater Bouffes du Nord als Experimentierbühne angeschlossen.

Ein Grundgedanke von Brooks Theaterauffassung ist der Zusammenhang von Theater und Ritual; hier prägte vor allem die Auseinandersetzung mit dem Werk Artauds seine Vorstellungen. Brook sieht im Ritual eine Konfiguration, ein Ordnungselement des Lebens, mit dessen Hilfe sich der Mensch sich in einer gesteigerten Realitätserfahrung verliert und zugleich findet, sich des elementaren Ursprungs seiner Erfahrungen versichert. Insofern ist für Brook das Ritual wie das Theater eine «Antwort auf den Hunger» (ebd. S. 80), ein Mittel gegen die Austrocknung der Erfahrung in den Standards und Schablonen des Alltagslebens. Brook nennt dieses Theater das «heilige Theater»: «(...) aber man könnte es auch das ‹sichtbar gemachte unsichtbare Theater› nennen. Die Idee, daß die Bühne ein Ort ist, wo das Unsichtbare erscheinen kann, hält unsere

Gedanken gefangen. Wir sind uns alle bewußt, daß der größte Teil des Lebens unseren Sinnen entgeht. Eine sehr einleuchtende Erklärung der verschiedenen Künste ist die, daß sie von Mustern sprechen, die wir erst dann erkennen können, wenn sie sich in Rhythmen oder Formen äußern. Wir beobachten, daß das Verhalten von Menschen, Massen und der Geschichte derartigen wiederkehrenden Mustern unterliegt» (ebd. S. 77). Das «heilige Theater» beruht auf dem Glauben, daß der «wahre Traum» der Menschheit hinter den entwerteten Idealen einer Zeit dennoch immer wieder aufleuchtet; und das Theater erscheint Brook als jener Ort, an dem diese utopische Dimension aller Erfahrung noch vermittelbar ist; das Ritual ist die Form, in der sie sich – als Provokation oder Schock – darstellt. Damit aber das Ritual der Erfahrung zugänglich wird, muß es in der Lebenssituation der erfahrenden Subjekte angesiedelt sein.

«Nur wenn ein Ritual sich auf unserer Ebene zuträgt, werden wir befugt, damit umzugehen. Die gesamte Pop-Musik ist eine Reihe von Ritualen auf einer Ebene, zu der wir Zutritt haben. Peter Halls große und reiche Leistung in seinem Zyklus von Shakespeares ‹Rosenkriegen› bediente sich des Attentats, der Politik, der Intrige und des Krieges; David Rudkins erschreckendes Stück Afore Night Come war ein Ritual des Todes; West Side Story ein Ritual großstädtischer Gewalttat; Genet schafft Rituale der Sterilität und Entwürdigung. Als ich mit dem Titus Andronicus auf Tournee ging, hat dieses undurchsichtige Werk Shakespeares die Zuschauer unmittelbar berührt, weil wir darin ein Ritual des Blutvergießens entdeckt hatten, das man als wahr empfand» (ebd. S. 85).

Dennoch zieht Brook eine eindeutige Grenze zwischen dem Ritual als einem Moment des wirklichen Lebens und der Spielsituation des Theaters, deren Wesen die Illusion ist. John Heilpern veranschaulicht diesen Unterschied an einem Beispiel aus einer von Brooks Inszenierungen: «Am Ende seines umstrittenen Stückes über Vietnam, ‹U.S.›, war vor den Augen des Publikums ein Schmetterling verbrannt worden. Brook legte den größten Wert darauf, daß die Schauspieler einen falschen Schmetterling so verbrannten, daß jeder Zuschauer davon überzeugt war, die Verbrennung eines echten Schmetterlings zu sehen.» Als daraufhin die Öffentlichkeit, allen voran der Königliche Tierschutzverein, aufs schärfste gegen die Aufführung protestierte und ihre Absetzung forderte, teilte Brook dem Verein vertraulich mit, «daß die Schauspieler ein Stück zerknittertes Papier verbrannten, und drohte, das Papier durch einen echten Schmetterling zu ersetzen, falls der Verein es wagen sollte, die Wahrheit bekanntzugeben» (Heilpern, ebd. S. 286f).

Die Illusion ist für Brook das Grundelement jeden Theaters, ja jeder Verständigung unter den Menschen überhaupt. Wo immer Sprache gebraucht und Bilder ausgetauscht werden, «bedarf es der Kraft der Illusion» (ebd. S. 130). Von dieser Position her kritisiert Brook auch Brechts Modell des epischen Theaters, das statt der Illusion deren verfremdende

Brechung zum Durchstellungsverfahren und zur erkenntniskritischen Methode erklärt und an die Stelle des Individuums als Handlungsträger (eine der Grundüberzeugungen Brooks) die großen sozialen Kollektive setzt.

Eine Erneuerung des gegenwärtigen Theaters scheint für Brook allein über die Auseinandersetzung mit Shakespeare möglich; er schreibt: «Shakespeare ist das Modell eines Theaters, das Brecht und Beckett einschließt, aber über beide hinausreicht. Wir müssen in der nachbrechtschen Epoche einen Weg vorwärts finden, der zu Shakespeare zurückführt» (ebd. S. 142). Im Theater Shakespeares «identifizieren wir uns gefühlsmäßig, subjektiv – und doch bewerten wir zu gleicher Zeit politisch und objektiv im Hinblick auf die Gesellschaft» (ebd. S. 145). Dieser Doppelaspekt, der für Brook die Grundforderung eines lebendiges Theaters ist, wird weder im Theater Brechts noch in dem von Beckett, die jeder einen der beiden Pole verabsolutieren, vermittelt.

Worauf Brook in den letzten Jahren seine experimentelle Arbeit ausschließlich richtete, war eine Art «universellen Theaters» als volkstümliche Kunst, «unabhängig von Sprache oder Klasse, wo immer auf der Welt gespielt wird» (nach Heilpern, S. 26). In Brooks Pariser Studienzentrum wurde dieses Konzept entwickelt. Brook stellte für dieses Experiment eine Truppe von Schauspielern zusammen, die aus den verschiedensten Kulturkeisen und sozialen Milieus kamen; der englische Dichter Ted Hughes lieferte die Texte.

Brooks erstes Experiment war der Versuch, Theater auf der Grundlage einer Universalsprache zu entwickeln, die er zusammen mit Hughes erfand. «Orghast» nannten sie diese Sprache, die als reine Lautsprache so aufgebaut war, daß den Lauten und ihren Verbindungen «universell» zu verstehende Bedeutungen zugeordnet waren. Hughes und Brook stützten sich dabei auf die Hypothese, daß gesprochene Wörter aus alten Sprachen Bedeutungen haben, die beim Hörer unmittelbar eine emotionale Reaktion hervorrufen; ebenso beriefen sie sich auf Erkenntnisse der neuesten Sprachwissenschaft, etwa Chomskys Theorie der identischen Tiefenstrukturen der Sprachen und auf Forschungen über die Laut- und Verständigungssysteme von Tieren. Das «Orghast»-Experiment (September 1971), das in Paris vorbereitet worden war, wurde als eine Aufführung des Shiraz-Festivals in den Ruinen von Persepolis vorgestellt. 1975 ging er mit *Les Tks*, einem Stück über die Vernichtung der Indianer, auf Tournee.

Brooks zweites großes Experiment war eine Hundert-Tage-Expedition durch Afrika. Dieses Experiment war ein völlig neuer Ansatz in Brooks Theaterarbeit. Es sollte die Schauspieler mit einem Publikum konfrontieren, das keine Vorstellung von europäischem (Illusions-)Theater hatte. Zum andern wurde auf dieser Tournee eine Aufführung erarbeitet, für

die die altpersische Legende von der *Versammlung der Vögel* die Vorlage abgab. Das Stück wurde beim Festival in Avignon 1979 gezeigt.
1979 arbeitete Brook mit der Truppe des CIRT in Australien, wo er mit ethnischen Gruppen (australischen Ureinwohnern) Theaterexperimente durchführte.

Auswahl der Schriften von Peter Brook
Arbeit mit Grotowski. In: Theater heute 9 (1968), H. 5, 11 f.
Der leere Raum. Hamburg 1969.
Radikale Experimente. In: Theater heute. Chronik und Bilanz des Bühnenjahres 1964, 19–23.
Shakespeare in Szene gesetzt. In: Das Stichwort. Programmheft der Bühnen der Stadt Essen 10 (1967/68), H. 8, 9–11.

Shuji Terayama

> «... eine Gruppe von Regisseuren ... werden das Schicksal dieser Welt zu Theater machen.»
> (Shuji Terayama: *Die Zeit des Windwechsels*)

Theater als ein «Ort, an dem sich die Lücke zwischen Alltagsrealität und Vision» überbrücken läßt – das ist eine der zentralen Vorstellungen, die Terayama mit seiner Arbeit verbindet. Nicht Rationalität bestimmt die Wirkung des Theaters, sondern die Imagination: «Wir wollen noch einmal ein Guckloch zur Welt der Visionen aufmachen. Guten Tag, Ihr Gespenster» (*Theater contra Ideologie*, S. 21).
Theater muß deswegen heraus aus den Kulturinstitutionen, muß auf die Straße und den Alltag unterwandern, muß sein subversives Potential wirksam werden lassen. Die Anarchie des Theaters spielt Terayama gegen den Funktionalismus der gesellschaftlichen Ordnung aus, ebenso gegen eine Form ihrer Infragestellung, die deren Prinzipien nur parteilich umkehrt, gegen die Abstraktionen linker Ideologiekritik: «Die Zeit der Herrschaft des Logos über die Welt ist zuende» (ebd. S. 63). Theater ist für Terayama nicht Instrument zur Veränderung der Gesellschaft, Transportmittel agitatorischer Parolen oder Lehrinstitution («Es ist Hochmut zu glauben, das Theater könne etwas lehren», ebd. S. 63), sondern bereitet mit seiner produktiven Beunruhigung den emotionalen Boden von Veränderungen vor, liefert und bestärkt die Phantasien des Widerstands und der Hoffnung.

Diese Position bestimmt auch Terayamas Kritik an Brecht und Walter Benjamin, wie er sie in einer Diskussion mit japanischen Regisseuren und Schauspielern im Sommer 1970 zum Thema «Gewalt, Sexualität, Sprache, Theater und Politik» entwickelt hat:

«Benjamin bezeichnet die Kunst des Schauspielers im Brecht-Theater als ‹zitierbaren Gestus›. Das heißt: der Gestus, der auf der Bühne vorgeführt wird, läßt sich aus dem Leben zitieren. Der Gestus wird reproduziert. Da er zitierbar, reproduzierbar ist, bietet das Theater Lehrmaterial für die Wirklichkeit. Brecht und Benjamin sagen: Theater ist nicht Weitergabe von Erfahrung, sondern Weitergabe von Wissen. Das heißt: Theater kann Erfahrung nicht weitergeben, wohl aber Wissen. Wenn das Theater nur dann Wirkung hat, wenn die Schauspieler den Gestus mitten im alltäglichen Leben rekrutieren, dann muß auch ich sagen: Erfahrung läßt sich nicht weitergeben. Aber Theater, das reproduziert, zu Wissen sublimierte Erfahrung weitergibt, macht auf mich einen ärmlichen Eindruck. Warum? Weil es nicht als ‹Zeit› lebt. Was können wir weitergeben? Das ist die entscheidende Frage. Wer nach einem neuen Theater sucht, kommt nicht auf den Gedanken, es aus dem Leben zu zitieren. Es kommt darauf an, Theater mitten in der Alltäglichkeit lebendig zu machen. Theater ist eine eigenständige Erfahrung. (...) Ist nicht Theater im äußersten Fall ein Ort, der die Möglichkeit der Erfahrung als Milieu schafft? Ich will das Beispiel eines New Yorker Milieu-Theaters zeigen. Auf einem Tisch in einem Keller stehen Teller und Speisen. Um den Tisch herum sitzen Schwarze und Zuschauer. Plötzlich geht das Licht aus. Weiße Polizisten brechen ein und suchen mit Taschenlampen den Raum ab. Man weiß nicht, ob es Polizisten sind oder Schauspieler. Die Schwarzen werden rücksichtslos zusammengeschlagen. Vor den Augen der Zuschauer fliegen Scherben von Bierflaschen. Die Schwarzen schreien: ‹Helfen Sie uns!› Die Lichtkegel der Taschenlampen huschen durch den Raum. Die Zuschauer rühren sich nicht. Die Schmerzen der Schwarzen, die herumgeschleift werden, sind nicht einfache *reality*, auch nicht auf Wissen reduzierte Erfahrung. Weil Erfahrung *live* herausgeworfen wird, besitzt sie der Zuschauer mit. Der Zuschauer ergreift das Milieu in diesem Theater durch das Gefühl des Dabeiseins. Ich muß zurückgehen zu dem Zeitpunkt, wo ich sagte: Erfahrung läßt sich weitergeben. Mache ich nicht einen Fehler, wenn ich sage: nur die Sprache wird weitergegeben, die Erfahrung bleibt zurück?

Ich behaupte, das Brecht-Theater, das aus Wissen und ‹zitierbarem Gestus› besteht, ist schlecht. Ich möchte sogar noch weiter gehen und mich gegen Benjamins ‹Kritik der Gewalt› stellen und behaupten: zu Wissen gemachten Erfahrungen kann man nicht begegnen. (...) Der Schauspieler, der die Erinnerung an das Leben vor dem Theater auf der Bühne zitiert, diese Erinnerung auf der Bühne spielt, kann nichts weitergeben, selbst dann nicht, wenn es sich um einen brutalen Mord handelt. Durch Gefühlsimport gibt man in einem gewissen Sinn Erfahrung weiter, dachten die Vertreter des traditionellen Theaters. Brecht importiert nicht Gefühle. Er will sein Wissen verständlich machen. Das ist nicht Weitergabe von Erfahrung, sondern Weitergabe von Wissen». (ebd. S. 60ff)

Shuji Terayama wurde am 10. Dezember 1935 in Sagittarius geboren. Bereits mit achtzehn Jahren (1954) erhielt er einen Literaturpreis für seine Lyrikarbeiten. An der Waseda-Universität in Tokio studierte Terayama

Shuji Terayama: *Blaubart*, Tokio 1968

das traditionelle japanische Theater und gründete bald eine eigene Truppe («Garasu no Hige»). Ein dreijähriger Aufenthalt im Krankenhaus unterbrach seine praktische Theaterarbeit. 1959 und 1961 erschienen weitere Gedichtbände. 1960 schrieb Terayama sein erstes Stück, beschäftigte sich mit Antonin Artaud und Lautréamont, die beide eine nachhaltige Wirkung auf seine Arbeit ausübten. Zusammen mit anderen jungen

Theaterleuten baute er eine neue Gruppe auf, die experimentelles Theater machte. 1965 begann er, politische Essays zu schreiben. Neben seinen Bühnenstücken entstanden Drehbücher für mehrere Filme, eine Reihe Hörspiele und Radiotexte, für die Terayama mehrere internationale Preise erhielt.

1967 gründete Terayama das «Tenjosajiki»-Theater, mit dem er seine wichtigsten Inszenierungen erarbeitete. Mit dieser Truppe nahm er 1969 an der «Experimenta 3» in Frankfurt teil; in Essen spielt die Truppe dann noch sechs Monate. Auf Einladung der Rockefeller Foundation ging er 1970 nach New York und inszenierte dort am La Mama *Marie im Pelz*. 1971 drehte Terayama seinen ersten Film (*Werft die Bücher weg, geht auf die Straße*) und gab mit seiner Truppe Gastspiele in Frankreich, Holland und Jugoslawien. 1972 beteiligte er sich mit dem «Tenjosajiki» an den Rahmenveranstaltungen (Spielstraße) der Olympiade in München.

Auf Einladung des «Odin Teatret» hielt Terayama im gleichen Jahr einen offenen Workshop in Holstebro (Dänemark) ab; 1973 gastierte die Truppe Terayamas in Persien und Polen; 1974 entstanden eine Reihe kurzer Experimentalfilme und der Spielfilm *Pastoral Hide-and-Seek*. 1975 bis 1980 folgten weitere Stücke, Spiel- und Experimentalfilme. 1978 war die Truppe erneut auf einer längeren Europa-Tournee. In den siebziger Jahren begann Terayama, sich mit Fotografie zu beschäftigten, und beteiligte sich an internationalen Ausstellungen. – Terayama starb am 4. Mai 1983.

Auswahl der Schriften von Shuji Terayama
Werft die Bücher weg, geht auf die Straße. Essays. Tokio 1967 (Fortsetzung: 1972).
Die Theorie vom Glück. Essays. Tokio 1969.
Bühnenstücke und Hörspiele. Tokio; Bd. 1: 1969, Bd. 2: 1969, Bd. 3: 1970, Bd. 4: 1971, Bd. 5: 1971.
Theater contra Ideologie. Hrsg. und übers. von M. Hubricht. Frankfurt 1971.
Stücke · Inugami. Marie im Pelz. Die sieben Todsünden der Gräfin Kikuko. Das Verbrechen des Professors Garigari. Die Zeit reitet auf dem Rücken eines Zirkuselefanten. Frankfurt 1972.
... vor meinen Augen... eine Wildnis. Frankfurt 1972.
Wenn die Sprache schläft, erwacht die Welt. Dialoge. Tokio 1972.
Farewell to Grotowski. In: The Drama Review. Dez. 1973, 51–52.
Manifesto by Shuji Terayama. In: The Drama Review, Dez. 1975, 84–87.
Seigakan – Das Museum der Visionen. Essays. Tokio 1975.
Von dem geschlossenen Raum aus auf die Straße. Essays über Theater. Tokio 1976.
Zur Theorie des Theaters: Das Labyrinth und das Tote Meer – Mein Theater. Essays. Tokio 1976.
Der Buckelige aus der Provinz Aomori. Stücke. Tokio 1977.
Shintokumaru. Stücke. Tokio 1980.

Eugenio Barba

> «Die Existenz eines Theaters ist nicht zu rechtfertigen, wenn es nicht ein ausgeprägtes Bewußtsein seiner sozialen Aufgabe hat.»
> (Eugenio Barba, 1979)

Eugenio Barba wurde 1936 in Italien geboren; mit siebzehn Jahren ging er nach Skandinavien. Von 1954 bis 1960 studierte er norwegische Literatur und Religionsgeschichte an der Universität Oslo; 1957 unternahm er längere Studienreisen nach Ostasien, vornehmlich nach Indien. 1960 bis 1964 studierte Barba an der Warschauer Theaterschule das Fach Regie und arbeitete drei Jahre im Theaterlaboratorium von Jerzy Grotowski. Über Grotowskis Methode publizierte er mehrere Arbeiten. 1964 folgte ein erneuter Studienaufenthalt in Indien, wo Barba sich besonders mit dem indischen Tanztheater auseinandersetzte. Von 1964 bis 1966 studierte er an der Universität Oslo Anthropologie und Sanskrit.
1964 gründete Barba in Oslo das «Odin Teatret» Im Juni 1966 zog die Truppe nach Dänemark und ließ sich in Holstebro nieder, wo ihr Räumlichkeiten und eine regelmäßige staatliche Subvention angeboten wurden. Barba entwickelte das «Odin» zu einem interskandinavischen Labo-

Odin Teatret in Sizilien, 1975

ratorium für Schauspielkunst, an dem Theaterspiel, pädagogische und wissenschaftliche Arbeit aufs engste verbunden sind.

Barbas wichtigste Inszenierungen waren *Ornitofilene* (1965) nach einem Stück von Jens Björneboe; *Kaspariana* (1967), ein Stück über Kaspar Hauser nach einem Text von Ole Sarvig; *Ferai* (1969) nach einer Vorlage von Peter Seeberg, die Motive skandinavischer und griechischer Mythen verarbeitete; *Min Fars Hus* (1972), eine Auseinandersetzung mit Dostojewski; *Come! And the Day will be Ours* (1976), ein Stück, das den Konflikt von Indianern und den weißen Siedlern in den USA zum Thema hat; *Millionen Marco* (1979), ein Marco Polo gewidmetes Stück. Der Name ‹Odin› bedeutet für Barbas Truppe über die Anspielung auf den nordischen Mythos hinaus ein Programm, das ihre Theaterarbeit leitet; Barba schrieb dazu:

«Der Name unseres Theaters ist kein Zufall. Es erscheint uns natürlich, daß es nach der Gewalt benannt ist, die unser Jahrhundert so tief geprägt hat: der Kriegsgott Odin, der große ‹Berserker›. Wie unsere Vorfahren ihre Dämonen beschworen und überwanden, indem sie ihnen die Möglichkeit gaben, sich in kollektiven Zeremonien auszuleben, so wollen wir – Zuschauer und Spieler – uns versammeln, um die ‹Odin-Natur› zu beschwören, die in unserem dunklen Inneren verborgen ist, und sie im hellen Licht zu überwinden.
Dieser Kampf gegen das in uns verschlossene ‹Andere› wird so zum Instrument einer tieferen Selbsterkenntnis: die dunklen Mächte, die, wenn die Umstände ihnen helfen, aus uns hervorbrechen und uns überwältigen könnten, treten ins Licht. Unser Theater will weder amüsieren noch Thesen propagieren. Es will einfach Fragen stellen, auf die jeder selbst Antworten finden muß; die wirklich ‹engagierte› Kunst liefert keine guten Antworten, sondern begnügt sich damit, gute Fragen zu stellen.
Die Leidenschaft des inneren Kampfes, den wir gegen uns selbst führen, bringt uns einer ‹Wiedergeburt› näher: sie erweitert – das ist der positive Aspekt des Schamanen Odin – Stück für Stück, Stein für Stein das Reich unseres Bewußtseins» (*Theater-Festival 79*. München 1979).

Barba hat in zahlreichen Publikationen seine theatertheoretischen Vorstellungen publiziert; er ist Herausgeber der Zeitschrift «Teatrets Teori og Technik» und leitete (im Auftrag der UNESCO und des ITI) zahlreiche internationale Theaterseminare. 1980 gründete Barba die «International School of Theatre Anthropology» (ISTA), die sich der Grundlagenforschung der Schauspieltheorie widmet («Studium des biologischen und kulturellen Verhaltens des Menschen in einer theatralischen Situation») und vornehmlich die Techniken der orientalischen Theaterkunst untersucht.

Barba hat mit seiner praktischen Theaterarbeit und seinen Schriften entscheidende Impulse für die Entwicklung des Freien Theaters der sechziger und siebziger Jahre gegeben; sein Manifest *Third Theatre* (1976) formuliert den Standort dieser Gruppen und ihre Bedeutung für die gegenwärtige internationale Theaterkultur:

«In vielen Ländern haben sich in den letzten Jahren theatralische ‹Inseln› gebildet, die beinahe ignoriert werden und über die kaum nachgedacht wird, für die keine Festivals organisiert und keine Rezensionen verfaßt werden. Diese Inseln liegen im Schatten der beiden vom Kulturbetrieb anerkannten Theaterformen, nämlich: Auf der einen Seite das institutionelle Theater, protegiert und subventioniert wegen der Kulturwerte, die es zu vermitteln scheint; Schauplatz einer kreativen Auseinandersetzung mit großen Texten der Vergangenheit oder Luxusprodukt der Unterhaltungsindustrie. Auf der anderen Seite das Theater der Avantgarde, des Experiments, offensiv und bilderstürmerisch, ein Theater der Veränderung, immer auf der Suche nach neuer Originalität im Namen der notwendigen Überwindung der Tradition, all dem geöffnet, was in der Begegnung der Künste mit der Gesellschaft an Neuem entsteht.

Das Dritte Theater lebt am Rand, oft an der äußersten Peripherie der kulturellen Zentren oder ganz im Abseits; es wird von Leuten gemacht, die sich als Schauspieler, Regisseure, Theatermacher vorstellen, ohne den traditionellen Ausbildungsweg gegangen zu sein und die daher nicht einmal als ‹Professionals› anerkannt werden. Aber es sind keine Dilettanten. Der ganze Tag ist für sie von ihrer Theaterarbeit bestimmt, sei es in der Form des ‹Trainings›, sei es durch Aufführungen, die sich ihr Publikum erst erkämpfen müssen.

Nach allen traditionellen Kriterien für Theater scheint es sich um ein irrelevantes Phänomen zu handeln; vom soziologischen Gesichtspunkt her ist dieses Dritte Theater jedoch beachtenswert. Es gibt seine ‹Inseln› in allen Ländern Europas, in Süd- und Nordamerika, in Australien und in Japan: junge Menschen, untereinander kaum in Kontakt, die zusammenfinden, Theatergruppen bilden und um keinen Preis aufgeben wollen.

Nur unter einer der folgenden Bedingungen können sie überleben: Entweder sie etablieren sich im Bereich der anerkannten theatralischen Formen, was bedeutet, daß sie das Gesetz von Angebot und Nachfrage akzeptieren, dazu den herrschenden Geschmack mit seinen politischen und kulturellen Ideologien, und sich also den letzten, gerade beklatschten Moden anschließen; oder es gelingt ihnen durch beharrliche Arbeit, sich einen ihnen allein gemäßen Aktionsraum zu schaffen – jede Gruppe auf ihre Weise, indem sie das für sie Wesentliche sucht und bewahrt – und schließlich durchzusetzen, daß ihr ‹Anderssein› akzeptiert wird. Vielleicht kann man gerade im Dritten Theater entdecken, was am Theater lebendig ist; es ist ein Nährboden, der dem Theater neue Energien zuführt und es – trotz allem – auch in unserer Gesellschaft lebendig erhält.

Verschiedene Menschen in verschiedenen Ländern der Welt versuchen, Theater zu verstehen als – immer gefährdete – Brücke zwischen dem Ausdruck der eigenen Bedürfnisse und der Notwendigkeit, mittels dieser Bedürfnisse die jeweilige Umwelt zu verändern. Warum sollte gerade das Theater ein Mittel der Veränderung sein, wo wir doch wissen, daß es ganz andere Faktoren sind, die unsere Realität bestimmen? Sind wir blind? Ist das unsere lebensnotwendige Lüge?

Für solche Gruppen ist Theater vielleicht etwas, wodurch sie neue Formen der Präsenz finden können (was die Kritiker ‹neue Ausdrucksformen› nennen würden), indem sie menschlichere Beziehungen herzustellen versuchen, eine soziale

Gemeinschaft, in der Vorsätze, Wünsche, persönliche Bedürfnisse sich verwirklichen können.
Ohne Belang sind hier die abstrakten Unterscheidungen. Die theoretisch formulierten und von ‹oben› aufgezwungenen Etiketten (Schulen, Stile, Tendenzen), die dem etablierten Theater seine Ordnung geben. Stile oder Ausdrucksformen gelten hier nichts – was das Dritte Theater definiert, was den gemeinsamen Nenner für Gruppen und Erfahrungen so unterschiedlicher Art bildet, das ist eine schwer definierbare Spannung: Es ist, als ob all die persönlichen Bedürfnisse, die oft nicht einmal bewußt sind, die Ideale, Ängste und manchmal sehr gegensätzlichen Impulse, die sonst ins Leere gingen, sich in Arbeit verwandeln wollten, aus einer Grundhaltung heraus, die man von außen betrachtet als ethischen Imperativ beschreiben könnte, nicht auf den Beruf beschränkt, sondern den Alltag des Lebens mit umfassend. Wer sich dafür entscheidet, hat auch, und zwar in erster Person, den Preis dafür zu entrichten.
Man kann nicht nur von der Zukunft träumen und die totale Veränderung erhoffen, die sich doch mit jedem Schritt, den wir machen, weiter zu entfernen scheint, während alle Alibis, alle Kompromisse und die Vergeblichkeit des Wartens fortbestehen. Man kann eine neue Zelle dieser Art bilden, aber sich nicht in ihr isolieren. Das Paradox des Dritten Theaters: als Gruppe in die Fiktion eintauchen, um den Mut zu finden, nicht Fiktion zu bleiben» (*Theater der Nationen*. Katalog Hamburg 1979, S. 91–92).

Barba kommentierte dieses Manifest in einem Interview (Januar 1977) mit der dänischen Theaterzeitschrift «Rampelyset» (vgl. *INFO des Dramatischen Zentrums Wien*. Theatergespräch mit Eugenio Barba vom 3. bis 5. Mai 1978) und wies dabei auf eine Reihe von historischen Vorbildern hin, die Positionen des «Dritten Theaters» vorwegnahmen, auf Antoine, Meyerhold, Wachtangow, auf die deutschen Agitprop-Gruppen der zwanziger Jahre, aber auch auf Copeaus Theaterreform und auf Artaud. Entscheidend für diese Theaterarbeit sei die Aufhebung der Trennung von Kunst und Leben, von ästhetischer und alltäglicher Bewertung, wie dies zum Beispiel auch für die Frühformen der europäischen Kultur oder etwa die sogenannten ‹primitiven› Kulturen gilt. «Drittes Theater» ist für Barba eine «existentielle Haltung» mit Konsequenzen politischer und sozialer Natur, eine «Situation».

Auswahl von Schriften von Eugenio Barba
Words of presence. In: The Drama Review 16 (1972), Heft 1, 47–57.
Roots and Leaves; Domande sul training (= Materiali 1. Centro per la Speri tazione e la Recerca Teatrale. Pontedera. Italy 1976).
The Floating Islands. Holstebro 1979.
Die menschliche Dimension des orientalischen Bewegungstheaters. In: Die Welt vom 13. 12. 1980.
Il Brecht dell'Odin. Mailand 1981.
L'Archipel du Théâtre. Paris 1982.
Bemerkungen zum Schweigen der Schrift. Schwerte 1983.
Jenseits der schwimmenden Inseln. Reinbek bei Hamburg 1985.
(Zus. mit Nicola Savarese) Anatomie de L'Acteur. Rom 1986.

Jango Edwards: das Theater der Clowns

> «CLOWNPOWER is love and love is only another label for hope.» (Jango Edwards)

«Wenn Theater ist, was der junge Clown Jango Edwards zwei Stunden lang allein auf der Bühne treibt, alle Wildheit des Körpers, alle Wut und Rebellion des Herzens entfesselnd – kann dann das schöne, intelligente Ensemblespiel des jahrhundertealten Burgtheaters, das Goethes *Iphigenie* behutsam neu deutet, ebenfalls Theater sein?» Was Iwan Nagel hier anläßlich des Festivals «Theater der Nationen» (1979 in Hamburg) als die gegenseitige Infragestellung der «Gattungen» Theater bezeichnet, kennzeichnet genau jene Spannung, aber auch Spannweite, die das Theater seit seinen Anfängen bestimmt: Theater als Kunstform und schöner Schein – und ein Theater der Anarchie der Emotionen, oftmals schockierend vulgär und obszön, «häßliches Theater», wollte man es ästhetisch etikettieren, das seine Vitalität und Faszination aus der Negation aller Konventionen, Tabus und Kunstregeln gewinnt; Theater der Pathetiker und Moralisten auf der einen Seite, Theater der Gaukler und Feuerschlucker, der Narren und Transvestiten auf der anderen. Es war das Verdienst des Hamburger Festivals von 1979, diese beiden Traditionen in ihrem Nebeneinander, ihrer wechselseitigen produktiven Provokation, wieder präsent gemacht zu haben. Es entsprach dies weitgehend auch der internationalen Theaterentwicklung Mitte der siebziger Jahre, der Suche und der Neuansätze in einer Zeit «nach Brecht», als sich das optimistische Aufklärungstheater des großen Dialektikers als ebenso überholt erwies wie die Theaterrituale des «Living Theatre».

Jango Edward ist eine der Leitfiguren eines Theaters, das sich zwischen Showbusiness und Zirkus angesiedelt hat, sich als Entertainment präsentiert, aber doch weit mehr ist als dessen kommerzialisierte Standardware, ja geradezu deren kritische Travestie. Dieses Theater spielt mit den Elementen des Kitsches wie mit denen der großen Pathetik, des Tingeltangel, der Operette, des Agitprop und der transvestitischen Schaustellerei; ein Theater der Schocks und der Grausamkeit, das seine geistigen Vorbilder in Rimbaud, Baudelaire, Villon, Artaud und Genet sieht, im Dadaismus und bei den Futuristen; es ist aufs engste verbunden mit der Musikszene, den Alternativ- und den großstädtischen Subkulturen.

Zumeist hat dieses Theater die Form der Revue, ist Ein-Mann-Theater; Travestie und die kritische Persiflage sind seine wesentlichsten Stilformen. Es ist in der Terminologie der ästhetischen Tradition «synthetisches» oder «totales» Theater. Theatralisches Rollenspiel präsentiert sich

Jango Edwards

zusammen mit Artistik und Musik, gebraucht alle Mittel und Gags der Gaukler- und Jahrmarkt-Theater-Traditionen gleichermaßen wie die Synthesizertechnik der Popmusik.

Eine ganz andere Position des Clown-Theaters vertritt Dario Fo (geb. 1926), der diese Tradition in sein neues politisches Volkstheater einholt. Und Fo ist es auch, der für alle gültig die Arbeitsweise des kritischen Komikers formulierte:

«Ich möchte geradezu behaupten, daß ein Komiker, der an die Grundlagen seiner Komik glaubt, gar nicht darum herumkommt, sich mit den verschiedenen Situationen zu identifizieren, mit denen er diese Grundlagen ausdrückt. Für mich und meine Kollegen sind diese Grundlagen identisch mit dem eigentlichen Grund, aus dem heraus wir Theater machen. Ich will damit sagen, daß das mechanische Lachen, das mit technischen Mechanismen hervorgerufen wird, die der Komiker auf der Bühne zu benutzen versteht, dieses Lachen, das unreflektiert zu ihm zurückkommt und in dem er sich spiegelt – daß dieses Lachen uns absolut nicht interessiert. Und zwar deshalb, weil wir ein satirisches Lachen wollen, das Ausdruck davon ist, daß sich das Publikum konfrontiert sieht mit einer bestimmten Realität, die als Thema einer bestimmten Aktion auf der Bühne dargestellt wird. Diese bestimmte Realität ist oft tragisch, ein tragisches Moment im Ganzen der sozialen und politischen Realität, in der wir leben.

Eine gewisse Art von Theater, die sich mit solchen Themen beschäftigt, trägt nur allzu oft eine regelrechte Leichenbittermiene zur Schau. Der Zuschauer geht dorthin, als ginge er zu einer Beerdigung. Er hört sich das Gewäsch der Pfaffen an und hat sich damit der lästigen Bürgerpflicht entledigt, Anteil zu nehmen an der tragischen Tatsache, von der er sich berührt fühlt.

Wir wollen nicht, daß die Zuschauer zufrieden mit sich und der Welt nach Hause gehen, weil sie sich endlich einmal genug empören konnten. Wir wollten mit dem Publikum zusammen begreifen, was hinter diesem Apparat steckt, warum er existiert, inwieweit man ihn bekämpfen kann. Wir wollen die Maschinerie der Macht bis in ihre kleinsten Teilchen auseinandernehmen» (*Theater der Nationen*. Katalog Hamburg 1979, S. 118f).

Der Clown wie der Artist in der Zirkuskuppel ist völlig auf sich gestellt, nur sein persönlicher Einsatz zählt. Eben dies aber macht die atemberaubende, oftmals riskante körperliche Präsenz des Akteurs solchen Theaters aus, für das in mehr oder weniger übertragenem Sinne gilt, was Walter Benjamin über den Zirkus schreibt: «Im Zirkus hat die Wirklichkeit das Wort, nicht der Schein. Es ist immer noch eher denkbar, daß während Hamlet den Polonius totsticht, ein Herr im Publikum den Nachbarn um das Programm bittet, als während der Akrobat von der Kuppel den doppelten Salto mortale macht.»

Anhang

Bibliographie

Nachschlagewerke

Bibliographie deutschsprachiger Theaterliteratur. In: Jahrbuch der Zeitschrift «Theater heute» (Velber).
W. Bortenschlager: Theater Spiegel. Ein Führer durch das moderne Schauspiel. München 1971.
Deutsches Bühnen-Jahrbuch. Theatergeschichtliches Jahr- und Adreßbuch. Hrsg. von der Genossenschaft Deutscher Bühnen-Angehöriger (Hamburg).
Enciclopedia dello spettacolo. Fondata a. S. D'Amico. Rom 1954ff.
Encyclopédia du Théâtre contemporain. 2 Bde. Paris 1959.
Encyclopédia italienne du spectacle. Rom 1967.
G. Fischborn: Wörterbuch der darstellenden Künste. Leipzig 1976.
K. Gröning/W. Kließ: Friedrichs Theaterlexikon. Hrsg. von H. Rischbieter. Velber 1969.
F. Heidtmann/P. S. Ulrich: Wie finde ich film- und theaterwissenschaftliche Literatur? Berlin 1978.
G. Hensel: Spielplan. Schauspielführer von der Antike bis zur Gegenwart. Frankfurt/Berlin/Wien 1975.
Jahrbuch der Zeitschrift «Opernwelt» (Velber).
Jahrbuch der Zeitschrift «Theater heute» (Velber).
S. Kienzle: Schauspielführer der Gegenwart. Interpretationen zum Schauspiel ab 1945. Stuttgart 1978.
W. Kosch: Deutsches Theater-Lexikon. Biographisches und bibliographisches Handbuch. Klagenfurt/Wien 1953ff.
Österreichisches Theaterjahrbuch (Wien).
Der Schauspielführer. Begr. von J. Gregor, fortgeführt von M. Dietrich mit Unterstützung des Instituts für Theaterwissenschaft an der Universität Wien. Stuttgart 1953ff.
Schauspielführer in drei Bänden. Neu bearb. von K. H. Berger u. a. Berlin 1975.
O. G. Schindler: Theaterliteratur. Bibliographischer Behelf für das Studium der Theaterliteratur. Wien 1978.
G. Schweizer: Neuer Schauspielführer. Prosastücke, dramatische Gedichte, Fragmente. Von der griechischen Antike bis zum experimentellen Theater. Gütersloh 1978.
Theater Lexikon. Red. Ch. Trilse u. a. Berlin 1978.
Theater-Lexikon. Hrsg. v. H. Rischbieter. Zürich u. Schwäbischhall 1983.
Who's Who in the Theatre. Hrsg. von I. Herbert. London (16. Aufl.) 1977.
Zeitschriftenverzeichnis Theaterwissenschaft, einschließlich Film, Funk und Fernsehen. Red. Stadt- und Universitätsbibliothek Frankfurt. Frankfurt o. J.

Zeitschriften

Die Bühne (Wien).
Bühnengenossenschaft. Fachblatt der Genossenschaft Deutscher Bühnen-Angehöriger in der Gewerkschaft Kunst des DGB (Hamburg).

Bühnentechnische Rundschau. Zeitschrift für Theatertechnik, Bühnenbau und Bühnengestaltung. Hrsg. von W. Unruh (Berlin).

Die deutsche Bühne. Monatsschrift des Deutschen Bühnenvereins (Darmstadt).

The Drama Review. Hrsg. School of Arts. New York University (New York).

Interscaena. acta scaenographica. Theoretische und kunsttechnische Zeitschrift. Hrsg. vom Institut für Szenographie (Prag).

Maske und Kothurn. Vierteljahresschrift für Theaterwissenschaft. Hrsg. vom Institut für Theaterwissenschaft an der Universität Wien (Wien/Köln/Graz).

Opernwelt. Die deutsche Opernzeitschrift (Velber).

Play und players. Hrsg. von R. Bean (London).

Podium. Zeitschrift für Bühnenbildner und Theatertechniker (Berlin).

Revue d'histoire du théâtre. Publications de la société d'histoire du théâtre (Paris).

Sipario. Il mensile italiano dello spettacolo. Hrsg. von G. de Santis (Mailand).

Theater der Zeit. Organ des Verbandes der Theaterschaffenden der DDR (Berlin/DDR).

Theater heute. Die deutsche Theaterzeitschrift. Hrsg. von P. v. Becker und H. Rischbieter (Velber).

TheaterZeitSchrift. Hrsg. v. Verein zur Erforschung theatraler Verkehrsformen. Berlin.

Theatre Arts. Hrsg. von J. R. Isaacs (New York).

Le Théâtre en Pologne. Hrsg. Centre Polonais de l'Institut International du Théâtre (Warschau).

Theatre Quarterly. Hrsg. von M. Julian (London).

Theatre Research International. Hrsg. von J. F. Arnot (Oxford)

Travail théâtral. Cahiers trimestriels. Red. G. Banu u. a. (Lausanne).

Bühnenbild, Ausstattung, Theatertechnik, Theaterbau

R. Aloi: Architetture per lo spettacolo. Mailand 1958.

D. Bablet: Esthétique générale du décor de théâtre de 1870 à 1914. Paris 1965.

ders.: The Revolution of Stage Design in the 20th Century. Paris und New York 1977.

Bild und Bühne (Ausstellungskatalog). Baden-Baden 1965.

R. Buckle: Modern Ballet Design. London 1955.

Bühne und bildende Kunst im XX. Jahrhundert. Maler und Bildhauer arbeiten für das Theater. Hrsg. von H. Rischbieter, dokumentiert von W. Storch. Velber 1968.

Bühnen-Architektur (= Daidailos. Berlin Architectural Journal 14/1984).

Bühnenbau und Theaterarbeit nach Brecht (= Schwerpunktheft der Zeitschrift «Tendenzen» 88, 1983).

Das Bühnenbild nach 1945. Eine Dokumentation (Ausstellungskatalog). Zürich 1964.

Bühnenbildner der Deutschen Demokratischen Republik. Arbeiten aus den Jahren 1971–1977. Hrsg. von F. Dieckmann. Berlin 1978.

Der Bühnenbildner Teo Otto. Inszenierungen in Österreich. Hrsg. von J. Mayerhöfer. Salzburg 1977.

Bühnenformen Bühnenräume Bühnendekorationen. Hrsg. von R. Badenhausen und H. Zielske. Berlin 1974.

S. Cheney: Modern Art and the Theatre. London 1921.

Le décor de théâtre dans le monde. Collection de l'Institut International du Théâtre. Hrsg. R. Hainaux. Paris/Brüssel 1956 ff (engl. Fassung: Stage Design Throughout the World. New York).

F. Dieckmann: Karl von Appens Bühnenbilder am Berliner Ensemble. Berlin 1973.

Europäische Theaterausstellung (Katalog). Wien 1955.

O. Fischel: Das moderne Bühnenbild. Berlin 1923.

R. M. Frei: Geschichte des Kostüms. Wadenswill 1977.

W. R. Fuerst/S. J. Hume: XXth Century Stage Decoration. 2 Bde. New York 1967.

H. Herberg: Die Entwicklung der Bühnentechnik im deutschsprachigen Theater vom Ende des 19. bis zur Mitte des 20. Jahrhunderts und ihr Zusammenhang mit den modernen Inszenierungsformen. Diss. Wien 1975.

Internationale Ausstellung neuer Theatertechnik (Ausstellungskatalog). Wien 1924.

Die Internationalen Theaterwettbewerbe Düsseldorf und Essen (= Architektur Wettbewerbe Heft 29, Stuttgart 1960).

G. C. Izenour: Theatre Design. New York 1977.

W. Kallmorgen: Theaterbau heute. Darmstadt 1955 (= Sonderheft 1 in der BDA-Informationsreihe «Das Beispiel»).

W. Keinking: Spiel und Form. Werkstattbericht eines Bühnenbildners zum Gestaltwandel der Szene in den zwanziger und dreißiger Jahren. Hamburg 1979.

K. Kreimeier: Illusion und Ironie. Gegenkräfte im modernen Bühnenbild. Diss. Berlin 1964.

Kunst und Theater (Ausstellungskatalog). Bielefeld 1954.

J. Laver: Englische Bühnenbildkunst. Berlin 1948.

ders.: Costume in the Theatre. London 1964.

Les lieux du spectacle (= l'architecture d'aujourd'hui No. 152, Paris 1970).

Die Maler und das Theater im 20. Jahrhundert. Ausstellungskatalog (Kunsthalle Frankfurt). Frankfurt 1986.

M. Mildenberger: Film und Projektion auf der Bühne. Emsdetten 1961.

Oskar Schlemmer und die abstrakte Bühne (Ausstellungskatalog). Zürich 1961.

J. Polieri: Scénographie Sémiographie. Paris 1971.

M. Radke-Stegh: Der Theatervorhang. Ursprung, Geschichte, Funktion. Meisenheim a. G. 1978.

Der Raum des Theaters. Hrsg. von der deutschen Sektion des Internationalen Theater-Instituts. München 1977.

Raumkonzepte. Konstruktivistische Tendendenzen in Bühnen- und Bildkunst 1910–1930. Ausstellungskatalog (Städelsches Kunstinstitut). Frankfurt 1986.

W. H. Romstöck: Bühnenbild und Szene im 20. Jahrhundert. In: Baukunst und Werkform 8 (1955), Heft 4, S. 241–254.

H. Schubert: Moderner Theaterbau. Stuttgart/Bern 1971.

Das schweizerische Bühnenbild von Appia bis heute (Ausstellungskatalog). Zürich 1949.

E. Stadler. Das schweizerische Bühnenbild von Appia bis heute. Zürich 1954.

G. Storck: Probleme des modernen Bauens – und die Theaterarchitektur. Diss. Bonn 1971.

Theaterbau. (= Sonderheft der Zeitschrift «Werk». 47. Jg. 1960, Heft 9).
Theaterbau. Protokolle des Colloquiums. Hrsg. von der deutschen Sektion des Internationalen Theater-Instituts. Berlin 1961.
Theaterkunst (Ausstellungskatalog). Zürich 1914.
Theaterkunst (Ausstellungskatalog). Zürich 1931.
Theaterkunst (Ausstellungskatalog). Wien 1936.
Theaterszene. Theaterbau 1971–1975. Eine Dokumentation des Theaters in der Bundesrepublik Deutschland. Hrsg. von der Deutschen Theatertechnischen Gesellschaft. Frankfurt o. J.
Theatre Art (Ausstellungskatalog). New York 1934.
W. Unruh: Theatertechnik. Berlin 1969.
Visualità del «Maggio». Bozzetti, figurini e spettacoli 1933–1979. (Ausstellungsdokumentation). Florenz 1979.
Les Voies de la création théâtral. Hrsg. von D. Bablet und J. Jacquot. Paris 1970 ff.

Theatergeschichte, allgemeine Theaterprobleme

L. Appignanesi: Das Kabarett. Stuttgart 1976.
O. Aslan: L'art du théâtre. Paris 1963.
J. Bab: Das Theater der Gegenwart. Leipzig 1928.
M. Corvin: Le théâtre nouveau en France. Paris 1963.
Darmstädter Gespräch: Theater. Hrsg. von E. Vietta. Darmstadt 1955.
Deutsches Exildrama und Exiltheater. Hrsg. von W. Elfe. Bern/Frankfurt/Las Vegas 1977.
B. Drewniak: Theater im NS-Staat. Szenarium deutscher Zeitgeschichte 1933–45. Düsseldorf 1983.
F. Dürrenmatt: Theater-Schriften und Reden. Zürich 1966.
M. Esslin: Das Theater des Absurden. Frankfurt/Bonn 1964.
J. Fiebach: Von Craig bis Brecht. Studien zu Künstlertheorien in der ersten Hälfte des 20. Jahrhunderts. Berlin 1975.
Figuren und Spiel im Puppentheater der Welt. Hrsg. von der Union Internat. Marionette. Bearb. von D. Szilágyi. Berlin 1977.
Der Freiheit eine Gasse. Dokumentation zur Zensur im Theater. Hrsg. von der Initiative Freiheit der Theaterarbeit. Offenbach 1978.
M. Friedrich: Geschichte des deutschen Theaters. Stuttgart 1969.
J. Gregor/R. Fülöp-Miller: Das russische Theater. Leipzig/Wien 1928.
G. Gründgens: Wirklichkeit Theater. Frankfurt 1953.
R. Harjes: Handbuch zur Praxis des Freien Theaters. Köln 1983.
J. Hofmann: Kritisches Handbuch des westdeutschen Theaters. Berlin 1981.
M. Kesting: Panorama des zeitgenössischen Theaters. München 1962.
H. Kindermann: Theatergeschichte Europas. Bd. VIII, Salzburg 1968; Bd. IX, Salzburg 1970; Bd. X, Salzburg 1974.
ders.: Bühne und Zuschauerraum. Ihre Zueinanderordnung seit der griechischen Antike. Wien 1963.
Kinder- und Jugendtheater der Welt. Hrsg. von Ch. Hoffmann. Berlin 1968.
V. Klotz: Geschlossene und offene Form im Drama. München 1960.
ders.: Dramaturgie des Publikums. München/Stuttgart 1976.

R. Lübbren: Zur Anthropologie des Schauspielers. Theorien der Schauspielkunst seit der Jahrhundertwende. Diss. München 1955.

M. Marceau: Die Weltkunst der Pantomime. Zürich 1960.

U. Mehlin: Die Fachsprache des Theaters. Eine Untersuchung der Terminologie von Bühnentechnik, Schauspielkunst und Theaterorganisation. Düsseldorf 1969.

S. Melchinger: Theater der Gegenwart. Frankfurt/Hamburg 1956.

ders.: Drama zwischen Shaw und Brecht. Ein Leitfaden durch das zeitgenössische Schauspiel. Bremen 1957.

ders.: Geschichte des politischen Theaters. Velber 1971.

A. Perger: Grundlagen der Dramaturgie. Köln 1952.

U. Rapp: Handeln und Zuschauen. Untersuchungen über den theatersoziologischen Aspekt in der menschlichen Interaktion. Darmstadt/Neuwied 1973.

P. Pörtner: Experiment Theater. Zürich 1960.

Regie. Internationales Colloquium. Hrsg. von der deutschen Sektion des Internationalen Theater-Instituts. Berlin 1971.

Regie in Dokumentation, Forschung und Wissenschaft. Hrsg. von M. Dietrich. Salzburg 1975.

W. Romstöck: Die anti-naturalistische Bewegung in der Szenengestaltung des europäischen Theaters zwischen 1890 und 1930. Diss. München 1954.

J. Roose-Evans: Experimental Theatre from Stanislawski to today. London 1970.

J. Rouché: L'Art théâtral moderne. Paris 1924.

G. Rühle: Theater in unserer Zeit. Frankfurt 1976.

M. Schedler: Kindertheater, Geschichte, Modelle, Projekte. Frankfurt 1976.

W. Schmid: Theater für ein neues Publikum. Strukturmodelle in Frankreich und England in den 60er Jahren. Köln 1978.

F. Schneider: Theater als politische Anstalt. Köln 1978.

«Sich fügen – heißt lügen». 80 Jahre deutsches Kabarett (Ausstellungskatalog). Hrsg. von R. Hippen. Mainz 1981.

Spectaculum [fortgesetzte Anthologie moderner Theaterstücke]. Frankfurt 1960ff.

D. Steinbeck: Einleitung in die Theorie und Systematik der Theaterwissenschaft. Berlin 1970.

G. Strehler: Für ein menschlicheres Theater. Frankfurt 1977.

P. Szondi: Theorie des modernen Dramas. Frankfurt 1963.

Theater im Exil 1933–1945 (Ausstellungskatalog, bearb. von W. Huder). Berlin 1973.

Das Theater in der Freizeitgesellschaft. Bearb. von G. Welzel. Bonn 1977.

Theater im Exil 1933–1945. Katalog. d. Akademie der Künste Berlin (bearb. v. W. Huder). Berlin 1973.

Theater im Umbruch. Hrsg. von H. Rischbieter. Velber 1968.

Theater und Drama in Amerika. Hrsg. von E. Lohner und R. Haas. Berlin 1978.

Das Theater und sein Publikum. Europagespräch 1968. Hrsg. Stadt Wien. Wien 1968.

Das Theater und sein Publikum. Hrsg. vom Institut für Publikumsforschung der Österr. Akademie der Wissenschaften. Wien 1977.

Theaterwissenschaft im deutschsprachigen Raum. Texte zum Selbstverständnis. Hrsg. von H. Klier. Darmstadt 1981 (= Wege zur Forschung 548).

C. Valogne: Théâtre. Lausanne 1962.
A. Veinstein: La mise en scène théâtral et sa condition esthétique. Paris 1955.
ders.: Le théâtre expérimental. Paris 1968.
H. Ch. Wächter: Theater im Exil. Sozialgeschichte des Exiltheaters 1933 bis 1945. München 1973.
J. Wardetzky: Theaterpolitik im faschistischen Deutschland. Berlin 1983.
M. Wekwerth: Theater und Wissenschaft. Überlegungen für das Theater von heute und morgen. München 1974.
Welttheater. Hrsg. von S. Melchinger und H. Rischbieter. Braunschweig 1962.
E. Wendt: Moderne Dramaturgie. Bond und Genet, Beckett und Heiner Müller, Ionesco und Handke, Pinter und Kroetz, Weiss und Gatti. Frankfurt 1974.
J. G. Zamora: Historia del teatro contemporaneo. 4 Bde. Barcelona 1961.

Zu den einzelnen Kapiteln

Adolphe Appia, Émile Jaques-Dalcroze, Eurhythmie und die Lebensreformbewegung

Adolphe Appia 1862–1928, acteur – espace – lumière (Katalog). Zürich 1978.
Adolphe Appia 1862–1928. Darsteller – Raum – Licht. Ausstellungskatalog bearb. v. D. Bablet u. M.-L. Bablet. Zürich 1982.
H. D. Albright: Adolphe Appia's The Work of Living Art & Man is the Measure of all Things, a Theory of the Theatre. Miami 1960.
U. Blattler (Hrsg.): Adolphe Appia e La Scena Costruita. Rom 1944.
H. C. Bonifas: Adolphe Appia. Zürich 1960.
H. Brunet-Lecomte: Jaques-Dalcroze. Genf 1950.
R. Creese: Anthroposophical Performance (über Eurhythmie und Rudolf Steiner). In: The Drama Review T 78 (1978), 46–74.
E. Driver: A Pathway to Dalcroze Eurhythmics. New York 1957.
G. Giertz: Kultus ohne Götter. Émile Jaques-Dalcroze und Adolphe Appia. Versuch einer Theaterreform auf der Grundlage der rhythmischen Gymnastik. München 1975.
K. Hartmann: Deutsche Gartenstadtbewegung, Kulturpolitik und Gesellschaftsform. München 1976.
P. Hoff: Die Entwicklung der theoretischen Ansichten Adolphe Appias über das Theater, Dipl.-Arbeit am Institut für Theaterwissenschaft der Humboldt-Universität zu Berlin. Berlin 1966 (masch.).
D. Kreidt: Kunsttheorie der Inszenierung. Zur Kritik der ästhetischen Konzeptionen Adolphe Appias und Edward Gordon Craigs. Diss. F. U. Berlin 1968 (masch.).
R. Landmann: Monte Verità (bearb. u. ergänzte Ausgabe). Zürich 1973.
F. Marotti: Appia e Craig: Le Origini della Scena Moderna. Venedig 1963.
F. A. Martin: Émile Jaques-Dalcroze. Neuchâtel 1965.
K. Reyle: Adolphe Appia als Künstler und Mensch. In: Maske und Kothurn 8 (1962), Nr. 3–4.
Der Rhythmus. Ein Jahrbuch. Jena 1911.
A. Seidl: Die Hellerauer Schulfeste und die Bildungsanstalt Jaques-Dalcroze'. Regensburg 1912.

E. Stadler (bearb.): Adolphe Appia und Richard Wagner (Ausstellungskatalog). Zürich 1951.
ders.: Adolphe Appia. Florenz 1963.
W. R. Volbach: Adolphe Appia. Prophet of the Modern Theatre: A Profile. Middletown/Conn. 1968 [mit ausführlicher Bibliographie].

Peter Behrens, die Darmstädter Künstlerkolonie und die Stilkunst um 1900

J. Boehne: Jugendstil im Theater. Die Darmstädter Künstlerakademie und Peter Behrens. Diss. (masch.) Wien 1968.
dies.: Theater und Jugendstil – Feste des Lebens und der Kunst. In: Von Morris zum Bauhaus. Eine Kunst gegründet auf Einfachheit. Hrsg. von G. Bott. Hanau 1977, 143–158.
dies.: «Darmstädter Spiele 1901». Das Theater der Darmstädter Künstlerkolonie. In: ebd., 159–181.
T. Buddensieg/H. Rogge: Industriekultur. Peter Behrens und die AEG 1907–1914 (Ausstellungskatalog) Berlin 1979.
Ein Dokument Deutscher Kunst 1901. Ausstellungskatalog. 2 Bde. Darmstadt 1976.
K. Hamann/J. Hermand: Stilkunst um 1900. Berlin 1967.
Peter Behrens in Nürnberg. Geschmackswandel in Deutschland. Historismus, Jugendstil und die Anfänge der Industrieform. Katalog der Ausstellung im Germ. Nationalmuseum in Nürnberg. Bearb. von P.-K. Schuster. Nürnberg 1980.

Georg Fuchs, das Münchner Künstlertheater und die Theaterreform-Bewegung

Th. Alt: Das «Künstlertheater». Kritik der modernen Stilbewegung in der Bühnenkunst. Heidelberg 1909.
W. Grohmann: Das Münchner Künstlertheater in der Bewegung der Szenen- und Theaterreformen. Berlin 1935 (= Schriften der Gesellschaft für Theatergeschichte 44).
Henry van de Velde. Theaterentwürfe 1904–1914. Katalog einer vom Archive de l'Architecture Moderne Brüssel veranstalteten Ausstellung. Brüssel und Hamburg 1977.
M. Littmann (Hrsg.): Das Münchner Künstlertheater. München 1908.
L. Prütting: Die Revolution des Theaters. Studien über Georg Fuchs. Weichenried 1971 (= Münchner Beiträge zur Theaterwissenschaft 2) [mit ausführlicher Bibliographie].
ders.: Theater als Waffe. Zu einem Festspielprojekt von Georg Fuchs. In: Kleine Schriften der Gesellschaft für Theatergeschichte, Heft 25. Berlin 1972, 60–71.
Freiherr v. Schrenck-Notzing: Die Traumtänzerin Magdeleine G. Eine psychologische Studie über Hypnose und dramatische Kunst. Stuttgart 1904.
H. van de Velde: Geschichte meines Lebens. Hrsg. und übers. von H. Curjel. München 1962.
P. Weiss: Kandinsky in Munich. The Formative Jugendstil Years, Princeton N.J. 1979 [mit ausführlicher Bibliographie zum Münchner Künstlertheater].

Edward Gordon Craig

B. Arnott: Edward Gordon Craig & Hamlet. Towards a New Theatre. Ottawa 1975.

D. Bablet: Edward Gordon Craig. Köln/Berlin 1965.

I. K. Fletcher/A. Rood: Edward Gordon Craig. A Bibliography. London 1967.

D. Kreidt: Kunsttheorie der Inszenierung. Zur Kritik der ästhetischen Konzeptionen Adolphe Appias und Edward Gordon Craigs. Diss. FU Berlin 1968 (masch.).

J. Leeper: Edward Gorden Craig. Designs for the Theatre. London 1948.

F. Mariotti: Edward Gorden Craig. Bologna 1961.

ders.: Appia e Craig. Le origini della Scena Moderna. Venedig 1963.

E. Rose: Gordon Craig and the Theatre. A Record and an Interpretation. London o. J. (1931).

Sang-Kyong Lee: Edward Gordon Craig und das spanische Theater. In: Deutsche Vierteljahresschrift für Literaturwissenschaft und Geistesgeschichte 55 (1981), S. 216–237.

Jacques Copeau

F. Anders: Copeau et le Cartel des Quatre. Paris 1959.

D. Bablet: Copeau et le théâtre théâtral. In: Maske und Kothurn 15 (1969), 74–81.

C. Borgal: Jacques Copeau. Paris 1960.

C. J. Davis: Copeau (1879–1949), Diss. (Univ. of Manchester) 1974.

M. Doisy: Jacques Copeau ou l'absolu dans l'art. Paris 1954.

M. Kurtz: Jacques Copeau. Biographie d'un théâtre (1950).

G. Schlocker: Das «Vieux-Colombier» oder die Schule des reinen Theaters. In: Antares 7 (1959), 241–243.

Futuristisches Theater

U. Apollonio (Hrsg.): Der Futurismus. Köln 1972.

Avanguardia a teatro dal 1915 nell'opera scenografica di Baldessari – Depero – Prampolini (Katalog). Mailand (Museo della Scala) 1969.

F. Azari: Futurist Aerial Theatre. Flight as an Artistic Expression of States of Mind. In: The Drama Review 15 (1970) T 49, 127–146.

Chr. Baumgart: Geschichte des Futurismus. Reinbek 1966.

C. Belloli: Il teatro futurista. In: Fenarete 15 (1963), Nr. 1, 21–41.

A. G. Bragaglia: Del Teatro Teatrale, ossia del Teatro. Roma 1929.

ders.: Il Teatro della Rivoluzione. Roma 1929.

ders.: Tempi e aspetti della scenografia. Turin 1954.

The Drama Review 15 (1970), T-49 (über futuristisches Theater).

Enrico Prampolini (Katalog). Istituto Italo-Latino Americano. Roma, gennaio-febbraio 1974.

Futurismo (Katalog). Accademia Nazionale di San Luca. Rom 1976.

Futurismus 1909–1917 (Katalog). Städtische Kunsthalle Düsseldorf, 15. März–28. April 1974.

M. Kirby: Futurist Performance. New York 1971.

G. G. Lista: Futurisme, Manifestes, documents, proclamations. Lausanne 1973.

ders. Théâtre futuriste italien. Lausanne 1976.

G. Luongo (Hrsg.): Il teatro futurista, Neapel 1941.

V. Markow (Hrsg.): Manifeste und Programme der russischen Futuristen. München 1967.
ders.: Russian Futurism; a History. Los Angeles 1968.
«Maske und Kothurn». Wien 1966, Heft 4 (Sonderheft: A. G. Bragaglia).
F. Menna: Enrico Prampolini. Rom 1967.
S. Sinisi: ‹Varieté›. Prampolini e la scena. Turin 1974.
Sipario 22 (1967), Nr. 260 (über futuristisches Theater).
I. Stegen: Die futuristische Bühne. In: Interscaena 1970, H. 2, 34 ff.
Travail théâtral (1973) Nr. 11 (über futuristisches Theater).
M. Verdone: Teatro del tempo futurista. Rom 1969.

Filippo Tommaso Marinetti

L. Altomare: Incontri con Marinetti e il futurismo. Rom 1956.
G. Calendoli: Introduzione a Teatro di F. T. Marinetti. Rom 1960, Bd. 1.
F. Cangiullo: F. T. Marinetti & Cangiullo = Teatro della sorpresa. Livorno 1968.
J. Joll: F. T. Marinetti – Futurism and Fascism. In: J. Joll, Three Intellectuals in Politics. New York 1960.
G. Lista: Marinetti et le futurisme. Lausanne 1977.
E. Settimelli: F. T. Marinetti: L'uomo e l'artista. Mailand 1921.
W. Vaccari: Vita e tumulti di F. T. Marinetti. Mailand 1959.

Enrico Prampolini

U. Artioli: La scena e la dynamis. Bologna 1975.
P. Courthion: Prampolini. Rom 1957.
Enrico Prampolini (Katalog der Galleria Nazionale d'Arte Modernd in Rom). Rom 1961.
Prampolini futurista. Hrsg. von V. Scheinwiller. Mailand 1962.
S. Sinisi: «Varieté» Prampolini e la scena. Turin 1974.

DADA: Zürich und Berlin

D. Ades: Dada and Surrealism. London 1974.
J. Baader: Oberdada, Schriften, Manifeste, Flugblätter, Billets, Werke und Taten. Hrsg. von H. Bergius, N. Miller und K. Riha. Gießen/Lahn 1977.
H. Ball (Hrsg.): Cabaret Voltaire. Eine Sammlung künstlerischer und literarischer Beiträge. Zürich 1916.
ders.: Die Flucht aus der Zeit. München/Leipzig 1927.
H. Behar: Étude sur le théâtre dada et surréaliste. Paris 1967.
H. Bergius/K. Riha (Hrsg.): Dada Berlin. Texte, Manifeste, Aktionen. Stuttgart 1977.
H. Bergius/E. Roters (Hrsg.): Tendenzen der zwanziger Jahre. Teil 3: Dada in Europa. Werke und Dokumente (Katalog). Berlin 1977.
E. Egger: Hugo Ball. Ein Weg aus dem Chaos. Olten 1951.
R. Hausmann: Am Anfang war Dada. Hrsg. von K. Riha/G. Kämpf. Steinbach/Gießen 1972.
R. Huelsenbeck (Hrsg.): Dada Almanach. Im Auftrag des Zentralamts der deutschen Dada-Bewegung. Berlin 1920.
ders.: En Avant Dada. Die Geschichte des Dadaismus. Hannover 1920.

I. Kümmerle: Tristan Tzara. Dramatische Experimente zwischen 1916 und 1940. Zürich 1978.
M. L. Mendelsohn: Marcel Janco. Tel Aviv 1962.
R. Meyer u. a.: Dada in Zürich und Berlin 1916–1920. Kronberg 1973.
M. Prosenc: Die Dadaisten in Zürich. Bonn 1967.
H. Richter: Dada – Kunst und Antikunst. Köln 1964.
K. Riha: Da Dada da war ist Dada da. Aufsätze und Dokumente. München 1980.
W. S. Rubin: Dada and Surrealism. New York 1968.
A. Schwarz: new york dada. München 1974.
T. Tzara: An Introduction to Dada. New York 1951.

Kurt Schwitters

Kurt Schwitters (= Text und Kritik 35/36, Okt. 1972).
F. Mon/H. Neidel (Red.): Prinzip Collage. Hrsg. vom Institut für moderne Kunst Nürnberg. Neuwied/Berlin 1968.
B. Scheffer: Anfänge experimenteller Literatur. Das literarische Werk von Kurt Schwitters. Bonn 1978.
K. Schippers: Holland Dada. Amsterdam 1974.
H.-B. Schlichting: Innovation und Materialkritik. Konzeption der Merzkunst. In: Text + Kritik 35/36, 1972.
W. Schmalenbach: Kurt Schwitters. Köln 1967.
J. Wissmann: Collagen oder die Integration von Realität im Kunstwerk. In: Immanente Ästhetik. Ästhetische Reflexion. Hrsg. von W. Iser. München 1966, 327–360.

Theater und Expressionismus

R. Blümner: Drama und Schaubühne. In: Die Schaubühne 3 (1907), Bd. 2, 431–437.
H. Denkler: Drama des Expressionismus. Programm – Spieltext – Theater. München 1967.
B. Diebold: Anarchie im Drama – Kritik und Darstellung der modernen Dramatik. Berlin-Wilmersdorf 1928.
F. Emmel: Das ekstatische Theater. Prien am Chiemsee 1924.
L'Expressionisme dans le Théâtre Européen. Colloque organisé par le Centre d'Études Germaniques de l'université de Strasbourgh et l'Équipe de Recherches Théâtrales et Musicologiques du C.N.R.S. (Nov./Dez. 1968), réunies et présentées par D. Bablet et J. Jacquot. Paris 1971.
O. M. Färber: Die illusionsauflösenden Tendenzen im dramaturgischen Programm des Expressionismus. Diss. phil. (masch.). Wien 1958.
K. Kändler: Das expressionistische Drama vor dem ersten Weltkrieg. Diss. phil. Leipzig 1959.
H. Kaufmann: Expressionistische Dramatik. In: H. Kaufmann, Krisen und Wandlungen der deutschen Literatur von Wedekind bis Feuchtwanger. Berlin/Weimar 1966, 253–293.
P. Kornfeld: Der beseelte und der psychologische Mensch. Kunst, Theater und Anderes. In: Das junge Deutschland 1 (1918), Nr. 1, 1–12.
E. Lämmert: Das expressionistische Verkündigungsdrama. In: Das deutsche Drama vom Expressionismus bis zur Gegenwart. Hrsg. von M. Brauneck, Bamberg 1972, 21–35.

Les voies de la création théâtrale VII. Mise en scène années 20 et 30. Hrsg. von D. Bablet. Paris 1979.

K. Otten (Hrsg.): Schrei und Bekenntnis. Expressionistisches Theater. Darmstadt, Berlin/Neuwied 1959.

P. Pörtner (Hrsg.): Literatur-Revolution 1910–1925. 2 Bde. Neuwied und Berlin 1961.

ders.: Expressionismus und Theater. In: Expressionismus als Literatur. Hrsg. von W. Rothe. Bern/München 1969, 194–211.

L. Schreyer: Expressionistisches Theater. Aus meinen Erinnerungen. Hamburg 1948 (= Hamburger Theaterbücherei 4).

A. Strindberg: Über Drama und Theater. Hrsg. von M. Kesting und V. Arpe. Köln 1966.

A. Viviani: Dramaturgische Elemente des expressionistischen Dramas. Bonn 1970 (= Bonner Arbeiten für deutsche Literatur 21).

H. Walden (Hrsg.): Sturm-Bühne. Jahrbuch des Theaters der Expressionisten. Folge 1–8. Berlin 1918/1919.

W. Wauer: Die Kunst im Theater. Berlin 1909 (fast vollständig wiederabgedruckt in: Der Sturm 2 (1911/12), Nr. 68, 542f; Nr. 70, 558f; Nr. 72, 574f; Nr. 74, 590f; Nr. 76, 605).

«Sturm-Bühne» und «Kampf-Bühne»

R. Blümner: Drama und Schaubühne. In: Die Schaubühne 3 (1907), Bd. 2, 431–437.

ders.: Tanz und Tanz oder Kunsttanz und Tanzkunst. In: Der Sturm 17 (1926/27), 53–58.

ders.: Regie des Dramas. In: Das Nationaltheater 1 (1928/29), Nr. 6, 22–31.

R. Brinkmann: Zur Wortkunst des Sturm-Kreises. In: Unterscheidung und Bewahrung. Festschrift für Hermann Kunisch zum 60. Geburtstag. Berlin 1961, 63–78.

V. Pirsich: Der Sturm. Diss. phil. Hamburg 1984.

W. Voermanek: Untersuchungen zur Kunsttheorie des «Sturm»-Kreises. Diss. phil. FU Berlin 1970.

N. Walden/L. Schreyer (Hrsg.): Der Sturm. Ein Erinnerungsbuch an Herwath Walden und die Künstler aus dem Sturmkreis. Baden-Baden 1954.

I. Wasserka: Die Sturm- und Kampfbühne. Kunsttheorie und szenische Wirklichkeit im expressionistischen Theater Lothar Schreyers. Diss. phil. Wien 1965.

Wassily Kandinsky

L.-G. Buchheim: Der Blaue Reiter und die «Neue Künstlervereinigung München». Feldafing 1959.

H. Denkler: Das Drama des Expressionismus in Zusammenhang mit den expressionistischen Programmen und Theaterformen. Diss. phil. Münster 1963.

W. Grohmann: Wassily Kandinsky. Leben und Werk. Köln 1958 [mit ausführlicher Bibliographie].

K. Lindsay: An Examination of the Fundamental Theories of Wassily Kandinsky. Diss. phil. Univ. of Wisconsin 1951 (masch.).

A. Schönberg: Texte. Wien und New York 1926.

P. Weiss: Kandinsky in Munich. The Formative Jugendstil Years. Princeton 1979.

Fernand Léger

Fernand Léger 1980. Katalog der Ausstellung d. Staatlichen Kunsthalle Berlin. Bearb. von D. Ruckhaberle u. a. Berlin 1981.

Ch. Green: Léger and the Avant-Garde. New Haven und London 1976.

M. Raynal: Skating-Rink. Ballett von Fernand Léger. In: Esprit Nouveau. Paris 1923, Bd. II 2020–2024.

W. Schmalenbach u. a.: Fernand Léger, Köln 1977.

Frederick J. Kiesler

Frederick Kiesler. Architekt 1890–1965 (Ausstellungskatalog). Hrsg. von der Galerie nächst St. Stephan. Wien o. J. [1975]

C. Goodman: The Current of Contemporary History: Frederick Kiesler's Endless Search. In: Arts Magazine. Sept. 1979, 118–123.

R. Held: Endless Innovations. The Theories and Scenic Design of Frederick Kiesler. Bowling Green State University, Diss. phil. 1977.

Theaterarbeit am Bauhaus

Bauhaus 3 Bühne. Dessau 1927.

Th. v. Doesburg: Grundbegriffe der neuen gestaltenden Kunst. München 1925 (= Bauhausbücher 6).

Fünfzig Jahre Bauhaus. Ausstellungskatalog. Stuttgart 1968.

S. Gideon: Walter Gropius. Mensch und Werk. Stuttgart 1954.

W. Gropius: Moderner Theaterbau unter Berücksichtigung des Piscator-Theaterneubaus in Berlin. In: Scene 18. Berlin 1928, 4.

ders.: Das totale Theater. In: Reale Accademia d'Italia. Fondazione Volta, Convegno di lettere v. 8.–14. Okt. 1934. Rom 1934.

ders.: Die neue Architektur und das Bauhaus. Mainz/Berlin 1964 (= Neue Bauhausbücher).

ders.: Theaterbau. In: W. Gropius: Apollo in der Demokratie. Cambridge (Mass.) 1967, 115–121.

ders.: Architektur. Wege zu einer optischen Kultur. Nachwort von H. M. Wingler. Frankfurt 1982.

L. Hirschfeld-Mack: Farbenlichtspiele. Wesen – Ziele – Kritiken. Weimar 1925.

K. H. Hüter: Das Bauhaus in Weimar. Studie zur gesellschaftspolitischen Geschichte einer deutschen Kunstschule. Berlin 1976.

H. L. C. Jaffé: De Stijl. 1917–1927. Visions of Utopia. Amsterdam 1956.

L. Lang: Das Bauhaus 1919–1933. Idee und Wirklichkeit. Berlin 1965.

El Lissitzki: Erinnerungen, Briefe, Schriften. Übers. von S. Lissitzki-Küppers. Dresden 1967.

K. v. Maur: Oskar Schlemmer. Monographie. München 1979.

Oskar Schlemmer. Katalog der Ausstellung der Staatsgalerie Stuttgart im Württembergischen Kunstverein (bearb. von K. v. Maur). Stuttgart 1977.

X. Schawinsky: From the Bauhaus to Black Mountain. In: The Drama Review 15, 1971 (T 51), 31–59.

O. Schlemmer/L. Moholy-Nagy/F. Molnár: Die Bühne im Bauhaus. München 1925 (= Bauhausbücher 4); Neuausgabe: Mainz/Berlin 1965. Hrsg. von H. M. Wingler (= Neue Bauhausbücher).

L. Schreyer: Erinnerungen an Sturm und Bauhaus. München 1956.

B. Taut: Der Weltbaumeister – Architektur – Schauspiel für symphonische Musik, Hagen 1920.

H. M. Wingler: Das Bauhaus 1919–1933. Dessau, Berlin und die Nachfolge in Chicago seit 1937. Köln (3. Aufl.) 1975.

Oskar Schlemmer

H. Beckmann: Oskar Schlemmer and the Experimental Theatre of the Bauhaus. A Documentary. Diss. Phil. Univ. of Alberta, Edmonton (Fall) 1977.

M. Bistolfi: Oskar Schlemmer e l'astrazione della scena nel Bauhaus. Diss. Phil. Univ. Florenz 1978/79.

K. Lazarowicz: Dilettantismus und «strenge Regularität». Über Oskar Schlemmers Bühnentheorie und seine szenischen Experimente. In: Maske und Kothurn 17 (1971), 339–356.

K. v. Maur: Oskar Schlemmer. Monographie. München 1979.

Oskar Schlemmer und die abstrakte Bühne. Katalog der Ausstellung am Kunstgewerbemuseum Zürich. Zürich 1961.

Oskar Schlemmer. Katalog der Ausstellung der Akademie der Künste Berlin (22. Sept.–27. Okt. 1963). Berlin 1963.

Oskar Schlemmer. Katalog der Ausstellung der Staatsgalerie im Württembergischen Kunstverein (11. Aug.–18. Sept. 1977). Bearb. von K. v. Maur. Stuttgart 1977.

X. Schawinsky: Vom Bauhaus-Happening zum Spectodrama. In: Das Kunstwerk 19 (1966), Nr. 7, 24–28.

D. Scheper: Oskar Schlemmer – Das Triadische Ballett und die Bauhausbühne. Diss. phil. Wien 1970 (masch.).

Laszlo Moholy-Nagy

H. Curjel: Moholy-Nagys Arbeiten für Berliner Bühnen. In: Bühnenbild und bildende Kunst (Ausstellungskatalog). Iserlohn 1959.

Laszlo Moholy-Nagy. Bearb. von H. Weitemeier, W. Herzogenrath, T. Osterwold und L. C. Engelbrecht. Stuttgart 1974.

S. Moholy-Nagy: Laszlo Moholy-Nagy, ein Totalexperiment. Mainz/Berlin 1972.

H. Weitemeier: Licht-Visionen. Ein Experiment von Moholy-Nagy. Berlin 1972 (Bauhaus-Archiv).

dies.: Moholy-Nagy – Entwurf einer Wahrnehmungslehre. Diss. FU Berlin 1974.

Das russische Revolutionstheater

B. Arvatov: Kunst und Produktion. Hrsg. von H. Günter und K. Hielscher. München 1972.

M. Bradshaw (Hrsg.): Soviet Theatre 1917–1941. New York 1954.

E. Braun (Hrsg.): Meyerhold on Theatre. London 1969.

ders.: Constructivism in the Theatre. In: Art in Revolution: Soviet Art and Design since 1917 (Ausstellungskatalog). London 1971, 60–81.

N. N. Evreinov: Le Théâtre en Russie Soviétique. In: Les Publications techniques et artistiques. Paris 1946.

ders.: Histoire du Théâtre Russe. Paris 1947.

N. A. Gorchakov: The Theatre in Soviet Russia. New York 1957.

M. Gordon: Meyerhold's Biomechanics. In: The Drama Review 18 (1974). T-63, 73–89.

P. Gorsen/E. Knödler-Bunte (Hrsg.): Proletkult 1: System einer proletarischen Kultur. Dokumentation; Proletkult 2: Zur Praxis und Theorie einer proletarischen Kulturrevolution in Sowjetrußland 1917–1925. Dokumentation. Stuttgart/Bad Cannstadt 1974.

N. Gourfinkel: Théâtre Russe Contemporain. Paris 1931.

C. Gray: Das große Experiment. Die russische Kunst 1863–1922. Köln 1974.

J. Gregor/R. Fülöp-Miller: Das russische Theater. Leipzig/Wien 1928.

S. L. Grigorjew: The Diaghilev-Ballett 1909–1929. London 1953.

H. Herlinghaus u. a. (Hrsg.): Sergei Eisenstein. Künstler der Revolution. Berlin 1960.

P. M. Kerschenjew: Das schöpferische Theater (1918). Hamburg 1922.

Les voies de la création théâtrale VII. Mise en scène années 20 et 30, ed. D. Bablet Paris 1979.

J. Macleod: The New Soviet Theatre. London 1943.

K. Martinek: Meyerhold. Prag 1963.

W. E. Meyerhold/A. I. Tairow/J. B. Wachtangow: Theateroktober. Hrsg. von L. Hoffmann und D. Wardetzky. Frankfurt 1972.

J. Paech: Das Theater der russischen Revolution. Kronberg/Ts. 1974.

A. M. Ripellino: Majakowskij und das russische Theater der Avantgarde. Köln 1964.

J. Rühle: Theater und Revolution. München 1963.

Sovjet-Theatre (= Drama Review T 57, 1973).

A. Tairow: Das entfesselte Theater. Potsdam 1923.

Tretjakov/Eisenstein. Theater der Attraktionen (= Ästhetik und Kommunikation 13, 1973, Heft 13).

S. Tretjakov: Die Arbeit des Schriftstellers. Hrsg. von H. Boehncke. Reinbek 1972.

Erwin Piscator und das politische Theater der Weimarer Republik

M. Boetzkes/M. Queck: Die Theaterverhältnisse nach der Novemberrevolution. In: Theater der Weimarer Republik. (Berlin 1977), 687–715.

Erwin Piscator 1893–1966. Ausstellungskatalog der Akademie der Künste Berlin. Berlin 1971.

H.-J. Fiebach: Die Darstellung kapitalistischer Widersprüche und revolutionärer Prozesse in Erwin Piscators Inszenierungen von 1920–1931. Untersuchungen zur theaterhistorischen Rolle Erwin Piscators in der Weimarer Republik. Diss. phil. Berlin (DDR) 1965.

ders.: Die Herausbildung von E. Piscators «Politischem Theater» 1924/25. In: Weimarer Beiträge 13 (1967), 179–227.

H. Goertz: Erwin Piscator in Selbstzeugnissen und Bilddokumenten. Reinbek 1974.

R. Hagen: Das politische Theater in Deutschland zwischen 1918 und 1933. Diss. München 1958.

D. Hoffmann-Oswald (Hrsg.): Auf der Roten Rampe. Erlebnisberichte und Texte aus der Arbeit der Agitproptruppen vor 1933. Berlin 1963.

L. Hoffmann/D. Hoffmann-Oswald (Hrsg.): Deutsches Arbeitertheater 1918 bis 1933. 2 Bde. München 1973.

H. Jhering: Reinhardt, Jessner, Piscator oder Klassikertod? Berlin 1929.

ders.: Von Reinhardt bis Brecht. Vier Jahrzehnte Theater und Film. 3 Bde. Berlin 1958.

K. Kändler: Drama und Klassenkampf. Berlin/Weimar 1970.
F. W. Knellessen: Agitation auf der Bühne. Das politische Theater der Weimarer Republik. Emsdetten 1970.
P. Kupke: Zu den Inszenierungen Piscators 1920 bis 1933. Diplomarbeit an der Theaterhochschule. Leipzig 1956.
M. Ley–Piscator: The Piscator Experiment. The Political Theatre. London/Amsterdam 1967.
K. Pfützner: Ensembles und Aufführungen des sozialistischen Berufstheaters in Berlin 1929–1933. In: Schriften zur Theaterwissenschaft 4. Berlin 1966, 11–244.
G. Rühle: Theater für die Republik. Frankfurt 1967.
ders.: Die zehn Taten des Erwin Piscator. In: Theater heute 12 (1971), Nr. 11, 3–7.
Theater der Weimarer Republik. Ausstellungskatalog des Kunstamts Kreuzberg und des Instituts für Theaterwissenschaft der Universität Köln. Berlin 1977.

Bertolt Brecht, Caspar Neher und das «epische Theater»

Aufbau einer Rolle. Galilei. Berlin 1956 (= Modellbücher des Berliner Ensembles 2).
Bertolt Brecht. Caspar Neher. Ausstellungskatalog d. Hessischen Landesmuseums Darmstadt. Bearb. von H. Ragaller und H. J. Weitz. Darmstadt 1963.
Caspar Neher. Ausstellung im Schaezlerpalais zu Augsburg 1964. Augsburg 1964.
M. Dietrich: Episches Theater? In: Maske und Kothurn 2 (1956), 97–124 und 301–334.
G. v. Einem/S. Melchinger (Hrsg.): Caspar Neher. Velber 1966.
W. Gersch: Film bei Brecht. Bertolt Brechts praktische und theoretische Auseinandersetzung mit dem Film. München 1975.
R. Grimm: Bertolt Brecht. Die Struktur seines Werkes. Nürnberg 1959.
ders. (Hrsg.): Episches Theater. Köln/Berlin 1966.
W. Hecht: Brechts Weg zum epischen Theater. Berlin 1962.
W. Hinck: Die Dramaturgie des späten Brecht. Göttingen 1959.
H. Jhering: Bertolt Brecht und das Theater. Berlin 1959.
H. Kaufmann: Bertolt Brecht – Geschichtsdrama und Parabelstück. Berlin 1962.
L. Kofler: Entfremdung und «episches Theater». In: L. Kofler: Zur Theorie der modernen Literatur. Neuwied und Berlin-Spandau 1962, 27–62.
J. Knopf: Brecht-Handbuch. Theater. Eine Ästhetik der Widersprüche. Stuttgart 1980.
S. Melchinger: Der Bühnenbauer Caspar Neher und die Theatergeschichte des XX. Jahrhunderts. In: G. v. Einem/S. Melchinger (Hrsg.): Caspar Neher. Velber 1966, 7–33.
K.-D. Müller: Die Funktion der Geschichte im Werk Bertolt Brechts. Studien zum Verhältnis von Marxismus und Ästhetik. Tübingen 1967.
Mutter Courage und ihre Kinder. Berlin 1958 (= Modellbücher des Berliner Ensembles 3).
C. Neher: Das moderne Bühnenbild. In: H. Rutz: Neue Oper. Wien 1947, 59–64.
H. Rischbieter: Bertolt Brecht. 2 Bde. Velber 1966.
K. Rülicke-Weiler: Die Dramaturgie Brechts. Theater als Mittel der Veränderung. Berlin 1966.
E. Schumacher: Die dramatischen Versuche Bert Brechts 1918–1933. Berlin 1955.

R. Steinweg: Das Lehrstück. Brechts Theorie einer politisch-ästhetischen Erziehung. Stuttgart 1972.
Theater in der Deutschen Demokratischen Republik 4: Brecht und das Theater in der DDR. Hrsg. vom Internationalen Theaterinstitut, Zentrum DDR. Berlin 1957.
Theaterarbeit. Sechs Aufführungen des Berliner Ensembles. Düsseldorf 1952.
K. Völker: Bertolt Brecht. Eine Biographie. München 1976.
J. Willett: Das Theater Bertolt Brechts. Eine Betrachtung. Hamburg 1964.

Peter Weiss und das Dokumentartheater der sechziger Jahre

H. L. Arnold (Hrsg.): Peter Weiss. München 1973 (= Text und Kritik)
O. F. Best: Peter Weiss. Vom existentialistischen Drama zum marxistischen Welttheater. Eine kritische Bilanz. Bern/München 1971.
V. Canaris (Hrsg.): Über Peter Weiss. Frankfurt 1970.
Dokumentartheater – und die Folgen. In: Akzente 13 (1966), 208–229.
M. Haiduk: Der Dramatiker Peter Weiss. Berlin/DDR 1977.
K. H. Hilzinger: Die Dramaturgie des dokumentarischen Theaters. Tübingen 1976.
Th. Hocke: Artaud und Weiss. Diss. FU Berlin 1977.
M. Kesting: Völkermord und Ästhetik. Zur Frage der sogenannten Dokumentarstücke. In: Neue deutsche Hefte 14 (1967), H. 1, 88–97.
G. K. Pallowski: Die dokumentarische Mode. In: Literaturwissenschaft und Sozialwissenschaften. Grundlagen und Modellanalysen. Stuttgart 1971, 235–314.
H. Rischbieter: Peter Weiss. Velber 1967.
E. Schumacher: Peter Weiss. «Die Ermittlung». Über die szenische Darstellbarkeit der Hölle auf Erden. In: M. Brauneck (Hrsg.): Das deutsche Drama vom Expressionismus bis zur Gegenwart. Bamberg 1972 283–293.
G. Weinreich: Peter Weiss' Marat/Sade. Frankfurt, Berlin und München 1974.
J. D. Zipes: Documentary Drama in Germany: Mending the circuit. In: The Germanic Review 42 (1967), 49–62.

Augusto Boal

H. Thorau: Das Theater des Augusto Boal. In: Theater heute 12 (1978), 44–51.
ders.: Augusto Boal oder Die Probe auf die Zukunft. In: A. Boal: Theater der Unterdrückten. Frankfurt 1979, 9–16.
ders.: Interview mit Augusto Boal. In: A. Boal: Theater der Unterdrückten. Frankfurt 1979, 157–168.
ders.: Augusto Boals Theater der Unterdrückten in Theorie und Praxis. Rheinfelden 1982 (= Romanistik 26).

Max Reinhardt

G. Adler: Max Reinhardt. Sein Leben. Salzburg 1964.
H. Braulich: Max Reinhardt. Theater zwischen Traum und Wirklichkeit. Berlin 1966.
M. Esslin: Max Reinhardt: High Priest of Theatricality. In: The Drama Review 21 (1977), T-74, 3–24.
F. Hadamowsky: Max Reinhardt und Salzburg. Salzburg 1964.
H. Huesmann: Max Reinhardts Berliner Theaterbauten. In: EMUNA. Horizonte zur Diskussion über Israel und das Judentum 9 (1974), 46–54.

ders.: Welttheater Reinhardt. Bauten Spielstätten Inszenierungen. Mit einem Beitrag «Max Reinhardts amerikanische Spielpläne» von L. M. Fiedler. München 1983.
H. Jhering: Reinhardt, Jessner, Piscator oder Klassikertod? Berlin 1929.
ders.: Von Reinhardt bis Brecht. Vier Jahrzehnte Theater und Film. 3 Bde. Berlin 1961.
H. Kindermann: Max Reinhardts Weltwirkung. Wien 1969.
Max Reinhardt. Sondernummer von «Maske und Kothurn» 16 (1970), H. 2.
Max Reinhardt. Sondernummer von «Maske und Kothurn» 19 (1973), H. 3.
S. Melchinger: Das Theater Max Reinhardts. In: Max-Reinhardt-Forschungsstätte Salzburg (Hrsg.): Max Reinhardt. Sein Theater in Bildern. Velber/Wien 1968, 7–20.
O. M. Saylor: Max Reinhardt und His Theatre. New York 1924 (Nachdruck: New York/London 1968).

Konstantin S. Stanislawski

Acting. A Handbook of the Stanislawski-Method. Hrsg. von T. Cole. London und New York 1955.
N. Albakin: Das Stanislawski-System und das Sowjet-Theater. Berlin (DDR) 1953.
K. Antarowa: Studioarbeit mit Stanislawski. Berlin 1951.
B. Brecht: «Über das Stanislawski-System». In: B. Brecht: Schriften zum Theater 3. Frankfurt 1963, 206–217.
N. Gortschakow: Regieunterricht bei Wachtangow. Moskau 1957.
ders.: Regie. Unterricht bei Stanislawski. Berlin 1959.
N. Gourfinkel: Stanislawski. Paris 1955
E. J. Poljakowa: Stanislawski. Leben und Werk. 1981.
K. Just: Stanislawski und das deutschsprachige Theater. 1970.
W. Prokofjew: K. S. Stanislawski und seine Theorie der schauspielerischen Erziehung. In: K. S. Stanislawski; Theater, Regie und Schauspieler. Hamburg 1958, 131–159.
Protokolle der Stanislawski-Konferenz v. 17.–19. April 1953 in Berlin. Hrsg. von der Deutschen Akademie der Künste zu Berlin. Berlin (DDR) 1953.
F. Rellstab: Stanislawski Buch. Einführung in das «System». 1976.
K. Rühlicke: Die Arbeitsweisen Stanislawskis und Brechts. T. 1 u. 2. In: Theater der Zeit 1962, H. 11, 54ff, H. 12, 53ff.
K. S. Stanislawski/W. Prokofjew/W. Toporkow/B. Sachawa/G. Gurjew: Der schauspielerische Weg zur Rolle. Berlin (DDR) 1952.
C. Trepte: Leben und Werk des großen Künstlers K. S. Stanislawski. Berlin 1948.

Jean-Louis Barrault

E. Bentley: Jean-Louis Barrault. In: Kenyon Review 12 (1950), Nr. 2, 224–242.
O. Brabaut: Jean-Louis Barrault ou la diction du théâtre total. Thèse de doctorat du 3e cyde: lettres modernes. Université de Paris-Sorboune o. J.
P. Claudel: Jean-Louis Barrault. In: Die Neue Rundschau 65 (1954), Nr. 1, 17–50.
C. Dullin: Souvenirs et notes de travail d'un acteur. Paris 1940.
A. Frank/T. Le Prat: Jean-Louis Barrault. Hamburg-Volksdorf 1957.
L. Jouvet: Réflexions du comédien. Paris 1944.

C. R. Lyons: La Compagnie Madeleine Renaud-Jean-Louis Barrault: The Idea and the Esthetic. In: Educational Theatre Journal 9 (Dez. 1967), Nr. 4, 415–425.

Theater der Erfahrung – Freies Theater

N. Abranovic/U. Abranovic: Relation in Space. Venedig 1976.

V. Alliata (Hrsg.): Einstein on the Beach. New York 1978.

Answers by Squat Theatre. In: The Drama Review 22 (1978), T 79, 3–10.

J. Beck: The Life of the Theatre. San Francisco 1972.

J. Beck/J. Malina: Paradise Now. New York 1971.

J. Beck/J. Malina/The Living Theatre Collective: Turning the Earth. In: The Drama Review 19, T-67 (1975), 94 ff.

Das befreiende Gelächter. Interview mit Luis Valdez über El Teatro Campesino. In: Theater Heute 9 (1972), 29–32.

P. Biner: Le Living Théâtre. Lausanne 1968.

S. Brecht: The Theatre of Visions: Robert Wilson. Frankfurt 1978.

Containment is the Enemy. Judith Malina and Julian Beck interviewed by Richard Schechner. In: The Drama Review 13 (1969), T-43, 24–44.

S. J. Credico: Towards a Theatre of Cruelty. Artaud, Peter Brook, The Living Theatre, Happenings, Jerzy Grotowski. Diss. Univ. of Alberta 1973.

K. Davey (Hrsg.): Richard Foreman, Plays and Manifestos. New York 1976 (= Drama Review Series).

J. Diederichs: Zum Begriff «Performance». In: documenta 6, Bd. 1. Kassel 1977, 281–283.

F. Foreman: Ontological-Hysterical Manifesto II. In: The Drama Review, Sept. 1974.

ders.: Third Manifesto. Ontological-Hysteric Theatre. In: The Drama Review, Dez. 1975.

P. Frank: Stuart Sherman. Spectacles, Open Space Theatre. In: Artforum, Summer 1977.

P. Fröhlich: Das nicht-kommerzielle amerikanische Theater. Rheinfelden 1982 (Theater unserer Zeit 18).

Happenings. Eine Dokumentation. Hrsg. von J. Becker und W. Vostel. Reinbek 1965.

H. Heilmeyer/P. Fröhlich: NOW. Theater der Erfahrung. Material zur neuen amerikanischen Theaterbewegung. Köln 1971.

D. Herms: Agitprop USA. Zur Theorie und Strategie des politisch-emanzipatorischen Theaters in Amerika seit 1960. Kronberg 1973.

ders.: Mime Troup, El Teatro, Bread and Puppet – Ansätze zu einem politischen Volkstheater in den USA. In: Maske und Kothurn 19 (1973), 342–362.

D. Herms/A. Paul: Politisches Volkstheater der Gegenwart. Berlin 1981 (= Studienheft 45 der Zeitschrift «Das Argument»).

Inszenierte Räume. Karl-Ernst Herrmann. Erich Wonder, Ausstellung am Kunstverein Hamburg. 24. März – 13. Mai 1979. Hamburg 1979.

A. Kaprow: Assemblage, Environments, Happenings. New York 1966.

M. Kirby: Happenings. New York 1965.

ders.: The New Theatre. Performance. Documentation. New York 1974.

ders.: Richard Foreman's Ontological-Hysterie Theatre. In: The Drama Review 17 (1973), T 58, 5–32.

B. Langton: Journey to Ka Mountain. In: The Drama Review, June 1973, 47–57.
Lateinamerika: Theater. In: Theater heute 6 (1982), 33–63.
H. Lesnick (Hrsg.): Guerilla-Street Theatre. New York 1969.
G. Mantegna/A. Rostagno (Hrsg.): We, The Living Theatre. New York 1976.
B. Marranca (Hrsg.): The Theatre of Images. New York 1977.
G. Moses/R. Schechner (Hrsg.): The Free Southern Theatre. New York 1969.
R. Neff: The Living Theatre: USA. New York 1970.
H. Nitsch: 1, 2, 3 und 5 Abreaktionsspiel/König Ödipus/Frühe Aktionen. 3 Bde. Neapel 1978.
ders.: Orgien Mysterien Theater. Darmstadt 1969.
R. Pasolli: A Book on the Open Theatre. New York 1970.
Performance by Artist. Hrsg. von A. Bronson und P. Gale. Toronto 1979.
Performance Oggi (settimana internazionale della performance; Bologna 1.–6. Juni 1977). Pollenze-Macerata 1978.
Robert Wilson from a Theater of Images. Catalogue of the Contemporary Arts Center Cincinnati. Cincinnati 1980.
R. Schechner: Public Domain. Essays on the Theatre. New York 1969.
ders.: Speculations on Radicalism, Secuality & Performance. In: The Drama Review 13, T-44 (1969), 89–110.
ders.: (Hrsg.): Dionysus in 69: The Performance Group. New York 1970.
ders.: Drama, Script, Theatre and Performance. In: The Drama Review 17, T 59 (1973), 5–36.
R. Schechner/N. Carroll: Analysis of Andy Warhol's Last Love. In: The Drama Review 22 T-79 (1978), 23–44.
R. Schroeder (Hrsg.): The New Underground Theatre. New York 1968.
C. Silvestro: The Living Book of the Living Theatre. Mit einem Vorwort von W. Unger. Köln 1971.
Straßentheater. Hrsg. von A. Hüfner, Frankfurt 1970.
K. M. Taylor: People's Theatre in America. New York 1972.
C. Tisdall: Joseph Beuys Coyote. München 1976.
C. Tomkins: Robert Wilson. In: The New Yorker vom 13. Jan. 1975, 38–62.
O. Trilling: Robert Wilson's Ka Mountain and Guardenia Terrace. In: The Drama Review 17, T-58 (1973), 33–47.
W. Vostell: Happening and Leben. Neuwied/Berlin o. J.
A. Weihs: Freies Theater. Reinbek 1981.
R. Wilson: I was sitting on my patio this guy appeard I thought I was hallucinating. In: Performing Arts Journal 10/11, Vol. IV (1979), 200–218.
J. Zipes: Wohin geht das Schwarze Theater? New York 1969.

Antonin Artaud

Antonin Artaud (= Tel Quel, Nr. 20, Winter 1965).
Antonin Artaud (= Obliques, Nr. 10–11, 4. Quart. 1976).
Antonin Artaud et le théâtre de notre temps (= Cahiers de la Compagnie Renaud-Barrault, Nr. 22–23, Mai 1958).
Artaud. Colloque en centre culturel international de cérisy-la-salle, 29.6.–9.7.1972. Paris 1973.
K. A. Blüher: Antonin Artauds ‹Theater der Grausamkeit›. In: Romanische Forschungen Nr. 2/3, 318–342.

J. Derrida: Die soufflierte Rede. In: J. Derrida. Die Schrift und die Differenz. Frankfurt 1972, 259–301.

ders.: Das Theater der Grausamkeit und die Geschlossenheit der Repräsentation. In: ebd. 351–379.

D. Dubbe: Das wahre Drama des Antonin Artaud. In: Kuckuck (Flensburg) 1976, Nr. 12, 40–62.

M. Esslin: Artaud. Glasgow 1976.

Th. Folke: The Theatrical Theory of Antonin Artaud: An Attempt at Categorization and Definition in Modern Communications Terminology, Lund 1971 (= Research Group for Dramatic Arts. Research Report Nr. 29).

Th. Hocke: Artaud und Weiss. Diss. FU Berlin 1977.

J. Hort: Antonin Artaud, le suicidé de la société. Genf 1960.

E. Kapralik: Antonin Artaud: Eine Chronik 1896–1948. München 1977.

H. Plocher: Der lebendige Schatten. Bonn 1974.

Rituelles Theater. (Diskurs. Zeitschrift für Theater, Film und Fernsehen 1971, Heft 1).

S. Sontag: À la rencontre d'Artaud. Paris 1976.

R.-E. Tembeck: Antonin Artaud and the Theatre of Cruelty. Diss. Univ. of Minnesota 1968.

A. Virmaux: Le théâtre et son double. Paris 1975.

Jerzy Grotowski

E. Barba/L. Flaszen: A Theatre of Magic and Sacrilege. In: Tulane Drama Review, Bd. 9 (1964/65), Nr. 3/27, 172–189.

E. Barba: Le Théâtre Laboratoire 13 Rzedow ou le théâtre comme auto-pénétration collective. Krakow 1964.

ders.: Alla Ricerca del Teatro perduto, Una proposta dall'avanguardia polacca. Padua 1965.

J. Berg: Die Schauspielertheorie des Jerzy Grotowski. In: Diskurs 1971, H. 1, 14 ff.

J. Bergmann: Ästhetik, Spiel und Therapie im Theater (Grotowski, Nitsch, Moreno). In: Diskurs 1971/72, Nr. 2.

St. Brecht: On Grotowski. A series of Critiques. In: The Drama Review 14 (1970), T-46, 178 ff.

T. Burzyński/Z. Osinski: Das Theater-Laboratorium Grotowskis. Warschau 1979.

D. J. Credico: Towards a Theatre of Cruelty. Artaud, Peter Brook, The Living Theatre, Happenings, Jerzy Grotowski. Diss. Univ. of Alberta 1973.

L. Kolankiewicz (Hrsg.): On the Road to Active Culture. The Activities of Grotowski's Theatre Laboratory Institute in the Years 1970–1977. Wrodaw 1978.

J. Kott: Das Ende des unmöglichen Theaters. In: Theater 1980. Jahrbuch der Zeitschrift «Theater heute», 138–143.

Z. Osinski: Theatre Laboratory. In: Interscaena 1 (1971), H. 3, 5–21.

S. Ouaknine: Théâtre Laboratoire de Wrodaw. Le Prince Constant. Scénario et mise en scène par Jerzy Grotowski d'après l'adaptation par J. Sowacki de la pièce de Calderón. Introduction par Jean Jacquot. Étude et reconstitution de déroulement du spectacle par Serge Ouaknine. In: Les voies de la création théâtrale. Paris 1970, Bd. 1, 19–129.

R. Temkine: Grotowski. New York 1972.

A. Wirth: Grotowski nach 20 Jahren. In: Theater 1980. Jahrbuch der Zeitschrift «Theater heute», 144–146.

Peter Brook

P. v. Becker: «Carmen». Peter Brook. Theater. Eindrücke und Gespräche. In: Jb. d. Zs. Theater heute 1983, 35–47.

D. Bablet: Rencontre avec Peter Brook. In: traivail théâtral 1973, H. 10, 3f.

Brook's Africa. An Interview with Peter Brook by M. Gibson. In: The Drama Review 17 (1973), 37–51.

J. Heilpern: L'attro sogno di Peter Book. In: Sipario 1973 Nr. 320, 6.

ders.: Peter Brooks Theater-Safari. Hamburg 1979.

R. Hill: Experiment als Methode. Peter Brook. In: Frankfurter Allgemeine Zeitung vom 13.10.1967.

P. Iden: Sonderbare Versuche, Theater-Realität zu bestimmen. In: Theater heute 17 (1976), H. 1, 53–55.

H. Laube: Der Trost der Vögel. Eindrücke in Avignon, vor allem von der neuen Produktion der Truppe Peter Brooks. In: Theater heute 20 (1979), H. 9, 10f.

E. Leigh: Il «Teatro della crudeltà» da Artaud a Peter Brook. In: Sipario 1964, Nr. 215, 2.

A. Porter: In Triumph through Persepolis (Peter Brook's «Orghast»). In: Theatre. 1972, 161–197.

A. C. H. Smith: Peter Brooks «Orghast» in Persepolis. Frankfurt 1974.

S. Trost: Auseinandersetzung mit ethnischen Theaterformen im neueren Freien Theater unter besonderer Berücksichtigung von Peter Brook und Eugenio Barba (Magister-Arbeit an der Univ. Hamburg). Hamburg 1982.

Shuji Terayama

P. Arnot: The Theatres of Japan. London 1969.

A. Genpei: Mobile Theatre. In: concerned theatre japan 1 (1970), Heft 3, 8–27.

D. Goodman: Japanese Theatre in Political Context. In: The Drama Review 19 (June 1975), 37–42.

ders.: Revolutionary Theatre: This is a Dream. In: concerned theatre japan 1 (1971), Nr. 4, 119–127.

M. Hubricht: Vorwort zu «Shuji Terayama Theater contra Ideologie». Frankfurt 1971, 7–16.

T. Kaitaro/S. Akihiko: (Interview über das Freie Theater in Japan). In: concerned theatre japan 1 (1971), Nr. 4, 38–52.

T. Kaitaro: The Trinity of Modern Theatre. In: concerned theatre japan 1 (1970), Nr. 2, 81–100.

P. Marton: Terayama's Blind Man's Letter. In: The Drama Review (T-65), März 1975, 15ff.

M. Myers: Terayama's Directions to Servants. In: The Drama Review (T-89), 79–94.

P. R. Ryan: 1968. In: The Drama Review (T-56), Dez. 1972, 84–88.

H. Schwab-Felisch: Fernost-Aggression. Shuji Terayama «Marie im Pelz» und «Unsere Zeit reitet auf dem Rücken eines Zirkuselefanten», Bühnen der Stadt Essen. In: Theater heute, Jan. 1970, 10.

C. J. Sorgenfrei: Shuji Terayama: Avant Garde Dramatist of Japan. Diss. Univ. of California, Santa Barbara 1978 [mit ausführlicher Bibliographie].

H. Voegler: Das Herz ist die Blüte, der Same ist das technische Können. Subjektiver Bericht über Tenjo Sajiki, die Theatertruppe Terayamas in Tokio. In: Theater heute 13. Jg. Nr. 8 (August) 1972, 41–44.

Eugenio Barba

Expériences. Die Vorstellungen des Odin Teatret von 1964–1973 mit einer soziologischen Untersuchung der Zuschauerreaktionen von Prof. J. Holm. Holstebro 1973.

F. Quardi: Perché l'Odin si trasferisce nel salento. A colloquio con Eugenio Barba. In: Sipario 1974, Nr. 334, 7–11.

F. Taviani/T. D'Urso: L'étranger qui danse. Album de l'Odin Teatret 1972–77. Rennes 1977.

F. Taviani: Il libro dell'Odin. Mailand 1975.

Odin Teatret: Théâtre-Laboratoire interscandinave pour l'art de l'acteur. Holstebro o. J.

ders.: Expériences, Holstebro 1973.

ders.: Arethusa Theater. Informationen zum Seminar des Odin Teatret in Frankfurt 1979 (Typoskript).

S. Trost: Die Auseinandersetzung mit ethnischen Theaterformen im neueren Freien Theater unter besonderer Berücksichtigung von Peter Brook und Eugenio Barba (Magister-Arbeit an der Univ. Hamburg). Hamburg 1982.

Jango Edwards

C. v. Barloewen: Clown. Zur Phänomenologie des Stolperns. Königstein 1981.

G. Bose/E. Brinkmann: Circus. Geschichte und Ästhetik einer niederen Kunst. Berlin 1978.

A. Heller: Es werde Zirkus. Ein poetisches Spektakel. Frankfurt 1976.

ders.: Die Trilogie der möglichen Wunder. Roncalli Flic Flac Theater des Feuers. Wien und Berlin 1983.

M. Holbein: Der Circus und das Theater des 20. Jahrhunderts. In: Zirkus, Circus, Cirque. Katalog Nationalgalerie Berlin 1978, 224–238.

D. Jando: Histoire mondiale du cirque. Paris 1977.

Jango Edwards. Hrsg. von B. Held. Flensburg 1980.

H. Matiasek: Die Komik der Clowns. Wien 1957.

J. Merkert: Über die Circus-Kunst. In: Zirkus, Circus, Cirque. Katalog Nationalgalerie Berlin 1978, 6–11.

H. Seitler: Clowns aus zwei Jahrhunderten. Wien 1966.

Theater der Nationen. Katalog. Hamburg 1979.

F. Usinger: Die geistige Figur des Clowns in unserer Zeit. Wiesbaden 1964.

M. H. Winter: Le Théâtre du Merveilleux. Paris 1962.

Zirkus, Circus, Cirque. Katalog. Nationalgalerie Berlin. 28. Berliner Festwochen 1978. Berlin 1978.

Chronik des Theaters im 20. Jahrhundert: Daten und Ereignisse

Die aufgeführten Daten informieren für den Zeitraum von 1900 bis 1980 über Uraufführungen wichtiger Theaterstücke, bedeutende Inszenierungen und bühnenbildnerische Arbeiten, über Biographisches, Festivals, Theater- und Ensemblegründungen, theaterprogrammatische Schriften, Theaterpolitik. Die in Klammern gesetzten Ortsangaben hinter den Titeln von Theaterstücken beziehen sich auf die Uraufführung. Die Reihenfolge der Daten innerhalb der Jahresblöcke stellt keine zeitliche Abfolge dar. Der Konzeption der vorangegangenen Darstellung folgend, sind neben der allgemeinen Theaterentwicklung das experimentelle Theater und seit Anfang der 60er Jahre das Freie Theater besonders berücksichtigt. Herrn Dr. Diedrich Diedrichsen (Hamburg) habe ich für die kritische Durchsicht der Chronik zu danken.

1900   P. Behrens veröffentlicht die Schrift *Feste des Lebens und der Kunst*. Gründung der Reformkolonie «Monte Veritá» bei Ascona. A. Strindberg: *Nach Damaskus* (Stockholm); *Rausch* (Stockholm). A. P. Tschechow: *Der Heiratsantrag* (Berlin). H. Ibsen: *Wenn wir Toten erwachen* (Stuttgart). E. G. Craig inszeniert *Dido und Aeneas* von Purcell in London. G. Hauptmann: *Schluck und Jau* (Berlin); *Michael Kramer* (Berlin). Manifest von R. Rolland *Le Théâtre du Peuple*. A. Schnitzlers *Reigen* erscheint als Privatdruck. F. Nietzsche †. O. Wilde †.

1901   G. Fuchs' Festspiel *Das Zeichen* wird zur Eröffnung der Ausstellung «Dokument deutscher Kunst» in Darmstadt aufgeführt. Eröffnung des Kabaretts «Die Elf Scharfrichter» in München. G. Hauptmann: *Der rote Hahn* (Berlin). A. P. Tschechow: *Drei Schwestern* (Moskau, Regie: Stanislawski). M. Reinhardt eröffnet das Kabarett «Schall und Rauch» in Berlin. Prinzregententheater in München eröffnet. F. Wedekind: *Der Marquis von Keith* (München).

1902   M. Maeterlinck: *Monna Vanna* (Paris). M. Gorki: *Nachtasyl* (Moskau); *Die Kleinbürger* (Petersburg). G. B. Shaw: *Frau Warrens Gewerbe* (London). W. Meyerhold trennt sich von Stanislawskis Moskauer Künstlertheater. Gründung der «National Dramatic Society» in Dublin. E. Zola †.

1903   W. Meyerhold gründet das Ensemble «Gesellschaft des Neuen Dramas». G. B. Shaw: *Mensch und Übermensch*. G. Hauptmann: *Rose Bernd* (Berlin). R. Vallentin inszeniert Gorkis *Nachtasyl* an Reinhardts Kleinem Theater in Berlin. H. v. Hofmannsthal: *Elektra* (Berlin). Björnstjerne Björnson erhält den Nobelpreis für Literatur. H. Irving übernimmt das Drury Lane-Theatre in London. M. Reinhardt wird Direktor des Kleinen Theaters und trennt sich von O. Brahm.

1904 F. Wedekind: *Die Büchse der Pandora* (Nürnberg). W. B. Yeats und Lady Gregory gründen das Abbey Theatre in Dublin. A. P. Tschechow: *Der Kirschgarten* (Moskau); M. Gorki: *Sommergäste* (Petersburg). E. G. Craig in Weimar. O. Brahm übernimmt die Leitung des Lessing-Theaters in Berlin. J. Duncan gründet die «Duncan-Schule» in Berlin. L. Jessner wird ans Thalia-Theater nach Hamburg verpflichtet. A. P.Tschechow †.

1905 Rückkehr Meyerholds zu Stanislawski; Vorbereitungen für die Einrichtung eines Studios am Moskauer Künstlertheater. G. B. Shaw: *Major Barbara*; *Mensch und Übermensch*. E. G. Craig begleitet I. Duncan auf ihrer Europa-Tournee; Craigs Schrift *Die Kunst des Theaters* erscheint; Zusammenarbeit Craigs mit M. Reinhardt. A. Strindberg: *Totentanz* (Köln). L. Dumont und G. Lindemann gründen das Düsseldorfer Schauspielhaus. G. Fuchs veröffentlicht die Schrift *Die Schaubühne der Zukunft*. M. Gorki: *Kinder der Sonne* (Petersburg). M. Reinhardt inszeniert den *Sommernachtstraum* am Neuen Theater in Berlin und übernimmt die Leitung des Deutschen Theaters Berlin. S. Jacobsohn gründet die Zeitschrift «Die Schaubühne». H. Irving †.

1906 G. Hauptmann: *Und Pippa tanzt* (Berlin). Gründung des Kabaretts «Nachtlicht» (später «Cabaret Fledermaus») in Wien. W. Meyerhold geht an das Theater der Komissarshewskaja nach Petersburg. F. Wedekind: *Frühlings Erwachen* (Berlin). A. Strindberg: *Die Kronbraut* (Helsinki). A. Döblin: *Lydia und Mäxchen* (Berlin). P. Claudel: *Mittagswende* (Paris). G. B. Shaw: *Der Arzt am Scheideweg*. Gründung des «Arbeiter-Theater-Bundes Deutschlands» (ATBD). Reinhardt erwirbt das Deutsche Theater in Berlin und eröffnet die Kammerspiele mit H. Ibsens *Gespenster* (Bühnenbild: E. Munch). Stanislawski gastiert mit seinem Ensemble in Berlin. A. Antoine übernimmt die Leitung des Odéon in Paris. H. Ibsen †.

1907 G. Feydeau: *Floh im Ohr* (Paris). A. Strindberg und A. Falck eröffnen das Intime Theater in Stockholm. Gründung des «Vereins Münchner Künstler-Theater». A. Strindberg: *Ein Traumspiel* (Stockholm); *Wetterleuchten* (Stockholm). E. G. Craig entwickelt die «Screens». M. Reinhardt inszeniert Wedekinds *Marquis von Keith* an den Kammerspielen in Berlin. Gründung des Schiller-Theaters in Berlin. G. B. Shaw: *Caesar und Cleopatra*. A. Jarry †.

1908 E. G. Craig gründet die Zeitschrift «The Mask» und veröffentlicht den Essay *Der Schauspieler und die Übermarionette*. Stanislawski lädt Craig nach Moskau ein. W. Meyerhold geht an die Kaiserlichen Bühnen Petersburg (Opernregie). M. Maeterlinck: *Der blaue Vogel* (Moskau). Eröffnung des Münchner Künstler-Theaters. A. Strindberg schreibt das *Memorandum für die Schauspieler des Intimen Theaters*; *Die Gespenstersonate* (Stockholm); *Schwanenweiß* (Helsinki); *Königin Christine* (Stockholm). M. Reinhardt inszeniert in Berlin *Die Räuber*.

1909 A. Appia entwickelt die «Rhythmischen Räume». G. Fuchs veröffentlicht die Schrift *Die Revolution des Theaters*. F. T. Marinetti veröffentlicht das *Erste futuristische Manifest* in Paris und das Theaterstück *Die elektrischen Puppen* (Paris). M. Reinhardt inszeniert am Deutschen Theater in Berlin *Faust I, Hamlet, Don Carlos* und *Der Widerspenstigen Zähmung*. Debüt der Ballets Russes unter Leitung von Diaghilew in Paris. O. Kokoschka: *Mörder, Hoffnung der Frauen* (Wien).

1910 L. Bakst entwirft die Bühnenausstattung für Rimsky-Korsakoffs *Shéhérazade* (Paris) und Figurinen für Strawinskis *Feuervogel* für die Ballets Russes in Paris. R. Nelson gründet das Kabarett «Roland von Berlin». A. Strindberg: *Die große Landstraße* (Stockholm). M. Reinhardts Arena-Inszenierung von H. v. Hofmannsthals *König Ödipus* in der Münchner Ausstellungshalle, im Zirkus Schumann (Berlin) u. a. J. Rouché übernimmt die Direktion des Théâtre des Arts und veröffentlicht *L'Art Théâtrale Moderne*. A. Schnitzler: *Anatol* (Berlin und Wien). H. v. Hofmannsthal: *Christinas Heimreise*. V. F. Komissarshewskaja †. J. Kainz †. L. N. Tolstoi †.

1911 E. Jaques-Dalcroze übersiedelt nach Hellerau; Einrichtung der «Bildungs-Anstalt-Dalcroze». Gründung der «Deutschen Volksfestspiel-Gesellschaft» in Berlin. G. Hauptmann: *Die Ratten* (Berlin). Erste Ausstellung des «Blauen Reiters» in München. I. Puhonný gründet «Puhonnýs Künstler-Marionettentheater» in Baden-Baden. C. Sternheim: *Die Hose* (Berlin). F. v. Unruh: *Offiziere* (Berlin). An der Dresdner Hofoper inszeniert M. Reinhardt die Uraufführung des *Rosenkavaliers*, im Zirkus Schumann in Berlin Hofmannsthals *Jedermann* und Vollmoellers *Mirakel* in der Londoner Olympia Hall. Den Nobelpreis für Literatur bekommt M. Maeterlinck. Meyerhold inszeniert Mussorgskijs *Boris Godunow* in Petersburg. Eröffnung der Münchner Kammerspiele.

1912 A. Schnitzler: *Reigen* (Budapest, in ungarischer Sprache); *Professor Bernhardi* (Berlin). E. Jaques-Dalcroze und A. Appia inszenieren zu den Festspielen in Hellerau Glucks Oper *Orpheus und Eurydike*. P. Claudel: *Verkündigung* (Paris). Gründung des Kabaretts «Simpl» in Wien. Premiere von E. G. Craigs *Hamlet*-Inszenierung am Moskauer Künstlertheater. Almanach des «Blauen Reiters» erscheint in München. E. Barlach: *Der tote Tag*. M. Reinhardt unternimmt mit seiner *Ödipus*-Inszenierung eine Tournee durch Osteuropa und nach Stockholm. Der Nobelpreis für Literatur geht an G. Hauptmann. Eröffnung des Theaters der «Drammatica Compagnia di Milano». O. Brahm †. A. Strindberg †.

1913 Eröffnung der «Armory Show» in New York. G. B. Shaw: *Pygmalion*. W. Meyerholds Schrift *Über das Theater* erscheint. J. Copeau gründet das Théâtre du Vieux-Colombier in Paris. F. T. Marinetti veröffentlicht das Manifest *Das Varieté*. K. Malewitch entwirft die Bühnenausstattung für Krutschonychs Stück *Sieg über die Sonne* (Petersburg). F. v. Unruh: *Louis Ferdinand Prinz von Preußen* (Darmstadt). Gründung der «Actors Equity Association» in New York. C. Sternheim: *Bürger Schippel* (Berlin). A. Tairow: *Der Schleier der Pirette.* H. Heyermans eröffnet das 1. Studio des Moskauer Künstlertheaters mit *Die Hoffnung auf Segen.* E. G. Craig veröffentlicht *Towards a new Theatre* und gründet die Theaterschule «Arena Goldoni» in Florenz. G. Büchner: *Woyzeck* (München).

1914 Zusammenschluß der Neuen Freien Volksbühne mit der Freien Volksbühne und Eröffnung eines eigenen Hauses («Volksbühne») in Berlin. Begegnung von E. G. Craig und A. Appia in Zürich. A. J. Tairow eröffnet das Kammertheater in Moskau und inszeniert *Sakuntale* von Kalidasa. N. Gontscharowa: Bühnenausstattung zu Rimsky-Korsakoffs *Le Coq d'Or* (Paris). A. N. Skrjabin: *Prometheus* (New York). H. van de Velde baut das Kölner Werkbundtheater. C. Sternheim: *Der Snob* (Berlin). J. B. Wachtangow übernimmt die Leitung des «Dramatischen Studios» in Moskau. L. Baylis eröffnet das Old Vic Theatre in London.

1915 Marinetti, Settimelli und Corra veröffentlichen das *Manifest des synthetischen futuristischen Theaters.* Prampolini veröffentlicht: *Futuristische Bühnenmalerei und Choreographie. Technisches Manifest.* Italienische Futuristen veranstalten Theateraktionen für die Kriegsbeteiligung Italiens. A. Strindberg: *Advent* (München). C. Sternheim: *Der Kandidat* (Wien). M. Reinhardt übernimmt die Direktion der Berliner Volksbühne. Gründung der Truppe «Provincetown Players» (USA). K. Schönherr: *Der Weibsteufel* (Wien). Den Nobelpreis für Literatur erhält R. Rolland.

1916 A. Strindberg: *Nach Damaskus II und III* (München). F. Werfel: *Die Troerinnen* (Berlin). W. Hasenclever: *Der Sohn* (Prag). H. Ball eröffnet das «Cabaret Voltaire» in Zürich. Das Manifest *Die futuristische Filmkunst* erscheint. A. G. Bragaglia gründet die Zeitschrift «Le Cronache d'Attualità». Die 1. Nummer der futuristischen Zeitschrift «Noi» erscheint (Redakteur: E. Prampolini). P. Schlenther †.

1917 P. Picasso: Bühnenentwurf zu Saties *Parade* für die Ballets Russes in Rom. Gründung des jüdisch-israelischen Theaterensembles «Habima» in Moskau. L. Pirandello: *So ist es – wie es ihnen scheint* (Mailand). A. Kerr veröffentlicht *Die Welt im Drama.* P. Kornfeld: *Die Verführung* (Frankfurt). J. Johst: *Der Einsame* (Düsseldorf). O. Kokoschka inszeniert in Dresden seine Stücke: *Mörder, Hoffnung der Frauen*; *Hiob*; *Der brennende Dornbusch.* R. J. Sorge: *Der Bettler* (Berlin). H. Mann: *Madame Legros* (München und Lübeck). W. Hasenclever: *Antigone* (Leipzig). H. Walden und L. Schreyer gründen die «Sturm-Bühne» in Berlin. Eröffnung der «Galerie Dada» in Zürich. G. Balla: Bühnenentwurf zu Strawinskys *Fuochi d'artificio* für die Ballets Russes in Rom. G. Appolinaire: *Les Mamelles de Tirésias* (Paris). E. Prampolini veröffentlicht das Manifest *Prinzipien neuester szenographischer Emotivität.* G. Kaiser: *Die Bürger von Calais* (Frankfurt); *Von morgens bis mitternachts* (München); *Die Koralle* (Frankfurt u. München). Buzzi veröffentlicht das Manifest *Synthetisches Theater.* Marinetti veröffentlicht das *Manifest des futuristischen Tanzes.* Gründung der Salzburger Festspielhaus-Gemeinde in Wien. Copeau und Jouvet gastieren in New York mit dem Théâtre du Vieux-Colombier. O. Falkenberg wird künstlerischer Leiter der Münchner Kammerspiele.

1918 W. Meyerhold inszeniert Ibsens *Nora* und Majakowskis *Mysterium buffo* in Petersburg. K. Malewitsch entwirft Figurinen für Majakowskis *Mysterium buffo*. A. Stramm: *Sancta Susanna* (Berlin). F. v. Unruh: *Ein Geschlecht* (Frankfurt). S. Taeuber-Arp entwirft die Marionetten für *König Hirsch* von Gozzi (Zürich). R. Goering: *Die Seeschlacht* (Dresden). G. Kaiser: *Gas I* (Frankfurt). J. B. Wachtangow inszeniert Maeterlincks *Das Wunder des heiligen Antonius* in Moskau. Aufhebung der Theaterzensur in Deutschland und Österreich. Depèro und Clavel: *Plastische Tänze* (Rom). Erste Dada-Aktionen in Berlin. Eröffnung des Habima-Theaters in Moskau, Wachtangow übernimmt die Regie. «Das junge Deutschland» (Monatszeitschrift des Deutschen Theaters Berlin) erscheint. F. Wedekind †.

1919 E. Toller: *Die Wandlung* (Berlin). K. Schwitters veröffentlicht das Manifest *An alle Bühnen der Welt*. C. Sternheim: *Tabula rasa* (Berlin) und *1913* (Frankfurt). J. Osterwa gründet die Theaterkommune «Reduta» in Polen. L. Simonson u. a. gründen die «Theatre Guild» in New York. Das Weimarer Hoftheater wird in Deutsches Nationaltheater umbenannt. L. Jessner inszeniert Schillers *Wilhelm Tell* in Berlin, übernimmt die Intendanz des Staatlichen Schauspielhauses Berlin. G. Kaiser: *Hölle, Weg, Erde* (Frankfurt). W. Hasenclever: *Der Retter* (Berlin). M. Gorki, A. Blotz und L. N. Andrejew gründen das Gorki-Theater in Leningrad. Die Genossenschaft Deutscher Bühnenangehöriger (GDBA) und der Deutsche Bühnenverein einigen sich über einen «Normalvertrag». L. Schreyer gründet in Hamburg die «Kampf-Bühne». Gründung des Bauhauses in Weimar. W. Gropius wird Direktor des Staatlichen Bauhauses in Weimar. Eröffnung des Maxim Gorki-Theaters in Leningrad. Verstaatlichung der Hoftheater in Deutschland. Gründung des christlich-nationalen «Bühnenvolksbundes». H. Johst: *Der junge Mensch* (Hamburg). Gründung des «Proletarischen Theaters» in Berlin. M. Reinhardt inszeniert Shakespeares *Wie es euch gefällt* am Deutschen Theater. Azaris Manifest *Das futuristische Lufttheater* erscheint. E. Lasker-Schüler: *Die Wupper* (Berlin). A. Ricciardi veröffentlicht das Manifest *Das Farbentheater. Ästhetik der Nachkriegszeit*. H. Poelzig baut in Berlin den Zirkus Schumann zum Großen Schauspielhaus um, das Reinhardt mit der Inszenierung der *Orestie* (Aischylos) eröffnet. E. Barlach: *Der arme Vetter* (Hamburg).

1920 Gründung des «Verbandes der Bühnenkünstler» in der Schweiz. L. Rubiner: *Die Gewaltlosen* (Berlin). W. Hasenclever: *Die Menschen* (Prag). El Lissitzki entwirft die Figurinen für Krutschonychs *Sieg über die Sonne* (Petersburg). F. Jung: *Die Kanacker* (Berlin). E. G. O'Neill: *Kaiser Jones* (New York). S. M. Eisenstein entwirft die Bühnenausstattung für Majakowskis *Mysterium buffo* (Moskau). Erste internationale Dada-Messe (Berlin); Dada-Tourneen in Deutschland; erste große Dada-Veranstaltung in Paris. Gründung des «Verbandes der Deutschen Volksbühnenvereine» in Berlin. Meyerhold proklamiert den «Theateroktober» (Moskau) und übernimmt die Leitung der Theaterabteilung der Roten Armee. N. N. Jewreinow (u. a.) inszenieren *Sturm auf das Winterpalais* (Petersburg). P. Picasso: Bühnenentwurf zu Strawinskys *Pulcinella* für die Ballets Russes in Paris. J. B. Wachtangow inszeniert Tschechows *Die Heirat* in Moskau. A. J. Tairow inszeniert E. T. A. Hoffmanns *Prinzessin Brambilla*. F. v. Unruh: *Platz* (Frankfurt). P. Masnata veröffentlicht das Manifest *Visionstheater*. M. Reinhardt inszeniert *Hamlet* im Großen Schauspielhaus (Berlin). Eröffnung der Salzburger Festspiele mit Reinhardts Inszenierung von *Jedermann* (Hofmannsthal) auf dem Salzburger Domplatz. Reinhardt gibt die Direktion seiner Berliner Theater ab und verlegt den Schwerpunkt seiner Arbeit nach Österreich. E. Piscator gründet das «Proletarische Theater» in Berlin. L. Jessner inszeniert Shakespeares *Richard III.* und Wedekinds *Der Marquis von Keith* (Berlin, mit F. Kortner, Bühnenbild: E. Pirchan). A. Schnitzler: *Reigen* (Berlin). G. Kaiser: *Gas II* (Frankfurt).

1921   L. Pirandello: *Sechs Personen suchen einen Autor* (Rom). Ch. Dullin gründet das Théâtre de l'Atelier in Paris. E. Toller: *Masse Mensch* (Berlin, Regie : J. Fehling). S. M. Eisenstein: Bühnenausstattung für *Der Mexikaner* (Moskau). K. Čapek: *RUR* – Russums Universal Robots (Prag); *Aus dem Leben der Insekten* (Prag). E. Barlach: *Die echten Sedemunds* (Hamburg). F. Léger entwirft Vorhang, Ausstattung u. Kostüme für das schwedische Ballett *Skating Ring* von Ralf de Maré. T. Hesterberg eröffnet das Kabarett «Wilde Bühne» in Berlin. A. Antoine veröffentlicht *Mes Souvenirs sur le Théâtre Libre*. O. Schlemmer: Bühnenbild zu Kokoschkas *Mörder, Hoffnung der Frauen* (Stuttgart). G. B. Shaw: *Zurück zu Methusalem*. W. Meyerhold übernimmt wieder sein Moskauer Studio, das jetzt «Erstes Theater der RSFSR» heißt. Balla entwirft die Dekorationen für den *Bal Tic Tac* in Rom. Marinetti veröffentlicht das *Synthetische futuristische Theater*; es erscheint sein Manifest *Taktilismus*, in dem ein «taktiles Theater» propagiert wird. Marinettis und Cangiullos Manifest *Das Theater der Überraschung* erscheint. H. v. Hofmannsthal: *Der Schwierige* (München). L. Schreyer übernimmt die Bühnenklasse des Bauhauses in Weimar. Marchi veröffentlicht in «Cronache d'Attualità» das Manifest *Futuristische Szenographie*. Stanislawski inszeniert am Moskauer Künstlertheater Gogols *Revisor*. Eröffnung des Wachtangow-Theaters in Moskau mit Wachtangows Inszenierung von Maeterlincks *Wunder des heiligen Antonius* (2. Fassung). A. J. Tairows *Aufzeichnungen eines Regisseurs* erscheinen. Skandale um Schnitzlers *Reigen* in Berlin und Wien; *Reigen*-Prozeß in Berlin.

1922   W. Meyerhold inszeniert Crommelyncks *Der großmütige Hahnrei* (Moskau); L. Popowa entwirft dazu das Bühnenmodell. E. Toller: *Die Maschinenstürmer* (Berlin), Bühnenausstattung von J. Heartfield. A. J. Tairow inszeniert Lecocqs Operette *Giroflé-Girofla* (Moskau). G. Baty gründet die Truppe «La Chimère». A. G. Bragaglia gründet das Teatro sperimentale degli Indipendenti in Rom. J. B. Wachtangow inszeniert *Der Dybbuk oder Zwischen zwei Welten* von Anski am Habima-Theater (Moskau) und *Prinzessin Turandot* von C. Gozzi am 3. Studio des Moskauer Künstlertheaters. G. Kaiser: *Kanzlist Krehler* (Berlin). A. Bronnen: *Vatermord* (Frankfurt). B. Brecht: *Trommeln in der Nacht* (München). K. Schwitters veröffentlicht *An Anna Blume*. Internationaler Kongreß der Künstler der Avantgarde in Düsseldorf. O. Schlemmer: *Das Triadische Ballett* (Stuttgart). E. G. O'Neill: *Der haarige Affe* (New York). A. Breton gibt die surrealistische Zeitschrift «Littérature» heraus. F. Léger: Arbeiten an dem Film *La Roue* von A. Gance. Gründung des Majakowski-Theaters in Moskau. H. H. Jahnn: *Die Krönung Richards III.* (Leipzig); *Der Arzt. Sein Weib. Sein Sohn* (Hamburg). Internationale Theaterausstellung in Amsterdam mit Arbeiten von Craig und Appia. J. L. Moreno gründet das «Stegreiftheater» in Wien. M. Reinhardt inszeniert Hofmannsthals *Das Salzburger große Welttheater* in Salzburg. Aufführung des *Futuristischen mechanischen Tanzes* von Pannaggi und Paladini in Rom. Depèro eröffnet «Das Kabarett des Teufels» in Rom. Meyerhold entwickelt das System der «Biomechanik». B. Brecht erhält auf Vorschlag von H. Jhering den Kleistpreis. J. B. Wachtangow †.

1923 G. B. Shaw: *Die heilige Johanna* (New York). Gründung der ersten Agitproptruppe «Blaue Bluse» in Moskau und Beginn der sowjetrussischen Arbeitertheater-Bewegung. F. Kortner spielt den «Shylock» im *Kaufmann von Venedig* (Berlin). E. Toller *Der deutsche Hinkemann* (Leipzig). S. O'Casey: *Der Schatten eines Rebellen* (Dublin). A. Appia veröffentlicht *L'Art vivant ou nature morte?* und inszeniert *Tristan und Isolde* in Mailand. W. Tatlin: Bühnenentwurf von Calebnikows *Zangnesi* (Leningrad). N. Gontscharowa: Bühnenausstattung zu Strawinskys *Les Noces* (Paris). A. J. Tairows Schrift *Aufzeichnungen eines Regisseurs* erscheint in deutscher Übersetzung unter dem Titel *Das entfesselte Theater*; Tairow unternimmt mit dem Kammertheater eine Tournee durch Westeuropa; inszeniert *Der Mann der Donnerstag war* von Krischanowsky (Moskau). K. Schwitters: Dada-Tournee durch Holland; beginnt mit dem Merz-Bau in Hannover. S. M. Eisenstein inszeniert Tretjakows *Höre, Moskau!* (Moskau). Eisenstein und S. Tretjakow inszenieren Ostrowskis *Eine Dummheit macht auch der Gescheiteste* (Moskau). H. H. Jahnn: *Pastor Ephraim Magnus* (Berlin). G. Kaiser: *Nebeneinander* (Berlin); G. Grosz entwirft dazu das Bühnenbild. B. Brecht: *Im Dickicht der Städte* (München); Bühnenbild von C. Neher; Regie: E. Engel; *Baal* (Leipzig). O. Schlemmer und L. Moholy-Nagy gehen ans Bauhaus. F. Léger: Dekoration für das schwedische Ballett *La création du monde* von Rolf v. Maré. Eröffnung des Kabaretts «Die Rote Nachtigall» in Berlin. C. Sternheim: *Das Fossil* (Hamburg). S. M. Tretjakow: *Die Erde bäumt sich* (Moskau). L. Jessner inszeniert Schillers *Wilhelm Tell* (Berlin, mit F. Kortner, Bühnenbild: E. Pirchan). Prampolini, Paladini und Pannaggi veröffentlichen das Manifest *Die mechanische Kunst*. S. Bernhardt †.

1924 L. Pirandello: *Jeder auf seine Weise* (Mailand). G. Kaiser *Kolportage* (Berlin und Frankfurt). J. L. Moreno veröffentlicht die Schrift *Das Stegreiftheater*. J. Rouché veröffentlicht *L'Art théâtral moderne*. W. B. Yeats: *Der Kater und der Mond*. S. M. Eisenstein inszeniert Tretjakows *Gasmasken*

(Moskau). B. Brecht: *Leben Eduards des Zweiten von England* (München, Bühnenbild von C. Neher). F. Kiesler entwirft das «Endlose Theater». Internationale Ausstellung neuer Theatertechnik in Wien; es erscheint der Katalog «Internationale Ausstellung neuer Theatertechnik», hrsg. von F. Kiesler. Depèro: *Mechanisches Ballett (Mailand)*. F. Léger: *Le ballet mécanique* (Film); der Essay *Das Schauspiel: Licht, Farbe, bewegliches Bild und Gegenstandsszene* erscheint. K. Robischek gründet das «Kabarett der Komiker» in Berlin. W. Meyerhold inszeniert Ostrowskis *Der Wald* (Moskau). P. Picasso: Bühnenentwurf zu Saties *Mercure* in Paris. F. Picabia: Bühnenausstattung für *Relâche* von Duchamp (Paris). A. Breton: *Manifeste du surréalisme*. P. Naville und B. Péret gründen die Zeitschrift «La Révolution Surréaliste» (Paris). Y. Goll: *Methusalem oder der ewige Bürger* (Berlin). F. Wolf: *Der Arme Konrad* (Stuttgart). E. Piscator inszeniert in Berlin A. Paquets *Fahnen* und die Revue *Roter Rummel*. M. Reinhardt eröffnet das Theater in der Josephstadt in Wien und die Komödie in Berlin und inszeniert in New York *Das Mirakel* (Bühnenbild: Norman Bel Geddes). O'Neill: *Gier unter Ulmen* (New York). Auflösung von Copeaus «Théâtre du Vieux Colombier». E. Duse †.

1925 Das Bauhaus übersiedelt nach Dessau; Einrichtung der Theater-Werkstatt durch O. Schlemmer; Band 4 der Bauhausbücher *Die Bühne im Bauhaus* erscheint. F. Léger veröffentlicht *Maschinenästhetik und geometrische Ordnung*. Vasari: *Die Angst der Maschinen*. E. Prampolini zeigt in Paris sein «Magnetisches Theater». A. J. Tairow unternimmt mit dem Kammertheater eine Tournee durch Westeuropa. L. Pirandello übernimmt das Teatro d'Arte di Roma. K. Schwitters entwirft die «Normalbühne Merz». A. Bronnen: *Die Geburt der Jugend* (Berlin). C. Zuckmayer: *Der fröhliche Weinberg* (Berlin). G. B. Shaw erhält den Nobelpreis für Literatur. Piscator inszeniert für den Parteitag der KPD im Großen Schauspielhaus Berlin die Revue *Trotz alledem*.

1926 M. Ernst: Bühnenentwurf zu *Romeo und Julia* für die Ballets Russes in Monte Carlo. P. Mondrian: Bühnenmodell zu *L'Éphémére est éternel* von Seuphor. N. Gontscharowa: Bühnenausstattung zu Strawinskys *Feuervogel* (Paris). G. Baty, Ch. Dullin, L. Jouvet und G. Pitoëff gründen das «Cartel». E. Barlach: *Der blaue Boll* (Berlin). F. Bruckner: *Krankheit der Jugend* (Hamburg). W. Meyerhold inszeniert Gogols *Revisor* (Moskau). B. Brecht: *Mann ist Mann* (Darmstadt, Bühnenbild von C. Neher). E. G. Craig inszeniert Ibsens *Die Kronprätendenten* (Kopenhagen). S. M. Tretjakow: *Brülle, China* (Moskau, Regie: Meyerhold). J. Cocteau: *Orpheus* (Paris). S. O'Casey: *Der Pflug und die Sterne* (Dublin). M. Fleißer: *Fegefeuer in Ingolstadt* (Berlin). F. Kiesler organisiert die «Internationale Theaterausstellung» in New York. A. J. Tairow inszeniert *Der haarige Affe* von O'Neill. E. Piscator inszeniert in Berlin Paquets *Sturmflut* und Schillers *Räuber*. Stanislawski veröffentlicht *Mein Leben in der Kunst*. L. Jessner inszeniert *Hamlet* (Berlin). S. Jacobsohn †.

1927 Piscator inszeniert E. Welks *Gewitter über Gottland* (Berlin). W. W. Iwanow: *Panzerzug 14-69* (Moskau). F. García Lorca: *Marina Pineda* (Barcelona). W. Hasenclever: *Ein besserer Herr* (Frankfurt). J. Cocteau: *Oedipus Rex* (Paris). C. Zuckmayer: *Schinderhannes* (Berlin). Gründung der «NS-Volksbühne» in Berlin. Prampolini: *Futuristisches Pantomimentheater*. Heft 3 der Zeitschrift «Bauhaus» erscheint zum Thema Bühne. Gründung der Agitpropgruppe «Das Rote Sprachrohr» (Berlin). A. G. Bragaglia veröffentlicht die Schrift *Del teatro teatrale*. Eröffnung der Piscator-Bühne in Berlin mit E. Tollers *Hoppla, wir leben*. A. Artaud und R. Vitrac gründen das Théâtre Alfred Jarry in Paris. I. Duncan †.

1928 G. Kaiser: *Die Lederköpfe* (Frankfurt). C. Zuckmayer: *Katharina Knie* (Berlin). E. G. O'Neill: *Seltsames Zwischenspiel* (New York). R. Vitrac: *Victor oder Die Kinder an der Macht* (Paris). E. G. Craig: Bühnenbild für *Macbeth* (New York). W. Kandinsky: Bühnenausstattung zu Mussorgskys *Bilder einer Ausstellung* (Dessau). F. Bruckner: *Die Verbrecher* (Berlin). B. Brecht: *Die Dreigroschenoper* (Berlin, Regie: E. Engel, Bühnenausstattung von C. Neher). Gründung des faschistischen «Kampfbundes für Deutsche Kultur» (Berlin). Gründung des sozialistischen Schauspielerkollektivs «Gruppe Junger Schauspieler» (Berlin). M. Fleißner: *Pioniere in Ingolstadt* (Dresden). W. Gropius: Entwurf eines «Totaltheaters». P. M. Lampel: *Revolte im Erziehungsheim* (Berlin). Gründung der Theatertruppe «Habima» in Tel Aviv. E. Piscator inszeniert Hašeks *Abenteuer des braven Soldaten Schwejk*, in einer Fassung von M. Brod und Hans Reimann, Bühnenbild von G. Grosz. H. Hilpert inszeniert in Berlin die Uraufführung von Bruckners *Die Verbrecher*. E. Terry †. A. Appia †.

1929 W. Finck und H. Deppe eröffnen das Kabarett «Die Katakombe» (Berlin). Ö. v. Horváth: *Sladek* (Berlin). Gründung der «Union Internationale de la Marionette» in Prag. P. M. Lampel: *Giftgas über Berlin* (Berlin). Gründung des «Internationalen Arbeiter-Theater-Bundes» in Moskau. J. Giraudoux: *Amphitryon 38* (Paris, Regie: L. Jouvet). F. Wolf: *Cyankali* (Berlin). W. Meyerhold inszeniert Majakowskis *Die Wanze* (Moskau). I. Puhonny veröffentlicht die Schrift *Die Physiognomie der Marionette*. O. Schlemmer verläßt das Bauhaus. G. B. Shaw: *Der Kaiser von Amerika* (Warschau). M. Larionow entwirft die Bühnenausstattung für Strawinskys *Renard* in Paris. L. Moholy-Nagy: Bühnenentwurf zu *Hoffmanns Erzählungen* (Berlin). E. Piscator veröffentlicht *Das politische Theater*; inszeniert Mehrings *Der Kaufmann von Berlin*. Eröffnung des Max Reinhardt-Seminars in Schönbrunn bei Wien. M. Reinhardt inszeniert Johann Strauß' *Fledermaus* am Deutschen Theater Berlin. H. v. Hofmannsthal †. S. P. Diaghilew †.

1930 A. J. Tairow unternimmt mit dem Kammertheater eine Tournee durch Westeuropa; inszeniert die russische Erstaufführung der *Dreigroschenoper*. L. Moholy-Nagy: Bühnenentwurf zu *Der Kaufmann von Berlin* (Berlin); stellt das «Lichtrequisit einer elektrischen Bühne» in Paris aus. B. Brecht: *Die Maßnahme* (Berlin); *Aufstieg und Fall der Stadt Mahagonny* (Leipzig). O. Schlemmer inszeniert Schönbergs Oper *Die glückliche Hand* (Berlin). E. Piscator gründet das «Schauspieler-Kollektiv» in Berlin. Gründung des sozialistischen Schauspielerkollektivs «Truppe im Westen» in Düsseldorf. J. Copeau gründet die «Compagnie des Quinze». W. Majakowski: *Das Schwitzbad* (Moskau). A. Zweig: *Das Spiel um den Sergeanten Grischa* (Berlin). P. Claudel: *Das Buch von Christoph Columbus* (Berlin). Ö. v. Horváth: *Geschichten aus dem Wiener Wald* (Berlin). F. Wolf: *Die Matrosen von Cattaro* (Berlin). L. Pirandello: *Heute abend wird aus dem Stegreif gespielt* (Königsberg). Depèro entwirft in New York die Kostüme für das Ballett *American Sketches* von Massine. E. Toller: *Feuer aus den Kesseln* (Berlin). W. Majakowski †.

1931 F. Wolf: *Tai Yang erwacht* (Berlin, Bühnenausstattung von J. Heartfield). C. Zuckmayer: *Der Hauptmann von Köpenick* (Berlin). Regie: H. Hilpert). H. Churman, L. Strasberg und Ch. Crawford gründen das Group Theatre in New York. Ö. v. Horváth: *Italienische Nacht* (Berlin); *Geschichten aus dem Wiener Wald* (Berlin; Regie: H. Hilpert). E. G. O'Neill: *Trauer muß Elektra tragen* (Berlin). Gründung der «NS-Kampfbühnen». Gründung des Deutschen National-Theaters in Berlin. A. Artaud veröffentlicht die Schrift *Über das balinesische Theater*. L. Moholy-Nagy: Bühnenausstattung zu *Madame Butterfly* (Berlin). Gründung des sozialistischen Schauspielerkollektivs «Truppe 31» unter Leitung von G. v. Wangenheim. Barrault arbeitet mit Decroux in Charles Dullins «École de l'Atelier» das System des «Mime pure» aus. M. Reinhardt inszeniert am Großen Schauspielhaus Offenbachs *Hoffmanns Erzählungen*. A. Schnitzler †.

1932 A. Artaud veröffentlicht das 1. Manifest *Das Theater der Grausamkeit*. B. Brecht: *Die Mutter* (Berlin). E. Prampolini veröffentlicht das Manifest *Szenische futuristische Atmosphäre*. Ö. v. Horváth: *Kasimir und Karoline* (Leipzig). G. Hauptmann: *Vor Sonnenuntergang* (Berlin). C. Goetz: *Dr. med. Hiob Prätorius* (Stuttgart). F. Garcia Lorca gründet die Wanderbühne «La Barraca». L. Dumont †.

1933 E. Mann gründet das Kabarett «Die Pfeffermühle» in München, emigriert in die Schweiz und eröffnet «Die Pfeffermühle» in Zürich. F. García Lorca: *Bluthochzeit* (Madrid). A. Artaud hält den Vortrag «Das Theater und die Pest»; veröffentlicht *Das Theater der Grausamkeit* (2. Manifest); gründet das Théâtre de la cruauté in Paris. Gründung der nationalsozialistischen Besucherorganisation «Deutsche Bühne». Gründung des «Reichsbundes der deutschen Freilicht- und Volksschauspiele». Schließung des Bauhauses in Berlin. Gründung der Reichskulturkammer. H. Johst: *Schlageter* (Berlin). F. T. Marinetti veröffentlicht das Manifest *Totaltheater für die Massen*. A. J. Tairow inszeniert Wischnewskis *Optimistische Tragödie* (Moskau). Tournee des «Jesner-Ensembles» in Belgien, in den Niederlanden und in England. Reinhardts *Faust* -Inszenierung in Salzburg. L. Müthel inszeniert am Staatstheater Berlin Schillers *Die Braut von Messima* (Bühnenbild: T. Müller). Lunatscharski †.

1934 J. Cocteau: *Die Höllenmaschine* (Paris, Regie:. L. Jouvet). Die Accademie Reale organisiert den Theaterkongreß «Convegno Volta» in Rom. F. Léger: Dekoration für den Film *The Shape of Things to Come* nach H. G. Wells von A. Korda; Marionettenentwürfe für J. Chesnais. F. Wolf: *Professor Mamlock* (Warschau). Gründung der Truppe «Deutsches Theater Kolonne links» in Moskau. Gründung der Exiltheatertruppe «Studio 1934» in Prag. Erster Internationaler Schriftstellerkongreß zur Verteidigung der Kultur in Paris. G. Gründgens wird Intendant des Staatstheaters (Berlin). Zusammenarbeit mit den Regisseuren J. Fehling und L. Müthel, später auch mit K. Stroux und W. Liebeneiner und den Bühnenbildnern T. Müller und R. Gleise. H. Hilpert übernimmt die Direktion des Deutschen Theaters und der Kammerspiele (Berlin), Zusammenarbeit mit dem Regisseur E. Engel und den Bühnenbildnern C. Neher und E. Schütte. Eröffnung des Kabaretts «Cornichon» (Zürich). J. Littlewood und E. MacColl gründen den Theatre Workshop in Manchester. Den Nobelpreis für Literatur erhält L. Pirandello. H. Bahr †.

1935   A. Artaud: *Les Cenci* (Paris). Gründung des «Federal Theatre Project» in New York. J. Giraudoux: *Der Trojanische Krieg findet nicht statt* (Paris, Regie: L. Jouvet). F. García Lorca: *Doña Rosita bleibt ledig* (Barcelona). Premiere von M. Reinhardts Film *Sommernachtstraum*. G. Gershwin: *Porgy and Bess* (New York). J. Fehling inszeniert in Hamburg *Don Carlos* (Schiller). A. Roller †. A. Moissi †.

1936   Ö. v. Horváth: *Glaube Liebe Hoffnung* (Wien). X. Schawinsky inszeniert sein *Specto-Drama* (North Carolina/USA). A. Camus: *Die Revolte in Asturien* (Paris). E. Toller: *Nie wieder Friede* (London). Gründung des «New York Drama Critics Circle Award». L. Jessner inszeniert Shakespeares *Der Kaufmann von Venedig* in Tel Aviv. O'Neil erhält den Nobelpreis. Verbot der Theaterkritik durch den «Erlaß zur Neuformung des deutschen Kulturlebens». H. Hilpert inszeniert Schillers *Don Carlos* (Berlin). L. Pirandello †. M. Gorki †. F. García Lorca †.

1937   L. Pirandello: *Die Riesen vom Berge* (Florenz). B. Brecht: *Die Gewehre der Frau Carrar* (Paris). A. Jarry: *Der gefesselte Ubu* (Paris). Gründung des «New Bauhaus» in Chicago. E. Čapek: *Die weiße Krankheit* (Prag). Gastspiel des Kabaretts «Die Pfeffermühle» mit Th. Giehse und E. Mann in New York. F. Léger: Dekoration für das Ballett *David triomphant* von S. Lifar; Dekorationen für das Fest der C. G. T. im Vélodrome d'hiver in Paris. M. Reinhardt emigriert in die USA. J. Anouilh: *Der Reisende ohne Gepäck* (Paris, Regie: Pitoëff). J. Fehling inszeniert am Staatstheater Berlin *Das Käthchen von Heilbronn* (Kleist) und Shakespeares *König Richard der Dritte* (Bühnenbild: T. Müller). G. Gründgens inszeniert Lessings *Emilia Galotti* (Berlin). E. Engel inszeniert am Deutschen Theater Berlin *Coriolan* (Bühnenbild C. Neher). A. Sandrock †.

1938   O. Waelterlin wird Leiter des Züricher Schauspielhauses. Th. N. Wilder: *Unsere kleine Stadt* (Princeton). J. Anouilh: *Der Ball der Diebe* (Paris). B. Brecht: Sieben Szenen von *Furcht und Elend des Dritten Reiches* unter dem Titel *99%* Paris). P. Claudel: *Johanna auf dem Scheiterhaufen* (Basel). A. Artaud veröffentlicht *Das Theater und sein Double*. K. Čapek: *Die Mutter* (Prag). Schließung des Meyerhold-Theaters in Moskau. J. Cocteau: *Die schrecklichen Eltern* (Paris). Th. N. Wilder: *Der Kaufmann von Yonkers* (New York). Gründung des «Freien Deutschen Kulturbunds» in London. Von Stanislawski erscheint *Die Arbeit des Schauspielers an sich selbst*. E. Engel inszeniert am Deutschen Theater Shakespeares *Der Sturm* (Bühnenbild: C. Neher). H. Hilpert übernimmt nach Reinhardts Emigration die Intendanz des Theaters in der Josefstadt (Wien); inszeniert Raimunds *Der Bauer als Millionär* (Berlin). K. S. Stanislawski †. Ö. v. Horváth †.

1939 Gründung des Exil-Theaterkollektivs «Four and Twenty Black Sheeps» in London. F. Léger: Dekoration für die Inszenierung von *Naissance d'une cité* von J.-R. Bloch im Vélodrome d'hiver in Paris. E. Piscator gründet den «Dramatic Workshop of the New School for Social Research» (New York). Gründung des Exilensembles «Continental Players» (Hollywood). T. S. Eliot: *Der Familientag* (London). W. Wicclair gründet in Los Angeles das deutsche Exiltheater «Freie Bühne». J. Fehling inszeniert am Staatstheater Berlin Shakespeares *König Richard der Zweite* (Bühnenbild: T. Müller). G. Gründgens inszeniert am Staatstheater Berlin *Dantons Tod* (G. Büchner). E. Engel inszeniert am Deutschen Theater Berlin *Othello* (Bühnenbild: C. Neher). G. Pitoëff †. E. Toller †. S. M. Tretjakow †.

1940 S. O'Casey: *Purpurstaub*. E. Prampolini veröffentlicht *Scentotecnica*. Piscators «Dramatic Workshop» (New York) wird das Studio Theatre angeschlossen. P. S. Jacob gründet die Freie Deutsche Bühne in Buenos Aires. J. Copeau ist Direktor der Comédie-Française. G. Gründgens inszeniert *Wie es euch gefällt* (Berlin). E. Lothar gründet das Exiltheater Österreichische Bühne in New York. P. Behrens †. W. E. Meyerhold †.

1941 N. P. Coward: *Geisterkomödie* (London). B. Brecht: *Mutter Courage und ihre Kinder* (Zürich, Bühnenbild: Teo Otto; Th. Giehse spielt die Hauptrolle). Gründung der «Tribüne für Freie Deutsche Literatur und Kunst in Amerika» (New York). Gründung des Freien deutschen Theaters (New York). C. Neher: Bühnenausstattung zu Mozarts *Die Hochzeit des Figaro* und *Don Giovanni* (Wien). K. Koun gründet das Theatron Technics in Athen. E. Decroux gründet eine Pantomimenschule. H. Hilpert inszeniert in Berlin Shakespeares *König Lear* (Bühnenbild: C. Neher). G. Gründgens inszeniert am Staatstheater Berlin Goethes *Faust I*.

1942 Th. N. Wilder: *Wir sind noch einmal davongekommen* (New York, Regie: E. Kazan). G. Gründgens inszeniert am Staatstheater Berlin Goethes *Faust II*. C. Sternheim †.

1943 B. Brecht: *Der gute Mensch von Sezuan* (Zürich); *Leben des Galilei* (Zürich, Regie: L. Steckel, Bühnenbild: Teo Otto). P. Claudel: *Der seidene Schuh oder Das Schlimmste trifft nicht immer zu* (Paris, Regie: J.-L. Barrault). G. Hauptmann: *Iphigenie in Aulis* (Wien). J. Giraudoux: *Sodom und Gomorrha* (Paris). J.-P. Sartre: *Die Fliegen* (Paris). H. Hilpert inszeniert in Berlin Shakespeares *Viel Lärm um nichts* (Bühnenbild: C. Neher). A. Antoine †. M. Reinhardt †. W. J. Nemirowitsch-Dantschenko †. O. Schlemmer †.

1944 A. Camus: *Caligula* (Genf). F. Werfel: *Jacobowsky und der Oberst* (New York). J.-P. Sartre: *Hinter geschlossenen Türen* (Paris). A. Anouilh: *Antigone* (Paris). F. Léger: Sequenzen *La fille au cœur fabriqué* in dem Film *Dreams that money can buy* von H. Richter. L. Olivier spielt «Richard III.». Erlaß zur Schließung der deutschen Theater, gespielt wurde nur noch im Rahmen der Truppenbetreuung und für Arbeiter der Rüstungsbetriebe. F. T. Marinetti †. W. Kandinsky †. J. Giraudoux †.

1945 T. Williams: *Die Glasmenagerie* (Chicago). M. Frisch: *Nun singen sie wieder* (Zürich). J. B. Priestley: *Ein Inspektor kommt* (Moskau). J. Giraudoux: *Die Irre von Chaillot* (Paris). F. García Lorca: *Bernarda Albas Haus* (Buenos Aires). J. Hay: *Der Gerichtstag* (Berlin); *Haben* (Budapest). G. Kaiser: *Das Floß der Medusa* (Basel). M. Chagall: Ausstattung für Strawinskys *Feuervogel* für das American Ballet Theatre in New York. J. Littlewood gründet die Truppe «Theatre of Action» in London. Reform der Comédie-Française. M. Carnés Film *Kinder des Olymp* mit J.-L. Barrault in der Rolle des Mimen Baptiste. J. Jessner †. G. Kaiser †.

1946 G. Weisenborn: *Die Illegalen* (Berlin). C. Zuckmayer: *Des Teufels General* (Zürich). Gründung des Kabaretts «Die Schaubude» in München. J.-P. Sartre: *Die ehrbare Dirne* (Paris). M. Frisch: *Die chinesische Mauer* (Zürich). A. Salacrou: *Die Nächte des Zorns* (Paris). A. Jarry: *Ubu Hahnrei* (Paris). E. G. O'Neill: *Der Eismann kommt* (New York). J.-L. Barrault und M. Renaud gründen in Paris die «Compagnie Madeleine Renaud-Jean-Louis Barrault». R. Leonhard: *Geiseln* (Berlin). Gründung von fünf «Centres Dramatiques» in Frankreich. Barrault inszeniert Marivaux' *Falsche Vertraulichkeiten*. G. Hauptmann †. L. Moholy-Nagy †.

1947 W. Borchert: *Draußen vor der Tür* (Hamburg). M. Marceau erfindet die Figur des «Bip». E. Toller: *Pastor Hall* (Berlin). T. Williams: *Endstation Sehnsucht* (New York). J. Dasté gründet das «Centre Dramatique» in Grenoble. G. Hauptmann: *Agamemnons Tod* und *Elektra* (Berlin). J. Genet: *Die Zofen* (Paris). L. Strasberg, E. Kazan und C. Crawford gründen das Actor's Studio in New York. A. Gide: *Der Prozeß* (Paris, Regie: Barrault). Gründung des Kabaretts «Kom(m)ödchen» in Düsseldorf. Gründung des Instituto National de Bellas Artes in Mexiko. G. Strehler und P. Grassi gründen das Piccolo teatro di Milano. Gründung des Theaterfestivals in Avignon unter Leitung von J. Vilar. Gründung der Ruhrfestspiele in Recklinghausen. G. Gründgens wird Generalintendant der Städtischen Bühnen in Düsseldorf. A. Miller: *Alle meine Söhne* (New York). B. Brecht: 2. Fassung von *Leben des Galilei* (Los Angeles, mit Ch. Laughton); Brecht übersiedelt von den USA nach Zürich.

1948 S. Dalí: Bühnenausstattung für *Wie es euch gefällt* (Rom). Ch. Fry: *Die Dame ist nicht fürs Feuer* (London). B. Brecht veröffentlicht das *Kleine Organon für das Theater*; *Der kaukasische Kreidekreis* (Northfield/Minnesota); *Herr Puntila und sein Knecht Matti* (Zürich). B. Brecht und C. Neher: *Antigone des Sophokles* (Chur). A. Camus: *Der Belagerungszustand* (Paris). J.-P. Sartre: *Die schmutzigen Hände* (Paris). F. Léger: Dekorationen für das Ballett *Le pas d'acier* von Prokofieff. Gründung des Internationalen Theater-Instituts (ITI) in Prag mit Sitz in Paris. Gründung des Kabaretts «Die Insulaner» in Berlin. T. S. Eliot erhält den Nobelpreis. K. Valentin †. A. Artaud †. K. Martin †. P. Wegener †. K. Schwitters †. A. Kerr †. S. M. Eisenstein †.

1949 F. Dürrenmatt: *Romulus der Große* (Basel). B. Brecht und H. Weigel übersiedeln nach Ost-Berlin und gründen das «Berliner Ensemble». A. Miller: *Der Tod des Handlungsreisenden* (New York). H. Weigel spielt die «Mutter Courage» (Berlin/DDR). J.-L. Barrault veröffentlicht *Betrachtungen über das Theater*. Gründung des Kabaretts «Die Stachelschweine» in Berlin. L. Jouvet inszeniert *Scapins Schelmenstreiche* (Paris, mit J.-L. Barrault). E. Axer gründet in Warschau das Zeitgenössische Theater. J. Copeau †. M. Maeterlinck †. Ch. Dullin †. G. Fuchs †.

1950 M. Fleißer: *Der starke Stamm* (München). B. Brecht: *Die Hofmeister* nach J. M. R. Lenz (Berlin/DDR). J. Malík gründet in Prag das Zentrale Puppentheater. A. Sastre proklamiert das «Theater der sozialen Agitation» in Spanien. E. Ionesco: *Die kahle Sängerin* (Paris). Th. Williams: *Die tätowierte Rose* (Chicago). G. B. Shaw †. E. Jannings †. A. J. Tairow †.

1951 J. Beck und J. Malina gründen das «Living Theatre» in New York. Gründung des Kabaretts «Die Kleine Freiheit» in München. C. Neher: Bühnenentwurf für Brechts *Die Mutter* (Berlin/DDR). E. Ionesco: *Die Unterrichtsstunde* (Paris). Gründung der Staatlichen Schauspielschule in Berlin/DDR. J.-P. Sartre: *Der Teufel und der liebe Gott* (Paris). M. Frisch: *Graf Öderland* (Zürich). J. Cocteau: *Bacchaus* (Paris). G. Gründgens gibt die Generalintendanz in Düsseldorf ab und wird Intendant des Düsseldorfer Schauspielhauses. J. Vilar gründet das Théâtre National Populaire (TNP). E. Piscator kehrt nach Deutschland zurück. M. Marceau: Mimodram *Der Mantel* nach Gogol. W. Wagner übernimmt zusammen mit seinem Bruder Wolfgang die Leitung der Bayreuther Festspiele. G. R. Sellner wird Intendant des Landestheaters Darmstadt. L. Jouvet †.

1952 E. Ionesco: *Die Stühle* (Paris). R. Rolland: *Robespierre* (Leipzig). J. Tardieu: *Die Liebenden in der Untergrundbahn* (Paris). F. Dürrenmatt: *Die Ehe des Herrn Mississippi* (Zürich). Gründung des Maxim Gorki-Theaters Berlin/DDR. G. Baty †. R. Vitrac †.

1953 T. Williams: *Camino Real* (New York). S. Beckett: *Warten auf Godot* (Paris, Regie: R. Blin). J. Anouilh: *Jeanne oder Die Lerche* (Paris). A. Miller:

Hexenjagd (New York). E. Strittmatter: *Katzgraben* (Berlin). E. Ionesco: *Opfer der Pflicht* (Paris). M. Frisch: *Don Juan oder Die Liebe zur Geometrie* (Zürich). F. Wolf: *Thomas Münzer* (Berlin/DDR). F. Dürrenmatt: *Ein Engel kommt nach Babylon* (München). J.-L. Barrault inszeniert P. Claudels *Christophe Colomb*. T. S. Eliot: *Der Privatsekretär* (Edinburgh). H. Zinner: *Der Teufelskreis* (Berlin/DDR). N. N. Jewreinow †. B. Viertel †. F. Wolf †.

1954 Ch. Fry: *Das Dunkel ist Licht genug* (Brighton). J.-P. Sartre: *Kean oder Unordnung und Genie* nach A. Dumas (Paris). B. Brecht inszeniert mit dem Berliner-Ensemble *Der kaukasische Kreidekreis* (Musik: P. Dessau, Bühnenbild: K. v. Appen).

1955 C. Zuckmayer: *Das kalte Licht* (Hamburg). T. Williams: *Die Katze auf dem heißen Blechdach* (New York). G. Gründgens wird Intendant des Deutschen Schauspielhauses in Hamburg. K. H. Stroux wird Generalintendant am Schauspielhaus in Düsseldorf. O. Kokoschka: Bühnenausstattung für *Die Zauberflöte* (Salzburg). H. Hauser: *Am Ende der Nacht* (Magdeburg). F. Dürrenmatt veröffentlicht die Schrift *Theaterprobleme*. Wiedereröffnung des nach der Kriegszerstörung neuerbauten Burgtheaters in Wien. J. Anouilh: *Ornifle oder Der erzürnte Himmel* (Paris). «Tulane Drama Review» erscheint. A. Adamov: *Ping-Pong* (Paris). J. Kantor gründet in Krakau das Cricot 2. G. Strehler inszeniert in Mailand Goldonis *Diener zweier Herren* (mit M. Moretti). A. Polgar †. F. Léger †. P. Claudel †.

1956 L. Ahlsen: *Philemon und Baukis* (München). E. G. O'Neill: *Eines langen Tages Reise in die Nacht* (Stockholm). J. Osborne: *Blick zurück im Zorn* (London). F. Marceau: *Das Ei* (Paris). P. Hacks: *Die Schlacht bei Lobositz* (Berlin/DDR). A. Boal gründet das Teatro de Arena in São Paulo. F. Dürrenmatt: *Der Besuch der alten Dame* (Zürich, Regie: Waelterlin, Bühnenbild: Teo Otto; Th. Giese spielt die Claire Zachanassian). D. Thomas: *Unter dem Milchwald* (Edinburgh). Gründung des Kabaretts «Münchner Lach- und Schießgesellschaft». W. Kandinsky: *Der gelbe Klang* (Paris). W. Hildesheimer: *Der Drachenthron* (Düsseldorf). G. Strehler inszeniert in Mailand *Die Dreigroschenoper* von Brecht. The English Stage Company übernimmt das Royal Court Theatre. B. Brecht †. E. Prampolini †.

1957 E. Engel führt Brechts Inszenierung von *Leben des Galilei* zu Ende (Berlin/DDR, Bühnenbild: C. Neher). R. Cluckey gründet den «San Quentin Workshop» (San Quentin/USA). P. Kohout: *So eine Liebe*. E. G. O'Neill: *Fast ein Poet* (Stockholm). G. Gründgens inszeniert *Faust I* im Deutschen Schauspielhaus Hamburg (Bühnenbild: Teo Otto). S. Beckett: *Endspiel* (London). T. Williams: *Orpheus steigt herab* (New York). Festival «Théâtre des Nations» in Paris zum erstenmal veranstaltet. P. Zadek inszeniert die Uraufführung von Genets *Der Balkon* in London. R. Planchon gründet das Théâtre de la Cité in Villeurbanne. G. Strehler inszeniert in Mailand Brechts *Coriolan*.

1958 M. Chagall: Ausstattung von *Daphnis und Cloe* für die Pariser Oper. H. Pinter: *Die Geburtstagsfeier* (Cambridge). B. Behan: *Die Geisel* (Manchester, Regie: J. Littlewood.) S. Beckett: *Das letzte Band* (London). H. Müller: *Die Korrektur* (Berlin/DDR); *Der Lohndrücker.* (Berlin/DDR). J. Cino gründet das Theater Caffe Cino in New York. L. Fialka und Vodicka gründen das «Theater am Geländer» in Prag. M. Frisch: *Biedermann und die Brandstifter* (Zürich). P. Hacks: *Der Müller von Sanssouci* (Berlin/DDR). G. Gründgens inszeniert *Faust II* am Deutschen Schauspielhaus Hamburg (Bühnenbild: Teo Otto). J. Genet: *Die Neger* (Paris, Regie: R. Blin). B. Brecht: *Der aufhaltsame Aufstieg des Arturo Ui* (Stuttgart, Regie: P. Palitsch). S. Morzek: *Die Polizei* (Warschau). A. Wesker: *Hühnersuppe mit Graupen* (London).

1959 J. Grotowski und L. Flaszen übernehmen das «Theater der 13 Reihen» in Opole. E. Ionesco: *Die Nashörner* (Düsseldorf). J.-P. Sartre: *Die Eingeschlossenen von Altona* (Paris) G. Gründgens inszeniert die Uraufführung von Brechts *Die heilige Johanna der Schlachthöfe* in Hamburg. Gründung der «San Francisco Mime Troupe». J. Anouilh: *Becket oder die Ehre Gottes* (Paris). J. Arden: *Der Tanz des Sergeanten Musgrave* (Paris). K. Koun inszeniert in Athen *Die Vögel* von Aristophanes. F. Arrabal: *Bicknick im Felde* (Paris). J. Genet: *Die Neger* (Paris). J.-L. Barrault wird Direktor des Odéon in Paris; das als «Théâtre de France» das zweite französisches Staatstheater. wird. E. Albee: *Die Zoo-Geschichten* (Berlin). A. Wesker *Tag für Tag* (London). G. Philipe †.

1960 H. Pinter: *Der Hausmeister* (London). F. Wotruba: Bühnenausstattung zu Sophokles' *König Ödipus* (Wien). Gründung der Zeitschrift «Theater heute». G. Schéhadé: *Veilchen* (Bochum). J. Grotowski inszeniert *Mysterium buffo* (nach Majakowski) und *Schakuntala* (nach Kalidasa). T. Różewicz: *Die Kartei* (Warschau). Bewegung des «Off Off-Broadway»-Theaters konstituiert sich. E. Strittmatter: *Die Holländerbraut* (Berlin). Anläßlich der Internationalen Theaterwoche der Studentenbühnen in Erlangen hält W. Hildesheimer die Rede «Über das absurde Theater». A. Wesker: *Nächstes Jahr in Jerusalem* (London). R. Noelte inszeniert in Berlin C. Sternheims *Die Kassette* A. Kutscher †. A. G. Bragaglia †. C. Goetz †.

1961 F. Wotruba: Bühnenausstattung für Sophokles' *Antigone* (Wien). T. Kantor: Ausstattung für Ionescos *Die Nashörner* (Krakau). S. Beckett: *Glückliche Tage* (New York). P. Zadek inszeniert in Ulm *Die Geisel* von B. Brendan. P. Schumann gründet das «Bread and Puppet Theatre» in New York. J. Genet: *Die Wände* (Berlin, Regie: Lietzau). Gründung der «Royal Shakespeare Company» unter Leitung von P. Hall, P. Brook und M. Saint-Denis. Living Theater: Gastspiel beim «Theater der Nationen» in Paris und 1. Europatournee. M. Frisch: *Andorra* (Zürich). M. Walser *Der Abstecher* (München). F. Kiesler: Entwurf eines «Universal Theatre». E. Stewart gründet das Café La Mama/Experimental Theatre Club (New York). H. Baierl: *Frau Flinz* (Berlin). G. Grass: *Die bösen Köche* (Berlin). Waelterlin †.

1962 E. Albee: *Wer hat Angst vor Virginia Woolf* (New York). E. Bond: *Die Hochzeit des Papstes* (London). Gründung der «Lindsay Kemp Company» in London. G. Gründgens inszeniert in Hamburg *Don Carlos* (Schiller). F. Lortner inszeniert in München *Othello* (Shakespeare). Gründung der Schaubühne am Halleschen Ufer in Berlin. E. Ionesco: *Der König stirbt* (Paris); *Fußgänger der Luft* (Düsseldorf). J. Grotowski inszeniert *Akropolis* (n. Wyspiański); *Kordian* (nach Slowacki). K. Hübner wird Intendant in Bremen. J.-L. Barrault inszeniert in Essen Claudels *Christoph Columbus*. M. Walser: *Eiche und Angora* (Berlin). F. Dürrenmatt: *Die Physiker* (Zürich; Th. Giese spielt die Mathilde von Zahndt). E. Piscator wird Intendant der Freien Volksbühne Berlin. Eröffnung des Lincoln Center for the Perforning Arts (New York). H. Kipphardt: *Der Hund des Generals* (München), G. R. Sellner wird Generalintendant der Deutschen Oper Berlin. P. Brook wird Mitdirektor der Royal Shakespeare Company und inszeniert *König Lear*. C. Neber †

1963 G. Gründgens inszeniert *Hamlet* und beendet seine Intendanz am Deutschen Schauspielhaus Hamburg. O. F. Schuh wird Nachfolger von G. Gründgens. F. Wotruba: Bühnenausstattung zu Sophokles' *Elektra* (Wien). F. Kortner inszeniert in München *Richard III.* (Shakespeare). Gründung von «Hoffmanns Comic Teater» in Unna/Westf. R. Hochhut: *Der Stellvertreter* (Berlin, Regie: E. Piscator). B. Barlog inszeniert in Berlin *Wer hat Angst vor Virginia Woolf?* (Albee). J. Chaikin und P. Feldmann gründen das Open Theatre in New York. LeRoi Jones: *Dutchman* (New York). Gründung des American Place Theatre in New York. G. Moses und J. O'Neal gründen das «Free Southern Theatre» in New Orleans. Theater am Turm (TAT) in Frankfurt a. M. wird eröffnet. M. Walser: *Überlebensgroß Herr Krott* (Stuttgart). L. Olivier wird Direktor des ersten englischen National Theatre in London und eröffnet das Theater mit *Hamlet*. J. Littlewood inszeniert die Antikriegsrevue *Ach was für ein reizender Krieg*. G. Gründgens †.

1964 A. Césaire: *Die Tragödie von König Christophe* (Salzburg). P. Weiss: *Die Verfolgung und Ermordung Jean-Paul Marats dargestellt durch die Schauspielgruppe des Hospizes zu Charenton unter Anleitung des Herrn de Sade* (Berlin, Regie: K. Swinarski; London, Regie: P. Brook). H. Kipphardt: *In der Sache J. Robert Oppenheimer* (Berlin, Regie: E. Piscator; München). M. Walser: *Der schwarze Schwan* (Stuttgart). «The Living Theatre» übersiedelt nach Europa. E. Ionesco: *Hunger und Durst* (Düsseldorf). J. Baldwin: *Blues für Mister Charlie* (New York). B. Brecht: *Coriolan*-Bearbeitung (Berlin). A. Wesker: *Goldene Städte* (London). Gründung des Hammamat Theater-Zentrums in Tunesien. A. Miller: *Zwischenfall in Vichy* (New York); *Nach dem Sündenfall* (New York). The Living Theatre: *Mysteries* (Paris). A. Mnouchkine gründet in Paris das «Théâtre du Soleil». J. Saunders: *Ein Duft von Blumen* (London). E. Barba gründet das «Odin Teatret» in Oslo. J. P. Ljubimow übernimmt die Leitung des Taganka-Theaters in Moskau. W. Vostell veranstaltet für das Ulmer Theater das erste Happening in

Deutschland: *In Ulm, um Ulm und um Ulm herum*. J. Orton: *Seid nett zu Mr. Sloane* (London). H. Moser †. S. O'Casey †. B. Behan †.

1965 T. Różewicz: *Die komische Alte* (Wrocław). The Living Theatre: *Frankenstein*. J. Grotowskis «Theater Laboratorium» wird nach Wrocław verlegt. J. Grotowskis Essay *Für ein armes Theater* erscheint. Grotowski inszeniert *Der standhafte Prinz* (nach Calderón/Slowacki). E. Bond: *Gerettet* (London). Gründung des «Teatro Campesino» (Californien). R. Noelte inszeniert in Stuttgart *Drei Schwestern* (Tschechow). F. Kortner inszeniert in München *Kabale und Liebe* (Schiller). P. Zadek inszeniert in Bremen *Frühlings Erwachen* (Wedekind). P. Weiss: *Die Ermittlung* (Berlin u. a. Orte). S. Moržek: *Tango* (Belgrad). «Brecht-Dialog» des Nationalen Zentrums der DDR des ITI. Odin Teatret: *Ornitofilene*. Wilson gründet die «Byrd Hoffman School of Byrds» (New York). H. Kipphardt: *Joel Brand* (München). E. Bond: *Gerettet* (London). B. Besson inszeniert *Der Drache* von J. Schwarz (Berlin/DDR). Ch. Marowitz inszeniert seine *Hamlet*-Adaption (London). J. Audiberti †. F. Kiesler †.

1966 Gründung des Verbandes der Theaterschaffenden der DDR. G. Grass: *Die Plebejer proben den Aufstand* (Berlin). F. Dürrenmatt: *Meteor* (Zürich). P. Zadek und W. Minks inszenieren in Bremen *Die Räuber* (nach Schiller). M. Sperr: *Jagdszenen aus Niederbayern* (Bremen). 1. Frankfurter «Experimenta». P. Handke: *Publikumsbeschimpfung* (Frankfurt); *Selbstbezichtigung*; *Weissagung* (Oberhausen). A. Gatti: *Öffentlicher Gesang vor zwei elektrischen Stühlen* (Paris). F. Arrabal: *Die Nacht der Puppen* (Paris). Gründung des Kindertheaters «Grips» in Berlin. Gründung von «The People Show» in London. J. Grotowskis 1. Auslandstournee. P. Brook inszeniert *US* (London). E. Engel †. E. G. Craig †. E. Piscator †.

1967 F. Arrabal: *Der Architekt und der Kaiser von Assyrien* (Paris). P. Weiss: *Der Gesang vom lusitanischen Popanz* (Stockholm). The Living Theatre: *Antigone* (Krefeld). J.-L. Barrault veröffentlicht *Mein Leben mit dem Theater*. J. Grotowski veranstaltet Workshops in New York und anderen Städten. M. Chagall: Ausstattung der *Zauberflöte* für die Metropolitan Opera in New York. S. Terayama: *Marie im Pelz* (Tokio). Odin Teatret: *Kaspariana*. A. Gatti: *V wie Vietnam* (Toulouse). R. Schechner gründet die «Performance Group» in New York. M. Walser: *Die Zimmerschlacht* (München). R. Hochhuth: *Soldaten* (Berlin). P. Kohout: *August, August, August* (Prag). S. Terayama gründet das Tenjosajiki-Theater in Tokio. Gründung des Blue Dome Theatre in New York. H. Müller: *Ödipus Tyrann* (Berlin). Stoppard: *Rosenkranz und Güldenstern* (London). Ch. Ludlam gründet das Playhouse of the Ridiculous (New York). J. Papp gründet das Public Theatre (New York). H. Hilpert †.

1968 S. Terayama: *Werft die Bücher weg, geht auf die Straße* (Tokio). T. Stoppard: *Der wahre Inspektor Hound* (London). M. Ceroli: Bühnenausstattung («hölzernes Theater») zu *Richard III.* (Turin). A. Calder: *Work in progress* (Rom). Gründung des Burning City Theater in New York. J.

Grotowski inszeniert *Apocalypsis cum Figuris*. Fo gründet die Truppe «Nuova Scena». P. Handke: *Kaspar* (Frankfurt und Oberhausen); *Das Mündel will Vormund sein* (Frankfurt). M. Frisch: *Biografie. Ein Spiel* (Zürich). P. Stein inszeniert Brechts *Im Dickicht der Städte* (München). P. Weiss: *Viet Nam Diskurs* (Frankfurt). Protestaktionen in zahlreichen bundesdeutschen Theatern gegen die Notstandsgesetze. R. Foreman gründet das Ontolozical-Hysteric Theatre (New York). R. W. Faßbinder gründet das «antiteater» in München. P. Hacks: *Amphitryon* (Göttingen). R. W. Faßbinder: *Katzelmacher* (München). T. Dorst: *Toller* (Stuttgart). Bread and Puppet Theatre: 1. Europatournee. Performance Group: *Dionysius in '69* (New York). The Living Theatre: *Paradise Now* (Avignon); veröffentlicht das «Avignon-Statement». Gründung der «Pip Simmons Theatre Group» in London. H. Lange: *Der Hundsprozeß* (Berlin); *Herakles* (Berlin). H. Müller: *Philoktet* (München). «Radical Theatre Festival» in San Francisco. J. Grotowski veröffentlicht das Buch *Towards a poor Theatre*. P. Brook veröffentlicht *The Empty Space*. T. Otto†. J. Fehling†.

1969 B. Brecht: *Turandot oder Der Kongreß der Weißwäscher* (Zürich). P. Stein inszeniert *Torquato Tasso* (Goethe) in Bremen. M. Schedler veröffentlicht *Sieben Thesen zum Theater für sehr junge Zuschauer*. F. Kortner inszeniert *Clavigo* (Goethe) am Hamburger Deutschen Schauspielhaus. F. Arrabal: *Garten der Lüste* (Paris). G. Strehler wird Direktor des Teatro stabile in Rom. R. Wilson: *The Life and Times of Sigmund Freud* (New York). H. Lange: *Die Gräfin von Rathenow* nach Kleist (Köln). Performance Group: *Macbeth* (New York). Gründung des «Squat Theatre» (Budapest; ursprünglicher Name: «Kasak Theater»). «The Woodstock Music and Art Fair» mit 500000 Teilnehmern. Bread and Puppet Theater: *Schrei des Volkes nach Speisung* (Boston); 2. Europatournee. Gründung des Syrischen Theaterfestivals in Damaskus. P. Hacks: *Margarete in Aix* (Basel). 1. Internationales Pantomimen-Festival in Prag. S. Terayama: *Das Verbrechen des Prof. Garigari* (Tokio). H. Man in't Veld gründet die Gruppe «Het Werkteater» in Amsterdam. L. Raphael: *Che!* (New York). P. Hall wird Direktor des Covent Garden in London. M. Kimbrell gründet das «New York Street Theatre Caravan». S. Beckett erhält den Nobelpreis. W. Gropius †.

1970 D. Fo und F. Rame gründen das Theaterkollektiv «La Comune» in Mailand. G. Froscher gründet das «Freie Theater München». P. Weiss: *Trotzki im Exil* (Düsseldorf). N. P. Rudolph inszeniert *Pioniere in Ingolstadt* (M. Fleißer) in München. F. Kortner inszeniert *Emilia Galotti* (Lessing) in Wien. R. Hochhuth: *Guerillas* (Stuttgart). P. Stein übernimmt die Leitung der Schaubühne am Halleschen Ufer in Berlin; inszeniert *Die Mutter* (Brecht). P. Simmons inszeniert *Superman* (London). Th. Bernhard: *Ein Fest für Boris* (Hamburg, Regie: C. Peymann). Performance Group: Commune (New York). D. Forte: *Martin Luther & Thomas Münzer oder die Einführung der Buchhaltung* (Basel). G. Strehler inszeniert in Florenz *Die heilige Johanna der Schlachthöfe* (Brecht). R. Wilson: *Deafman Glance* (Iowa). P. Handke: *Der Ritt über den Bodensee* (Berlin). D. Fo: *Zufälliger*

Tod eines Anarchisten (Mailand).The Living Theatre: Abschiedsvorstellung mit *Paradise Now* im Berliner Sportpalast. P. Brook gründet in Paris das «Centre international de Recherche Théâtrale». A. Adamov †. F. v. Unruh †. F. Kortner †.

1971 W. Biermann: *Der Dra-Dra* (München). R. Noelte inszeniert in Berlin *Totentanz* (Strindberg). P. Stein inszeniert *Peer Gynt* (Berlin). F. X. Kroetz: *Wildwechsel* (Dortmund). Bread and Puppet Theatre: nimmt an Antikriegsdemonstrationen in Washington/DC teil; Vorstellung des *Kreuzigungsumzugs* vor dem Capitol. P. Brook inszeniert Shakespeares *Sommernachtstraum* (London) und zeigt *Orghast* beim 5. Festival of Arts in Shiraz/Persien. R. W. Faßbinder: *Die bitteren Tränen der Petra von Kant* (Frankfurt); *Bremer Freiheit* (Bremen u. Hamburg). I. Nagel wird Intendant des Deutschen Schauspielhauses Hamburg. A. Mnouchkine inszeniert *1789* (Mailand u. Vincennes). H. Pinter: *Alte Zeiten* (London). L. Steckel †. J. Vilart †. H. Weigel †.

1972 P. Turrini: *Der tollste Tag* (Darmstadt). P. Stein inszeniert in Berlin *Optimistische Tragödie* (Wischnewski); *Prinz Friedrich von Homburg* (Kleist). F. X. Kroetz: *Stallerhof* (Hamburg); *Oberösterreich* (Heidelberg). K. M. Grüber inszeniert in Berlin *Geschichten aus dem Wiener Wald* (Horváth). P. Zadek wird Intendant in Bochum; inszeniert *Kleiner Mann, was nun?* (Dorst/Fallada), *Kaufmann von Venedig* (Shakespeare) in Bochum. B. Strauß: *Die Hypochonder* (Hamburg). Th. Bernhard: *Der Ignorant und der Wahnsinnige* (Salzburg). E. Bond: *Lear* (London). M. Perlini gründet die «Compagnia Teatro La Maschera» in Rom. Gründung der Gruppe «Jango Edwards and The Friends Road Show» in London. R. Wilson: *Ka Mountain, GuarDenia Terrace* (Shiraz/Iran). U. Plenzdorf: *Die neuen Leiden des jungen Werther* (Halle). Festival «Théâtre des Nations» in Paris wird eingestellt. P. Brook unternimmt eine Theater-Reise durch Afrika. Internationales Theatertreffen anläßlich der Olympischen Spiele in München. H. Forester gründet das «Dramatische Zentrum» in Wien. G. Strehler kehrt an das Piccolo Teatro in Mailand zurück. P. Hall übernimmt als Nachfolger von L. Olivier die Direktion des englischen Nationaltheaters. A. Mnouchkine inszeniert *1793* (Vincennes).

1973 H. Müller: *Horatier* (Berlin/DDR); *Zement* (nach Gladkov, Berlin/DDR). E. Bond: *Die See* (London). L. Ronconi wird Direktor der Theater-Biennale Venedig. T. Dorst: *Eiszeit* (Bochum). K. Hübner beendet seine Intendanz in Bremen. K. O. Mühl: *Rheinpromenade* (Wuppertal). P. Kohout: *Armer Mörder* (Düsseldorf).

1974 P. Zadek inszeniert in Bochum *Lear* (Shakespeare). H. Eisler: *Johann Faustus* (Tübingen). Th. Bernhard: *Die Jagdgesellschaft* (Wien); *Die Macht der Gewohnheit* (Salzburg). P. Stein inszeniert in Berlin *Sommergäste* (Gorki). P. Stein und K. M. Grüber inszenieren das «Antikenprojekt» (Berlin). D. Fo: *Bezahlt wird nicht* (Mailand). C. Peymann wird Schauspieldirektor in Stuttgart. R. Hochhuth: *Lysistrate und die NATO* (Essen und Wien). R.

Wilson: *A Letter for Queen Victoria* (Spoleto). T. Stoppard: *Travestien* (London). E. Bond: *Bingo* (London). P. Handke: *Die Unvernünftigen sterben aus* (Zürich). M. Fleißer †.

1975 S. Beckett inszeniert in Berlin sein Stück *Warten auf Godot*. B. Strauß: *Bekannte Gesichter, gemischte Gefühle* (Stuttgart). C. Peymann inszeniert in Stuttgart *Das Käthchen von Heilbronn* (Kleist). P. Zadek inszeniert in Hamburg *Die Wildente* (Ibsen). H. Müller: *Mauser* (Austin/Texas). H. Pinter: *Niemandsland* (London). D. Fo inszeniert *Mistero buffo*. J. Grotowski zieht sich vom Theater zurück, Einführung der «Special Projects». Festival «Theater der Nationen» erstmals unter der Leitung des Internationalen Theaterinstituts (ITI) in Warschau. M. Wekwerth wird Direktor des Instituts für Schauspiel-Regie in Berlin/DDR. K. M. Grüber inszeniert in Berlin *Empedokles. Hölderlin lesen*. A. Mnouchkine inszeniert *L'Âge d'Or* (Vincennes). P. Kohout: *Roulette*. W. Felsenstein †. K. Swinarski †. Th. N. Wilder †. Th. Giehse †.

1976 C. Peymann inszeniert in Stuttgart *Die Gerechten* (Camus). P. Zadek inszeniert *Othello* (Shakespeare) in Hamburg. Th. Bernhard: *Minetti* (Stuttgart, Regie: C. Peymann). D. Fo kommt auf die bundesdeutschen Bühnen. Szenen von K. Valentin («Zwangsvorstellungen») am Hamburger Deutschen Schauspielhaus. A. Corrado gründet das Gehörlosentheater «International Visual Theatre» in Paris. Odin Teatret: *Come! And the Day will be Ours*. E. Barba veröffentlicht das Manifest *The Third Theatre*. Gründung von «Karl Napps Chaos Theater» in Frankfurt. Werkteater: *Abendrot* (Amsterdam). A. Boal veröffentlicht die Schrift *Das Theater der Unterdrückten*. P. Hacks: *Ein Gespräch im Hause Stein über den abwesenden Herrn Goethe* (Dresden). R. Wilson: *Einstein on the Beach* (Avignon). Festival «Theater der Nationen» in Belgrad. F. Hollaender †.

1977 P. Zadek inszeniert in Bochum *Hedda Gabler* (Ibsen) und *Hamlet* (Shakespeare). C. Peymann inszeniert in Stuttgart *Faust I*, *Faust II* und *Iphigenie*. J. Flimm inszeniert *Der Untertan* (nach H. Mann) in Bochum. B. Strauß: *Trilogie des Wiedersehens* (Hamburg). Th. Brasch: *Rotter* (Stuttgart). K. M. Grüber inszeniert im Berliner Olympia Stadion *Die Winterreise* (nach Hölderlin). R. Wilson: *I Was Sitting On My Patio This Guy Appeared I Thought I Was Hallucinating* (Michigan). Festival «Theater der Nationen» in Paris. Documenta 6 in Kassel gibt einen Überblick über die Performance-Entwicklung der siebziger Jahre. H. Jhering †. E. Flickenschildt †. C. Zuckmayer †.

1978 G. Tabori inszeniert in Bremen eine *Hamlet*-Paraphrase, verläßt Bremen und arbeitet mit seinem Ensemble als Freie Gruppe. M. Karge und M. Langhoff inszenieren in Hamburg *Prinz Friedrich von Homburg* (Kleist) und *Fatzer* (Brecht). Th. Bernhard: *Immanuel Kant* (Stuttgart). P. Bausch inszeniert in Bochum *Macbeth* (nach Shakespeare). P. Zadek inszeniert in Hamburg *Wintermärchen* (Shakespeare). B. Strauß: *Groß und klein* (Berlin). S. Terayama: *Directions to Servants* (Tokio). Odin Teatret: *Millionen-Marco*. Squat Theatre: *Andy Warhols Last Love* (New York). A. Boal: Workshop in

Santarcangelo di Romagna (Italien). R. Wilson: *Dialog/Network* (Boston). Festival «Theater der Nationen» in Caracas. H. Müller: *Germania Tod in Berlin* (München). T. Stoppard: *Night and Day* (London). R. Noelte inszeniert Molières *Tartuffe* (Wien).

1979 R. Wilson: *Death, Destruction & Detroit* (Berlin); *Dialog/Curiouse George* (Brüssel); *Edison* (New York). Festival «Theater der Nationen» in Hamburg. Ausstellung «Inszenierte Räume» von K.-E. Herrmann und E. Wonder im Kunstverein Hamburg. G. Tabori inszeniert in München *My Mother's Courage*. Th. Bernhard: *Vor dem Ruhestand* (Stuttgart, Regie: Peymann). E. Jandl: *Aus der Fremde* (Graz). S. Terayama: *Das Schloß des Blaubart* (Tokio). H. Heyme inszeniert Sophokles' *Antigone* in Calcutta. P. Brook zeigt in Avignon *Die Konferenz der Vögel*. Deutsche Erstaufführung von H. Müllers *Hamletmaschine* (Essen).

1980 R. Hochhuth: *Juristen* (Hamburg). C. Peymann inszeniert in Bochum Goethes *Tasso* u. von Th. Bernhard *Der Weltverbesserer* (mit B. Minetti). Verschärfung der Diskussion über Subventionskürzungen an bundesdeutschen Theatern. Festival «Theater der Nationen» in Amsterdam. P. Stein inszeniert *Orestie* von Aischylos (Berlin). P. Bausch inszeniert *Bandoneon* (Wuppertal). G. Tabori inszeniert in München H. M. Enzensbergers Gesänge *Der Untergang der Titanic*. K. Peymann inszeniert in Rom.

1981 P. Handke: *Über die Dörfer*. P. Zadek und J. Savary inszenieren in Berlin die Fallada-Revue *Jeder stirbt für sich allein*. K. Peymann inszeniert in Bochum *Nathan der Weise* (Lessing). Festival «Theater der Welt» in Köln. J. Flimm inszeniert in Köln *Leonce und Lena* (Büchner). J. Savary inszeniert mit Schauspielern des Deutschen Schauspielhauses Hamburg und dem Grand Magic Circus *Weihnachten an der Front*. P. Chéreau inszeniert in Villeurbanne *Peer Gynt* (Ibsen). L. Lenya†. W. Mehring†.

1982 Drastische Erhöhung der Theatersubventionen in Frankreich. J.-P. Vincent wird Direktor der Comèdie Française. P. Brook inszeniert *La Tragédie de Carmen*. B. Strauß: *Kalldeway Farce*. G. Tabori: *Jubiläum*. Ablauf der Schutzfrist von A. Schnitzlers *Reigen*. M. Grüber inszeniert in Berlin Goethes *Faust* (mit B. Minetti) und Shakespeares *Hamlet* (m. B. Ganz). H. Heyme inszeniert in Stuttgart Schillers *Demetrius*. A. Everding wird Generalintendant der Münchner Staatstheater. A. Mnouchkine inszeniert Shakespeares *Richard II*. Ping Chongs *A.M./A.M.* am Theatre La Mama in New York. H.-J., Syberbergs *Parsifal*-Film. L. Strasberg†. P. Weiss†. H. Kajzar†. R. W. Fassbinder†. H. Kipphardt†.

1983 A. Heller inszeniert in Lissabon das *Theater des Feuers*. P. Zadek inszeniert in München *Baumeister Solneß* (Ibsen). Genet-Inszenierungen in Berlin (H. Neuenfels: *Der Balkon*; P. Stein: *Die Neger*) und Nanterre/Paris (P. Chéreau: *Die Wände*). A. Gatti wird Direktor des Atelier de Création Populaire in Toulouse. Eröffnung des Théâtre del'Europe in Paris (Leitung: G. Strehler). G. Balanchine†. S. Terayama†.

1984 R. Wilson inszeniert in Rotterdam, Köln, Rom, Tokio und Minneapolis *The CIVIL warS*; P. Zadek inszeniert an der Freien Volksbühne Berlin *Ghetto* (J. Sobol); J. Gosch inszeniert (mit U. Wildgruber) in Köln *König Ödipus* (Sophokles); G. Tabori inszeniert in München (mit Thomas Holtzmann und Peter Lühr) Becketts *Warten auf Godot*; P. Stein legt die Leitung der Berliner Schaubühne nieder und inszeniert an diesem Theater Tschechows *Drei Schwestern*; K. M. Grüber inszeniert an der Comédie Française *Bérénice* (Racine); K. Pohl: *Das Alte Land* (Köln); A. Mnouchkine (Théâtre du Soleil) inszeniert in Paris *Heinrich IV.* (Shakespeare); das Theaterlaboratorium von Jerzy Grotowski in Wrocław löst sich offiziell auf; Eduardo de Filippo †; Paul Dahlke †; Rudolf Platte †.

1985 Gründung eines amerikanischen Nationaltheaters in Washington D. C.; das Festival «Theater der Welt» findet in Frankfurt a. M. statt; P. Brook inszeniert *Mahabharata*; H. J. Syberberg inszeniert (mit E. Clever) in Nanterre/Paris sein Monologstück *Die Nacht*; F. X. Kroetz: *Bauern sterben* (München); Th. Bernhard: *Der Theatermacher* (Salzburg); K. M. Grüber inszeniert (mit B. Minette); *König Lear* an der Berliner Schaubühne; J. Flimm inszeniert in Köln (mit Therese Affolter) *Die Jungfrau von Orleans* (Schiller); H. Müller erhält den Georg-Büchner-Preis; der bayer. Kultusminister H. Maier wird Präsident des Deutschen Bühnenvereins; am Frankfurter Kammerspiel wird die Uraufführung von R. W. Fassbinders Stück *Die Stadt, der Müll und der Tod* von Demonstranten verhindert; J. Flimm übernimmt die Intendanz des Thalia-Theaters in Hamburg; P. Zadek wird Intendant des Deutschen Schauspielhauses Hamburg; W. Hinz †, K.-H. Stroux †, J. Beck †.

1986 Uraufführung von M. Schatrovs Stück *Diktatur des Gewissens* in Moskau (Regie: M. Sacharow); H. Heyme übernimmt die Schauspielintendanz in Essen; L. Bondy inszeniert an der Berliner Schaubühne von B. Strauß *Die Fremdenführerin* (mit B. Ganz, C. Kirchhoff); D. Dorn inszeniert an den Münchner Kammerspielen Shakespeares *Troilus und Cressida* (mit S. Melles, R. Boysen, Th. Holtzmann, H. Griem, P. Lühr); am Stuttgarter Staatstheater inszenieren A. Zinger S. Shepards Stück *Liebestoll* (mit S. Lothar, U. Tukur) und N.-P. Rudolph Molières *Tartuff* (mit H. M. Rehberg, U. Wildgruber, Ch. Berndl); C. Peymann beendet seine Bochumer Intendanz und übernimmt die Leitung des Wiener Burgtheaters; H. Neuenfels wird Intendant der Freien Volksbühne Berlin; R. Wilson inszeniert am American Repertory Theater in Cambridge/USA von Euripides *Alcestis* und von H. Müller *Bildbeschreibung*, am Hamburger Thalia Theater von H. Müller *Hamletmaschine*; J. Flimm inszeniert am Thalia Theater in Hamburg Shakespeares *Hamlet* (mit Ch. Bantzer, Th. Affolter); Stück des (Tschernobyl)-Jahres wird H. Müllers *Totenfloß*; G. Strehler inszeniert (zs. mit G. Lazzarini) am Piccolo Teatro di Milano *Elvira oder Die theatralische Leidenschaft* (L. Jouvet); K. M. Grüber inszeniert am Théâtre du Nord in Paris *Die Rückkehr der Magd Zerline* (mit J. Moreau); P. Stein inszeniert an der Berliner Schaubühne E. O'Neills Stück *Der haarige Affe*; V. Ludwig inszeniert am Berliner Grips-Theater sein Musical *Linie 1*; R. Fernau †, J. Genet †, K. Haack †, B. Gobert †, E. Wendt †, U. Erfurth †.

1987 Theaterreform in der UdSSR; C. Peymann inszeniert am Wiener Burgtheater Shakespeares *Richard III.* (mit G. Voss); A. Breth inszeniert am Schauspielhaus Bochum J. Greens Stück *Süden*; P. Zadek inszeniert unter Mitwirkung der Rockgruppe «Einstürzende Neubauten» am Deutschen Schauspielhaus Hamburg das Musical *Andi* (B. Driest, P. Raben, P. Zadek); R. Wilson inszeniert an der Berliner Schaubühne *Death, Destruction & Detroit*; I. Bergman inszeniert am Stockholmer Dramaten Shakespeares *Hamlet* (mit P. Stormare); an den Münchner Kammerspielen inszenieren D. Dorn Goethes *Faust I* und A. Lang Racines *Phädra* (mit G. Stein) und Kleists *Penthesilea* (mit G. Stein); G. Tabori inszeniert am Wiener Akademietheater sein Stück *Mein Kampf*; in Stuttgart findet das Festival «Theater der Welt» statt; R. Wilson inszeniert am Stuttgarter Staatstheater H. Müllers *Quartett*, Chr.W. Glucks *Alceste* und Euripides *Alcestis*, am Hamburger Thalia Theater *Parzival* (T. Dorst, R. Wilson); deutsche Erstaufführung von S. Snajders Stück *Der Kroatische Faust* (Regie: R Ciulli) am Mülheimer Theater an der Ruhr; A. Mnouchkine inszeniert am Théâtre du Soleil in Paris *Die Indiade oder Das Indien ihrer Träume*; P. Stein inszeniert an der Berliner Schaubühne Racines *Phädra* (mit J. Lampe); H.-J. Syberberg inszeniert mit E. Clever in der Titelrolle Kleists *Penthesilea* am Théâtre Bouffes du Nord in Paris; G. Mosheim †, B. Drews †, R. Münch †, H. Qualtinger †, A. Gessner †, H. Schroth †.

1988 Moskauer Theatertage in München; P. Zadek inszeniert am Deutschen Schauspielhaus Hamburg die Urfassung von F. Wedekinds *Lulu* (mit S. Lothar, U. Wildgruber, Bühne: J. Grützke); H. Müller inszeniert am Deutschen Theater Ost-Berlin sein Stück *Lohndrücker*; J. Flimm inszeniert am Hamburger Thalia Theater F. Hebbels *Die Nibelungen* (Bühne: E. Wonder)und A. Schnitzlers *Liebelei* (mit L. Stolze); W. Minks inszeniert *Korbes* von T. Dorst am Deutschen Schauspielhaus Hamburg (mit J. Bierbichler); K.M. Grüber inszeniert an der Berliner Schaubühne E. Labiches *Die Affäre Rue de Lourcine*; P. Chéreau inszeniert in Avignon Shakespeares *Hamlet* (mit G. Desarthe); C. Peymann inszeniert Th. Bernhards Stück *Heldenplatz* am Wiener Burgtheater; E. Bessel †, H. Lindinger †, S. Melchinger †, P. Lühr †, H. Hofer †, E.-F. Fürbringer †.

Bücher zum Theater in rowohlts enzyklopädie

Eugenio Barba
Jenseits der Schwimmenden Inseln
Reflexionen mit dem Odin-Theater. Theorie und Praxis
des Freien Theaters (415/DM 24,80)

Manfred Brauneck
Theater im 20. Jahrundert
Programmschriften, Stilperioden, Reformmodelle
(433/DM 19,80)

Manfred Brauneck
Klassiker der Schauspielregie
Positionen und Kommentare zum Theater im 20. Jahrhundert
(477/DM 22,80)

Manfred Brauneck/Gérard Schneilin (Herausgeber)
Theaterlexikon
Begriffe und Epochen, Bühnen und Ensembles
(417/DM 29,80)

Martin Esslin
Das Theater des Absurden
Von Beckett bis Pinter (414/DM 16,80)

Martin Esslin
Die Zeichen des Dramas
Theater, Film, Fernsehen (502/DM 14,80)

Volker Klotz
Bürgerliches Lachtheater
Komödie – Posse – Schwank – Operette (451/DM 16,80)

Erwin Piscator
Zeittheater
«Das Politische Theater» und weitere Schriften von 1915 bis 1966
Erweiterte Ausgabe (429/DM 22,80)

Susanne Schlicher
Tanztheater
Traditionen und Freiheiten (441/DM 24,80)

Weitere Bücher zum Theater

Theaterstadt Hamburg
Schauspiel, Oper, Tanz. Geschichte und Gegenwart
Herausgegeben vom Zentrum für Theaterforschung
der Universität Hamburg (8546/DM 24,–)

Michael Batz/Horst Schroth
Theater zwischen Tür und Angel
Handbuch für Freies Theater
(7686/DM 14,80)

Michael Batz/Horst Schroth
Theater grenzenlos
Handbuch für Spiele und Programme
(7940/DM 16,80)

rororo Schauspielführer
Von Aischylos bis Botho Strauß
(6296/DM 22,80)

Otto Schumann
Opernführer
Von Monteverdi bis Penderecki
(6289/DM 19,80)

Horst Seeger
Opernlexikon
(2 Bände/6286, 6287/je DM 14,80)